U0514624

第五卷

李文溥 ◎ 著

中国经济学探索丛稿

福建经济（上）

中国财经出版传媒集团

经济科学出版社
Economic Science Press

·北京·

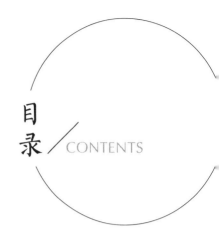

目录 / CONTENTS

第一篇

福建在全国经济格局中的
地位和作用分析*

一、引言

福建地处我国东南沿海地区，西南接珠三角经济圈、东北承长三角经济圈，西北与江西相连延伸至中南广大内陆地区，东南方则与台湾隔海相望，一衣带水。漫长的大陆海岸线，优良的港口资源条件，正对台湾海峡，海运航程短的区位优势，使福建成为我国重要的出海口之一。因此，从地理区位上看，福建是我国尤其是华东南沿海地区的重要省份之一，理应在全国经济格局中占有重要地位，与东部其他经济发达地区一起，成为参与国际经济竞争，推动中国经济发展的引擎之一。然而，近十年来，福建没有继续保持它自改革开放以来的迅猛发展势头，经济发展逐渐落后于周边省份，成为整个华东南沿海地区中最薄弱的一环。

改革开放前，福建是全国各省份中经济发展较为落后的地区之一。党的十一届三中全会之后，福建与广东被列为对外开放的试点省份，借助政策上的先发优势、良好的地理区位优势，以及与海外华侨华人、港澳台同胞的亲缘关系，充分发挥了土地、劳动力廉价的比较优势，吸引了大批港澳台中小企业的投资，有力地推动了福建经济的飞速发展，实现了福建经济发展史上的一个奇迹。与之相应，福建在全国经济中的地位也得到大大的改善和提升。20世纪90年代后期，福建的GDP总量排名已由改革开放前的全国第23位，上升至第

* 本文系2007年提交给中共福建省委的研究报告，收录于朱之文、潘征主编《海峡西岸发展研究论集（一）》，经济科学出版社2008年版，共同作者：王燕武、周闽军、黄阳平。

11 位；人均 GDP 则从全国第 17 位上升至第 6 位，仅次于上海、北京、天津、浙江、广东，但是，就整体社会经济发展水平而言，则仍略低于全国平均水平，2000 年在 26 个省区中居第 16 位。①

以广东、福建为代表的沿海开放地区以发展市场经济和对外开放为基本内容的先行先试取得显著成绩，促使中央在 20 世纪 90 年代初决定把社会主义市场经济作为中国的经济体制改革目标。原来只在少数地区试行的特殊政策，逐渐转变为全国普遍适用的一般政策，我国的对外开放程度及范围不断加深和扩大。自 1992 年开始的向社会主义市场经济转轨促使我国的经济格局发生了巨大的变化。珠江三角洲、长江三角洲以及环渤海湾三大经济圈的先后兴起，逐渐打破了原来以东、中、西为区域划分的经济格局，使得更为细分的区域经济一体化成为未来地区间经济合作与发展的主流。然而，对于福建这样一个自然资源禀赋并不丰裕、过去发展水平较低、工业基础薄弱、基础设施差、近十年内主要依靠特殊政策获得比较竞争优势得以高速发展的省份而言，全国范围的体制转轨和改革开放的深入却导致原有政策先发优势的逐渐丧失。② 福建的社会经济基础条件及实力水平，决定了它与同处于华东南沿海地区的长三角、珠三角地区相比，在政策条件一样情况下，其竞争力明显处于下风，因此，自 20 世纪 90 年代中后期起，福建吸引 FDI 的相对优势开始下降，更为不利的是，近十年来，为加快中西部地区发展，中央政府相继推出振兴东北老工业基地以及开发大西北、中部崛起等向中西部倾斜的区域发展战略，致使不论是从全国经济发展层面还是从区域经济发展层面上看，福建省都出现了逐渐被边缘化的趋势，福建的经济发展尽管仍保持着高于全国平均水平的增长速度，但是领先幅度不断缩小，部分省份后来居上，导致福建经济在全国的相对位次开始下滑。2001～2006 年，福建的 GDP 总量排名基本徘徊在全国第 11、第 12 位左右，GDP 增长速度连续 6 年在沿海地区居于最末，人均 GDP 也先后被江苏、辽宁、山东超过，下滑到全国第 9 位。

这种发展态势引起了地方政府的高度重视。2004 年中共福建省委、福建省政府提出了发展"海峡西岸经济区"的战略设想，试图扭转不利局面。这一战略的提出引起了中央政府的关注和重视，并在一定程度上得到了肯定与支持。它在一定程度上缓解了福建省在战略层面被边缘化的趋势。但是，近年来的实

---

① 参见李文溥、杨灿等《建设全面小康社会进程的一个比较研究——以福建为基点》（《中国人口科学》2004 年第 4 期）。为可比起见，比较扣除了 4 个直辖市。因此，如果将这 4 个直辖市包括在内，福建的省际排名大约在 30 个省份中为第 19 名。

② 一个明显的信号是原来与珠江三角洲并称的闽南金三角，在全国级的区域经济分析中不再被提及。

践表明，在提出这一战略之后，福建在全国经济格局中的地位和作用，仍然是一个有待解决的问题。本文的分析研究正是基于这样一种背景展开的。

二、福建经济的发展历程及近期增长放缓的原因分析

（一）福建经济的发展历程

纵观福建经济在新中国成立后的整个发展历程，可以清楚地划分为三个阶段。

第一阶段：从 1952 年至改革开放前。由于海峡两岸的对峙状态，福建地处海防前线，中央政府对其投入的资金极为有限。在计划经济时代，建设资金的来源基本上依靠中央政府的计划投资，因此，长达 1/4 个世纪，福建经济发展严重缺乏急需的资本要素，经济增长速度较之全国其他地区，相对缓慢。1952～1978 年，福建 GDP 总量仅增长 53.64 亿元，平均实际年增长率为 6.59%[①]，低于全国平均水平 0.09 个百分点，属于规模小、低增长阶段。

第二阶段：从 1978 年党的十一届三中全会到 1992 年中共中央决定在中国实行社会主义市场经济体制为止。这是福建经济发展的一个特殊机遇期。党的十一届三中全会以后，广东、福建的部分地区成为中央实行对外开放、经济体制改革的试验区，被赋予特殊政策。福建抓住了这一机遇，充分发挥毗邻港澳台的沿海地理区位优势，利用历史形成的与港澳台同胞、东南亚地区华人华侨的亲缘关系，以及本土劳动力、土地资源廉价的比较优势，在缺乏其他地区竞争的有利情况下，吸引了大批港澳台及东南亚地区投资，从而使其长期极为短缺的资本要素得以适当缓解，经济增长开始逐渐加快。1979～1992 年，福建 GDP 由 1978 年的 66.37 亿元，增加至 1992 年的 787.71 亿元，增加额为 721.34 亿元，是前一个阶段总增加额的 13 倍多，平均实际年增长率高达 12.44%，高出全国平均水平近 3 个百分点。GDP 的全国排名也由改革开放前的第 23 位上升到 20 世纪 80 年代末 90 年代初的第 14 位，人均 GDP 于 1990 年上升至全国第 11 位。1989 年福建人均 GDP 达到 1589 元，首次超过全国平均水平。不过，从规模上看，福建省 GDP 占全国的比重仍然较低。1992 年福建 GDP 占全国的比重仅为 2.93%，其排名的升高，事实上是得益于对中西部省份的超越，在沿

---

① 根据福建省国内生产总值指数（上年 = 100）算出，数据来源于中经网统计数据库。

海地区仍居末流。总体上看，在该阶段，福建经济发展是一种原来低发展水平上的高增长。

第三阶段：从 1993 年至今。随着我国经济体制向社会主义市场经济逐步转轨，福建经济增长的步伐明显加快。1993～2000 年，短短 8 年间，福建 GDP 增长 2976.83 亿元，分别是第一阶段、第二阶段增长总额的 55 倍和 4 倍，平均实际年增长率高达 14.35%，高出全国平均水平 4.21 个百分点。GDP 的全国排名也跃升至第 11 位，人均 GDP 的排名更是挺进前 6 名，仅次于上海、北京、天津、浙江、广东，位居全国前列。但是，在进入 21 世纪后，这一上升的势头有所减缓。2001～2006 年，连续 6 年间，福建 GDP 在全国经济的排名始终徘徊在第 11、第 12 位之间，人均 GDP 也接连被江苏、辽宁、山东超越，退居全国第 9。不过，在这一期间，福建经济的增长速度就绝对值而言，还是比较快的。2001～2006 年，福建经济的平均实际年增长率为 11.43%，不仅仍然高出同期全国平均水平 1.6 个百分点，而且高于上一个五年规划期，只是与沿海各省份相比，福建经济的增长速度明显落后（见表 1），从而显得增长相对缓慢。如果仅从福建自身来看，我们认为，在这一阶段，福建不仅在经济增长速度上保持相对快速增长的态势，而且还在经济规模上取得了较大的突破，属于规模、速度双增长阶段（见图 1）。

表1　　　　各个五年计划时期福建与沿海主要省份经济增长率比较　　　单位：%

地区	"六五" 时期	"七五" 时期	"八五" 时期	"九五" 时期	"十五" 时期
全国	10.8	7.9	12.3	8.6	9.6
福建	13.2	9.7	18.4	11.5	10.7
辽宁	9.4	7.7	10.3	8.6	11.2
江苏	13.2	10.2	17.1	11.2	13.0
浙江	14.9	7.7	19.1	11.0	13.0
山东	12.0	8.4	16.4	11.0	13.1
广东	12.4	13.3	19.5	11.0	13.3
上海	9.1	5.7	13.2	11.5	11.9

资料来源：中经网经济统计数据库，根据全国及各省国内生产总值指数测算。

至于不同时期福建经济增长速度态势，从各个五年计划（或规划）期可以看得更为清楚（见表 1）。

"六五" 时期，福建省 GDP 年均增长率高出全国平均水平 2.4 个百分点。与沿海各省、直辖市相比，福建省分别高于辽宁、山东、广东、上海年均增长率 3.8 个、1.2 个、0.8 个、4.1 个百分点，仅次于浙江（14.9%），与江苏持平，经济增长势头极为迅猛。

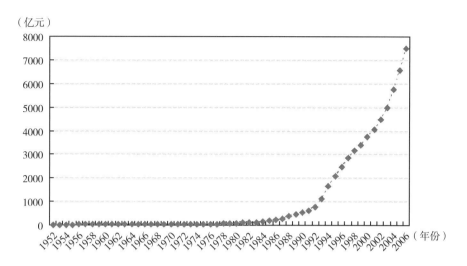

图1 1952～2006年福建省GDP变动情况

"七五"时期，经济增长速度就相对而言，有所放缓，仅高于全国1.8个百分点，在省际比较上，年均增长率开始落后于江苏、广东0.5个、3.6个百分点，但仍超过辽宁、浙江、山东及上海。

"八五"和"九五"时期，福建省再度成为全国经济增长最快的省份之一，年均增长率分别超过全国平均水平6.1个和2.9个百分点。但"十五"时期，即进入21世纪以后，福建的经济增长速度虽然继续高于全国平均水平1.1个百分点，但却被其他沿海其他地区超过，年均分别低于辽宁、江苏、浙江、山东、广东以及上海0.5个、2.3个、2.3个、2.4个、2.6个以及1.2个百分点，自改革开放以来，福建首次成为沿海省份经济增长最慢的省份之一。

（二）福建经济近期增长放缓的原因分析

从表1可以看出，尽管经济增长率有所不同，但是，就走势而言，从"六五"到"九五"，各个沿海省份是基本相同的，但是，进入21世纪以来，福建经济走势与其他沿海省份却出现了差异：辽宁、山东、江苏、浙江、广东、上海等省份的经济增长进入上行通道，福建的经济增长率却出现了下滑趋势。显然，福建经济增长的这一态势，不能用全国性的经济周期因素来解释，更多来自福建自身的因素或比较优势的变化。那么，究竟是什么原因导致福建近年来经济增长乏力呢？我们认为，首先必须对改革开放以来福建经济增长的特点进行讨论，了解其增长特点，而后才能从中探求福建近年来经济增长放缓的深层次因素。

1. 改革开放以来福建经济增长的主要特点

（1）先行先试的特殊政策是改革开放以来福建经济取得快速增长的关键因素。

党的十一届三中全会之前，福建与全国其他地区一样，实行高度集中统一的计划经济。党的十一届三中全会之后，中国开始了市场化改革。在市场化改革的前景并不完全明晰，存在诸多争议的情况下，先在少数地区进行政策试验是一种比较稳妥的政策选择。福建与广东由于其特定的地理位置，其在计划经济体制下全国经济格局中的边缘化地位，以及与港澳台同胞以及海外华人华侨的历史渊源，成为中央政府实行对外开放、市场化改革的试点地区，而国内其他地区，仍实行较为严格的计划管理。"特殊政策、灵活措施"，使得福建与相对发达却仍然实行计划经济体制的地区如上海、京津唐、东北等地区相比，具备了从未有过的竞争优势，吸引大批东南亚华人华侨资本、港澳台资本的进入。20世纪80年代，福建和广东在引进外资上，始终领先国内其他地区。由于外资的引进，产业结构、贸易结构、体制环境都发生了重大变化，它们有力地推动了福建经济的快速增长。纵观福建经济的发展历程，中央对外开放政策的实施对福建经济的发展起到了至关重要的作用，可以说正是由于政策上的先行放宽，福建才具备了与相对发达地区竞争的能力，真正摆脱以往贫困落后的局面，迅速在全国经济格局中占据一席之地。

（2）外来投资是福建省改革开放以来经济高速增长的主要引擎之一。

由于众所周知的原因，直至改革开放前，福建仍然是一个经济落后、资本严重缺乏的发展中经济体。改革开放后，尽管中央政府赋予福建以特殊政策，但是，却不可能对福建进行补偿性的倾斜投资。因此，福建经济发展所需的资金主要来源于外来投资。如图2所示，"八五""九五"是福建经济增长最为迅速的两个时期，其间，福建省直接利用外商投资总额占社会固定资产投资总额的比重年均高达43.9%，其中，最高的年份是1993年，为65.8%，接近社会固定资产投资总额的2/3。此外，从按经济类型分的全社会固定资产投资总额看，港澳台及外商投资占总投资的比重（见图3），在20世纪90年代初期，快速增长，至1996年上升到顶点，达到25.3%，随后略有下降，并在将近7年保持平稳，2004年后逐步下滑。2006年港澳台及外商投资占总投资的比重下降至19.8%，较之十年前低5.5个百分点。不过从绝对量上来看，港澳台及外商投资却一直呈现上涨趋势，尤其是2003年以后，每年的增量明显增加。

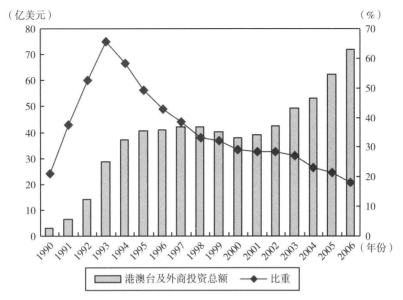

图2 1990~2006年福建省利用港澳台及外商投资总额
及其占社会固定资产总额比重变动

注：2002~2006年数据采用历史可比口径；由美元转换成人民币时采用的汇率是每年12月末的
外汇数据，其中1990~1993年的汇率水平采用1994年的数据。

资料来源：《福建省统计年鉴（2007）》、中经网数据库。

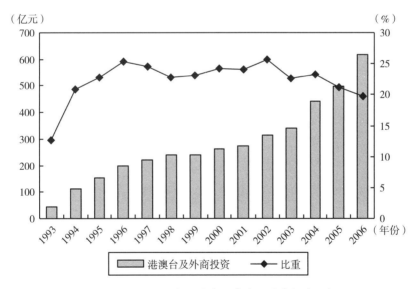

图3 1993~2006年福建省港澳台及外商投资总额
及其占全社会固定资产投资总额的比重

资料来源：《福建省统计年鉴（2007）》。

（3）中小企业是福建改革开放以来经济高速增长的主力军。

中小企业尤其是小型企业占据绝大多数，大型企业较少，是福建省企业结构一个比较明显的特点（见表2）。第一，从个数上看，2004年福建省大、中、小型工业企业的个数分别为 51 个、964 个和 229981 个，其中大型企业仅占总企业数的 0.02%，中小企业约占了 99.9%。第二，从生产总值看，大型企业的总产值约为 1489.9 亿元，仅占全省工业总产值的 17.44%，中小企业的总产值约为 7054.4 亿元，是大型企业的 4.73 倍，约占福建省工业总产值的 83%。第三，从吸纳劳动力角度看，2004 年福建省中小企业的从业人员约为 361.4 万人，约占全省工业企业从业人员数的 74.3%，约为大型企业从业人员数的 3 倍。第四，从利润总额看，2004 年福建省大型企业所创造的利润总额仅为 100.4 亿元，而中小企业所创造的利润总额约为 514.6 亿元，是前者的 5 倍还多。第五，从企业竞争力角度上看，福建省的大中型企业在全国的竞争力要远弱于以外商投资为主的中小企业。王勤等（2007）运用综合评价方法和因子分析方法，计算福建与全国各省企业规模竞争力指数，得出福建省的企业规模竞争力指数为 0.19，位居全国第 9 位，总体竞争力较强。但分类型看，福建省大中型企业的规模竞争力指数仅为 - 2.3，排名全国第 16 位，低于全国平均水平；国有及规模以上非国有企业规模竞争力为 - 2.61，排名全国第 22 位，也低于全国平均水平；而外商投资企业规模竞争力为 5.47，仅次于广东、上海和江苏，排名全国第 4 位，具有明显较强的竞争力和竞争优势。由于福建省现有的外商投资企业大多以中小企业的形式存在，这也就意味着福建省的中小企业在全国竞争力要远远超过大型企业。综上所述，可以清楚地看出，中小企业才是构成福建省经济增长的主体和动力源泉。

表 2　　　　　　　　2004 年福建省工业企业指标（按规模不同划分）

企业类型	单位数（个）	从业人员（万人）	工业总产值（亿元）	营业收入（亿元）	利润总额（亿元）	固定资产原价（亿元）
大型	51（0.02%）	25.09（5.16%）	1489.9（17.44%）	1725.9（20.57%）	100.4（16.33%）	743.7（18.12%）
中型	964（0.42%）	91.86（18.88%）	2407.9（28.18%）	2336.5（27.85%）	184.2（29.95%）	1466.4（35.74%）
小型	229981（99.56%）	369.55（75.96%）	4646.5（54.38%）	4328.1（51.58%）	330.4（53.72%）	1893.3（46.14%）
总计	230996（100%）	486.50（100%）	8544.3（100%）	8390.5（100%）	615.0（100%）	4103.4（100%）

资料来源：根据《福建统计年鉴（2006）》有关数据计算。括号内为占比。

（4）劳动密集型产业是福建最有竞争力的产业。

与中小企业为主的企业结构形态相联系，福建经济的腾飞依靠的是发展以纺织、服装、鞋帽制造为代表的出口加工型低技能劳动密集型产业。迄今为止，福建最有国际竞争力的产业依旧是低技能劳动密集型产业，虽说20世纪90年代中期之后，机械电子产业的竞争力开始上升，但其主体是以办公用机械及自动数据处理设备、电信及声音的录制及重放装置设备和运输设备为代表的轻型机械及运输设备类产品，仍然是属于劳动密集型的出口加工型产业，而且即便是这类产业，其国际竞争力至今也仍然要远远低于以纺织、服装、鞋帽制造业。资本、技术密集型的重化、机械及装备制造业，尽管多年扶持，但仍然是福建规模小、竞争力最弱的产业。

应用贸易竞争指数法，我们计算 1996～2003 年福建十大类商品的贸易竞争指数，即净贸易比（该比值越趋近于 1，表明其相对比较优势越大），如表 3 和图 4 所示。

表3 福建商品贸易竞争指数

商品类别	1996 年	1997 年	1998 年	1999 年	2000 年	2001 年	2002 年	2003 年
食品及活动物	0.71	0.59	0.68	0.62	0.66	0.68	0.64	0.66
饮料及烟类	-0.02	0.17	0.60	0.52	0.60	0.58	0.76	0.79
非食用原料	-0.55	-0.49	-0.62	-0.71	-0.74	-0.79	-0.79	-0.84
矿物燃料及润滑油	-0.43	-0.44	-0.50	-0.79	-0.82	-0.87	-0.85	-0.95
动物油、脂、蜡	-0.29	-0.29	-0.41	-0.89	-0.96	-0.96	-0.99	-0.99
化学成品及有关品	-0.41	-0.37	-0.39	-0.48	-0.56	-0.52	-0.55	-0.63
按原料分类制成品	-0.19	-0.08	-0.07	-0.03	0.03	0.04	0.06	0.07
机械及运输设备	-0.24	-0.09	-0.13	-0.10	-0.04	-0.02	0.04	0.09
杂项制品	0.81	0.84	0.86	0.83	0.85	0.82	0.75	0.69
未分类产品	-0.75	-0.92	-0.90	-0.96	-0.99	-0.87	-0.93	-0.92

资料来源：根据《福建统计年鉴（2001）》《福建经济与社会发展年鉴（2004）》有关数据计算。

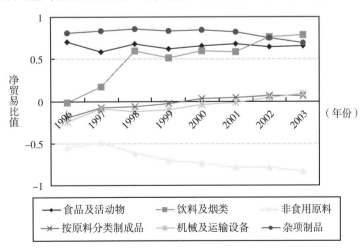

图4 福建主要贸易商品竞争指数变化趋势

资料来源：根据《福建统计年鉴（2001）》《福建经济与社会发展年鉴（2004）》有关数据计算。

我们发现：

（1）2003年，福建具有很强竞争力（净贸易比值＞0.5）的出口贸易商品有三类，其中工业产品仅有杂项制品一类。1996～2001年，它一直是出口竞争力最强的贸易商品。但自2001年开始，此大类商品的贸易竞争力以较快速度下降，2003年下降为0.69。

（2）1996～2003年，机械及运输设备类商品的贸易竞争力上升，虽然目前竞争力仍然比较弱（2003年贸易竞争指数仅为0.09），但上升态势明显。需要指出的是，在机械产业内部各行业的竞争力差异很大，具体来看，推动机械及运输设备产品竞争力上升的主要是办公用机械及自动数据处理设备、电信及声音的录制及重放装置设备和运输设备。

（3）就具体产品而言，出口亿元以上而且贸易竞争力强的商品近一半（49.63%）是劳动密集型的杂项制品，这一类产品的国际竞争力虽然至今仍然最强，但是，自20世纪90年代中期之后，已经开始逐渐下降。与此同时，以办公用机械及自动数据处理设备、电信及声音的录制及重放装置设备和运输设备为代表的轻型机械及运输设备类产品的竞争力虽然上升较快，但是，其竞争力仍然远远低于杂项制品。

2. 福建经济增长放缓的原因分析

在把握福建省改革开放以来的经济增长主要特点后，可以进一步将导致福建经济近期增长放缓的主要因素归结为以下几点。

（1）政策先行优势的丧失是福建经济增长放缓的关键因素。

诚如上文分析，改革开放以后福建经济的快速增长主要是得益于中央在全国范围继续保持计划经济为主的体制格局下对福建的改革开放政策试点，从而形成了福建在经济政策上的先发优势，奠定了福建在全国经济格局中的独特地位。这一先发优势和独特地位，造就了福建在全国各省份中的特有竞争优势，大大提高了福建省的综合竞争力。这不仅为福建带来了规模庞大的外来资本，同时也为福建带来了国际上先进的技术以及先进的管理理念，开辟了广阔的国际市场渠道，使得福建在与其他沿海地区省份的竞争中处于领先位置。然而，随着我国对外开放政策的全方位深入，这一优势逐渐丧失，以往专属于福建的对外开放权限及体制改革试点权逐步向其他沿海省份扩散。由于福建本身的内部市场狭窄、工业基础较差、基础设施薄弱，改革开放后外资进入而实现的经济高速增长虽然在一定程度上改变了福建的经济落后状态，但是，尚未来得及转化为本土的自增长能力，在没有政策专权保障的前提下，福建在与其他沿海省份的竞争中开始由原来的优势地位转变为劣势地位。同时，更为不利的是福建省逐渐在我国经济发展的战略层面上被边缘化。20世纪90年代中后期以来，我国先后提出开发大西北、振兴东北老工业基地以及中部崛起等大型战略，对西部、中部及东北的政策倾斜力度在逐渐加大，福建作为东部地区乃至全国改革开放的桥头堡之一，其所受到的政策关注度将大大降低。

（2）外资流入的减少是福建经济增长放缓的最直接因素。

前文分析，改革开放以来，福建经济的高速增长主要是依赖外来资本的进入。在改革开放初期，福建凭借先行先试的政策优势以及毗邻港澳台、东南亚，与港澳台同胞、东南亚华人华侨的特殊历史渊源关系，吸引了大批港澳台、东南亚华人华侨资本来闽投资，从而奠定了福建作为吸收外商直接投资大省的地位，福建经济也由此开始了真正意义上的腾飞。然而，从20世纪90年代中期以来，随着外商对中国的投资环境逐步熟悉，我国外资流入结构发生了巨大变动，来自日本、美国、欧洲等发达国家大型跨国公司的外资逐渐增加，港澳台地区的外资比重逐渐下降。

从表4可以看出，港澳台投资比重由1992年的占全国实际利用外商直接投资比重的79.58%，急剧下降为2004年的37.38%，缩小了一半还多；而美国、日本等发达国家的外商直接投资所占的比重则逐渐增大，最高时分别达到10.46%和9.56%，英国、德国、法国等所占比重也有较大的增加。这些国家的FDI以中国市场为目标、投资方式以购并投资为主，对投资地的基础设施、工业配套能力、人力资本储备、市场潜力有较高的要求，这些恰恰是福建目前较之沿海其他地区相对不足或比较薄弱的。因此，福建在吸引外资的竞争中渐居下风。如图5所示，2004年，福建实际利用外资额居华东南沿海四省一市之末，并且呈现出持续下行的趋势。由于福建经济增长至今仍对外资具有较强的依赖性，这直接导致了福建经济增长近期的相对放缓。

表4   1992～2004年我国实际利用港澳台投资及外商投资主要来源结构变化

单位：%

年份	港澳台	日本	新加坡	美国	德国	英国	法国
1992	79.58	6.45	1.11	4.64	0.80	0.35	0.41
1993	76.32	4.81	1.78	7.50	0.20	0.80	0.51
1994	69.79	6.15	3.49	7.38	0.77	2.04	0.57
1995	63.06	8.28	4.93	8.22	1.03	2.44	0.76
1996	59.27	8.82	5.38	8.25	1.24	3.12	1.02
1997	53.73	9.56	5.76	7.16	2.19	4.10	1.05

续表

年份	港澳台	日本	新加坡	美国	德国	英国	法国
1998	48.05	7.48	7.49	8.57	1.62	2.58	1.57
1999	47.79	7.37	6.55	10.46	3.41	2.59	2.19
2000	44.56	7.16	5.34	10.77	2.56	2.86	2.10
2001	42.70	9.28	4.57	9.46	2.59	2.24	1.14
2002	42.28	7.94	4.43	10.28	1.76	1.70	1.09
2003	40.17	9.45	3.85	7.85	1.60	1.39	1.13
2004	37.38	8.99	3.31	6.50	1.75	1.31	1.08

资料来源：整理自《中国对外经济统计年鉴（2005）》。

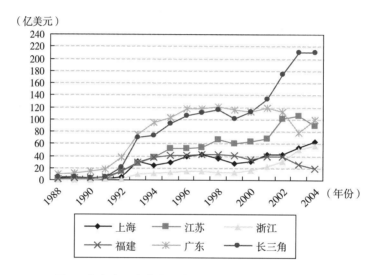

图5　华东南沿海省市港澳台及外商投资实际利用额
资料来源：中经网统计数据库。

（3）中小企业为主的企业结构难以适应新时期经济发展需要。

改革开放之初，福建和广东是当时中国仅有的两个政策试验区，同时其工业化水平又都比较低。这正适合当时亟待转移投资的东南亚、港澳台中小资本进行绿地投资的要求，因此，大批中小资本进入广东、福建两省沿海地区，带动当地中小企业的发展，形成了以中小企业为主、低技能劳动密集型、面向海外市场的加工贸易生产的经济发展模式。

以中小企业为主的发展模式比较适应人均GDP水平较低条件下的经济起飞，它因此造就了福建省经济在20世纪八九十年代的高速增长，但是，中小企业为主的企业结构显然不适应以重化工业为主导产业的经济发展时期的产业发展需要，因此，当经济进入新的发展阶段之后，以中小企业为主的企业结构就在一定程度上限制了福建经济的产业转型、技术创新。

（4）产业结构演进缓慢是福建经济近期放缓增长的结构性因素。

与中小企业为主的企业结构相联系，改革开放之后发展起来的福建产业多为从事生产低附加值产品的劳动密集型产业，资本密集型的重化、机械装备工业比重低，高新技术产业少。由于原有工业基础薄弱，产业配套能力低，人力资源储备不足，技术创新能力弱，福建经济的产业升级能力严重不足，在经济面临需要实现产业结构更新换代之际，产业结构的演进缓慢，严重影响了福建工业化水平的提高。从表5可以看出，尽管福建省政府在1995年已经将石油化工、机械电子等资本、技术密集型产业列为本省的支柱产业，鼓励其发展。但是，直到2005年，福建最主要的制造业仍然是通信设备计算机及其他电子设备制造业、皮革毛皮羽绒制品业、非金属矿制品业、纺织业和服装鞋帽制造业，石油加工、炼焦及核燃料加工业、化学原料及化学制品制造业、通用设备制造业等重化工业甚至比10年或5年前的比重下降了，电气机械及器材制造业、黑色金属冶炼及压延加工业、交通运输设备制造业、专用设备制造业的比重虽然略有增长，但是，所占比例仍然较低或者很低。显然，福建的工业发展水平与福建人均GDP在全国的位次相比，是不大相称的。

表5　　　　　福建省主要产业的工业增加值份额　　　　　单位：%

产品	1995年	2000年	2005年
农副食品加工业	4.80	3.11	3.68
纺织业	4.17	4.22	5.99
纺织服装、鞋、帽制造业	5.78	4.80	5.85
皮革、毛皮、羽毛（绒）及其制品业	6.63	5.19	6.77
石油加工、炼焦及核燃料加工业	2.04	0.93	0.75
化学原料及化学制品制造业	3.97	2.60	3.84
塑料制品业	2.92	3.21	3.18
非金属矿物制品业	6.34	5.92	6.73
黑色金属冶炼及压延加工业	2.12	2.73	3.00
通用设备制造业	2.22	1.42	2.12
专用设备制造业	1.92	1.41	2.09
交通运输设备制造业	1.66	3.35	3.30
电气机械及器材制造业	3.22	5.75	4.60
通信设备、计算机及其他电子设备制造业	4.74	14.16	11.33

资料来源：转引自林民书等《福建与台湾经济发展比较、经验分析、趋势预测及相关对策研究》，厦门大学海峡两岸发展研究院工作论文，2007年8月。

（三）福建必须重新定位发展战略

政策先行优势的丧失、外资流入的减少、以中小企业为主的企业结构与新时期发展任务之间的不相称以及产业结构升级换代缓慢共同导致了福建经济增长的相对放缓。如果我们仔细思考这四者之间的关系，可以发现：其中的关键因素是政策先行优势。正是由于先行先试的特殊政策，使福建获得了引进外资的特殊优势，形成了适应当时福建资源禀赋的中小企业为主的企业结构，劳动密集型产业为主的产业结构，为福建在改革开放中赢得了发展先机。1992 年之后，在全国范围建立社会主义市场经济体制，实行对外开放使福建以往所拥有的政策专权优势逐渐丧失，导致了福建在全国经济地位的改变，综合竞争优势的丧失，引起了投向中国的外来投资向其他省份的分流，流入福建的外资减少，企业结构固化和产业结构升级换代缓慢也就由此而来。与此同时，沿海其他省市则后发制人，逐渐形成了"环渤海湾经济圈""长江三角洲经济圈"，它们与"珠江三角洲经济圈"，成为福建经济的有力竞争对手。福建因此成为了整个华东南沿海地区中最薄弱的一环。

上述分析说明，进入 21 世纪之后，福建经济发展趋缓，相当程度上是由于福建在改革开放方面的先行先试垄断局面被打破，从而其在全国经济格局中的地位发生重大改变导致的。从这个意义上说，研究全国经济格局的变化趋势，重新确定福建在全国经济发展格局中的定位，寻求新的竞争优势，对于制定福建在新时期的发展战略，找到加快福建经济发展的方略，具有重要意义。

三、全国经济格局的变化分析

（一）全国经济格局的现状

1. 改革开放以来区域经济赢得普遍发展，全国经济格局发生变化

表 6 列出了我国各省份 1980 年、1999 年和 2006 年人均 GDP 值及各省份人均 GDP 与全国人均 GDP 值的比率。从表中可看出，在 1980 年，东部省份除了北京、天津和上海人均 GDP 值比率大大超过全国人均 GDP 外，其他省份与全国人均 GDP 比值大多在 100% 上下，其中福建、山东和海南人均 GDP 值还低于

全国平均水平，说明东部多数省份与中、西部省份的经济发展水平大体而言还是比较相近的。到了1999年，福建、浙江、广东人均GDP与全国人均GDP之比，比1980年分别提高了89.16个、82.05个和76.67个百分点。说明在这一期间，这三省经济增长速度较快。同期，中、西部各省份人均GDP与全国人均GDP之比均无明显提高，西部绝大多数省份人均GDP与全国人均GDP之比不升反降。到2006年，经济格局又发生了变化。江苏、山东、浙江和天津人均GDP与全国人均GDP之比，较1999年有较明显提高。福建、广东则有不同程度的下降，福建下降了32.47个百分点。

表6　　　　　　　　　　　　　全国及各省份人均GDP

地区	1980年人均GDP		1999年人均GDP		占全国比重较1980年增长（百分点）	2006年人均GDP		占全国比重较1999年增长（百分点）
	现行价格（元）	占全国比重（%）	现行价格（元）	占全国比重（%）		现行价格（元）	占全国比重（%）	
中国	460	100	6534	100	—	15930.79	100	—
东部区域								
北京	1582	343.91	19846	303.73	−40.18	49505	310.75	7.02
天津	1392	302.61	15976	244.51	−58.1	40961	257.12	12.61
上海	2738	595.22	30805	471.46	−123.76	56732.62	356.12	−115.34
辽宁	811	176.3	10086	154.36	−21.94	21802	136.85	−17.51
山东	402	87.39	8673	132.74	45.35	23546	147.8	15.06
江苏	541	117.61	10665	163.22	45.61	28685	180.06	16.84
浙江	470	102.17	12037	184.22	82.05	31684	198.89	14.67
福建	350	76.09	10797	165.24	89.16	21152	132.77	−32.47
广东	473	102.83	11728	179.49	76.67	28077	176.24	−3.25
海南	354	76.96	6383	97.69	20.73	12650	79.41	−18.28
中部区域								
河北	427	92.83	6932	106.09	13.27	16894	106.05	−0.04
内蒙古	361	78.48	5350	81.88	3.4	20047	125.84	43.96
山西	442	96.09	4727	72.34	−23.74	14106	88.55	16.21
吉林	445	96.74	6341	97.05	0.31	15625	98.08	1.03
黑龙江	694	150.87	7660	117.23	−33.64	16268	102.12	−15.11
安徽	291	63.26	4707	72.04	8.78	10044	63.05	−8.99
江西	342	74.35	4661	71.33	−3.01	10679	67.03	−4.3
河南	317	68.91	4894	74.9	5.99	13279	83.35	8.45
湖北	428	93.04	6514	99.69	6.65	13169.1	82.66	−17.03
湖南	365	79.35	5105	78.13	−1.22	11830	74.26	−3.87
广西	278	60.43	4148	63.48	3.05	10240	64.28	0.8

地区	1980 年人均 GDP		1999 年人均 GDP		占全国比重较 1980 年增长（百分点）	2006 年人均 GDP		占全国比重较 1999 年增长（百分点）
	现行价格（元）	占全国比重（%）	现行价格（元）	占全国比重（%）		现行价格（元）	占全国比重（%）	
西部区域								
重庆			4826	73.86	—	12437	78.07	
四川	329	71.52	4452	68.14	—	10573.88	66.37	—
贵州	219	47.61	2475	37.88	-9.73	5750	36.09	-1.79
云南	267	58.04	4452	68.14	10.09	8961	56.25	-11.89
西藏	471	102.39	4262	65.23	-37.16	10396	65.26	0.03
陕西	338	73.48	4101	62.76	-10.71	11762	73.83	11.07
甘肃	388	84.35	3668	56.14	-28.21	8749	54.92	-1.22
青海	473	102.83	4662	71.35	-31.48	11753	73.78	2.43
宁夏	433	94.13	4473	68.46	-25.67	11784	73.97	5.51
新疆	410	89.13	6470	99.02	9.89	14871	93.35	-5.67

资料来源：国家统计局。

表 7 列出了我国各省份 1980 年、1999 年和 2006 年的国内生产总值及其占各年的全国国内生产总值的比例及 1980～1999 年，1999～2006 年的变化比率。从表中可看出，1980～2006 年，我国东、中、西部差距在扩大。东部 10 省份 GDP 占全国 GDP 的比例由 1980 年的 45.03% 上升到 1999 年的 51.37% 和 2006 年的 54.54%。与此同时，中部省份的 GDP 占全国 GDP 比例由 1980 年的 38.34 下降到 1999 年的 34.78% 和 2006 年的 32.52%，西部省份的 GDP 占全国 GDP 比例从 1980 年的 16.63% 下降到 1999 年的 13.63% 和 2006 年 12.91%。从各省 GDP 占全国 GDP 比例的变化来看，1980～1999 年，绝大多数中、西部省份占全国 GDP 比例是下降的，在东部，广东、福建和浙江等省份占全国 GDP 比例增加较快，而上海在这期间占全国 GDP 比例却下降了 2.49 个百分点；1999～2006 年，中、西部省份 GDP 占全国 GDP 比例仍多数趋于下降，东部省份占全国 GDP 比例增速较快的是广东、山东、江苏和浙江，上海增加了 0.61 个百分点，而福建 GDP 占全国 GDP 的比例则下降了。

表 7　　　　　　　　　　各省份 GDP 及占全国比例

地区	1980 年 GDP		1999 年 GDP		1980～1999 年变化（百分点）	2006 年 GDP		1999～2006 年变化（百分点）
	10 亿元（现行价格）	占全国比重（%）	10 亿元（现行价格）	占全国比重（%）		10 亿元（现行价格）	占全国比重（%）	
东部地区	197.92	45.03	4504.18	51.37	6.34	12517.87	54.54	3.17
北京	13.91	3.16	217.45	2.48	-0.68	772.03	3.90	1.42

地区	1980 年 GDP		1999 年 GDP		1980 ~ 1999 年变化（百分点）	2006 年 GDP		1999 ~ 2006 年变化（百分点）
	10 亿元（现行价格）	占全国比重（%）	10 亿元（现行价格）	占全国比重（%）		10 亿元（现行价格）	占全国比重（%）	
天津	10.35	2.35	145.01	1.65	-0.70	433.77	2.19	0.54
辽宁	28.10	6.39	417.17	4.76	-1.63	925.71	4.68	-0.08
山东	29.21	6.65	766.21	8.74	2.09	2184.67	11.05	2.31
上海	31.19	7.10	403.50	4.60	-2.49	1029.70	5.21	0.61
江苏	31.98	7.28	769.78	8.78	1.51	2154.84	10.89	2.11
浙江	17.97	4.09	536.49	6.12	2.03	1564.90	7.91	1.79
福建	8.71	1.98	355.02	4.05	2.07	750.17	3.79	-0.26
广东	24.57	5.59	846.43	9.65	4.07	2596.86	13.13	3.48
海南	1.93	0.44	47.12	0.54	0.10	105.24	0.53	-0.01
中部地区	168.57	38.34	3049.68	34.78	-3.56	7463.33	32.52	-2.26
河北	21.92	4.99	456.92	5.21	0.22	1161.37	5.87	0.66
内蒙古	6.84	1.56	126.82	1.45	-0.11	479.00	2.42	0.97
山西	10.88	2.47	150.68	1.72	-0.76	474.65	2.40	0.68
吉林	9.86	2.24	166.96	1.90	-0.34	424.92	2.15	0.25
黑龙江	22.10	5.03	289.74	3.30	-1.72	621.68	3.14	-0.16
安徽	14.09	3.20	290.86	3.32	0.11	614.19	3.11	-0.21
江西	11.12	2.53	196.30	2.24	-0.29	461.88	2.34	0.10
河南	22.92	5.21	457.61	5.22	0.01	1246.41	6.30	1.08
湖北	19.94	4.54	385.80	4.40	-0.14	749.72	3.79	-0.61
湖南	19.17	4.36	332.68	3.79	-0.57	749.32	3.79	0.00
广西	9.73	2.21	195.33	2.23	0.01	480.20	2.43	0.20
西部地区	73.10	16.63	1213.26	13.84	-2.79	2970.93	12.94	-0.90
四川（含重庆）	32.20	7.33	519.13	5.92	-1.41	1212.40	6.13	0.21
贵州	6.03	1.37	91.19	1.04	-0.33	226.74	1.15	0.11
云南	8.43	1.92	185.57	2.12	0.20	400.19	2.02	-0.10
西藏	0.87	0.20	10.56	0.12	-0.08	29.01	0.15	0.03
陕西	9.49	2.16	148.76	1.70	-0.46	438.39	2.22	0.52
甘肃	7.39	1.68	93.20	1.06	-0.62	227.50	1.15	0.09
青海	1.78	0.40	23.84	0.27	-0.13	64.11	0.32	0.05
宁夏	1.60	0.36	24.15	0.28	-0.09	70.70	0.36	0.08
新疆	5.32	1.21	116.86	1.33	0.12	301.90	1.53	0.20

资料来源：国家统计局。

2. 制造业主要集中在东部沿海地区,广东、山东、江苏、浙江、上海成为制造业最集中的地区,制造业北移趋势有所加强

如表 8 所示,从制造业各行业总产值占前三位省份的产值集中率来看,2003 年,20 个行业的集中率差别较大,集中率在 0.69～0.27 范围内。除烟草加工业(云南和湖南)、食品制造业(河南)、交通运输设备制造业(吉林)、饮料制造业(四川)外,中西部省区的产出都排在行业总产出的前三名之外;多数行业的产出高度集中于东部沿海地区。其中广东、山东、江苏、浙江、上海 5 个省(市)集中了 20 个制造行业超过一半的工业总产值。

表 8 　　　　制造业各行业总产值前三位省份的集中率及其变化

行业	1999 年		2003 年	
	集中率	前三位省份	集中率	前三位省份
化学纤维制造业	0.53	江苏、上海、浙江	0.69	江苏、浙江、山东
电子及通信设备制造业	0.55	广东、江苏、上海	0.66	广东、江苏、上海
仪器仪表及文化办公机械制造业	0.61	广东、江苏、上海	0.61	广东、江苏、浙江
纺织业	0.52	江苏、浙江、山东	0.60	江苏、浙江、山东
金属制品业	0.51	广东、江苏、上海	0.55	广东、江苏、浙江
电气机械及器材制造业	0.51	广东、江苏、山东	0.55	广东、江苏、浙江
通用设备制造业	0.46	江苏、上海、山东	0.50	江苏、浙江、山东
造纸及纸制品业	0.42	广东、山东、浙江	0.48	山东、广东、浙江
化学原料及化学制品制造业	0.35	江苏、广东、山东	0.43	江苏、广东、山东
食品加工业	0.38	山东、江苏、广东	0.42	山东、广东、江苏
专用设备制造业	0.45	山东、江苏、河南	0.42	山东、江苏、浙江
烟草加工业	0.42	云南、湖南、湖北	0.38	云南、湖南、上海
非金属矿物质品业	0.37	广东、山东、江苏	0.38	山东、广东、江苏
黑色金属冶炼及压延加工业	0.34	上海、河北、辽宁	0.36	河北、江苏、辽宁
食品制造业	0.35	广东、山东、江苏	0.35	山东、广东、河南
石油加工及炼焦业	0.36	辽宁、山东、广东	0.34	辽宁、山东、广东
交通运输设备制造业	0.35	上海、江苏、吉林	0.34	上海、吉林、江苏
饮料制造业	0.31	广东、山东、四川	0.33	四川、山东、广东
医药制造业	0.26	广东、江苏、上海	0.29	江苏、浙江、广东
有色金属冶炼及压延加工业	0.26	江苏、广东、河南	0.27	江苏、浙江、河南

资料来源:根据历年《中国统计年鉴》有关数据计算获得。

3. 长江三角洲经济圈成为引领中国经济发展的先导区域

进入 20 世纪 90 年代以来，长江三角洲地区一直保持高速增长，2004 年其绝大部分经济发展指标已经占据全国重要地位。长江三角洲地区城市群以全国的 1.1% 土地资源、6.3% 的人口吸引了全国近 40% 的 FDI，创造了全国 21% 的 GDP，1/10 的财政收入，实现全国 34.6% 的进出口总额。长江三角洲城市群不仅对全国经济发展做出了重大贡献，同时还具有很高的成长性和强大的经济活力。整个长三角地区聚集了近 100 个工业产值超过 100 亿元的产业园区，世界 500 强有 400 多家已在这里落户扎根，是继珠三角之后吸引外资和技术的又一大磁场。该地区人均 GDP 已达到 4234 美元，已进入工业化中高级阶段，而上海人均 GDP 为 6682 美元，苏州和无锡分别是 7007 美元和 6382 美元，接近高收入国家的水平。2004 年，该地区 GDP 比 2003 年增长 15.6%，每个城市的 GDP 都以两位数增长，其中苏州增长速度最高，约为 17.6%，上海是 13.6%，创下了连续 13 年两位数增长纪录，该地区成为拉动全国经济增长的火车头。

（二）全国经济格局存在的问题

1949 年以来，为适应不同时期国家发展的需要，我国提出和应用过沿海和内地、六大或七大经济协作区以及 1986 年以来采用的东、中、西部等经济区划分。东、中、西三大地带划分不仅较好地体现了 1990 年以前我国经济的东西差异，而且也较好地适应了改革开放及国家区域发展战略转变的需要，对由点到面有序推动改革开放及社会资源的宏观地域分配起到了重要的指导作用。但是，这一区划没有充分考虑影响我国经济区域格局发展变化的深层因素，因而，随着社会主义市场经济发展，它已不能全面体现和概括对我国社会经济具有重大影响的区域格局及其变动，因而不利于指导我国现阶段的区域经济发展。首先，随着市场经济发展，市场机制发挥日益重要的作用，南北自然、人文条件的差异透过市场机制日益明显地影响我国经济区域发展，致使近年来东南地区经济地位超越东北，东北与东南地区的经济差异迅速扩大。1995 年以后，东北人均 GDP 水平开始低于全国人均 GDP 水平。因此，南北差异已经成为中国经济区域差异的重要形式之一。与此同时，东西差异也越来越多地表现为东南地区与西部地区的差异。因此，东、中、西部的划分不仅完全忽视了日益重要的南北差异，而且也不能体现东西差异的实质。其次，随着改革和发展，东、中、西部的划分存在的基础和意义严重削弱。这反映在：（1）南北差异差距不断扩大，东、中部地带内各省区人均收入相对一致性已不存在；（2）随着中部沿江省份加工业职能加强、向加工业相对集中的地区类型转变，中部地带产业差距正在扩大之中；（3）1992年以来中国改革开放从试验转向全面推广，沿海作为市场化、国际化试验田的地位显著下降，东、中、西部区划逐渐失去它的意义。

（三）全国经济格局的重新划分

近年来，我国部分学者已经意识到我国东、中、西部的区域划分，不利于分析我国区域经济发展问题，无助于指导我国区域经济的协调发展，并对中国经济格局的划分进行了研究。张永林和李子奈（2001）通过对中国一个半世纪近代和现代经济发展的考察和研究，指出现在中国经济格局由南、北、西三方构成——南方的制造业、加工业和海洋业优势；北方的农业与资源特色；西部的能源和有色金属业。孙红玲和刘长庚（2005）提出将现有经济区改为横向集聚性划分，构建以珠三角、长三角和环渤海三大城市群增长极为龙头和引擎，辐射带动广大中、西部经济腹地的泛珠三角、泛长三角和大环渤海"三大块"新的区域，以"形成促进区域经济协调发展的机制"，实现统筹区域发展的目标。前者注意到经济格局的南北划分，是有见地的，但是，将北方仅仅视为农业与资源区，忽视了环渤海经济圈的崛起，是较大疏漏；而后者只是沿袭习见的珠三角与长三角提法，没有注意到本义上的珠三角和长三角是一个比较小的区域概念[①]，与环渤海经济圈不是同一量级的区域概念，从全国经济格局层面上分析，包括广东、福建、浙江、上海以及江苏在内的华东南沿海地区，可能是一个与环渤海湾地区更为相称的经济区域。因此，依据我国各地区地理位置相连情况，以及各地区社会、经济、人文资源禀赋和经济发展道路、发展模式的相似程度，我们提出了一个新的经济格局划分方式：（1）将原有的东部地区由北至南细分为东三省经济区域（包括黑龙江、吉林和辽宁）、环渤海湾经济圈（由北京、天津、河北、山东和辽宁构成，辐射内蒙古、山西、河南）以及华东南沿海经济区（由上海、江苏、浙江、福建和广东构成，辐射安徽、江西、广西）三大经济板块。（2）将西部大开发区域细分为西北区和西南区两大块，其中西北区包括新疆、青海、甘肃、宁夏及陕西，以陕西西安作为区域核

[①] 最初的、狭义的珠三角地区仅包括广东省内部珠江口三角洲一带十多个县（市、区），长三角也仅限于以上海为核心、包括苏南、浙北部分县（市、区）的长江三角洲地区。

心城市；西南区则包括重庆、四川、云南、西藏及贵州，以成渝经济区作为区域核心地带。（3）将原有中部地区的概念缩小，建立以武汉为中心，主要包括湖北、湖南、江西三省的经济合作区域。

这种格局划分方式充分考虑了我国各省、直辖市之间的地理位置相连及社会经济资源禀赋相似的情况，强调以点带面，突出中心城市或核心地带的龙头作用，并将经济发展道路和发展模式相近的省份划成同一经济区域，应该说，更符合我国未来区域经济发展的趋势，顺应我国区域经济发展的要求。下文我们将以华东南沿海经济区为例，着重探讨其形成的可行性及必要性，并分析华东南沿海经济区的形成对福建的重大意义。

四、"华东南沿海经济区"形成的可行性及必要性分析

（一）"华东南沿海经济区"形成的可行性分析

"华东南沿海经济区"由华东南沿海四省一市构成，包括上海、浙江、江苏、福建及广东。5个省份之间地理位置相近、甚或相连，地理环境、社会经济资源禀赋相似，经济发展模式虽各有异同，但总体上都以发展外向型经济为主，长期以来有着良好的合作伙伴关系，可以说，这是经济区形成的现实基础。而且近几年来，随着各省份之间经济的持续发展，地区间的产业链条渐趋形成，产业分工协作逐渐成为该地区经济活动的主要联系方式，经济区形成的物质基础条件也开始初步具备。

1. 地域相邻，发展道路殊途同归

在历史上，上海、浙江、江苏、福建就同属于一个经济协作区，存在着密切的经济联系。福建与广东不仅地域相连，而且长期以来存在着密切的经济往来。地域上的相近甚至相连、良好的历史合作关系及现实中密切的经济联系为这三大地区形成一个统一的经济区提供了较好的合作基础和顺畅的对话平台。当然，这些并不是构成一个经济区的充分条件，各省份之间发展模式上的殊途同归，是统一经济区形成的现实基础。

由于种种原因，改革开放以来，四省一市的发展道路不尽相同。广东和福建是我国最早的改革开放实验区，拥有毗邻港澳台的区位优势和亲缘乡情资源。在改革初期，两省利用中央赋予的优惠政策，大力吸引外来投资（港澳台

为主），发展劳动密集型加工贸易产业，利用外部的生产要素，改进内部的生产要素配置与经济结构，使区域内生产迅速与国际市场联系起来。利用外部资本，推动当地经济起飞；利用国际市场，发展外向型经济是广东、福建，尤其是其沿海地区经济发展模式的显著特点。与广东、福建不同，江苏、浙江在改革开放初期，选择了内向资本积累型的区域经济发展模式。其中，江苏以发展乡镇企业为主，即所谓的苏南模式，其最大特点在于以地方政府与社区政府为主要推动力量，以集体所有制乡镇企业为基本经济活动主体，内向筹资，直接推动区域经济发展。浙江则发展家庭私营工商业，温州模式是其代表，主要特点是私人发动，以家庭私营工商业为主要经济活动主体，以市场为导向，体制外需求诱致型制度变迁与内向筹资。上海是我国重要的工商中心和经济中心。改革开放之初，实行市场化改革的前景不明，因此，谨慎起见，中央对上海一直实行严格的计划经济管理，直到广东、福建等省的市场化改革取得显著成效，1992 年邓小平同志南方谈话之后，才被赋予特殊政策，以浦东为突破口，大力推进市场化改革。此前，在计划经济体制束缚下，上海这个中国工业最发达、经济基础最好的最大城市，其经济增长率竟低于全国平均水平（见表 1）。随着 20 世纪 90 年代的浦东开发，上海以其优越的区位优势，良好的产业基础，密集的人才资源，后发制人，迅速吸引了大量的外资，不仅在短短的时间内使自己的经济得到腾飞，并且带动了长三角地区的发展，促进了长三角地区经济发展模式的转变，逐渐地由内向资本积累型转向外向引资及出口加工型，长三角地区的 FDI 不断增长。2001 年，长三角地区实际利用外资额开始超过广东，进出口总额也占到全国进出口总额的 36.7%。长期以来，民营经济十分发达，但引进外资比较落后的浙江省在吸引 FDI 方面从 2000 年起也开始大幅增长，直逼上海。因此，可以说，在经济全球化的背景下，以市场化为导向，走对外开放道路的经济体，由于其地理条件、资源禀赋的相似性，尽管初始的发展道路有所不同，但是，在参与国际经济竞争的过程中，必然要根据自己的比较优势，选择最适合自己的发展道路。市场经济的竞争机制，使华东南沿海四省一市的经济发展道路渐趋收敛，殊途而同归。

2. 四省一市间产业链条分工初见端倪

目前，在四省一市的激烈竞争中，产业分工合作已初见端倪。以四省一市投资竞争最为激烈的电子信息产业为观察对象，从现有的统计数据中，可以看到地区间的产业水平分工和垂直分工的趋势（见表 9）。数据表明，电子信息产业细分的产品已经出现了一定的分工趋势。

表9　　华东南沿海四省一市2004年主要电子信息产品产量占全国比重　　单位：%

主要电子信息产品	上海	浙江	江苏	长三角	福建	广东
笔记本电脑（部）	0.36	0.49	0.05	0.90	0.03	0.06
半导体集成电路（万块）	0.26	0.30	0.06	0.62	0.01	0.22
显示器（部）	0	0.53	0	0.53	0.17	0.18
打印机（部）	0.49	0	0	0.49	0.03	0.39
半导体分立器件（万块）	0.17	0.14	0.01	0.32	0	0.33
程控交换机（含移动）（线）	0.27	0.02	0.01	0.30	0	0.26
激光视盘机（台）	0.11	0.12	0	0.23	0.04	0.63
移动电话机（部）	0.10	0.01	0.09	0.20	0.04	0.33
彩色显像管（只）	0.10	0.08	0	0.17	0.21	0.22
台式微型计算机（部）	0.08	0.01	0	0.09	0.09	0.50
彩色电视机（部）	0.02	0.06	0.01	0.09	0.04	0.47
电话单机（部）	0.02	0.02	0	0.04	0.04	0.88
传真机（部）	0.03	0	0	0.03	0.02	0.50
录像机（部）	0.01	0	0	0.01	0	0.73

资料来源：《中国信息产业年鉴（2005）》。

从表9可以看出，广东省电子信息产业的产品比较齐全，大部分电子产品在全国产出中都有一定地位，其中，尤其是电话单机、录像机和激光视盘机产出比重高达70%以上，传真机、台式微型计算机和彩电约占全国产出的一半，唯有笔记本电脑的产出比例较低；长三角主要的电子信息产品是笔记本电脑和半导体集成电路，占50%左右的有显示器和打印机，半导体分立器件、程控交换机（含移动）、激光视盘机、移动电话机、彩色显像管都占有重要地位；尽管电子及通信设备制造业是福建的首位产业，但是其经济实力决定了即使是在其首位产业中，也仅有显示器和彩色显像管的产出比重在20%左右，此外，台式微型计算机的生产也有一定规模。14种产品中，已经有8种产品一半左右的产出集中在1个省份内，有13种产品全国产出的1/4以上集中在四省一市中的1~2个省份里，只有半导体分立器件、程控交换机、移动电话机和彩色显像管的生产比较分散。因此，尽管四省一市都大力发展电子信息产业，但是具体到产业内部，产品的水平分工和垂直分工的趋势还是大体显现出来了。可以说，四省一市之间在产业链条形成的分工，为地区间的产业协作及统一经济区的形成，提供了必要的物质基础。

（二）"华东南沿海经济区"形成的必要性分析

"华东南沿海经济区"的形成是华东南沿海四省一市生产力发展、社会分工深化的天然要求。由于四省一市之间的发展模式类似、增长方式相近、产业结构趋同，导致其地区经济具备一定的同质性，造成其在争夺市场、吸引生产要素、产业结构调整、创新能力提升等种种方面展开激烈的竞争。这种激烈的竞争在市场经济体制下，将逐渐在地区间形成产业链条上的分工与协作，并最终形成更大的市场，实现规模经济。这一过程在空间上就表现为更大经济区的形成。

1. 产业结构趋同，地区之间竞争激烈

测定地区工业部门产业结构趋同程度，通常是根据联合国工业发展组织国际工业研究中心提出的产业"结构相似法"，其计算公式如下：

$$S_{ij} = \left(\sum_{k=1}^{n} X_{ik} X_{jk} \right) \Big/ \sqrt{\sum_{k=1}^{n} X_{ik}^2 \sum_{k=1}^{n} X_{jk}^2}$$

其中，S_{ij} 表示 i 地区与 j 地区之间工业结构的相似系数，X_{ik} 是 i 地区 k 产业产值占该地区工业总产值的比重，X_{jk} 为 j 地区 k 产业产值占该地区工业总产值的比重。一般情况下，$0 < S_{ij} < 1$，S_{ij} 越趋近于 1，表示 i 地区与 j 地区之间的工业结构趋同度程度越高；反之，越趋近于 0，则趋同度越低。相似系数是从区域的角度进行产业结构相似性的对比，从总体上反映产业的地区结构和分布状况，具有综合性特征。

由于相似系数仅适用于两两比较，本文将一一对华东南沿海地区四省一市进行相互间的比较，以测量该地区之间的产业趋同程度。表 10 为 2005 年四省一市规模以上工业前 10 名的制造业及其占工业总产值的比重。可以看出，2005 年，四省一市中有 4 个省市的首位产业都是电子及通信设备制造业，纺织业在 3 个省都是前 5 位产业，四省一市的前 10 位产业中基本上都包括了电气机械及器材制造业、交通运输设备制造业、化学原料与化学制品制造业。为尽量求出准确的相似系数，本文将综合考虑各省市排名前 10 的产业，选择其产业并集①来计算各省份之间的产业结构相似系数。最终结果在表 11 中显示。

---

① 共有 18 个产业，包括电子及通信设备制造业，交通运输设备制造业，黑色金属冶炼及压延加工业，通用设备制造业，化学原料与化学制品制造业，电气机械及器材制造业，石油加工、炼焦及核燃料加工业，金属制品业，电力、蒸汽、热水的生产和供应业，专用设备制造业，纺织业，纺织服装、鞋、帽制造业，化学纤维制造业，塑料制品业，皮革毛皮羽绒及其制品业，非金属矿物制品业，农副食品加工业，仪器仪表及文化、办公用机械制造业。

表 10	2005 年四省一市规模以上工业前 10 名的制造业及其占工业总产值的比重	单位：%
省份	产业	比重
上海	电子及通信设备制造业	21.78
	交通运输设备制造业	8.83
	黑色金属冶炼及压延加工业	8.50
	通用设备制造业	7.80
	化学原料与化学制品制造业	6.64
	电气机械及器材制造业	6.35
	石油加工、炼焦及核燃料加工业	5.25
	金属制品业	3.75
	电力、蒸汽、热水的生产和供应业	3.63
	专用设备制造业	2.51
江苏	电子及通信设备制造业	16.14
	化学原料与化学制品制造业	9.62
	黑色金属冶炼及压延加工业	9.28
	纺织业	9.26
	电气机械及器材制造业	6.40
	通用设备制造业	5.92
	电力、热力的生产和供应业	4.68
	交通运输设备制造业	4.29
	金属制品业	3.51
	纺织服装、鞋、帽制造业	3.21
浙江	纺织业	12.72
	电气机械及器材制造业	7.77
	电力、蒸汽、热水的生产和供应业	7.13
	通用设备制造业	7.05
	化学原料与化学制品制造业	5.37
	交通运输设备制造业	5.36
	电子及通信设备制造业	4.62
	化学纤维制造业	4.17
	服装及其他纤维制品制造业	4.14
	塑料制品业	3.95

省份	产业	比重
福建	电子及通信设备制造业	15.85
	电力、热力的生产和供应业	7.52
	皮革毛皮羽绒及其制品业	5.97
	非金属矿物制品业	5.83
	纺织业	5.83
	纺织服装、鞋、帽制造业	5.46
	农副食品加工业	4.58
	电气机械及器材制造业	4.32
	黑色金属冶炼及压延加工业	4.31
	化学原料与化学制品制造业	4.10
广东	电子及通信设备制造业	27.35
	电气机械及器材制造业	10.54
	化学原料与化学制品制造业	4.60
	交通运输设备制造业	3.78
	纺织业	3.09
	非金属矿物制品业	2.93
	纺织服装、鞋、帽制造业	2.67
	石油加工、炼焦及核燃料加工业	2.67
	仪器仪表及文化、办公用机械制造业	2.59
	农副食品加工业	2.07

资料来源：各省份统计年鉴（2006年）。

表11　　　　2005年华东南沿海四省一市之间的产业结构相似系数

省份	上海	江苏	浙江	福建	广东
上海	—	0.894	0.608	0.828	0.852
江苏	0.894	—	0.814	0.887	0.780
浙江	0.608	0.814	—	0.761	0.474
福建	0.828	0.887	0.761	—	0.802
广东	0.852	0.780	0.474	0.802	—

注：表中的相似系数是根据各省份规模以上工业产业占工业总产值的比重测算的。其中，广东的数据仅有12个产业，其余产业所占的比重均假设为0。因此，广东与其他省份之间的相似系数可能会有较大的低估。

从表11可以看出，2005年，除广东与浙江、上海与浙江的产业结构相似系数低于0.7以外，其余省份之间的产业结构相似系数均超过或接近0.8，特别是江苏与上海、江苏与福建的相似系数值，分别高达0.894和0.887，工业部门的产业结构同构化现象严重。

当经济发展到一定程度，产业同构现象如果未能及时得到改善，就将会成为影响经济进一步增长的重要障碍。因为，在政府主导型经济及地区分割的情况下，区域间的产业同构化势必引发激烈的区域间竞争，导致比统一市场条件下的自由竞争更大的损失。以吸引外来投资流入为例，长期以来，华东南沿海四省一市一直是我国吸收外来投资最多的地区，20世纪80年代中后期，广东、福建依靠特殊政策以及地缘、亲缘优势，吸引了大量港澳台投资。这些以生产杂项制品为主，以绿地投资为主要投资形式，要求投资地的土地价格、劳动力价格必须尽可能低廉，而且毗邻出海港口，以便实现两头在外的加工贸易模式。90年代中期后，新一轮的港澳台投资高潮出现，这些比80年代来中国大陆（内地）投资的技术水平高一些，以生产机电产品为主，对投资地的劳动力技能水平、产业配套能力的要求更高，在外销之外，也关注投资所在国的市场。长三角在这些方面的综合优势，使长三角地区在新一轮引资竞争中战胜广东、福建，成为新的赢家。

从图6可以看出，1992年之前，广东、福建的外来投资实际利用额都远远高于长三角各省市。直到2000年之前，广东的FDI都大于长三角1市2省的引资总和。2000年，实际利用外资总量开始被长三角超越，在2003年，甚至被江苏超过。2004年，广东又重新追回了第一的位置，但地位岌岌可危，而江苏则气势逼人，两省的外资争夺近年来呈胶着状态。上海、福建和浙江的引资曲线近5年则缠绕在一起，但是趋势不同：福建自20世纪90年代后期开始，引资总额呈下降趋势，而上海和浙江则上升趋势明显。尽管图表中的各省份引资

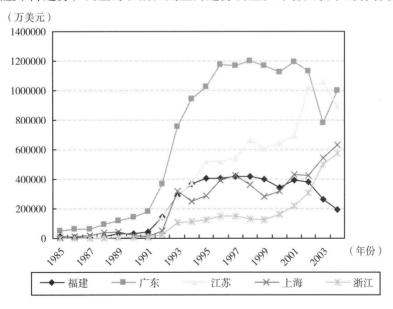

图6 华东南沿海四省一市实际利用外资比较

趋势线的升降不能充分说明相互之间的竞争关系，但是，从现实经济生活中各省份之间在引资中的实际作为及其结果，可以明显地看出这些曲线的升降，是各省份之间激烈的投资竞争的体现。

2. 竞争推动社会分工的形成，并最终导致更大市场的形成

在市场经济体制下，竞争将导致分工与协作的产生。通过竞争可以迫使每一个市场参与者根据自身的禀赋优势，实行分工协作；通过竞争才能实现适者生存，优胜劣汰。地区之间、厂商之间，只有经历了激烈的竞争，才能真正清楚地认识自己的优劣势所在，选择最适合本地区、本企业从事的领域及环节。

以福建为例，在泉州，制鞋业、纺织服装业内部，产业同构引起的激烈市场竞争，逐渐导致了以产品市场细分为特征的水平式产业分工。例如，服装行业中出现了生产不同类型服装的专业厂商，它们有的生产男装，有的生产女装，有的生产西服，有的生产牛仔服，有的生产运动服，有的专业生产内衣等，分工比较细致，生产相对专业，同一地区内的众多厂商构成了一个比较完整的服装产业簇群，与此同时，围绕着服装产业的上下游产业，如纺织、针织、整染以及相关的专业服务业也逐渐发展起来。在制鞋业，则出现了生产不同配件的专业厂商，有的专门生产鞋底，有的专门生产鞋帮，有的专业生产鞋带、扣眼等相关的小配件，有的则进行成品加工，这些厂商在泉州地区形成了一个比较完整的运动鞋生产的专业化协作链条，从而大大提高了该地区的鞋业生产效率。

竞争预示着产业分工与合作的前景，产业分工与合作在空间布局上则表现为区域经济分工与一体化。目前，华东南沿海四省一市之间激烈的经济竞争，在不断完善的市场以及行政体制改革的背景下，必然将促使各地区按照比较优势原则进行合理的产业分工，形成更大的市场，从而实现规模经济，并最终使得每个参与分工的地区经济利益都会增长。

五、"华东南沿海经济区"形成的战略意义

（一）华东南沿海四省一市的重要经济地位

华东南沿海四省一市在全国经济中的地位可以分成两个阶段来分析：第一阶段是改革开放初期到 1991 年。在这一阶段，四省一市在各项指标方面占据了全国比较重要的地位，但基本上是得益于全国经济整体规模偏小，没有较大的意

义。第二阶段是从 1992 年至今。这段时间里，四省一市不仅进一步巩固了比重上的优势地位，而且在经济规模上取得了长足的发展，真正成为全国经济的核心，成为中国最重要的经济增长极。具体可以从以下四个方面来看：

第一，从 GDP 份额来看，华东南沿海地区是全国最大最重要的经济体，也是全国最具活力的地区。从图 7 中可以看出，华东南沿海四省一市所创造的 GDP 总和占全国 GDP 总量的比重，从 1978 年以来一直呈现稳步上升的趋势，到 2006 年，该比重达到 38.4%，接近全国国内生产总值的 2/5。华东南沿海地区真正的飞速发展的阶段是从 1992 年开始的。至 2006 年，短短 15 年间，该地区的 GDP 总量由 1992 年的 7696.65 亿元增加至为 80964.5 亿元，增长 10 倍有余。再从人均 GDP 来看（见图 8），华东南沿海四省一市的人均水平在 1992 年以前基本上与全国人均水平持平，没有任何优势，1992 年以后，这四省一市人均 GDP 增长速度明显加快，并逐渐拉开与全国人均水平的差距。其中上海的人均 GDP 最高，2006 年达到 57310 元，约是全国人均水平的 4 倍；其次是浙江、江苏、广东，福建忝陪末位。

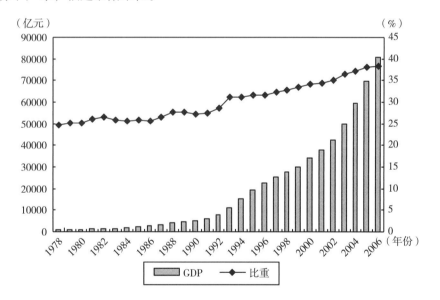

图 7　华东南沿海四省一市 GDP 总和占全国比重
资料来源：中经网数据库。

第二，从社会固定资产投资总额来看（见图 9），华东南沿海四省一市的社会固定资产投资总额自 1982 年以来基本维持在全国社会固定资产投资总额的 25% 以上，并在 20 世纪 90 年代中期达到最高点，约占全国社会固定资产投资总额的 40%。可见，该地区一直以来就是我国投资的重要区域。从 90 年代中期开始，虽然该地区投资总额占全国社会固定资产投资总额的比重有所下

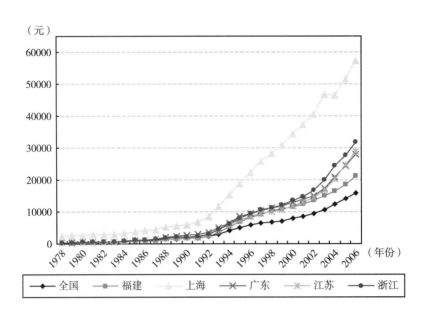

图 8　华东南沿海四省一市与全国的人均 GDP 对比

资料来源：中经网数据库。

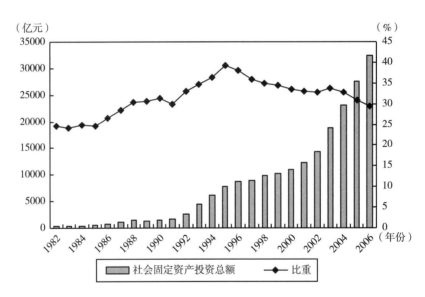

图 9　华东南沿海四省一市社会固定资产投资总额占全国比重

资料来源：中经网数据库。

降，但从绝对量上看，该地区的固定资产投资总额仍然迅速增长。2006 年，华
东南沿海四省一市的社会固定资产投资总额达到 32302.9 亿元，是 1992 年的
12 倍，超过同期 GDP 的增长率。

　　第三，从财政收入角度看，华东南沿海四省一市的地方财政收入占全国财政
收入的比重虽然呈现逐步下滑的趋势（见图 10），但从其自身角度看，自 20 世纪

90 年代中期以来，增长速度是相当快的。2006 年，该地区的财政总收入为 7251.6 亿元，约占全国财政收入的 18.7%。而其土地面积仅占全国的 5.33%。

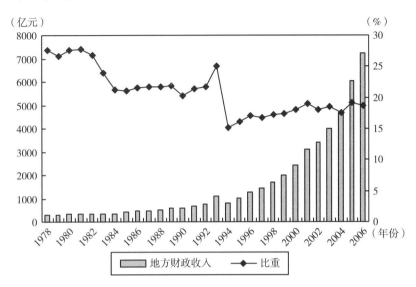

图 10　华东南沿海四省一市财政收入占全国比重

资料来源：中经网数据库。

第四，从吸引外资的角度来看，华东南沿海地区在全国更是占据了绝对优势地位。2006 年，该地区的实际利用外资总额达到 337.05 亿美元，约占全国实际利用外资总额的 60%。从图 11 中可以看出 1984 ～ 1991 年和 1992 ～ 2004 年，两阶段之间差距巨大。

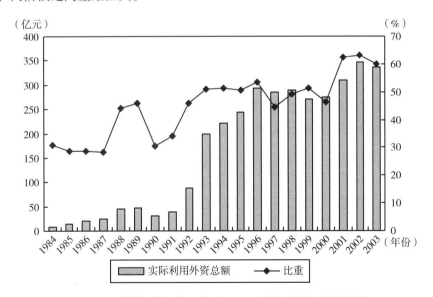

图 11　华东南沿海四省一市实际利用外资总额占全国比重

资料来源：中经网数据库。

（二）"华东南沿海经济区"的形成对我国社会经济发展的战略意义

1. 整合地区资源，增强我国经济在国际市场上的竞争力

华东南沿海四省一市，以 5.33% 的土地面积、不到 21% 的人口创造了全国经济总量的 35.7% 和 70% 以上的进出口总额。显然，它是我国目前最有经济活力，经济增长最快的地区之一。

此外，与华东南沿海四省一市毗邻的港澳台地区的总面积约为 3.7 万平方千米，人口大约为 3000 万人，2004 年 GDP 总额达到 4900 亿美元，约为内地（大陆）总量的 1/4 以上。也就是说，华东南沿海四省一市加上毗邻的港澳台地区，土地面积不到全国 6%，经济总量却约占全国的 50%。改革开放以来，港澳台地区与华东南沿海四省一市之间的经济联系不断发展，来自港澳台的投资及外需订单，既是促进华东南沿海地区经济发展的重要因素之一，也是导致华东南沿海四省一市之间产业同构、引发区域竞争，从而预示着这一地区区域经济整合趋势的重要因素之一。从区域经济发展的大视野看，促进华东南沿海四省一市之间的经济整合，使之逐步发展为华东南沿海经济区，无论是对该地区还是中国经济的发展，都具有极为重要的意义。在此基础上，进一步发展该地区与港澳台地区之间的经济联系，实现更大范围的区域经济一体化，无论是从中国、东亚乃至世界经济的视角，还是从经济或政治以及社会发展的其他方面看，意义都是十分深远的。

2. 缓和地区间的恶性竞争，加快地区经济一体化的进程

与全国其他地区一样，华东南沿海四省一市的改革开放采取的是地方分权与市场化相结合的模式，在这个模式下，地方政府与地方企业形成了以经济利益为纽带的联盟，地方政府为实现本地区 GDP 从而财政收入最大化，一方面，竞相运用各种政策优惠手段，进行引资竞争；另一方面，用各种行政性手段阻碍生产要素在区域间的自由流动，形成分割市场，使得原本可以在更大区域内形成的均质化的投资环境很难产生，区域间的分工协作难以展开，其结果是区域间产业结构趋同、竞争激烈，分工协作关系弱，区域一体化程度低。"华东南沿海经济区"的形成将有助于凝聚地区发展力量，化解地区发展矛盾，实现地区资源的共享，并可以使得华东南各省份之间的恶性竞争演化成同一经济体内部的矛盾协调过程，从而提升整个地区吸纳外来资本和承接先进国家或地区产业转移的能力，推动地区经济一体化的建设进程。

3. 促进地区产业分工与协作，优化地区产业布局

华东南沿海四省一市之间的恶性竞争，一方面导致了地区间的重复建设和资源浪费，造成了比自由竞争下远为重大的损失，另一方面它也促使了地区产业分工和协作的形成，地区产业分工链条初见端倪。然而，目前看来，这种由竞争带来的产业分工仍处于比较原始的行业内部自发形成阶段，缺乏从产业层面出发的整体分工布局，并且由于受到行政区划所造成的市场分割的影响，分工的程度也比较有限[①]。"华东南沿海经济区"的形成有助于从根本上解决这些难题，推动地区间的产业分工与协作。首先，它打破了阻碍统一市场形成的地方利益格局，形成了一个范围更为广阔的区域市场，满足了由竞争带来的分工深化，进而呼唤更大市场空间的需求。其次，经济区的形成使得行政级别更高一级的产业规划、布局成为可能，从而避免了地区竞争的混乱和无序，有利于加快产业分工由自发阶段向自主阶段转变，优化整个华东南沿海地区的产业布局。

4. 增强对台湾地区的虹吸效应，推进祖国统一大业的完成

在实现祖国统一大业的进程中，大陆与台湾的经贸联系扮演着十分重要的角色。近年来，中国大陆尤其是与台湾隔海相邻的华东南沿海地区经济的迅速发展，对台湾地区经济产生较大的虹吸效应，使得台湾经济对大陆经济的依赖程度加深，从而在某种程度上为我国在处理台湾问题上赢得了相当的主动权。但是，当前我国华东南沿海地区经济增长极的分布情况却并不利于充分发挥这种虹吸效应。首先，福建省在华东南沿海四省一市中的经济实力最弱，工业化程度最低，对台湾经济的影响力也最差，未能发挥其应有的作用。其次，华东南沿海地区的两翼——长三角经济圈与珠三角经济圈，虽然近年来发展迅速，与台湾地区的经济贸易往来加速升温，并已经对台湾地区构成一定的虹吸效应，但由于客观存在的空间距离因素，两者的发展对台湾经济的冲击作用也没有办法得到完全的释放。因此，建设华东南沿海经济区，发展福建使其成为华东南沿海经济区中独具特色的一角，不仅将促进华东南地区各个组成部分之间均衡发展，还将促使我国华东南沿海各地区形成以福建为箭头、两角地区为两翼的楔形板块区域，共同对台湾地区产生能量更为巨大的吸纳效应，这对于实现祖国和平统一、实现中华民族的伟大复兴与和平崛起具有十分重要的意义。

---

① 亚当·斯密认为分工起因于交换能力，因此分工的程度总要受交换能力大小的限制。换言之，要受到市场广狭的限制。见亚当·斯密：《国民财富的性质和原因的研究（上卷）》，郭大力、王亚南译，商务印书馆2004年版，第16页。

（三）"华东南沿海经济区"的形成对福建经济的重大意义

由于政策先行优势的丧失以及自身发展模式的缺陷，福建在长三角、珠三角地区的两角夹击下经济增长连续6年居东南沿海地区之末，在全国经济格局中渐趋边缘化。要改变这种不利的局面，重新制定发展战略就成为福建的必要选择。2004年，海峡西岸经济区发展战略的提出，可以看作是福建为避免被边缘化所做出的努力。因此，在分析"华东南沿海经济区"的形成对福建经济的重大意义之前，我们首先简要分析一下"海峡西岸经济区"发展战略。

1. "海峡西岸经济区"的基本内涵

2004年初，为摆脱连续数年经济增长相对放缓的现实，福建省委、省政府提出"建设海峡西岸经济区"战略构想，引起了国内外一片关注，并得到中央的高度重视和肯定。《福建省建设海峡西岸经济区建设纲要》详细描述和分析了海峡西岸经济区的基本内涵，指出：海峡西岸经济区以福建省为主体，涵盖浙南温州、金华、衢州、丽水地区，赣南赣州、吉安地区，赣东鹰潭、上饶地区，粤东汕头、潮州、梅州、揭阳地区共21个设区市，是位于海峡西岸一个不同于行政区划的具有地缘经济利益的区域经济共同体。经初步测算：该行政区域面积达28.8万平方千米，占全国行政区划面积的3%；常住人口约9000万人，占全国的7%；人口密度为313人/平方千米，高出全国平均水平的1.3倍；2005年经济规模达到1.5万亿元，约占全国的7.5%。从地理特征看，海峡西岸经济区处于台湾海峡东岸的台湾地区、福建北面的长江三角洲以及福建南面的珠江三角洲等经济圈的联结部，经济发展水平处于周边经济圈合围形成的马鞍型的"凹"部，"洼地"特征比较明显。

2. 海峡西岸经济区发展战略对福建经济发展的现实意义

"海峡西岸经济区"的提出是福建省以更高的角度、更宽的视野、更开放的姿态来迎接各种挑战，是在长江三角洲和珠江三角洲先行、环渤海经济区崛起、西部大开发、东北老工业基地振兴等发展态势下的一项战略选择。不进则退，不大力发展海西，福建就有落后于其他省份甚至被"边缘化""低端化"的危险。

（1）海峡西岸经济区发展战略是福建省试图改变在战略层面被边缘化的处境，寻求自身发展空间的产物。

随着我国综合国力的持续上升，中央逐渐将目光转向跨区域的大型发展战略。1998 年以来，中央先后提出开发大西北、振兴东北老工业基地等大型战略规划，而在南部沿海地区，广东提出"泛珠三角经济区"概念，试图将原先的珠江三角洲经济圈扩展到包括香港、澳门及周边各省份的大型区域经济体；上海、浙江、江苏两省一市提出以上海为中心建立"大长三角经济圈"，力图将其影响和作用力扩张到周边的福建、安徽、江西等省份；"环渤海湾经济圈"则涉及辽宁、河北、山东、天津及北京三省二市，这些战略规划基本都是摒弃传统的城市（省）概念，跨地区共同发展、共同繁荣，将经济圈由封闭的"地理圈"变成开放的"概念圈"。与之相比，无论是"闽南金三角"，还是"海峡西岸繁荣地带"，都显得范围狭窄，目标不明，底气不足。"海峡西岸经济区"战略的提出虽未能达到其他经济圈的规模及层次，但至少可以适当改变现有的渐趋边缘化的不利状况。

（2）海峡西岸经济区发展战略是福建省整合地区资源，提高竞争力，积极响应长三角、珠三角经济区两角夹击的努力。

1985 年，长江三角洲、珠江三角洲和闽南厦漳泉三角地区同时被列为沿海经济开放区。而到了 2004 年，长三角和珠三角已经构筑起领跑中国经济的经济体系，在全国的经济总量中，长三角占 21.7%，珠三角占 11.8%，而福建全省只有 3.6%。在这种强弱分明的状况下，福建省在引进外资、吸收人才、技术创新等方面的竞争力都是远远不及其他省份的。海峡西岸经济区发展战略的提出有利于福建省集中地区资源，增强地区经济实力，从而提高福建在区域经济中的竞争能力。据初步统计：经过整合以后，目前海峡西岸经济区的 GDP 相当长三角的 46%，珠三角的 90%。不过，在财政总收入、固定资产投资规模、进出口总额、实际利用外资等指标方面仍显不足，仅分别相当于长三角的12%、33%、17% 和 26%，相当于珠三角的 75%、79%、17% 和 38%，仍然处于劣势。

3. 海峡西岸经济区发展战略的局限性

海峡西岸经济区发展战略的提出虽然在改善福建在全国经济格局中的地位有一定作用，但其以福建为主体外加周边二线城市的基本内涵决定了在与长三角、珠三角的竞争中仍然处于劣势地位。因此，在加快建设海峡西岸经济区的同时，必须清醒地认识到该战略存在的不足与局限。

（1）"经济区"概念未能得到中央的认可。

"十一五"规划中提出支持海峡西岸和其他台商投资相对集中地区的经济发展，促进两岸经济技术交流和合作。这里只肯定了"海峡西岸"的概念，并没有认可"经济区"的提法。中央只是将海峡西岸作为众多台商比较集中地区之一予以支持。因此，海峡西岸经济区发展战略并没有赢得专属于福建自身的品牌，政策关注度有限。

（2）海峡西岸经济区发展战略未能真正改变福建省与长三角、珠三角地区之间的竞争弱势地位。

"海峡西岸经济区"提出后虽有利于福建省集中地区资源，提高竞争能力，但与长三角、珠三角地区相比，仍然是处于劣势地位。

第一，从经济总量和经济发展速度看，福建省与长三角、珠三角地区之间差异较大（见表12）。

表12　　　　　　　　　2006年华东南沿海四省一市的主要经济指标

指标	长三角			珠三角	海西区	全国
	上海	江苏	浙江	广东	福建	
GDP（亿元）	10296.97	21548.36	15649	25968.55	7501.63	209407
GDP增长速度（%）	12	14.9	13.6	14.1	13.4	10.7
三次产业增加值占GDP比重	0.86：48.54：50.6	7.2：56.5：36.3	5.9：53.9：40.2	6.05：51.72：42.23	11.8：49.8：38.4	11.8：48.7：39.5
人均GDP	75264.7	28685	31423.7	28077	21083.8	15930.79
总人口（万人）	1368.1	7549.5	4980	9304	3558	131448
进出口总额（亿美元）	2274.89	2840	1391.5	5272.24	626.63	17607
出口额（亿美元）	1135.73	1604.2	1009	3019.54	412.65	9691

资料来源：根据2006年国家统计公报及地区统计公报计算。

第二，从吸引外资的角度上看，海西区的实际利用外资额仅分别相当于长三角、珠三角地区的26%和38%，规模较小。在华东南四省一市中，福建实际利用FDI的数额处于劣势（见表13）。

表13　　　　　　　华东南四省一市实际利用外商直接投资（FDI）　　　　单位：万美元

经济区		1990年	1996年	1999年	2002年	2003年	2004年	2005年	2006年
海西区	福建	29002	407876	402403	424995	494329	531802	622984	718500
长三角	上海	17401	394094	283665	427229	546849	654100	685000	710700
	江苏	12416	521009	607756	1018960	1056365	1210000	1318000	1743000
	浙江	4843	152050	123262	307610	498055	668000	772000	889000
珠三角	广东	146000	1175407	1165750	1133400	782294	1001200	236400	1451100

资料来源：历年地方统计公报。2004～2006年的数据为历史可比口径数据。

　　　　第三，从人才资源储备及劳动力吸收方面看，海西区的竞争力也十分有限。长三角地区拥有千余所科研机构和百余所高等院校，有着大批的科技人才和熟练技术工人；而珠三角地区本身虽不具有这些优厚的人力资源条件，但它吸引着来自全国各地的专门人才，每年有着大量的科技人员和优秀大学毕业生从中西部流动到广东沿海地区。第五次人口普查资料显示，珠三角地区流动人口为2152万人，是全国吸引外来劳动力最多的地区之一。此外，2003年珠三角地区专业技术人员比例高达6.86%；长三角地区专业技术人员比例为4.16%；同期，海西区该项指标仅为1.8%。可见技术创新性人才的相对缺乏也是造成地区差异的重要因素，海西区未来发展同二者相比，缺乏创新潜力（见表14）。

表14　　　　　　　　　　2003年跨省劳动力的主要流入地

指标	广东	浙江	上海	江苏	福建	其他省份	全国
占跨省劳动力的比重（%）	51.6	7.7	5.9	3.5	4.3	21.9	100
估计流入劳动力数（万人）	1458	217	167	99	121	619	2825

资料来源：王小鲁，樊纲．中国地区差距：20年变化趋势和影响因素［M］．北京：经济科学出版社，2004。

第四，从产业结构布局来看，以福建省为主体的海西区第一产业比重仍然偏大，工业化水平较低（见表15），2006年福建省第一、第二、第三产业的比例关系为11.8：49.8：38.4，在华东南沿海四省一市中，福建省的第一产业比重偏高，而第二产业比重偏低。根据产业结构发展理论，进入工业化高级阶段的标志之一是第一产业的比重降到10%以下，以此来看，福建省的工业化水平在华东南沿海地区是最低的，工业实力依然较为薄弱。

表15　　　　　　　2006年华东南沿海四省一市三大产业比例　　　　　单位：%

地区	第一产业	第二产业	第三产业
全国	11.8	48.7	39.5
福建	11.8	49.8	38.4
上海	0.86	48.54	50.6
江苏	7.2	56.6	36.3
浙江	5.9	53.9	40.2
广东	6.1	51.7	42.2

资料来源：各省份统计年鉴（2007年）。

（3）强调独立发展的海峡西岸经济区发展战略，容易忽略与邻近区域分工协调发展的重大意义，激发与长三角、珠三角地区之间的无序竞争。

长三角、珠三角和海西区三个地区，早则在20世纪80年代中期，迟则在90年代初中期，在制造业技术方面都开始转向从国外引进项目和相应技术，由于引进的外来投资主要来自港澳台地区，加上三个经济区内部自然禀赋比较相似，三个地区之间产业结构趋同、竞争激烈。在这种情况下，强调独立的海西区发展战略会降低与两角地区合作的可能，导致三个经济区之间已经存在的无序竞争、重复建设现象进一步恶化，不利于整个华东南沿海区域的共同发展。以港口建设为例，长三角地区，从长江南京港向下至苏州、宁波，一直到上海，港口已达 10 多处，而且都在争相扩建。珠三角地区则先后建起了广州黄埔港、深圳盐田港、珠海高栏港、中山南沙港等大型港口，港口分布过于密集，重复建设现象严重。

4. "华东南沿海经济区"对"海峡西岸经济区"的作用及意义

（1）"华东南沿海经济区"与"海峡西岸经济区"发展战略之间是整体与部分的关系，二者并无冲突。从行政区划上看，"海峡西岸经济区"隶属于"华东南沿海经济区"，是其囊括的三大经济分区之一。因此，建设"华东南沿海经济区"必须要发展"海峡西岸经济区"，后者是前者不可分割的一部分；反过来，发展"海峡西岸经济区"也离不开"华东南沿海经济区"，后者的整体功能将为前者的顺利实施提供其本身所不能具备的发展条件，如地区间的资源共享，地区间的分工协作、共谋发展等，只有在明确华东南沿海经济区的主体地位的基础上，大力推进海峡西岸经济区发展战略，才能最大限度地发挥后者的作用。

（2）"华东南沿海经济区"可以在一定程度上扭转"海峡西岸经济区"现存的不利发展处境。"海峡西岸经济区"的提出是福建省调整发展路径和发展策略，防止被"边缘化""低端化"的一项战略选择，但"海峡西岸经济区"的提出并不能从根本上改变目前福建省不利的局面。首先，海西区虽然顺利地由地方战略升级为中央战略，但中央更多是从祖国统一的角度来评判该战略，对经济区的概念并不认可。如果从区域经济发展的角度上看，其政策关注度有限，能借此得到的资本资源不多。其次，海西区无法撼动长三角、珠三角地区目前所拥有的竞争优势，尤其是在吸引外来资本方面，海西区的形成并不能改变福建省工业基础薄弱、投资环境差及市场空间狭窄的现状，无益于提高福建省的竞争力。最后，以中小企业为主的企业结构是福建省经济增长在近期相对落后于其他沿海地区的重要因素，海西区的形成对改变这一局面的作用有限。因此，强调发展海西区，事实上并不能真正改变导致福建省近期经济增长相对放缓的不利因素，反而有可能激化地区经济之间的矛盾，使得福建省进一步受到两边长三角、珠三角地区的压制。而"华东南沿海经济区"的形成可以在一定程度上改变这一不利局面。首先，由于"华东南沿海经济区"在全国经济格局中占据了重要地位，因此，在"华东南沿海经济区"的框架内，福建省可以得到更多的政策关注，避免在战略层面被边缘化。其次，"华东南沿海经济区"有利于海西区与长三角、珠三角地区形成既竞争又合作的关系，促使三大地区经济体能够和谐相处，集中力量，共谋发展。当前海西区与长三角、珠三角地区之间的关系可以有三种可能的发展倾向：第一种是长三角与珠三角持续发展壮大，而海西区无所作为。这种倾向的结果必然是两角连成一片，海西区则被彻底边缘化；第二种是海西区与长三角、珠三角地区三区并存，进行残酷激烈的竞争。由于海西区与其他两个地区相比，处于相对劣势地位，这种竞争多半会导致海西区发展缓慢，但长三角与珠三角地区的发展在激烈的竞争中也将受到限制；第三种是海西区与长三角、珠三角地区之间形成既竞争又合作的关系，互相扶持，互相补充，协调一致共同求发展。这三种关系中，第二种是最糟糕的，要竭力避免；第一种则看似可行，但是，如果从市场和政府角度看，从今后相当长一个时期内各级政府对市场经济运行、对地区经济圈形成的强大影响力来看，显然就值得疑问了，理由是华东南沿海广阔的区域毕竟不是两角地区所能完全辐射的；因此，第三种关系，即既竞争又合作的关系，是当前三大地区经济体唯一合理可行的发展方向。"华东南沿海经济区"将三大地区经济体纳入同一区域经济体内，有利于协调三大地区之间的政策，进一步发展彼此之间的经济贸易关系，促进产业分工与协作，推进三大地区之间竞争与合作关系的形成。

（3）"海峡西岸经济区"的发展布局需要从"华东南沿海经济区"的角度加以重新考虑。

"海峡西岸经济区"的发展布局，由北至南可划分成三块比较清晰的区域，分别是福建北部与浙江南部的结合带，福州、泉州和莆田组成的福建中部闽江口地带，以及福建南部的厦漳地区与广东北部潮汕地区的结合带，这三块区域将是未来海西区发展的关键所在。围绕这三块区域，福建当务之急的工作重点主要有两个：一是大力开发建设福建北部的三都澳港口，使其成为整个海西区，华东南沿海地区，乃至全国的新港口中心；二是整合厦漳地区，争取与广东的潮汕地区结合成为新的中心区域。这种布局，如果仅从海西区的角度出发，事实上意义不大。首先，三都澳港口的开发必须与其具备的优越自然条件相匹配，否则是对天赋资源的浪费。三都澳又名三沙湾，地处我国大陆黄金海岸线中段，是世界少有、国内仅有的深水良港，自然条件十分优越，孙中山在《建国方略》中称之为世界"最深不冻良港"。但是由于三都澳地处福建北部偏僻地区，交通不便，经济发展又长期相对落后，单纯依靠地方政府，甚至福建省的力量，无法将其建设成一个具有区域影响力的港口中心。可是如果将三都澳港口建设纳入"华东南沿海经济区"的范畴，就可以发现三都澳的地理位置刚好介于长三角港口群与珠三角港口群的中间，是整个华东南沿海海岸线的中心地段。因此，如果三都澳港口能够真正崛起，成为整个华东南沿海地区，乃至整个台湾海峡地区的一个重要的交通枢纽，它将完美地把长三角、珠三角地区与台湾、东南亚地区串联起来，这对于增强华东南沿海各地区的国内外经济交流，带动我国华东南地区经济一体化，无疑将具有十分重大的意义。其次，厦漳区域的规划整合必须在"华东南沿海经济区"的概念下，才能显示出其作为中心城市群的意义。由于厦漳地区过于靠近由福州、泉州和莆田组成的福建中部闽江口地带，两大经济区域之间并无缓冲地带，各自之间对抗激烈，使得厦漳地区只能单边对外产生辐射作用，如果仅限于海西区范畴，即便强调发展厦漳地区，其拥有的扩张空间也是相当狭窄的。综上所述，我们可以得出结论：从"华东南沿海经济区"的角度出发，"海峡西岸经济区"的发展布局对福建经济将更具有现实意义。

六、福建在"华东南沿海经济区"中的定位

（一）福建省的特殊地位分析

1. 地理区位特殊

福建三面环山，东面临海，仅有一条狭窄的沿海平原，与其他相邻省份之间的陆域交通联系相对不便。地形条件导致其与周边地区的集聚吸附和辐射扩散效应较弱。然而，从地理位置角度看，福建位于长三角和珠三角的连接点上，东邻台湾，靠近港澳，西连内陆，却又构成了相对有利的战略区位优势。尤其是福建与台湾两地的距离，较东南沿海各地都近，目前是全国唯一有港口与台湾金门、马祖直航的地区，而且厦门港还是中国大陆第一个、也是唯一一个可以办理台胞证的地区。在进一步方便大陆与台湾人员往来及经济合作、文化交流方面，福建在华东南沿海地区具有明显的区位优势。正是由于这样一种特殊的地理位置，福建在华东南沿海经济区的形成过程中，将起到南接珠三角、北承长三角，充分整合三大地区资源优势的核心枢纽作用，也是发挥华东南沿海经济区在整合港澳台资源、增强我国经济竞争力、

促进祖国统一的关键力量。

2. 战略地位特殊

目前，长三角地区是我国和东亚的重要经济、金融和贸易区，特别是先进制造业和先进服务业基地，而珠三角地区是全球性的外向型制造业基地和广深高新技术产业带，以福建为主体的海西区在这两大区面前，劣势地位明显。但与此同时，福建却成为长三角地区及珠三角地区争相拉拢的对象。上海、浙江、江苏提出"以上海为中心建立大长三角经济圈"，并于 2003 年 8 月召开长三角城市经济协调会第四次会议，就新一轮的发展和扩张进行新的协调和规划，力图将其影响和作用力扩张到周边的福建、安徽、江西等省份；广东则提出了"泛珠三角"的概念和规划，即突破珠江三角洲地理限制，以粤港为基础，向周边的福建和西南各省份扩展，并结合福建的闽台优势、西南各省份的民族资源优势，形成一个各地区共同发展、共同繁荣的开放性的"概念团"。从发展经济学的区域经济发展理论来看，两个三角地区都想把福建纳入自己的发展规划之中，这有利于福建发挥黏合剂的作用，将两大三角地区连成一片，带动自身经济的向前发展。因此，福建的发展思路应放眼于中国乃至世界经济一体化趋势，以开阔视野在全国区域发展战略演变的过程中谋划属于自己的一席之地，科学定位，促进全国区域经济布局的完善，推进福建与长江三角洲和珠江三角洲的区域协作，促进华东南沿海经济区的形成，凸显福建在东部率先发展、东中西部良性互动的全国区域发展格局中的重要地位和作用。

（二）福建应该定位为拉动"华东南沿海经济区"发展的引擎之一

1. 福建是实现"华东南沿海经济区"顺利形成的关键

首先，福建所处的特殊地理位置和战略地位，使得福建成为"华东南沿海经济区"形成的关键因素。从地理位置角度看，福建南接珠三角、北承长三角，是华东南沿海地区的核心枢纽地带，福建的发展将带动整个经济区连成一片，共同发展。其次，福建的发展是缩小华东南沿海经济区内部发展差异的关键。华东南沿海一些地区由于处于核心区域的周边，接受核心区域的辐射而迅速发展起来，而其他具有类似条件的地区则由于距离核心区域太远，无法接受其辐射，成为区域经济发展的边缘。苏南距离上海近而较早接受到上海的辐射，而苏北、苏中则由于距离上海远以及交通区位问题，无法融入长江三角经济区，经济发展长期处于边缘状态。因此，现阶段，长三角与珠三角辐射是有限的，而要增强我国最发达地区对周边地区的辐射，必须将福建纳入建立华东南沿海经济区。

2. 福建的发展优势是成为"华东南沿海经济区"乃至全国经济发展引擎之一的现实基础

首先，与台湾的区位优势。由于福建与台湾亲缘、血缘关系密切，语言相通，习俗相近，为海峡经济区内经贸发展提供了天然纽带。自改革开放以来，闽台经贸合作发展迅猛，在1995年闽台两地贸易达到高峰时，其贸易额在两岸贸易总额中的比重逾15%。近年虽有所下降，但2003年闽台贸易额也达35.7亿美元。此外，闽台两地由于气候、地理条件相近，资源互补性强，在高科技农业合作方面，"双赢"效应显著。

其次，港口资源优势。近几年来，随着能源、原材料进口化趋势加剧，我国的重化工产业呈现出一股由内陆向沿海地区转移的趋势，港口条件优良的地区更是成为了众多重化工企业的首选。福建从北到南分布着三都澳、罗源湾、湄洲湾、厦门湾及东山湾等六大天然良港，港口资源丰富，各主要港口的货物吞吐量近年来增长迅速。如图12所示，2000～2006年福建主要港口货物吞吐量，不论是绝对量，还是占全国沿海港口货物吞吐量的比重，均保持稳步上升趋势。2006年，福建省主要港口货物吞吐量总计达23687.61万吨，比2005年增长4082.36万吨，同期增长率高达20.8%。具体分港口来看（见表16），福州港和厦门港的货物吞吐量占据了绝大多数。2006年，这两大港口的货物吞吐

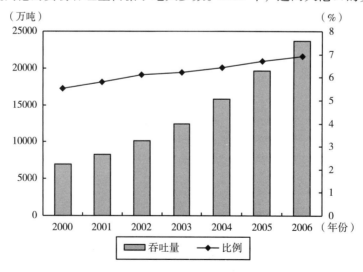

图12 2000～2006年福建省各主要港口货物吞吐量及其占全国比重

资料来源：《中国统计年鉴（2007）》《福建统计年鉴（2007）》。

量占全省总货物吞吐量的70%以上，达16639.89万吨。

表16　　　　　　　　　福建各主要港口货物吞吐量　　　　　　单位：万吨

年份	总计	福州港	厦门港	泉州港	宁德港	湄州湾	漳州港
2004	15834.76	5938.63	4261.37	3093.82	184.17	836.04	1520.73
2005	19605.25	7443.45	4770.76	4046.16	213.54	1050.03	2081.31
2006	23687.61	8847.82	7792.07	5134.93	447	1301.11	164.68

注：2006年由于港区调整，漳州港所属部分港区划归厦门港，厦门、漳州港2006年数据与往年不可比。
资料来源：《福建统计年鉴（2007）》。

最后，福建的工业化水平虽然整体水平还较低，但一些高新技术、高附加值行业发展迅速。表17展现了近三年福建省规模以上工业企业增长情况，根据2005年全省规模以上工业制造业产值比重及2003～2005年行业年均增速，可以看出通信设备、计算机及其他电子设备制造业的年均增长速度达到32.57%，高出全省规模以上工业产值的平均增长速度（25.27%）7.3个百分点，年产值比重为15.85%，在所有行业中占据绝对优势地位。

表17　　　　　2003～2005年福建省规模以上工业企业增长情况　　　　单位：%

项目	2005年产值比重	2003～2005年均增长	项目	2005年产值比重	2003～2005年均增长
总计	100.00	25.27	通用设备制造业	2.00	27.00
煤炭开采和洗选业	0.60	10.03	专用设备制造业	2.02	28.33
黑色金属矿采选业	0.39	42.00	交通运输设备制造业	3.68	16.90
有色金属矿采选业	0.16	15.50	电气机械及器材业	4.32	29.03
非金属矿采选业	0.33	35.80	通信设备、计算机及其他电子设备制造业	15.85	32.57
其他采矿业	NA	NA	仪器仪表及文化、办公用机械制造业	1.29	23.43
农副食品加工业	4.58	26.73	工艺品及其他制造业	2.46	20.40
食品制造业	2.05	31.30	废弃资源和废旧材料回收加工业	0.01	90.90
饮料制造业	1.21	21.37	电力、热力生产供应业	7.52	18.90
烟草制品业	1.08	7.40	燃气生产和供应业	0.09	12.37
纺织业	5.83	26.90	水的生产和供应业	0.25	29.87
纺织服装鞋帽制造业	5.46	33.77	化学原料及化学制品制造业	4.10	25.97
皮革、毛皮、羽毛（绒）及其制品业	5.97	22.67	医药制造业	0.79	23.50

项目	2005年产值比重	2003~2005年均增长	项目	2005年产值比重	2003~2005年均增长
木材加工及木、竹、藤、棕、草制品业	1.16	36.87	化学纤维制造业	1.61	17.17
家具制造业	1.12	32.47	橡胶制品业	1.52	21.13
造纸及纸制品业	2.44	21.73	塑料制品业	3.37	21.77
印刷业和记录媒介复制	0.57	17.37	非金属矿物制品业	5.83	27.00
文教体育用品制造业	0.92	33.27	黑色金属冶炼及压延加工业	4.31	26.30
石油加工、炼焦及核燃料加工业	1.53	4.70	有色金属冶炼加工业	1.51	19.43
金属制品业	2.09	26.47			

资料来源：根据《福建统计年鉴（2006）》有关数据整理计算而得。

3. 福建在"华东南沿海经济区"建设中应当要有所作为

现代经济发展理论认为，区域内优势互补、资源整合、联动发展，对经济增长具有乘数效应，会加速区域经济发展。长三角、珠三角区域经济联动发展和一体化进程的加快推进，给周边地区既带来难得的发展机遇，也带来被"边缘化"的挑战。因此，积极、主动地对接长三角、珠三角地区的产业发展趋势，扬长避短，集中力量，大力发展自身具备的比较优势产业，形成专属于自身的特色品牌产业，缩小与其他两个地区之间的差距，融入华东南沿海经济区，是福建充分发挥自身优势、加快发展的必然要求。

一是改善交通基础设施。加快与"长三角""珠三角"产业与区域对接，加快出省通道建设，实现与"长三角""珠三角"及大京九线连接，使其成为承南启北、东进西出的出省通道。（1）铁路：要加快温福、赣龙两条出省干线建设，与横南、鹰厦、梅坎线共同形成5条出省铁路通道。（2）公路：随着同三高速公路的建成，福建与"长三角""珠三角"连接的沿海大通道全线贯通，当前主要是加快高速公路周边连接线建设，并增加福建出省通道，形成全方位的公路交通网络。（3）港口：加快优良港口的建设，合理利用和保护港口资源，进一步完善港口布局发展规划，形成大中小港口相结合、大中小泊位相配套的港口体系，建设规模化、集装箱化、信息化程度较高的港口群。

二是适应区域经济一体化需要，促进产业合作。目前，上海产业结构高度化已居全国领先水平，第三产业比重超50%；第二产业中，高科技、高附加值产业比重不断提高，新兴产业群体迅速崛起。珠三角第二产业比重也已超50％，外向型经济特色显著。同时，一批劳动密集型、资源密集型产业正逐步外移。福建地处两大经济区中间，具有承上启下优势，要借助两大区的资金、技术、信息优势，发挥福建劳动力和资源优势，选择有市场潜力、有经济效益的产业联手发展，拓宽经济发展空间。

三是加大内地市场拓展力度，强化各类经济协作区功能，为构筑对内连接通道提供保障。要以江西、湖南省为重点，加大经济腹地的拓展力度，加快厦门港、福州港建设，依托以厦门市为龙头的闽粤赣13地市经济协作区和以福州市为中心的闽浙赣皖14地市经济协作区，以产业合作为支撑，引领周边二线省份的共同发展，把经济腹地延伸到内地省份，使福建省成为内陆省份对外开放的重要"窗口"。

总之，福建要在两大"三角洲"的夹缝中发展自己，应构建并积极融入华东南沿海经济区，达到扩展广大内陆市场空间的目的，这是发挥福建对台对外开放优势、港口比较优势，以更加主动的姿态接轨"长三角""珠三角"，以更加积极的姿态参与产业分工，变区域边缘为区域接轨前沿阵地的重大举措。因此，福建应高度关注"长三角""珠三角"产业发展规划，加快对内连接通道建设，把福建建设成为"北承南接""西联东拓"的重要支点。

参考文献

［1］陈耀：《产业结构趋同的度量及合意与非合意性》，载《中国工业经济》1998年第4期。

［2］洪银兴、刘志彪：《长江三角洲地区经济发展的模式和机制》，清华大学出版社2003年版。

［3］胡颖、李文溥：《产业竞争优势变迁与产业结构演变趋势》，载《东南学术》2006年第1期。

［4］黄茂兴、石淑华：《区域经济差异的比较分析与协调发展的政策选择——基于长江三角洲、珠江三角洲、海峡西岸经济区的实证研究》，载《南大商业评论》第10辑。

［5］李文溥：《从长三角、海西区、珠三角走向华东南沿海经济区》，载《东南学术》2007年第1期。

［6］李文溥、杨灿：《建设全面小康社会进程的一个比较研究——以福建为基点》，载《中国人口科学》2004年第4期。

［7］林民书等：《福建与台湾经济发展比较、经验分析、趋势预测及相关对策研究》，厦门大学海峡两岸发展研究院工作论文，2007年。

［8］陆铭、陈钊：《论中国区域经济发展的两大因素和两种力量》，载《云南大学学报》2005 年第 4 期。

［9］孙红玲、刘长庚：《论中国经济区的横向划分》，载《中国工业经济》2005 年第 10 期。

［10］王勤、赵铁山：《新时期闽商的地位与作用》，厦门大学海峡两岸发展研究院工作论文，2007 年。

［11］张传国：《强化海峡西岸经济区对台功能的战略构想》，厦门大学海峡两岸发展研究院工作论文，2007 年。

［12］张永林、李子奈：《中国经济区域的南、北、西三个板块结构与全国的经济发展》，清华大学中国经济研究中心工作论文，2006 年。

［13］朱文晖：《走向竞合——珠三角与长三角经济发展比较》，清华大学出版社 2003 年版。

［14］踪家峰：《海峡西岸经济区中心城市群建设问题研究》，厦门大学海峡两岸发展研究院工作论文，2007 年。

福建省经济社会发展阶段性特征研究[*]

2007 年以来，中央政府在较短的时间内密集批复了 20 多个地区的区域经济发展规划，新一轮的区域经济发展热潮正在掀起。从地理位置看，新批复的区域规划除了注重沿海布局外，还开始开发沿江、沿边地区。区域覆盖范围从东部、南部延伸到中部、西部、东北等地，涉及全国边边角角。如果这些区域发展规划全都得到落实的话，将意味着未来 5～10 年内全国经济格局将发生重大改变。以往依托地理区位划分的东部、中部、西部固然不复实际意义，甚至"十一五"规划制定的"东部、中部、西部、东北"四轮驱动式的经济区域布局，也必将被进一步细分的区域经济格局所代替。

为摆脱 21 世纪初期经济增长持续放缓的不利局面，福建省从 2004 年起，借助毗邻台湾的地理区位优势，极力谋划"海峡西岸经济区"。2009 年 5 月，经过五年多的艰辛努力，海峡西岸经济区终于由最初的概念范畴，上升到国家认可的具有明确区域范围、明确战略目标和战略方向的社会经济发展战略区域。应该说，这是继改革开放初期，中央赋予福建"特殊政策、灵活措施"的先行开放优惠政策之后，以福建省为主的区域经济战略发展再次得到国家层面的肯定和支持。

在中央批量批复国家级战略区域规划的背景下，全国未来的区域经济格局由此将发生怎样的改变？福建作为海峡西岸经济的主体省份，在全国新一轮的经济区域格局演变进程中，又应该如何抓住机遇、加快自身发展呢？这些问题值得进行研究。

本文第一部分讨论全国区域经济发展格局的演变历程以及新一轮区域发展

———————
  * 本文收录于《海峡西岸发展研究论集（二）》，经济科学出版社 2011 年版，共同作者：王燕武、郑建清、李晓静。

特点；第二部分分析福建自改革开放以来经济社会发展的各阶段特征，从中总结出 30 年来福建经济社会发展的经验教训；第三部分是政策建议。结合全国区域经济发展的新特征，分析福建未来的发展方向。

一、全国区域经济格局的发展演变
以及新一轮区域发展的特点

（一）全国区域经济格局的发展演变

1. 全国区域经济格局的划分

（1）"沿海与内陆地区"两大板块。党的十一届三中全会后，为配合中央关于区域经济发展的"两个大局"思路的转变，国家计委和国家统计局于 1982 年发出了《关于沿海与内地划分问题的通知》，通知规定北京、天津、河北、辽宁、山东、上海、江苏、浙江、福建、广东（含现在的海南）和广西 11 个省份为沿海地区，其余为内陆地区。同时，决定率先对东部沿海地区实施改革开放政策，建立深圳、珠海、汕头和厦门四个经济特区。1984 年之后，国家进一步确定东部沿海地区 14 个港口城市，作为对外开放试点城市，开辟了长江三角洲、珠江三角洲和闽南三角地区等地 61 个市、县为沿海经济开放区。应该说，这种区域划分方法相对简单粗糙，其分类依据只是以省级行政辖区是否位于沿海地区为准，没有其他更深的内涵。

（2）"东、中、西部"三大经济带。接下来，随着全国经济重心逐渐向东转移，我国区域经济格局相应发生了重大变化。1986 年，按照经济技术水平和地理位置相结合的原则，我国首次明确了东、中、西部三大经济带的划分。全国经济区域格局也由"沿海与内陆地区"两大板块调整为"东、中、西"三大经济带的"三带推进"格局。东部包括辽宁、河北、天津、北京、山东、江苏、上海、浙江、福建、广东、广西 11 个省份（1998 年，海南设省，东部相应变为 12 个省份）；西部包括四川、云南、贵州、西藏、甘肃、青海、宁夏、新疆、陕西 9 个省份；其余 9 个省份为中部，包括吉林、黑龙江、内蒙古、山西、河南、湖南、湖北、江西、安徽。东、中、西三大地带划分在当时不仅较好地体现了我国经济的东西差异，而且也较好地适应了 20 世纪 80 年代改革开放以及国家区域发展战略转变的需要，对由点到面有序推动改革开放以及社会资源的宏观地域分配起到了重要指导作用。因此，三大地带的划分是被接受程

度最广、最深入人心的区域格局分类，直至今日，仍是国家统计部门和其他相关部门的数据统计分类依据。

（3）"四轮"驱动的区域经济发展格局。2000年以来，我国先后实施了西部大开发、振兴东北老工业基地、促进中部崛起、东部率先发展等重大战略举措，全国经济逐渐形成了西部大开发、东北振兴、中部崛起、东部率先发展的"四轮"驱动格局。"十一五"规划也正式将东北地区作为独立的一个区块，与东部、中部、西部并列。不过，本质上讲，所谓"四轮"驱动的区域经济发展格局，无非是将传统三大经济地带中的东部经济地带划分成东南和东北地区，中部和西部经济地带则保持不变。

2. 现有区域经济格局划分存在的问题

随着对外开放程度的不断加深以及中国经济的市场化进程不断推进，这些区域划分已经无法再全面深入地体现和概括我国社会经济具有重大影响的区域格局及其变动，不利于指导我国现阶段的区域经济发展，尤其是国际金融危机之后，国家有意识地调整地区发展规划，目前的区域划分将更加不能适应未来区域经济的发展状况。

首先，随着市场经济发展，市场机制发挥日益重要的作用，南北自然、人文条件的差异透过市场机制日益明显地影响我国经济区域发展。东南与东北、西南与西北，南北之间的差异逐渐成为中国经济区域差异的重要形式之一。因此，四大区域的划分尽管认识到日益重要的南北差异，但对其完整全面的体现并没有完全到位，需要进一步调整。

其次，就东部而言，事实上，由北至南至少已经形成了东北老工业基地、环渤海经济圈、长三角地区、珠三角地区四个相对独立发展但又相互联系、相互影响的重要经济区域。因此，单一的东南地区或是区分了东北地区与东南地区的区划，都不足以揭示真正的东部经济发展格局。同样的，中部、西部地带都呈现出区域内"局部抱团"的经济格局发展趋势。以西部为例，西南和西北地区无论从地理环境、经济水平、产业结构等诸多方面看，都不能再简单地归为一类。西南地区，重庆和成都有可能成为中国经济继环渤海湾、长三角、珠三角地区之后的第四极，其他省份如贵州、云南则发展相对缓慢；西北地区，内蒙古经济增长水平异常迅速，连续数年经济增速排名全国第一，而同期新疆、甘肃、青海和宁夏则继续排名垫底，因此，区域内部之间的发展差异和不一致性已经严重削弱了传统地带划分的基础和意义。

最后，新一轮区域发展规划的出台将改变中国区域经济格局，大区域划分将不能适应未来区域经济的发展状况。2007 年 6 月以来，国务院先后批复了成渝全国城乡统筹综合配套改革试验区、广西北部湾发展规划、曹妃甸循环经济试验区、珠江三角洲改革发展规划、长江三角洲地区区域规划、福建省海峡西岸经济区、江苏沿海地区发展规划、辽宁沿海经济带发展规划、关中—天水经济区、中国图江门区域、黄河三角洲、横琴新区、安徽皖江城市带、鄱阳湖生态经济区等 21 部区域发展规划和指导意见文件（见表 1）。批复速度之快，涉及范围之广泛，前所未有。而且，值得注意的是，除了个别区域规划是跨区域规划外，其余的基本都是一省之内或两省之间的局部地区发展规划，过去以大区域合作为主的区域合作发展方式，逐渐过渡到以省级集中资源发展局部地区为主的方式，其结果必然是导致区域经济发展热点分散化，不会再出现鲜明的东、中、西地带之分。

表 1　　　　　　　"十一五"以来国务院批复的主要区域发展规划

地区	规划	时间
东部	《曹妃甸循环经济示范区产业发展总体规划》	2008 年 1 月 25 日
	《珠江三角洲地区改革发展规划纲要（2008~2020 年）》	2009 年 1 月 8 日
	《支持福建加快海峡西岸经济区的若干意见》	2009 年 5 月 14 日
	《江苏沿海地区发展规划》	2009 年 6 月 10 日
	《横琴总体发展规划》	2009 年 8 月 14 日
	《黄河三角洲高效生态经济区发展规划》	2009 年 12 月 3 日
	《长江三角洲地区区域规划》	2010 年 5 月 24 日
	《海南国际旅游岛建设发展规划纲要》	2010 年 6 月 8 日
东北	《辽宁沿海经济带发展规划》	2009 年 7 月 1 日
	《中国图江门区域合作开发规划纲要》	2009 年 8 月 30 日
	《进一步实施东北地区等老工业基地振兴战略的若干意见》	2009 年 9 月 11 日
	沈阳经济区新型工业化综合配套改革试验区	2010 年 4 月 6 日
中部	《鄱阳湖生态经济区规划》	2010 年 1 月
	《皖江城市带承接产业转移示范区规划》	2010 年 1 月
	《关于批准湘潭市城市总体规划的通知》	2010 年 2 月 5 日
西部	重庆市和成都市设立全国统筹城乡综合配套改革试验区	2007 年 6 月
	《广西北部湾经济区发展规划》	2008 年 2 月 21 日
	《关中—天水经济区发展规划》	2009 年 6 月 25 日
	《关于推进重庆市统筹城乡改革和发展的若干意见》	2009 年 2 月 5 日
	《关于进一步促进广西经济社会发展的若干意见》	2009 年 12 月 11 日
	《甘肃省循环经济总体规划》	2009 年 12 月 24 日

3. 全国区域经济格局的重新划分

近年来，我国一些学者已经意识到传统东、中、西部的区域划分，不利于分析我国区域经济发展问题，并开始对中国经济格局的划分进行研究。张永林和李子奈（2001）通过对中国一个半世纪以来近代和现代经济发展的考察和研究，指出了现在中国经济格局由南、北、西三方构成——南方的制造业、加工业和海洋业优势，北方的农业与资源特色，西部的能源和有色金属业；孙红玲和刘长庚（2005）提出将现有经济区改为横向集聚性划分，构建以珠三角、长三角和环渤海三大城市群增长极为龙头和引擎，辐射带动广大中西部经济腹地的泛珠三角、泛长三角和大环渤海"三大块"新的区域，以"形成促进区域经济协调发展的机制"，实现统筹区域发展的目标。前者注意到经济格局的南北划分，是有见地的，但是，将北方仅仅视为农业与资源区，忽视了环渤海经济圈的崛起，是较大疏漏；而后者过于关注东部沿海一线的发展，对中、西部地区多有忽视，尤其是对新近崛起的成渝经济区缺乏预见性。

李文溥等（2007）提出了一个新的经济格局划分方式：（1）将原有的东部地区由北至南细分为东北三省经济区域（包括黑龙江、吉林和辽宁）、环渤海湾经济圈（由北京、天津、河北、山东和辽宁构成，辐射内蒙古、山西、河南）以及华东南沿海经济区（由上海、江苏、浙江、福建和广东构成，辐射安徽、江西、广西）三大经济板块；（2）将西部大开发区域细分为西北区和西南区两大块，其中西北区包括新疆、青海、甘肃、宁夏和陕西，以陕西西安作为区域核心城市；西南区则包括重庆、四川、云南、西藏和贵州，以成渝经济区作为区域核心地带；（3）将原有中部地区的概念缩小，建议建立以武汉为中心，主要包括湖北、湖南、江西三省的经济合作区域。

应该说，这种经济格局划分方式，强调以点带面，突出中心城市或核心地带的龙头作用，并将经济发展道路和发展模式相近的省份划成同一经济区域，更符合我国当前区域经济发展的趋势，顺应我国区域经济发展的要求。不过，李文溥等（2007）的研究主要关注的是华东南沿海四省一市经济区，对中西部地区的格局分析，更多基于经验判断，缺乏必要的数据和分类方法支持。本文将运用系统聚类的方法，对一些指标数据进行分析，考察我国各个省市自治区的经济类型归属。

（1）系统聚类方法。聚类分析又称群分析，它是研究指标分类问题的一种多元统计方法。聚类分析可以有多种聚类方法，包括系统聚类法、有序样品聚类法、动态聚类法、模糊聚类法、图论聚类法、聚类预报法等。其中，系统聚类法又可分为最短距离法、最远距离法、中间距离法、重心法、类平均法、可变类平均法、可变法、离差平方和法等常用的聚类方法。不过，尽管系统聚类分析的方法很多，但归类的步骤基本上是一样的，所不同的是类与类之间的距离有不同的定义方法，从而得到不同的计算距离公式。这里，本文将采用最远距离法来划分中国区域经济格局。距离定义方法为 Canberra 距离①。

（2）聚类指标。为尽可能全面衡量各省经济之间的相似程度，以便于聚类分析，我们选择了 GDP、GDP 增长率、人均 GDP、城镇居民可支配收入、农村居民家庭人均年纯收入、地方财政决算支出占 GDP 比重、地方财政决算收入占 GDP 比重、科教文卫支出占地方财政支出比重、城乡居民储蓄存款年底余额、第二产业增加值占 GDP 比重、进出口总额占 GDP 比重、全社会固定资产投资总额、FDI、社会消费品零售总额 14 个指标，作为聚类分析的基本依据。数据来自 CEIC 数据库，时间是 2008 年。由于可能存在量纲问题，我们采用 Min-Max 标准化方法将数据标准化，公式如下：

$$X^* = \frac{X - \min(X)}{\max(X) - \min(X)} \tag{1}$$

其中，X 表示指标，$\max(X)$、$\min(X)$ 分别指标中的最大值和最小值，X^* 表示经过标准化处理过的指标，$X^* \in [0, 1]$。

（3）聚类结果分析。利用 Stata 软件，我们可以得到的聚类分析结果如图 1 所示。

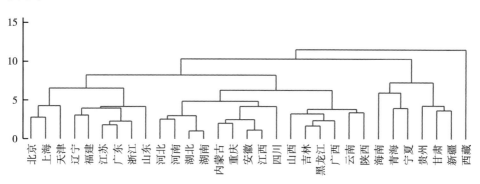

图1 2008 年全国 31 个省份 14 个指标的聚类分析结果

聚类分析的结果与我国现有的经济区分类有所不同。

首先，从大类看，可以分成 4 类地区。

---

① 具体关于聚类分析的介绍，可参见白厚义《回归设计及多元统计分析》（广西科学技术出版社 2010 年版）。

第 1 大类包括北京、上海、天津、辽宁、福建、江苏、广东、浙江和山东 9 个省份,大体上属于国内经济较发达地区;

第 2 大类包括河北、河南、湖北、湖南、内蒙古、重庆、安徽、江西、四川、山西、吉林、黑龙江、广西、云南、陕西 15 个省份,大体上属于中等经济发展水平地区;

第 3 大类包括海南、青海、宁夏、贵州、甘肃和新疆 6 个省份,大体上属于经济欠发达地区;

第 4 大类是经济最不发达地区,只有 1 个省份:西藏。

对比传统东、中、西部分类,可以发现:第 1 大类基本上与原来的东部地区基本重合,但是,原来属于东部地区的河北在指标聚类上却与原来的中部地区相近;第 2 大类是原来的中部省份加上原属于东部的河北,以及原先认为属于西部地区的内蒙古、四川、陕西、云南和广西;变化最大的是东中西分类中的西部地区,有近一半省份进入了中等经济发展水平地区,留下的六个省区,还分成了两类,原先的西北五省加上"错划入"东部地区的海南,构成了第三类地区。与青海、宁夏、贵州、甘肃和新疆相比,西藏的社会经济发展水平更为落后。

其次,各大类内部也不是发展水平一致的,还可以细分为众多小类。其中:

第 1 大类可以由四子类构成,分别是北京、上海、天津一类,江苏、广东、浙江一类,山东单独算一类,辽宁、福建一类。

第 2 大类可以分为三子类,河北、河南、湖北、湖南是一类,内蒙古、重庆、安徽、江西、四川是另一类,山西、吉林、黑龙江、广西、云南、陕西是第三类。

第 3 大类可以分成两子类,一类是海南、青海、宁夏,另一类是贵州、甘肃和新疆。

因此,我们认为:第一,从大类看,传统三大经济地带的区域划分仍具有一定的代表性,特别是对东部沿海地区的划分,但中、西部地区的划分需要进行较大的调整;第二,从子类看,除港澳台外,中国各省份按其经济发展水平,可以进一步细分为四类十级。福建属于一类四级地区,即经济较发达地区中的最低发展水平地区。福建赶上东部发达地区的平均水平,任重道远。

聚类分析揭示了我国不同地区经济发展水平的多样化及其近期动态,我们认为,在近期国家批复的区域规划进一步地方化的背景下,中国未来的区域经济格局将走向"局部以省市独自发展为主、整体实现点对点相连"的模式,小范围的地区经济多样化发展及中国经济发展等级版图的重构将成为未来一段时期内中国区域经济发展值得关注的趋势。

（二）全国新一轮区域经济发展特点

1. 地区发展差距仍然较大

2000年以来，尽管我国各大区域都有了一定程度的发展，但不同区域发展差距扩大的格局没有发生实质性转变，第2类、第3类、第4类三个地区与位于东部沿海的第1类地区的之间差距仍然较大[①]。

（1）全国94%以上的GDP分布在第1类和第2类地区。从图2可以看出，以2006年为分水岭，全国3类区域呈现出相反的变化特征。分时间段来看，1992~2006年，第1类地区GDP占全国的比重稳步提高，2006年到达54.07%。与此相反，同期第2类地区占比逐年下降，2006年下降到41.39%。2006~2009年，第1类地区GDP占比逐年下滑，第2类地区稳步提高。虽然占比出现波动，但1990~2009年两者合计占比均超过94%，是全国绝对的经济活动中心。2009年，第1类与第2类地区两者合计占比更是高达95.57%，其中第1类地区占比52.75%，第2类地区42.82%，第3类地区4.31%。

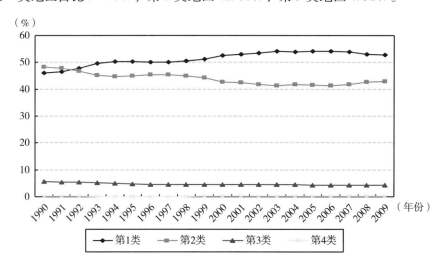

图2 1990~2009年中国GDP区域分布

资料来源：CEIC数据库。

（2）全国93%以上的全社会固定资产投资集中在第1类和第2类地区。一

---

① 根据前文分析，第4类地区只包含西藏，考虑其地理位置、产业结构、经济规模等方面的特殊性，下文的分析将不再对其进行详细说明。

方面，1992～2009 年第 1 类与第 2 类全社会固定资产投资占全国的比重呈现出此消彼长的变化特征，2003 年起，第 1 类地区占比逐年下降而第 2 类地区占比逐年上升。另一方面，2007 年是一个分界点，2007 年之前第 1 类占比均超过第 2 类地区，2007 年第 1 类和第 2 类地区占比几近相等，2007 年之后第 2 类地区就取代第 1 类地区，成为全国 4 类地区中全社会固定资产投资占全国比重最高的地区。正是由于第 1 类和第 2 类地区固定资产投资占比此消彼长，两者合计占比相对稳定。1992～2009 年，两者合计占比均超过 93%。2009 年第 1 类、第 2 类地区合计占比 95.10%，其中第 1 类地区占 43.26%，第 2 类地区占 51.85%。2009 年第 3 类、第 4 类地区合计占比仅为 4.9%，仅为第 1 类地区的 11.32%，第 2 类地区的 9.44%（见图 3）。

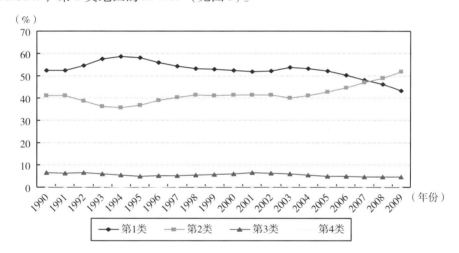

图 3　1990～2009 年中国全社会固定资产投资区域分布

资料来源：CEIC 数据库。

（3）70% 以上的外商直接投资集中在第 1 类地区。如图 4 所示，我国实际利用外商直接投资几乎全部集中在第 1 类和第 2 类地区，两类地区合计占比历年均超过 96%，2004 年更高达 99.1%。分区域来看，第 1 类地区占比历年均超过 70%，2004 年达到最高点 84.17%；第 2 类地区占比历年均超过 10%，2005 年占比突破 20%，2008 年更高达 25.38%。从图 4 还可以看出，自 2004 年开始，第 1 类地区实际利用外商直接投资占比明显下降，而第 2 类地区占比明显提高。2008 年，第 1 类地区占比下降为 73.18%，第 2 类地区上升到 25.38%。虽然近年来第 1 类地区实际利用外商直接投资占比明显下降，但该地区仍然集中了全国 70% 以上的外商直接投资，其比重是第 2 类地区的 2.88 倍，第 3 类与第 4 类的 50.5 倍。

（4）全国近 90% 的对外贸易发生在第 1 类地区。2000 年以来，我国进出

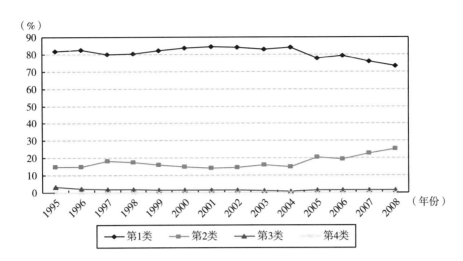

图 4　1995～2008 年中国实际利用外商直接投资区域分布

资料来源：CEIC 数据库。

口总额的 88% 左右集中在第 1 类地区，其他三类地区合计占比仅为 10% 左右（见表 2）。分时间段来看，2000～2005 年第 1 类地区实现的进出口总额占全国的比重逐年微幅提高，6 年间约提高了 1 个百分点，而其他三个地区比重呈现下降趋势。2006～2008 年，第 1 类地区占比开始下降，3 年间下降了 2.62 个百分点，第 2 类和第 3 类占比均有所提高。截至 2009 年，仍有高达 88.62% 全国进出口总额集中在第 1 类地区，只有 11.38% 分布在其他三个地区，其中第 2 类地区 9.81%，第 3 类地区 1.56%。

表 2　　　　　　　　2000～2009 年中国进出口总额区域分布　　　　　单位：%

地区类别	2000 年	2001 年	2002 年	2003 年	2004 年	2005 年	2006 年	2007 年	2008 年	2009 年
第 1 类	89.32	89.41	90.09	90.07	90.09	90.32	90.19	89.09	87.57	88.62
第 2 类	9.39	9.28	8.66	8.65	8.59	8.48	8.50	9.32	10.50	9.81
第 3 类	1.26	1.29	1.23	1.26	1.30	1.19	1.29	1.57	1.93	1.56

资料来源：CEIC 数据库。

从出口额看（见表 3），2000～2009 年，第 1 类地区出口总额占我国出口总额均在 87% 以上，其他三类地区占比均不及 13%。分时间段来看，2000～2005 年，第 1 类地区占比提高了 1.57 个百分点，其他三类地区下降了 1.57 个百分点。2006～2009 年，第 1 类地区下降了 0.26 个百分点，第 2 类、第 3 类地区分别提高了 0.11 个和 0.14 个百分点。截至 2009 年，第 1 类地区出口总额占全国比重仍高达 89.84%，其他三类地区合计占比仅为第 1 类地区的 11.21%。

表3				2000～2009年中国出口额区域分布					单位：%	
地区类别	2000年	2001年	2002年	2003年	2004年	2005年	2006年	2007年	2008年	2009年
第1类	88.53	89.06	89.71	89.80	89.73	90.10	90.04	89.23	87.76	89.84
第2类	10.16	9.83	9.18	8.96	9.03	8.68	8.63	9.29	10.34	8.79
第3类	1.27	1.08	1.09	1.22	1.22	1.20	1.31	1.46	1.87	1.34

资料来源：CEIC数据库。

从进口额来看（见表4），第1类地区进口总额占全国比重均超过87%，而且很多年份都超过90%，其他三类地区占比均在10%左右。分时间段来看，2000～2005年，第1类地区占比上升了0.38个百分点，同期，其他三类地区占比下降了0.38个百分点。2006～2009年，第1类地区占比逐年下降，第2类、第3类地区占比小幅提高。但2009年第1类地区占比仍高达87.16%，其他三类地区合计仅为第1类地区的14.73%。

表4				2000～2009年中国进口额区域分布					单位：%	
地区类别	2000年	2001年	2002年	2003年	2004年	2005年	2006年	2007年	2008年	2009年
第1类	90.20	89.79	90.51	90.36	90.47	90.58	90.38	88.92	87.32	87.16
第2类	8.53	8.68	8.09	8.33	8.13	8.24	8.34	9.37	10.69	11.02
第3类	1.26	1.52	1.38	1.30	1.39	1.18	1.28	1.71	1.99	1.82

资料来源：CEIC数据库。

2. 外商直接投资呈现"北上西进"变化特征

如表5所示，2000～2008年，外商直接投资的区域分布呈现出"北上西进"的变化特征。所谓"北上"，是指外商在华直接投资出现了由南向北转移的趋势，即由以珠江三角洲为核心的南部沿海地区，向以长江三角洲为核心的中部沿海地区，继而以环渤海湾为核心的北部沿海地区转移。2000～2008年，珠三角外商直接投资占比下降了14.46个百分点，同期，长三角、环渤海湾分别提高了4.14个和1.59个百分点。所谓"西进"，是指外商在华直接投资出现了向第2类和第3类地区即中西部地区尤其是第2类地区即中部地区转移的趋势。2000～2008年，第1类地区外商直接投资占比下降了10.57个百分点，同期，第2类地区、第3类地区利用外资占比分别提高了10.49个和0.06个百分点。

表5			中国实际利用外商直接投资区域分布					单位：%	
地区	2000年	2001年	2002年	2003年	2004年	2005年	2006年	2007年	2008年
第1类地区	83.74	84.56	84.17	83.11	84.16	77.81	79.19	75.87	73.18
珠三角①	27.97	25.73	21.60	14.78	16.43	15.24	15.11	14.15	13.51

地区	2000 年	2001 年	2002 年	2003 年	2004 年	2005 年	2006 年	2007 年	2008 年
长三角②	27.76	28.94	33.42	39.69	34.45	34.21	34.80	33.20	31.91
环渤海湾③	16.12	17.45	16.82	20.22	22.39	23.08	22.18	19.64	17.70
第 2 类地区	14.88	14.06	14.50	15.85	14.94	20.61	19.45	22.58	25.38
第 3 类地区	1.38	1.39	1.33	1.03	0.90	1.56	1.34	1.53	1.43

注：①包括广东；②包括浙江、江苏和上海；③包括北京、天津、河北和山东。
资料来源：整理自中经网数据库。

3. 依托城市群带动区域经济发展

目前我国正处于快速城市化时期，城市尤其是城市群在国民经济中的作用日益凸显。首先，从城镇化率来看，2010 年 7 月 29 日中国社会科学院发布的《2010 年城市蓝皮书》指出，我国"十一五"时期前 4 年城镇化率平均每年提高 0.9 个百分点。截至 2009 年，中国城镇化率达到 46.6%，城镇人口已经达到 6.2 亿。与 2000 年相比，城镇化率提高 10.4%，年均约提高 1.2 个百分点，城镇人口增加 1.63 亿人。其次，从城市经济的 GDP 指标来看，"十一五"时期前三年平均增长率为 21.5%（比全国的 11.9% 高出 8.6 个百分点），比"十五"期间的年平均增长率 15.16% 高 6.34 个百分点；总量由"十五"期末的 103918.5 亿元增加到 2008 年的 186279.5 亿元，占全国 GDP 的比重由"十五"期末的 56.72% 提高到 2008 年的 61.95%，增加了 5.24 个百分点。

城镇化规模迅速扩大，使得区域经济实力和各种区域经济体系开始形成，以大城市为中心的区域经济在国家和地区发展中的地位越来越得到加强。各地区逐渐认识到，城市要在全国有实力，必须走城市群发展道路，必须要一体化发展，促进资本、技术、信息在区域内畅通无阻的流动，带动区域经济新一轮的跨越式发展。当前我国区域的竞争主要表现为各都市圈之间的群体竞争，而不是过去的那种单体城市之间的竞争。各地区城市群的发展，充分利用区域内发达的交通设施，密切各城市间的联系，有利于协调产业配套和培养产业集群，有利于吸纳优质的生产要素和各种优秀的人才，从而提高区域的整体竞争力。

表 6 列出了 2008 年我国十大主要区域城市群及其相关经济指标占全国的比重。第 1 类区域的长三角城市群、珠三角城市群、京津冀城市群、辽中南城市群、山东半岛城市群、海西城市群 6 个城市群 2008 年集中了全国 42.25% 的全社会固定资产投资和 67.28% 的实际利用外商直接投资，以全国 25.75% 的常住

人口生产了全国 51.94% 的 GDP、58.56% 的工业生产总值、贡献了全国 82.19% 的地方财政收入。第 2 类区域下的川渝城市群、中原城市群、长江中下游城市群以及关中城市群 4 个城市群的经济相对弱一些，2008 年人口占全国 16.29%，集中了全国 15.32% 的全社会固定资产投资和 9.6% 的实际利用外商直接投资，GDP、工业生产总值和地方财政收入分别占全国的 13.88%、10.27% 和 15.73%。

表6	2008 年我国十大主要城市群主要经济指标占全国比重					单位：%	
类别	城市群	人口	GDP	工业生产总值	固定资产投资	实际利用外商直接投资	地方财政收入
第1类地区	长三角城市群	7.52	17.95	23.22	14.84	27.90	34.17
	珠三角城市群	3.90	9.89	11.72	4.85	11.83	13.31
	京津冀城市群	6.42	9.92	8.29	8.55	10.92	18.24
	辽中南城市群	2.24	4.54	4.20	5.40	8.56	5.91
	山东半岛城市群	3.40	6.75	8.40	6.15	4.48	6.76
	海西城市群	2.27	2.89	2.72	2.46	3.60	3.79
	合计	25.75	51.94	58.56	42.25	67.28	82.19
第2类地区	川渝城市群	6.02	5.19	3.63	6.18	3.74	7.00
	中原城市群	3.33	3.51	3.05	3.53	2.08	3.70
	长江中下游城市群	4.84	3.69	2.69	3.47	2.84	3.68
	关中城市群	2.10	1.48	0.91	2.13	0.94	1.36
	合计	16.29	13.88	10.27	15.32	9.60	15.73

资料来源：笔者计算。

4. 产业由第 1 类地区向第 2 类、第 3 类地区转移

2008 年爆发的金融危机，加剧了全球经济格局的深刻变革，也进一步引发了对中国制造业产业发展模式的深入思考，其中一个结论就是中国除大力发展现代新兴产业之外，还要适当发展劳动密集型产业，大力发展制造业、服务业，在此基础上实现产业结构的调整和升级。

2009 年中国服装产业转移工作会议公布的数据显示：第 2 类地区的一些省份已经成为服装企业投资活跃的地区，在东南沿海第 1 类地区服装企业成本上扬，发展受制的同时，第 2 类、第 3 类地区出现了较好发展势头，江西、安徽、河南、河北、湖南等省份均逆势而上，发展较快。2008 年中、西部 8 省运动服装产业投资比重较 2007 年同期提高了 5.66 个百分点，占全国运动服装行业总投资的 33.73%。江苏、浙江、广东等第 1 类地区的传统服装大省投资下

降明显，第2类、第3类地区的投资步伐快于东南沿海的第1类地区。

除了从第1类地区向第2类、第3类地区转移之外，中国劳动密集型产业转移还呈现出几种不同的形态。第一，就近转移仍是主流。如苏南企业到苏北开发，粤南地区产业慢慢向粤北和东西两翼发展，福建、广东的"内陆"地区成为我国服装产业梯度转移的第一站。第二，珠三角快速向长三角转移特别明显。根据中国服装协会在浙江湖州织里镇调查发现：2008年以来，织里镇新增童装生产企业800余家，绝大部分是从广东省转移而来。第三，在第2类、第3类地区的产业基础、商贸氛围、配套措施不能达到服装行业需求的时候，产业资源将率先向产业基础雄厚、产业链完整、政策环境优良、商贸渠道顺畅、物流交通发达的长三角地区流动。这一作为梯度转移过程中的过渡形态将在未来几年中保持其发展势头。第四，"反方向转移"日益明显。所谓"反方向转移"，主要指一些运动鞋服装企业将自己的研发中心、营销中心、公司总部从不发达地区向发达地区甚至是向发达国家转移。国内承接这种转移比较集中的大型城市有上海、北京、广州、深圳、厦门等。

总体而言，国际金融危机的爆发，深刻影响了中国的工业化、区域化和全球化，催化和加速中国经济社会的改革步伐，使得经济发展的转型成为中国的必然选择。从过去两三年的表现来看，中央政府不断地批复地方性的区域发展规划，促进地方点状经济向区域块状或面状经济转化。根据第一部分对我国31个省份聚类分析的结果看，这种批量地批复地区发展规划，可能适应了新一轮地方经济发展的需求。在这种背景下，我国区域经济可能正在孕育着一次大调整。新一轮的区域发展特征显示：短期内，第2、第3类地区的快速发展还不能改变全国主要经济活动集中在第1类地区的区域经济格局，但从长远看，相对落后的第2类、第3类地区与沿海发达第1类地区的差距将逐步缩小。

二、福建省经济社会发展的阶段特征研究

改革开放至今，福建省经济社会发展取得了长足的进步。1978～2009年，福建省地区生产总值由1978年的66.37亿元跃升至2009年的12236.5亿元，名义增长183.4倍，实际增长38.1倍，占全国经济总量的比重由1978年的1.88%，上升到2009年的3.30%，排名也由全国第22位上升到全国第12位。人均GDP方面，1978年，福建省人均GDP只有273元，到2009年，福建省人

均 GDP 高达 33840 元，名义增长 123.0 倍，实际增长 26.8 倍，与全国人均 GDP 的比值由 1978 年的 0.72 提升到 1.34，排名由全国第 24 位，上升到第 10 位，其中，1998 年、1999 年连续两年排名全国第 6。经济的快速发展极大提升了福建省的综合实力，使得福建省由原来的全国相对落后地区，跃升入全国先进省份行列，与东部其他经济较发达地区一起，有力地推动了中国经济发展。

（一）经济社会发展的阶段划分

综观改革开放以后福建省经济社会发展历程，大致可以划分为三个阶段：经济起步阶段、外向型经济带动的高速增长阶段和发展重化工业促进产业转型阶段。

1. 经济起步阶段（1979～1989 年）

改革开放前，福建是全国各省份中经济发展较为落后的地区之一。党的十一届三中全会之后，福建与广东被列为对外开放的试点省份，在全国率先改革开放，享受国家给予的优惠政策。福建牢牢抓住这一机遇，对外开放，对内搞活，因地制宜，自觉地调整产业政策，优化产业结构，实行工农业并举，积极发展第三产业的政策，促进了经济的快速增长。主要表现在：第一，对重工业为主导的赶超式工业化产业政策进行了重大调整，改变以往"重工业，轻农业""重重轻轻"的倾向，把大力发展农业、加快发展轻工业放在重要地位。全省轻工业增长迅速，食品、纺织、造纸、塑料加工、皮革、家用电器等传统行业优势进一步扩大，商品短缺和供给严重不足的现象大为改观。第二，电子产业迅速崛起。20 世纪 80 年代初，福建率先引进日本日立公司电视机生产线，组建"福建日立电视机厂"，大力发展电子工业。到 20 世纪 90 年代，电子产业成为福建省三大主要支柱产业之一。第三，服务业增长迅速。1979～1989 年，福建省第三产业的年均增速约为 15.56%，明显高于 GDP 年均 11.98% 和第二产业年均 13.65% 的增速，第三产业占 GDP 的比重由 1979 年的 19.9% 上升到 1989 年的 34.6%，对经济增长的贡献率年均约为 33.64%，个别年份甚至高达 52.8%（1981 年）。不过，从构成看，第三产业的增长多数是依靠以批发、零售餐饮业和交通运输仓储业等为主的传统服务业的增长而取得的。1989 年，福建省传统服务业占第三产业的比重约为 52.8%，比 1979 年的 44.8%，增加了 8 个百分点。第四，中小企业、乡镇企业异军突起，迅速壮大，成为推动产业结构转变和所有制结构调整的重要力量，也为告别短缺经济、增加商品供给作出应有的贡献。从产值看，1981年，福建省村办企业、城乡合作及城乡个体的工业总产值之和为7.63亿元，仅占当年全部工业总产值的8.47%。到1989年，这三种企业类型的工业总产值急剧上升到87.54亿元，约占全部工业总产值的28.57%，是1981年比重的三倍有余①。而从企业个数看，1979年，福建乡及乡以上工业企业的单位个数为9663个，其中小型企业9611个。到1989年，乡及乡以上工业企业个数增加到14112个，小型企业数增加到11870个，其中，乡办企业和城镇街道企业为6190个，分别占43.9%和52.1%。

此外，从经济增长表现看，这个阶段福建经济呈现出规模小、周期波动频繁的特点，经济增长存在着较强不稳定性。如图5所示，1979～1989年，福建经济共经历了三个经济周期，分别是1979～1982年、1983～1985年和1986～1989年，三个经济周期的年限分别为4年、3年和4年，对应的波峰分别是1980年、1984年和1988年，振幅分别为12.9%、11.7%和8.6%，相差不大。

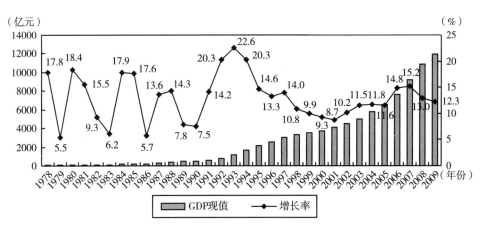

图5 改革开放以来福建经济周期波动情况

资料来源：《福建统计年鉴（2010）》。

2. 外向型经济带动的高速增长阶段（1990～2000年）

这一时期，以广东、福建为代表的沿海开放地区以发展市场经济和对外开放为基本内容的先行先试取得显著成绩，促使中央在20世纪90年代初决定把社会主义市场经济作为中国的经济体制改革目标。原来只在少数地区试行的特殊政策，逐渐转变为全国普遍适用的一般政策。对外开放程度的加深和扩大，削弱了福建在改革开放初期特有的政策优势，与此同时，全国市场化和开放程度的提高客观上也为福建加快推进已有改革和对外开放步伐营造了一个良好的

---

　　① 按照1980年的不变价格计算。

外部环境。两种作用使福建在整个20世纪90年代的增长呈现出前高后低的态势。1991～1997年是改革开放以来福建经济增长最为迅速的时期，年均实际增长率高达17.0%，其中1992年、1993年、1994年，经济增长率连续三年超过20%，经济总量三年翻一番。1998～2000年，福建经济增长速度明显放缓，年均实际增长率仅为10.0%，比1991～1997年的平均增长率下滑7个百分点。

从经济增长动力看，外向型经济的蓬勃发展是这一阶段福建经济的主要特征。具体表现在：第一，外贸进出口总额迅速增长。1990～2000年，福建进出口总额累计实现1442.99亿美元，同比1979～1989年增加1315.53亿美元，超出10倍有余。年进出口额由1990年的43.39亿美元迅猛增加到2000年的212.23亿美元，年均增长17.2%，其中，出口年均增长18.1%，进口年均增长16.0%。1997年，出口总额突破百亿美元大关，正式迈入全国出口大省行列。第二，外商直接投资迅猛增长，福建进入大规模利用外资阶段。1990～2000年，福建省外商直接投资签约的合同数25036个，是1979～1989年累计的9.25倍，外商直接投资的合同金额和实际到资金额累计为617.02亿美元和332.85亿美元，分别是1979～1989年累计的28.21倍和43.85倍。这一阶段外商直接投资的主力军是港澳台资为主的中小型外资企业，基本从事纺织、服装、化工等以加工出口为主的劳动密集型行业。第三，产业发展由"进口替代"型向"出口导向"型演进。从出口的商品结构看，工业制成品占出口商品的比例越来越大，1990年约为79.5%，2000年上升到89.4%，上升近10个百分点，出口对工业增长起了重要作用。进出口总额和出口总额占GDP的比重也分别由1990年的43.37%和24.48%上升到1994年最高的63.23%和33.36%。此外，新增工业产值方面，2000年，全省规模以上工业企业新增工业产值约为405.84亿元，其中港澳台商投资企业占了150.54亿元，其他外商投资企业占了101.67亿元，二者加起来超过新增工业产值的一半。

3. 发展重化工业促进产业转型阶段（2001年至今）

进入21世纪，为实现产业结构由劳动密集型产业向资本技术密集型产业转移、升级，福建省进一步确立了加快重工业特别是临港工业、原材料工业及能源基础工业发展的指导思想，重工业得到较为明显的增长，在一定程度上改变了福建长期因能源短缺、基础设施薄弱而制约经济发展的状况。在此期间，福建省第一、第二、第三产业的增长率相对稳定，其中第二产业增长率最高，工业尤其是重工业得到快速发展。从三次产业占GDP比重来看，三次产业结构的变化较为合理，第一产业比重持续下降，第二产业和第三产业比重稳步上升。

不过，这一阶段又是福建经济的艰难过渡时期。主要体现在：第一，尽管经济增长速度不慢，人均 GDP 也不断上升，但经济总量及增速在全国的排名却出现下降。2001～2009 年，福建省 GDP 年均增长为 12.12%，高出全国平均水平 1.63 个百分点，但低于 1990～2000 年均增长率 2.13 个百分点，占全国的比重从 2000 年的 3.79% 降到 2009 年的 3.51%，GDP 全国排名由前期最高的第 10 名，跌至 2009 年的第 12 名，人均 GDP 也由 1998 年、1999 年的全国第 6 位下滑到 2008 年、2009 年的第 10 位。究其原因是相对于东部地区其他发达省份，福建经济增长明显偏慢，在 21 世纪之初的五年内更是排名东部地区末尾。第二，产业结构升级缓慢。首先，尽管福建一直强调发展重工业，但是轻工业所占比重没有出现持续下降的趋势，反而在 2004 年以后逐步回升。其次，以新能源、新材料、生物工程、生物制药等为主的高新技术产业发展缓慢，高附加值、高技术含量的产业和产品比重不高，通信设备、计算机及其他电子设备制造业、非金属矿物制品业、皮革、毛皮、羽毛（绒）及其制品业、纺织服装、鞋、帽制造业、纺织业仍然是福建最主要的产业。在工业制成品中，尽管资本技术密集型产业，尤其是机械设备、电器电子产品的出口都保持相当高的增长率，但是这些产业主要从事组装加工，产品技术含量一般。最后，外贸结构不合理，对外竞争能力下降。面对外部环境的变化，福建过去依靠高资源损耗、高污染和廉价劳动力等粗放式贸易增长方式而取得的对外贸易优势，未能及时发生改变、升级，使得福建在丧失政策优势后，对外竞争力明显下降。一是福建出口商品结构单一，技术含量低，大都属于劳动密集型产品，其中轻纺、机电和农产品占福建出口总额的 85% 以上，这些产品往往容易受到贸易制裁，产生贸易摩擦；二是贸易构成中以加工贸易为主，且大多为贴牌、定牌生产，缺乏自主知识产权和自有品牌，产品附加值较低，生产集中于加工制造环节，只能赚取低廉的加工费；三是吸引外资能力下降。由于地理位置和人文方面的优势，福建在吸引港澳台投资上有一定传统优势。然而，自 20 世纪 90 年代中期起，福建吸引港澳台投资的能力开始下降。1997 年被江苏赶上，2000 年被山东超越，2001 年又被上海抢先，福建在港澳台投资热点区域中的地位不断下滑。

（二）各阶段经济运行特点

1. 经济增长表现

（1）1979～1989 年。1979 年，福建省 GDP 为 74.11 亿元，到 1989 年上升

为 458.4 亿元，年均实际增长率 11.98%，比全国水平高近 2.42 个百分点（见表 7）。GDP 的全国排名由 1979 年的第 23 位上升到 1989 年的第 14 位。但是，从规模上看，福建省 GDP 占全国的比重仍然较低，1989 年福建省 GDP 占全国比重约为 2.70%，这一阶段产出占全国的比重仅为 2.22%。人均 GDP 方面，1979～1989 年，福建人均 GDP 的年均增长速度为 10.3%，高出全国平均水平 2.3 个百分点。人均 GDP 排名由全国第 23 位，逐渐上升至第 11 位，特别是，1989 年福建人均 GDP 达 1589 元，首次超过全国平均水平。

表 7　　　　　　　　　1979～1989 年全国与福建 GDP 增长情况

年份	全国 GDP		福建 GDP		福建在全国排名	福建占全国比重（%）
	绝对值（亿元）	增长率（%）	绝对值（亿元）	增长率（%）		
1979	4062.58	7.6	74.11	5.5	23	1.82
1980	4545.62	7.8	87.06	18.4	21	1.92
1981	4891.56	5.2	105.62	15.5	20	2.16
1982	5323.35	9.1	117.81	9.3	19	2.21
1983	5962.65	10.9	127.76	6.2	19	2.14
1984	7208.05	15.2	157.06	17.9	18	2.18
1985	9016.04	13.5	200.48	17.6	17	2.22
1986	10275.18	8.8	222.54	5.7	18	2.17
1987	12058.62	11.6	279.24	13.6	16	2.32
1988	15042.82	11.3	383.21	14.3	15	2.55
1989	16992.32	4.1	458.40	7.8	14	2.70
平均	—	9.56	—	11.98	—	2.22

资料来源：根据 CEIC 数据计算。

（2）1990～2000 年。这一阶段福建省经济年均实际增长率为 14.25%，比前一个阶段的年均增长率增加 2.27 个百分点，高出全国同期平均水平 4.4 个百分点，经济年均增速跃居全国第 2 位，仅次于广东省（见表 8）。2000 年，福建省 GDP 达到 3764.5 亿元，占全国 GDP 的比重由 1989 年的 2.70% 上升到 3.79%，GDP 总量排名跃升至全国第 10 位。人均 GDP 1998 年突破万元大关，达到 10369 元，在全国的位次由 1990 年的第 11 位上升到 1998 年的第 6 位，仅次于上海、北京、天津、浙江、广东。这是改革开放以来福建经济增长最为迅速的一个时期。

表 8　　　　　　　　　　　1990～2000 年全国与福建 GDP 增长情况

年份	全国 GDP		福建 GDP		福建在全国排名	福建占全国比重（%）
	绝对值（亿元）	增长率（%）	绝对值（亿元）	增长率（%）		
1990	18667.82	3.8	523.3	7.5	14	2.80
1991	21781.50	9.2	622.02	14.2	14	2.86
1992	26923.48	14.2	787.71	20.3	14	2.93
1993	35333.92	14.0	1133.49	22.6	13	3.21
1994	48197.86	13.1	1685.34	20.3	12	3.50
1995	60793.73	10.9	2160.52	14.6	12	3.55
1996	71176.59	10.0	2583.83	13.3	12	3.63
1997	78973.03	9.3	3000.36	14.0	11	3.80
1998	84402.28	7.8	3286.56	10.8	11	3.89
1999	89677.05	7.6	3550.24	9.9	11	3.96
2000	99214.55	8.4	3764.50	9.3	10	3.79
平均	—	9.85	—	14.25	—	3.45

资料来源：根据 CEIC 数据计算所得。

（3）2001～2009 年。2001～2009 年，福建省 GDP 年均增长为 12.12%，低于前一个阶段年均增长率 2.13 个百分点，与全国平均水平的差距由前一个阶段的 4.4 个百分点下降到 1.63 个百分点，占全国的比重也从 2000 年的 3.79% 降低为 2009 年的 3.51%，GDP 全国排名由前期最高的第 10 名，跌至 2009 年的第 12 名。不过，从总量上看，福建省 GDP 在 2008 年实现重大突破，达到 10823.1 亿元，首次突破 1 万亿元大关（见表 9）。

表 9　　　　　　　　　　　2001～2009 年全国与福建 GDP 增长情况

年份	全国 GDP		福建 GDP		福建在全国排名	福建占全国比重（%）
	绝对值（亿元）	增长率（%）	绝对值（亿元）	增长率（%）		
2001	109655.17	8.3	4072.9	8.7	10	3.71
2002	120332.69	9.1	4467.6	10.2	10	3.71
2003	135822.76	10.0	4983.7	11.5	11	3.67
2004	159878.34	10.1	5763.4	11.8	11	3.60
2005	184937.40	11.3	6568.9	11.6	11	3.55
2006	216314.43	12.7	7614.6	14.8	11	3.52
2007	265810.31	14.2	9249.1	15.2	11	3.48
2008	314045.40	9.6	10823.1	13.0	12	3.45
2009	340506.87	9.1	11949.5	12.3	12	3.51
平均	—	10.49	—	12.12	—	3.58

　资料来源：根据 CEIC 数据计算所得。

人均 GDP 在这一阶段更是跃上新的台阶。从 1978 年到 1997 年，福建用了近 20 年的时间，才使人均 GDP 突破 1000 美元；到 2005 年，仅用了 8 年的时间，福建省人均 GDP 突破 2000 美元，排名一度上升到全国第 6；2007 年，福建省人均 GDP 跨越 3000 美元大关，达到 3406.9 美元；2008 年突破 4000 美元，达到 4337.2 美元；2009 年进一步上升到 4956.1 美元，接近 5000 美元，几乎是一年上一个台阶（见图 6）。然而，由于其他一些省份也在高速增长（见表 10），2001 年，福建经济增长速度仅为 8.7%，在第 1 类地区 9 个省份排名最后，与增长最快的天津相比，差了 5.3 个百分点。随后，2002 ~ 2005 年，福建基本排名倒数第二、倒数第一，继续垫底。直到 2006 年以后，情况才有所改善。经济增长速度重新回到东部前三、前四的水平。2001 ~ 2009 年，福建年均增长速度为 12.12%，在第 1 类地区 9 个省份中排名第 7，属偏下水平。因此，福建省在全国的排名不仅不再上升，反而由 1998 年、1999 年的全国第 6 位下滑到 2008 年、2009 年的第 10 位，先后被江苏、山东、辽宁、内蒙古超越。

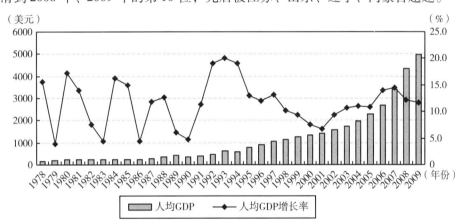

图 6　1978 ~ 2009 年福建省人均 GDP 及增长率的变动趋势

资料来源：《福建统计年鉴（2010）》。

表 10　　　　　　　　　　2001 ~ 2009 年东部各省份 GDP 增长率对比　　　　　单位：%

省份	2001 年	2002 年	2003 年	2004 年	2005 年	2006 年	2007 年	2008 年	2009 年	2001 ~ 2009 年
天津	12.0	12.7	14.8	15.8	14.9	14.7	15.5	16.5	16.5	14.82
江苏	10.2	11.7	13.6	14.8	14.5	14.9	14.9	12.7	12.4	13.30
山东	10.0	11.7	13.4	15.8	15.0	14.7	14.2	12.0	12.2	13.18
广东	10.5	12.4	14.8	14.8	14.1	14.8	14.9	10.4	9.5	12.91
浙江	10.6	12.6	14.7	14.5	12.8	13.9	14.7	10.1	8.9	12.53
辽宁	9.0	10.2	11.5	12.8	12.7	14.2	15.0	13.4	13.1	12.43
福建	8.7	10.2	11.5	11.8	11.6	14.8	15.2	13.0	12.3	12.12
北京	11.7	11.5	11.0	14.1	12.1	13.0	14.5	9.1	10.1	11.90
上海	10.5	11.3	12.3	14.2	11.4	12.7	15.2	9.7	8.2	11.72

资料来源：根据 CEIC 数据计算。

2. 产业结构方面

（1）1979～1989年。从三产增速看（见表11），在这一时期，首先，福建第三产业增速在三次产业中是最快的，年均增长达到15.6%，分别超过同期第二产业和第一产业增速1.9个和8.4个百分点，也高出同期GDP增长率3.62个百分点；其次，与全国同期水平相比，福建三次产业的增速均要高于全国水平，其中，第三产业和第二产业均要高出3.3个百分点，而第一产业高出较少，为1.8个百分点；最后，从全国层面看，在这一时期，第三产业的增速在三次产业中同样是最快的。

表11　　　　　　　　　1979～1989年全国与福建三大产业增速对比　　　　　　　单位：%

年份	第一产业		第二产业		第三产业	
	全国	福建	全国	福建	全国	福建
1979	6.1	4.9	8.2	9.7	7.9	−1.0
1980	−1.5	13.9	13.6	18.1	6.0	25.7
1981	7.0	8.5	1.9	10.3	10.4	36.3
1982	11.5	6.8	5.6	8.2	13.0	14.2
1983	8.3	4.7	10.4	7.3	15.2	6.5
1984	12.9	10.1	14.5	20.3	19.3	24.3
1985	1.8	5.3	18.6	23.3	18.2	23.5
1986	3.3	2.1	10.2	13.0	12.0	−0.6
1987	4.7	10.5	13.7	10.0	14.4	21.9
1988	2.5	2.6	14.5	25.1	13.2	9.7
1989	3.1	9.7	3.8	4.9	5.4	10.7
平均	5.4	7.2	10.4	13.7	12.3	15.6

资料来源：整理自CEIC数据库。

在此期间，福建第三产业占GDP的比重迅速上升，由1979年的19.9%上升到1989年的34.6%，增加了14.7个百分点，年均增加近1.3个百分点（见图7）。与之相对应，第一产业和第二产业占GDP的比重分别下降了8.1个和6.6个百分点。同全国同期水平相比，福建的第一产业比重偏高，第二产业的比重偏低，工业化程度不及全国平均水平。1989年，第一产业比重约为29.6%，高出全国平均水平4.5个百分点；第二产业比重为35.7%，低于全国平均水平7.1个百分点。

工业结构方面，在鼓励轻工业发展的政策激励下，福建轻工业占工业总产值的比重在短短两年内由1979年的59.0%上升到1981年的63.3%，增长4.3

个百分点（见图8）。随后三年，基本维持在63%的水平。1987年，轻工业比重回落到59.4%，但很快再次回升到60%以上。

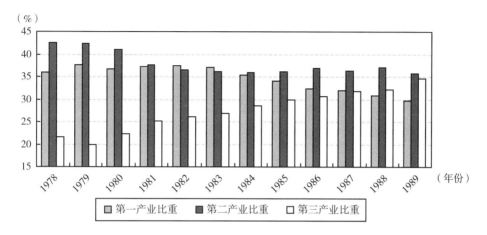

图7　1979～1989年福建省三次产业比重变化情况

资料来源：《福建统计年鉴（2010）》。

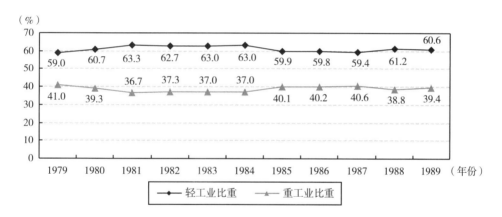

图8　1979～1989年福建省工业结构变化

资料来源：《福建统计年鉴（2010）》。

（2）1990～2000年。这一阶段，福建三次产业增速同样都超出全国同期水平，其中，第二产业年均增速最快，达到19.91%，高出全国同期平均增长水平约7.23个百分点；第三产业次之，年均增长13.98%，同比高出全国平均水平4.51个百分点；第一产业年均增长7.35%，也比同期全国水平高出3.22个百分点。2000年，福建省第二产业占GDP的比重由1989年的35.7%，上升到43.7%，增长8个百分点，仅比全国平均水平低不到2.2个百分点，较之上一阶段的7.1个百分点，有了明显改善；第三产业比重保持上一个阶段的上升趋势，由1989年的34.6%增加到40.0%，上升5.4个百分点；第一产业比重则进一步下降到16.3%（见表12）。

年份	第一产业		第二产业		第三产业	
	全国	福建	全国	福建	全国	福建
1990	7.3	1.7	3.2	8.1	2.3	11.4
1991	2.4	9.1	13.9	22.0	8.9	11.5
1992	4.7	10.5	21.2	28.5	12.4	20.0
1993	4.7	9.4	19.9	38.3	12.2	20.1
1994	4.0	9.3	18.4	33.5	11.1	14.0
1995	5.0	9.5	13.9	17.9	9.8	14.8
1996	5.1	10.0	12.1	17.6	9.4	15.6
1997	3.5	8.0	10.5	16.4	10.7	15.4
1998	3.5	5.0	8.9	13.9	8.4	11.0
1999	2.8	5.7	8.1	11.6	9.3	9.8
2000	2.4	2.6	9.4	11.2	9.7	10.2
平均	4.13	7.35	12.68	19.91	9.47	13.98

表 12　　　　　　　　1990~2000 年全国与福建三大产业增速对比　　　　　单位：%

资料来源：整理自 CEIC 数据库。

工业结构方面，重工业在工业总产值中的比重有所上升。1993 年，重工业占工业总产值的比重由 1990 年的 38.0% 增加到 40.3%，随后重工业比重不升反降，一路回落到 1999 年的 37.9%。2000 年，重工业比重跳升至 42.0%，开始出现新一轮上升趋势。不过，轻工业所占比重接近 60%，仍然是这一时期福建工业的主体（见图 9）。

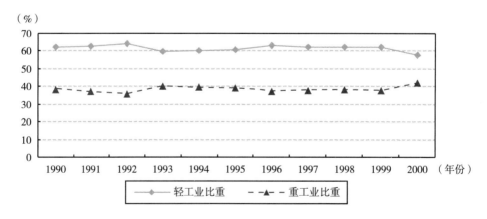

图 9　1990~2000 年福建省工业结构变化

资料来源：《福建统计年鉴（2010）》。

（3）2001~2009 年。与前一个阶段相比，三次产业的年均增长速度都出现不同程度的下滑，其中，第二产业增速下滑幅度最大，年均约下降 5.13 个百分点，其次为第一产业，年均增速下降 3.56 个百分点，第三产业则相对稳定，年均增速仅减少 2.17 个百分点。不过，从绝对值看，第二产业的年均增长依然最快，达到 14.78%，其次为第三产业，年均增长 11.81%，而第一产业年均增长仅为 3.79%。与同期全国增长水平相比，福建第二产业和第三产业的增速仍然较快，二者分别超出 3.4 个和 0.44 个百分点，而第一产业增速反而要低出 0.43 个百分点（见表 13）。

年份	第一产业		第二产业		第三产业	
	全国	福建	全国	福建	全国	福建
2001	2.8	3.5	8.4	10.7	10.3	9.3
2002	2.9	2.7	9.8	14.2	10.4	9.5
2003	2.5	3.3	12.7	16.0	9.5	9.6
2004	6.3	4.5	11.1	15.2	10.1	10.8
2005	5.2	4.2	12.1	13.0	12.2	12.5
2006	5.0	2.5	13.4	17.0	14.1	16.0
2007	3.7	3.9	15.1	18.8	16.0	14.0
2008	5.4	4.8	9.9	15.2	10.4	12.1
2009	4.2	4.7	9.9	12.9	9.3	12.5
平均	4.22	3.79	11.38	14.78	11.37	11.81

表 13　　　　　　2001～2009 年全国与福建三大产业增速对比　　　　　　单位：%

资料来源：整理自 CEIC 数据库。

从工业结构看，重工业占工业总产值比重在本阶段开始超过轻工业比重，重工业逐渐取代轻工业成为福建工业发展的主要支柱。如图 10 所示，2001 年，福建轻工业占工业总产值的比重为 54.0%，仍要高出重工业占比 8 个百分点；

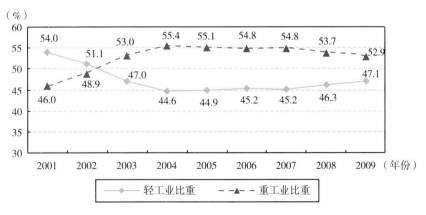

图 10　2001～2009 年福建省工业结构变化

资料来源：《福建统计年鉴（2010）》。

两年之后的 2003 年，重工业与轻工业的位置发生了戏剧性的互换，重工业比重反超出轻工业 6 个百分点。此后，2004 年，二者差距进一步扩大 10.8 个百分点。不过，从 2005 年起，二者的差距又开始逐年缩小，到 2009 年，轻工业比重已经恢复 2003 年的水平，约占工业总产值的 47.1%。

3. 需求结构方面

（1）1979~1989 年。三大需求中，最终消费占主导地位，投资占比较小，净出口比重尽管仍为负值，但大大缩小，对经济增长的促进作用不断扩大。1979 年，福建省最终消费率为 81.6%，资本形成率为 31.1%，最终消费率要高出资本形成率约 50.5 个百分点，货物和服务净出口为 -12.7%（见图 11）。到 1989 年，最终消费率比 1979 年下降了 10 个百分点，约为 71.1%；资本形成率也略微下降了 0.7 个百分点，降至 30.4%，货物和服务净出口则迅速缩小为 -1.5%，比 1979 年缩小了近 11.2 个百分点。出口对福建经济增长的整体带动作用在逐渐增强。

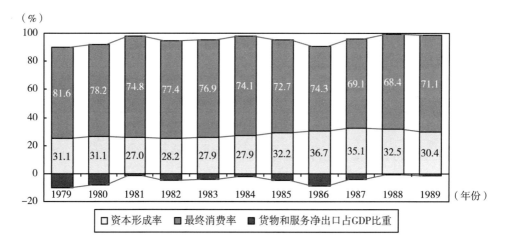

图 11 1979~1989 年福建省三大需求比例变化

资料来源：《福建统计年鉴（2010）》。

从贡献率看，1980~1989 年，最终消费对经济增长的年均贡献率约为 63.61%，比同期资本形成总额的贡献率高出 27.19%，其中，最高的 1983 年达到 108.7%，意味着投资对经济增长的正向作用完全被贸易逆差的负向作用抵消，经济增长可以完全由最终消费需求拉动；净出口对经济增长的贡献则呈现出有扩有收、时正时负的态势，表现极不稳定（见图 12）。

（2）1990~2000 年。这一时期的三大需求中，资本形成率明显上升，最终消费率下降，净出口占 GDP 比重由负转正，出口成为拉动经济增长的重要因

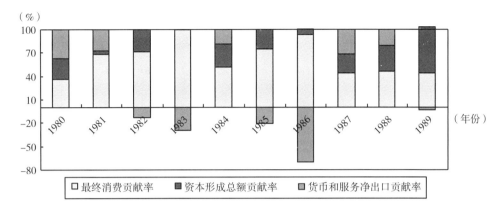

图 12　1980～1989 年福建省三大需求对经济增长的贡献率

资料来源：《福建统计年鉴（2010）》。

素。可以清楚地看出，1990～1997 年资本形成率一直处于上升的趋势，1997 年以后，受亚洲金融危机的影响，资本形成率回落。但到 2000 年为止，资本形成率仍然占 42.5%，比 1990 年高 13.5 个百分点，年均增长约 1.3 个百分点。与此同时，最终消费率明显下降，由 1990 年的 73% 跌至 2000 年的 54.4%，下滑 18.6 个百分点。净出口占 GDP 比重则由负转正，1998 年，净出口占 GDP 比重首次为正数，约为 2.1%（见图 13）。

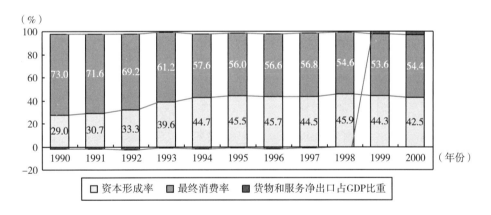

图 13　1990～2000 年福建省三大需求比例变化

资料来源：《福建统计年鉴（2010）》。

　　贡献率方面，资本形成总额对经济增长的贡献明显上升，年均贡献率由 1980～1989 年的 36.42% 上升到 43.83%；货物和服务净出口贡献率也由负转正，由 -0.03% 提高到 2.96%。1990～2000 年，资本形成总额对经济增长的贡献率呈现出先上升后下降的趋势，其中，峰值出现在 1994 年，对经济增长的贡献率高达 76.1%（见图 14）。

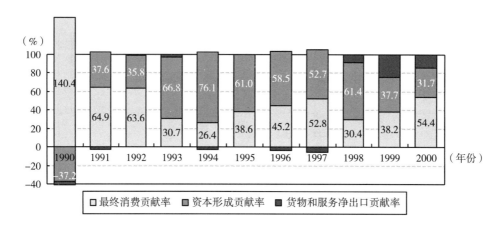

图14 1990~2000年福建省三大需求对经济增长的贡献率

资料来源:《福建统计年鉴(2010)》。

(3) 2001~2009年。资本形成率和净出口占GDP比重进一步上升,最终消费率则持续下降。如图15所示,从2001年开始,最终消费率逐年下降,而资本形成率则是逐年上升,至2007年,最终消费率自改革开放以来首次低于资本形成率。2008年、2009年在金融危机的大背景下,最终消费率继续下滑。最终,2009年福建最终消费率仅为42.8%,比2001年减少11.6个百分点,年均下降1.45个百分点,超过同期全国最终消费率的年均下降幅度。

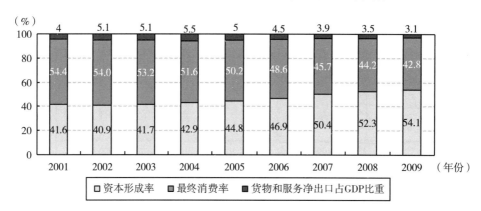

图15 2001~2009年福建省三大需求比例变化

资料来源:《福建统计年鉴(2010)》。

从贡献率看,同样反映了这一趋势。如图16所示,2001~2009年,最终消费对经济增长的贡献率逐渐由2001年的52.6%下降至2009年的37%,而资本形成总额的贡献率则相应地由2001年的31.3%上升到2019年的64%,二者位置互换,投资已经成为拉动福建经济增长的主要动力。值得注意的是,尽管货物和服务净出口占GDP的比重仍然为正,但净出口对经济增长的贡献却在逐年下降，尤其是 2007 年金融危机之后，净出口对福建经济增长的贡献几乎为0，甚至为负。

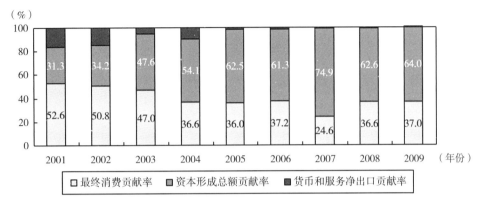

图 16　2001～2009 年福建省三大需求对经济增长的贡献率
资料来源：《福建统计年鉴（2010）》。

4. 固定资产投资方面

（1）1979～1989 年。这一时期，得益于改革开放政策的率先实施，在市场准入条件放宽和机制放活的背景下，乡镇企业及中小企业在福建异军突起。反映在投资方面，就是个体及私营经济占全社会固定资产投资的比重迅速上升。1979～1989 年，全社会固定资产投资额中来自个体及私营经济的比重，由14.12% 上升到 26.16%，增加约 12 个百分点，而来自国有经济和集体经济的比重则分别下降约 8 个和 6 个百分点（见表 14）。

表 14　　　　　　　　1979～1989 年福建全社会固定资产投资额及其构成

年份	全社会固定资产投资额	国有经济		集体经济		个私经济		其他	
		数值（亿元）	比重（%）	数值（亿元）	比重（%）	数值（亿元）	比重（%）	数值（亿元）	比重（%）
1979	15.3	10.51	68.69	2.62	17.12	2.16	14.12	0.01	0.07
1980	18.3	12.60	68.85	3.13	17.10	2.52	13.77	0.05	0.27
1981	18.47	12.27	66.43	3.36	18.19	2.81	15.21	0.03	0.16
1982	24.45	15.12	61.84	3.95	16.16	5.36	21.92	0.02	0.08
1983	26.97	16.91	62.70	4.77	17.69	5.25	19.47	0.04	0.15
1984	34.61	21.07	60.88	6.52	18.84	6.83	19.73	0.19	0.55
1985	55.62	37.10	66.70	8.89	15.98	9.16	16.47	0.47	0.85
1986	64.46	43.74	67.86	6.44	9.99	13.96	21.66	0.32	0.50
1987	81.6	52.14	63.90	9.75	11.95	19.44	23.82	0.27	0.33
1988	100.29	60.82	60.64	11.51	11.48	27.30	27.22	0.66	0.66
1989	101.64	61.65	60.66	11.3	11.12	26.59	26.16	2.11	2.08

资料来源：《福建统计年鉴（2010）》。

从固定资产资金的来源看（见图 17），这一阶段最主要的资金来源是企业自筹，年均约占 38%，这在一定程度上也反映了私营及民营企业的强劲发展势头。其次是国内贷款，年均约占 30%。而利用外资的比例较小，年均还不到 4%，说明尽管此时福建已经率先实行对外开放，但是中国的市场化改革刚刚起步，并未明确向市场经济体制转轨的经济体制改革目标，外商对于进入中国市场还处于观望和试探阶段。

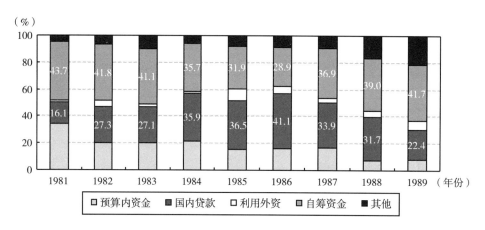

图 17　1981～1989 年福建省固定资产投资资金来源构成
资料来源：《福建统计年鉴（2010）》。

（2）1990～2000 年。福建全社会固定资产投资额总量增长迅速，阶段内累计实现近 6936.5 亿元的固定资产投资总额，约为前一阶段累计实现投资总额的 11 倍多。占全国同期固定资产投资总额的比重由前一阶段的年均 2.05%，提升到年均 3.17%。年投资额也由 1989 年的刚过百亿元，快速增长到 2000 年的过千亿元。从结构上看，国有及集体经济的投资继续下滑，占总投资的比重分别减少约 20 个和 6 个百分点；前一阶段增长迅速的个体及私营经济的投资，随着乡镇企业在本阶段的衰落，也出现较大滑坡，由 1990 年最高的 27.5%，持续下降为 2000 年的 14.9%，减少了 12.6 个百分点；来自其他部分的投资这一时期承担起福建固定资产投资的重任，由 1990 年的 2.06 亿元，跃升到 2000 年的 441.56 亿元，名义增长超过 220 倍，占投资总额的比重从 1.8% 急剧上涨到 40.8%，增长 39 个百分点。其中，外商及港澳台商投资企业占了其他部分投资的一半，尤其是 1993～1997 年，更是超过了 80%（见表 15）。可以说，外商及港澳台商投资的快速增加是福建在这一阶段外向型经济迅猛发展的重要标志。

表 15									1990～2000 年福建全社会固定资产投资额及其构成

年份	全社会固定资产投资额（亿元）	国有经济		集体经济		个私经济		其他			
		数值（亿元）	比重（%）	数值（亿元）	比重（%）	数值（亿元）	比重（%）	数值（亿元）	比重（%）	其中：外商及港澳台商投资企业	
										数值（亿元）	比重（%）
1990	115.41	69.49	60.2	12.17	10.5	31.69	27.5	2.06	1.8		
1991	145.63	91.11	62.6	15.59	10.7	34.36	23.6	4.56	3.1		
1992	227.55	124.36	54.7	25.65	11.3	50.20	22.1	27.34	12.0		
1993	368.45	195.26	53.0	43.09	11.7	75.74	20.6	54.36	14.8	46.49	12.6
1994	538.87	249.14	46.2	50.69	9.4	103.83	19.3	135.20	25.1	112.60	20.9
1995	681.17	306.70	45.0	61.10	9.0	132.33	19.4	181.04	26.6	154.86	22.7
1996	790.00	323.20	40.9	84.23	10.7	145.28	18.4	237.29	30.0	199.82	25.3
1997	898.47	368.64	41.0	94.27	10.5	159.48	17.8	276.08	30.7	220.10	24.5
1998	1048.52	429.57	41.0	113.25	10.8	181.87	17.3	323.83	30.9	239.46	22.8
1999	1040.00	450.63	43.3	63.58	6.1	159.39	15.3	366.40	35.2	239.67	23.0
2000	1082.47	436.49	40.3	43.58	4.0	160.75	14.9	441.65	40.8	262.27	24.2

资料来源：《福建统计年鉴（2010）》。

在固定资产投资的资金来源中，源自利用外资的比重有了明显提升，由前一个阶段的年均 4.14% 提高到 13.35%，增加 9.21 个百分点；国家预算内资金的比重则进一步下降，由前一个阶段的年均 17.68%，跌至 3.28%，下降 14.4 个百分点；另外，尽管乡镇企业的发展在这一时期势头有所减弱，但来自企业自筹资金的部分继续增加（见图 18）。因此，可以看出，福建在这一经济高速

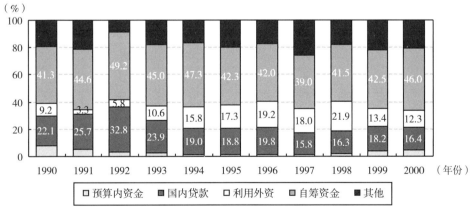

图 18　1990～2000 年福建固定资产投资资金来源构成

资料来源：《福建统计年鉴（2010）》。

增长的阶段，其投资资金来源主要有两个：一是来自外资；二是来自民营及私营企业，而来自国家的资金比重不升反降。

（3）2001～2009 年。本阶段固定资产投资的增速相对放缓，2001～2009年，全社会固定资产投资总额由 2001 年的 1134.48 亿元增加到 2009 年的6362.03 亿元，名义增长低于 5 倍，相比较于前一阶段近乎 9 倍的增速，固定资产投资的增速有所下降。其原因主要在于：第一，基数上升带来的增长放缓；第二，随着全国对外开放程度的推进，外商及港澳台商的投资逐渐转移到其他地区，对福建的投资明显下降。如表 16 所示，外商及港澳台商投资占总投资的比重由 2002 年最高的 25.6%，下降至 2009 年的 13.4%，特别是从 2006年起，下滑的速度显著加快。不过，民营及私营经济在这一时期东山再起，其占总投资的比重由 2001 年的 13.9%，上升到 2009 年的 25.9%，增长 12 个百分点。

表 16　　　　　　2001～2009 年福建全社会固定资产投资额及其构成

| 年份 | 全社会固定资产投资额（亿元） | 国有经济 | | 集体经济 | | 个私经济 | | 其他 | | 其中：外商及港澳台商投资企业 | |
		数值（亿元）	比重（%）	数值（亿元）	比重（%）	数值（亿元）	比重（%）	数值（亿元）	比重（%）	数值（亿元）	比重（%）
2001	1134.48	484.42	42.7	47.66	4.2	157.82	13.9	444.58	39.2	273.85	24.1
2002	1230.76	501.35	40.7	51.09	4.2	155.12	12.6	523.20	42.5	315.15	25.6
2003	1507.87	574.95	38.1	61.25	4.1	232.80	15.4	638.87	42.4	341.29	22.6
2004	1899.10	632.51	33.3	69.80	3.7	328.55	17.3	868.25	45.7	440.56	23.2
2005	2344.73	785.82	33.5	70.80	3.0	418.68	17.9	1069.43	45.6	496.99	21.2
2006	3115.08	1081.29	34.7	87.32	2.8	702.44	22.5	1244.02	39.9	615.83	19.8
2007	4321.74	1522.96	35.2	117.18	2.7	1059.61	24.5	1621.99	37.5	731.93	16.9
2008	5301.69	1914.63	36.1	190.41	3.6	1294.82	24.4	1901.84	35.9	837.87	15.8
2009	6362.03	2356.63	37.0	251.56	4.0	1650.38	25.9	2103.47	33.1	850.71	13.4

资料来源：《福建统计年鉴（2010）》。

固定资产投资的资金来源方面，利用外资的比重下降明显，由 2001 年的10.9%，降至 2009 年的 2.8%，企业自筹的比重则由 44% 上升到 48.9%，而受海峡西岸经济区发展规划的影响，国家预算内资金的比重首次出现上升，由前一阶段年均 3.28%，提高到年均 5.84%（见图 19）。

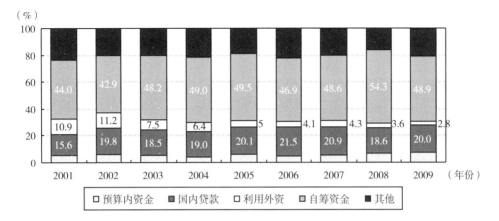

图19　2001～2009年福建省固定资产投资资金来源构成

资料来源：《福建统计年鉴（2010）》。

（三）小结

1. 从经济增长表现看，福建经济经历了爬升、快速增长和高位趋稳三个阶段

三个阶段的经济增速都要明显快于全国同期水平，尤其是第二个阶段的增长更是位居全国前列。但与沿海地区及同样先行开放地区（广东）相比，福建在第三个阶段的经济增长明显力有不逮。造成这种阶段性经济增长趋势的原因在于：首先，福建经济的兴起缘于国家在福建实行先行先试政策，但是，随着改革开放的深入，福建的政策优势逐渐丧失，其本身工业基础薄弱、发展腹地狭窄、基础设施条件较差、资源匮乏等不足就越发显现出来，难以同沿海其他具有深厚经济基础的地区抗衡，造成外资、人才等决定地区经济增长的关键要素持续外流。加上近十年来，福建依靠高能源损耗、廉价劳动力和土地价格建立起来的粗放式外向型经济增长方式没有得到及时转变、提升，福建经济增长的放缓是可以预见的。其次，改革开放以来带动福建经济增长的产业主要是第二产业和第三产业，然而在经历了各自快速增长的阶段后，当前第二产业和第三产业均遇到增长的瓶颈。第二产业受制于发展重工业的战略未能取得明显成效，新兴产业则成长缓慢，缺乏新的产业支柱；第三产业中，传统服务业的比重过大，现代服务业因区域内中心城市不强、工业化程度欠发达的影响，同样缺乏新的增长点。

2. 福建经济增长的表现说明对内市场化改革和对外开放相辅相成、相互作用，缺一不可

首先，尽管福建早在 20 世纪 80 年代就获得"特殊政策、灵活措施"的政策优势，但由于国内市场经济体制改革的大方向未定，即使有对外开放的先行优势，也无法在初期阶段吸引足够多的外资。带动福建第一阶段经济爬升的主要力量来自对内各项机制改革，尤其是放松非公有制经济发展限制后乡镇企业及民营企业的兴起，这是继农村家庭联产承包责任制之后，再一次证明只要国家给予自由发展的空间，民间总是会迸发出令人惊奇的力量。其次，在确立了社会主义市场经济体制以后，国家给予的政策先行优势，才使福建经济真正实现了腾飞。这也是福建在第二阶段取得高速增长的根本原因所在。到第三个阶段，全国都实行了对外开放，但是，福建对外开放的政策位势差却消失了，对内改革又没能先行一步，加上经济基础比较薄弱，经济增长也就开始放缓。因此，可以看出，对内改革和对外开放的先行一步，确实是福建经济要实现较快增长的必要条件。

3. 从产业支撑看，尽管在各个阶段，福建三次产业增长速度各不相同，但总体上看，第二产业是福建经济起飞阶段带动经济增长的关键因素

特别是第二阶段和第三阶段的增长，主要得益于第二产业的迅猛增长，其中，第二阶段以轻工业为主，第三阶段开始转向依靠重工业发展。从三产比重看，在第一阶段（1979~1990 年），第三产业的比重呈现逐年上升的趋势，第二产业则表现平稳，比重略有下降，而第一产业的比重则下降趋势明显；到了第二阶段（1991~2000 年），第二产业的比重开始上升，并最终超过其他产业的比重，第三产业出现徘徊，第一产业则持续下滑；第三阶段，从 2001 年起，第二产业的比重进一步上升，第三产业基本持平，在三个阶段中，第一产业都保持下降的势头（见图 20）。

另外，从工业结构看，尽管自 1990 年以来，福建省一直在强调重工业的支柱作用，但重工业只在第二阶段后期和第三阶段早期增长较快，从 2004 年起，轻工业的增长速度又再次快于重工业，反映在比重上，就体现为重工业比重回落，轻工业占工业总产值的比重再次回升。

4. 从增长动力来看，民营经济和外商投资构成了福建经济增长的两大支柱

根据前文对固定资产投资的分析，可以发现，带动福建第一阶段经济增长

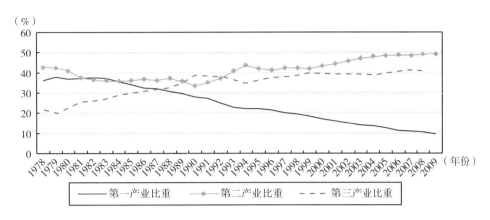

图20　改革开放以来福建省三次产业比重变化

资料来源：《福建统计年鉴（2010）》。

的主要依靠是民营企业，外商投资还没有显山露水；到第二阶段，外商投资开始成为福建经济增长的主要推动源，此时，民营经济的发展却没有得到与外资相同的政策空间，增长放缓；而到了第三阶段，在外商投资大幅度转移到其他地区的背景下，推动福建经济发展的却并非政府一直扶持的国有经济，而是具有顽强生命力的民营经济，这不得不引起我们的深刻反思。

三、新一轮区域经济发展：福建经济社会发展的机遇与挑战

当前，新一轮区域经济整合正在发生。长三角、珠三角、环渤海湾、东北老工业基地，以及西部大开发、中部地区崛起，面对新老区域板块的强势出击，福建如何才能够在全国新一轮的区域经济发展大潮中再度乘势而起呢？结合现阶段的省情特征，提出符合福建实际的战略发展构想，具有重要的现实意义。

（一）新一轮区域经济发展给福建带来的机遇

1. 国家对于未来一个时期内全国区域经济布局的思路

近期国家批复了近二十多部地区的发展规划，从涉及区域分布看，可以初步判断国家对于未来一段时期内全国区域经济布局的思路：

（1）关注重点地区的发展。既关注现有发展条件较好的地区，如环渤海经

济圈、天津滨海新区、深圳综合配套改革试验区，长三角地区等，又注重扶持、培育新的区域经济增长极，如武汉、重庆两江经济区等。

（2）符合国家重大发展战略的地区给予优先发展。例如，响应国家统筹城乡发展的成渝经济区、响应国家加快建设"两型社会"的长株潭经济圈、关系祖国统一大业的海峡西岸经济区等。

（3）先行扶持契合国家对外开放战略的地区发展。这里的对外开放，不仅指沿海地区开放，还包括沿江、沿边地区的开放。如广西的北部湾、东北的图们江、黄河三角洲经济圈等。

2. 福建面临的机遇

基于这样的背景，我们认为全国新一轮区域发展将给福建带来以下机遇。

（1）福建的重要战略位置决定了在新一轮的区域发展布局中海峡西岸经济区的地位。

首先，从地理位置看，福建位于长三角和珠三角的连接点上，东邻台湾，靠近港澳，西连内陆，构成了相对有利的战略区位优势。在进一步方便大陆与台湾人员往来及经济合作、文化交流方面，福建具有明显的区位优势。

其次，经济区位优势。福建地处长三角、珠三角及台湾地区的中间，尽管有受到周边地区挤压的危险，但也具有成为这一片区域的中心枢纽的机遇。

再次，政治优势，即对台优势，这是所有其他规划区所不具备的优势。尽快完成祖国统一是中华民族的共同心愿，福建与台湾亲缘、血缘关系密切，语言相通，习俗相近，为实现祖国统一提供了天然纽带。

最后，作为老牌对外开放区域，福建对外开放的重要性依然不减。尽管可能不会有太多的特殊政策位势差，但同时，也不会被其他省份在政策上，比下太远，在政策层面上大致上处于同一起跑线。

（2）发展对台经贸合作；提升工业化水平。福建本身的一些条件优势，使它在新一轮的区域发展中具备一定的竞争力。

首先，对台经贸合作优势。改革开放初期，福建率先实现与金门、马祖地区直接往来，闽台经贸合作发展迅猛，在 1995 年闽台两地贸易达到高峰时，其贸易额在两岸总额中的比重逾 15%。近年虽有所下降，但 2003 年闽台贸易额亦达 35.7 亿美元。此外，闽台两地由于气候、地理条件相近，资源互补性强，在高科技农业合作方面，"双赢"效应显著。虽然，当前两岸之间有着许多不确定因素，但两岸经贸关系日益密切是客观现实。

其次，港口资源优势。近几年来，随着能源、原材料进口化趋势加剧，我国的重化工产业呈现出一股由内陆向沿海地区转移的趋势，港口条件优良的地区更是成为了众多重化工企业的首选。福建从北到南分布着三沙湾、三都澳、罗源湾、湄洲湾、厦门湾及东山湾六大天然良港，港口资源丰富。

最后，福建省的工业化水平虽然整体水平还较低，但一些高新技术、高附加值行业，如通信设备、计算机及其他电子设备制造业等增长迅速。

（3）吸引企业投资、提高生产经营效率。从投资层面看，过去福建经济增长依靠的是民营经济和外商投资，国家对于福建的投入尤其是基础设施投入，相较于其他地区而言，少之又少。近年来，福建的基础设施，尤其是交通基础设施得到了较大改善，有效地改变了福建的区位条件，为吸引企业投资、提高生产经营效率创造了有利条件。

（二）新一轮区域经济发展背景下福建省面临的主要挑战

1. 政策优势地位逐渐丧失

尽管中央政府已经将海峡西岸经济区建设提升到国家战略层面，但是近两三年来国务院批复的类似区域发展规划意见有 20 多个。因此，福建并不因此获得具有重要意义的特殊政策位势差。

2. 二产比重偏低，产业结构仍不合理

对比东部沿海地区其他省份，2009 年，福建省的第一产业比重高于同期第 1 类地区的其他省份，特别是华东南沿海四省一市的一产比重。第二产业比重则低于第 1 类地区中的东部沿海其他省份，仅比全国平均水平高出 2.62 个百分点（见表 17）。这说明福建的社会经济发展水平仍然落后于华东南甚至东部地区大部分地区。

表 17 　　　　　2009 年全国沿海地区部分省份的三次产业结构 　　　　单位：%

地区	第一产业产值比重	第二产业产值比重	第三产业产值比重
全国	10.35	46.30	43.36
第 1 类地区	6.02	49.51	44.47
福建	9.67	49.08	41.26
江苏	6.56	53.88	39.55
浙江	5.06	51.80	43.14
广东	5.09	49.19	45.72
上海	0.76	39.89	59.36

地区	第一产业产值比重	第二产业产值比重	第三产业产值比重
北京	0.97	23.50	75.53
天津	1.71	53.02	45.27
山东	9.52	55.76	34.72
辽宁	9.30	51.97	38.73

资料来源：《中国统计年鉴（2010）》。

3. 与沿海发达地区相比，福建差距明显

（1）福建经济总量相对缩小。

2004～2009 年，福建省 GDP 占全国比重维持在 3.5% 左右的水平。2004 年，福建 GDP 占比为 3.44%，在第 1 类地区中排在第八位。2008 年，福建占比较 2004 年有所上升，升为 3.59%。虽然 2004～2008 年排名相对位次没有发生变化，但福建 GDP 占比与辽宁省的差值发生了明显变化，差距从 2004 年的 0.54 个百分点提高到 2009 年的 0.88 个百分点（见表 18）。因此，从这个角度来看，福建相对落后。

表 18　　　　2004～2009 年福建与第 1 类地区省份经济总量占全国比重　　　　单位：%

省份	2004 年	2005 年	2006 年	2007 年	2008 年	2009 年
辽宁	3.98	4.35	4.30	4.20	4.35	4.47
北京	3.79	3.77	3.75	3.70	3.54	3.57
天津	1.86	2.11	2.06	1.98	2.14	2.21
山东	8.96	9.93	10.12	9.70	9.85	9.95
江苏	8.95	10.06	10.05	9.79	9.87	10.12
上海	4.82	5.00	4.89	4.70	4.48	4.42
浙江	6.95	7.26	7.27	7.06	6.83	6.75
福建	3.44	3.54	3.51	3.48	3.45	3.59
广东	11.26	12.20	12.29	11.95	11.72	11.60

资料来源：《中国统计年鉴（2010）》。

（2）尽管近年来福建人均 GDP 增长较快，但在沿海地区仍然排在最后一位。

从人均 GDP 来看，福建省从 2004 年的 17218 元提高到 2008 年 33840 元，增长 96.54%。但同期沿海其他省份人均 GDP 增长的速度更快，加上福建人均 GDP 由 2004 年高于辽宁 921 元变为 2009 年比辽宁低 1399 元，结果福建人均 GDP 位次不升反降，从 2004 年的第八位下降为 2009 年的最后一位（见表 19）。

表 19			2004～2009 年福建与第 1 类地区人均 GDP		单位：元	
省份	2004 年	2005 年	2006 年	2007 年	2008 年	2009 年
辽宁	16297	18983	21788	25729	31259	35239
北京	41099	45444	50467	58204	63029	70452
天津	31550	35783	41163	46122	55473	62574
山东	16925	20096	23794	27807	33083	35894
江苏	20705	24560	28814	33928	39622	44744
上海	55307	51474	57695	66367	73124	78989
浙江	23942	27703	31874	37411	42214	44641
福建	17218	18646	21471	25908	30123	33840
广东	19707	24435	28332	33151	37589	41166

资料来源：历年《中国统计年鉴》。

从单位土地面积 GDP 来看，虽然福建省每平方千米土地面积 GDP 从 2004 年的 474.74 万元提高到 2008 年的 891.52 万元，但在第 1 类地区中的位置由 2004～2007 年的第八位下降为 2008 年的最后一位，单位面积 GDP 由 2004 年比辽宁高 23.93 万元变为 2008 年比辽宁低 18.05 万元（见表 20）。

表 20	2004～2008 年福建与第 1 类地区单位面积 GDP				单位：万元/平方千米
省份	2004 年	2005 年	2006 年	2007 年	2008 年
全国	166.42	190.72	220.60	267.84	326.90
北京	3605.64	4097.09	4677.02	5564.87	6239.98
天津	2645.32	3144.17	3694.03	4294.46	5403.26
辽宁	450.81	541.15	622.58	744.83	909.57
上海	12732.17	14437.63	16349.45	19223.80	21604.21
江苏	1462.34	1784.18	2109.66	2508.88	2954.45
浙江	1144.27	1320.02	1546.42	1844.84	2110.70
福建	474.74	541.10	624.74	761.87	891.52
山东	956.81	1179.42	1406.20	1653.88	1979.11
广东	1049.20	1243.97	1454.92	1728.83	1985.34

资料来源：根据中经网数据计算所得。

（3）吸引外商直接投资能力较弱。

外商投资企业数量及实际利用外商直接投资额，在很大程度上反映了该地区经济的对外开放程度，以及本地区外资投资环境的吸引力或外商满意程度。从实际利用外商直接投资金额来看，福建省从 2004 年的 22.2 亿美元提高到 2008 年的 56.7 亿美元，增长 155%。但 2004～2008 年沿海发达省份如辽宁、天津等实际利用外商直接投资规模均超过福建省。同时，福建与这些省份实际利用外商直接投资的差距也在扩大（见表21）。

表21　　　　2004～2008年福建与沿海发达地区实际外商直接投资金额　　单位：亿美元

省份	2004年	2005年	2006年	2007年	2008年
辽宁	54.10	35.90	59.90	91.00	120.20
天津	24.72	33.29	41.31	52.78	74.20
山东	87.00	89.70	100.00	110.11	82.02*
江苏	121.00	131.80	174.30	218.90	251.20
上海	65.41	68.50	71.07	79.20	100.84
浙江	66.81	77.22	88.89	103.65	100.72
福建	22.20	26.10	32.20	40.60	56.70
广东	100.11	123.63	145.10	171.26	191.67

注：＊2008年山东省实际利用外资改为实际到账外资。

资料来源：历年各省份统计年鉴及公报。

从外商投资企业数来看，2008年底福建省共有外商投资企业23609户，在沿海八个发达省市中排在第六位，但仅约为上海的45%、广东的26%。从外商投资总额来看，2009年福建外商投资总额累计1175亿美元，居沿海八省市第六位，约为上海的38%、江苏、广东的30%（见表22）。

表22　　　　2009年福建及沿海发达地区外商投资企业数量及投资总额

省份	外商投资企业数（户）	外商投资总额（亿美元）
辽宁	19893	1318
天津	12288	977
山东	30579	1120
江苏	50241	4444
上海	52278	3084
浙江	28252	1640
福建	23609	1175
广东	90189	3939

资料来源：《中国统计年鉴（2010）》。

（4）对外贸易总额与其他发达地区差距拉大。

从商品进出口方面来看，福建对外贸易额从2004年的475亿美元扩大到2008年的848亿美元，增长78%。而同期，沿海其他发达省份对外贸易额均实现超过90%的增长（见表23）。因此，虽然福建的对外贸易额在沿海8个省份中的相对位次没有发生变化，仍排在第六位，但其与其他省份对外贸易额差距发生了明显变化，其中辽宁、天津与福建的差距在缩小，而福建与山东、江苏、上海、浙江及广东的差距在扩大。

表 23　　　　2004~2009 年福建与沿海发达地区进出口总额　　　单位：亿美元

省份	2004 年	2005 年	2006 年	2007 年	2008 年	2009 年
辽宁	344	410	483	594	724	629
天津	420	532	644	714	804	638
山东	606	767	952	1224	1584	1391
江苏	1708	2279	2839	3494	3922	3387
上海	1600	1863	2275	2828	3220	2777
浙江	852	1073	1391	1768	2111	1877
福建	475	544	626	744	848	796
广东	3571	4279	5271	6341	6849	6111

注：按经营单位所在地分货物进出口总额。

资料来源：历年各省份统计年鉴。

（5）福建省国有及国有控股工业企业和私营企业的规模都偏小。

在沿海八个发达省份中，福建国有及国有控股工业企业个数最少，仅为532 个，约为上海、山东、广东的 1/2。从沿海八个省份的国有及国有控股工业企业的平均产值来看，福建也最小，平均每个企业仅为 4.23 亿元，约为辽宁、山东的 40%。另外，2009 年底福建私营企业数为 9198 个，在沿海八个发达省份中仅排在第七位，约为山东的 1/3 和江苏、浙江的 1/4。私营企业平均产值为 0.50 亿元，排在第六位，比第一位的山东少了 0.41 亿元（见表 24）。

表 24　　　　2009 年福建与沿海发达省份国有及国有控股工业企业、
私营企业数量及总产值

省份	国有及国有控股工业企业			私营企业		
	单位数（个）	总产值（亿元）	平均产值（亿元/个）	单位数（个）	总产值（亿元）	平均产值（亿元/个）
辽宁	883	9289.74	10.52	15157	10184.97	0.67
天津	974	5180.42	5.32	3756	1871.05	0.50
山东	1287	12885.18	10.01	29554	26906.93	0.91
江苏	839	7937.01	9.46	40744	24897.78	0.61
上海	1116	8983.40	8.05	8623	2863.24	0.33
浙江	728	5369.11	7.38	41969	17804.88	0.42
福建	532	2251.65	4.23	9198	4633.22	0.50
广东	1264	10790.11	8.54	22119	12448.37	0.56

资料来源：《中国统计年鉴（2010）》。

4. 产业向内地转移加速，福建面临产业空心化的挑战

在新兴产业未能迅速发展壮大及替代原有产业的背景下，以出口加工为主的劳动密集型产业内移，一方面给了福建省加快产业升级和产业结构优化的内在动力，另一方面可能造成部分地区产业空洞化现象，导致地区经济和社会发展放缓。过去三十年来，福建出口商品中绝大多数属于劳动密集型产品，其中轻纺、机电和农产品占据福建出口总额的85%以上，新兴产业发展缓慢，还无法撑起大局，一旦这些劳动密集型产业大批外迁，福建将有出现产业空洞化的危险。

（三）新一轮区域经济发展背景下福建未来的发展方向

从地理条件和区域经济分布格局上看，福建可以看成是一个浓缩的中国。同样是沿海地区经济发达，内陆地区相对落后；沿海地区，人口稠密，以工业为主，而内陆地区则人口密度较低，资源丰富，农业比重较大。因此，类似于中国东部、中部、西部区域定位的差异，福建省九地市的战略定位也必然要有所侧重。

1. 借助海峡西岸经济区的平台，台湾是福建未来发展的关键外部助力

（1）做好对台产业转移是关键。

对台产业转移包括产业对接和抢占产业制高点。产业对接方面，要做好对台农业、制造业及现代服务业的对接工作。其中，农业方面，在现有良好合作的基础上，注重对新型农用工业、观光农业及农业科技的交流和合作；制造业方面，对接的方向和重点在于汽车与零部件业、电工电器产业、船舶工业、计算机及网络产品、数字视听产业及石化下游一些产业的引进；现代服务业则主要侧重于物流业的对接。抢占产业制高点则要依托福建传统优势产业，如特色农业及三大主导产业，抢占产业技术标准制定高端、传统产业发展高端的标准，同时，加快对软件产业、生物医药、光电产业及新材料产业的发展。

（2）深化闽台交流与合作是实现福建快速发展的根本。

要利用两岸人民先行先试区的独特优势，加快建设两岸经贸交流合作平台、建设两岸直接往来的综合枢纽、建设两岸文化交流的重要基地、建设两岸交流合作活动特色平台及建设两岸人才交流合作区域中心。

2. 都市圈之间竞争将成主体

从新一轮我国区域经济发展的特征看，未来我国区域之间的竞争将主要表现为各都市圈之间的群体竞争，而不是过去的单个城市之间的竞争。因此，壮大区域的中心城市，构建具有强大扩散效应的城市群，是增强地区经济竞争力的重要途径。

（1）沿海六市仍将是福建经济发展重点，但发展定位应当各有所别。

福建经济的沿海化趋势在 1949 年之后基本中止。改革开放后再度迅速崛起，福厦沿海一线现在已是大中小城市延绵密布，人口、经济活动密集。进入新世纪以来，这一趋势有增无减。工业以及经济的沿海化布局、沿海城市化、人口向沿海地区集中的大趋势，近期仍不可挡（见表25）。漳州、厦门、泉州、莆田、福州、宁德沿海六市将是今后一个时期福建经济发展的重点，但是，发展定位应当各有所别。漳州、宁德因其地理区位条件、后发优势，可以成为福建今后重化工业的重点展开地区；泉州、莆田原有的劳动密集型产业已经密集分布，至今仍是福建最有竞争力的产业，短期尚难放弃，填平补齐，延伸产业链，更新换代，提升品牌影响，产品档次及附加值，仍是该地区重要发展基础之一。新的产业固然不排除其发展，但在原有优势产业适当转移外迁之前，大规模的新产业布局，空间可能有限。福州与厦门则应以发展第三产业尤其是现代服务业为主，提升中心城市的服务功能。

表 25　　　　　福建沿海地区人口、主要经济活动占全省的比重变化趋势

年份	沿海四市		沿海六市	
	人口（万人）	占全省比重（%）	人口（万人）	占全省比重（%）
2000	1674.09	50.7	2447.94	74.1
2005	1934	54.7	2709	76.6
2009	2011	55.4	2795	77.1

年份	沿海四市		沿海六市	
	GDP（亿元）	占全省比重（%）	GDP（亿元）	占全省比重（%）
2000	2748.67	66.2	3444.76	83.0
2005	4469.10	68.0	5441.23	82.8
2009	8102.19	66.7	9892.48	81.5

年份	沿海四市		沿海六市	
	二、三产业总值（亿元）	占全省比重（%）	二、三产业总值（亿元）	占全省比重（%）
2000	2474.83	70.5	2991.35	85.3
2005	4124.07	72.2	4857.45	85.1
2009	7646.38	69.8	9104.46	83.1

年份	沿海四市		沿海六市	
	进出口总额 （万美元）	占全省比重 （%）	进出口总额 （万美元）	占全省比重 （%）
2000	1791858	92.6	1898776	98.1
2005	4927433	90.6	5331669	98.0
2009	7168230	90.0	7725915	97.0

年份	沿海四市		沿海六市	
	固定资产投资总额 （万元）	占全省比重 （%）	固定资产投资总额 （万元）	占全省比重 （%）
2000	7729000	67.01	9606100	83.30
2005	69423000	69.07	18957800	78.13
2009	33493110	64.9	40551611	78.60

年份	沿海四市		沿海六市	
	城市建成区面积 （平方千米）	占全省比重 （%）	城市建成区面积 （平方千米）	占全省比重 （%）
2000	240	72.7	270	81.8
2005	391.11	75.5	448.11	86.5
2009	535	58.2	600.5	65.4

注：沿海四市指福州、莆田、泉州、厦门，沿海六市指宁德、福州、莆田、泉州、厦门、漳州。
资料来源：根据 2001 年、2006 年、2010 年《福建统计年鉴》计算。

（2）厦漳泉都市圈和闽江口都市圈建设是福建经济发展和推进城市化的重中之重。[1]

第一，就本省范围看，厦漳泉都市圈和闽江口都市圈是福建省经济的主要支撑点和增长极。2009 年，福建省 23 个城市实现 GDP 总值 8711.46 亿元，占全省 GDP 总值的 71.76%。其中，三大中心城市的 GDP 是 3768.78 亿元，占 23 个城市 GDP 的 43.26%，占全省 GDP 的 31.05%。2009 年，三大中心城市的地方财政收入 414.09 亿元，占全省地方财政收入比重的 48.95%（见表 26）。

表 26　　　　　　2009 年福建省三大中心城市主要经济指标

指标	福州 市辖区	厦门 市辖区	泉州 市辖区	三地 合计	福建	比重 （%）
非农业人口（万）	156.81	142.10	62.96	361.87	1188.12	30.46
GDP（亿元）	1327.98	1737.23	703.57	3768.78	7537.56	31.05
财政收入（亿元）	126.48	240.56	47.05	414.09	845.96	48.95
财政支出（亿元）	106.79	268.05	49.03	423.88	1147.13	36.95
固定资产投资（亿元）	860.79	825.25	230.06	1916.10	5159.14	37.14

资料来源：《福建统计年鉴（2010）》。

---

[1]　这两个城市圈的具体界定参见李文溥主编《海峡西岸发展研究论集（二）》（经济科学出版社 2011 年版）第三章第二节第二部分——城市定位。

第二，与相邻的长三角、珠三角地区相比，福建中心城市的规模太小。厦门 2009 年生产总值仅为广州市的 20.66%、深圳市的 21.18%；杭州市的 34.07%、宁波市的 41.22%、南京市的 41.07%、苏州市的 22.44%。2008 年，福州、厦门和泉州三市的财政收入分别为 126.48 亿元、240.56 亿元和 47.05 亿元，三者合计仅为广州市的 64.78%，深圳市的 47.21%。

第三，福厦高铁开通连接至沪宁杭、广深港之后，三地之间人流、物流将大大加速，异地同城化进一步发展。福州与上海的高铁通车之后，两地运行时间缩短至 6 个小时，2012 年厦门与深圳的高铁通车之后，两地运行时间更缩短至 2 个小时，交通改善之后，意味着中心城市的辐射半径将因此扩大，沪宁杭、广深港城市群都是我国目前最大的中心城市群，其辐射范围因高铁的开通而扩大其辐射范围，将使福建中心城市规模太小的弱势进一步放大。福建若不能尽快发展有足够资源集聚与辐射能力的大型中心城市，人才、资源被高铁两端的大城市所吸附的可能性将因高铁的开通而增大，拟议中的海峡西岸经济区将因沪宁杭、广深港城市群的资源虹吸能力而在经济上变为长三角与珠三角经济区的外围地区，而非具有内在凝聚力，与之比翼齐飞的经济区。因此，在"十二五"期间，大力推进闽江口、厦漳泉两大都市圈的建设，形成海峡西岸经济区的战略支撑点，是真正形成海峡西岸经济区，与长三角、珠三角地区并驾齐驱、比翼齐飞的重要战略决策。

第四，闽江口、厦漳泉两大都市圈目前各自包括了十个以上不同规模的单体城市，其地位和功能有所不同。福州与厦门，作为两大都市圈的核心城市，应以发展现代服务业为主，发挥类似上海在长三角都市圈，香港、广州在珠三角都市圈中的城市功能，服务海西的两大都市圈乃至周边的更大区域。

（3）在重点建设两个都市圈的基础上，加快沿海与内地山区的联动转移效应，实现沿海与内地的共同繁荣。

改革开放以来，福建省沿海地区经济迅速发展，但内地山区的发展则相对滞后。根据经济增长极理论，由于资源的稀缺性或有限性，区域经济发展不平衡是必然的。由于一些主导产业部门或有创新能力的大企业在核心区或大城市集聚，导致资本和技术的高度集中，形成"增长极"。当经济发展到较高水平时，资本、劳动力、技术等生产要素将由中心向外围流动，其扩散效应将使区域不平衡的差距缩小，并带动外围地区的经济发展。从目前的情况看，未来五年内，沿海地区与内地地区的"山海联动"可以在产业转移、劳动力转移方面实现良性互动。原因在于：一方面，随着沿海地区土地进一步短缺、劳动力成本上升，以及对资源能耗、环境保护的日益重视，传统的劳动密集型产业势必要转移和升级改造。另一方面，福建省内陆城市距离沿海不远，有承接由沿海产业向内地辐射扩散的条件，有可能成为沿海产业价值链向内陆延伸拓展的重要环节。近年来，区域交通条件的改善，包括纵贯东西、横跨南北的数条高铁、高速公路的通车，进一步有效地降低运输成本，节省转运时间，强化区际物流往来，扩大了产业选址范围。但是，考虑到内陆山区的环境保护需要，我们认为，还只能有所选择地适度推进沿海地区的部分产业梯度转移。

（4）强调山海联动、沿海与内陆地区共繁荣，但内陆山区作为生态环境的重点保护区域，应当坚持发展与环境保护并重。

福建有独特的地理条件：东南沿海向西北内陆地区的海拔上升很快，山势较为陡峭，水系全部发源于本省与江西、浙江交界的武夷、戴云山脉，决定了保护好内陆山区的生态环境，对福建的社会经济发展具有极为重要的意义。因此，内陆山区作为福建生态环境的重点保护区域，开发应当慎重，坚持发展与环境保护并重，发展服从于环境保护，在保护好生态环境的前提下，借助资源优势，通过大力发展特色产业，促进产业优化升级，提高产业层次和企业效益。一是依托木材资源，发展新技术造纸、建筑用板材等相关产业。二是发展以森林为依托的绿色农业，如菌菇类种植。三是借助森林植物资源发展生物制药产业。四是大力发展旅游业。除传统的自然资源外，丰富的旅游资源是福建内陆区域的又一大亮点。南平辖区内的武夷山、三明辖区内的金湖、龙岩辖区内的冠豸山都已形成比较健全的旅游经济发展区，而区域内还有众多自然、人文旅游资源尚未得到开发，或开发不够充分。另有一部分传统产业依托内陆地区独特的资源禀赋而存在，如烟草，建材、铜冶炼、钽冶炼、林产加工等，随着国民经济的发展和世界需求的增加，这类产业将获得长足的发展，也是未来区域产业经济发展的核心推进力所在。当然，部分传统工业如钢铁工业、重化工业等在市场经济格局下将不可避免地向沿海地区转移。

参考文献

［1］安树伟、任媛：《"十一五"以来我国区域经济发展的新态势与新特点》，载《发展研究》2009 年第 9 期。

［2］胡颖、李文溥：《产业竞争优势变迁与产业结构演变趋势》，载《东南学术》2006 年第 1 期。

［3］冷志明、张铁生：《建国六十年区域经济发展的回顾与展望》，载《经济纵横》2009 年第 3 期。

［4］李文溥、杨灿等：《建设全面小康社会进程的一个比较研究——以福建为基点》，载《中国人口科学》2004 年第 4 期。

［5］李文溥等：《从长三角、海西区、珠三角走向华东南沿海经济区》，载《东南学术》2007 第 1 期。

［6］李文溥、王燕武、周闽军、黄阳平等：《福建在全国经济格局中的地位和作用分析》，福建省社科联课题报告，2007 年 12 月。

［7］靳涛等：《福建省新一轮产业规划与布局研究》，福建省委政研室课题研究报告，2009 年 12 月。

［8］林民书：《福建与台湾经济比较》，福建省社科联课题报告，2007 年。

［9］孙红玲、刘长庚：《论中国经济区的横向划分》，载《中国工业经济》2005 年第 10 期。

［10］魏后凯：《中国国家区域政策的调整与展望》，载《西南民族大学学报（人文社科版）》2008 年第 10 期。

［11］伍长南、黄继炜：《转变经济发展方式研究——以福建省为例》，中国经济出版社 2010 年版。

［12］徐子青：《经济区域比较与发展空间思考》，载《理论经纬》2003 年第 1 期。

［13］张永林、李子奈：《中国经济区域的南、北、西三个板块结构与全国的经济发展》，清华大学中国经济研究中心工作论文，2006 年 11 月。

［14］中共福建省委党史研究室：《福建社会主义市场经济体制的构建与探索》，中共党史出版社 2001 年版。

进一步全面深化改革，激发福建发展新活力[*]

这是一篇命题作文，原题是《以科技创新带动全面创新，激发福建发展新活力》。但我的看法相反：科技创新不可能带动全面创新，更不可能激发福建发展新活力。相反，正如恩格斯所指出的：社会需要才是促进科学进步的重要原动力。"技术在很大程度上依赖于科学状况，那么科学状况却在更大的程度上依赖于技术的状况和需要。社会上一旦有技术上的需要，则这种需要就会比十所大学更能把科学推向前进。"① 因此，在承认科学技术是第一生产力的同时，更要厘清科学发展与社会需求之间的关系。我认为，目前，在福建乃至全国，实现科技创新的前提仍然是社会对技术的需求。

在讨论这一问题时，应当区分科学与技术。

科学就其本意而言，是对客观世界的探索，是了解客观世界是什么，以及它作为自在之物，不以人的意志为转移的运动、发展变化的内在规律。科学研究的成果是人类对外部世界的认识及其发展。时至今日，科学研究已形成了公认范式：科学家必须公布自己的全部发现及实验过程，以便其他科学家重复实验以验证其发现。可重复性是验证科学发现最重要的方式。科研成果如不能通过重复性检验，就不能被科学界接受。例如，近两年围绕着河北科技大学韩春雨团队关于基因编辑技术——NgAgo-gDNA 的争论②，其实就是成果的可重复性。这样的科学发现程序，使科学研究发现成为公共产品。公共产品的性质决定了，技术创新可以无偿地利用全世界的所有科学研究成果。由

---

* 本文原载于《福建日报》2017 年 11 月 6 日理论版。

① 恩格斯：《致符·博尔吉乌斯》，引自《马克思恩格斯选集（第四卷）》，人民出版社 1972 年版，第 505 页。

② 2017 年 8 月 3 日，《自然—生物技术》杂志发布声明称，韩春雨团队主动申请撤回其于 2016 年 5 月 2 日发表在该期刊的论文。

此可以得到如下推论。

（1）世界范围的科学研究创新不是一个国家、地区的政府所能控制从而单独促进的。它需要世界各国的共同投入和各国科学界的共同努力。发达国家整体科研实力较强，对科学前沿发现转化为技术创新的能力更强，不仅有较大的需求，而且也有较强的研究能力及资源。因此，在科学发展上，发达国家应承担更大责任。发展中国家财力和研究资源都十分紧缺，尽管从长远看，在科学研究上不应过分搭便车，因为这会妨碍其长远科学发展从而技术创新能力，但是仍应当优化自身的研究资源配置，在基础理论研究上量力而行。

（2）既然一个地区的技术创新可以依凭的科学研究创新是全球性的，那么，本地区的科学创新与本地技术创新之间，即使有关系，也不可能是函数关系，甚至很可能是弱相关关系。也即本地区的科学创新未必就能够带动本地区的技术创新，更何况带动其他呢？

那么，技术创新能否带动全面创新呢？也不能。

先看局部地区。认为地区技术创新会带动本地全面创新的隐含假定是本地技术研究力量配置与本地产业甚至社会经济方方面面完全重合，因此，本地技术创新会带动本地的全面创新。这显然不可能：本地区的技术不会同时同步实现全面创新；一般而言，本地技术研究力量从来不可能覆盖本地产业，更何况本地区社会经济的方方面面？与此同时，本地技术研究力量相当程度上是面向全国甚至世界的。本地产业发展可以从全国甚至全世界范围获得创新技术支持，而本地技术创新同时也是面向全国甚至全世界的。

技术创新对产业发展乃至社会经济发展具有重大促进作用，相当程度上是在全国甚至全球范围来讲的。在地区范围内，本地技术创新与本地产业发展以致社会经济发展并不存在着函数关系。然而，地方政府只能去抓本地的技术创新（如果还可能），但是，它能否带动本地区社会经济发展各个领域的全面创新呢？似乎不可能。

就全国范围而言，这一论断是否成立？也未必。首先，一国获得技术的来源，不仅有自主创新而且有技术引进。改革开放以来，我国引进了许多国外先进技术、先进管理经验、经济体制，极大地推动了中国的产业发展和社会经济进步。发展中国家固然不能放弃自主创新，但不能不承认，在引进国外先进技术方面，存在着巨大空间。其次，相同技术，如果可以引进，引进一般比自主创新成本更低——否则技术市场就不可能存在。最后，创新往往建立在引进的基础上。实践证明，学习比创新的成本更低。同样的技术、产品，完全自主创新和在引进、学习的基础上改进，一般而言，后者成本更低。因此，我们为什

进一步全面深化改革，激发福建发展新活力

么一定要"以技术创新带动全面创新"而否认技术引进也能带动创新呢？必须强调：中国至今仍存在着极大的学习、引进空间，不宜轻率地否定和拒绝。

再看技术创新与全面创新的关系。

技术创新能够引起产业技术进步，引发社会经济各种关系的调整，需要有一个前提：它必须在社会经济中得到应用。即使到现在为止，在大学及研究院所中，都有相当一部分技术创新成果和历年申请获批的专利没有得到应用。国内不同地区获得新技术的可能基本相同，但是不同地区的技术进步状况大不相同。同样，同一产业不同企业寻求新技术的热情也大不相同。在福建，很多边远地区的小企业，其技术支持来自国内外最好的大学和科研院所，同样，福建的大学和科研院所的科技成果也大量地为全国各地的企业所用。这些都说明：技术创新与全面创新的关系并非前者带动后者。

关键在于市场。计划经济下，产品"傻大粗黑笨"，几十年一贯制，企业的技术创新动力严重不足，原因在于没有市场。企业生死存亡，与产品有无销路毫无关系。市场经济下，市场需求决定企业生死存亡。市场有需求，企业必定要寻求能够满足这一需求的技术，无论是引进还是自主创新，是本地的创新还是外地甚至外国的创新。市场扩大，需求增加，企业寻求能更好扩大产能的技术；市场竞争激烈，企业寻求降低成本的技术；市场需求升级换代，企业寻求可以满足新生需求的技术和新产品。市场扩大，来自市场深化与市场统一，来自扩大对外开放；市场竞争程度提高，也来自市场深化与市场统一，来自扩大对外开放。企业在激烈的市场竞争能够更加依靠技术创新（或技术引进），前提是市场竞争是公平的。这就要求政府不是用倾斜的产业政策、自由裁量的政策优惠而是用竞争政策维持市场的公平秩序来推动科技创新，用负面清单管理来实现政府部门法无授权不可为，市场主体法无禁止皆可为，鼓励技术创新和引进技术，是通过透明管理、可预期管理，使企业和个人都知道它们的创新活动空间，稳定其收益预期。要使市场主体（使用技术的企业、从事技术创新的研究单位和个人）有创新和运用创新的欲望，必须保护产权（知识产权和企业的财产所有权），只有产权得到保护，长期收益是可预期的，自主创新这种需要长期投入的研究活动才是可能的。

由此可见，是社会对技术的需要在促进科技创新。怎样才能使社会对技术的需要不断扩大呢？最重要的是市场。不断发展的市场，不断开放的市场，将使市场需求不断扩大，使市场竞争日趋激烈，市场将促使企业积极地寻求技术，或是自主创新，或是寻求大学或科研院所的技术支持，或是引进技术。市场能促使企业积极地寻求技术，前提是企业是真正的市场主体，市场是公平竞争的，知识产权和财产权是受到法律保护的。也即，科技创新是市场需求引致的，是市场竞争逼出来的，经济发展的新活力是释放出来的而不是单纯靠科技创新激发出来的。因此，我们需要进一步深化改革，实现体制创新，进一步对外开放，推进市场化进程与鼓励公平竞争，通过负面清单管理，实现国家治理体系与能力的现代化，以推进全面创新（包括科技创新），激发福建发展的新活力。

进一步全面深化改革，激发福建发展新活力

明确海西建设的主要任务 *

　　《国务院关于支持福建省加快建设海峡西岸经济区的若干意见》（以下简称《若干意见》）使 2004 年中共福建省委、福建省政府提出的建设"海峡西岸经济区"的构想，从地方政府战略上升为国家战略，尤其值得注意的是：这是我国第一个由中央政府以正式文件形式提出的跨省经济区的建设构想，在此之前，无论是长三角、珠三角还是环渤海湾，作为跨省级经济区，都未作为国家战略由中央政府正式发文予以确立。显然，《若干意见》为以福建为主体的海峡西岸经济区的再次腾飞，提供了广阔的政策空间。

　　改革开放以来的实践经验证明，大胆改革、先行先试、对外开放、与市场经济接轨是福建自改革开放以来获得跨越式发展的关键。

　　众所周知，我国改革开放发端于闽粤。20 世纪 80 年代，闽粤两省作为改革开放的两艘破冰船，为全国经济体制改革、对外开放大胆先行先试，同时使两省社会经济获得了巨大活力，实现了超常规发展。90 年代初，以上海为龙头的长三角后来居上。珠三角、福建、长三角成为我国市场经济最发达、经济发展最快的地区。但是，自 90 年代中后期起，福建经济发展逐渐慢于珠三角、长三角，出现了"东南塌陷"，使本来可以连成一片的华东南沿海经济繁荣带出现了断裂。它削弱了东南沿海地区对内地的辐射带动力，也影响了大陆与港澳台尤其是台湾的交流合作。2004 年，福建省因此提出了建设海峡西岸经济区发展战略。五年之后，国务院通过了《若干意见》，把建设海西区从地方政府的发展战略转变成国家战略。因此，在贯彻落实《若干意见》时，应高度重视海峡西岸经济区建设的国家战略意义。《若干意见》支持加快建设海西，是因为海西在全国区域经济发展布局中处于重要位置。加快海西发展，是要使之尽快达到其左右两翼的长三角、珠三角的水平，意在融三地为一体，在华东南沿

---

　　* 本文原载于《福建日报》2009 年 7 月 7 日理论版。

海形成一个横跨四省一市的经济繁荣带。这是国家完善沿海地区经济布局的重大举措。

华东南沿海经济繁荣带不仅将对广大内地的进一步改革开放产生新的辐射带动能力,而且对两岸人民交流与合作形成巨大引力。海西与台湾一衣带水,是数千万台湾同胞的主要祖籍地之一,长期与台湾有着密切的社会经济文化联系。改革开放以来,福建是台湾同胞前来探亲、旅游、访祖、文化交流、贸易以及投资等最为集中的地区。加快海西的建设,使之成为繁荣富裕、文明民主的地区,对于促进两岸人民相互交流与合作、促进祖国和平统一大业将发挥极为重要的作用。

因此,贯彻落实《若干意见》,应跳出海西看海西,不仅从地区发展更应从国家战略角度理解建设海西;不仅从经济角度更应从政治角度看海西发展。

《若干意见》提出了建设海西的四个战略定位,概括了海西建设的主要内容和任务:体制全面创新、基础设施建设、经济发展、政治民主社会文化建设。

任务之一:体制全面创新。改革开放以来福建最突出的经验是:体制创新是社会经济快速发展的主动力。《若干意见》要求海西成为两岸人民交流合作先行先试区域,实施先行先试政策,加强海峡西岸经济区与台湾地区经济的全面对接,推动两岸交流合作向更广范围、更大规模、更高层次迈进。台湾是现代市场经济比较发达的地区,要实现与台湾经济的全面对接,必须加快海西向现代市场经济转轨步伐。经济体制对接,是经济活动全面对接的必要保障。

任务之二:基础设施建设。三区融为一体的华东南沿海经济繁荣带,将为两岸人民交流合作创造更好条件。海西经济发展水平相对落后于长三角、珠三角的原因有两个:一是地理条件;二是海西基础设施建设落后。因此,要使海西成为服务周边地区发展新的对外开放综合通道,基础设施建设要先行,构建以铁路、高速公路、海空港为主骨架主枢纽的海峡西岸现代化综合交通网络,使之成为服务周边地区发展、拓展两岸交流合作的综合通道。在这一方面,福建作为海西的主体地区,面临着四个方面任务:(1)海西面向台湾及世界的对外通道。由于是综合通道,因此,不仅要利用福建优良的港口资源,如厦门、湄洲、福州、三都澳等,进行海空港布局及建设,而且要依托港口建设中心城市、先进制造业基地,只有以港立市,建设先进制造业基地,才能产生商流,由商流带来物流和人流;(2)建设省内四通八达便捷高速的交通通道,使沿海的产业基地逐步向内陆地区延伸布局,提高全省经济发展水平;(3)福建与相邻地区的通道建设,使海西成为真正链接珠三角、长三角、面对台湾发展两岸交流合作的中心地区；（4）服务于海西乃至更广大地区的其他基础设施。

任务之三：经济发展。建设东部沿海地区先进制造业重要基地，使海西经济迅速赶上长三角、珠三角，是三区融为一体的重要基础。改革开放以来，福建的经济发展，主要依靠发展出口导向的劳动密集型产业。根据比较优势，从发展出口导向的劳动密集型产业入手，是福建实现经济起飞的正确选择，但是，经济高速发展使福建的比较优势发生了重大变化，从劳动密集型产业为主转向先进制造业，也就成为福建今后发展的重要基础。建设先进制造业基地，必须适当调整海西产业布局，实现重化工业沿海集中布局；必须通过两岸交流合作，培育新产业；必须提升原有优势产业，使之从传统的劳动力成本优势，转向品牌优势、营销优势、技术及设计优势。

任务之四：政治体制和社会文化建设。《若干意见》要求海西成为"我国重要的自然和文化旅游中心"。发展海峡旅游"必须充分发挥海峡西岸经济区的自然和文化资源优势"，"拓展闽南文化、客家文化、妈祖文化等两岸共同文化内涵"。这些必然要求海西在经济发展的同时，推进政治民主、社会文明、文化繁荣，它们是建设海西、先行先试不可或缺的重要内容。一个秉持科学发展理念，实现了经济发达、政治民主、社会文明、文化繁荣的海峡西岸经济区，才是海西人民安居乐业的热土，是两岸人民交流合作、促进祖国和平统一大业最好的前沿平台。

沿海开放省区内的"俱乐部收敛"[*]
——以福建为例

一、引言

经济发展过程中的地区差距变化趋势备受关注。新古典经济增长理论基于平衡增长路径、地区间资本报酬率收敛以及知识扩散假定,认为地区间经济发展趋于收敛。然而,夸(Quah,1996)利用 Markov 概率分布对 105 个国家相对收入研究的结果表明世界收入分布正从类似正态分布向"双峰收敛"的分布格局演化,即趋于两极分化。本 – 大卫(Ben-David,1998)将生存消费假设引入新古典增长模型,得到了与经验数据一致的结论:世界上富国之间和穷国之间各自出现了"俱乐部收敛"。在收入水平的顶部和底部,收敛特征是有区别的。前者表现为赶超式收敛,后者表现为向下的积贫式收敛。

经济增长的收敛形式目前一般分为:σ – 收敛、β – 收敛[又分为绝对 β – 收敛(absolute β-convergence)和条件 β – 收敛(conditional β-convergence)]、γ – 收敛。σ – 收敛指随着时间变化,不同国家或地区的实际人均 GDP 离差逐渐缩小,人均 GDP 趋同。绝对 β – 收敛指随着时间推移,所有国家或地区都将收敛于相同的人均收入水平。条件 β – 收敛放弃了各经济体具有相同结构的假设,认为各经济体的增长速度不仅取决于初期人均产出,还受到资源禀赋、要素流动以及产业结构等其他因素的影响,因此将收敛于各自的稳态。条件 β – 收敛与绝对 β – 收敛的区别在于:绝对 β – 收敛意味着贫穷经济体将更快增长,直至其追赶上富裕经济体,从长期看,经济体系中所有的经济体都收敛于共同的

* 本文原载于《福建论坛·人文社会科学版》2008 年第 12 期,共同作者:吴娟。

稳态，具有相同的人均收入；条件 β – 收敛意味着经济体各自收敛于自身的稳态，由于各经济体结构可能不一样，所以各自的稳态也不一样。从长期看，经济体系中各经济体的人均收入差距仍然存在，富裕地区仍然富裕，落后地区仍然落后。在经验分析时，β – 收敛测度方法比较复杂，博伊尔（Boyle）和麦卡锡（McCarthy）提出了另一个简单的测度收敛的方法——肯德尔（Kendall）和谐指数，又称为 γ – 收敛。"俱乐部收敛"指在经济增长的初始条件和结构特征都相似的一组区域的经济增长收敛于相同的稳态（Barro & Sala-i-Martin，1991）。巴罗和贝克尔（Barro & Becker，1989）认为，"俱乐部收敛"可以出现在具有内生人口出生率的增长模型中。贝纳布（Benabou，1996）指出，在资本市场不完全以及人力资本生产函数非凸的情况下，也会出现"俱乐部收敛"。加洛尔等（Galor，1996；Galor & Weil，1996；Galor，2007）则从不同人群的储蓄倾向、妇女的相对工资、人口出生率、技术进步率、人口增长率和人力资本形成等方面的差异和变动讨论了形成"俱乐部收敛"的主要原因。

近年来，我国地区间经济发展差距扩大的事实引起学界关注。蔡昉和都阳（2000）、沈坤荣和马俊（2002）、张焕明（2004）等研究了东、中、西部之间的地区差距变化趋势，张胜等（2001）、徐现祥和舒元（2005）等研究了省际之间的俱乐部收敛现象。但是，对于更小地域单元内的地区发展差距趋势的研究较少。本文以福建为例，研究在开放冲击下，一个沿海省区内初始条件较为类似甚至相反的地区之间的俱乐部收敛现象及其成因。

二、福建省内地区俱乐部收敛现象的实证分析

我们整理、计算的统计数据显示：1978～1990 年，福建 9 个设区市之间的人均收入水平差距扩大还不太明显，1990～2006 年，它们急剧地向两个俱乐部收敛（见表1）。

表1　　　　　　　1978～2006 年福建各地区实际人均 GDP 与区际比值

地区	1978 年		1990 年		2000 年		2006 年	
	人均 GDP（元）	区际比值	人均 GDP（元）	区际比值	人均 GDP（元）	区际比值	人均 GDP（元）	区际比值
宁德	219	1.00	527	1.00	1847	1.00	3206	1.00
龙岩	245	1.12	679	1.29	2191	1.19	3761	1.17
南平	353	1.61	907	1.72	2280	1.23	3995	1.25

地区	1978 年		1990 年		2000 年		2006 年	
	人均 GDP（元）	区际比值	人均 GDP（元）	区际比值	人均 GDP（元）	区际比值	人均 GDP（元）	区际比值
三明	405	1.85	1247	2.36	2862	1.55	4859	1.52
莆田	197	0.90	554	1.05	2097	1.14	4207	1.31
漳州	261	1.19	593	1.12	2841	1.54	5120	1.60
泉州	171	0.78	574	1.09	6223	3.37	10632	3.32
厦门	528	2.41	2502	4.74	13514	7.32	26169	8.16
福州	293	1.34	1072	2.03	6489	3.51	11822	3.69

资料来源：《辉煌的 55 年——福建区域经济发展概览》《福建经济与社会统计年鉴：国民经济核算篇（2007）》等。

为了验证上述观察结论，我们选取福建省县域数据，分时段对 1978～1990年，1990～2006 年福建全省范围内绝对收敛性及俱乐部收敛进行研究。所有人均 GDP 均为实际人均 GDP。

根据 Barro 和 Sala-I-Martin 的经济增长收敛性理论，采用以下计量模型，分别对福建全省以及福厦泉和其他六地区内部各县（区）进行分析：

$$\gamma_{it} = \alpha + \beta \ln y_{i0} + \varepsilon_{it} \tag{1}$$

其中，t 是研究的时期，i 代表经济单位，γ_{it} 代表研究区间各市人均 GDP 增长率，y_{i0} 代表期初的人均 GDP，α 为截距项，ε_{it} 为随机扰动项。若拟合结果较好并且 $\beta < 0$，则说明各大区域内部县域经济增长在研究区间存在 β – 绝对收敛；反之，则不存在 β – 绝对收敛。

回归结果显示：1978～1990 年，福建全省范围内出现 β – 绝对收敛。1990～2006 年，全省范围内拟合结果表明，β 系数虽然符号为负，但无法通过检验，拒绝 $\beta < 0$，全省范围内不存在 β – 绝对收敛。以福厦泉为一组，宁德、蒲田、漳州、龙岩、三明、南平为另一组，两个区域内部各自的回归结果显示，$\beta < 0$ 皆通过了 t 检验，而且 F 统计量显示方程拟合结果良好，因此，可以接受两组区域内部各自存在经济增长的 β – 绝对收敛假设。结论：1978 年以来，福建经济发展就省内地区间关系而言，可以划分为两个阶段：1978～1990 年，经济发展并没有导致省内地区间收入差距的明显扩大，但是，在1990～2006 年，却出现了"俱乐部收敛"现象。两个俱乐部的划分与传统的闽东南沿海地区、闽西北内陆山区划分不一致，[①] 漳州、蒲田通常被视为闽

---

① 传统上福州、莆田、泉州、厦门、漳州属于闽东南，龙岩、三明、南平、宁德属于闽西北。

东南沿海地区，但其经济发展态势却是向闽西北内陆山区收敛。其中，尤其令人注意的是漳州和泉州，前者地处闽东南沿海地区，是该地区自然条件最优越的市，后者却远不如前者。1978 年泉州人均 GDP 为全省最低，但是，到 2000 年，漳州成为福建欠发达地区俱乐部的一员，而泉州却跻身于福厦泉发达地区俱乐部。

三、"俱乐部收敛"影响因素分析

我们建立如下计量模型分析福建省地区经济发展"俱乐部收敛"的成因：

$$\gamma_{it} = \alpha + \beta \ln y_{i0} + \sum_{j} \kappa_j X_{it}^j + D_{it} + \varepsilon_{it} \tag{2}$$

其中，i 代表经济单位，γ_{it} 代表研究期间各市人均 GDP 增长率，y_{i0} 代表期初人均 GDP 水平，α 为截距项，ε_{it} 为随机扰动项，而 X_{it}^j 为影响收敛的其他变量，κ_j 为其系数。如前，若拟合结果较好且 $\beta < 0$，说明各大区域内部县域经济增长在研究区间存在 $\beta-$条件收敛；反之，则不存在 $\beta-$条件收敛。

在经济增长收敛性研究中，合理地选择和测算影响因素变量至关重要。基于对经济增长因素的理解和数据的可得性，我们选择了下述变量。

（1）初始人均 GDP 水平（*RJGDP*）。衡量初始发展水平与经济增长的相关关系，若回归系数为负，说明初始水平低的地区发展速度快，经济增长会出现新古典增长理论所预期的收敛。

（2）就业增长（ln*LAB*）[①]。取年末从业人员数（*LAB*）的自然对数值。

（3）教育投入（*CES*）。限于数据可得性，以地方教育支出占地方财政支出的比重为替代变量。

（4）固定资产投资（*INV*）。变量是剔除价格影响的固定资产投资额。

（5）FDI 投资强度（*FDIGDP*）。采用各地区 FDI 使用金额与各地区 GDP 的比重。

（6）国际贸易（*ITGDP*）。选择外贸依存度为替代指标。

（7）市场规模（*DPOP*）。以人口密度（人数/平方千米）衡量区域市场规模对经济增长的作用。其中，人口数据采用统计年鉴中的"年末常住人口数"。

---

　① 取自然对数，目的是消除线性模型中的异方差。

（8）基础设施（*HROAD*）。一般而言，基础设施增加有利于促进经济增长。考虑到数据的可得性，采用公路通车里程（千米/平方千米）为替代变量。

（9）城市化水平（*URBAN*）。城市化在区域经济增长中具有重要作用。采用城镇人口在年末常住人口中所占比重反映各地区城市化水平。

（10）工业化水平（*INDGDP*）。国际经验研究表明，产业结构与地区差距收敛存在密切关系。限于数据可得性，选取各个地区工业生产总值占 GDP 的比重为衡量指标。

（11）政府相对规模（*GCGDP*）。选用政府消费占 GDP 的比重衡量政府相对规模，估计政府干预与地方经济增长之间的关系。

（12）地理虚拟变量（D_{it}）。用 D_{it} 来衡量其他未分离的地区因素对不同地区间经济增长差异的影响。福厦泉的 D_{it} 取值为 1；若属于其他六地区，则 D_{it} 取值为 0。

回归结果如表 2 所示。

表 2   "俱乐部收敛"影响因素研究回归结果

变量	回归结果
初始人均 GDP 水平（*RJGDP*）	-0.029 （-2.47^{**}）
就业增长（ln*LAB*）	-0.002 （-1.30）
教育投入（*CES*）	0.08 （2.10^{***}）
固定资产投资（*INV*）	0.16 （3.16^{*}）
FDI 投资强度（*FDIGDP*）	0.06 （2.29^{***}）
市场规模（*DPOP*）	0.017 （1.52^{*****}）
国际贸易（*ITGDP*）	0.02 （1.95^{****}）
基础设施（*HROAD*）	0.012 （1.63）
城市化水平（*URBAN*）	0.027 （2.59^{**}）
工业化水平（*INDGDP*）	0.13 （3.41^{*}）

续表

变量	回归结果
政府相对规模（$GCGDP$）	-0.016 (-1.76****)
D_{it}	0.005 (2.01****)
R²	0.419
F-statistic	3.31*

注：括号内为 t 统计量。* 表示在显著性水平为 1% 时显著，** 表示在显著性水平为 2% 时显著，*** 表示在显著性水平为 5% 时显著，**** 表示在显著性水平为 10% 时显著，***** 表示在显著性水平为 20% 时显著。

F 值通过 1% 显著性水平检验，模型拟合结果较好。回归结果表明，1990~2006 年，福建省各区域的经济增长总体上不是 β-绝对收敛，而是 β-条件收敛。加入控制变量后发现，回归结果基本符合预期。并且注意到地区虚拟变量在解释地区间经济增长差异中作用显著，说明地区间"俱乐部收敛"现象明显。

四、结论及其解释

在第三节的模型中，只有就业增长和基础设施的回归结果未能通过显著性检验。固定资产投资、FDI 强度、国际贸易、市场规模、城市化水平、工业化水平都通过了显著性检验，而且系数为正，而政府相对规模的系数是 -0.016，也通过了显著性检验。

政府相对规模对地区经济增长的作用为负，并通过了显著性检验。注意到所用指标是政府消费占 GDP 比重，这说明政府消费的资源已超过维持正常经济增长所需。表 3 显示，福厦泉三市的政府消费占 GDP 比重较小。欠发达地区则反之，计量检验的结果证明，这也是造成两俱乐部收敛的原因之一。

表3　　　　　　　不同类别地区政府消费占 GDP 比重对比

指标	地区	2001 年	2002 年	2003 年	2004 年	2005 年	2006 年
政府消费占 GDP 比重	福厦泉	0.083	0.084	0.080	0.078	0.083	0.085
	其他地区	0.100	0.104	0.104	0.099	0.095	0.098

剩余的六个解释变量：固定资产投资额、FDI强度、国际贸易、市场规模、城市化水平、工业化水平对地区经济增长的影响都是正向的。进一步讨论它们对地区经济增长的影响程度，从系数可以看出，影响地区之间俱乐部收敛的重要因素是固定资产投资额、工业化水平和教育投入、FDI强度，城市化水平、市场规模、国际贸易的系数尽管较小，但却并非不重要，因为它们与前三者有着密切关系。

教育投入与地区经济发展的关系可以是互为因果，我们采用滞后两期的格兰杰因果检验检验其因果关系，结果表明，教育投入与经济增长之间存在着互为因果的反馈性联系（见表4）。

表4　　　　　　　　　教育投入与经济发展之间的因果关系检验

因果关系假定	F-statistic	p-value	结论
CES 不是 γ_{it} 的原因	8.172	0.009	拒绝
γ_{it} 不是 CES 的原因	4.293	0.041	拒绝

投资与工业化对地区经济发展的重要作用已经为诸多研究所证实。

在福建，1990年以来泉州与漳州的不同发展趋势，在一定程度上进一步证实了工业化对地区经济发展的巨大作用。1978年，泉州人均GDP仅171元，全省最低，漳州人均GDP 261元，居全省中位。两市同处闽南，地理位置、人文条件十分相近，都是港澳同胞和台湾同胞的重要祖籍地。就自然条件而论，漳州明显优于泉州。或许正因为自然禀赋条件导致了不同的路径依赖，泉州因为缺乏发展农业致富的自然条件，采取了"逆路径依赖"发展战略，扬长避短，利用其地处沿海，港澳侨台资源丰富的优势，接受东南亚及港台地区产业转移，从劳动密集型产业入手，走工业化道路，积20年努力，终于使自己从原本福建最穷的地区成为唯一一个向厦门、福州两个省内中心城市收敛，跻身发达俱乐部的设区市。而漳州却因为过分依赖优越的农业资源，采取了"顺路径依赖"战略，在较长时期里坚持以农立市，导致错失机遇，在发展态势上渐次向欠发达俱乐部收敛。两市的不同发展趋势，在一定程度上证实了"俱乐部收敛"理论的观点：经济体系中存在多重稳态均衡增长路径，结构特征相同的地区也不一定收敛于同一稳态均衡增长，其增长结果部分决定于初始状态。在政府主导型市场经济条件下，这一初始状态也包括政府的发展道路选择。

工业化意味着大规模的投资。对于初始禀赋类似的地区，不同的资本投入可以使它们处于完全不同的均衡路径，收敛于不同的均衡点。

福厦泉固定资产投资高于省内其他地区（见表5），非近年开始。泉州自"八五"时期开始，固定资产投资便一直远高于漳州、莆田，并且在"九五"时期和"十五"时期延续了这一态势，这是其20世纪90年代初经济发展水平超过漳州、莆田并一直保持高速增长的重要原因之一。

表5　　　　　　　　　不同类别地区固定资产投资比

指标	地区	2001 年	2002 年	2003 年	2004 年	2005 年	2006 年
固定资产投资区际比值	福厦泉	1.75	1.84	1.91	1.86	1.72	1.67
	其他地区	1	1	1	1	1	1
GDP 区际比值	福厦泉	1.85	1.88	1.92	1.91	1.93	1.93
	其他地区	1	1	1	1	1	1
人均固定资产投资区际比值	福厦泉	2.45	2.55	2.62	2.55	2.33	2.24
	其他地区	1	1	1	1	1	1

注：其中 GDP 与固定资产投资皆为实际值。

资料来源：由《福建经济与社会统计年鉴：固定资产投资篇（2006）》《福建经济与社会统计年鉴：固定资产投资篇（2007）》《福建经济与社会统计年鉴：人口篇（2007）》《辉煌的 55 年——福建区域经济发展概览》《福建经济与社会统计年鉴：国民经济核算篇（2007）》等相关数据计算整理得出。

落后地区投资不足，源于缺乏资金来源，无论是国家预算内资金还是国内贷款、利用外资、自筹和其他资金来源，福厦泉都占有压倒优势（见表6）。在全部资金的使用比例上，福厦泉约占2/3，其余6市仅占不足1/3。其中，国家预算内资金用于福厦泉的比例更高达77.8%。

表6　　　　　　　　　2006 年福建各市投资来源对比

指标	地区	本年资金来源	国家预算内资金	国内贷款	利用外资	自筹和其他资金
资金来源总量（万元）	全省	31366460	1173232	7561626	1385724	21245878
	福厦泉	21376385	912327	5747598	891573	13824887
	其他地区	9292877	260905	1689252	492731	6849989
比重（%）	全省	100	100	100	100	100
	福厦泉	68.2	77.8	76.0	64.3	65.1
	其他地区	29.6	22.2	22.3	35.6	32.2

注：由于全省固定资产投资资金来源的各项目中尚有不分区的数据未体现在表格中，故"福厦泉"与"其他地区"相关指标比重加总小于100%。

资料来源：由《福建经济与社会统计年鉴：固定资产投资篇（2007）》等相关数据计算整理得出。

由此得出以下结论。

（1）福建省内地区向两个俱乐部收敛主要产生于1990年之后。福建省引进外资规模迅速增长始于1987年，20世纪90年代后我国市场经济进入了较快发展阶段，福建省出口加工型劳动密集型产业发展在 1995 年达到高峰，可以得出这样的结论：市场经济和出口加工型劳动密集型产业的发展，是形成福建省内俱乐部收敛的重要原因。

（2）从资本与劳动对经济增长的作用看，在这一时期，资本短缺是经济增长的主要瓶颈，因此，资本的非均衡投入是产生福建省内地区两个俱乐部收敛的重要原因。

（3）在市场经济的初期阶段，不仅私人资本的投向是市场导向的，而且由于资源短缺，即使是政府所掌握的资源，其分配也不能不侧重于效率考量。由于工业化是这一时期的社会经济发展的主要特征，发展工业的比较收益远远大于其他产业，因此，选择了优先发展工业的地区将能获得包括政府资源在内的较多发展资源，得以迅速发展。

（4）俱乐部收敛既然因发展战略以及因此获得的资源投入差异而产生，从理论上说，它既可以通过在既定发展阶段下，欠发达地区发展战略和资源投入的调整而改变，也可以通过向新发展阶段的过渡，在新发展战略下得以改变。但是，就目前情况而论，两种选择似乎都有一定难度：首先，福建尚未完成工业化，因此，现有发展阶段似乎还难以逾越，超越工业化向新发展阶段过渡的可能性显然有限。其次，在工业化阶段，福建省欠发达地区俱乐部的成员是否都能通过走福厦泉过去的发展道路来实现全省范围的收敛呢？

福建省内地区两个俱乐部收敛现象的揭示，向理论和政策都提出了挑战。

参考文献

［1］蔡昉、都阳：《中国地区经济增长的趋同与趋异——对西部开发战略的启示》，载《经济研究》2000 年第 10 期，第 30 ~ 37 页。

［2］沈坤荣、马俊：《中国经济增长的"俱乐部收敛"特征及其成因研究》，载《经济研究》2002 年第 1 期，第 33 ~ 39 页。

［3］徐现祥、舒元：《物质资本、人力资本与中国地区双峰趋同》，载《世界经济》2005 年第 1 期，第 47 ~ 57 页。

［4］张焕明：《扩展的 Solow 模型的应用——我国经济增长的地区性差异与趋同》，载《经济学（季刊）》2004 年第 3 期，第 605 ~ 618 页。

［5］张胜、郭军、陈金贤：《中国省际长期经济增长绝对收敛的经验分析》，载《世界经济》2001 年第 6 期，第 67 ~ 70 页。

［6］D. Ben-David, "Convergence Clubs and Subsistence Economies", Journal of Development Economics, 1998, Vol. 55, No. 1, pp. 155 – 171.

［7］ D. Quah, "Empirics for Eeonomic Growth and Convergen", European Economic Review, 1996, Vol. 40, No. 6, pp. 1353 – 1375.

［8］ O. Galor, D. N. Weil, "The Gender Gap, Fertility, and Growth", The American Economic Review, 1996, Vol. 86, No. 3, pp. 374 – 387.

［9］ O. Galor, "Convergence? Inferences from Theoretical Models", The Economic Journal, 1996, Vol. 106, No. 437, pp. 1056 – 1069.

［10］ O. Galor, "Multiple Growth Regimes-Insights from Unified Growth Theory", Journal of Macroeconomics, 2007, Vol. 29, No. 3, pp. 470 – 475.

［11］ R. Benabou, "Equality and Efficiency in Human Capital Investment: The Local Connection", Review of Economic Studies, 1996, Vol. 63, No. 2, pp. 237 – 264.

［12］ R. J. Barro, G. S. Becker, "Fertility Choiee in a Model of Economic growth", Econometrica, 1989, Vol. 57, pp. 481 – 501.

［13］ R. J. Barro, X. Sala-i-Martin, "Convergence across States and Regions", Brooking Papers on Economics Activity, 1991, pp. 107 – 182.

从长三角、海西区、珠三角
走向华东南沿海经济区*

一

改革开放以来，在我国从长江口到珠江口的漫长海岸线上，陆续形成了
3个独立而又彼此相连的经济高速增长地区：以上海为核心的长江三角洲地
区、以福建为主的海峡西岸经济区以及以广州、以深圳为中心的珠江三角洲
经济区。自1992年以来，华东南沿海四省一市的经济增长速度一直高于全
国平均水平4个百分点左右，某些年份甚至高于全国平均水平10个百分点以
上（见图1）。

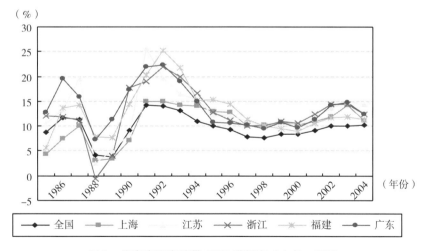

图1 华东南沿海地带GDP增长率（上年=100）

资料来源：中经网统计数据库。

———————————

* 本文原载于《东南学术》2007年第1期，共同作者：李静、谢孝荣。

持续多年高于全国平均水平的增长，使华东南沿海四省一市产出占全国产出的比重远远高于该地区占全国的土地面积与人口比重。长三角地区土地面积为 21.3 万平方千米，仅占国土总面积的 2.22%。[①] 2005 年的人口总量约为全国的 10.8%，所创造的 GDP 却占全国总量的 22.3%，进出口总额达到 5216.5 亿美元，占全国进出口总额的 36.7%。广东省土地面积为全国的 1.86%，人口的 7.03%，GDP 是全国 GDP 的 11.8%，进出口总额更高达全国总量的 30.1%。福建省土地面积和人口占全国的比例分别为 1.25% 和 2.7%，GDP 和进出口总额则占全国总量的 3.6% 和 3.8%。

华东南沿海四省一市，以 5.33% 的土地面积、不到 21% 的人口创造了全国 GDP 总量的 35.7% 和 70% 以上的进出口总额。显然，它是我国目前最有经济活力，经济增长最快的地区。2005 年其经济指标如表 1 所示。此外，与华东南沿海四省一市毗邻的港澳台的总面积为 3.7 万平方千米，人口大约 3000 万人，2004 年，GDP 总额达到 4900 亿美元，约为内地（大陆）GDP 总量的 1/4 以上。也就是说，华东南沿海四省一市加上毗邻的港澳台地区，土地面积不到全国 6%，GDP 总量约占全国经济的 50%。改革开放以来，港澳台地区与华东南沿海四省一市之间的经济联系不断发展，来自港澳台的投资及外需订单，既是促进华东南沿海地区经济发展的重要因素之一，也是导致华东南沿海四省一市之间产业同构、引发区域竞争，从而预示着这一地区区域经济整合趋势的重要因素之一。从区域经济发展的大视野看，促进华东南四省一市即长江三角洲经济区、海峡西岸经济区、珠江三角洲经济区之间的经济整合，使之逐步发展为华东南沿海经济区，无论是对该地区还是中国经济的发展，都具有极为重要的意义。在此基础上，进一步发展该地区与港澳台地区之间的经济联系，实现更大范围的经济一体化，无论是从中国、东亚乃至世界经济的视角，还是从经济或政治以及社会发展的其他方面看，意义都是十分深远的。

表 1   2005 年华东南沿海四省一市的主要经济指标

指标	上海	江苏	浙江	福建	广东	全国
GDP（亿元）	9144	18272.1	13365	6560.1	21701.3	183191.8
三次产业比重	1:48.9:50.1	7.6:56.6:35.8	6.6:53.4:40	12.6:49.2:38.2	6.9:49.5:44.1	12.5:47.3:40.2

① 对于长江三角洲经济区、海峡西岸经济区、珠江三角洲经济区的范围，有不同的见解。为简便及数据处理上方便起见，我们将上海、江苏、浙江两省一市定义为长江三角洲地区。同理，定义广东省为珠江三角洲地区，福建省为海峡西岸经济区。也即本文所讨论的实际上是上海、江苏、浙江、福建和广东四省一市的经济分工与协作，以及经济区整合问题。

指标	上海	江苏	浙江	福建	广东	全国
人均GDP（元）	51583	24518	27369	18613	23674	13985
年底总人口（万人）	1778	7475	4898	3535	9194	130756
进出口总额（亿美元）	1863.4	2279.2	1073.9	544.1	4279.6	14219.0
出口额（亿美元）	949.2	1138.8	422.6	208.5	1982.1	7619.5

资料来源：中经网统计数据库。

本文拟就长江三角洲经济区、海峡西岸经济区、珠江三角洲经济区之间的关系以及今后的发展趋势进行探讨。

二

长江三角洲经济区、海峡西岸经济区、珠江三角洲地区三个地理上彼此相连的经济区，其下一阶段的发展前景是在更大区域范围实行整合，形成华东南沿海经济区。之所以如此，是因为华东南沿海四省一市具有发展成为我国一个新的经济区的基本条件，目前四省一市经济发展中遇到的一些重大问题，也必须通过在四省一市范围内进行区域经济整合，实现区域分工与协作才能得到解决。

（一）地域相邻，发展道路殊途同归

四省一市在地域上彼此相连，在历史上，上海、浙江、江苏、福建就同属于一个经济协作区，长期以来，存在着密切的经济联系，福建与广东，不仅地域相连，而且长期以来存在着密切的经济往来。当然，地域相近乃至相连，历史上经济联系密切，近年来都具有较高的经济增长成绩，并不是构成一个经济区的充要条件。由于种种原因，改革开放以来，四省一市的发展道路是不尽相同的。

广东和福建是我国最早的改革开放实验区，拥有毗邻港澳台的区位优势、亲缘乡情资源。在改革初期，两省利用中央赋予的优惠政策，大力吸引外资及港澳台投资，发展劳动密集型加工贸易产业，利用外部的生产要素，改进内部的生产要素配置与经济结构，使区域内生产迅速与国际市场联系起来。利用外部资本推动当地经济起飞、利用国际市场发展外向型经济是广东、福建，尤其是其沿海地区经济发展模式的显著特点。

与广东、福建不同，江苏与浙江在改革开放初期，选择了内向资本积累型

的区域经济发展模式。其中，江苏以发展乡镇企业为主，即苏南模式。其最大特点在于以地方政府与社区政府为主要推动力量，以集体所有制乡镇企业为基本经济活动主体，内向筹资，直接推动区域经济发展。浙江则发展家庭私营工商业，温州模式是其代表。主要特点是私人发动，以家庭私营工商业为主要经济活动主体，以市场为导向，体制外需求诱致型制度变迁与内向筹资。

上海是我国最大的城市、工业中心和经济中心。改革开放之初，实行市场化改革的前景不明，因此，谨慎起见，上海一直实行严格的计划经济体制，到广东、福建等省份的市场化改革取得显著成效，邓小平同志20世纪90年代初"南方谈话"之后，才被赋予特殊政策，以浦东为突破口，大力推进市场化改革。直至1992年之前，上海在计划经济体制束缚之下，这个中国工业最发达、经济基础最好的最大城市，其经济增长率却低于全国平均水平。随着20世纪90年代浦东开发，上海以其优越的区位优势、良好的产业基础、密集的人才资源，后发制人，迅速吸引了大量的外资，不仅在短时间内使自己的经济得到腾飞，并且带动了长三角地区的发展，促进了长三角地区经济发展模式的转变，逐渐由内向资本积累转向外向型的经济发展模式。长三角地区的FDI不断增长。2001年，长三角地区实际利用外资额开始超过广东，进出口总额也占到全国进出口总额的36.7%，长期以来，民营经济十分发达，但引进外资比较落后的浙江省吸引FDI从2000年起也开始大幅增长，目前直逼上海。

因此，可以说，在经济全球化的背景下，以市场化为导向走对外开放道路的经济体，由于其地理条件、资源禀赋的相似性，尽管初始的发展道路有所不同，但是，在参与国际经济竞争的过程中，必然要根据自己的比较优势，选择最适合自己的发展道路。市场经济的竞争机制，使华东南沿海四省一市的经济发展道路渐趋收敛，殊途而同归。

（二）区域间产业结构趋同，竞争激烈，分工协作关系弱，区域一体化程度低

与全国其他地区一样，四省一市的改革开放采取的是地方分权与市场化相结合的模式，在这个模式下，地方政府与地方企业形成了以经济利益为纽带的联盟，地方政府为实现本地区的财政收入最大化，一方面，竞相运用各种政策优惠手段，进行引资竞争；另一方面，用各种行政性手段阻滞生产要素在区域间的自由流动，形成分割市场，使得原本可以在更大区域内形成的均质化的投资环境很难产生，区域间的分工协作难以展开。其结果是区域间产业结构趋

同、竞争激烈，分工协作关系弱，区域一体化程度低。

　　长三角、福建和珠三角3个地区，早则在20世纪80年代中期，迟则在90年代初中期，在制造业技术方面都开始转向引进项目和相应技术，由于引进的投资主要来自港澳台，加之3个经济区内部自然禀赋比较相似，因此，3个经济区在工业化进程中，尽管发展的道路有所不同，但是从目前的产业结构看，确实比较相近（见表2）。

表2　　　　　　　　　四省一市前7位制造业及其占工业总产值的比重

省（市）	1994年	2003年
上海	黑色金属冶炼及压延加工业，15.8% 交通运输设备制造业，10.3% 纺织业，8.6% 电气机械及器材制造业，6.3% 化学原料与化学制品制造业，6.1% 电子及通信设备制造业，6.0% 普通机械制造业，5.6%	电子及通信设备制造业，18.7% 交通运输设备制造业，15.3% 黑色金属冶炼及压延加工业，7.7% 通用设备制造业，6.7% 电气机械及器材制造业，5.8% 化学原料与化学制品制造业，5.5% 石油加工、炼焦及核燃料加工业，5.0%
江苏	纺织业，21.8% 化学原料与化学制品制造业，7.9% 普通机械制造业，6.6% 电气机械及器材制造业，5.7% 黑色金属冶炼及压延加工业，5.3% 交通运输设备制造业，5.12% 非金属矿物制品业，5.06%	电子及通信设备制造业，14.4% 纺织业，10.1% 化学原料与化学制品制造业，9.2% 黑色金属冶炼及压延加工业，6.9% 通用设备制造业，6.5% 电气机械及器材制造业，6.2% 交通运输设备制造业，5.4%
浙江	纺织业，22.4% 电气机械及器材制造业，6.3% 服装及其他纤维制品制造业，6.0% 非金属矿物制品业，5.47% 普通机械制造业，5.45% 化学原料与化学制品制造业，4.55% 交通运输设备制造业，3.9%	纺织业，13.2% 电气机械及器材制造业，8.6% 通用设备制造业，6.6% 交通运输设备制造业，5.7% 化学原料与化学制品制造业，5.2% 电子及通信设备制造业，4.9% 金属制品业，4.0%
福建	电子及通信设备制造业，8.4% 非金属矿物制品业，6.7% 皮革毛皮羽绒及其制品业，6.5% 食品加工业，6.1% 服装及其他纤维制品制造业，5.5% 化学原料与化学制品制造业，5.1% 纺织业，4.3%	电子及通信设备制造业，18.2% 交通运输设备制造业，5.6% 纺织业，5.4% 非金属矿物制品业，5.1% 化学原料与化学制品制造业，4.1% 电气机械及器材制造业，4.0% 黑色金属冶炼及压延加工业，3.3%
广东	电子及通信设备制造业，11.4% 电气机械及器材制造业，8.4% 纺织业，6.9% 非金属矿物制品业，6.7% 服装及其他纤维制品制造业，5.3% 化学原料与化学制品制造业，4.5% 交通运输设备制造业，4.3%	电子及通信设备制造业，27.8% 电气机械及器材制造业，9.9% 化学原料与化学制品制造业，5.3% 交通运输设备制造业，4.3% 金属制品业，4.0% 纺织业，3.6% 非金属矿物制品业，3.2%

　　资料来源：《中国工业经济统计年鉴》（1995年、2004年）。

第一篇

从长三角、海西区、珠三角走向华东南沿海经济区

117

2003 年，四省一市中有 4 个省份的首位产业都是电子及通信设备制造业，纺织业在 3 个省份都是前 3 位产业，四省一市的前 7 位产业基本上都包括了电气机械及器材制造业、交通运输设备制造业、化学原料与化学制品制造业。据测算，2002 年浙江和上海工业部门的产业结构相似系数为 0.91。资源禀赋相似，经济联系紧密，经济发展水平接近都会引起一定区域内产业同构现象。此外，目前四省一市的投资来源，相当一部分来自港澳台地区的投资，经济增长的主要方式大体上都是吸引 FDI 的加工贸易模式，因此，四省一市之间目前存在着比较高的产业同构现象并不奇怪。华东南沿海的产业同构现象应当放在一个动态的框架下研究，它的产生有其内在的逻辑和必然性，但是当经济发展到一定程度，产业同构如果未能及时改善，则将会成为影响经济增长的重要障碍。因为，具有高度相近的产业结构的地区之间，区域间的竞争关系将大于之间的分工合作关系，在政府主导型经济及地区分割的情况下，区域间的产业同构化势必引发激烈的区域间竞争，导致比统一市场条件下的自由竞争更大的损失。

（三）经济体同质性强，地区竞争激烈

发展模式类似、增长方式相近、产业结构趋同必然导致经济体的同质性，它促使四省一市在争夺市场，吸引生产要素，产业结构调整，创新能力提升等种种方面展开激烈的竞争。由于目前 FDI 对地区经济增长的高度重要性，因此，四省一市吸引外资的战场更是硝烟弥漫。

20 世纪 80 年代以来，我国的地区导向的分散化改革，造就了我国的"为发展而竞争"的地区经济增长模式。在以 GDP 为政绩导向的地区竞争制度中，以及追求地方财政收入为目标的本位经济中，国有经济的衰退以及本土民营企业发展的不足，可以通过地方政府的招商引资来弥补。这种片面的政绩观在白热化的地区竞争中，极易演化为短期的片面追求 FDI 数量的倾向。

四省一市一直是我国吸收外资最多的地区。20 世纪 80 年代中后期，广东、福建依靠特殊政策以及地缘、亲缘优势，吸引了大量港澳台投资，这些投资以生产杂项制品为主，以绿地投资为主要投资形式，要求投资地的土地价格、劳动力价格必须尽可能低廉，且毗邻出海港口，以便实现两头在外的加工贸易模式。90 年代中期之后，新一轮港澳台投资高潮出现，这些投资以生产机电产品为主，对投资地的劳动力技能水平、产业配套能力的要求更高。长三角地区在这些方面的综合优势，使长三角地区在本轮引资竞争中，战胜广东、福建，成

为新的赢家。

从图 2 可以看出，1992 年之前，广东、福建的 FDI 实际利用额都远远高于长三角各省份，直到 2000 年之前，广东的 FDI 都大于长三角地区的引资总和。2000 年广东实际利用外资总量开始被长三角地区超越，2003 年甚至被江苏省超过，2004 年广东又重新追回了第一的位置，但地位岌岌可危，而江苏省则气势逼人，两省的外资争夺近年来呈胶着状态。上海、福建和浙江的引资曲线近5 年缠绕在一起，但是趋势不同：福建自 20 世纪 90 年代后期开始，引资总额呈下降趋势，而上海和浙江则上升趋势明显。尽管图表中的各省份引资趋势线的升降不能说明相互之间的竞争关系，但是，我们从现实经济生活中各省份之间在引资中的实际作为及其结果，可以明显地看出这些曲线的升降，其实是各省份之间激烈的投资竞争的体现。

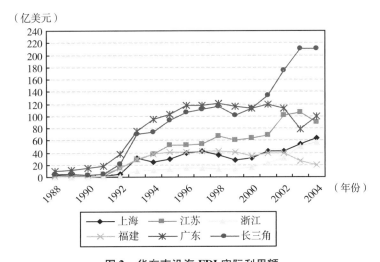

（亿美元）

图 2　华东南沿海 FDI 实际利用额

资料来源：中经网统计数据库。

三

与计划经济不同，市场经济中的分工与协作，并不是通过政府用看得见的手安排的，而是通过市场竞争，用看不见的手实现的。竞争不仅是一个优胜劣汰的过程，同时是一个迫使每一个市场参与者根据自身的禀赋优势，实行分工协作的过程。效率原则要求产业分工必须以资源禀赋为基础，按照比较优势原则，进行资源自由合理的流动，通过竞争实现适者生存，优胜劣汰。地区之间、厂商之间，只有经历了激烈的竞争，才能真正清楚地认识自己的优劣势所在，选择最适合本地区、本企业从事的领域及环节。以福建为例，在泉州，制鞋业、纺织服装业内部，产业同构引起的激烈市场竞争，逐渐导致了以产品市场细分为特征的水平式产业分工。例如，服装行业中出现了生产不同类型服装的专业厂商，有男装、女装、西服、牛仔服、运动服、内衣，等等，分工比较细致，生产相对专业，同一地区内的众多厂商构成了一个比较完整的服装产业簇群。与此同时，围绕着服装产业的上下游产业，如纺织、针织、整染以及相关的专业服务业也逐渐发展起来。在制鞋业，则出现了生产不同配件的专业厂商，如鞋底、鞋帮、鞋带、扣眼等相关的小配件，有的则进行成品加工。这些厂商在泉州地区形成了一个比较完整的运动鞋生产的专业化协作链条，从而大大提高了该地区的鞋业生产效率。因此，竞争预示着产业分工与合作的前景，产业分工与合作在空间布局上则表现为区域经济分工与一体化。竞争是促进产业分工与协作的最重要的动力，这已经为长三角、福建、珠三角地区内诸多产业集群以及产业内分工与协作关系的形成过程所证实。目前，四省一市之间，我们观察到的事实可能是相互之间激烈的经济竞争，竞争在一定程度上意味着彼此间经济结构的高度趋同，而高度趋同的产业间竞争，在不断完善的市场以及行政体制改革的背景下，必然促使各地区按照比较优势原则进行合理的产业分工，形成更大的市场，从而实现规模经济，最终每个参与分工的地区经济利益都会增长，从而在空间上表现为更大经济区的形成。

目前，在四省一市的激烈竞争中，产业分工合作已初见端倪。以目前四省一市投资竞争最为激烈的电子信息产业为观察对象，从目前的统计数据中，也可以看到地区间的产业水平分工和垂直分工的趋势。如前所述，四省一市都选电子信息产业作为主导发展的产业，是 FDI 大量投资的产业，地区竞争激烈，但是，近年的数据表明，该行业细分的产品已经出现了一定的分工趋势（见表3）。

表3　　　　四省一市 2004 年主要电子信息产品产量占全国比重　　　　单位：%

产品	上海	江苏	浙江	长三角	福建	广东
笔记本电脑	0.36	0.49	0.05	0.90	0.03	0.06
半导体集成电路	0.26	0.30	0.06	0.62	0.01	0.22
显示器	0	0.53	0	0.53	0.17	0.18
打印机	0.49	0	0	0.49	0.03	0.39
半导体分立器件	0.17	0.14	0.01	0.32	0	0.33
程控交换机（含移动）（线）	0.27	0.02	0.01	0.30	0	0.26
激光视盘机	0.11	0.12	0	0.22	0.04	0.63

产品	上海	江苏	浙江	长三角	福建	广东
移动电话机	0.10	0.01	0.09	0.20	0.04	0.33
彩色显像管	0.10	0.08	0	0.17	0.21	0.22
台式微型计算机	0.08	0.01	0	0.09	0.09	0.50
彩色电视机	0.02	0.06	0.01	0.09	0.04	0.47
电话单机	0.02	0.02	0	0.04	0.04	0.88
传真机	0.03	0	0	0.03	0.02	0.50
录像机	0.01	0	0	0.01	0	0.73

资料来源:《中国信息产业年鉴（2005）》。

从表3可以看出，广东省电子信息产业的产品比较齐全，大部分电子产品在全国产出中都有一定地位，其中，尤其电话单机、录像机和激光视盘机产出比重高达70%以上，传真机、台式微型计算机和彩电约占全国产出的一半，唯有笔记本电脑的产出比例较低；长三角主要的电子信息产品是笔记本电脑和半导体集成电路，占50%左右的有显示器和打印机，半导体分立器件、程控交换机（含移动）、激光视盘机、移动电话机、彩色显像管都占有重要地位；尽管电子及通信设备制造业是福建的首位产业，但是其经济实力决定了，即使是在其首位产业中，也仅有显示器和彩色显像管的产出比重在20%左右，此外，台式微型计算机的生产也有一定规模。14种产品中，已经有8种产品一半左右的产出集中在1个省份内，有13种产品全国产出的1/4以上集中在四省一市中的1～2个省份里，只有半导体分立器件、程控交换机、移动电话机和彩色显像管的生产比较分散。可以看出，尽管四省一市都大力发展电子信息产业，但是具体到产业内部，产品的水平分工和垂直分工的趋势还是大体显现出来了。这为地区间的产业协作和经济区的形成提供了必要的物质基础。

四

统一市场、产业分工、区域整合，规则一致是地区经济发展到一定程度的必然要求。企业、地区之间的商品交换促进了市场的产生及范围的扩大，从初期的地区市场向全国统一市场乃至国际市场过渡。市场主体之间商品交易的发展，市场主体之间的竞争，促进了资源的流动和优化配置，基于不同比较优势与竞争优势基础上的产业分工协作关系因此逐渐形成，根据不同地区之间的资源禀赋和经济结构的互补性，开展分工协作，进行区域整合，就成为不同地区经济发展的共同需求。因此，区域经济合作在市场经济条件下，是商品生产和商品交易发展到一定程度后，不同地区经济主体进而政府基于进一步发展的需要而产生的要求。

近年来，四省一市之间的经济联系不断发展，竞争加剧，它使区域间经济分工合作，从而在更大范围形成统一的经济区成为经济进一步发展的内生要求。四省一市的政府面对区域一体化、区域分工与合作的发展趋势，感受到了经济发展的内在要求，因此，近年来纷纷加快了促进地区间经济合作，构建跨省区经济区的步伐。进入 21 世纪以来，福建、江西、湖南、广东、广西、海南、四川、贵州、云南 9 个省份和香港、澳门 2 个特别行政区（简称"9＋2"）在经济全球化和区域经济合作加快发展的大背景下，提出了建立泛珠三角经济区的提议，并于 2004 年 11 月，经各方政府协商一致，签署了泛珠三角区域合作框架协议。2005 年，福建省政府提出了以福建为主体，联合周边地区，建设海峡西岸经济区的设想。而以上海为中心的长江三角洲经济区，也将原来的长三角经济区概念加以扩大，不仅包括了两省一市，而且希望与周边地区展开更多的产业分工协作。

对此，我们的政策建议是：在长江三角洲经济区、海峡西岸经济区、珠江三角洲经济区的基础上，通过协调三区之间政策，进一步发展之间的经济贸易关系，促进三区的产业分工与协作，促进以长三角、海西区和珠三角经济区为核心的更大区域的经济整合，形成华东南沿海经济区。

（一）从长三角、海西区、珠三角走向华东南沿海经济区

经济区的形成和发展，一般是围绕着一个或少数增长极以一种类似同心圆的形式向外扩展其资源集聚与辐射范围的过程。在这一过程中，位于增长极的城市将因经济区的发展获得更多的资源支配权和经济影响力。因此，如何使自己管辖下的中心城市成为经济区的增长极、所管辖的地区成为特定经济区的核心区域，也就成为地方政府区域竞争的焦点之一。正是从这一思路出发，四省一市各自提出了不同的跨省经济区发展设想。目前，关于华东南沿海地区的经济区构想大体有以下三种。一是将四省一市分为两个经济区：以广东为龙头的泛珠三角经济区和以上海为龙头的长三角经济区。福建或是作为泛珠三角经济区的一个部分，或是作为以上海为龙头的长三角经济区的一部分，或者将其分为两部分，分属长三角和珠三角经济区。二是珠三角经济区、海峡西岸经济

区、长三角经济区并列，福建作为一个独立的经济区存在。三是将四省一市整合为一个统一的经济区——华东南沿海经济区。

显然，珠三角经济区、海峡西岸经济区、长三角经济区并列，这是目前的事实，但是，四省一市三区分立，从长远看是否可能，值得探讨。本文前述的有关事实说明，三区分立、相互分割，显然不利于解决目前四省一市经济发展面临的产业同构、区域竞争、引资大战等一系列问题。就各地政府而言，也认为这是不可行的，否则，就没有泛珠三角经济区之说，没有长三角经济区与海峡西岸经济区产业合作之议。福建省在地理位置上位于珠三角与长三角之间，经济实力为四省一市中最弱者，为避免两面夹击、东南凹陷，提出建设海峡西岸经济区，可以理解，但其发展前景，在三区并立、两强夹击的情况下，是可以想见的。

将四省一市分为以广东为龙头的泛珠三角经济区和以上海为龙头的长三角经济区，福建或是作为泛珠三角经济区的一个部分，或是作为以上海为龙头的长三角经济区的一部分，或者将其分为两部分，分属长三角和珠三角经济区。如果仅从长三角或珠三角的角度看，也许有一定道理，仅从经济的角度看，福建目前的经济发展水平在四省一市中最弱，福建的西南部历史上与广东经济联系密切，此外的其他部分与上海江浙往来密切，任凭市场力量自己起作用，福建逐渐在经济上成为两个地区，分别成为长三角和珠三角经济区的外围或边缘地区，也好像是可能的。[①] 但是，如果不仅从市场，而且从政府角度看，今后相当长一个时期内，各级政府对市场经济运行、对地区经济圈形成的强大影响力角度看，显然就有疑问了。如果进一步地从更高的战略角度考虑问题，我们会发现，不是将四省一市划分为长三角与珠三角两个经济区，而是整合为一个经济区——华东南沿海经济区，从长远看更为合理。

众所周知，改革开放以来，内地与台港澳之间的经济往来不断发展。据统计，1979 年香港与内地的贸易总额仅为 170 亿港元，占香港整体贸易的 10%。而到 2002 年，香港与内地的贸易总额已达到 13300 多亿港元，约占香港整体贸易的 42%；来自香港的直接投资累计达 15900 多亿港元，约占内地吸纳外商直接投资总额的一半。另外，内地也有 2000 多家企业在香港从事银行、旅游、贸易和分销等业务，并有上百家内地公司在香港的资本市场挂牌上市。台湾方面统计，台商对大陆投资金额占台湾地区生产总值的比例由 2003 年的 1.53%

---

① 事实上并非如此，例如，福建的厦门市、漳州市，在地理上属于闽西南地区，历史上与广东关系密切，但是在现代市场经济条件下，其经济联系相当程度上超越了传统的地域界限，与长三角的经济联系也很密切。相反的情况，在福建的其他地区也存在。

上升到 2006 年上半年的 2. 11% 。台湾《工商时报》发表的 2006 年大陆台商 1000 大调查中发现，2005 年大陆 1000 大台商的营业收入接近 1 万亿元新台币，较上年调查增长了 360%，相当于同年台湾地区生产总值的 35%，显示了台商对大陆投资营业收入规模迅速扩大①。内地（大陆）与港澳台的经贸往来中，目前主要集于华东南沿海四省一市。从这一角度看，建设统一的华东南沿海经济区，对于解决目前华东南沿海四省一市在经济发展中出现的一些问题，更好地协调发展，进一步发展内地（大陆）与港澳台的经济联系，是大有裨益的。

在实现祖国统一大业中，福建因其特殊的地理位置，与台湾悠久的社会经济联系，具有其他地区不可替代的独特作用。但是，正如本文前面指出的，在华东南沿海四省一市中，福建目前的经济实力最弱，因此，从 20 世纪 90 年代中期以来，福建在发展与台湾的经济贸易往来关系上，逐渐落后于华东南沿海地区的其他省市。发展长三角、珠三角经济区，使福建成为这两个经济区的边缘地带的做法，将不利于福建尽快缩小与相邻发达地区的发展水平差距，发展与台湾的经贸联系；相反，建设华东南沿海经济区，使福建成为华东南沿海经济区中独具特色的一翼，促进华东南地区各个组成部分之间均衡发展，对于实现祖国和平统一大业、中华民族伟大复兴和 21 世纪的和平崛起乃至东亚经济发展都具有重要意义。

（二）形成华东南沿海经济区的社会经济基础

毫无疑问，经济区的物质基础是经济区内经济主体之间密切的经济往来。产业分工与协作是一个经济区内最重要的经济联系之一，与其他经济联系相比，产业分工与协作，是经济区内部经济联系的高级形式。缺乏区内市场主体之间在生产上的专业化分工与社会化协作，经济区内部各地区之间的经济关系是不太稳定的。因为，企业为了提高效率，愿意用专业化分工、社会化协作的生产方式取代企业内部的垂直一体化生产，一定是社会经济发展到了这样的程度，企业为此所支付的交易成本明显地低于因此产生的收益。一方面，竞争的压力是如此之大，以致企业如果拒绝采取这种生产方式，将无法在激烈的市场竞争中生存；另一方面，市场主体之间的投入产出关系已经如此密切而稳定，专业化分工、社会化协作生产方式需要支付的交易成本大大降低。因此，我们可以推断：产业分工与协作关系的产生，是社会经济联系高度密切的产物。因

---

　　① 见 2006 年 8 月 4 日《人民日报》（海外版）。

此，它是一个地区市场主体之间经济贸易关系发展程度的一个指示器，也是经济区是否存在的关键性标志。因此，发展华东南沿海经济区，势必要求华东南沿海四省一市首先发展彼此辖区之间的产业分工与协作关系。

（三）政府在华东南沿海经济区形成中的作用

发展华东南沿海经济区，首先必须正确认识四省一市目前的经济联系的现状。其次，在此基础上，制定符合经济区发展的经济政策，为其形成创造必要的基础条件。①

（1）华东南沿海经济区就目前而言，基本上还是一个基于经济发展需要，人们感觉到需要，并正在着手构建的而不是现实的经济区。华东南沿海四省一市之间的经济联系与长三角、海西区、珠三角各自内部的经济联系相比，还是比较有限的，尽管较之与其他省份之间的联系，可能要密切一些，但是，尚未构成明显区别于其他地区的更为密切的经济联系。这是一个我们目前必须承认的经济现实。

（2）产业分工协作，协调发展是区域经济合作最重要的内容之一。产业专业化分工和社会化协作关系是否真正建立起来，是经济区是否存在的关键性标志。因此，要发展华东南沿海经济区内的经济联系，必须重视发展区内的产业分工协作关系。

（3）在目前条件下，发展华东南沿海地区的产业分工与协作，不应直接从发展产业分工协作入手，而是从其基础入手：发展经济区内各地区之间的经济贸易联系，随着各地区之间的经济贸易关系发展到一定程度，由市场主体在既有密切的经济贸易联系基础上，自然会产生符合各市场主体利益的产业分工与协作关系。

（4）发展经济区内各地区之间的经济贸易联系，首先必须创造一定的基础条件。一是基础设施。地区间的经济距离，固然是一个空间概念，但更是一个时间概念。不同的交通条件下，市场主体之间经济联系的空间范围是不同的。改善交通、通信等基础设施，进行信息化建设等，将使各个地区市场主体之间的经济距离大大缩小，此前无利可图的经济贸易往来也就因此具有了商业价值。二是制度规范。统一市场的形成对于发展不同地区之间的投资、贸易关

---

① 以下政策建议，我们在提交"泛珠三角地区产业分工与协作研讨会"的论文《构建发展泛珠三角地区产业合作的前提与基础》中曾经提出过。我们认为它也适用于华东南沿海经济区的发展，因此，稍作改动，转述于此。

系，促进要素自由流动、优化配置的重要性，已经是经济学的基本常识，不必赘述。在目前行政主导型市场经济条件下，统一市场的前提之一，是各地区政府部门如何坐下来，统一不同地区的政府经济管理规则；前提之二，是如何对外地市场主体打开城门，给予与当地市场主体一样的"国民待遇"。

（5）发展经济区内各地区的商务往来，旅游和劳务输出输入、科教文化合作等，都有利于促进经济区内各地区之间的相互了解和经济联系。

（6）投资与贸易。市场主体的跨地区投资无疑是加强地区间经济联系最有力的武器之一，企业的跨地区投资将为地区间的产业分工与协作创造重要的前提。关于这一点，我们可以从经济全球化条件下的国际贸易的发展轨迹中得到启示。两次世界大战后世界经济发展的一个显著特征是世界贸易的增长大大快于产出的增长。之所以如此，是因为产业内贸易、公司内贸易及服务贸易比重不断上升。公司内的跨国贸易是跨国贸易中交易成本最低的贸易形式，公司内不同生产企业之间产业分工与协作是交易成本最低的产业分工协作方式。可以想见，企业的跨地区投资，也会创造类似的效应。

企业的跨地区投资一般以贸易为先导。对贸易与投资之间关系的研究指出：贸易先于投资。这是因为：（1）与投资相比，贸易较为容易，而且风险较小。贸易可以是短期的和一次性的经济交易，其索赔处理也十分迅速；而投资则是长期的，与贸易相比，它要求掌握更多的知识，积累更多的经验，具有更强的组织管理能力。（2）贸易的规模可大可小，而对外投资生产则要求起码的经济效率规模。贸易通常是制造业建立外地子公司的市场检测剂。贸易获得稳定而且具有一定规模的外地市场，是建立外地子公司的基本前提。（3）受制于空间距离，母公司监控外地子公司经营比监控本地子公司更困难。

从企业的对外扩展顺序来说，也是如此。对于大多数企业而言，本地市场是其最初的目标，而且在大部分情况下，始终是其主要目标，外地乃至国外市场较晚才进入他们视野；对外地市场产生兴趣，一般是从贸易开始，贸易又以利用外地的贸易中介为起点；外地的贸易中介被本公司驻外销售部门代替，并可能导致某种形式的外地投资——商品库存或外地贸易子公司；继贸易之后，通常会授权外地生产厂家使用自己的专利或专有技术生产产品；一旦经历了上述诸形式（多为非股权参与）或其中某种形式的外地生产，企业开始逐步在外地建立自己的生产设施（从组装或其他部分生产形式开始，有时也与当地企业组合建立合资经营企业），然后才建立多数控股或独资企业（多为母公司的独立分支机构）。总之，不论是从历史还是从现实看，许多企业都遵循先贸易而后对外投资这一对外扩展顺序，尤其是制造业企业。

因此，在目前的条件下，欲发展华东南沿海经济区，必须从鼓励地区间的产业分工与协作入手，这就要求必须鼓励企业的跨地区投资。而鼓励企业的跨地区投资，必须从鼓励企业的跨地区贸易入手。政府的工作是打开"城门"，鼓励往来，协调政策，统一规则，破除地方保护主义，抑制恶性竞争，让市场力量充分地发挥其优化资源配置的作用，促进地区间的产业分工与协作的形成，一步一步地走向华东南沿海经济区共同发展。

参考文献

［1］陈建军：《长江三角洲地区的产业同构及产业定位》，载《中国工业经济》2004 年第 2 期。

［2］龚敏、李文溥：《东北亚经济一体化：中日韩贸易相互依存关系分析》，载《南京大学学报（哲学·人文科学·社会科学)》2006 年第 2 期。

［3］龚敏、杨雪娜、韩硕果：《拓展闽台经贸合作空间加快海峡西岸经济发展》，载《东南学术》2006 年第 1 期。

［4］靖学青：《长三角地区制造业结构趋同分析》，载《改革》2004 年第 2 期。

［5］李文溥：《经济全球化及其对宏观经济政策的影响》，载《厦门大学学报（哲学社会科学版)》2000 年第 3 期。

［6］李文溥、林金忠、龚敏、林衍超：《把厦门建设成海峡西岸经济区南端中心城市》，载《福建论坛（人文社会科学版)》2006 年第 2 期。

［7］李文溥、张明志：《福建发展对外直接投资的基础条件分析》，载《厦门大学学报（哲学与社会科学版)》2001 年第 3 期。

［8］刘志彪等：《长三角托起的中国制造业》，中国人民大学出版社 2006 年版。

［9］万斌：《中国长三角区域发展报告》，社会科学文献出版社 2005 年版。

［10］王碧秀、李文溥、谢孝荣：《构建发展泛珠三角地区产业合作的前提与基础》，载《东南学术》2005 年第 4 期。

自主创新能力与泛珠三角地区产业转移问题探讨[*]

一

推动经济发达地区产业向经济欠发达地区转移，既是促进发达地区产业升级也是促进欠发达地区经济发展的重要政策措施，它是泛珠三角区域合作的一项重要工作。在泛珠三角区域合作框架协议中，产业与投资被列为仅次于基础设施的合作领域。

在讨论泛珠三角地区产业协作时，经常提及的一个话题是产业的梯度转移。一般而言，在经济发展水平不一的国家与地区之间，存在着产业的梯度转移过程。经济发达国家和地区在经济发展过程中，随着本地区人均 GDP 水平的提高，资本、土地、劳动力要素的相对价格将发生变化——资本的稀缺性因人均 GDP 上升、储蓄率逐渐提高、资本积累增加而下降，从而价格将下降；相反，土地因其不可再生性，劳动力因人均收入水平提高，再生产费用上升，劳动力素质提高，两者的价格都将随着经济的发展而上升——它使原先具有比较优势的劳动密集型产业逐渐优势不再，不得不向土地和劳动力更低廉的经济欠发达地区转移，原先不具有比较优势的资本密集型产业、技术、知识密集型产业则逐渐形成了比较优势，取而代之。我们在自 20 世纪五六十年代至今的欧美、日本、亚洲四小龙以及部分东盟国家、中国东南沿海地区、越南等国家或地区的经济发展中，看到了这样的雁行产业转移过程。不少学者因此提出：在中国的不同发展水平的地区之间，也可以而且应当促进这样的产业梯度转移。

---

* 本文原载于《东南学术》2007 年第 5 期。

尽管地区间的产业分工协作未必都是产业地区间梯度转移的产物，但是，后者必定会促进前者的发展。因此，发展泛珠三角地区的产业分工协作，应当促进产业的梯度转移。

但是，正如我们曾指出的：相当长时期内，不仅整个泛珠三角地区，而且泛珠三角地区内部各省区内部的产业分工协作都是相当有限的。在广东，市场经济较为发达，区域内经济联系密切，形成一定产业协作关系的地区，仍然局限于珠江口一带，即狭义的珠三角地区。广东省的其他地区，市场经济发展水平则相对落后，与狭义珠三角地区的经济联系有限，产业分工协作关系也比较弱。福建也是如此。在福建，目前市场经济最发达的地区当属厦漳泉三市组成的闽南金三角地区或厦门、泉州、莆田、福州四市组成的福厦线沿海地区。闽南金三角的厦漳泉三市，辖区毗连，三市行政中心距离最远不超过 90 千米。但是，长期以来，三市的经济发展轨迹各不相同。厦门以引进外资为主，泉州重视发展民营经济，漳州在相当长一段时期里仍以发展农业为主。因此，尽管有闽南金三角之说，但是，三市之间的产业联系却是相当有限的。福厦线沿海地区也大致如此。至于福建沿海地区与山区之间经济发展水平不断扩大，沿海出口导向型劳动密集型产业至今未能向山区转移，则一直是困扰福建省政府的发展难题。[①]

为什么在欧美、日本、亚洲四小龙以及部分东盟国家、中国东南沿海地区、越南等国家或地区之间曾经出现的这样雁行产业转移，却较少在我国不同经济发展水平的沿海和内地之间出现？我国东南沿海开放地区自 1979 年起实行对外开放政策，引进外资，经济高速增长持续了近 30 年，当地人均 GDP 翻了好几番，因此，这样的产业梯度转移早应发生，但是，它不仅在不同省份之间，而且在广东及福建省内也较少出现。以福建为例，以杂项制品为代表的低技能劳动密集型产业 20 世纪 80 年代生发于东南沿海福厦线一带地区。到 90 年代中期，其产业的出口规模（见表 1）以及国际竞争力上升到顶点，其中，主要是纺织、服装鞋帽产品，即纺织、服装鞋帽制造业具有很强的国际竞争力。自 1998 年开始，它们的国际竞争力开始出现下降趋势（见图 1），贸易竞争指数从 1998 年的 0.86 下降为 2004 年的 0.65（但是，直至 2004 年，福建省国际竞争力最强的商品仍然是杂项制品）。与此大致同时，从 1996 年开始，机械及运输设备类商品的出口比重上升，其国际竞争力明显上升，尽管上升的速度较

---

① 王碧秀、李文溥、谢孝荣：《构建发展泛珠三角地区产业合作的前提与基础》，载《东南学术》2005 年第 6 期。

快，但是，就绝对水平而言，机械设备制造行业的国际竞争力仍然不高（2004年贸易竞争指数仅为0.20）。[①]

表1		福建省出口商品结构变化			单位:%
项目	1985年	1990年	1995年	2000年	2004年
出口总值	100	100	100	100	100
初级产品	44.7	21.8	20.3	10.6	6.8
工业制成品	55.3	78.2	79.7	89.4	93.2
化学及有关产品	4.4	2.3	1.2	2.7	9.8
按原料分类的产品	8.5	5	4.5	15.1	13.3
机械及运输设备	5.7	20.1	16.5	26	37.3
杂项制品	36.7	50.8	57.5	45.6	40.5

资料来源：根据《福建统计年鉴（2005）》相关数据计算整理得到。

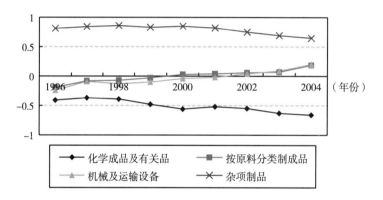

图1　1996～2004年福建省工业制成品贸易竞争指数变化趋势

可以看出，尽管进程缓慢，但是机械设备制造等资本及劳动技能密集程度超过杂项制品行业的产业逐渐替代杂项制品产业成为广东、福建等省沿海开放地区的主要产业已是大势所趋，[②] 可令人奇怪的是：这种两头在外的杂项制品产业尽管其国际竞争力开始下降，但是，人们所期待的这些低技能劳动密集型产业从沿海经济发达地区向内地经济欠发达地区转移并没有大规模出现。少量的杂项制品产业仅仅向毗邻的内地县份略微扩展了一点，大部分的杂项制品产业仍然停留在沿海地区。近年来，在福建内地山区逐渐发展起来的 FDI 企业及民营企业，大多不是沿海原有的"两头在外"出口加工型企业的内移，而是一

① 胡颖、李文溥：《产业竞争优势变迁与产业结构演变趋势》，载《东南学术》2006年第1期。
② 有关分析，请见张明志、李文溥：《开放经济的出口竞争力产业间转移与产业结构演进》，载《中国经济问题》2001年第2期。

些具有明显原料指向、以利用山区自然资源为主的加工出口型劳动密集型产业。① 部分的"两头在外"的杂项制品产业不向我国内地转移，而是直接转移到比我国内地发展水平更低的其他发展中国家或地区，如越南等。②

二

我国东南沿海地区的杂项制品产业因所在地区经济发展、资源禀赋发生变化、生产成本上升、国际竞争力下降之后，没有按照一些学者期望的那样向我国内地雁行转移，原因在于杂项制品产业由于产业性质所限，难以向内地梯度转移。杂项制品产业是一种典型的低技能劳动密集型产业，我国杂项制品产业的主要成分是那些意在利用沿海地区廉价的劳动力和土地供给、便捷的进出口条件的 FDI 企业及接受国外订单的代工型民营企业，因此，基本上是一个缺乏自主技术、专利、品牌和国际销售网络的代工型产业，其所赚取的只能是微薄的代工费用。由于这些产业的原料及市场均在海外，这些企业不过是跨国公司众多分厂或生产车间之一，③ 在我国以及其他一些发展中国家的沿海地区投资设厂，主要目的是利用设厂地区的相关优势资源（主要是低廉的劳动力及土地价格），完成最终产品生产的某个加工环节，因此，它不仅要求当地的劳动力和土地的价格足够低廉，而且要求生产地距离空港、海港尽量近，原料进口及产品出口的交通运输条件高度便捷。④ 一旦我国沿海地区因经济增长导致劳动力和土地价格上涨到这些企业难以承受，需要转移到其他地方生产，那么，从

---

① 在福建内地山区，有两类企业是比较突出的：一类是利用当地资源的食品加工企业；另一类是为沿海服装行业提供布料的纺织行业。

② 最近，笔者遇见一位刚从越南回到中国大陆的台商。他告知：在越南遇到了很多过去在中国东南沿海地区投资的台商，他们在越南的工厂的经营管理人员大多是从中国大陆来的，来自这些台商早先在中国东南沿海地区投资的企业。这位台商还告知，现在在越南，受雇于这些 FDI 企业的当地普通工人的月工资大约折合 20 美元。相比之下，中国东南沿海地区同类企业打工者的工资水平，尽管从我们的角度看已经够低，但是仍然高出越南许多。

③ 联合国跨国公司中心的定义：无论企业大小，凡是一个企业在两个以上国家设立工厂，均为跨国公司。按照这个定义，在我国投资的绝大部分 FDI 企业，都是跨国公司。

④ 笔者曾在福建省漳州市的漳浦县访问过一家生产花园设备及制品的台资企业。该企业的台湾管理人员告知：此类企业在投资设厂选址上，要求工厂所在地离国际空港的距离不超过 100 千米，离货物进出口的海港距离不超过 200 千米，距离主要上游企业的距离不超过 300 千米。如果离空港的距离超过 100 千米，客商便不愿意来企业考查，可能因此失去大量订单，如果离海港距离超过 200 千米，距离主要上游企业的距离超过 300 千米，附加的运输成本便使企业难以承受。这三个同心圆就决定了此类企业可能布局的地理空间。漳浦县虽然属福建东南沿海地区，但是，距离最近的国际空港已经略微超过 100 千米，因此已属此类企业布点的边缘地区，企业之所以布点此地，是当地政府部门做了大量工作的结果。

加工成本与流通成本两个方面综合考虑，首选的地点不可能是我国的内地，而是其他经济发展水平低于我国的发展中国家的沿海交通便捷之地。

之所以在我国东南沿海地区，虽然经济增长多年，但是此类低技能劳动密集型产业至今仍未大规模地退出，主要原因之一是：我国内地地区每年大量涌入沿海地区的廉价劳动力使沿海地区低技能劳动密集型产业得以延长其生命周期。据笔者2004年进行的福建百家民营企业调查的问卷数据统计：2003年，福建省9个设区市各类民营企业一般工人和技术工人的平均工资水平分别为1.2万元及1.6万元。尽管福建省9个设区市的人均GDP最大差距接近1∶4，但是，各设区市外来农民工最为集中的民营企业的工资水平却是惊人的趋同：全省各设区市中一般工人平均工资水平最高的是福建省的沿海开放城市——泉州，其平均工资水平仅高于全省平均水平25%；而平均工资水准最低的竟是地处沿海的省会城市——福州，仅为全省平均水平的83.33%。技术工人平均工资水平最高的是福建经济发展水平最高的经济特区城市——厦门，其平均工资水平也仅高出全省平均水平的25%；最低的是福建省人均GDP最低的欠发达地区——宁德市，但是，其技术工人的平均工资水平也只比全省平均数低不到20%。厦门与宁德的人均GDP之比接近4∶1，可是民营企业的技术工人平均工资水平之比却只有1.54∶1；一般工人的平均工资之比竟然只有1.17∶1（见表2）。[①]

表2　　　　不同地区被调查民营企业相同类型员工平均工资比例

企业所在地区	高级管理人员	一般管理人员	高级生产技术人员	一般生产技术人员	技术工人	一般工人
福州	1.00	1.29	1.1	1.24	1.07	1.00
莆田	1.08	1.24	1.03	1.06	1.15	1.10
泉州	2.62	1.65	2.13	2.35	1.46	1.50
厦门	1.57	1.94	1.30	1.71	1.54	1.40
漳州	1.27	1.24		1.35	1.23	1.10
南平	1.76	1.12	1.03	1.00	1.08	1.00
三明	1.27	1.76			1.23	1.00
龙岩	1.11	1.00	1.13	1.06	1.08	1.10
宁德	1.00	1.18	1.05	1.06	1.00	1.20

注：以不同地区同类员工最低平均工资水平为1。

资料来源：李文溥、龚敏等：《福建省百家民营企业调查总报告》，收录于王碧秀主编《民营经济的崛起与发展》，福建人民出版社2004年版，第115页。

[①]　李文溥、龚敏等：《福建省百家民营企业调查总报告》，收录于王碧秀主编《民营经济的崛起与发展——福建百家民营企业调查报告》，福建人民出版社2004年版，第113页。

需要进一步指出的是：尽管不同地区之间的工人工资水平已经足够小，远远低于所在地区人均 GDP 之间的差距，但是，调查发现，那些年平均工资水平较高的地区，工人的加班时数往往也较多，工时波动率也较高。[1] 因此，如果以小时工资率计算，那么，各地区之间的工人工资水平差距则更小。例如，泉州民营企业一般工人的小时工资水平仅比全省平均水平高 3.59 个百分点，技术工人的小时工资水平甚至还比全省平均水平低 1.36 个百分点。考虑到工时波动率等其他因素，泉州民营企业一般员工的实际工资水平和福利水平显然低于全省平均水平。[2] 这也就说明，为什么尽管在我国东南沿海地区低技能劳动密集型产业的比较优势逐步丧失之后，这些产业并不向内地转移：不断向沿海地区流动的民工潮，使沿海地区低技能劳动密集型产业获得了大量廉价的劳动力供给，正因如此，近 30 年来，尽管沿海地区人均 GDP 翻了几番，但是，外来劳工工资水平却上升得很慢。在福建，沿海地区和山区的工人的工资水平基本上是相同的，在泛珠三角地区不同省份之间，情况也大致如此。[3] 在这种情况下，沿海地区的低技能劳动密集型企业如果转移到内地，得（土地价格较低）失（流通成本上升）相抵，未必收益大于损失。因此，这些企业更为理智的选择，是尽量压低劳工工资水平以及其他开支，延长企业在中国沿海地区的产业生命周期，直至在当地生产的成本优势从而国际竞争力基本丧失之后，才会考虑把产业转移到比中国经济发展水平更低的发展中国家的沿海地区。

因此，可以得出结论：一般而言，在经济增长过程中，产业会因为原所在地区经济增长所导致的资源禀赋条件变化而转移到其他地区，但是，特定产业的转移走向必须结合该产业的具体特征进行研究。在泛珠三角地区内部，以杂项制品为代表的低技能劳动密集型产业不可能产生类似在日本、"亚洲四小龙"、中国东南沿海地区、越南等国家或地区之间的那种雁行转移过程。

三

我国东南沿海地区兴盛一时的以杂项制品为代表的低技能劳动密集型产业

---

[1] 工时波动率是衡量劳动者每日工作时数均衡与否的一个指标，既定年或月工时从而既定年或月工资条件下，工时波动率越高，劳动者的工作疲劳程度越高，单位工资收入的劳动强度越大。

[2] 李文溥、龚敏等：《福建省百家民营企业调查总报告》，收录于王碧秀主编《民营经济的崛起与发展——福建百家民营企业调查报告》，福建人民出版社 2004 年版，第 115 页。

[3] 厦门日报 2007 年初曾报道了这样的消息：春节过后，厦门的企业到重庆招工，到了当地之后发现，他们所确定的工资水平与当地企业的工资水平相差无几，根本招不到工。

以及现在正在取而代之的以生活消费与办公类机电设备为代表的一定技能型劳动密集型产业的共同特征是：简单加工装配、两头在外、大进大出，大多是FDI企业以及国内代工型企业，普遍严重依赖国外母公司或订货商的技术、专利、品牌和国际销售渠道。固然，经济起飞过程中，引进这些两头在外、大进大出的加工装配型产业，很好地利用了本地的优势资源，使沿海地区经济得到迅速发展，因此，在开放初期，大力引进这些产业的必要性不容置疑。但是，世间所有事物都是利弊并存的，发展此类产业在一定时期内能很好地利用当地的优势资源的同时，也将因此累积起不可忽视的矛盾。由于严重依赖国外的技术、专利、品牌和销售渠道，大量发展这些产业，不仅在微观层面上导致了企业在技术、专利、品牌和国际销售渠道上严重受制于人，企业剩余大部分被国外生产要素所攫取的被动局面。[①] 而且在宏观层面上也产生了消极影响：国内消费需求持续不振。自1983年以来国内消费占GDP的比重，基本上呈下降趋势，自2000年以来，消费支出在GDP中的比例更从61.1%一路下滑到53%；投资需求从36.4%上升到44.2%；1994年以后，净出口一直维持在较高水平上（见图2）。

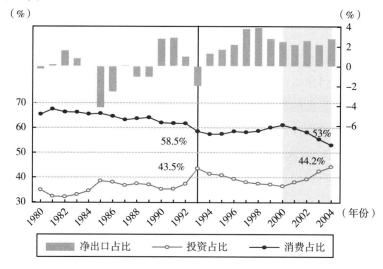

图2 1980～2004年我国总需求支出结构

---

① 2006年初，笔者走访了深圳一些企业，其中一个DVD企业的老板向笔者诉苦：尽管在他的企业中，工人的工资水平已经很低，但是企业生产一台DVD只能盈利10～20个美分，可是，每生产一台DVD，他必须向国外的专利持有者支付1美元以上的专利使用费。自2002年起，广东、福建沿海地区持续遭遇"民工荒"，其根本原因是当地企业工资水准太低，而当地的生活费用不断上升，民工打工所得与在内地农村（据笔者2006年夏在福建农村的调查结果显示，至少与在福建闽西北山区的农民相比）务农的收入所差无几，因此，农民的打工热情急剧下降。可是，广东和福建的低技能劳动密集型企业却难以提高工资水平，原因在于国外厂商利用其垄断的技术、专利、品牌和国际销售网络，将国内代工企业的工缴费压得很低。

总需求构成呈现"两高一低"即"高投资、高出口、低消费"的失衡状态。它在一定程度上说明了我国政府多年实行的意在扩大内需的需求管理政策并没有实现其基本的政策目标——扩大国内消费需求，① 主要是扩大了投资需求，尤其是政府的公共投资需求，用投资的增长替代消费的扩大拉动经济增长。它在维持经济较高速度增长的同时，也造成了投资效率降低、增长效益下降的负面影响。经济的高增长之所以未能有效地扩张国内消费需求，根本原因在于扩大内需的政策不能提高国内居民尤其是劳动要素提供者的个人收入水平。在这种情况下，我国产出的相当部分是依靠增加净出口实现的。贸易顺差因此急剧扩大。它导致了对内流动性严重过剩，对外人民币升值的巨大压力。

扩大内需的政策不能提高国内居民尤其是劳动要素提供者的收入水平。有不少学者归因于分配政策不合理，大声疾呼政府应当启动收入再分配手段，使低收入者增加收入。为了追求高增长，几乎所有的地方政府都有意识地压低当地国内生产要素的价格以吸引外来投资，这势必浪费资源，牺牲环境，增加增长成本。但是，在经济增长为地方行政第一要务的大势之下，显然，呼吁政府启动收入再分配手段，使低收入者增加收入，极为困难。但是，即使排除这一因素，也可以发现，在现有经济增长模式下，要想较大幅度地提高国内居民尤其是劳动要素提供者的收入水平是不现实的。经济全球化使实行开放政策的经济体的国内要素价格在相当程度上受到国际市场的影响。如果一个实行开放政策的国家只能向世界市场提供低素质从而低附加值劳动，其产品主要是低技能劳动密集型产品，只能应用价格竞争手段而不是品质竞争手段打入国际市场，那么，这个国家的国内要素价格就必然偏低，较大程度地提高国内居民尤其是一般劳动要素提供者收入水平的愿望也就难以实现。显然，这样的发展道路，不仅是宏观层面上导致我国国民收入分配失衡的重要原因之一，而且就地区间关系而言，不利于我国东、中、西部地区之间的产业转移，并且就东部沿海地区本身的经济发展而言，从长远看，也是难以长久持续的。

要使中国的高速经济增长获得长盛不衰的驱动力，必须使之建立在国内居民强有力的消费需求基础上，而根本出路是提高国内居民尤其是劳动要素提供者的收入水平。但是，在现有经济增长模式下，要想较大幅度地提高国内居民尤其是劳动要素提供者的收入水平是不现实的。改变中国目前国民收入分配从

---

① 我们认为，扩大内需的真正目标是扩大初始需求——国内居民消费需求，而不是其派生需求——投资。

而改变社会总需求支出结构失衡状态的根本之路在于改变我国的经济增长方式。中国的国际竞争战略必须从传统的以压低国内要素供给价格为基础的价格竞争战略向建立在自主创新基础上的品质竞争战略转变。

我们认为，增强自主创新能力对促进泛珠三角地区的产业结构升级和地区间转移也具有非常重要的意义。对于这一判断，以下论证采用了反证法：从分析缺乏自主创新能力情况下，产业结构升级与地区间转移缺乏必要的激励入手，论证增强自主创新能力对促进泛珠三角地区的产业结构升级和地区间转移具有重要的促进意义：它提供产权激励。

首先，缺乏自主创新能力，经济发达地区将缺乏促进夕阳产业外迁的动力。众所周知，我国东南沿海地区在改革开放之后发展起来的产业，先前主要是以杂项制品为代表的低技能劳动密集型产业，现在主要是以生活消费类和办公类机电产品为代表的一定技能型劳动密集型产业。目前，杂项制品产业面临着向外转移的需要。在正常情况下，具有自主知识产权和本地自有资本的产业因本地经济增长导致的资源禀赋结构改变，竞争优势不再而需要向外转移，原产业所在地区不仅获得本地资源因此优化配置的效益，而且因产业外迁获得对外投资（包括资本、知识产权以及人力资本、管理经验、销售网络资源等）收益以及知识产权、人力资本、管理经验、销售网络等无形资产利用上的规模经济收益和范围经济收益，因此，如果后续的接替产业发展顺利，原产业所在地区存在着鼓励夕阳产业外迁的激励，但是，在产业主体是 FDI 企业和代工型企业情况下，产业外迁，原产业所在地将无法（在 FDI 企业情况下）获得或者基本无法（在代工型企业情况下）获得对外投资收益。显然，在这种情况下，原产业所在地区鼓励夕阳产业外迁的动力是不足的。因此，我们可以得出的第一个结论是：在缺乏自主创新能力，没有自主技术、品牌、专利和销售网络的情况下，原产业地区在产业更新换代方面的诱因是不足的，至少低于本地产业具有自主知识产权和本地自有资本的情况。

其次，缺乏自主创新能力，产业所在地区在鼓励跨地区产业扩散方面的动力也是不足的。其原因与此前的分析是基本一样的。在产业所在地区的企业拥有自主知识产权的情况下，产业所在地区鼓励跨地区产业扩散，并存着四个方面的激励：一是因跨地区扩散而利用不同地区的比较优势资源获得的成本节约收益；二是因跨地区扩散而获得的资本对外投资收益；三是企业所拥有的知识产权、人力资本、管理经验、销售网络等无形资产因产业的跨地区扩散而在其利用上产生的规模经济收益和范围经济收益；四是跨地区扩散降低了产业在本地区过密集聚而产生的净负效应（扣除了产业在本地区生产可能带来的净收益）。但是，如果产业所在地区的企业都是 FDI 企业或者代工型企业，那么，产业所在地区鼓励跨地区产业扩散，就只剩下一个激励——跨地区扩散降低了产业在本地区过密集聚而产生的净负效应（扣除了产业在本地区生产可能带来的净收益），此外的三方面收益由于是归资本或自主知识产权所有者所有的，在产业所在地区的企业大多是 FDI 企业和代工型企业情况下，产业所在地区是难以获得或者分润的，因此，可以得出第二个结论：在缺乏自主创新能力，没有自主技术、品牌、专利和销售网络的情况下，原产业地区在鼓励现有产业跨地区扩散方面的激励是严重不足的。

由此可以得出结论：增强自主创新能力对促进我国尤其是泛珠三角地区的产业结构升级和地区间转移具有重要的意义。增强自主创新能力，之所以能够促进产业结构升级和地区间转移，关键在于，它将有力地提高企业因产业结构升级和地区间转移而获得的有形资产和无形资产的产权收益，而在企业的有形资产和无形资产产权是所在地区居民所有的情况下，所在地区将因此分享产业结构升级和地区间转移的企业产权收益，因此，存在着促进产业结构升级和地区间转移的正向激励。至于接受这一产业转移和扩散的经济欠发达地区，只要这一转移和扩散造成的净效益大于负效益，显然是乐于接受的。

构建发展泛珠三角地区产业合作的
前提与基础*

一

统一市场、产业分工、区域整合、规则一致是地区经济发展到一定程度的必然要求。经过二十多年的发展，我国的市场经济从最初局限于深圳、厦门、珠海、汕头等几个孤立点上的实验，逐步向沿海开放城市以及更大范围拓展。1992年邓小平同志"南方谈话"之后，党的十四大正式确立了社会主义市场经济体制是我国经济体制改革的目标，大大加快了市场经济向全国扩展的速度。计划经济条件下，企业、地区之间并非没有经济联系，但是计划经济制度规定了企业、地区之间的横向经济联系，必须通过纵向的行政隶属关系来实现。市场经济的发展，改变了原先的制度安排。企业、地区之间的商品交换促进了市场的产生及范围的扩大，从初期的地区市场向全国统一市场乃至国际市场过渡。市场主体之间商品交易的发展，市场主体之间的竞争，促进了资源的流动和优化配置，基于不同比较优势与竞争优势基础上的产业分工协作关系因此逐渐形成，根据不同地区之间的资源禀赋和经济结构的互补性，开展分工协作，进行区域整合，就成为不同地区经济发展的共同需求。在不同地区之间发展统一市场，促进资源的流动与优化配置，实现产业分工合作，一个重要前提是这些地区的政府必须协调之间的政策，统一市场规则。因此，区域经济合作在市场经济条件下，是商品生产和商品交易发展到一定程度后，不同地区经济主体从而政府基于进一步发展的需要而产

＊ 本文原载于《东南学术》2005年第6期，共同作者：王碧秀、谢孝荣。

生的要求。

追踪改革开放以来我国经济发展的轨迹，可以看出，正是市场经济的发展，催生了我国不同地区之间的区域经济合作。目前区域经济合作发展较好，正在逐步形成的几大经济区，包括长三角经济区、京津唐（或环渤海湾）经济区、珠三角（以及目前正在形成的泛珠三角）经济区、闽南金三角（以及海峡西岸经济区，同时也是泛珠三角经济区的一个组成部分）经济区，都是目前我国市场经济较为发达的地区。正是各个地区市场主体基于发展市场经济的需要而形成的分工协作的需要促使这些地区政府产生了区域经济合作的愿望。福建、江西、湖南、广东、广西、海南、四川、贵州、云南9个省份和香港、澳门2个特别行政区（简称"9＋2"）在经济全球化和区域经济合作加快发展的大背景下，提出了建立泛珠三角经济区的提议，并于2004年11月，经各方政府协商一致，签署了泛珠三角区域合作框架协议。

协议提出，泛珠三角区域合作的宗旨是：按照"一国两制"方针，参与合作的内地省区与香港、澳门开展合作，遵守中华人民共和国香港、澳门特别行政区基本法和其他有关法律的规定，合作在《内地与香港关于建立更紧密经贸关系的安排》和《内地与澳门关于建立更紧密经贸关系的安排》框架内进行。根据国民经济和社会发展规划的总体要求，坚持区域协调发展和可持续发展，充分发挥各方的优势和特色，互相尊重，自愿互利，按照市场原则推进区域合作，拓宽合作领域，提高合作水平，形成合作互动、优势互补、互利共赢、共同发展的新格局，拓展区域发展空间，共创美好未来。合作各方本着自愿参与、市场主导、开放公平、优势互补、互利共赢的原则，着重从下列四个方面推动合作发展：（1）创造公平、开放的市场环境，促进生产要素的合理流动和优化组合；（2）加强基础设施建设的协调，推动解决发展过程中相互关联的重大问题；（3）动员和组织社会各界共同推进，逐步构筑泛珠三角区域发展的著名品牌，增强区域的整体影响力、竞争力；（4）共同促进可持续发展。并提出在基础设施、产业与投资、商务与贸易、旅游、农业、劳务、科教文化、信息化建设、环境保护、卫生防疫10个领域进行合作。为保证有效开展合作，拓展合作渠道，各方同意建立合作协调机制，主要有：（1）内地省长、自治区主席和港澳行政首长联席会议制度；（2）港澳相应人员参加的政府秘书长协调制度；（3）建立部门衔接落实制度；（4）按照"联合主办、轮流承办"的方式举办"泛珠三角区域合作与发展论坛"。

二

产业在经济发展中的重要地位，决定了产业协调发展是区域经济合作最重要的内容之一。因此，在泛珠三角区域合作框架协议中，产业与投资被列为仅次于基础设施的合作领域。自从泛珠三角经济区设想提出以来，有关泛珠三角区域合作的研究中，相当一部分是产业分工协作问题的讨论。

发展产业分工协作，对泛珠三角经济区的形成具有极为重要的意义，然而，制定正确的发展产业分工协作政策的前提是正确认识泛珠三角区域内各地区之间产业联系的现状。因此，必须对当前泛珠三角地区的产业发展现状进行检讨。

我们认为，就目前而言，不仅整个泛珠三角地区，而且泛珠三角地区内各省区内部的产业分工协作都是相当有限的。

以泛珠三角地区中市场经济最发达的广东、福建为例，改革开放以来，广东、福建是我国最早开始社会主义市场经济体制探索的地区。最初的四个经济特区深圳、珠海、汕头、厦门，全部位于这两省。经济特区的试验，实质是在城市地区探索利用对外开放建立社会主义市场经济体制的道路。试验的初步成功，催生了沿海部分城市的对外开放，推动了1992年党的十四大作出关于在全国建立社会主义市场经济体制的决定。有关市场化进程的研究证实：迄今为止，这两省的市场经济发展水平，在全国仍然居于前列位置。但是，观察表明：目前在广东，市场经济较为发达，区域内经济联系密切，以致形成一定产业协作关系的地区，仍然局限于珠江口一带，即狭义的珠三角地区。广东省的其他地区，市场经济发展水平则相对落后，与狭义珠三角地区的经济联系有限，产业分工协作关系也比较弱。福建也是如此。在福建，目前市场经济最发达的地区当属厦漳泉三市组成的闽南金三角地区或厦门、泉州、莆田、福州四市组成的福厦线沿海地区。闽南金三角的厦漳泉三市，辖区毗连，三市行政中心距离最远不超过90千米。但是，长期以来，三市的经济发展轨迹各不相同。厦门以引进外资为主，泉州重视发展民营经济，漳州在相当长一段时期里，仍以发展农业为主。因此，尽管有闽南金三角之说，但是，三市之间的产业联系却是相当有限的。① 福厦线沿海地区也大

---

① 关于这一点，从三市之间的货币往来流量可以看出。笔者在2001年的一次调查中，从厦门人民银行获悉：他们原想在三市之间建立大同城结算系统，以加速资金周转速度，但是调查发现，三市的交易量并不大，建立大同城交易结算系统的成本大于收益，因此作罢。

致如此。至于福建沿海地区与山区之间经济发展差距不断扩大，但沿海地区出口导向型劳动密集型产业至今未能向山区转移，① 则一直是困扰福建省政府的发展难题。也就是说，即使是在泛珠三角地区中经济最发达的广东和福建，目前就其各自省内各地区之间的经济联系、产业协作关系而言，尚不能称为统一的经济区。而就泛珠三角地区的九省区而言，之间的经济发展差距就更大，存在着较大的发展梯度。

一般而言，不同地区之间的产业分工方式，大体上分为两种：一种是水平分工；另一种是垂直分工。前者表现为不同地区分别生产技术水平及加工复杂程度大致相同但各异的产品。目前，发达国家和地区之间的产业分工，大体属于此类。地区间的产业分工，主要是为了分享分工带来的生产专业化和规模经济，以及因此可能产生的技术进步；后者表现为不同地区分别生产技术水平和加工复杂程度相差较大的不同产品。目前，发达国家和地区与发展中国家和地区之间的产业分工，大体属于此类。地区间的产业分工，建立在资源禀赋的比较优势基础上，主要是为了分享分工带来的绝对利益和比较利益。

如前所述，目前即使是在广东与福建省内，例如广东省内的珠三角地区与非珠三角地区之间、福建省内的沿海地区与内地山区之间，经济发展仍然是不平衡的，存在较大梯度。也就是说，理论上存在着形成垂直式产业分工协作的可能，而且实践上也存在着垂直式产业分工协作的必要。以福建为例，福厦高速公路沿线的沿海地区以杂项产品为代表的低技能劳动密集型出口导向型产业早在 20 世纪 90 年代中期就达到其产出高峰期，之后占福建省出口产品的比重就逐步下降（见表1）。

表1　　　　　　　　　　福建省出口商品分类构成　　　　　　　　　单位：%

项目	1985 年	1990 年	1995 年	1996 年	1997 年	1998 年	1999 年
出口总值	100	100	100	100	100	100	100
一、初级产品	44.7	21.8	20.3	19.9	19.2	13.1	12.1
食品	32.8	15.7	13.9	13.6	14	10.7	11.1
饮料及烟草	—	0.6	1.2	1.7	0.9	0.3	0.1
非食用原料	11.2	5	4.9	3.6	3.3	1.2	0.6

① 福建沿海地区以杂项产品为代表的低技能劳动密集型产业早在 20 世纪 90 年代中期就达到其产出高峰期，之后占福建省出口产品的比重逐步下降，但没有大规模向福建内地山区转移的趋势。

项目	1985 年	1990 年	1995 年	1996 年	1997 年	1998 年	1999 年
矿物燃料	0.3	0.2	0.2	0.3	0.4	0.7	0.3
动、植物油、脂及腊	—	—	—	0.7	0.6	0.2	—
二、工业制成品	55.3	78.2	79.7	80.1	80.8	86.9	87.9
化学品及有关产品	4.4	2.3	1.2	1.8	1.9	5.3	3.5
按原料分类的制成品	8.5	5	4.5	5.5	6.0	17.9	16.1
机械及运输设备	5.7	20.1	16.5	18.7	19.3	20.4	23.9
杂项制品	36.7	50.8	57.5	52.8	51.6	43.3	44.4

资料来源：张明志、李文溥：《开放经济的出口竞争力产业间转移与产业结构演进——以福建为例》，载《中国经济问题》2001 年第 2 期。

之所以如此，重要原因在于，随着福建经济的高速发展，人均 GDP 水平不断提高，沿海地区以杂项产品为代表的低技能劳动密集型出口导向产业的成本逐步上升，竞争力下降。按理说，将这些产业转移到人均 GDP 水平相对较低的内地山区，是有助于提高其产品竞争力的。但是，这种转移却没有实现。类似情况，也出现在广东省内的珠三角地区与非珠三角地区。

水平式产业分工协作，目前在福建，则主要出现在更小的区域内。例如，在泉州，制鞋业、纺织服装业内部，确实出现了以产品市场细分为特征的水平式产业分工。例如，服装行业中，出现了生产不同类型服装的专业厂商，分工比较细致，生产相对专业，同一地区内的众多厂商构成了一个比较完整的服装产业簇群；在制鞋业，则出现了生产不同配件的专业厂商，形成了一个比较完整的运动鞋生产的专业化协作链条，从而大大提高了该地区的鞋业生产效率。但是，这样的产业分工协作关系，在厦漳泉三市或福厦线沿海四市之间，目前还不太明显。鞋业生产基本上集中在泉州与莆田，服装生产以泉州为主。生产的扩散还有限，跨地区的专业化分工与产业协作自然就更为有限。在广东，此类分工至多也只扩展至珠三角地区内部，并未遍及广东全省。

广东、福建省内尚且如此，可以推论，目前在泛珠三角的各省份之间，尽管存在着明显的发展梯度，但是，发展垂直式产业分工协作的现实性是不足的；虽然在各省份可以找出一些经济发展水平相近的点。例如，尽管 9 个省份之间存在明显的发展梯度，但是，给定某个经济发展水平，在各省份内部也都可以找到一些与之相近的点，但是，经济距离等条件决定，在这些点之间发展水平式产业分工的现实性，目前也是不存在的。

泛珠三角各地区之间产业联系的现状是历史形成的，因此，必须对造成现状的历史因素进行探讨。我们认为，造成泛珠三角各地区之间产业联系现状的原因主要有以下方面。

（1）发展起点较低。泛珠三角地区各省份改革开放之前的工业发展水平，就总体而言，在国内是比较低的。由于地处前线、边陲，计划经济时期，国家的重点项目投资一直比较少。以福建为例，"一五"期间，156 项国家重点投资布局在福建的仅有主要服务于军事目的的鹰厦线铁路一项，此后直至改革开放前的各个五年计划，国家基本没有在福建进行重点项目建设。改革开放前，福建的经济总量在全国的排名一直是 20 多名，属全国经济发展水平最低的省份之一。厦门是福建第二大城市，建立特区之前，全市工业总产值仅 10 亿元，然而在四个特区中，居然却是工业最发达的。深圳、珠海基本上是白手起家，汕头也基本没有现代工业。因此，尽管在过去 20 多年里，广东、福建尤其是其中的特区和沿海经济开放地区经济持续高速增长，但是，社会经济发展的实际综合水平至今仍然不高。笔者此前的研究指出：就社会经济发展的实际综合水平而论，直至 2000 年，广东仍低于浙江、江苏、河北、辽宁、山东，福建仅是 26 个省份中的第 16 名，属于中等偏下水平（见表 2）。2002 年，广东仅进入前三名，福建仅是第 9 名（见表 3）。

表 2　　各省份全面建设小康社会目标实现总指数及其排名（2000 年）

地区	总指数	排名	地区	总指数	排名	地区	总指数	排名
全国	0.507		内蒙古	0.527	9	江西	0.494	18
浙江	0.611	1	海南	0.527	10	青海	0.489	19
江苏	0.594	2	湖南	0.522	11	宁夏	0.487	20
河北	0.569	3	河南	0.518	12	广西	0.484	21
辽宁	0.565	4	黑龙江	0.504	13	四川	0.482	22
山东	0.562	5	安徽	0.504	14	新疆	0.480	23
广东	0.561	6	陕西	0.501	15	甘肃	0.463	24
湖北	0.556	7	福建	0.500	16	贵州	0.427	25
山西	0.543	8	吉林	0.496	17	云南	0.424	26

資料来源：李文溥、杨灿：《建设全面小康社会进程的一个比较研究——以福建为基点》，载《中国人口科学》2004 年第 4 期。

表3　　各省份全面建设小康社会目标实现总指数及其排名（2002年）

地区	总指数	排名	地区	总指数	排名	地区	总指数	排名
全国	0.521		福建	0.549	9	四川	0.504	18
浙江	0.663	1	陕西	0.538	10	宁夏	0.500	19
江苏	0.643	2	内蒙古	0.533	11	河南	0.499	20
广东	0.586	3	湖南	0.531	12	广西	0.496	21
辽宁	0.585	4	海南	0.525	13	新疆	0.483	22
河北	0.581	5	吉林	0.521	14	青海	0.478	23
山东	0.577	6	江西	0.514	15	甘肃	0.471	24
湖北	0.558	7	黑龙江	0.512	16	贵州	0.450	25
山西	0.555	8	安徽	0.510	17	云南	0.415	26

资料来源：李文溥、杨灿：《建设全面小康社会进程的一个比较研究——以福建为基点》，载《中国人口科学》2004年第4期。

　　这说明，社会财富和资本的积累是一个比产品流量增长缓慢得多的过程。社会经济发展实际综合水平的提高，落后于人均GDP的增长，产业结构的升级也是如此。也许正因如此，泛珠三角地区中经济最发达的这两个省份，至今内源发展能力仍然比较有限。外商直接投资仍然是支撑当地经济增长的最重要投入，或许这未必是由于钱纳里两缺口模型所讨论的储蓄缺口和外汇缺口引起的，[①] 但是至少可以认定，广东、福建两省，投资所需要的知识资本（专利、技术秘密等专有技术、管理技术、销售网络等）还是严重不足的。产业结构仍以轻型为主，重化工业的发展水平也许甚至落后于四川、重庆等国家在三线建设期间进行了大量投资的地区。

　　（2）产业结构轻型化。由于发展起点低，加之改革开放之初，中央也没有财政能力，对于经济特区及沿海开放地区发展市场经济的投入，基本上是政策支持，即允许经济特区及沿海开放地区在改革开放方面先行先试。因此，特区与沿海开放地区在相当长一段时期里，发展工业不得不基本上依靠引进外资。在开放地区工业基础很弱的情况下，外资根据比较利益原则进行的投资，必然集中在以利用这些地区廉价劳动力与廉价土地为主的出口加工型劳动密集型产业。由于在吸引外资上的竞争，长期以来，各级地方政府不得不一直压低当地的生产性用地价格，同时，大量来自内地的农民工，给沿海开放地区提供了源源不断的廉价劳动供给。土地及劳动要素的廉价供给，使沿海开放地区的产业结构升级十分缓慢。笔者此前对福建省近20年来的产业结构演进轨迹研究的结论是：尽管改革开放以来，福建已经出现了两次较大的产业结构升级，但

---

① 李文溥：《国际直接投资与国家经济利益及国家安全》，载《学术月刊》1997年第10期。

是，目前不过处于从低技能劳动密集型产业为主——以杂项制品为代表——向具有一定技能的劳动密集型产业——以机电电子产品装配业为代表——为主过渡阶段。[①] 产业结构以轻型为主，产品以最终产品居多，产业链条势必较短，发展生产的专业化分工与协作的空间有限。

（3）外商投资企业多，出口导向型产业比重大。广东、福建两省自改革开放以来，经济发展主要依靠引进外资，发展外向型产业。特区及沿海开放地区尤其如此。在改革开放初期，特区基本上是一种"飞地"经济，与国际经济的联系甚至比与国内经济的联系更密切。随着沿海开放城市及地区的设立，社会主义市场经济体制作为我国经济体制改革目标的确立，特区才逐渐摆脱了飞地经济状态。但是多年形成的产业结构不可能在短期内改变。特区及沿海开放地区的飞地经济产业结构特征表现为：外资企业多，两头在外，只是跨国公司全球生产体系中的一个生产环节。生产的原材料、零部件大量来自国外，产品大量出口销售，所谓大进大出，与国内其他地区的经济联系、产业分工协作较少。尽管此后，民营经济的发展部分改变了特区及沿海开放地区以外商投资企业为主的格局，但是，这些民营企业的相当一部分，也是以利用当地的廉价劳动力与土地资源从事劳动密集型产品生产为特征的，与外商投资企业有着类似的两头在外，大进大出的特征。如前所述，沿海劳动密集型产业至今未能向山区转移，一直是困扰广东、福建省政府的发展难题。之所以至今未能实现这一转移，除了前面说到的长期以来，沿海地区的土地及劳动要素被不正常地压低价格大量供给之外，以出口为导向的劳动密集型产业也是制约沿海劳动密集型产业向内地梯度转移的重要原因。这类产业的技术经济特征决定其只能布局在港口邻近地区。[②] 在制约它诸种技术经济条件没有改变之前，强行将此类产业布局在远离海空港的内地，只能导致其出口竞争力大幅度下降，甚至亏本。

在一个发展梯度比较大的经济区里，推动产业分工与协作的，只能是该经济区里经济较发达的地区。目前而言，广东、福建是泛珠三角地区中经济较发达的地区。但是，从以上分析可以看出：广东和福建虽然具备了向其他地区投

---

① 有关分析，见张明志、李文溥：《开放经济的出口竞争力产业间转移与产业结构演进——以福建为例》，载《中国经济问题》2001 年第 2 期；李文溥、陈永杰：《论经济全球化条件下的产业结构演进趋势与产业结构政策》，载《经济学家》2003 年第 1 期。

② 笔者曾经请教过一些劳动密集型出口导向型外资企业的经营管理者，他们告知，此类企业的选址要求一是离国际空港的高速公路距离不超过 1 小时路程；二是离产品出口海港的距离不超过 2 小时路程；三是与主要协作厂商的距离不超过 2 小时路程，否则将难以盈利。如此三个同心圆决定了，劳动密集型出口导向型产业只能分布于沿海交通线周围一个比较狭长的地区内。

资的一定实力——尽管并不大，但是，对外投资与本文前面分析的建立较为紧密的地区间产业分工与协作不同，还不具备在泛珠三角地区大规模推动产业分工与协作的实际需求和经济实力。至于其他的 7 个省区，答案是比较明显的。至于香港与澳门，尽管有较为雄厚的资本实力，但是过去 20 多年里港澳资本的投资选择已经在一定程度上显示了它们的地区投资偏好。

四

产业分工与协作是一个经济区内最重要的经济联系之一，缺乏区内市场主体之间在生产上的专业化分工与社会化协作，经济区内部各地区之间的经济关系是不太稳定的。与其他经济联系相比，产业分工与协作是经济区内部经济联系的高级形式。因为，企业为了提高效率，愿意用专业化分工、社会化协作的生产方式取代企业内部的垂直一体化生产，一定是社会经济发展到了这样的程度，企业为专业化分工、社会化协作生产方式需要支付的交易成本大大降低了。因此，我们可以推断：产业分工与协作关系的产生，是社会经济联系高度密切的产物。因此，它是一个地区市场主体之间经济贸易关系发展程度的一个指示器，也是经济区是否存在的关键性标志。观察广东、福建沿海地区经济发展情况，这一观点是可以得到印证的。

如果这一观点可以得到承认，那么，由此可以得到的政策结论就比较明显了。

我们认为：

（1）泛珠三角经济区就目前而言，基本上还是一个基于经济发展需要，人们感觉到需要，并正在着手构建的而不是现实的经济区。泛珠三角地区中各省区的经济联系还是比较有限的，并未构成明显区别于其他地区的更为密切的经济联系。

（2）产业分工协作，协调发展是区域经济合作最重要的内容之一。产业专业化分工和社会化协作关系是否真正建立起来，是经济区是否存在的关键性标志。

（3）在目前条件下，发展泛珠三角地区的产业分工与协作，不是直接从发展产业分工协作入手，[①] 而是从其基础——发展经济区内各地区之间的经济贸

① 这样做的一个可能是政府部门用行政命令的方式"拉郎配"。

易联系入手，随着各地区之间的经济贸易关系发展到一定程度，由市场主体在既有密切的经济贸易联系基础上，自然会产生符合各市场主体利益的产业分工与协作关系。

（4）发展经济区内各地区之间的经济贸易联系，首先必须创造一定的基础条件。

一是基础设施。地区间的经济距离，固然是一个空间概念，但是更是一个时间概念。不同的交通条件下，市场主体之间进行经济联系的空间范围是不同的。改善交通、通信等基础设施，进行信息化建设等，将使各个地区市场主体之间的经济距离大大缩小，此前无利可图的经济贸易往来也具有了商业价值。

二是制度规范。统一市场的形成对于发展不同地区之间的投资、贸易关系，促进要素自由流动，优化配置的重要性，已经是经济学的基本常识，不必赘述。在目前行政主导型市场经济条件下，统一市场的前提之一是各地区政府部门如何坐下来，统一不同地区的政府经济管理规则；前提之二是如何对外地市场主体打开城门，给予与当地市场主体一样的"国民待遇"。

（5）发展经济区内各地区的商务往来，旅游和劳务输出输入、科教文化合作等，都有利于促进经济区内各地区之间的相互了解和经济联系。

（6）投资与贸易。市场主体的跨地区投资无疑是加强地区间经济联系最有力的武器之一，企业的跨地区投资将为地区间的产业分工与协作创造重要的前提。关于这一点，我们可以从经济全球化条件下的国际贸易的发展轨迹中得到启示。两次世界大战后世界经济发展的一个显著特征是世界贸易的增长大大快于产出的增长，[1] 部门内贸易（intra-industry trade）、公司内贸易（intra-firm trade）及服务贸易（trade in services）比重不断上升。[2] 公司内的跨国贸易是跨国贸易中交易成本最低的贸易形式，公司内不同生产企业之间产业分工与协作是交易成本最低的产业分工协作方式。因此，企业的跨地区投资也

---

[1] 1820～1992年，世界人口增长5倍，人均收入增加了8倍，世界收入增加了40倍，而世界贸易量却增加了540倍。1990～1997年，世界GDP增长了39.65%，而世界出口却增长了62.33%。相应地，出口占世界产出的比重，1950年不过6%，1973年增至12%，1997年已经上升至21.05%。以上数据引自李文溥：《经济全球化及其对宏观经济政策的影响》，载《厦门大学学报》2000年第3期。

[2] 1990年，7个工业发达国家中，美、英、法、德的产业内贸易比重已经达到70%～80%，意大利和加拿大在60%左右，只有日本明显偏低。欧盟国家从总体看，产业内贸易水平大大高于其他地区及贸易集团。20世纪70年代初期，公司内贸易不过占世界贸易总额1/15，90年代初上升到1/3。而美、日、英在80年代中期就达到了1/3左右。1993年美国、法国、瑞典的企业内出口占本国出口的比重分别为36%、34%和38%，以上数据引自李文溥：《经济全球化及其对宏观经济政策的影响》，载《厦门大学学报》2000年第3期。

会创造类似的效应。

企业的跨地区投资，一般以贸易为先导的。对贸易与投资之间关系的研究指出：贸易先于投资。这是因为：（1）与投资相比，贸易较为容易，而且风险较小。贸易可以是短期的和一次性的经济交易，其索赔处理也十分迅速；而投资则是长期的。与贸易相比，它要求掌握更多的知识，积累更多的经验和具有更强的组织管理能力。（2）贸易的规模可大可小，而对外投资生产则要求起码的经济效率规模。贸易通常是制造业建立外地子公司的市场检测剂。贸易获得稳定而且具有一定规模的外地市场，是建立外地子公司的基本前提。（3）受制于空间距离，母公司监控外地子公司经营比监控本地子公司更困难。

从企业的对外扩展顺序来说，也是如此。第一，对于大多数企业而言，本地市场是其最初的目标，而且在大部分情况下，始终是其主要目标，外地乃至国外市场较晚才进入他们视野；第二，一旦对外地市场产生兴趣，一般是从贸易开始；第三，外地的贸易中介被本公司驻外销售部门代替，并可能导致某种形式的外地投资——商品库存或外地贸易子公司；第四，继贸易之后，通常会授权外地生产厂家使用自己的专利或专有技术生产产品；第五，一旦经历了上述诸形式（多为非股权参与）或某一形式的外地生产，企业开始逐步在外地建立自己的生产设施（从组装或其他部分生产形式开始，有时也与当地企业组合建立合资经营企业），然后才建立多数控股或独资企业（多为母公司的独立分支机构）。总之，不论是从历史还是从现实看，许多企业都遵循先贸易而后对外投资这一对外扩展顺序的，尤其是制造业企业。

因此，在目前条件下，欲发展泛珠三角地区的产业分工与协作，必须鼓励企业的跨地区投资，而鼓励企业的跨地区投资，必须从鼓励企业的跨地区贸易入手。

参考文献

［1］李文溥、陈永杰：《论经济全球化条件下的产业结构演进趋势与产业结构政策》，载《经济学家》2003 年第 1 期。

［2］李文溥：《国际直接投资与国家经济利益及国家安全》，载《学术月刊》1997 年第 10 期。

［3］李文溥：《经济全球化及其对宏观经济政策的影响》，载《厦门大学学报》2000 年第 3 期。

［4］李文溥、杨灿：《建设全面小康社会进程的一个比较研究——以福建为基点》，载《中国人口科学》2004 年第 4 期。

［5］李文溥、张明志：《福建发展对外直接投资的基础条件分析》，载《厦门大学学报》2001 年第 3 期。

［6］张明志、李文溥：《开放经济的出口竞争力产业间转移与产业结构演进——以福建为例》，载《中国经济问题》2001 年第 2 期。

对制定福建省"十二五"规划的一些思考*

一、关于经济发展速度

在这个问题上，有两个目标：一是 5～10 年内，福建的人均地区生产总值赶上或超越我国东部地区人均水平①；二是 5～10 年内，福建的经济总量超过台湾。

我们认为，正常情况下，福建要在 5 年内（即"十二五"期末）实现人均地区生产总值赶上东部地区的人均水平，是不可能的，即使到 2020 年这个目标也具有极大挑战性。

福建在改革开放之初，是中国经济最不发达的省份之一，1978 年经济发展水平位列全国第 23 位。改革开放后，中央赋予广东、福建两省部分政策实验权（"特殊政策、灵活措施"），两省在对外开放、市场化改革上先行先试，其他地区仍基本上实行计划经济体制，政策位势差较大。因此，到 20 世纪 90 年代中期为止，福建经济增长速度跃居全国前列。2000 年，福建人均 GDP 曾接近东部地区的 80%，之后一路回落，2005 年仅为东部地区人均水平的 70%。之所以如此，是由于 20 世纪 90 年代初全国向社会主义市场经济体制转轨，福建的体制先行优势逐渐丧失，"十五"期间，福建人均 GDP 年均增长率 9.72%，低于东部地区平均水平（10.85%）1.13 个百分点。"十一五"时

---

* 本文系 2010 年 8 月提交至福建省政府的政策咨询报告，收录于李文溥主编《海峡西岸发展研究论集（二）》，经济科学出版社 2011 年版，共同作者：龚敏、王燕武。

① 东部地区包括北京、天津、辽宁、山东、河北、浙江、江苏、上海、广东、福建、海南 11 个省份。

期以来，情况略有好转，2006～2009 年福建人均 GDP 的年均增长率 13.05%，比东部地区平均水平（11.3%）高 1.75 个百分点，但是，由于长期落后形成的差距较大，目前福建的人均 GDP 仅回升到接近东部地区平均水平的 75%（见表 1）。

表 1　　　　　　　　　2000～2009 年福建省与东部地区人均 GDP　　　　　　单位：元

时期	年份	福建省		东部地区		福建人均 GDP/东部平均水平（%）
		人均 GDP	增长率（%）	人均 GDP	增长率（%）	
"九五" 期末	2000	11601	—	14550.73	—	79.73
"十五" 期间	2001	12362	6.7	15884.64	8.14	77.82
	2002	13497	9.3	17525.45	10.45	77.01
	2003	14979	10.7	20109.73	11.38	74.49
	2004	16469	11.1	23373.55	12.73	70.46
	2005	18646	10.8	26616.09	11.59	70.06
"十一五" 期间	2006	21471	14.0	30455.82	12.51	70.50
	2007	25908	14.4	35369	13.14	73.25
	2008	30123	12.2	40539.09	9.87	74.31
	2009	33051	11.6	44175.09	9.71	74.82

资料来源：2009 年以前数据来自中经网数据库；2009 年数据来自各省份统计公报。

福建人均 GDP 与东部地区人均 GDP 落差的加大是从 2001 开始的。这一时间对应着我国加入世界贸易组织（WTO）、外资大量进入。2003～2007 年，我国 GDP 在进出口高速增长的带动下实现了连续 5 年 10% 以上的增长速度。在此期间，东部地区的经济增长速度高于福建。究其原因，主要有：（1）长期以来福建山海经济发展不平衡导致产业集聚效应不强、产业配套能力弱；中心城市分工不明确，相互之间以及与周边城市之间经济功能互补性不强，导致福建经济总量难以快速扩张。（2）与东部地区相比，福建吸引外资的区位优势日渐趋弱，吸引外资规模小、技术含量低，外资大量偏重向长三角等地区，直接导致福建 GDP 无法快速扩张。（3）福建长期以来出口以杂项制品为主，附加价值低。在经济高速增长期，与东部其他地区相比较为不利，但在国际金融危机期间，福建经济产品多为消费弹性较小的基本必需品，加上晋江等地企业多以民营资本的家族企业为主，部分产品面向国内市场，避免了福建经济增速的过快下滑，也在一定程度上缩小了与东部地区人均 GDP 的差距。

在今后 5～10 年，福建人均 GDP 是否能赶上或超越我国东部地区人均水平？下面我们从地区经济发展的一般趋势，今后一段时间我国经济所面临的国内外经济环境的变化，福建经济实现赶超的现实根据，以及单纯追求人均 GDP

目标的缺陷性等方面探讨这个问题。

（一）福建及东部地区经济发展的一般趋势

从福建及东部地区经济发展的一般趋势来看，在 2020 年福建的人均 GDP 水平较大程度地接近东部地区人均水平是有可能的，达到和超过则是不太现实的。但是，在 10 年内实现福建经济总量超过台湾，却是做得到的。

即使假定"十二五"期间，我国东部地区人均 GDP 增长率仍然保持"十一五"时期的水平，即以 11.3% 的速度增长，福建要在"十二五"期末接近东部地区人均 GDP 水平，那么，福建"十二五"期间的人均 GDP 增长率要达到 16.82%，高出东部"十一五"时期平均增长速度 5.5 个百分点，考虑到人口增长，福建的经济增长速度则要超过 17%。若以 2020 年为期，即要求到"十三五"期末福建人均 GDP 赶上东部平均水平，则这 10 年福建的人均 GDP 年均增长率也必须达到 14.28%，高出东部"十一五"时期平均增长速度 3 个百分点，考虑到人口增长，福建的经济增长速度应在 15% 左右。

在各省份的发展条件比较接近的情况下，假定东部地区继续保持"十一五"期间的平均增长率，而福建的年均增长率却会大幅度地超过其"十一五"时期平均增长率，显然不太现实。因此，我们认为，经过 5～10 年的努力，争取在 2020 年福建的人均 GDP 水平较大程度地接近东部地区人均水平是有可能的。

至于未来 5～10 年，福建地区生产总值超过台湾，是有可能实现的。其原因在于台湾已经进入低速增长期，而福建则仍处在高速或较高速增长期。"十一五"期间，福建年均增长率为 13.74%，台湾仅为 1.04%，福建比台湾高出 12.7 个百分点。

如果未来 5 年内，台湾的经济增长率与 2005～2009 年持平，而福建省达到 15.1%，那么，到 2015 年，福建 GDP 总量就会赶上台湾。如果未来 5 年内台湾的经济增长率提高到 2%，那么，福建要提高到 16.19%，才能实现 2015 年 GDP 总量超越台湾。但是，要在 2020 年超越台湾，福建在未来十年内保持 9%～10% 的经济增长率，就可以实现。如果延续闽台在过去 10 年里的各自增长态势，福建的地区生产总值在未来 5 年内赶上台湾或许还有一定困难，但在 10 年之内，却基本上是可能的。

因此，我们的基本结论是：在确定福建未来 5 年甚至 10 年的赶超目标时，可以明确提出在 10 年内实现福建经济总量超过台湾。

当然，确定"十二五"时期发展速度，不能简单地根据未来 5 年或 10 年要实现某个目标，或者根据近 5～10 年的平均增长速度。需要从多方面分析，考虑可能与需要。

（二）目前的国内外经济形势

就目前的国内外经济形势看，未来 5 年，似乎并不存在中国在整体上实现超常规跨越式发展的条件。

从国际经济环境看，未来一段时间美国接近 10% 的失业率还将成为经济复苏最大的不确定性；欧元区受希腊等主权债务危机风险的影响，经济复苏的前景也不容乐观；尽管"十二五"期间，世界经济可能摆脱 2008 年国际金融危机的影响，再度进入上行区间，但是，国际金融危机前的中国大幅度出超和美国的大幅度入超，势必有所调整，以建立国际经济新的平衡。从这个意义上说，中国将不太可能因国际经济复苏而再度获得 2003～2007 年的出口增长空间[①]，更何况，即使如此，同期中国经济也只年均增长 11.2%。

就国内情况看，长期以来经济高速增长所积累的各种结构失衡进一步加剧，其中国民收入支出结构失衡（即高投资、高净出口、低消费）问题已成为影响经济可持续增长的最大隐患。在过去的两年中，由于消费不能快速扩张，当经济面临外部需求萎缩时，我国经济只能依靠超常规的投资扩张来拉动：2009 年经济增长 9.1%，投资贡献度达到 90% 以上。其资金除来自 4 万亿元的财政支出外，基本依靠国有银行的天量新增贷款。如此强度的反危机政策已使从 2010 年开始的宏观调控政策陷入两难，并使我国经济运行面临更大的不确定性。一是财政扩张导致的地方政府债务急剧扩大。二是银行新增贷款加大了银行不良债权比例上升的风险，这些直接威胁到了我国金融体系乃至宏观经济的稳定性。三是未来数年，我国居民收入占比及边际消费倾向下降的趋势难以发生重大逆转，居民消费不振在短期内仍难以改变。四是目前对房地产等领域的调整，对国民收入分配结构的调整等都将在未来一段时期对经济增长产生抑制作用。

根据 IMF 预测（2010 年 7 月 8 日），2010 年美国和欧元区的经济增长率为 2.9% 和 1.4%；2011 年这两大经济体的增长率可能将回落至 2.7% 和 1.3%。

[①] 2003～2007 年是本轮经济周期的上行阶段，中国这 5 年的平均增长率是 20 世纪 90 年代中期以来最高的。

在这样的国内外经济背景下，厦门大学宏观经济研究中心2010年8月利用中国季度宏观经济模型（CQMM）预测的结果是：2010年中国的经济增长率为9.84%，2011年的增长率将可能回落到9%左右。因此，可以认为，就目前的国内外经济形势看，未来5年，似乎并不存在中国在整体上实现超常规跨越式发展的条件。福建经济要实现超常规的发展也就缺乏必要的宏观基础。

（三）必须正视限制福建经济超常规发展的条件

如上分析，福建要在"十二五"或"十三五"期末实现人均GDP赶上东部地区平均水平，需要未来5～10年的平均增长速度高于东部地区3～5.5个百分点。根据何在？我们必须正视限制福建经济超常规发展的条件：福建经济是否还有赶超的政策位势差？靠投资拉动福建经济是否能实现赶超？以及长期抑制福建经济快速扩张的因素是否能够得以消除？对这些问题的否定回答，使我们认为未来5～10年福建经济的平均增长速度要高于东部地区似乎是不现实的。

1. 能否再次获得相对较大的位势差

福建省经济发展政策位势差难以继续存在。在各省份的资源及市场条件大致既定情况下，福建经济要赶超，势必要求福建与东部其他省份有较大的政策位势差。问题是福建省在未来5～10年里能否再度获得20世纪80年代那种相对外省而言较大的政策位势差？显然不能。2009年国务院下达了《支持福建加快海峡西岸经济区的若干意见》，但是，在此前后，国务院批复的类似区域发展规划意见有十余个。因此，福建并不因此获得具有重要意义的特殊政策位势差。

2. 维持现有发展模式将带来怎样的后果

福建经济难以靠超常规的投资实现赶超。考察福建经济近年来经济增长的驱动力，可以发现，2000年以来，资本形成在总需求中的比重跃上了40%这一台阶（见表2），2006～2009年，资本形成占总需求的比重高达50.9%，远高于同期全国的资本形成比重；资本形成对经济增长的贡献率更是一路攀升，从2001年的31.3%上升至2007年的74.9%（见表3）。这一比例在华东南四省中是最高的。可以说，福建近年的经济增长基本上是靠投资增长实现的。按照这样的发展模式，福建人均GDP要赶超东部地区，势必只能继续依靠提高投资率。这将会产生怎样的后果？

表2		1979～2009年福建省经济增长及其结构变化					单位:%
项目		1979～1985年	1986～1990年	1991～1995年	1996～2000年	2001～2005年	2006～2009年
GDP增长		12.9	9.8	18.4	11.5	10.8	13.8
需求贡献	最终消费	72.3	73.5	44.8	44.2	44.6	33.9
	资本形成	25.3	31.8	55.5	48.4	45.9	65.7
	净出口	2.4	-4.7	-0.3	7.5	9.5	0.5
需求构成	最终消费	76.5	71.2	63.1	55.2	52.7	45.3
	资本形成	29.3	32.7	38.8	44.6	42.4	50.9
	净出口	-5.9	-3.9	-1.9	0.18	5.0	3.5
产业增长	第一产业	7.7	5.3	9.6	6.4	3.6	4.0
	第二产业	13.9	12.2	27.3	13.1	13.5	16.2
	其中:工业	13.6	14.5	28.1	13.8	14.1	16.1
	第三产业	18.5	10.6	15.4	12.0	10.3	13.6
产业构成	第一产业	36.5	30.6	23.3	19.3	14.2	10.7
	第二产业	37.9	35.9	39.8	42.2	46.7	48.8
	其中:工业	31.4	30.2	33.8	36.2	41.3	42.8
	第三产业	25.5	33.5	36.4	38.5	39.1	40.5

资料来源:根据《福建统计年鉴(2010)》数据计算。

表3	2001～2009年华东南四省三大需求对地区生产总值增长的贡献率变化								单位:%
项目	2001年	2002年	2003年	2004年	2005年	2006年	2007年	2008年	2009年
四省GDP增长	8.7	10.2	11.5	11.8	11.6	14.8	15.2	13.0	12.3
福建省									
最终消费	52.6	50.8	47.0	36.6	36.0	37.2	24.6	36.6	37.0
资本形成	31.3	34.2	47.6	54.1	62.5	61.3	74.9	62.6	64.0
净出口	16.1	15.0	5.4	9.3	1.5	1.5	0.5	0.8	-1.0
GDP增长	10.5	12.4	14.8	14.8	14.1	14.8	14.9	10.4	9.7
广东省									
最终消费	46.2	68.5	63.6	50.5	43.0	29.5	42.3	41.7	58.5
资本形成	48.5	22.8	50.2	37.2	30.2	28.5	22.6	34.5	80.1
净出口	5.3	8.8	-13.8	12.3	26.8	42.0	35.1	23.8	-38.7
GDP增长	10.6	12.6	14.7	14.5	12.4	13.6	14.5	10.1	8.9
浙江省									
最终消费	56.5	43.7	33.0	40.8	53.5	46.1	40.0	26.8	46.4
资本形成	31.5	52.2	70.3	55.8	39.1	36.8	40.0	45.8	46.1
净出口	12.0	4.1	-3.3	3.4	7.4	17.1	20.0	27.4	7.4
GDP增长	10.2	11.7	13.6	14.8	14.5	14.9	14.9	12.3	12.4

续表

项目	2001 年	2002 年	2003 年	2004 年	2005 年	2006 年	2007 年	2008 年	2009 年
江苏省									
最终消费	47.7	57.4	37.2	29.0	39.8	44.1	44.1	38.5	44.1
资本形成	38.6	36.1	74.8	69.3	41.8	40.1	41.7	50.6	73.5
净出口	13.7	6.5	-12.0	1.6	18.3	15.8	14.2	10.9	-17.6

注：贡献率指三大需求增量与地区支出法生产总值增量之比。

资料来源：根据 2010 年各省份统计年鉴、CEIC 数据库计算所得。

一个可预见的结果是，福建省从上到下各级政府都将以更大的热情抓投资，各级政府到处引资，相互竞争对投资者予以更大优惠。在鼓励项目带动、考核投资率的条件下，势必导致各级政府在引资上不计成本，降低投资门槛，为短期增长绩效牺牲长远发展利益，增加对资源、环境的压力。我们发现，在谋划"十二五"时期发展上，不少省份提出跨越式发展、五年翻番的口号，这意味着"十二五"期间的年均增长率要达到 15%。如果各省份的指标都是切实可行的，那就意味着整个中国在未来 5 年要年均增长 15% 以上。如此超常规的增长只能寄希望于投资超常规增长，其结果必然导致已经严重扭曲的国民经济结构进一步恶化，从而使经济的总体增长不可持续。其理由是：

（1）我国近年来的投资率已经为全球最高，从宏观经济角度看，现在急需的是适度降低投资率而非继续提高投资率。

（2）各省竞相扩大投资，大多从供给角度着眼，基本上不考虑需求，固然省级经济只是整个宏观经济的一部分，省级政府无法掌控全国需求，但是不能不考虑：全国如此，因此形成的巨大生产能力如何在国内外找到市场呢？

（3）如此强制地提高投资率，补贴资本，势必使收入分配进一步向资本倾斜，继续扩大社会各阶层收入分配差距，加剧国民收入分配结构不合理，进一步抑制居民消费，加剧社会不同阶层之间的利益矛盾与冲突。

3. 能否尽快消除福建经济快速增长的抑制因素

长期以来制约福建经济快速增长的因素在未来的 5～10 年是否可能被消除？如上所述，长期以来制福建经济快速扩张的主要因素有：中心城市的作用有限，相互之间产业竞争性大于互补性；沿海城市与内陆城市经济发展差距大，经济互补性较弱。这些因素直接导致福建经济在与东部省份竞争人力物力资源时由于总量的差距而处于不利的地位。若"十二五"期间这些问题得不到解决，必将继续抑制福建经济的扩张。

4. 人均 GDP 的增长持续快于人均收入的增长

长期以来我国经济增长对 GDP 的追求导致人均 GDP 的增长持续快于人均收入的增长。然而，经济增长，就根本目的而言，在于为每一个社会成员生存发展条件的改善和提高创造物质条件，服务于每一个社会成员自由全面发展的需要。它在相当程度上是以提高人均收入乃至人均可支配收入水平为前提的。现有的经济发展方式，却并不有利于这一社会发展目标的实现。以厦门为例，2000～2008 年，人均 GDP 始终是人均可支配收入的 2.7 倍左右（见表 4），而且有扩大之势。这样的增长，如何能为社会所接受，为百姓所认同呢？

表 4　　　　　　2000～2008 年厦门人均 GDP 与人均可支配收入的变化

年份	人均 GDP（元）	人均可支配收入（元）	人均 GDP/人均可支配收入
2000	24481	10497.32	2.33
2001	26461	11364.96	2.33
2002	30297	11767.68	2.57
2003	35009	12915.12	2.71
2004	40351	14442.67	2.79
2005	44737	16402.75	2.73
2006	50130	18513.17	2.71
2007	57113	21502.58	2.66
2008	62651	23948.00	2.62

资料来源：根据历年《厦门市统计年鉴》计算得到。

我们的研究表明，我国人均 GDP 增长持续快于人均收入增长的事实，与现阶段我国经济发展方式不能快速从粗放型向集约型根本转变密切相关。而后者是由于长期以来我国要素比价被扭曲导致的。各级地方政府为实现本地经济增长及财政收入最大化而竞争，迫使政府在要素相对稀缺程度发生重大变化的情况下，仍然尽可能地维持所在辖区范围内劳动、土地、自然资源和环境等要素对资本的原有比价关系。要素比价被人为扭曲，是粗放型经济增长方式得以长期维持的主要原因。

二、转变经济发展方式与调整经济结构

粗放型经济发展方式未能随着我国经济发展水平的提高而适时转变，导致

了我国经济结构的严重失衡、经济发展中的诸种矛盾。结构失衡以及诸种矛盾，在2008年的国际金融危机中得到了充分暴露。我国未来的经济发展必须建立在转变经济发展方式的基础上，这似乎已经成为各界共识。但是，转变什么，如何转变，却存在较大分歧。目前，不少政府部门的认识是：转变发展方式就是调整经济结构，调整经济结构的重点就是推进产业结构优化升级。产业结构如何优化升级呢？用发展战略性新兴产业来取代既有的落后产业。显然，如此也就必然依靠扩大投资，项目带动来实现经济发展方式转变。我们认为，如此转变经济发展方式，可谓南辕北辙。

转变经济发展方式是一个老命题。早在20世纪80年代初，中央就提出要转变经济增长方式，从粗放型经济增长转向集约型经济增长。当时所说，主要针对计划经济体制下，各级政府部门片面追求高增长；企业不讲经济效益，生产消耗大，产品"傻大粗黑"；国民经济运行投入大、产出低，投入产出不成比例。但是，转变经济发展（增长）方式提了近30年，问题没有得到根本解决，相反，粗放型经济增长在不同时期却出现了不同的表现形式。近20年来的表现形式是：各级地方政府为追求本地GDP增长最大化和财政收入最大化，不计成本地招商引资，政策措施不断地向资本利益倾斜，有意识地扭曲要素成本比价，压低劳动力、土地、环境、资源价格及国内储蓄利息，补贴投资，导致以劳动密集型产品出口为导向的粗放经济发展方式不能随着经济发展水平的提高、人均GDP的增长而适时转变①，国民收入支出结构因此逐渐形成了"两高一低"（高投资、高净出口、低消费）的失衡状态，久而久之，居民消费不振，经济增长不得不严重依赖投资驱动、出口拉动，如此恶性循环，结构矛盾不断加剧。增长与真实社会发展目标之间的关系日趋淡化，日益演化为为政绩而增长。

因此，可以得出结论：粗放型经济发展方式是计划经济或政府主导型市场经济的必然产物，要根本转变经济发展方式，就必须对政府主导型市场经济实行根本性的改造。

我们认为，转变经济发展方式，从根本上说，是从政府主导型市场经济、为政绩而增长而强制增长转向社会成员主导下为实现每一个社会成员全面自由地发展而增长。要实现这一转变，必须将政府主导型市场经济进一步改造成与国际接轨的市场经济，为了实现这一改造，必须进一步推动我国社会经济体制

———————————

① 应当承认，在改革开放后的一段时期里，或者说，经济起飞的初期阶段，实行以出口劳动密集型产品出口为导向的粗放型经济发展方式是必要而且有利的。

乃至政治体制的改革，实现自1978年党的十一届三中全会以来的第二次工作重心转移。党的十一届三中全会果断地放弃以阶级斗争为纲的路线，提出以经济建设为中心，成功地促进了中国经济的高速增长和政府主导型市场经济的形成，但是，向现代市场经济的转轨并未因此完成，随着高增长逐渐出现、累积的各类矛盾说明，从以阶级斗争为纲向以经济建设为中心转移，仅仅是中国社会经济转轨所需要的第一次工作重心转移。现在，社会经济发展要求我们实现第二次工作重心的转移。政府应当从以经济建设为中心，转向以公共管理与提供公共产品及公共服务为中心，以政府的功能结构转换推动政府行为的转换，推动我国经济从政府主导型市场经济向市场经济的过渡。

从政府主导型经济转向社会成员主导下为实现每一个社会成员全面自由地发展而增长，也就意味着：（1）增长是服务并受制于老百姓生存、发展需要的。老百姓对增长与否、如何增长、增长利益的分配有最终决定权。（2）社会成员分属于不同阶层，彼此存在利益矛盾。社会各阶层、各利益群体之间的力量对比应通过适当的制度性安排达到合意的均衡①，社会各阶层、各利益集团在追求自身利益最大化过程中相互制约，最后实现增长利益的合理分配。（3）政府是中立的，一视同仁地爱民、重民、亲民、安民、富民，而不能为了所谓的经济增长财政增收而有所倾斜地爱商、重商、亲商、安商、富商。（4）政府的行为是受制于全体社会成员的，不能脱离社会成员的要求而盲目追求增长②。

在这种市场经济条件下，社会各阶层、各利益群体为改善自身生存状况的努力，对收入和财富、对合意生活方式的追求，将成为社会经济增长的动力；社会各阶层、各利益群体在经济增长过程中的利益博弈，将导致要素比价随经济增长而逐步调整，经济发展方式也就因之适时调整，技术进步和产业结构调整也因要素比价的变化而获得内在动力，自然而然地渐进进行。转变经济发展方式的根本正在于此。目前，转变经济发展方式所规定的经济结构调整，首先是对国民收入分配、支出、使用上"两高一低"的结构失衡进行调整。

---

① 所谓合意的均衡，指符合社会公众基本价值观的均衡。

② 不妨如此假设：平潭老百姓经过多年探索，找到了自己的生存、致富之路。平潭人在世界范围经营航运，在全国各地承揽隧道工程，通过输出劳务而致富。此时，如果平潭人民希望在家乡保持一片净土，原生态的生活环境，当地政府是否有权因为本地GDP增长率低、财政收入少而违背平潭老百姓的意愿进行开发呢？现在不少地方的开发，出发点基本上是GDP增长与财政增收，但却没有充分考虑这些增长与增收是否带来居民收入的相应增长、居民福利水平的提高。有些地方甚至出现GDP增长、财政增收，但是当地老百姓赖以生存、生产的条件却被破坏，增长脱离了本来应有的社会目标。

但是，如果把转变发展方式简单地理解为调整经济结构，调整经济结构的重点不是调整国民收入支出结构的"两高一低"（高投资、高净出口、低消费）失衡，提高居民收入及消费能力、消费意愿，从而恢复投资、出口、消费对经济增长拉动能力的平衡，而是认为调整经济结构的重点就是推进产业结构优化升级，产业结构的优化升级关键在于发展战略性新兴产业来取代既有的落后产业。那么，势必继续推动已经过高的投资率继续高攀，导致更为严重的结构失衡、社会再生产的实现困难。

必须注意到：正是目前为实现政绩而强制增长的做法，导致了要素比价严重扭曲，使产业结构的优化升级失去了必要的微观基础，企业失去了追求技术进步和产品升级换代的内在动力与外在约束。而现在各级政府十分热衷发展战略性新兴产业，其实是现有政府主导型经济的特有表现形式。目前发展战略性新兴产业，其结果有两种可能：（1）各省都想办法发展中央圈定的那几个战略性新兴产业，彼此竞争，结果导致新一轮的重复建设，新一轮的产业结构同构化。（2）各级地方政府接过发展战略性新兴产业的任务，各自发展选定的战略性新兴产业。大家都强调战略性新兴产业往往都处于产业生命周期成长阶段，通常面临潜在市场空间巨大、现实市场拓展艰难的共性问题，其发展不能完全依赖于市场的自发行为，政府在培育战略性新兴产业中的作用不可替代。政府在市场准入、示范推广、基础设施、政府采购和补贴、市场秩序等方面，加大扶持力度，引导市场消费。结果是战略性新兴产业定义泛化，层层政府干预市场、扭曲市场、取代市场、分割市场。

当然，我们也应当承认，作为省级政府，是否应当参与这场发展战略性新兴产业的博弈，面临着"囚徒的困境"：最优选择是各省都不参与"发展战略性新兴产业"的博弈，次优选择是各省都参与"发展战略性新兴产业"，最劣决策是其他省份参与"发展战略性新兴产业"而福建不参与。在中央政府不出面制止这一博弈的情况下，福建只能选择次优，也参与"发展战略性新兴产业"。

即使在这种情况下，我们认为，福建发展战略性新兴产业，也必须注意以下问题。

第一，发展战略性新兴产业的权限必须上收。明确只有省级政府才能决定什么是战略性新兴产业，市县政府不要另搞一套自己的战略性新兴产业规划，层层确定战略性新兴产业，最后也就没有什么产业会成为战略重点，获得必要的资源倾斜。

第二，战略性新兴产业的个数必须严格限制。国家确定的战略性新兴产业只有7个。举福建全省之力，发展2～3个战略性新兴产业，使之在全国乃至世界市场都有地位，福建经济也就腾飞有望。

第三，形成优势产业往往需要一定时间，一旦形成之后，其多方面资源组合形成的综合竞争优势，使之具有强大的生命力。因此，也就形成了产业发展的路径依赖。战略性新兴产业的选择，不能不考虑特定地区既有的产业优势，新兴产业与传统优势产业之间的互补关系。

第四，产业的形成在相当程度上具有偶然性，因此，看似类似的资源环境条件，但是所形成的产业往往不同。由于知识的限制，政府在相似条件下，其实很难在发展哪些产业上作出正确选择。能够作出正确选择的，往往是身处生产经营第一线的企业家们。因此，政府与其花大气力选择、培育新兴产业，不如用更多的精力在现有发展势头较好的产业萌芽中选择、扶持有前途做大做强的产业。

第五，在战略性新兴产业选择上，省级经济应当更多地考虑产业发展的经济属性。在扶持产业的选择上，政府官员往往倾向于有新闻效应的产业，即能体现一个国家或地区"富国强兵"形象的产业，因此，更多考虑产业的所谓重要性、技术先进性。但是，产业的发展，关键是为当地经济带来收益。世界上一些先进国家，尤其是欧洲一些国家，并不跟风参与所谓的全球高科技竞争，反而是把本国具有比较优势、潜在竞争优势的传统产业做成有全球竞争力的产业，在世界经济中也占有一席之地，如芬兰的木材产业、瑞士的钟表产业、法国的葡萄酒产业等。美国一些州的支柱产业就是农业①。如果说中国作为大国，从政治上考虑，需要在一些关系国家安全的高技术产业进行重点投入，福建作为省级经济，则应当更多地考虑产业发展的经济性。能够给本地带来最大附加值及产业波及效应的产业或产业环节，其实才是最值得扶持的。相反，一些所谓十分重要的产业，产品具有技术先进性的产业，本地限于种种情况，所能承接或发展起来的，仅仅是其中发达国家希望转移出去的非关键加工环节、技术含量其实较低的低附加值加工环节。然而，一些地方政府却以整个产品的重要性和技术先进性而不是根据其在本地的加工环节的重要性、技术先进性、附加值率来认定其是否属于高新技术产业。事实上，我国这些年有不少的所谓"高新技术产业"和"高新技术企业"的技术含量和附加值率都很低。

---

① 当然，在中国的现有条件下，这不是一个可行的选择。

第六，发展战略性新兴产业的同时，应重视予以其他产业以公平竞争的市场环境。日本经济高速增长时期的经验证明，政府大力扶持的产业未必都成长起来（例如，日本的民航客机制造业），但是，政府从未扶持的产业，却出乎意外地蓬勃发展起来了（如日本的摩托车、消费类电子产品等）。因此，建立公平竞争的市场环境，倡导优胜劣汰，从长远看，更有利于社会经济的发展。

三、有选择地发展与发展的空间布局

各地区条件不同，发展空间不一，发展要求有别，因此在发展上要有所选择。福建就区域发展布局而言，各个地区应有所区别。根据不同区域的资源环境承载能力、现有开发密度和发展潜力，确定各区域的主体功能定位，将区域合理划分为优化开发、重点开发、限制开发和禁止开发四类，明确每个区域的开发方向，控制开发强度，规范开发秩序，完善开发政策，逐步形成人口、经济、资源环境相协调的可持续发展的空间开发格局，以尽可能少的资源消耗、尽可能小的环境代价，实现区域经济社会尽可能好的发展。

就总体布局而言，我们认为"延伸两翼、对接两洲、拓展一线、纵深推进、连片发展"的空间布局思路是可行的。要通过合理布局，统筹协调，发挥区域优势，完善整体功能，促进海峡西岸经济区一体化发展。推动山海联动，东西贯通，加强与周边地区、中西部地区交流合作，形成海峡西岸整体辐射效应，推进海峡西岸经济区与长江三角洲、珠江三角洲紧密对接、联动发展。促进闽台经济技术交流与合作，推动闽港、闽澳经济的紧密合作，进一步形成外资密集、内外结合、带动力强的经济区域。依托大型港湾，壮大临港产业集群，推动以港兴城，发展新型港口工业城市；依托日益完善的基础设施，服务周边省份和内陆地区；加快发展区域中心城市，培育重要经济增长极，促进海峡西岸城市群加快崛起。

但应注意以下几点：（1）沿海六市仍将是"十二五"时期福建经济发展的重点，但发展定位应当各有所别；（2）厦漳泉都市圈和闽江口都市圈建设是"十二五"时期福建经济发展和推进城市化的重中之重；（3）在重点建设两个都市圈的基础上，加快沿海与内地山区的联动转移效应，实现沿海与内地的共同繁荣；（4）强调山海联动、沿海与内陆地区共繁荣，但内陆山区作为生态环境的重点保护区域，应当坚持发展与环境保护并重。[①]

要形成人口、经济、资源环境相协调的可持续发展的空间开发格局，就必须避免在工作评价中，对不同地区都进行统一的 GDP 增长率、财政收入、投资率考核。不同地区发展条件不同，发展方向不一，发展实绩不同，用同一标准比较是没有什么意义的。统一的考核，只会造成各地雷同发展，扎堆发展，重复建设，产业同构，不能形成规模经济与范围经济，比较优势和竞争优势弱化。应当针对各地的不同情况，确定不同的发展目标及绩效考核的不同对象。

四、GDP、财政总收入、居民收入增长与民生优先

近十年 GDP、财政总收入和居民收入增长的统计数据表明（见表 5），增长最快的是财政收入，其次是 GDP，最慢的是居民收入。

表 5　　　　2000～2009 年福建省 GDP、财政总收入、居民收入增长态势

年份	GDP（亿元）	增长率（％）	财政总收入（亿元）	增长率（％）	城镇家庭人均可支配收入（元）	增长率（％）	农村家庭人均纯收入（元）	增长率（％）
2000	3764.54	9.3	369.67	18.3	7432	8.3	3230	4.5
2001	4072.85	8.7	428.33	15.9	8313	11.9	3381	4.7
2002	4467.55	10.2	476.20	11.2	9189	10.5	3539	4.7
2003	4983.67	11.5	551.00	15.7	10000	8.8	3734	5.5
2004	5763.35	11.8	622.57	13.0	11175	11.8	4089	9.5
2005	6568.93	11.6	788.11	26.6	12321	10.3	4450	8.8
2006	7584.36	14.8	1012.77	28.5	13753	11.6	4835	8.6
2007	9249.13	15.2	1282.84	26.7	15505	12.7	5467	13.1
2008	10823.11	13.0	1516.51	18.2	17961	15.8	6196	13.3
2009	11950.00	12.0	1694.63	11.7	19577	10.9	6680	7.8
2000～2004	—	10.29	—	14.79	—	10.25	—	5.76
2005～2009	—	13.31	—	22.17	—	12.24	—	10.29

资料来源：《福建统计年鉴（2010）》。

利用 1980～2009 年的福建省 GDP、财政总收入及城镇居民可支配收入数

---

① 参见《海峡西岸发展研究论集（二）》（经济科学出版社 2011 年版，第 51 页）"都市圈之间将成竞争主体"。

据，估算各时期财政收入以及可支配收入的 GDP 弹性系数，结果显示：1980～1999 年、2000～2009 年两个时期城镇居民可支配收入的 GDP 弹性系数基本保持不变，即 GDP 每增长 1% 会使城镇居民可支配收入上升 0.77%～0.78%，弹性系数小于 1；而财政收入的 GDP 弹性则前一个时期的 0.88%，上升至后一个时期的 1.31%，即进入 21 世纪后，GDP 每增长 1%，财政收入将增长 1.31%。

现有财税体制结构如果保持不变，财政收入增长率必然超过经济增长率。因此，"十二五"期间，政府收入占 GDP 的比重仍将逐步上升。20 世纪 90 年代中期以来的另一个趋势是居民收入占 GDP 的比重逐渐下降。这主要是劳动报酬下降导致的。1992～2007 年，全国的国民工资收入占 GDP 的比重从 54.6% 降至 48.6%①。福建省劳动报酬占地区生产总值的比重则下降得更严重，从 1993 年的接近 60% 下降至 40%（见图 1）。

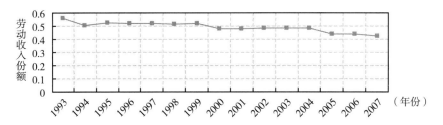

图 1　1993～2007 年福建省劳动报酬占地区生产总值的比重变化趋势
资料来源：根据历年《中国统计年鉴》测算。

一方面是 GDP 持续高增长，另一方面是居民收入增长缓慢。收入增长缓慢在很大程度上决定了居民消费需求难以扩大②，加之住房制度、社会保障制度、教育医疗制度改革上过多地将负担转嫁给居民，居民边际消费倾向急剧下降③，导致了国内消费尤其是居民消费不振。

消费不振是全国性问题，但是，值得引起注意的是：福建的消费率比全国水平更低。2006～2009 年，全国的消费率大致维持在 48%～49%，福建只有 46.2%（见表 2）。2007 年，华东南沿海四省中，福建省消费对经济增长的贡

---

① 厦门大学宏观经济研究中心 CQMM 课题组：《中国宏观经济预测与分析——2010 年春季报告》，厦门大学宏观经济中心报告，2010 年。

② 另一个重要因素是各种原因导致了居民储蓄倾向上升。有关分析参见厦门大学宏观经济研究中心 CQMM 课题组 2010 年 2 月的报告《中国宏观经济预测与分析——2010 年春季报告》。

③ 通过对全国资金流量表的计算分析发现，我国居民的边际消费倾向从 1992～2000 年的 0.712 下降到 2001～2007 年的 0.493。如果让 2007 年保持 1997 年居民可支配收入占 GDP 的比重，2007 年的居民消费会增加 5 万亿元。其中，35% 来自可支配收入的变化，65% 来自边际消费倾向的变化。如果恢复 10 年前的居民收入占 GDP 的比重，居民边际消费倾向，2007 年的居民消费将增加 5 万亿元，国内需求不足问题将因此迎刃而解。

献仅为 24.6%，同期广东 48.1%，江苏 44.2%，浙江 40%。福建显得格外低。进入 21 世纪以来，福建消费对经济增长的贡献率一路急剧下滑，8 年降低了近 30 个百分点（见图 2）。这不能不引起决策当局的重视。

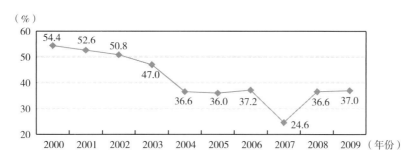

图 2　2000～2009 年福建省最终消费对经济增长的贡献率
资料来源：根据《福建统计年鉴（2010）》数据计算得到。

就省级政府而言，固然没有调控国内需求的能力。但是，作为一方政府，必须关注当地民生改善。福建省委、省政府提出"民生优先"，可谓深得民心。问题在于如何落到实处，真正实现民生优先。

在政府仍然以经济建设为中心，把经济增长与财政收入增长从而投资增长作为政绩考核的重头时，民生优先是较难落实的。经济增长优先，各项经济建设开支都是硬任务，钱再多都是紧的，权衡之后，唯有民生开支是软的，最后往往以"过得去"为标准，何谓"过得好"呢？把经济增长与财政收入增长从而投资增长作为政绩考核的重头，其结果也只能是"先治坡后治窝"。由于社会事业项目建成之后，不仅不能产出 GDP 和财政收入，反而可能还需要财政每年拨付部分维持费用，因此，有关部门对社会事业项目，一般积极性不大，资金常常难以落实，在各类项目中往往进展缓慢；目前百姓对政府尚缺乏有效制约的条件下，民生项目的民生性难以得到保证，政绩偏好、形象工程、旅游考虑往往冲击了真实的民生需要；在城乡居民实际话语权差距甚大情况下，民生投入的城乡差距不容忽视；改善民生，民生项目建设固然重要，但是，因民生项目建成，却增加了民生负担，也是常有之事。当前尤其需要强调的是：改善民生，未必都要表现为项目建设，可以更多地以转移支付的方式直接或间接地增加居民个人收入，改善其社会保障条件，减轻居民在住房、社保、教育医疗方面的后顾之忧，降低居民的边际储蓄倾向。在财政收入增长率不断高于经济增长率、居民个人可支配收入增长慢于经济增长的大背景下，不断扩大每年的财政收入或政府收入增量用于民生事业，尤其是对居民的转移支付的比例，是有效实现民生优先的重要途径，是减缓居民收入占 GDP 比重不断下降、调整国民收入支出结构严重失衡、扩大国内消费的重要抓手，也是衡量各级政府实行民生优先的重要指标之一。

参考文献

［1］李文溥、陈贵富：《工资水平、劳动力供求结构与产业发展型式》，载《厦门大学学报（哲社版）》2010年第5期。

［2］李文溥、龚丽珍、林致远：《加工贸易型工业化、低效城市化与消费不足》，厦门大学宏观经济研究中心工作论文，2009年。

［3］李文溥、王燕武、郑建清、李晓静：《福建省经济社会发展阶段特征研究》，厦门大学宏观经济研究中心工作论文，2010年。

［4］厦门大学宏观经济研究中心CQMM课题组：《中国宏观经济预测与分析——2010年春季报告》，厦门大学宏观经济中心报告，2010年。

［5］余长林、李文溥：《福建省劳动密集型产业转型升级与对外经济发展方式转变研究》，厦门大学宏观经济研究中心工作论文，2009年。

从"十五"看"十一五"海峡西岸经济发展[*]

一、经济增长速度

（一）关于经济增长速度

"十五"时期福建经济发展的一个重要成绩是摆脱了"九五"时期因东南亚金融风波而导致的增长速度下滑趋势，经济运行逐渐步入上行轨道。按照可比价格计算，如图1所示，福建经济增长率在1993年达到最高为25.2%，之后一直下滑至2001年的9%。2002～2004年增长率逐步从10.5%回升到11.6%再到12.1%。

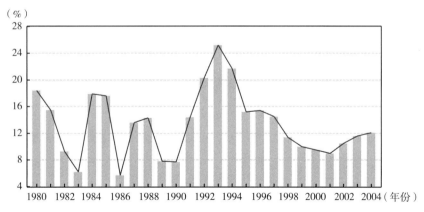

图1 1980～2004年福建GDP增长率

资料来源：中经网数据库。

---

　* 本文是2005年10月提交中共福建省委、省政府的政策咨询报告，后发表于《东南学术》2006年增刊，共同作者：龚敏、卢盛荣、胡颖、范卫萍、杨雪娜、韩硕果、洪木妹。

比较不同时期福建经济增长的情况，如表 1 所示，2000～2004 年全省地区生产总值年均递增 10.53%，[①] 其中"十五"时期前四年（2001～2004 年）年均增长 10.79%，超过了有关部门在制定"十五"计划时提出的 9% 的经济增长预期。与全国相比，2000～2004 年福建经济增长速度仍然高出全国平均水平近 2 个百分点，但距离在缩小。1990～2004 年福建的平均增长速度超出全国的幅度是 4.5 个百分点，1996～2004 年超出 3.09 个百分点，2000～2004 年仅超出 1.96 个百分点；横向比较，以 1990～2004 年的平均水平算，福建与广东是闽、粤、苏、浙东南四省中增长速度最高的，但是仅算 1996～2004 年，就降为四省中的第三位，不过差距还不大，近五年福建的平均增长速度落后广东、浙江以及江苏近 2 个百分点。也就是说，福建经济增长速度正在出现衰减趋势，领先全国平均水平的差距在缩小，落后东南沿海先进省份的速度差距在扩大。

表 1　　　　　　　不同时期福建与全国及其他地区经济增长率比较　　　　　单位：%

地区	1980～2004 年	1990～2004 年	1996～2004 年	2000～2004 年
全国	9.5	9.3	8.45	8.57
福建	13.29	13.8	11.54	10.53
广东	13.6	13.8	11.24	12.44
浙江	13.11	13.64	11.83	12.53
江苏	12.43	13.02	11.79	12.17

资料来源：根据中经网数据库数据计算。

中共福建省委在《关于制定福建省国民经济和社会发展第十一个五年规划的建议》中建议"十一五"期间，福建省"年均经济增长速度比全国平均水平高 1～2 个百分点"，福建省发展和改革委员会在《福建省国民经济和社会发展第十一个五年及 2020 年远景目标总体规划基本思路》中将"十一五"时期福建省地区生产总值的年均增长率确定为 9%。对于这一预期增长速度的实现可能，我们通过对比以下几种方法的预测值来进行判断。

一是比较该目标值与平均增长率水平，如上所述，2000～2004 年全省地区生产总值年均递增 10.53%，"十五"时期前四年的平均增长率也达到了 10.79%，从 2005 年的增长态势看，"十五"期间福建经济的实际平均增长率将接近 11%，因此，"十一五"时期的增长目标值低于近期福建平均增长率水平。

二是比较"十五"期间计划目标值与实现值。"十五"期间全国的规划经

---

　　① 按照 $Y_t = Y_0 (1 + g)^t$ 计算不同时期的平均增长率。

济平均增长率为 7%~8%，福建省的规划经济增长率为 9%。经济运行的实际结果是，全国实际增长接近 9%（为 8.7%）（见图 2），福建省实际增长接近 11%（为 10.79%）。根据"十五"时期全国与福建省经济增长的预期及实际增长数据之间的关系，我们可以得出这样的判断：将福建省的经济增长率的规划数确定为高于全国平均增长率规划数 1~2 个百分点，从制定规划角度看，有其合理性。

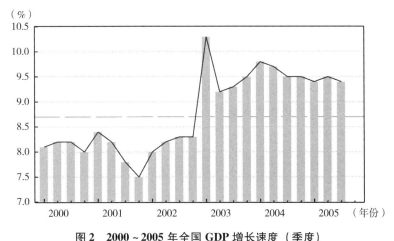

图 2 2000~2005 年全国 GDP 增长速度（季度）

资料来源：中经网数据库。

三是使用能够测定增长转型概率的马尔可夫转换模型（Markov-switching model）进行增长率估计与预测[①]。计算得到福建经济在高平均增长、中平均增长和低平均增长三个不同状态之间转换的概率分别为 $P_{11} = 0.420719$，$P_{22} = 0.950102$，$P_{33} = 0.13$。根据这一转换概率，模型预测"十一五"期间福建省经济增长的平均速度将保持在 11% 左右，在 2007 年底有一个小波动。这一预测值高于"十一五"规划的目标值。

因此，我们得出以下两点看法：

（1）"十一五"期间，福建经济的实际增长率有可能超过规划增长率。规划确定"十一五"期间福建省 GDP 平均增长 9% 是留有余地的，从规划应适当留有余地的原则出发，这个增长目标值与全国经济增长目标的关系是基本协调的。但是，可以预计，如不发生意外，无论全国还是福建省的经济增长实绩都将超过目前的规划增长率。实际增长率超过规划增长率或者说制定规划留有余地是我国历次五年规划的常态。

（2）福建经济增长速度出现衰减趋势应当引起足够重视，采取切实有力的

---

① 模型及计算过程详见附录 1。

措施，争取福建经济"十一五"期间实现较快增长。福建经济增长速度领先全国平均水平的差距在缩小，落后东南沿海先进省份的速度差距在扩大的原因，值得实际经济工作部门密切关注和经济学界认真研究。从福建经济本身的发展需要看，我们应当积极争取福建经济的较快增长，只有这样才能使它继续保持自改革开放以来的良好发展势头。

（二）增长效率

从供给角度看，在既定资源约束条件下，一定时期的经济增长率取决于资源利用效率。反之，如果要素存量为既定，充分利用要素存量从而提高要素生产率的根本方法是提高经济增长率。在现实经济生活中，要素存量从来不是既定的，同一时期内，总有部分旧的生产要素要报废，同时，更多的新的生产要素要投入使用。从图3可以看出，20世纪90年代以来，福建的投资增长率在多数时期远大于GDP增长率。

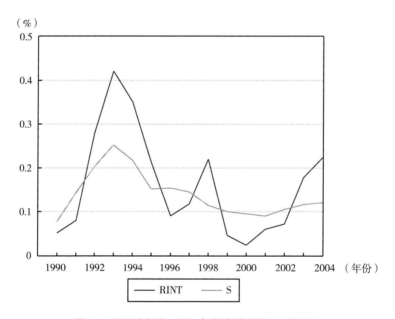

图3 GDP增长率（S）与投资增长率（RINT）

这使得我们有必要对全要素生产率的增长率作进一步实证分析，检验全要素生产率的增长率动态。利用新古典经济增长方程，我们测算了福建1989～2004年的全要素生产率的变动情况（见图4）[①]。

———————————

　　① 模型及计算过程详见附录2。

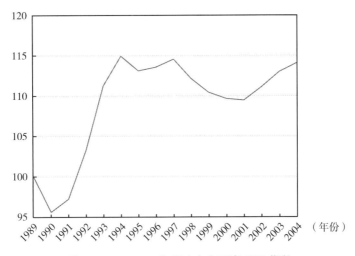

图4 1989～2004年福建省全要素 TFP 指数

从图4可以看出，自1997年之后，福建的全要素生产率指数呈下降趋势，一直到2001年，才出现回升趋势。比较图1，可以发现，福建的全要素生产率指数走势在时间与方向上与 GDP 的走势是基本一致的，即经济增长率与同期的全要素生产率密切相关：经济衰退，要素利用率不足，以全部要素存量计算的全要素生产率指数自然呈递减趋势；反之，经济高涨，要素利用率高，全要素生产率指数上升。在要素存量既定情况下，只要既存的生产要素尚未得到充分利用，要素生产率的高低，在相当程度上就取决于经济增长速度，这是经济学的基本常识，这也是我们主张在生产能力许可范围内应当争取较快的经济增长速度的经济学依据。但是，从图4与图5中，我们可以很直观地看到，尽管2001年后福建的全要素生产率还在缓慢增长，但全要素生产率的增长率在

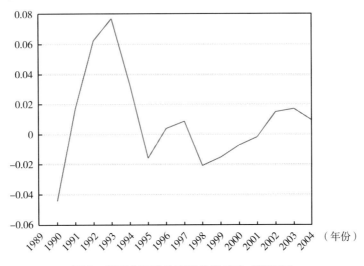

图5 福建全要素生产率的增长率（RTFP）

2002 年底以后出现了递减趋势。关于这一点的解释，我们从图 3 中的投资增长率与 GDP 增长率这两条曲线的不同斜率中可以得到基本解释：投资的增长率大大超过了 GDP 的增长率。以同期要素存量与 GDP 计算的全要素生产率增长率自然也就出现了递减趋势。

二、产业结构变动与结构效益

经济增长的一个必然结果是产业结构变动。

（一）三次产业结构变动分析

图 6、图 7 和表 2 展示了"十五"期间福建省产业结构变动趋势，三次产业结构由 2000 年的 16.3：43.7：40 转变为 2004 年的 12.9：48.7：38.4，第一产业比重持续下降，年均下降速度为 0.87%；第二产业上升了 5 个百分点，年均上升速度为 1.27%；第三产业的增长速度低于 GDP 的增长速度，第三产业增加值占 GDP 比重出现下降。

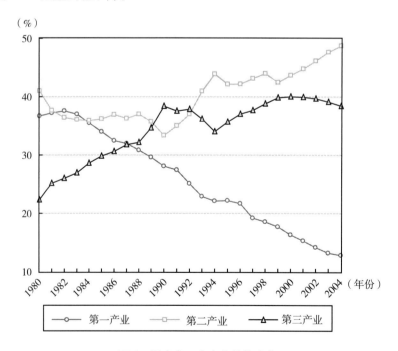

图 6　福建省三次产业结构变化

资料来源：中经网数据库。

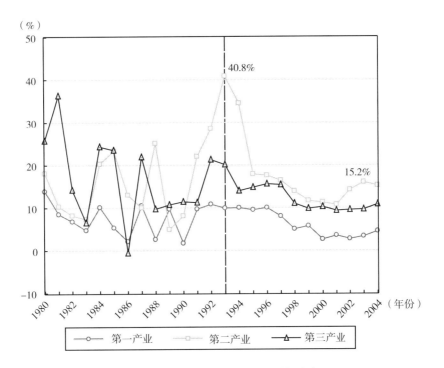

图7　福建省三次产业增加值增长速度

资料来源：中经网数据库。

表2　　　　　　　　　　　　福建省三次产业结构和就业结构　　　　　　　　　单位：%

年份	三次产业增加值结构			三次产业就业结构		
	第一产业	第二产业	第三产业	第一产业	第二产业	第三产业
1985	34	36.2	29.8	—	—	—
1990	28.1	33.4	38.4	58.4	20.5	21.1
1995	22.2	42.1	35.7	50.4	23.7	25.9
2000	16.3	43.7	40.0	46.9	24.5	28.6
2001	15.3	44.8	39.9	45.8	25.1	29.1
2002	14.2	46.1	39.7	44.7	26.1	29.2
2003	13.2	47.6	39.1	42.5	27.8	29.7
2004	12.9	48.7	38.4	40.3	29.4	30.3

资料来源：中经网数据库。

　　改革开放以来，福建的工业化进程是比较快的，工业化步伐加快是第二产业增加值快速上升的直接原因。20年来，第二产业占GDP的比重提高了12.5个百分点。比较福建与全国以及江苏、浙江、广东等东南沿海发达省份第二产业增加值占GDP的比重（见图8），福建省的第二产业占GDP的比重不仅是江苏、浙江、广东等东南沿海先进省份中最低的，而且长期以来低于全国的平均水平。

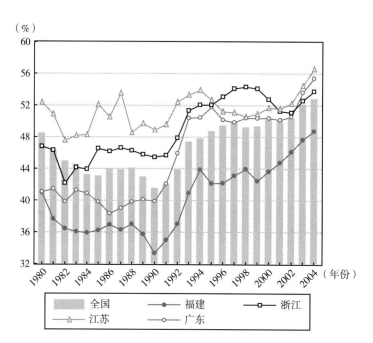

图8 全国、福建、浙江、江苏、广东第二产业增加值占 GDP 的比重
资料来源：中经网数据库。

再比较第二产业的增长速度（见图9），福建与其他东南沿海省份一样，第二产业的增长速度均高于全国平均水平。但 2000 年以后福建第二产业的增长速度是江苏、浙江、广东等东南沿海先进省份中最低的。

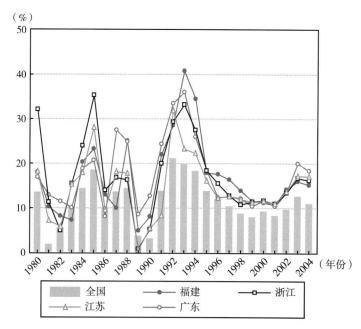

图9 全国、福建、浙江、江苏、广东第二产业增长速度
资料来源：中经网数据库。

比较工业增加值占 GDP 的比重。福建工业增加值占 GDP 的比重长期以来不仅低于全国平均水平，也是江苏、浙江、广东等东南沿海省份中最低的（见图 10）。

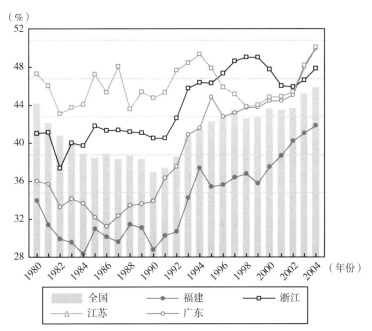

图 10　全国、福建、浙江、江苏、广东工业增加值占 GDP 的比重
资料来源：中经网数据库。

总体来说，虽然福建经济的结构变动速度快于全国平均水平，但是，与江苏、浙江、广东等东南沿海先进省份相比，福建的工业化进程不是最快的，目前为止，工业化水平在东南沿海四省中仍然是最低的，这里有原有工业基础薄弱的原因，1985 年，福建工业增加值仅占 GDP 的 31%，而同期江苏、浙江和广东的相应数据分别为 47.2%、41.8% 和 32.2%。当时福建与广东产业结构比较相似，[①] 但是，20 年后，广东已经赶上了江苏和浙江，福建则仍然有较大差距（见表 3 和表 4）。

表 3　　　　　　　　　　　**产业结构的省际间比较（2004 年）**　　　　　　　　单位：%

省份	第一产业	第二产业	第三产业
福建	12.9	48.7	38.4
江苏	8.5	56.6	34.9
浙江	7.3	53.8	39.0
广东	7.8	55.4	36.8

资料来源：中经网数据库。

①　1985 年福建的三次产业比例为 34∶36.2∶29.8；广东的三次产业比例为 29.8∶39.8∶30.4。

表4					福建与广东、浙江、江苏和全国工业化率比较					单位：%
年份	福建		全国		广东		江苏		浙江	
	工业化率	非农化率	工业化率	非农化率	工业化率	非农化率	工业化率	非农化率	工业化率	非农化率
2000	37.50	53.13	43.64	50.00	44.45	58.86	44.84	57.77	47.77	62.20
2001	38.68	54.17	43.54	50.00	44.45	60.02	44.90	58.65	46.03	64.26
2002	40.21	55.31	43.71	50.00	45.06	60.38	45.40	60.82	45.92	67.03
2003	41.03	57.55	45.23	50.90	47.95	62.14	48.19	65.38	46.63	70.37
2004	41.84	59.70	45.89	53.10	49.95	64.29	50.08	69.00	47.86	73.11

注：工业化率＝工业增加值/GDP；非农化率＝二、三产业从业人员/总从业人员。

资料来源：中经网数据库。

尤其需要指出的是，截至2005年10月，福建的工业化水平仍然低于全国平均水平，2004年全国三次产业的比重是15.2∶52.9∶31.9，而且开始出现了二次产业增长速度有所减缓的趋势（见图7）。同年，福建第二产业比重仍低于全国平均水平4.2个百分点，在增长态势上，没有出现相同的趋势。"十五"期间，福建第二产业占GDP的比重仍以每年1个百分点的速度上升，超过了近20年的平均速度，与此同时，尽管第三产业也在增长，但是其在GDP中的比重，"十五"期间不仅没有上升，相反却略微下降了，这个趋势与全国是基本相同的。这说明，福建至今仍然处在加速工业化时期。"十一五"期间，即使继续维持现有的第二产业占GDP的比重每年上升1个百分点的速度，到"十一五"期末，福建的二次产业占GDP的比重，也不过相当于目前浙江的水平，仍然低于江苏和广东。

工业化过程有一定的规律性，因此，先进地区的发展历程可以成为后发地区发展的借鉴。可以预计，"十一五"期间，仍然是福建加速工业化时期，二次产业的比重继续以较快速度上升，第三产业的比重继续下降,[①] 是可以预计的发展趋势。以此论之，有关部门提出的"十一五"期间将福建三次产业结构调整为7∶50∶43的目标，愿望良好，但是难以实现。

（二）工业结构与结构效益

在加速工业化的过程中，形成具有福建特色，与其他地区优势互补的产业

---

① 从表3可以看出，江苏、浙江、广东三个比福建经济发达的省份，只有浙江省第三产业比重与福建大致相当，其他两省的第三产业比重都低于福建。因此，在工业化进程中，第三产业的比重有所下降是必然的趋势，只有等到工业化发展到较为成熟的阶段，第二产业的增长速度才会逐渐放缓，第三产业的比重逐步回升。福建目前尚未到达这一阶段。

结构，将有利于促进资源的优化利用，提高福建经济的国内国际竞争力。

1. 行业规模及效益

我们用主成分分析法、聚类分析法和因子分析法等现代统计方法对福建省各工业行业的经济效益进行了分析。在工业内部 37 类行业中，我们选择了福建省 20 个主要行业进行分析，按可比性、实用性和综合性的原则，选取以下 7 个指标来进行评价：工业总产值、销售总收入、利税总额、固定资产合计、资本金合计、年平均职工人数、能源消耗。计算结果（按第一主成分排序）如表 5 所示。

表5　　　　　　　　工业内各行业规模及效益（2003 年）

排序	行业	第一主成分	第二主成分
1	电气机械及器材设备	3.174661	−2.038
2	非金属矿物制品业	1.383202	2.360216
3	化学原料及化学制品制造业	1.038666	2.153049
4	皮革、毛皮及羽绒及其制品	0.42904	−0.50035
5	纺织、服装、鞋帽制造业	0.3284	−0.70557
6	交通运输设备制造业	0.283687	−0.67551
7	黑色金属冶炼及压延加工业	0.172724	1.167156
8	通信设备、计算机极其他电子设备	0.065185	−0.43178
9	造纸及纸制品业	0.003949	0.850384
10	塑料制品业	−0.00612	−0.201
11	农副食品加工业	−0.21611	−0.24418
12	烟草制品业	−0.43266	−0.70402
13	化学纤维制造业	−0.50297	0.168774
14	食品制造业	−0.54592	0.235478
15	专用设备制造业	−0.59467	−0.44025
16	有色金属冶炼及压延加工业	−0.62409	0.045881
17	医药制造业	−0.86565	−0.23504
18	木材加工及木、草、竹加工业	−0.87466	−0.16556
19	家具制造业	−0.99946	−0.34449
20	黑色金属矿采选业	−1.2172	−0.29518

资料来源：根据《福建统计年鉴（2004）》数据计算。

上述排名是按照第一主成分来排的，其中第一主成分表示行业规模，其数值越大表明该行业规模越大；而第二主成分表示行业效益，其数值越大表明该行业效益越差，其数值越小则表明行业效益越好。依此分析，可以看出：福建省目前行业规模大而且行业效益较好的行业为电气机械及器材设备制造业行业，其次是纺织、服装、鞋帽制造业，交通运输设备制造业和皮革、毛皮及羽绒及其制品，非金属矿物制品业和化学原料及化学制品制造业虽然规模较大，但是行业效益较差。

2. 贸易结构与产业的国际竞争力变化

作为一个外贸依存度很高的省份，产业的国际竞争力是另一个值得关注的问题。国际贸易理论表明，一国贸易结构反映了其要素禀赋的比较优势。按照国际贸易商品分类（SITC）1位数分类，我们计算了1996～2003年福建十大类商品的贸易竞争指数，即净贸易比（该比值越趋近于1，表明其相对比较优势越大），根据其演变态势，分析"十五"时期以来，福建不同产业国际竞争力的变化（见表6和图11）。

表6　　　　　　　　　**1996～2003年福建商品贸易竞争指数**

产业	1996年	1997年	1998年	1999年	2000年	2001年	2002年	2003年
食品及活动物	0.71	0.59	0.68	0.62	0.66	0.68	0.64	0.66
饮料及烟类	−0.02	0.17	0.60	0.52	0.60	0.58	0.76	0.79
非食用原料	−0.55	−0.49	−0.62	−0.71	−0.74	−0.79	−0.79	−0.84
矿物燃料及润滑油	−0.43	−0.44	−0.50	−0.79	−0.82	−0.87	−0.85	−0.95
动物油、脂、蜡	−0.29	−0.29	−0.41	−0.89	−0.96	−0.96	−0.99	−0.99
化学成品及有关品	−0.41	−0.37	−0.39	−0.48	−0.56	−0.52	−0.55	−0.63
按原料分类制成品	−0.19	−0.08	−0.07	−0.03	0.03	0.04	0.06	0.07
机械及运输设备	−0.24	−0.09	−0.13	−0.10	−0.04	−0.02	0.04	0.09
杂项制品	0.81	0.84	0.86	0.83	0.85	0.82	0.75	0.69
未分类产品	−0.75	−0.92	−0.90	−0.96	−0.99	−0.87	−0.93	−0.92

资料来源：根据历年《福建统计年鉴》《福建经济与社会发展年鉴》有关数据计算。

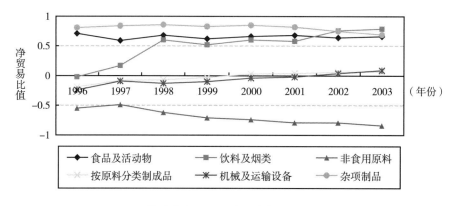

图11　福建省主要贸易商品竞争指数变化趋势

资料来源：根据历年《福建统计年鉴》《福建经济与社会发展年鉴》有关数据计算。

（1）2003 年，福建具有很强竞争力（净贸易比值＞0.5）的出口贸易商品有三类：饮料及烟类、杂项制品、食品及活动物。1996～2001 年出口竞争力最强的贸易品一直都是杂项制品（SITC8），其中主要是轻工纺织服装产品具有很强的竞争力。但自 2001 年开始，此大类商品的贸易竞争力以较快速度下降，2003 年下降为 0.69。

（2）食品及活动物（SITC0）类商品、饮料及烟类商品（SITC1）的竞争力也很强，前者贸易竞争力发展平稳，8 年间变动不大，而后者则是从 1996 年开始迅速上升，到 1998 年后进入稳定期，平稳上升。

（3）1996～2003 年，机械及运输设备类商品的贸易竞争力明显上升，是福建出口贸易商品竞争力较强的商品（0＜净贸易比值≤0.5），虽然贸易竞争力仍然比较弱，2003 年此大类商品的贸易竞争指数仅为 0.09，但其上升的态势却是明显的。更重要的是，在机械产业内部各行业的竞争力差异很大，具体分析，推动机械及运输设备产品竞争力上升的主要是办公用机械及自动数据处理设备、电信及声音的录制及重放装置设备和运输设备。与机械及运输设备类商品发展态势相同的是按原料分类的制成品（SITC6），具体来看，橡胶制品、木制品、非金属矿物制品和金属制品具有很强的竞争力（见表7）。由于国际贸易商品分类（SITC）1 位数分类将所有贸易商品分为十大类，这种分类不能细致描述产业内部各行业的国际竞争力，对此我们进行更详细的分析，依据国际贸易商品标准分类（SITC2）2 位数分类对福建出口商品竞争力进行分析，结果如表 7 所示。

表7　　　　　　　　　福建贸易竞争力很强的商品类别

国际贸易商品标准分类	贸易竞争指数	
	1999 年	2003 年
活动物	－ 0.01	0.76
肉及肉制品	0.91	0.60
鱼、甲壳及软体类动物及其制品	0.75	0.93
蔬菜及水果	0.98	0.96
糖、糖制品及蜂蜜	0.60	0.84
咖啡、茶、可可、调味料及其制品	0.98	0.93
饮料	0.63	0.63
烟草及其制品	0.84	0.84
无机化学品	0.66	0.58
医药品	0.21	0.64
精油、香料及盥洗、光洁制品	0.44	0.69

国际贸易商品标准分类	贸易竞争指数	
	1999 年	2003 年
软木及木制品（家具除外）	0.82	0.86
非金属矿物制品	0.68	0.65
金属制品	0.34	0.54
办公用机械及自动数据处理设备	0.49	0.54
活动房屋、生水道供热及照明装置	0.80	0.90
家具及其零件	0.94	0.98
旅行用品、手提包及类似品	0.96	0.99
服装及衣着附件	0.97	0.98
鞋靴	0.92	0.94
摄影器材、光学物品及钟表	0.57	0.57

资料来源：根据历年《福建统计年鉴》有关数据计算。

考察行业的国际竞争力，除了考虑其贸易竞争指数外，还要考虑行业规模，因此我们把出口亿元以上而且贸易竞争力强的商品归纳如表 8 所示。

表 8　　　　　福建出口亿元以上、贸易竞争力很强的商品（2003 年）

商品	出口（亿美元）	进口（亿美元）	贸易竞争指数
办公用机械及自动数据处理设备	36.91	10.88	0.54
服装及衣着附件	23.79	0.21	0.98
鞋靴	23.20	0.66	0.94
杂项制品	22.05	1.75	0.85
非金属矿物制品	11.99	2.53	0.65
摄影器材、光学物品及钟表	6.76	1.84	0.60
家具及其零件	6.09	0.08	0.98
鱼、甲壳及软体类动物	5.31	0.19	0.93
蔬菜及水果	5.23	0.12	0.96
金属制品	5.22	1.56	0.54
旅行用品、手提包及类似品	4.48	0.02	0.97
软木及木制品	2.86	0.22	0.86

资料来源：根据历年《福建统计年鉴》有关数据计算。

我们发现，上述这些商品（行业）中两类属于机械及运输设备，五类属于杂项制品，三类属于按原料分类的制成品，两类属于食品及活动物。与"九五"期末相比，机械制造行业的出口规模迅速扩大，行业的国际竞争力明显增强。但是，同时应当看到，办公用机械及自动数据处理设备出口 36.91 亿美元，而同期进口额也高达 10.88 亿美元，表明福建机械类产品生产仍然依靠大量进口国外零配件。

福建具有一定国际竞争力的行业主要集中在机械及运输设备方面，这些行业的潜力很大，有待于进一步发展（见表9）。

表9 福建具有一定国际竞争力的行业

国际贸易商品标准分类	贸易竞争指数		
	1999 年	2002 年	2003 年
橡胶制品	0.16	0.53	0.42
动力机械及设备	−0.62	−0.43	0.09
通用工业机械设备及零件	−0.33	−0.17	0.03
电信及声音的录制及重放装置设备	0.31	0.22	0.19
陆路车辆（包括气垫式）	0.47	0.32	0.05
其他运输设备	0.20	0.33	−0.08

资料来源：根据历年《福建统计年鉴》有关数据计算。

福建国际竞争力比较弱、很弱的工业行业中，六类属于化学成品及相关产品，五类属于按原料分类的制成品，五类属于机械及运输设备（见表10）。

表10 福建国际竞争力比较弱、很弱的工业行业

国际贸易标准分类	贸易竞争指数		
	1999 年	2002 年	2003 年
有机化学品	−0.52	−0.60	−0.77
染料、鞣料及着色料	−0.77	−0.90	−0.93
制成废料	−0.95	−0.79	−0.84
初级形状的塑料	−0.96	−0.96	−0.96
非初级形状的塑料	−0.63	−0.63	−0.65
其他化学原料及产品	−0.29	−0.35	−0.39
皮革、皮革制品及已鞣毛皮	−0.84	−0.77	−0.71
纸及纸板；纸浆、纸及纸板制品	−0.49	0.34	−0.13
纺纱、织物、制成品及有关产品	−0.24	−0.19	−0.09
钢铁	−0.79	−0.82	−0.87
有色金属	−0.70	−0.62	−0.61
特种工业专用机械	−0.88	−0.90	−0.83
金工机械	−0.86	−0.81	−0.78
电力机械、器具及其电气零件	−0.24	−0.22	−0.22
其他运输设备	0.20	0.33	−0.08
专业、科学及控制用仪器和装置	0.14	−0.72	−0.80

资料来源：根据历年《福建统计年鉴》有关数据计算。

通过对福建省工业内部各行业的效益与竞争力的分析，可以对福建省的工业发展水平作出这样的评价：工业基础仍然比较薄弱，较有竞争力的产业，基本上以劳动密集型为主，资本装备程度比较低。非金属矿物制品业和化学原料及化学制品制造业虽然形成一定规模，但是效率水平偏低。

改革开放以来发展起来的以杂项制品为代表的低技能劳动密集型产业仍然是福建目前最有国际竞争力的产业，但是竞争力正在逐步下降，"十一五"期间，这一趋势仍在发展之中。应通过技术进步，发展自主品牌，利用国内市场形成自主品牌，尽可能地延长这些产业的生命周期，发挥其对福建经济增长的作用。①

以办公用机械及自动数据处理设备为代表的轻型机械类产品的竞争力正在上升，"十一五"期间有可能成为替代以杂项制品为代表的低技能劳动密集型产业成为福建最有国际竞争力的产业，随着优势产业的替代，优势产业的地区分布将发生转移，优势工业将进一步向沿海中心城市集聚。

动力机械及设备、通用工业机械设备及零件应当成为着力扶持的潜在竞争优势产业。

三、城市化与海峡西岸经济区建设

城市化是工业化的必然结果。1978 年福建的人口城市化率仅为 13.7%，低于全国平均水平（17.92%）4.22 个百分点；2000 年上升至 41.57%，超过全国平均水平（36.22%）5.35 个百分点（见表 11）。"十五"期间，福建的人口城市化水平继续稳步提高，2004 年达到 46%，仍然高于全国平均水平（41.76%）4.24 个百分点。但是与世界上收入相近国家相比，福建的城市化水平还是略微偏低的（见表 12）。

---

① 贴牌（OEM）生产是目前我国出口企业的通行做法，据对第 98 届广交会江苏交易团的调查显示，该省参加交易会的 41 家企业，53% 的企业以贴牌为主，36% 的企业以自主品牌为主，其余 11% 的企业二者并举。从江苏全省范围来看，以自主品牌出口的比例低于 10%。被调查企业认为，有三大因素妨碍企业出口品牌的发展：（1）国际营销费用过高（国际广告费用高；营运费用高；国际展览费用高）；（2）国内企业竞争激烈，无序竞争、假冒侵权、低价竞销使自创品牌成为无利；（3）国际买方不接受中方品牌（参见《出口企业亟须"品牌营销"》，载《经济日报》2005 年 11 月 1 日第 9 版）。

表 11　　　　福建与广东、浙江、江苏和全国城市化水平比较（2000 年）

指标	福建	广东	浙江	江苏	全国
城市化率（%）	41.57	55	48.67	41.49	36.09
人均 GDP（元）	11601	12885	13461	11773	7086
工业化率（%）	37.5	44.45	47.77	44.84	43.64
非农化率（%）	53	59	62	58	50

注：城市化率 = 城镇人口/总人口，以 2000 年"五普"的统计数据为准；工业化率 = 工业增加值/GDP，反映工业化水平；非农化率 = 二、三产业就业劳动力/总劳动力。

表 12　　　　　　世界不同收入国家城市化率比较（2003 年）

指标	人均 GDP（美元）	城市化率（%）	工业化率（%）	第三产业占 GDP 比重（%）
世界	5510	49	28	68
高收入国家	28600	80	27	71
中等收入国家	1930	53	36	54
中上收入国家	15440	75	35	59
中下收入国家	1490	50	37	52
低收入国家	440	30	27	49
全国	1102	40.53	45.23	33.38
福建	1814	45.1	41.03	39.11

注：①世界银行对人均 GDP 的划分标准：高收入国家为 9386 美元或以上；中等收入国家中，中上收入国家为 3036～9385 美元，中下收入国家为 766～3035 美元；低收入国家为 765 美元或以下。世界银行把中国划入中下收入国家，按此标准，福建人均 GDP 也属于中下收入范围。

②国际标准数据来源于世界银行数据库（2005 World Development Indicators）。

③中国数据根据中经网数据库计算；福建数据根据《福建统计年鉴（2004）》计算，城市化率来源于《2004 年福建省国民经济和社会发展统计公报》。

衡量城市化水平的另一个指标是非农业人口与人口城市化的比率。我们用 FC 表示非农化率/城市化率，根据世界范围的城市化的发展过程及经验，当城市化与非农化的发展比较适应，二者关系呈耦合联动协调发展状态时，FC 值大致为 1.2，若 FC 明显小于 1.2，说明城镇不仅集中了从事非农产业的人口，而且也集中了相当数量的农业人口，这反映城市化发展超前，FC 值越小，城市化超前程度越明显；若 FC 值明显大于 1.2，则反映了大量从事非农产业的劳动力还散居在农村地区，说明城市化滞后发展，FC 值越大，城市化滞后程度越明显。计算结果：2000 年福建、全国、广东、江苏、浙江的 FC 值分别为 1.28、1.38、1.07、1.40 和 1.27。2004 年，福建的 FC 值 1.30，江苏为 1.44，全国为 1.26，[①] 可见，福建由于部分工业没有集中布局在城市地区，有大量从

————————

　　①　全国的 FC 值为按 2003 年数据计算。

事非农产业的劳动力仍然分散在农村地区，福建的城市化水平是相对滞后的（FC 大于 1.2），而且在"十五"期间，城市化水平滞后于工业化的趋势还在扩大之中。

与城市化水平偏低相联系的是福建缺乏大型中心城市作为海峡西岸经济区的战略支撑点。

目前，长江三角洲与珠江三角洲地区经济的快速增长已在沿海形成中国地区经济增长的"波峰"；福建地处这两个三角洲之间，其相对落后的社会经济发展水平在华东南沿海地区形成一个经济增长的"波谷"。这种"东南凹陷"的局面正在使华东南沿海地区断裂为长江三角洲与珠江三角洲两个相对独立、各自发展的经济区。因此，加快福建经济的发展，缩小其与广东、浙江、江苏等省份社会经济发展水平的差距，将有利于把长江三角洲、珠江三角洲以及福建在区域经济上连成一体，形成我国最大、最发达同时也是最具活力的经济区——华东南沿海经济繁荣带。这个新经济区的形成，对拉动江西、安徽、湖南、湖北、广西等内陆省份的经济发展，以及扩大大陆与台湾的经济联系、促进祖国和平统一大业，都具有极为重要的战略意义。正是基于这一考虑，中共福建省委、福建省政府提出了建设海峡西岸经济区的战略构想。这不仅可以加快福建经济增长并缩小福建与两个三角区的发展差距，而且还在空间上修补华东南沿海地区因福建经济相对落后而出现的区域经济布局上的断裂或凹陷，从而使之成为空间上连续的真正意义上的华东南沿海经济繁荣带。

众所周知，在现代经济条件下，一个地区经济的崛起，取决于该地区工业以及城市经济的发展；而城市经济发展到高级阶段的产物则表现为城市群[①]的出现。在世界经济的发达地区，可以看到各种不同规模的城市群。在国内，长江三角洲、珠江三角洲（包括港、澳）和京津唐地区，逐步通过区域内城市功能的整合，正在形成城市系统。正是这些充满活力的城市群，带动着这些地区经济的高速增长，使它们集聚了全国大部分的经济总量，并成为中国经济增长的核心地区。

由于历史的原因，福建城市经济的发展始终落后于长江三角洲、珠江三角洲和京津唐地区。在福建，不仅尚未形成真正意义上的城市群，而且既有的单体城市规模也相对落后于长江三角洲、珠江三角洲和京津唐地区（见表13）。福州、厦门和泉州作为福建最大的三个城市，其 GDP 的规模均大大低于长三角

---

① 也称城市系统（urban system 或 system of cities），指在连续的地域范围之内，以分层次的中心城市为中心，由功能各异、规模不等、既有分工、又密切协作的众多城市所组成的空间组织系统，具有多层次性、开放性和功能互补性等特征。

的核心城市上海、珠三角的核心城市广州和深圳，以及京津唐地区的核心城市北京和天津。

表 13　　　　　　福建与长三角、珠三角、京津唐地区城市规模比较

地区		土地面积（平方千米）	人口（万人）	GDP（亿元）
长江三角洲	上海	6340.5	1334.23	5408.76
	南京	6588	563.28	1297.57
	苏州	8488	583.86	2080.37
	杭州	16596	636.81	1781.83
	宁波	9365	546.19	1500.34
	区域合计	100241.5	7570.58	19124.98
珠江三角洲	广州	7434.4	720.62	3001.48
	深圳	1949	139.45	2256.82
	东莞	2465	156.19	672.89
	中山	1800	136.03	415.67
	珠海	1688	78.61	406.27
	区域合计	22050.4	2624.92	9565.29
京津唐	北京	16807.8	1136.3	3212.7
	天津	11919.7	919.05	2051.16
	唐山	1182	292.75	544.86
	区域合计	32586.5	2762.34	6552.63
福建省	福州	11968	597.53	1160.53
	厦门	1565	137.16	648.36
	泉州	10866	659.03	1223.06
	全省合计	122805	3332.37	4842.18

资料来源：根据《中国城市统计年鉴（2003）》整理。

中心城市是经济区的轴心、资源、信息、技术集聚点、辐射中心和经济增长极。中心城市对周边地区的凝聚与辐射能力、辐射范围、影响强度在相当大程度上是与城市本身的规模成正比的。厦门是海峡西岸经济区的主要中心城市之一，经济特区和福建省唯一的副省级城市。但是，长期以来，其行政辖区面积、人口规模、经济总量在全国同级别城市中一直都是最低或比较低的（见表 14 和表 15）。

表 14　　　　　　2004 年 15 个副省级以上城市主要经济指标

城市	GDP（亿元）	规模以上工业总产值（亿元）	全社会固定资产投资完成额（亿元）	社会消费品零售总额（亿元）	实际利用外资额（亿美元）	海关口径进出口总额（亿美元）
沈阳	1900.7	1493.4	971.4	808.8	24.2	52.5
大连	1961.8	2018.2	716.2	645.2	22.0	207.3

续表

城市	GDP （亿元）	规模以上 工业总产值 （亿元）	全社会固定资产 投资完成额 （亿元）	社会消费品 零售总额 （亿元）	实际利用 外资额 （亿美元）	海关口径 进出口总额 （亿美元）
哈尔滨	1680.5	886.0	532.6	707.4	4.1	21.0
南京	1910.0	3285.0	1201.9	711.4	25.7	206.4
武汉	1956.0	1678.3	822.2	960.6	15.2	43.0
济南	1618.9	1754.0	651.3	621.0	3.2	30.5
青岛	2163.8	3334.0	1025.4	605.5	38.2	243.3
杭州	2515.0	4149.1	1205.2	704.3	14.1	245.0
宁波	2158.0	3522.5	1095.7	595.6	21.0	261.1
武汉	1956.0	1678.3	822.2	960.6	15.2	43.0
广州	4115.8	5043.3	1322.0	1675.1	24.8	448.0
深圳	3422.8	6509.0	1090.1	915.5	23.5	1473.1
成都	2185.7	1231.0	1085.2	875.3	7.5	33.7
西安	1095.9	789.2	640.4	506.5	0	30.9
厦门	883.2 （15）	1648.3 （12）	304.7 （15）	260.3 （15）	5.7 （13）	241.1 （6）

注：括号内为厦门在15个城市中的排名。
资料来源：厦门市人民政府网站。

表15　　　　　2004年15个副省级以上城市主要经济指标比较

（按照各项指标增长速度排序）

排序	生产总值 （GDP）	规模以上 工业总产值	全社会固定资产 投资完成额	社会消费品 零售总额	实际利用 外资额	海关口径 进出口总额
1	南京	哈尔滨	沈阳	南京	大连	济南
2	深圳	沈阳	大连	青岛	沈阳	南京
3	青岛	济南	青岛	济南	广州	青岛
4	大连	南京	西安	杭州	成都	宁波
5	厦门	杭州	宁波	西安	杭州	武汉
6	济南	青岛	济南	深圳	厦门	武汉
7	沈阳	大连	武汉	宁波	青岛	杭州
8	宁波	成都	武汉	大连	南京	西安
9	杭州	宁波	南京	成都	宁波	成都
10	广州	武汉	成都	哈尔滨	济南	厦门
11	哈尔滨	武汉	厦门	厦门	武汉	广州
12	武汉	厦门	哈尔滨	武汉	武汉	深圳
13	武汉	深圳	杭州	武汉	深圳	沈阳
14	成都	广州	深圳	沈阳	哈尔滨	大连
15	西安	西安	广州	广州	西安	哈尔滨

资料来源：厦门市人民政府网站。

即使是在福建省内，厦门的辖区人口和面积也远远低于福州和泉州。厦门市人口仅为泉州和福州的1/5，面积仅为泉州和福州的1/7，因此，尽管厦门的人均GDP居全省之首，但是经济总量（GDP）却只有泉州（1350亿元）和福州（1300亿元）的1/2。厦门市行政辖区面积过小，已经严重影响了厦门经济的发展，难以成为支撑海峡西岸经济区的南端中心城市。而临近厦门的泉州、漳州也难以承担起这一任务。因此，我们建议，"十一五"期间，作为建设海峡西岸经济区的一个重大战略步骤是：将漳州市与厦门市合并，构建以厦门湾为中心的中心城市群，与海峡西岸东北端的闽江口中心城市群遥相呼应，形成海峡西岸经济区南北两端的两个战略支撑点，带动海峡西岸经济区的发展。[1]

四、地区经济发展差距及城乡收入分配差距

（一）福厦泉与其他地区经济发展不平衡

工业化和城市化的一个必然结果是，在一个较长时期内，资源不断地向中心城市地区集聚，地区间的收入差距因此逐渐扩大。改革开放以来，福建省不同地区之间的经济发展速度与收入差距一直在扩大之中，"十五"期间，仍然维持了这一趋势。目前为止，整个福建经济可以分为福泉厦三市和其他六市两类地区。从总量上看，1978年福厦泉三市（福州、厦门、泉州）GDP总量不过是其他六市（漳州、莆田、宁德、龙岩、南平、三明）GDP总量的62.3%，1990年上升为87.5%、1995年达到137%、2000年达到167%、2003年达到172%（见表16）。

表16				1978~2003年福建各地区人均GDP与区际比值					
地区	1978年人均GDP（元）	1978年区际比值	1990年人均GDP（元）	1990年区际比值	1995年人均GDP（元）	1995年区际比值	2000年人均GDP（元）	2000年区际比值	2003年人均GDP（元）	2003年区际比值
宁德	219	1	527	1	1176	1	1846.6	1	2399.9	1
龙岩	245	1.1	679	1.3	1279	1.1	2191.4	1.2	2811.4	1.2
南平	353	1.6	907	1.7	1757	1.5	2280.2	1.2	3042.7	1.3

---

[1] 有关厦漳合并的详细研究，请见厦门大学海峡两岸发展研究院、厦门大学宏观经济研究中心课题组的研究报告集《论海峡西岸中心城市建设——厦漳行政区划调整研究》（经济科学出版社2006年版）。

续表

地区	1978 年人均GDP（元）	1978 年区际比值	1990 年人均GDP（元）	1990 年区际比值	1995 年人均GDP（元）	1995 年区际比值	2000 年人均GDP（元）	2000 年区际比值	2003 年人均GDP（元）	2003 年区际比值
三明	405	1.9	1247	2.4	1889	1.6	2862.1	1.5	3682.4	1.5
莆田	197	0.9	554	1.1	1500	1.3	2096.9	1.1	2841.7	1.2
漳州	261	1.2	593	1.1	1552	1.3	2841.2	1.5	3743.4	1.6
泉州	171	0.8	574	1.1	3085	2.6	6222.6	3.4	7626.0	3.2
厦门	528	2.4	2502	4.7	6767	5.8	13513.87	7.3	19109.81	7.96
福州	293	1.3	1072	2.0	30873057.6	2.6	6489.5	3.5	8790.9	3.7

注：实际 GDP 按 1978 年不变价格计算，比值以宁德市实际 GDP 为 1。

从表 16 的不同地区人均 GDP 比值可以清楚地看出，福建省九市按经济发展水平可以分为两大类型的判断。1978～2003 年，宁德、莆田、漳州、南平、三明、龙岩六个地区的人均 GDP 差距基本上处于收敛状态，1978 年六地区人均 GDP 差距最大为 2.1 倍，2000 年缩小到 1.5 倍，2003 年为 1.6 倍，与此同时，六地区与厦门、福州、泉州的人均 GDP 差距却在不断扩大之中，厦门、福州从 1990 年开始，随后泉州从 1995 年开始一直到 2003 年都比其他地区增长要快，形成了以宁德人均 GDP 为 1、人均 GDP 区际比值在 3 以上的第一集团（厦门、福州、泉州），以及人均 GDP 区际比值在 1～1.6 的第二集团（宁德、莆田、漳州、南平、三明、龙岩）。即在福建经济发展的过程中，出现了两个俱乐部收敛现象：厦福泉俱乐部及六市俱乐部。也就是说，福建经济发展目前并不存在新古典经济增长理论提出的绝对收敛趋势，[①] 而是出现了发散趋势。其主要原因在于，资源的流动存在着自加强倾向。即使不同地区的初始条件完全一样，一些很小的条件变化也会触发资本和人口的流动。改革开放初期，福厦泉三个地区由于区位优势率先得到发展，资本和人口逐渐流入该区域，扩大了该区域对最终产品和中间投入品的需求及市场规模而降低了生产成本，提高了真实工资，使资本和人口流动成为一种自我加强、自我实现的过程，产生了区域经济学中所说的"聚集经济"现象。与此同时，其他六个地区也就成为资本和人口的流出地，一方面减少了该区域的市场规模，另一方面增加了企业的存货成本、不确定性成本和中间投入品搜寻成本，导致"离散不经济"。

————————

① 新古典经济增长理论认为由于资本边际报酬递减，当资本存量增长时，经济增长会变慢，最终会停止增长，而且落后的国家或地区比发达的国家或地区增长得要快，也就是说，就长期而言，地区经济发展存在着收敛趋势。

从表 17 的经济增长因素数据分析中可以看出，福厦泉三地区与其余六地区在物质资本与人力资本的聚集上存在着重大区别：2003 年，福厦泉三市的社会固定资产投资是其余六地区的 186.89%，也就是说，平均而言，前者每个市的投资规模是后者每个市的 3.74 倍，与此同时，福厦泉与其余六市的投资效率却差别不大；就外商直接投资而言，前者每单位 GDP 的外商投资是后者的 136.48%；两类地区在人力资本上的差异，主要集中在大专以上，前者是后者 194.95%。目前而言，福厦泉三个地区仍然处于聚集经济为主阶段，但是，在个别地区（例如厦门）聚集不经济的趋势已经开始出现。而其他六个地区则仍然处于离散不经济大于离散经济的阶段。可以预计，"十一五"期间，六个地区的人才、资金还有向福厦泉三地区流动的趋势，地区间差距有可能因此进一步扩大。从这个意义上说，将厦门与漳州合并成一个行政区，至少有可能在局部地区改变这一趋势。

表 17　　　　　2003 年福厦泉与其他地区经济增长因素差异

项目	2003 年	
1. 全社会固定资产投资	投资额（亿元）	投资效率
福厦泉	850.3634	0.24383
其他地区	455.0073	0.22373
差异	395.3561	0.02010
2. 储蓄率（%）	城镇	农村
福厦泉	0.262	0.304
其他地区	0.260	0.301
差异	0.002	0.003
3. 人口自然增长率（%）		
福厦泉	4.868	
其他地区	5.953	
差异	−1.085	
4. 外资投资水平（万美元/亿元人民币）		
福厦泉	98.824	
其他地区	72.407	
差异	26.417	
5. 人力资本（%）		
小学：福厦泉	0.3524	
其他地区	0.3872	
差异	−0.0348	
中学：福厦泉	0.5897	
其他地区	0.5832	

项目	2003 年	
差异	0.0065	
大专及大专以上：福厦泉	0.0579	
其他地区	0.0297	
差异	0.0282	

注：①全社会固定资产投资水平＝全社会固定资产投资额/GDP。

②使用简化算法，人均储蓄＝（人均可支配收入－人均消费支出）/人均可支配收入。

③外资投资水平＝实际利用外商直接投资（万美元）/GDP（亿元人民币）。

资料来源：《福建省经济与社会发展统计年鉴（2004）》《辉煌的 55 年——福建区域经济发展概览》。

（二）城乡收入分配差距

工业化与城市化的另一个后果是城乡收入差距扩大。

从图 12 可以看出，自 1988 年以来，我国城乡居民的人均收入差距是在不断扩大的。就东南四省而言，趋势也是相同的，但是城乡收入差距的扩大速度不同。1998～2004 年，福建省城乡居民的收入差距扩大了 24%，广东、浙江、江苏仅扩大了 13%、16%、16%，全国也仅 18%。福建的城乡居民收入差距虽然低于全国和广东，但是其扩大速度却大于全国平均水平，也大于广东、浙江、江苏等经济发达省份（见表 18）。

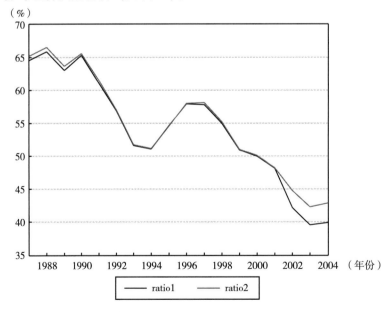

图 12　1988～2004 年我国城乡居民人均收入比

注：ratio1 表示农村居民家庭人均年总收入/城镇家庭平均每人全年实际收入，ratio2 表示农村居民家庭人均年总收入/城镇家庭平均每人可支配收入。

表18									城乡居民人均收入比和消费比	
年份	福建（农村=1）		广东（农村=1）		浙江（农村=1）		江苏（农村=1）		全国（农村=1）	
	收入比	消费比	收入比	消费比	收入比	消费比	收入比	消费比	收入比	消费比
1998	2.20	2.15	2.76	2.77	2.10	2.21	1.89	1.95	2.71	2.70
2000	2.30	2.34	2.67	3.03	2.18	2.17	1.89	2.28	2.79	2.99
2004	2.73	2.71	3.12	3.30	2.45	2.28	2.20	2.45	3.21	3.29

资料来源：中经网数据库。

城乡居民收入差距扩大并不是一个我们愿意看到的现象，就目前而言，尽管可以采取种种政策措施，但是扭转这一趋势的可能性是不大的。因为，城乡居民收入差距扩大的根本原因是农业的增长率、劳动生产率远远低于非农产业，而在目前农业人口还占大多数（2004年福建是54%）的情况下，工业反哺农业的有限能力难以扭转城乡收入差距扩大的趋势。根本的解决方法，只能是进一步加快工业化和城市化的步伐，通过加快工业化和城市化，扩大工业反哺农业的能力，减少需要工业反哺农业的人口规模。与此同时，在财力许可的范围内，采取必要的政策措施，缓解因城乡居民收入差距扩大而引发的社会问题。

附录1　基于马尔可夫转换模型对福建"十一五"时期经济增长速度的估计

在制定未来经济发展规划时，若适逢经济衰退，往往容易形成低增长预期；相反，在经济繁荣期，则容易形成高增长预期。为了更准确地把握"十一五"时期的福建经济增长态势，我们采用了能够测定增长转型概率的马尔可夫转换模型进行增长率估计。

从图1可以直观地看出，福建省长达半个多世纪以来，实际经济增长率基本上围绕着10%上下波动，1978年以后，这一趋势没有改变，但是经济波动的振幅相对缩小了。也就是说，市场经济条件下，宏观经济运行更为平稳。在对异常年份GDP数据进行平滑处理后，我们运用三状态二阶自回归马尔可夫转换模型对福建省1952～2004年的GDP数据进行分析，发现，如果将福建经济增长路径区分为高平均增长、中平均增长与低平均增长三种，那么，近半个世纪以来，福建经济的高平均增长状态与低平均增长状态的持续时间都较短，中平均增长状态的持续时间则远远超过前二者之和（见图2～图5）。

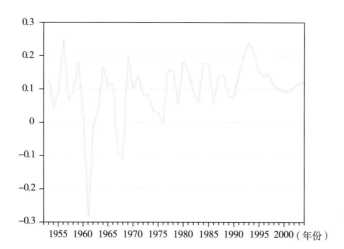

图1 福建省实际 GDP 增长率变化（S = 经济增长率）

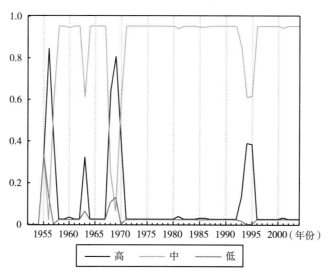

图2 福建经济增长的高、中、低状态滤波概率

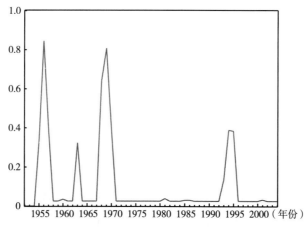

图3 福建经济增长的高状态滤波概率

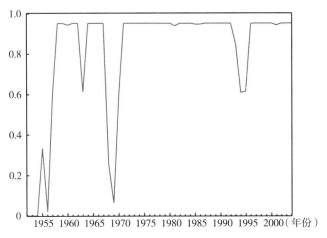

图4　福建经济增长的中状态滤波概率

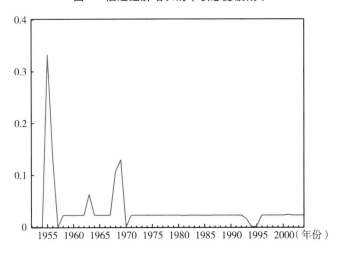

图5　福建经济增长的低状态滤波概率

如表1所示，我们运用马尔可夫转换模型计算得出的回归结果是：福建经济增长不同状态的转换概率分别为：$P_{11} = 0.420719$、$P_{22} = 0.950102$、$P_{33} = 0.13$，根据这一转换概率推算，福建省"十五"时期之后的较长时期，GDP的增长态势仍将以较大概率处于中平均增长路径，其持续的时间长度是 $1/(1 - P_{22}) - 10 = 10$ 年（其中10年是1996~2005年已经过去的中平均增长路径周期年数），然后转换到高平均增长路径的时间长度为 $1/(1 - P_{11}) = 1.6$ 年，或低平均增长路径的时间长度为 $1/(1 - P_{33}) = 1.1$ 年。从马尔可夫模型预测的三个状态概率计算期望值为 $0.024898 \times 22.262 + 0.952368 \times 10.797 + 0.022734 \times 9.435 = 11.045$，也就是说，根据模型估计，"十一五"期间福建省经济增长的平均速度将保持在11%左右，但是其中略有波动，模型预测在2007年底将有一个小波动。

表1			马尔可夫转换模型估计参数值			
参数	μ_1	μ_2	μ_3	σ_1^2	σ_2^2	σ_3^2
参数值	22.238224	10.796506	9.435962	3.753054	18.176416	0.001334
参数	ϕ_1	ϕ_2				
参数值	−0.023474	−0.025436				
参数	P_{11}	P_{12}	P_{21}	P_{22}	P_{31}	P_{32}
参数值	0.20719	0.579281	0.026041	0.950102	0.835935	0.000033988

注：μ_1、μ_2、μ_3 分别是高、中、低状态的平均增长均值，σ_1^2、σ_2^2、σ_3^2 分别是三个状态的方差，ϕ_1、ϕ_2 分别是自回归系数，P_{11}、P_{12}、P_{21}、P_{22}、P_{31}、P_{32} 分别是 1→1、1→2、2→1、2→2、3→1、3→2 的转换概率。

附录2　根据新古典模型计算 1989～2004 年福建全要素生产率变化趋势

根据邹至庄（Chow，1993）、王小鲁和樊纲（2000）、张军和章元（2003）、郭庆旺和贾俊雪（2004）的方法构建资本存量 K 序列。由于投资价格指数数据的可得性，本文以 1989 年为基期，通过查阅《福建统计年鉴》，我们得到了 1989 年独立核算工业固定资产净值 151.11 亿元，又由当年的独立核算工业的增加值占整个 GDP 的 31.08%，大致可以推算出 1989 年的福建省固定资产净值为 486.27 亿。利用中经网上的福建省固定资产投资价格指数换算出以 1989 年为基期的每年实际全社会固定资产投资额，再使用永续盘存法计算出 1989～2004 年各年的实际资本存量 K。实际 GDP（下面用"Y"表示）的基础数据取自历年《福建统计年鉴》的名义 GDP 数据并按 1989 年不变价格进行平减处理，劳动投入的数据取自中经网数据库。

本文在这里所使用的经济增长模型是建立在罗伯特·索洛（Solow，1956）对新古典模型的研究的基础上，用柯布-道格拉斯函数表示生产函数：

$$Y_t = Ae^{\alpha t}K_t^{\beta}L_t^{\gamma} \tag{1}$$

对式（1）两边取对数得到：

$$\ln y_t = \ln A + \beta \ln K_t + \gamma \ln L_t + \alpha t + \varepsilon_t \tag{2}$$

其中，β 是资本对产出的弹性系数，γ 是劳动力对产出的弹性系数。我们定义"全要素生产率"（用 TFP 表示）为：$TFP_t = \dfrac{Y_t}{K_t^{\beta}L_t^{\gamma}}$，根据这个定义，第 t 年的 TFP 增长率（下面用 $RTFP$ 表示）为：$RTFP_t = \dfrac{TFP_t}{TFP_{t-1}} - 1$。利用上述的数据实施了三个不同的最小二乘法 OSL 的回归。第一个回归方程如下：

$$\ln Y_t = -7.868 + 0.771\ln K_t - 0.067728D + 1.293\ln L_t - 0.023t \quad (3)$$
$$(-3.293299)(4.976205)(-2.0133342)(4.475103)(-0.964974)$$

其中，$\overline{R^2} = 0.998174$，F-statistic $= 2050.746$。

从回归的方程看，调整的判决系数 $\overline{R^2}$ 达到 0.998，表明方程拟合得很好。括号中的数值表示 t 统计量，除 t 的系数外，其他系数的 t 统计量在 5% 的置信度下都较显著。其中虚拟变量 D 代表 1989 ~ 1994 年，即以杂项产品出口为主的阶段，虚拟变量 D 的系数是 -0.067728，说明了 1989 ~ 1994 年的全要素生产率比 1995 ~ 2004 年以消费类电子产品出口阶段要低。考虑到回归方程中资本和劳动的产出弹性（$\beta = 0.771$，$\gamma = 1.293$）的值过大，对该方程进行 Wald 检验，看是否存在规模报酬不变即 $\beta + \gamma = 1$。检验结果 p > 0.05 表明不能拒绝原假设 $\beta + \gamma = 1$，也就是说存在规模报酬不变。这样我们就可以把式（3）的方程转变为：

$$\ln(Y_t/L_t) = -0.427837 - 0.138459D + 0.510813\ln(K_t/L_t) + 0.028531t \quad (4)$$
$$(-2.505138)\quad(-3.034773)\quad\quad(2.977128)\quad\quad(1.254448)$$

其中，$R^2 = 0.996616$，$\overline{R^2} = 0.995769$，F-statistic $= 1177.891$。

从第二个方程的结果看，时间变量 t 的系数与 t 统计量的显著性水平均不高，且在回归方程中已经引入了能反映这一系数所代表的技术进步的虚拟变量 D，因此可以在回归方程解释变量中剔除这一变量 t，把上述式（4）转变为：

$$\ln(Y_t/L_t) = -0.214525 - 0.103434D + 0.723815\ln(K_t/L_t) \quad (5)$$
$$(-13.22497)\quad(-2.805306)\quad(28.72484)$$

其中，$R^2 = 0.996172$，$\overline{R^2} = 0.995583$，F-statistic $= 1691.413$。

因此，根据定义，第 t 年的全要素生产率为：

$$TFP_t = \frac{Y_t}{K_t^{0.724}L_t^{0.276}} \quad (6)$$

第 t 年的 TFP 增长率为：

$$RTFP_t = \frac{TFP_t}{TFP_{t-1}} - 1 \quad (7)$$

同时以 1989 年为基期，其 $TFP = 100$，计算出 1989 ~ 2004 年的 TFP 及其增长率。

参考文献

［1］郭庆旺、贾俊雪：《中国潜在产出与产出缺口的估算》，载《经济研究》2004 年第 5 期。

［2］林光平：《计算计量经济学——计量经济学家和金融分析师 GAUSS 编程和应用》，清华大学出版社 2003 年版。

［3］王小鲁、樊纲等：《中国经济增长的可持续性——跨世纪的回顾与展望》，经济科学出版社 2000 年版。

［4］张军、章元：《对中国资本存量 K 的再估计》，载《经济研究》2003 年第 7 期。

［5］《中国报告：1949—1989 年社会和经济发展》，中国统计信息和咨询服务中心 1990 年版。

［6］《新中国五十年统计资料汇编》，国家统计局 1999 年版。

［7］E. Domar，"On the Measurement of Technological Change"，Economic Journal，1961，Vol. 71，pp. 709 – 729.

［8］G. C. Chow，"Capital Formation and Economic Growth in China"，Quarterly Journal of Economics，1993，Vol. 108，pp. 809 – 842.

［9］K. P. Lin，"Computational Econometrics：GAUSS Programming for Econometricians and Financial Analysts"，Los Angeles：ETEXT Publishing，2001.

福建经济增长率变化分析[*]

自 20 世纪 90 年代中期以来，福建经济虽然仍然保持高增长态势，但是与苏、浙、粤等省相比，增长率却出现了边际递减的趋势（见表 1）。

表 1 　　　　　　不同时期福建与全国及其他地区经济增长率比较 　　　单位：%

地区	1980~2004 年	1990~2004 年	1996~2004 年	2000~2004 年
全国	9.5	9.3	8.45	8.57
福建	13.29	13.8	11.54	10.53
广东	13.6	13.8	11.24	12.44
浙江	13.11	13.64	11.83	12.53
江苏	12.43	13.02	11.79	12.17

资料来源：根据中国经济信息网统计数据库数据计算所得。

本文试从供给和需求两个方面分析影响福建经济增长的因素。

一、增长率变化：供给角度

从供给角度看，劳动力、有形资本存量、投资于教育所形成的人力资本存量、投资于研究与开发所形成的 R&D 资本都直接影响经济增长。福建省近十年来，投资始终保持较高水平，但是，从图 1 可以看出，即便考虑投资的滞后效应，经济增长率与投资增长率之间的相关性也不太显著。众所周知，投资影响长期经济增长，除投资量外，投资效率和投资推动的技术进步及其性质是重要因素。之所以出现投资增长率与经济增长率之间的相关性不太显著，显然是

---

* 本文是提交中共福建省委、省政府的政策咨询报告《从"十五"看"十一五"海峡西岸经济发展》的专题研究之一，后发表于《东南学术》2006 年第 1 期，共同作者：卢盛荣。

投资效率方面的原因造成的。为进一步厘清三者之间的关系，我们对福建省投资增长率、经济增长率与全要素生产率的增长率之间的关系进行分析。

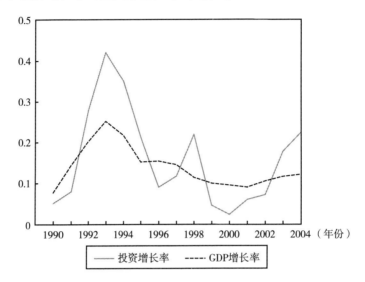

图1　1990～2004年福建 GDP 增长率与投资增长率

资料来源：根据中国经济信息网统计数据库数据计算。

（1）TFP 估计。我们首先运用规模报酬不变的柯布-道格拉斯生产函数估计 TFP。[①]

$$Y_t = AK_t^{\alpha}L_t^{1-\alpha} \tag{1}$$

两边同除以 L_t，取对数得：

$$\ln(Y_t/L_t) = \ln A + \alpha\ln(K_t/L_t) + \varepsilon_t \tag{2}$$

其中，α 是产出对资本的弹性系数，$1-\alpha$ 是产出对劳动力的弹性系数。定义"全要素生产率"（TFP）为：$TFP_t = \dfrac{Y_t}{K_t^{\alpha}L_t^{1-\alpha}}$，据此，第 t 年的 TFP 增长率（RTFP）为：$RTFP_t = \dfrac{TFP_t}{TFP_{t-1}} - 1$。考虑到1996年以后的经济增长率在递减，引入虚拟变量 D，D 表示1989～1995年，并利用上述的数据使用最小二乘法（OSL）回

---

①　引入一般形式的柯布-道格拉斯函数 $Y_t = Ae^{\alpha t}K_t^{\beta}L_t^{\gamma}$，取对数，再运用1989～2004年样本期间数据计算两个不同的 OLS 回归方程。回归方程（1）不受约束条件 $\beta + \gamma = 1$ 的影响，考虑到回归方程中资本和劳动的产出弹性（$\beta = 0.771$，$\gamma = 1.293$）的值过大，对该方程进行 Wald 检验，结果 Prob = 0.082 > 0.05，表明不能拒绝原假设 $\beta + \gamma = 1$，也就是说存在规模报酬不变。方程（2）在这一约束条件下的回归结果，由于时间变量 t 的系数与 t 统计量的显著性水平均不高，且在回归方程中已经引入了能反映这一系数所代表的技术进步的虚拟变量 D（D 表示1996～2004年），可以在回归方程解释变量中剔除这一变量 t。因此，我们运用规模报酬不变的生产函数式。

归。结果如下：

$$\ln(Y_t/L_t) = -0.215 + 0.724\ln(K_t/L_t) - 0.103D \qquad (3)$$
$$(-13.225) \quad (28.725) \quad (-2.805)$$

$$\overline{R^2} = 0.995, \qquad DW = 1.56$$

其中，括号中的数字是 t 统计量，均通过 5% 的显著性检验，且不存在自相关，方程拟合效果较好。因此，第 t 年的 TFP 为：

$$TFP_t = \frac{Y_t}{K_t^{0.724} L_t^{0.276}} \qquad (4)$$

第 t 年的 TFP 增长率为：

$$RTFP_t = \frac{TFP_t}{TFP_{t-1}} - 1 \qquad (5)$$

同时以 1989 年为基期，其 TFP = 100，算出 1989 ~ 2004 年的 TFP 及其增长率，结果见图 2 和图 3。

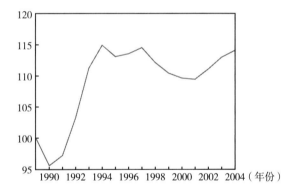

图 2　全要素生产率（TFP）变化情况

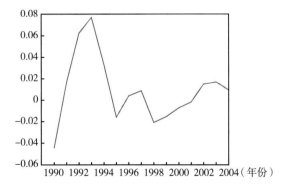

图 3　全要素生产率增长率（RTFP）变化情况

（2）不同时期 *TFP* 的变化特征。根据上述回归结果计算，① 得到 1989～2004 年不同时期的 GDP 增长的来源及其贡献值（见表2）。

表2　　　　1989～2004 年福建省不同时期 GDP 增长的来源及其贡献

样本期间	增长的来源				增长的贡献（%）		
	K	L	*TFP*	GDP 增长率	K	L	*TFP*
1989～2004 年	0.08762	0.01088	0.03669	0.13519	64.8	8.1	27.1
1989～1995 年	0.10090	0.0144	0.04513	0.16043	62.9	9.0	28.1
1996～2004 年	0.07876	0.00815	0.02865	0.11556	68.2	7.1	24.7

从表2可以发现，1996～2004 年的全要素生产率的贡献比其他时期都小。同样，从图3也可以看出，1996～2004 年的全要素生产率增长率比 1989～1995 年的大部分时间要低。

（3）福建经济增长与 *TFP* 变化的原因分析。再次使用柯布–道格拉斯生产函数解释经济增长率、*TFP* 增长率与投资增长率三者互动关系。首先，假定技术进步为中性，变化率为常量。那么，对式（1）进行数学变换后得到：

$$\frac{K}{Y} = \frac{1}{A}\left(\frac{K}{L}\right)^{1-\alpha} \tag{6}$$

对式（6）两边同时取对数，再求关于时间 t 的导数，得到：

$$\frac{\hat{K}}{Y} = (1-\alpha)\frac{\hat{K}}{L} - T\hat{F}P \tag{7}$$

式（7）清楚地表明，资本—产出比率的变化率 $\left(\frac{\hat{K}}{Y}\right)$ 是资本—劳动比率的变化率 $\left(\frac{\hat{K}}{L}\right)$ 的贡献和全要素生产率的变化率（$T\hat{F}P$）的"差"。也就是说，如果资本—产出比率的变化率 $\left(\frac{\hat{K}}{Y}\right)$ 上升，而资本—劳动比率的变化率 $\left(\frac{\hat{K}}{L}\right)$ 不变或变动幅度更小，那么，全要素生产率的变化率（$T\hat{F}P$）将是下降的。从经济现实来讲，即使每年投资不断增长，只要投资增长能够持续有效地驱动相应的劳动投入生产过程，那么，资本—劳动比率有可能保持不变。根据式（7），除非 *TFP* 发生边际递减，否则，资本—产出比率将保持稳定，因为资

① 参见周和格雷戈里（Chow & Gregory，1993）的定义 $TFP_t = \frac{Y_t}{K_t^\alpha L_t^{1-\alpha}}$，两边取对数，再对时间 t 求导，同样可以得到这一结果。

本—劳动比率不变。因此，可以推断：福建省在1996年之前经济的快速增长很大程度上得益于资源在不同部门之间重新配置的效率增进以及引进外资和国外技术，使 *TFP* 不断增长，资本—产出比率因之下降，产出增长率增加。1996年之后，经济增长率下滑，从供给角度看，与资本—劳动比率上升之后全要素生产率没有相应提高是有关系的。资本—劳动比率上升，是与资本形成速度超过就业增长速度造成的，在正常情况下，每个劳动者的资本装备水平提高，应当引起劳动生产率从而全要素生产率的提高，但是，我们发现，1996~2004年，随着资本—劳动比率的提高，福建全要素生产率对经济增长的贡献反而下降了。资本替代劳动不能导致劳动生产率和全要素生产率的提高，从经济学原理上看好像难以解释，但是，如果我们注意到1996~2004年中国和福建经济发展中的一些特殊情况，似乎可以得到一点启示：（1）亚洲金融风波之后，为扩大内需，我国启动了大批公共工程建设，这些投资形成的资本并不是生产性资本，因此，引起了社会资本存量构成的变化。（2）在这一时期，福建正在面临产业结构转换：在几个主要产业中，原来的具有很强国际竞争力的以杂项制品为代表的低技能劳动密集型产业的贸易竞争指数从1998年的0.86衰减到2004年的0.65，机械及运输设备制造业的国际竞争力虽然正在上升，但是仍然很低，化工产业的国际竞争力甚至呈下降趋势。[①]"十五"期间，福建省确立了机械设备制造业、电子信息产品制造业及石油加工和化学产品制造业为本省经济发展的三大主导产业，原先具有最强国际竞争力的低技能劳动密集型产业的国际竞争力正在衰减，正在崛起的有一定技能的劳动密集型产业——机械设备制造业和电子信息产品制造业——还不能替代前者，而列为三大主导产业之一的石油加工和化学产品制造业的竞争力还很弱，在行业经济效益不好的情况下，用GDP和全社会资本存量、劳动投入计算的全要素生产率增长率缓慢，对经济增长的贡献下降，也就在一定程度上可以理解了。

二、增长率变动：需求角度

从需求角度考察增长率变动的原因，我们着重考察构成实际产出的各种需

[①] 有关详细分析及数据，请参阅胡颖、李文溥：《从"十五"福建产业竞争优势变迁看"十一五"福建产业结构演变趋势》。

求成分增长率的波动序列对产出贡献的波动序列的影响。消费、投资、政府购买和净出口，这四种需求的波动性构成了实际产出波动性的主要需求方来源。如果将各构成成分序列用 X_t 表示，那么：

$$Y_t = \sum_i X_{it} \tag{8}$$

其中，t 表示 1989~2004 年各个年份，$i = 1,2,3,4$。对于各成分，我们用两种方法来度量它们的波动性。首先，采用固定样本时间长度的滚动时窗方法计算各构成成分的条件波动性。这里的滚动标准差是指在样本观测区间 $\{1,m,T\}$ 上给定滚动时窗长度 m，在 t 时（其中 t 从 m 到 T 变化）的滚动标准差为从 $t-m+1$ 时到 t 时 m 个样本的标准差。固定时窗内的标准差计算公式如下：

$$\sigma_t = \frac{1}{m} \sum_{i=t-m+1}^{i=t} (X_i - \bar{X}_t)^2 \tag{9}$$

其中，$\bar{X}_t = \frac{1}{m} \sum_{i=t-m+1}^{i=t} X_i$。

其次，再定义 δ_{it} 为产出成分 X_i 对产出增长率的增长份额：

$$\delta_{it} = \Delta X_{it} / Y_{t-1} \tag{10}$$

其中，$\Delta X_{it} = X_{it} - X_{it-1}$，根据上述定义，增长贡献份额衡量了各种产出成分在累积产出中所占的比重，它的变化也衡量各个产出成分的波动性，同样，采用式（9）方法计算增长贡献份额 δ_{it} 的滚动标准差。对式（10）作进一步转换：

$$\delta_{it} = \frac{\Delta X_{it}}{Y_{t-1}} = \frac{\Delta X_{it}}{X_{it-1}} \frac{X_{it-1}}{Y_{t-1}} \tag{11}$$

可以发现，δ_{it} 的标准差和 $\frac{\Delta X_{it}}{X_{it-1}}$ 的标准差只相差一个系数，即该成分在产出中所占比重的标准差。也就是说，如果构成成分本身增长率的标准差序列与增长贡献份额的标准差序列之间存在较大的形状差异，则说明累积产出成分的构成发生了显著变化。

下面使用的实际 GDP、投资、消费、净出口与政府支出数据均按 1989 年不变价格指数平减得到，并设定滚动时窗长度 $m = 3$ 年。图 4 给出了 1989 年以来福建省经济增长率的滚动标准差轨迹，可以看出，从 1994 年开始，标准差逐渐增大并在 1995 年达到最高峰，然后下降，而且越来越小。

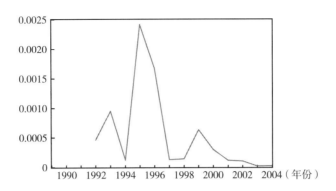

图 4　GDP 增长率的条件波动性

图 5 给出了消费增长率的波动序列以及消费对产出贡献的波动序列。可以看出，两者的变化模式基本相似。消费波动性、消费对产出贡献的波动性分别于 1998 年、1999 年先后出现持续下滑趋势，直至 2003 年初才达到平稳。这说明消费增长率的波动性下降对产出波动性的下降具有显著的影响，而且通货紧缩对福建省的消费需求也有较大影响。

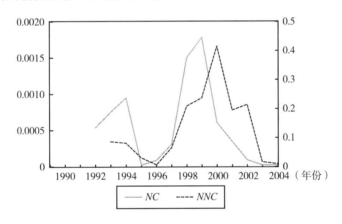

图 5　消费增长率及其增长贡献的滚动标准差

注：NC = 消费增长率滚动标准差；NNC = 消费对产出贡献的滚动标准差。

图 6 给出了投资增长率的波动性序列和投资对产出贡献的波动性序列。可以看出，在 1996 年之前，两者的变化模式基本类似，但此后两者之间的变化模式存在较大差异。1996 年之前，投资波动性较显著，而后下降至 1997 年底趋于平稳，1998～2001 年有一个小的波动后，再次回到平稳状态。在波动性成分构成上，1996 年之后波动性加剧，根据图 6 的实际产出波动性轨迹，可以看到产出波动性在下降，这说明，1996 年之后，由于投资率的持续增长，产出增长率的减缓导致了投资对产出增长的贡献份额在不断下降。因此，可以得出这样的结论，福建省投资效果在减弱。

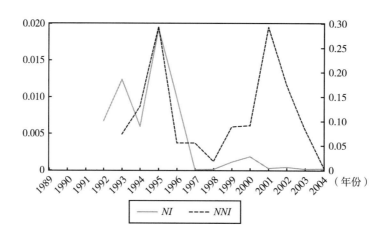

图6 投资增长率及其增长贡献的滚动标准差

注：NI＝投资增长率滚动标准差；NNI＝投资对产出贡献的滚动标准差。

图7给出了政府购买增长率的波动序列与政府购买对产出贡献的波动性序列。可以看出，两者的变化模式基本相似，1995～1998年达到较高波动性，直至1999年以后平稳，这与产出波动性的变化趋势大体一致。这说明了财政支出对产出的波动具有较强的影响。这一点也证实了我们在供给角度分析中指出的：公共投资更多是从需求而不是从供给角度刺激产出的增长，公共投资对提高全要素生产率的贡献是比较间接而微弱的。

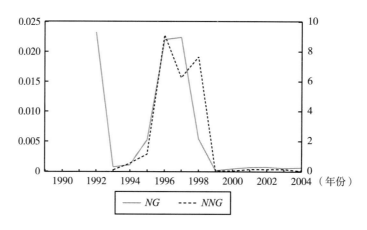

图7 政府支出增长率及其增长贡献的滚动标准差

注：NG＝政府支出增长率滚动标准差；NNG＝政府支出对产出贡献的滚动标准差。

图8给出了净出口增长率的波动性序列和净出口对产出贡献的波动性。从图中看出，两者的变化模式也基本类似，1995～2003年，累积产出成分的构成也发生了显著变化，净出口增长率经历了1996～2000年的高波动期，然后下降，直至2001年后回落到平稳状态，也正是这一平稳阶段，反映了福建省的

对外贸易保持了稳定、快速的增长，对实际产出增长的稳步回升起到了重要的拉动作用。与其他产出构成成分类似，净出口在产出中所占份额的波动性在2001年以后逐渐下降，这意味着净出口的波动性的降低是实际产出波动降低的重要原因。

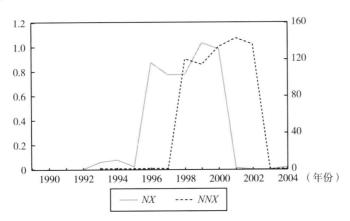

图8　净出口增长率及其增长贡献的滚动标准差

注：*NX* = 净出口增长率滚动标准差；*NNX* = 净出口对产出贡献的滚动标准差。

综上所述，通过对构成实际产出各成分的增长率及其增长贡献的滚动标准差分析，发现净出口、政府支出和居民消费等成分的波动性减弱——特别是政府支出与居民消费和净出口波动的减弱是导致福建省实际产出波动性下降的主要原因，也是导致经济周期波动稳定性增强的实际因素。

三、结论

从供给与需求两个角度对福建经济增长率的变动进行分析，我们得出以下两点结论。

（1）从供给角度看，近十年福建经济出现增长率边际衰减的趋势，是由于全要素生产率增长缓慢，对经济增长的贡献下降引起的。造成全要素生产率增长缓慢的原因，一是社会投资结构变化，对经济增长和要素生产率提高作用比较间接而微弱的公共投资比重上升；二是产业结构变动，原先具有很强国际竞争力的低技能劳动密集型产业的竞争力正在衰减，一定技能型劳动密集型产业的竞争力虽然正在提高，但是还无法取代前者在经济增长中的作用，被确定为三大支柱产业之一的石化工业竞争力弱，经济效益较差，这些在一定程度上解释了福建省近十年全要素生产率增长缓慢的原因。

（2）从需求角度看，社会总需求的主要构成部分中，净出口、政府支出与居民消费的波动性正在趋于减弱，它使福建省实际产出波动性有所下降，尽管1996 年之后投资率持续增长，但是，产出增长率的减缓导致了投资对产出增长的贡献份额不断下降。因此，投资对产出波动的影响也在下降。需求各组成部分的波动性下降或对产出的影响下降，使福建省实际产出的波动性下降了。这无疑是有利于经济稳定增长的。

参考文献

［1］郭庆旺、贾俊雪：《中国潜在产出与产出缺口的估算》，载《经济研究》2004 年第 5 期。

［2］刘金全、刘志刚：《我国经济周期波动中实际产出波动性的动态模式与成因分析》，载《经济研究》2005 年第 3 期。

［3］王小鲁、樊纲等：《中国经济增长的可持续性——跨世纪的回顾与展望》，经济科学出版社 2000 年版。

［4］张军：《增长、资本形成与技术选择：解释中国经济增长下降的长期因素》，载《经济学季刊》2002 年第 1 卷第 2 期。

［5］张军、章元：《对中国资本存量 K 的再估计》，载《经济研究》2003 年第 7 期。

［6］G. C. Chow, "Capital Formation and Economic Growth in China", Quarterly Journal of Economics, 1993, Vol. 108, pp. 809 – 842.

［7］O. J. Blanchard, J. Simon, "The Long and Large Decline in US Output Volatility", Brooking Papers on Economic Activity, 2001, Vol. 1, pp. 135 – 174.

产业竞争优势变迁
与产业结构演变趋势[*]

本文拟通过考察近十年来福建省优势产业的更替和发展态势，对"十一五"期间如何提升产业竞争力、促进工业化发展、优化工业产业结构、提高资源使用效率提出政策建议。

一、"十五"期间福建产业竞争优势变迁

国际贸易理论表明，各国（区域）之间因生产要素禀赋差异、技术差异而形成的绝对优势和比较优势是国际贸易的决定因素。开放经济条件下，比较优势的变化会引起贸易结构的变化；反之，一国（地区）贸易结构的变化则反映了其比较优势的动态变迁。改革开放以来，福建省出口商品结构发生了两次大的变化（见表1）：20世纪80年代中期，实现了出口商品以初级产品为主向工业制成品为主转变；90年代末期，实现了出口低技能劳动密集型的制成品为主向出口具有一定技能的劳动密集型产品为主的转换，主要表现为机械类产品出口比重不断上升，杂项制品出口比重不断下降。"十五"期间，这一趋势更为明显。

表1　　　　　　　　　　福建省出口商品结构变化　　　　　　　　单位：%

项目	1985 年	1990 年	1995 年	2000 年	2004 年
出口总值	100	100	100	100	100
初级产品	44.7	21.8	20.3	10.6	6.8
工业制成品	55.3	78.2	79.7	89.4	93.2

  ＊ 本文是提交中共福建省委、省政府的政策咨询报告《从"十五"看"十一五"海峡西岸经济发展》的专题研究之一，后发表于《东南学术》2006年第1期，共同作者：胡颖。

续表

项目	1985 年	1990 年	1995 年	2000 年	2004 年
化学及有关产品	4.4	2.3	1.2	2.7	9.8
按原料分类的产品	8.5	5	4.5	15.1	13.3
机械及运输设备	5.7	20.1	16.5	26	37.3
杂项制品	36.7	50.8	57.5	45.6	40.5

资料来源：根据《福建统计年鉴（2005）》相关数据计算整理得到。

一个地区出口产品结构的变化，很大程度上反映了该地区因经济增长而产生的要素禀赋结构变化，不同产业之间国际竞争力的消长。在开放经济条件下，它们应当成为调整产业结构的重要因素。因此，我们分析福建省制造业各行业国际竞争力的动态变化，以进一步考察其产业结构的调整。

我们首先按照国际贸易商品分类（SITC）1 位数分类，计算了 1996～2004年福建 4 大类工业制成品的贸易竞争指数，考察这一期间不同产业国际竞争力的变化（见图 1）。

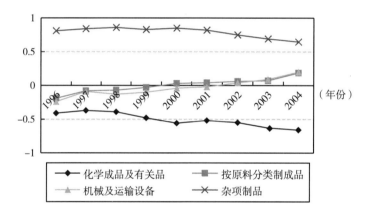

图 1　1996～2004 年福建省工业制成品贸易竞争指数变化趋势
资料来源：根据历年《福建统计年鉴》相关数据计算整理所得。

从图 1 可以看出：直至 2004 年，福建国际竞争力最强的商品仍然是杂项制品（SITC8），其中主要是纺织、服装鞋帽产品，也即纺织、服装鞋帽制造业具有很强的国际竞争力。但是，自 1998 年开始，它们的国际竞争力开始出现下降趋势，贸易竞争指数从 1998 年的 0.86 下降为 2004 年的 0.65。

从 1996 年开始，机械及运输设备类商品的国际竞争力明显上升，尽管上升的速度较快，但是，就绝对水平而言，机械设备制造行业的国际竞争力仍然不高（2004 年贸易竞争指数仅为 0.20）。

按原料分类的制成品（SITC6）的贸易竞争指数也在上升，2004 年，此大类商品开始具备一定国际竞争力（当年贸易竞争力指数为 0.19）。具体而言，其中的橡胶制品、木制品、非金属矿物制品和金属制品具有较强竞争力。

化学及有关产品的国际竞争力一直很弱，而且呈下降趋势。

由于国际贸易标准商品分类（SITC）1 位数分类将所有贸易商品分为十大类，这种分类只能按产业大类来描述福建产业国际竞争力，而不能在产业层次上更为细致描述产业内部各行业的国际竞争力。因此，我们再依据国际贸易商品标准分类按章分类，即按（SITC2）2 位数分类对福建制造业内部的行业国际竞争力变化进行分析。观察其国际竞争力在 1999～2004 年的动态变化，结果如表 2～表 4 所示。

表 2　　　　　　机械电子制造业各行业的产品贸易竞争指数

行业	2000 年	2002 年	2004 年
办公用机械及自动数据处理设备	0.46	0.47	0.58
金属制品	0.41	0.56	0.59
摄影器材、光学物品及钟表	0.56	0.60	0.58
电信及声音的录制及重放装置设备	0.45	0.22	0.38
陆路车辆（包括气垫式）	0.23	0.32	0.37
其他运输设备	− 0.04	0.33	0.15
通用工业机械设备及零件	− 0.19	− 0.17	0.11
动力机械及设备	− 0.40	− 0.43	0.01
电力机械、器具及其电气零件	− 0.22	− 0.22	− 0.18
金工机械	− 0.83	− 0.81	− 0.69
专业、科学及控制用仪器和装置	− 0.16	− 0.72	− 0.81
特种工业专用机械	− 0.88	− 0.90	− 0.79

资料来源：根据历年《福建统计年鉴》计算整理得到，下同。

表 3　　　　　　化工产品制造业各行业的产品贸易竞争指数

行业	2000 年	2002 年	2004 年
医药品	0.62	0.66	0.73
精油、香料及盥洗、光洁制品	0.61	0.57	0.73
无机化学品	0.57	0.54	0.58
制成废料	− 0.92	− 0.79	− 0.52
初级形状的塑料	− 0.97	− 0.96	− 0.95
非初级形状的塑料	− 0.62	− 0.63	− 0.58
有机化学品	− 0.69	− 0.62	− 0.83
染料、鞣料及着色料	− 0.85	− 0.93	− 0.89

表4	轻纺制造业各行业的产品贸易竞争指数		
行业	2000 年	2002 年	2004 年
活动房屋等	0.88	0.81	0.94
家具及其零件	0.93	0.98	0.97
旅行用品、手提包及类似品	0.95	0.97	0.99
服装及衣着附件	0.98	0.98	0.99
鞋靴	0.93	0.94	0.94

表2～表4显示，服装、鞋帽、皮革制品和箱包制造、家具及其零件制造等传统的劳动密集型行业一直是福建制造业中国际竞争力最强的；非金属矿物产品制造业也一直具有很强的国际竞争力；办公用机械及自动数据处理设备制造业和摄影器材、光学物品及钟表制造业、金属制品制造业等机电行业的国际竞争力在1999～2004年则呈现逐渐增强的态势。而化学及相关制品业中大部分行业竞争力很弱，其中只有医药品制造业、精油香料制造业的国际竞争力在"十五"期间不断提升，已经具有较强的国际竞争力。

行业国际竞争力明显增强的同时，机械制造行业的出口规模迅速扩大，机械及运输设备出口由2000年36.1亿美元提高到2004年的108.1亿美元，其中办公用机械及自动数据处理设备的出口由2001年的11.5亿美元上升到2004年的53.7亿美元。这些行业代表了未来福建产业结构升级的方向。

另外，机械设备制造业中，动力机械、通用工业机械、运输设备等行业的发展出现了良好势头：这些资本密集型行业的国际竞争力尽管目前还不够强，但却在不断上升之中，说明已经具备了一定的发展潜力。而化工行业、专业机械制造业、特种工业专用机械等技术密集型行业，目前的国际竞争力仍然很弱。短期内尚难以扭转依靠进口的局面。

二、工业主导产业的规模、效益分析

"十五"期间，福建省确立了机械设备制造业、电子信息产品制造业和石油加工和化学产品制造业为本省经济发展的三大主导产业，工业增加值是衡量工业内部各行业对工业贡献度以及行业发展速度的指标，因此我们用按行业分的规模以上企业产出增加值这一指标，分析福建省主导产业的规模及其增长速度。

（一）主导产业工业增加值变动情况

表5显示，2000~2004年，福建省主导产业迅速发展，从各行业增加值来看，机械设备制造业发展很快，行业增加值由2000年的116.24亿元增加到2004年的287.75亿元。从2000年开始，机械设备制造业产出已经超过纺织、服装鞋帽等行业的产出，跃居福建省工业行业第一。另外，电子信息产品制造业、石油加工和化学产品制造业的产出增长也呈现快速上升态势。

表5	福建工业主导行业增加值变化				单位：亿元
行业	2000年	2001年	2002年	2003年	2004年
纺织服装工业	182.27	156.93	171.03	203.60	263.17
石油加工及制品制造业	86.66	106.79	139.68	171.99	231.58
非金属矿物制品业	47.20	48.03	59.35	85.43	143.03
机械设备制造业	116.24	122.27	196.63	234.04	287.75
电子信息产品制造业	112.90	105.22	153.70	189.03	243.95
工业增加值总计	797.12	875.40	1177.59	1448.50	1917.64

注：表中数据以规模以上工业行业的相关数据为计算对象。
资料来源：根据历年《福建统计年鉴》数据计算整理得出。

从行业增长速度来看，增长最快的是非金属矿物制品业，从2000年的47.2亿元增长到2004年的143.07亿元，年均增长40.6%，其次是石油加工品和化学品制造业，年均增长速度为33.4%。机械设备制造业、电子信息产品制造业的年均增长率分别为29.5%和23.2%。相比之下，纺织服装等传统制造业的年均速度缓慢，仅为8.9%。

从主导行业对工业增长的贡献上看，2004年五个行业增加值总和占全部工业增加值的61%，除非金属矿物制品制造业贡献度为7.5%，其他行业的贡献度都在12%以上。最高的是机械设备制造业，为15%。

但是，由于工业基础薄弱，工业主导行业对GDP的贡献仍然较小。2004年主导产业对GDP的贡献率为19.3%，2003年的贡献率为18.6%。

（二）主导产业的规模及效益：与广东省比较

广东省与福建省都具有外向型经济的特征，为进一步观察福建主导产业的发展状况，我们以广东为参照标准，对福建省主导行业的发展作横向比较。我们用企业规模（产品销售收入/行业中企业数量）、人均资本、产品市场占有率

（地区行业销售收入/全国同行业销售收入）和销售利润率四个指标来分析，如表6所示。

表6　　　　　　　福建省及广东省主导产业的规模及效益分析

产业	企业规模（亿元/企业）		人均资本（元/人）		市场占有率（%）		销售利润率（%）	
	福建	广东	福建	广东	福建	广东	福建	广东
服装、鞋帽	0.32	0.35	53824	60595	7.9	22.4	4.9	1.3
皮革、羽毛	0.43	0.48	48679	55457	11.9	23.0	4.3	1.6
非金属制品业	0.23	0.38	144436	186193	4.7	12.0	6.9	2.9
电子通信设备	0.71	3.2	425332	275523	1.2	36.1	6.1	4.3
交通运输设备	0.93	1.5	348597	361294	2.2	8.3	8.3	10.4
电气机械制造	0.76	0.95	188249	174504	12.1	27.8	8.9	3.8
仪器仪表制造	0.6	0.85	455439	481810	2.2	12.3	6.3	9.8
化学原料和产品	0.57	1.5	106378	154158	4.2	40.9	8.8	3.7

资料来源：根据《福建社会与经济统计年鉴（2004）》《广东统计年鉴（2004）》相关数据计算得出。

比较发现，福建省具有国际竞争力的行业，其企业平均规模大都略小于广东省相关行业企业规模。如果用人均资本来衡量行业的技术水平，那么，在技术水平方面，福建省也落后于广东，仅仅在电器机械制造业方面高于广东省。在市场占有率方面，福建省各行业均低于广东省，但是在皮革、毛皮及羽绒制品业和电气机械制造业方面具有相对优势。两省在企业规模与技术水平方面的差距，反映了两省的工业基础差距较大。但是，我们发现，福建省优势行业的销售利润率却普遍高于广东省。因此，扩大行业规模，提升行业技术水平应当成为福建发展主导产业应当重视的一个问题。

三、比较优势产业间转移的成因分析

三大新兴主导产业初步形成，主导产业与传统劳动密集型产业的发展共同推动了福建省工业的发展，促进了地区经济增长。根据有关产业结构理论，产业结构的优化过程，正是主导产业的有序更替过程。而福建省工业结构的不断优化，以下因素起了决定作用：

（1）经济增长是结构调整的源泉。结构主义的经济增长理论认为，经济增长是经济结构转变的原因和结果，而产业结构是经济结构最重要的方面。经过改革开放二十多年的经济发展，福建省人均地区生产总值从1985年的737元提高到 2004 年的 5831.6 元，是 1985 年的 7.9 倍[①]。人均 GDP 的不断增加引起了本地区需求结构的变化，进而推动了产业结构的转换。

（2）要素禀赋比较优势的变化是产业结构调整的另一个因素。要素禀赋结构理论认为，生产要素的相对价格变动将改变不同产业的比较优势，从而导致产业结构的变动。资源从劳动密集型的轻纺行业向资本技术密集型的机械设备制造业转移，反映了福建省要素禀赋相对比较优势的动态变化。改革开放以来，福建通过发挥劳动力资源丰富的优势，大力发展劳动密集型产业，积极参与国际经济分工与国际竞争，优化资源配置，推动了区域经济的迅速发展。但随着经济发展，劳动力工资成本不断上升。虽然目前福建最具优势的要素仍然是劳动力，但在土地、劳动力、实物资本和人力资本四大要素中，实物资本和人力资本的积累已经有较大改观，生产要素的供给结构正在改变，要素禀赋的相对优势已经发生变化。因此，产业结构必须随着要素禀赋结构的变化发生相应的改变，目前，低技能劳动密集型产业正在被一定技能型劳动密集型产业替代，与此同时，资本技术密集型产业正在逐步发展，成为潜在的优势产业。

（3）外商直接投资对优化福建产业结构起了重要作用。福建的沿海地理优势和海外华侨众多的人文优势吸引了大量外商直接投资。外商直接投资（FDI）的流入不但弥补了经济发展的资金缺口，而且带来了生产技术和管理技术，优化资源配置，促进福建省工业的迅速发展。福建省 1979~2003 年累计利用外资 459 亿美元，年均增长 42.5%，外资企业固定资产投资相当于全社会固定资产投资总额的 30%[②]。外商投资主要集中在工业领域，2000~2004 年，工业获得的外商直接投资占其总投资的 64.9%（年均）。"十五"期间，在工业产业内部，外资投向主要集中在纺织服装、机械工业和化学制品制造业上，2004 年这些行业的外商投资占全社会外商投资总额的比重分别达 20.2%、11% 和 12.8%[③]，外商直接投资提升了主导行业的国际竞争力，促进了工业产业结构的调整和优化，使资源配置更有效率。

四、结论与建议

（一）研究结论

通过对福建省工业产业结构变迁、产业的国际竞争力、主导产业发展的分

---

①②③　数据来自《福建统计年鉴（2005）》，经计算整理得出。

析，可以对近年来福建省的工业产业结构演变评价如下。

（1）改革开放以来发展起来的以杂项制品为代表的低技能劳动密集型产业仍然是福建目前最有国际竞争力的产业，但是竞争力正在逐步下降。产业增长速度缓慢，增长速度远远低于机械设备和电子信息产品制造业。

（2）以办公用机械及自动数据处理设备为代表的轻型机械制造业的国际竞争力正在上升，而且产业增长速度很快。"十一五"期间有可能成为替代以杂项制品为代表的低技能劳动密集型产业成为福建省最有国际竞争力的产业。随着优势产业的替代，优势产业的地区分布将发生转移，优势工业将进一步向沿海中心城市集聚。

（3）整体而言，福建省的工业基础仍然比较薄弱，较有竞争力的产业，基本上以劳动密集型为主。除了传统的纺织、服装鞋帽等优势产业外，以电子信息设备、机械制造业和石油化工为代表的新的三大主导产业已经初步形成，但产业规模相对东南沿海发达省份相应产业要小、资本装备程度不高、国内市场占有率低，与珠江三角洲、长江三角洲的相比，处于不利的竞争地位。

（二）政策建议

由此，对于福建未来产业结构的调整，着重是要提高主导产业的竞争优势。我们建议从以下几方面进行：

（1）积极推进主导产业的发展。尽管确定了机械设备制造业、电子通信产品制造业和石油加工业为主导产业，但我们还应对主导产业给出更加明确的内涵，从而优化资源在各行业间的配置。应明确将计算机和电子信息产品制造业、仪器仪表和办公机械制造业、交通运输设备制造业、电器设备和器材制造业、橡胶和塑料产品制造业作为主导产业，与省内其他行业相比，它们的行业竞争力强，行业增长速度快，对福建的利税贡献大，但目前产业规模与其他发达省份相同产业相比，明显偏小。对这类行业，应尽可能创造利于行业发展的国际、国内环境，给予倾斜的财政金融政策和及时的信息服务，促进其快速发展。对于纺织服装鞋帽等传统行业，应通过技术进步，利用国内市场形成自主品牌，尽可能地延长这些产业的生命周期，发挥其对福建经济增长的作用。主导产业不断有序更替的过程正是产业结构高级化的过程。应注意在比较优势的基础上培育产业的竞争优势，培养潜在的优势行业。根据目前福建省的工业基础和人力资本等资源赋存结构，不应超越经济发展水平，盲目地提倡发展一切高新技术产业，而应遵循比较优势原则，选择某些高新技术产业的某些环节，积极参与国际范围及区域间的产业分工与竞争合作，扩大产业的规模、提高行业效益，逐步实现产业结构的升级。

（2）对福建省工业产业的要素投入进行调整，提高技术要素的投入，以技术进步带动产业结构的高级化。落后的科学技术严重影响传统产业的竞争，用高新技术改造传统产业是提高和保持这些产业竞争力的根本。一方面，要不断提高自主创新能力，加强原始创新、集成创新和在引进技术基础上的消化吸收，加快建设以企业为主体、更具活力的技术创新体系，推动科技成果向现实生产力转化，全面提升产业和企业的技术水平，切实提高福建省工业发展的质量和效益。另一方面，应进一步加大引进外商直接投资的力度，优化外商直接投资的行业结构和引资的国别结构。具体来说，应引导外资流向主导产业、高新技术行业，发挥 FDI 的技术扩散效应。在保持港台投资的基础上，争取更多引进欧美跨国公司资金，从资金来源上提高转移来的产业的质量。

（3）加快区域中心城市建设，形成生产要素的集聚平台，扩大主导行业的规模。福建省城市发展上要突出发展闽东南地区，以港口建设为支撑，以"福厦漳"交通走廊为主轴，建设与珠江三角洲和长江三角洲相连接的海峡西岸城镇密集带，构筑与长江三角洲城市群和珠江三角洲城市群相呼应的城市网络体系，发挥福建在东南沿海的连接纽带作用。强化省际间中心城市的合作，以贸易为先导，以投资为重点，建立更加紧密的合作关系，促进区域经济的全面发展。

参考文献

［1］李文溥、张明志：《经济全球化、国际竞争力与福建产业结构调整》，载《福建论坛》2001 年第 2 期。

［2］魏后凯等：《中国地区工业竞争力评价》，载《中国工业经济》2002 年第 11 期。

城市化与工业化协调发展问题探讨[*]

一、"十五"期间福建城市化进程分析

与落后于全国平均水平的工业发展状况相适应，改革开放前，福建的城市化水平也在全国平均水平之下。1978 年，福建的人口城市化率仅为 13.7%，同期全国水平是 17.92%。改革开放之后，福建的工业化进程加快，城市化速度也高于全国。2000 年，福建的人口城市化率上升至 41.57%，超过全国水平 5.35 个百分点。2004 年达到 46%，仍然高于全国水平（41.76%）4.24 个百分点。加速的工业化进程使福建进入了城市化加速发展阶段。

在五年前的相关研究中，我们曾指出，福建的城市化水平与世界相近收入水平国家和地区相比略微偏低。[①] 经过五年的发展，这一情况似乎并未得到改善。2003 年福建人均 GDP 是 1814 美元，按世界银行标准，属于中下收入国家（地区），但是略高于中下收入国家人均 GDP 水平（1490 美元），而福建当年的人口城市化率（45.1%）却比中下收入国家平均水平（50%）低了 4.9 个百分点。即使是以福建 2004 年的人口城市化率数字与中下收入国家 2003 年的相比，也仍然是偏低的。

衡量福建城市化水平偏低的另一个指标是非农就业人口比例与人口城市化率的比例。简化起见，我们称该指标为 FC 值。FC = 非农化率/人口城市化率，

---

　* 本文是提交中共福建省委、省政府的政策咨询报告《从"十五"看"十一五"海峡西岸经济发展》的专题研究之一，后发表于《东南学术》2006 年第 1 期，共同作者：范卫萍。

　① 李文溥、林毓鹏：《福建省城市化水平：测量与分析》，载《福建论坛》2000 年第 11 期；厦门大学课题组：《促进城市化物质表现与实质内容的协调发展》，载《东南学术》2000 年第 5 期；李文溥、陈永杰：《中国人口城市化水平与结构偏差》，载《中国人口科学》2001 年第 5 期。

其中，非农化率=二三产业就业劳动力/总劳动力。一般而言，人们之所以选择居住在城市，是因为其从事非农产业活动，但是，首先，日常经验告诉我们，并不是所有从事非农产业活动的人口，都要居住在城市里；其次，由于该指标的分子是就业人口，而分母是全部人口，出于赡养成本等方面的考虑，一部分从事非农产业活动的就业人口的赡养人口也可能选择居住农村。因此，正常情况下，FC值应当大于1，即非农业人口的比例一般要略大于城市化人口比例，但是不能过大，过大说明过多的非农业人口选择居住在农村，这显然是这个国家或地区城市化落后于工业化或非农产业的表现。世界银行的数据显示，1980年，高收入国家的平均FC值为1.2，中下收入国家平均FC值为1.34，低收入国家平均FC值为1.43。我国2000年的FC值为1.38，福建、广东、江苏、浙江的FC值分别为1.28、1.07、1.40和1.27。2004年，全国的FC值降到1.27，然而，福建却提高到1.30。指标显示，5年过去之后，福建在工业化加速发展的同时，却有更多的非农业人口不住在城里了。显然，从城市化的进程来说，不能不说是一种倒退。

因此，我们认为，尽管"十五"期间，福建的人口城市化基本上是以每年一个百分点的速度发展，但是，与工业化的进程、非农就业比重的变化速度比较，还是相对滞后的（见表1）。如果进一步考虑到在"十五"时期的起始年份，福建的人口城市化水平就是略微偏低的，那么，在过去5年里，这个偏低不仅没有缩小，反而有所扩大。

表1 　　　　　　　　福建人口城市化与工业化的关系 　　　　　单位：%

年份	城市化率	工业化率	非农就业比重
1998	40.52	36.78	51.45
2000	41.57	37.50	53.12
2002	44.6	40.21	55.28
2003	45.1	41.03	57.55
2004	46	41.84	59.70
年均增长	2.56	2.78	2.96

资料来源：根据中经网统计数据库数据计算所得。

二、原因分析

城市化是非农产业化发展的必然结果，因此，"十五"期间福建的城市化进程中出现的问题，首先必须从非农产业化的发展，尤其是工业化进程中寻找原因。

首先，改革开放前，福建的工业一直是相当落后的。改革开放后，福建加快了工业化进程，但是，至今为止，福建工业增加值占 GDP 的比重不仅在江苏、浙江、广东等东南沿海先进省份中是最低的，而且仍然低于全国平均水平。

特定时期的历史条件决定了，福建工业化进程中的相当一部分不像计划经济条件下那样依靠国家投资进行，而是由农民自己筹资，通过发展乡镇企业而展开的。这种以发展乡镇企业为代表的农村工业化进程，在地域上不是在原有的城市尤其是中心城市，而是在沿海的乡镇及其周边的农村地区展开的；与此同时，在部分沿海城市，通过兴建特区，以及设立沿海开放城市、开发区等形式，开始了以引进外资为主的城市工业化进程。因此，两种同时并行的不同工业化进程使福建的城市化进程也是沿着两种路径同时展开的：一种是原有城市基础上的工业化进程，它导致了城市范围的扩大，促进了城市周边地区的城市化进程，这种由于城市工业的发展而产生的城市化进程，大致上说是城市化与工业化同步。另一种是从发展乡镇企业起步的农村工业化进程。它在一开始，与城市化之间的联系不是十分密切的。乡镇工业化只有发展到一定程度，才会出现工业相对集中的需求与可能，从而新城出现，非农业人口向新城集中的趋势。近年来，我们在福建的部分沿海地区，看到了一些因乡镇工业的兴起而出现的新城。但是，农村工业化使相当部分的工业至今仍布局在非城市地区，使部分农业人口脱离了农业，但是却"离土不离乡"，并不因为从事非农产业而成为城市人口。因此，在福建这样一个通过至少两种路径工业化的地区，非农产业化的发展与城市化之间的关系呈现出比较复杂的态势，存在着后者滞后于前者的可能，一定时期内，如果缺乏正确的政策引导，二者之间的非同步现象还有可能扩大。

其次，福建在改革开放后展开的工业化进程是在一个比较低的起点上起步的。以泉州为代表的福建沿海地区的乡镇工业化进程，基本上是从发展以杂项制品为代表的低技能劳动密集型产业起步的。至今为止，杂项制品仍然是相当部分沿海地区中小企业的主要产品。这种出口导向的低技能劳动密集型产业，相当部分只是在国际化分工链条中从事产品生产的低附加值加工环节。为了能够获得必要的利润，企业必须尽可能地压低成本，其中，主要是劳工成本。因此，多年来，这类企业的员工工资水平一直较低。企业用工不得不基本上依靠外来民工。[①] 企业职工工资水平太低，难以维持其本人及其家属在城市生活，

---

① 李文溥、龚敏：《福建百家民营企业调查总报告》，引自王碧秀主编《民营经济的崛起与发展——福建百家民营企业调查》，福建人民出版社 2004 年版。

使大量外来农民工及其家属不能因工业化而成为城市人口。低技能劳动密集型产业就本质而言，是不利于城市化与工业化同步发展的。

最后，现有城市规模太小，缺乏大型中心城市也在一定程度上影响了福建的城市化进程。众所周知，在现代经济条件下，一个地区经济的崛起，取决于该地区工业以及城市经济的发展，而城市经济发展到高级阶段的产物则表现为城市群[①]的出现。在世界经济的发达地区，我们都可以看到各种不同规模的城市群。在国内，长江三角洲、珠江三角洲（包括港、澳）和京津唐地区，已逐步通过区域内城市功能的整合，正在形成城市系统。正是这些充满活力的城市群，带动着这些地区经济的高速增长，促进了本地区的工业化和城市化进程。

由于历史的原因，福建城市经济的发展始终落后于长江三角洲、珠江三角洲（包括港、澳）和京津唐地区。在福建，不仅尚未形成真正意义上的城市群，而且既有的单体城市规模也相对落后于长江三角洲、珠江三角洲和京津唐地区。作为福建最大的三个城市福州、厦门和泉州，其 GDP 的规模均大大低于长三角的核心城市上海，珠三角的核心城市广州和深圳，以及京津唐地区的核心城市北京和天津。

中心城市是经济区的轴心、资源、信息、技术集聚点、辐射中心和经济增长极。中心城市对周边地区的凝聚与辐射能力、辐射范围、影响强度在相当程度上是与城市本身的规模成正比的。由于缺乏足够规模的中心城市，难以围绕着中心城市形成城市群，也在一定程度上影响了福建的城市化进程。

三、实现福建城市化与工业化协调发展的政策思考

城市化是一个国家经济现代化过程中必然要经过的阶段，配第-克拉克定律揭示了随着人均收入的提高，一个国家或地区的国内生产总值和就业将逐步地从第一产业向第二、第三产业转移的规律性现象，阐明了经济发展与产业（就业）结构演变之间的相互关系，同时，还隐含地提出了，在产业结构高度化的过程中，必须伴有相应的城市化进展。H. 钱纳里和 M. 塞尔昆合著的《发展的型式 1950—1970》，用 10 个基本经济过程描述了一个穷国向富国进行全面结构转变的各个方面标准。其中第五、第七、第八个经济过程完整描述了工业

---

① 也称城市系统（urban system 或 system of cities），指在连续的地域范围之内，以分层次的中心城市为中心，由功能各异、规模不等，既有分工、又密切协作的众多城市所组成的空间组织系统，它具有多层次性、开放性和功能互补性等特征。

化和城市化之间关系。发达国家走过的现代化过程向我们演示了一个国家在走向经济现代化过程中的城市化景象：人口城市化水平从10%逐渐提升为75%左右；经济活动人口逐步向非农产业转移，非农化率从20%提升到90%；在这一过程中，居民的收入水平大幅度攀升，生活质量也得到大大提升。在城市化率低于10%以前，城市人口增长极其缓慢，当城市化率超过20%，城市化进程出现加快的趋势，并一直持续到城市化率超过70%为止。以上这些，都向我们昭示着：没有相应城市化的工业化，是一个"瘸腿"的工业化。脱离了相应的城市化，工业化将会遇到无法克服的困难。因此，在工业化的进程中，必须相应地推进城市化。

推进福建的城市化进程，首先，必须加快福建的经济增长。经济增长与城市化之间的关系已经为诸多理论研究所阐释，这里，我们通过建立计量方程，测定福建经济增长与城市化之间的数量关系。得到方程如下：

$$Y = 12.10 + 0.0035X_1 + 0.42X_2 - (53 \times 10^{-7}) \times X_1^2$$

$$(2.79) \quad (3.33) \quad (3.33) \quad (-3.21)$$

$$\overline{R}^2 = 0.988 \quad F统计量 = 536.44 \quad DW = 1.29 \quad prob = 0.0000$$

其中，Y 为人口城市化率，X_1 为人均 GDP，X_2 为非农化率（二、三产业就业劳动力/总劳动力）；样本期为 1985～2004 年，人均 GDP 数据按 1985 年不变价格进行平减处理。估计得到的方程说明，福建城市化水平与人均 GDP 和非农化率之间存在着正相关关系，当人均 GDP 每增加 100 元，对城市化贡献率为0.35%，非农化率增加 1%，城市化水平提高 0.42%。与此同时，我们注意到，方程包含了系数为负的变量 X_1^2，这意味着人口城市化与人均 GDP 之间不是一个简单的直线相关关系。

其次，发展城市化必须建立在进一步推进工业化进程的基础上。为了检验福建省人口城市化率与工业化、第三产业发展之间的关系，我们建立了下述计量方程：

$$\ln Y = 2.18 + 0.57 \times \ln X_1 + 0.4 \times \ln X_2$$

$$(4.09) \quad (4.71) \quad (5.03)$$

$$\overline{R}^2 = 0.964 \quad F统计量 = 253.89 \quad DW = 1.59 \quad prob = 0.0000$$

其中，Y 为人口城市化率，X_1 为工业化率（工业增加值/GDP），X_2 为第三产业就业率（第三产业就业劳动力/总劳动力）；为避免异方差，变量取对数形式。

方程说明：福建的工业化率每提高 1 个百分点，人口城市化率将提高 0.57 个百分点；第三产业就业率每增长 1 个百分点，人口城市化率将提高 0.4 个百分点。

显然，这两个方程有助于我们了解在福建，经济增长、工业化以及非农产业的发展与城市化之间的数量关系，为制定相关政策提供量化的参考。

再次，加快福建产业结构的升级。前面分析指出，由于福建的工业结构中，低技能劳动密集型产业占相当比例，而且在国际产业分工体系中，被限制在附加价值比较低的低端加工环节，导致了企业员工的工资水平低下，致使工业化难以转化为相应的城市化过程，显然，解决因此而产生的城市化进程与工业化进程之间的不适应，必须从加快福建的产业结构升级入手，使城乡居民更多地分享工业化所产生的价值增量，从而使工业化与城市化之间建立起良性的互动关系。

最后，重视中心城市的建设，在福建构建以福州为中心的闽江口城市群和以厦门为中心的环厦门湾城市群，发展大型中心城市，带动周边的城市群建设，促进海峡西岸经济区的城市化进程。之所以提出必须把发展大型中心城市作为福建省城市化的重要战略任务，其基本考虑是：在经济现代化进程中崛起的城市是具有不同的等级序列的，大型中心城市是一个地区城市群的核心，其基本职能是为区域内的产业生产基地型城市提供金融、物流、研发、设计、咨询、教育等各种现代生产者服务，是现代产业分工链条中，高附加值环节的集中之地。一个地区如果仅有产业生产基地型城市而无为之提供现代生产者服务的大型中心城市，这个地区的产业生产基地型城市从而整个地区将成为周边地区大型中心城市的附庸，在地区分工中处于不利地位，工业化所产生的价值增量，将源源不断地流向生产者服务型城市。因此，建设海峡西岸经济区，不仅要加快工业化所促进的城市化进程，而且必须加快福州和厦门这两个中心城市的建设步伐，为周边的产业生产基地型城市提供金融、物流、研发、设计、咨询、教育等各种现代生产者服务，将现代产业分工链条中，高附加值环节尽可能地留在当地，促进当地工业化与城市化进程的协调发展。

参考文献

［1］ H. 钱纳里、M. 塞尔昆：《发展的型式 1950—1970》，经济科学出版社 1988 年版。

［2］李文溥、陈永杰：《中国人口城市化水平与结构偏差》，载《中国人口科学》2001 年第 5 期。

　　［3］李文溥、龚敏：《福建百家民营企业调查总报告》，引自王碧秀主编《民营经济的崛起与发展——福建百家民营企业调查》，福建人民出版社 2004 年版。

　　［4］李文溥、林毓鹏：《福建省城市化水平：测量与分析》，载《福建论坛》2000 年第 11 期。

　　［5］沃纳·赫希：《城市经济学》，中国社会科学出版社 1990 年版。

　　［6］厦门大学课题组：《促进城市化物质表现与实质内容的协调发展》，载《东南学术》2000 年第 5 期。

福建省季度经济模型的开发与预测[*]

一、前言

改革开放 30 年来，我国经济发生了巨大的变化。福建省经过 30 年努力，从改革开放前高度封闭、全国最为落后的省份之一，发展成为改革开放的先行省份，经济发展水平进入全国较发达省份，外向型经济尤为发达，全省经济日益融入全球经济。在此环境下，政府决策部门亟须把握国内外经济发展动态及其对福建经济的影响，在对福建省经济动态的分析与预测的基础上，建立全省经济运行的预警和调控系统，以加强对福建省经济运行的前期指导和调控管理。然而，国内通过建立模型研究省级经济运行的文献很少，仅有曾宪龄和孙永杰（1999）选取某省作为案例，建立经济计量模型对该省的经济发展进行预测和分析评价。刘巍（2004）考察和比较了琼粤两省经济运行中的几个主要变量——GDP 与投资、消费及政府购买之间的数量关系模型、进出口模型、就业模型和居民存款模型等，说明了琼粤两省经济运行的效率和对国内外市场信号的反应灵敏程度。孙丹和冯文斌（2005）建立了一个河北省的经济多部门动态模型。以上论文运用计量模型对研究省级经济运行做出了有益的尝试，但同时也存在着不足。如模型中均采用的是年度数据，样本数有限，并且估计的基本是单方程模型而非结构式联立方程模型，没有把整个省的经济作为一个相互影响的系统来进行研究。本文的研究则弥补了这方面的不足，在理论上有其意义。同时，通过这一研究，将有助于建立福建经济的动态分析与预测系统，对提高福建省的经济预测水平、经济调控管理的科学性和准确性有所帮助。

　＊　本文原载于《东南学术》2008 年第 6 期，共同作者：王俊海、李鑫、卢盛荣。

二、福建省季度经济模型（FQEM）的基本框架

福建省季度经济模型（FQEM）依据支出法核算 GDP 的方式，从总需求的角度来刻画省域经济变量之间的相互关系，揭示外部经济波动对福建省经济影响的传导机制，以及分析开放经济条件下宏观经济政策（货币政策、财政政策等）的效应。它由四个基础模块组成：国内需求模块、进出口模块、省际流动模块及价格模块。连接 FQEM 四个基础模块的是三条主线：一是外部经济波动影响国内经济的传导渠道；二是内部政策效应的传导渠道；三是福建省与其他省份的传导渠道。FQEM 包括 17 个随机方程、7 个恒等式，可以进行 8 个季度含 24 个主要指标的预测与相关的政策模拟。[1]

（1）国内需求模块。国内需求模块由居民消费需求、政府消费和固定资本形成等行为方程组成，用于分析国内需求的决定机制及其对宏观经济的影响。假定政府消费支出为外生给定，课题组构建了居民总消费、固定资产形成总额以及进出口的随机行为方程。

我们首先利用当期和上一期的城镇居民人均可支配收入乘以总人口作为解释变量来构建居民总消费的随机方程；然后，利用居民总消费、上一期社会商品零售总额作为解释变量构建社会商品零售总额的随机方程。可比价固定资产形成总额方程中的解释变量是可比价固定资产投资资金来源总额。以上方程还包含了季节性虚拟变量。估计结果的显著性表明，居民消费、社会消费品零售总额以及固定资产形成具有明显的季度性波动。估计结果表明，固定资产投资资金来源总额每增加 1%，将导致固定资产形成总额平均增加 0.72% 左右。此外，我们还以固定资产投资资金来源总额以及季节性虚拟变量为解释变量构建了城镇固定资产投资完成额的随机方程。

（2）进出口模块。由于近年来福建省贸易顺差的构成正在发生变化，一般贸易顺差所占的份额在快速提高。因此，本文从贸易构成的角度来建立进出口行为方程，使其能够反映对外贸易构成的变化对福建省经济运行的影响。

在出口行为方程方面，分别对美国、欧盟、日本和中国香港这 4 个福建省对外出口的主要国家和地区，建立出口随机方程，以进口国（地区）实际 GDP、福建省对进口国（地区）相对消费价格指数作为解释变量。再利用对这

---

① 数据来源于国家统计局网站、福建统计局网站以及中经网统计数据库。

4 个经济体出口构建出口总额方程，并利用汇率和价格指数计算按人民币计算的出口总额。估计结果表明，福建省出口对美国 GDP 的平均偏弹性为 5.05%，对欧盟 GDP 的平均偏弹性为 8.87%，对日本 GDP 的平均偏弹性为 1.13%，对中国香港 GDP 的平均偏弹性为 0.64%。相比而言，福建省出口对欧盟 GDP 的平均偏弹性最高，美国次之，中国香港最小。因此，美国经济的衰退预期对福建省的不利影响有可能通过对欧盟出口的增加得到有效缓解。

在进口行为方程方面，以人民币实际有效汇率、福建省实际 GDP 和全国实际总进口为解释变量，构建实际总进口的随机方程。估计结果表明，福建省实际总进口对人民币实际有效汇率（滞后 7 期）的平均偏弹性为 0.95%，对福建省实际 GDP（滞后 6 期）的平均偏弹性为 0.47%，对全国实际总进口的平均偏弹性为 0.30%。这说明，福建省进口对实际有效汇率的变动富有弹性。

（3）区域流动模块。中国改革开放过程中的经济增长伴随着显著的区域不平衡。沿海省份通过引进外资，发展加工贸易，市场经济快速发展，工业化进程迅速，不断融入全球经济，经济增长较快，而内陆省份在市场发育、工业化进程和对外开放中则相对滞后，经济增长比较缓慢。增长的不平衡使中国各省份处于不同的发展阶段，但是，区域间经济是相互影响的。省际之间经济的相互影响是通过区域间商品和服务的流动而实现。为了研究方便，我们把各省份分为资源省份和加工省份两类，资源省份主要出口原材料到海外和加工省份。加工省份进口原材料和中间品，把他们加工成制成品，并出口给其他省份或国家。由于加工省份在加工产业上的优势，他可以用更高的价格从资源省份获得原材料，经过加工后创造出更高附加值的产品，并把它们卖到其他省份。所以高的价格可能导致这些省份高的区域净流出。加工省份实际区域流出受来自其他省份需求的影响，我们用国家水平上的 GDP 作为代理变量，此外，区域间的流入流出同时还受到国家价格水平对该省价格水平比率的影响。实际区域流入则由省实际 GDP 和该省对国家相对价格水平决定。[1] 由于福建省地处东南沿海，对外经济联系紧密，因此我们把它归为加工省份建立随机方程。[2]

（4）价格模块。价格模块包括 GDP 平减指数、居民消费价格指数和固定资产投资价格指数三个价格随机方程，旨在考察主要价格指数之间的相互关联

---

[1] Q. Gu, K. Chen. "A Multiregional Model of China and Its Application", Economic Modelling, 2005, Vol. 22, pp. 1020 – 1063.

[2] 由于省际流出数据无法获得，这里采用了谷和陈（Gu & Chen, 2005）的方法，采用校准得到福建省固定效应大小，然后利用估计的方程"预测"区域流出值。省际流入则根据 GDP 恒等式的残差获得。

性。用全国 GDP 平减指数与滞后 4 期的全国 GDP 平减指数之比、滞后 3 期固定资产投资价格指数与滞后 7 期的固定资产投资价格指数之比、当期居民消费价格指数与滞后 4 期的居民消费价格指数之比作为解释变量，构建 GDP 平减指数的随机方程。用滞后 1 期的居民消费价格指数与滞后 5 期的居民消费价格指数之比、当期固定资产投资价格指数与滞后 4 期的固定资产投资价格指数之比、当期 GDP 平减指数与滞后 4 期的 GDP 平减指数之比为解释变量构建居民消费价格指数的随机方程。用滞后 1 期的固定资产投资价格指数与滞后 5 期的固定资产投资价格指数之比、当期 M2 与滞后 4 期 M2 之比为解释变量、当期的全国固定资产投资价格指数与滞后 4 期的全国固定资产投资价格指数之比构建固定资产投资价格指数的随机方程。

三、基于 FQEM 的福建经济走势预测：2008～2009 年

（1）模型主要外生变量假定。在上述模型的基本框架下，基于福建省 2007 年经济的基本表现，本文设定了以下主要外生变量的假定。

首先，在人民币持续现有升值趋势的前提下，假设人民币汇率在 2008 年升值 10%，在 2009 年升值 3%，到 2008 年第四季度，人民币兑美元汇率将突破 6.65∶1，到 2009 年第四季度，将达到每一美元兑换 6.45 元人民币左右的水平。

其次，受美国次贷危机及国际原油价格高居不下的影响，2008 年世界主要经济体国家或区域经济增长速度预计将放缓。根据 IMF 2008 年 4 月所作的预测，假定 2008 年和 2009 年美国的经济增长速度将由 2007 年的 2.2% 下降到 0.5% 和 0.6%，欧盟的经济增长速度将由 2007 年的 2.7% 下降到 1.4% 和 1.2%，日本的经济增长速度将由 2007 年的 2.1% 下降到 1.4% 和 1.5%，香港的经济增长速度将由 2007 年的 6.3% 下降到 4.6% 和 4.7%。

再次，假定 2008 年贷款基准利率将不会再次提高。2009 年，由于外部经济环境不利影响将进一步加重，尤其是美国经济发展放缓带来的负面冲击，可能将迫使央行降低利率，以防止经济波动过大。假定 2009 年将有两次降息，幅度也分别为 0.18 和 0.27 个百分点。那么，作为反映市场供需的商业银行人民币贷款实际有效利率的具体变化趋势。

最后，根据厦门大学宏观经济研究中心《中国宏观经济预测与分析——2008 年春季报告》的预测结果，假设全国实际 GDP 在 2008 年增长 9.93%，

2009 年增长为 10.14%。① 2008 年、2009 年全国名义 GDP、GDP 平减指数以及人民币实际有效汇率等变量的外生假定同样来自该报告的预测。

（2）福建经济走势的主要预测指标。基于上述考虑，本文预测和分析了 2008～2009 年福建省经济运行情况以及相应的政策效应。2007 年福建省 GDP 实现了 15.1% 的高增长速度。2008 年，在国内经济增长速度小幅回落，人民币持续升值的背景下，模型预测，2008 年福建省 GDP 增长率将有所下降，为 14.8%。预计 2008 年四个季度的增长率将表现出倒 "U" 型的波动态势，GDP 同比增长率将分别为：13.5%、14.6%、15.9%、15.2%。进入 2009 年，GDP 增速可能小幅回升，全年保持在 14.9% 的水平（见表 1）。

表 1　　　　　　　　　2008～2009 年福建省主要经济指标增长预测　　　　　　单位：%

时间	GDP	城镇固定资产投资	固定资产形成总额	社会商品零售总额
	亿元（不变价）	亿元（现价）	亿元（现价）	亿元（不变价）
2008 年	14.8	28.4	31.1	11.1
2008Q1	13.5	26.5	32.0	12.8
2008Q2	14.6	27.7	32.8	12.0
2008Q3	15.9	26.1	30.9	9.1
2008Q4	15.2	33.3	28.5	10.4
2009 年	14.9	32.7	34.2	10.8
2009Q1	13.6	33.0	34.6	11.4
2009Q2	14.7	32.7	34.2	10.2
2009Q3	16.0	32.4	34.0	10.3
2009Q4	15.1	32.5	34.0	11.2

资料来源：课题组计算。

受国内宏观调控的影响，预计 2008 年全省固定资本形成总额增速将降至 31.1%，回落 7.6 个百分点。分季度来看，预计 2008 年第一季度投资增速依然有可能维持高增长水平，而在第三、第四季度有逐渐下降的迹象。但是，可能在 2009 年固定资本形成总额增速上出现反弹，为 34.2%。2008 年城镇固定资产投资增速有一定下降，为 28.4%，2009 年可能回升至 32.7%。

2007 年社会消费品零售总额实际增长 13.0%。模型预测，2008 年社会消费品零售总额增速将下降至 11.1%，2009 年进一步下降至 10.8%。分季度来

① 厦门大学宏观经济研究中心教育部文科重点研究基地重大研究项目"中国宏观经济季度模型（CQMM）"（05JJD790093）第四次发布结果。

看，2008 年社会商品零售总额增速将逐季下滑，尤其是下半年将会有明显下降；四个季度增长率分别为 12.8%、12.0%、9.1% 和 10.4%（见图1）。

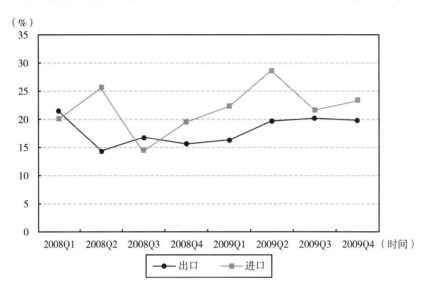

图1　2008～2009 年福建进出口增长预测

资料来源：课题组计算。

2007 年城镇居民人均可支配收入实际增长 10.1%。模型预测，2008 年城镇居民人均可支配收入增速将下降至 9.2%。分季度来看，2008 年城镇居民人均可支配收入增速将逐季上升；四个季度增长率分别为 7.8%、8.9%、9.9% 和 10.0%。2009 年城镇居民人均可支配收入增速将进一步下降至 8.9%。

2007 年，由于食品特别是粮食价格大幅上涨，居民消费价格指数一直呈上升趋势：同比上涨 5.2%。模型预测，2008 年价格水平将继续维持上升的趋势，CPI 涨幅预计将高达 6.5%，高出 2007 年价格上涨水平约 1.7 个百分点；四个季度的走势则呈现一路缓慢下滑然后又开始上升的态势，分别为 6.6%、6.4%、6.5% 和 6.7%。进入 2009 年，消费价格指数的涨幅走势还将继续小幅上升为 6.8%。

2007 年福建省出口增长 21%，进口增长 14.6%，贸易顺差比上年增加 55.60 亿美元，是三大需求中增速最快的。模型预测，受美国经济增长放缓、外部贸易环境恶化的影响，尽管 2008 年出口仍将增长，但是增长速度将比 2007 年减缓，与上年同期相比，以美元现价计算的出口增长速度将下降 4.0 个百分点，为 17.0%。预测结果表明，人民币汇率升值对出口的负面影响将继续显现。2008 年以美元现价计算，进口增速将上升至 19.9%，同比上升近 5.3 个百分点。预测结果表明，由于人民币升值，以人民币计算的国外产品价格相对降低，增加了对国外原料、能源等初级产品及设备进口的需求，导致进口增速上升幅度大于出口增速上升幅度（见图1）。

四、主要贸易经济体经济波动及人民币汇率升值对福建省经济运行影响的模拟分析

受2007年美国股市暴跌和房地产市场次级债券危机的影响，2008年美国经济增长可能放缓，欧盟经济的增长也将受到影响。世界经济的放缓将直接对福建省的出口产生影响。人民币汇率升值也将直接影响福建省的进出口。FQEM主要从进出口的角度来分析这一影响。

（1）传导机制。根据FQEM，美国、日本、欧盟和中国香港经济的放缓将会影响到这四个国家和地区内部的需求，从而影响福建省对它们的出口。福建省对这四个国家和地区出口的变动最后最终影响总出口。人民币升值同时也将影响福建的进出口，最后净出口的变动直接影响了GDP的变化。美国、欧盟、日本和中国香港经济对福建省经济影响的传导机制如图2所示。

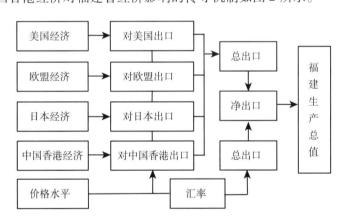

图2　主要贸易对象经济对福建省经济影响的传导机制

（2）FQEM的分析结果。根据FQEM的模拟结果，美国经济增长下降0.5%会导致福建省总出口（美元）下降1.0%，最终使福建省实际GDP增长率下降0.3%；欧盟经济增长下降0.5%将导致福建省对欧盟的出口（美元）下降1.8%，最终使福建省实际GDP增长率下降0.6%。日本或中国香港经济增长下降0.5%会导致福建省总出口（美元）下降0.6%或0.3%，但最终对GDP增长率的影响不明显。假设人民币2008年多升值3%，将导致总出口下降0.4%，最终使福建省GDP增长率下降0.5%。

五、主要结论

本文针对 2007 年福建省居民消费价格指数连续攀升，达到 5.2% 的较高水平（涨幅比上年提高 4.4 个百分点），以及受美国次贷危机及国际原油价格高居不下的影响，2008 年世界主要经济体国家或区域经济增长速度预计将放缓。从福建省经济是否能继续保持稳健的增长这一现实问题入手，利用福建省季度经济模型（FQEM）预测了 2008～2009 年福建省 GDP 的走势。模拟了在人民币短期加速升值假定下对经济增长率以及贸易顺差增长速度的影响。在此基础上，重点模拟分析了美国、欧盟、日本及中国香港经济对福建省经济运行的影响。主要结论有：一是假定 2008 年人民币升值幅度为 10%，其所造成的宏观紧缩效应将不是非常明显。2008 年福建省的 GDP 增长率将下降 0.3 个百分点，仍维持在 14.8% 的水平。到了 2009 年，人民币升值对 GDP 增长率的负面效应减弱，全年增长率将回升至 14.9%。二是美国经济短暂放缓对福建省的影响是有限的，一个重要原因是福建省出口对欧盟 GDP 的弹性很大，当美国经济短暂放缓时，如果欧盟的经济增长势头不减，可以通过加强对欧盟的出口抵消美国经济短暂放缓对福建经济运行的不利影响。三是 2008 年物价上涨将延续 2007 年通货膨胀的态势，并可能使这一态势在 2008 年得到进一步强化。

基于上述分析，本文提出在预期人民币大幅升值的前提下，福建省经济在 2008 年虽然仍可以继续维持高增长的态势，但增速将略有下降，必须充分重视短期内人民币快速大幅升值对宏观经济的负面影响。具体而言，在外部需求的带动下，出口有望维持一个较高的增长速度，但出口企业的成本压力也不可忽视。由于劳动力成本、原材料成本、环保成本同时上升，外部需求下降与成本上升的夹击使企业不堪负荷。因此，在国家实施从紧货币政策的同时，地方政府当局应当采取适当的财政政策，扩大内需，并运用产业政策，对应当予以鼓励支持的出口企业在研发等方面予以经费等方面的支持。在市场力量的作用下，2008 年人民币升值的趋势不断加强，导致进口增速大幅提高。同时，由于国内从紧的货币政策和 GDP，2008 年下半年投资需求速度可能会有所降低。因此，地方政府在进行经济运行调控时，就必须谨慎选择适当的政策工具和把握政策力度，既要保证省内经济平稳增长，又要减轻人民币升值紧缩效应对宏观经济的负面影响。一些可考虑的缓解人民币升值负面效应的政策可供参考，加大重视供给调整，把提升本省经济竞争力、增加有效供给能力、提高收入水平放在经济政策的首位。

参考文献

［1］刘巍：《对琼粤两省宏观经济运行状况的数量化比较分析》，载《海南金融》2004年第8期。

［2］孙丹、冯文斌：《多部门动态模型与"十一五"规划指标预测》，载《价值工程》2005年第12期。

［3］曾宪龄、孙永杰：《省级经济计量模型的建立与预测分析》，载《东北大学学报（自然科学版）》1999年第5期。

新古典方程与结构主义方程的经济增长因素分析

——以福建为例的比较研究*

一、引言

经济增长根源的分析,虽然为丁伯根(Tinbengen,1942)所开创,但是索洛(Solow,1957)的研究似乎更有影响。在中国,目前为止对增长的因素分析,基本上是运用索洛余值法。可是,索洛余值法的基础模型——新古典增长方程是一个建立在一系列严格前提假定下的理论模型,[①] 将高度抽象的理论模型直接用于分析现实经济增长因素,可能导致重大误差。D. W. 乔根森(D. W. Jorgenson)指出,索洛关于投资的定义仅限于有形资产,忽略了不同类型劳动投入间的替代,从而明确地否定了人力资本投资。而且,索洛将有形资产的贡献视为资本存量的增加,从而忽略了不同类型的资本投入间的替代。结果索洛把美国经济增长的一切都归因于生产率"余值"的增长。D. W. 乔根森和 Z. 格瑞切斯(Z. Griliches)等通过细分资本和劳动的类型,并按照它们的收益进行加权,对增长的因素进行分析,结论与运用索洛余值法的大相径庭。D. W. 乔根森对战后美国经济增长研究结论是:人力资本和非人力资本投入是增长的主要根源,而生产率的作用却是次要的。1948 ~ 1979 年,美国每年资本投入和劳动投入对 3.4% 的年平均产出增长的贡献是 2.6%,即这两项投入占产出增长的 3/4 还多。同期,生产率提高的贡献平均每年仅为 0.81%,占产出增

* 本文原载于《中国经济问题》2002 年第 3 期,共同作者:高鸿桢、聂晶、杨德明。

① 新古典经济增长方程前提假定的严格数学表述,请参见龚六堂编著《经济增长理论》(武汉大学出版社 2000 年版)。

长的 23.68%。钱纳里（Chenery，1986）认为，新古典的传统观点认为，国内生产总值增长是资本积累、劳动力增加和技术变化长期作用的结果，这是在竞争均衡的假设条件下发生的。现实经济生活并非如此，尤其是在发展中国家，资源配置常常不是最优的，劳动力和资本在国民经济不同部门的收益率存在着差距，由于存在着资源的非均衡配置，因此，增长在相当程度上表现为资源的优化配置和生产结构的转变。劳动和资本从生产率较低的部门向生产率较高的部门转移，是加速增长的重要因素。根据这一观点，不少经济学家对大样本国家进行回归分析，考察结构变量在说明增长率时的意义。其结论与新古典方程有较大差距。①

本文以 1978～1999 年的福建经济增长为对象，分别运用新古典方程和结构主义方程进行计算，比较分析对同一增长过程的不同计量解释。

二、运用新古典方程的经济增长因素分析

表 1 是福建 1978～1999 年的经济增长及要素投入的有关数据。

表 1   **1978～1999 年福建经济增长及要素投入**

年份	GDP（亿元）	增长率（%）	资本形成总额 K（亿元）	全社会从业人员数 L（万人）
1978	66.37	—	13.25	924.41
1979	74.11	11.66	16.35	953.71
1980	87.06	17.47	19.70	963.72
1981	105.62	21.32	19.64	1001.74
1982	117.81	11.54	23.36	1027.96
1983	127.76	8.45	28.71	1056.72
1984	157.06	22.93	33.51	1101.82
1985	200.48	27.65	45.16	1152.09
1986	222.54	11.00	61.19	1188.93
1987	279.24	25.48	73.76	1237.74
1988	383.21	37.23	84.36	1281.07
1989	458.40	19.62	90.45	1301.81
1990	522.28	13.94	108.02	1348.38

---

① H. 钱纳里等：《工业化和经济增长的比较研究》，上海三联书店 1989 年版，第 2 章。

年份	GDP（亿元）	增长率（%）	资本形成总额 K（亿元）	全社会从业人员数 L（万人）
1991	619.87	18.69	143.21	1436.50
1992	784.68	26.59	198.45	1489.61
1993	1128.29	43.79	349.64	1531.42
1994	1675.66	48.51	553.97	1553.57
1995	2145.92	28.06	716.17	1567.10
1996	2560.05	19.30	863.75	1594.36
1997	2974.50	16.19	981.45	1613.41
1998	3286.56	10.49	1145.35	1621.87
1999	3550.24	8.02	1184.84	1630.85

资料来源：根据《福建统计年鉴（2000）》有关数据整理。

为了比较，首先运用新古典方程对福建经济增长因素进行分析。我们用全社会从业人员数作为劳动力 L 的度量，用全社会资本形成总额作为资本 K 的度量。对表1中的数据进行回归，结果如下：

Method：Least Squares
Dependent Variable：LnY
Sample：1978～1999
Included observations：22

Variable	Coefficient	Std. Error	t-Statistic	Prob.
C	−7.826736	2.055398	−3.807893	0.0012
$\ln L$	1.453738	0.315631	4.605818	0.0002
$\ln K$	0.699306	0.041256	16.95046	0.0000
R-squared	0.997562	Mean dependent var		6.105092
Adjusted R-squared	0.997306	S. D. dependent var		1.342790
S. E. of regression	0.069702	Akaike info criterion		−5.200935
Sum squared resid	0.092308	Schwarz criterion		−5.052157
log likelihood	28.99364	F-statistic		3887.387
Durbin-Watson stat	0.740779	Prob（F-statistic）		0.000000

写成方程为：

$$\ln Y = -7.826736 + 1.453738\ln L + 0.699306\ln K$$

$$(4.61) \qquad (16.95)$$

L 和 K 的弹性分别为 $\alpha = 1.453738$，$\beta = 0.699306$，为满足规模效益报酬不

变的假设，将系数归一化：

$$\alpha' = \frac{\alpha}{\alpha + \beta} = 0.675201, \beta' = \frac{\beta}{\alpha + \beta} = 0.324799,$$

Y 的增长率 $YG = Y_1/Y_0 - 1$，用同样方法得出 L 和 K 各自的增长率 L_G 和 K_G，进而算出"技术进步率"：

$$m = Y_G - \alpha' \times LG - \beta' \times K_G$$

"技术进步贡献率"和各要素贡献率由以下公式计算得：[①]

"技术进步贡献率" $= m/Y_G$，平均数为 54.63%；

资本投入贡献率 $= \alpha' \times L_G/Y_G$，平均数为 35.06%；

劳动力投入贡献率 $= \beta' \times K_G/Y_G$，平均数为 10.31%。

按照索洛余值法计算，1978~1999 年，对福建的经济增长贡献最大的因素是"全要素生产率的提高"或"科技进步对经济增长的贡献率"，达到 54.63%；资本投入的贡献次之，为 35.06%；劳动投入的贡献最小，仅 10.31%。

从福建经济的实际情况看，劳动投入对增长的"贡献率"较小，资本投入的"贡献率"较大，是可以理解的。因为，至今为止，福建仍然是劳动力供给过剩经济，劳动力对增长的边际贡献率可以视同为 0；资本仍是福建最缺乏的生产要素之一，因此，每一个单位的新增资本投入，都会产生相当高的边际报酬。资本投入对福建经济增长的较高贡献率，从福建这 20 年来投资增长率与经济增长率之间的高度相关性也能得到验证。然而，"科技进步"是对福建经济增长贡献率最大的因素的说法似乎与实际情况存在较大差距。

众所周知，1978~1999 年，是中国从高度集权、封闭的计划经济逐步对外开放，向市场经济转轨的 22 年。福建作为沿海开放省份，对外开放程度、市场化速度，都相对高于内陆省份。从高度集中、封闭、自给自足的计划经济转向对外开放、积极参与国际经济分工与竞争的市场经济，必然产生产业结构的重大变化。在计划经济条件下，由于封闭和自给自足，一些在本国没有比较优势的产品，必须自给自足，因此往往以远远高于国际市场的资源消耗水平进行生产，而那些本国资源丰富，生产上有强大比较优势的产品，由于缺乏市场需求，无法充分利用优势资源生产。因此，实行计划经济，必然造成像中国这样的发展中国家产业结构的虚高度化，即由于封闭经济，因此必须以比在正常国际分工条件下高得多的成本，超越本国经济发展水平，建立起一批生产成本高

---

① 严格意义上说，通常所说的包括要素投入在内的解释变量"对经济增长的贡献率"应当被称为这些解释变量对被解释变量的"统计解释率"。

于国际水平的资本密集型产业，而大量丰富的劳动力资源却因资源配置的扭曲而得不到充分利用。封闭的计划经济条件下的产业结构虚高度化，在经济上造成了两个后果：（1）资源配置与资源结构错位，造成资源的非充分利用，使实际社会生产水平低于社会生产可能边界，从而降低了社会福利水平；（2）由于资源配置扭曲，产业结构虚高度化，技术与资本的相对密集投入没有得到相应的产出回报。对外开放与经济市场化，从资源配置角度看，同时也是一个根据市场均衡法则和国际经济分工和竞争原则，按照资源的比较竞争优势优化产业结构的过程，因此，必然要逐步纠正长期计划经济所形成的资源配置扭曲。那些超越了经济发展水平的资本密集型、技术含量较高的产业，生产成本远远高于国际水平，往往因开放，面临国外较低成本同类产品的激烈竞争，陷入困难，市场萎缩，在 GDP 中的产出份额逐渐下降，而过去未能充分利用的劳动力资源，由于价格低廉，生产的劳动密集型产品在国际市场上有强大的比较竞争优势，因开放而迅速发展，在 GDP 中的产出份额迅速增加。这种因对外开放和市场化使原来虚高度化的产业结构逐渐回归市场竞争均衡状态的过程，可能会产生一种看来是难以成立的经济现象：就整个经济而言，这个时期的增长率和效率提高的主要原因不是技术投入增加，设备平均技术含量提高，而是资源配置的调整，充分利用了既有资源。福建近 20 年的经济发展，基本上如此。显然，这与运用新古典方程的计算结果——技术进步是增长的最大贡献因素——不一致。

三、运用结构主义方程的经济增长因素分析

D. W. 乔根森指出，即使在美国，资源在部门间重新分配也会对总量生产率产生影响。[①] 而在发展中经济，资源在不同部门之间的收益率差异就更大。因此，与新古典方程相比，钱纳里的结构主义方程更接近中国现实经济情况。

（一）影响因素及指标的选择

运用结构主义方程分析福建 GDP 增长，首先必须确定影响福建经济增长的主要因素。1978～1999 年，是福建从计划经济走向市场经济，从封闭经济走向

① D. W. 乔根森：《生产率：战后美国经济增长》，中国发展出版社 1999 年版，第 9 页。

开放经济的重要时期，在该期间，影响增长的因素，主要有：（1）投资的增加；（2）就业的增加；（3）技术水平的提高；（4）劳动者素质的提高；（5）出口的增加；（6）资源在部门间的再配置。[①] 这些因素的经济学定义虽然比较明确，但是，找到比较确切地反映它们的统计数据，却比较困难。在现有统计数据中，我们几经筛选，用下列指标作为这些因素的数量表现。

（1）资本：全社会资本形成总额。这个指标作为资本投入，存在的问题是：①不同时期的资本形成价格不同，同样的资本形成额，所代表的实际生产力不同；②不同时期形成的资本，是按原值加总计算的，扣除折旧之后，其资本价值不同；③资本在不同时期的有效利用率不同，而对增长起作用的，不是资本总量本身而是被有效利用的部分。

（2）劳动：全社会从业人员数。这个指标作为劳动投入，存在的问题是：对增长产生作用的是实际投入的劳动数量而不是劳动者数量，两个指标的差异在于：①不同年份，劳动者的法定劳动天数及时数可能发生变化；②劳动者实际劳动天数、每天有效劳动时数与法定劳动天数、时数之间存在差异。乔根森曾指出，对劳动缺乏认真核算导致了对于投入的增长和生产率相对重要性十分错误的判断。例如，在 1960 ~ 1973 年，所有 5 个欧洲国家的工作时数的增长均是负值或零，而劳动投入的度量都显示是正值。[②]

（3）资源再配置：资源再配置可以从两个角度衡量。一是劳动力。我们用农村劳动力向非农业转移的数量来度量劳动资源从低生产率部门向高生产率部门转移，显然这个数据仅仅度量了部分农村劳动力向非农产业的转移。因为，它没有包括外省农村劳动力的流入，也没有反映非农产业不同部门之间的劳动力流动。二是资本。我们用乡镇企业投资额度量资本在不同部门之间的流动。它存在的问题是：①仅仅度量了农业资本向非农产业的转移；②这个度量假定乡镇企业的投资来自农业积累。

（4）教育：由于统计资料限制，衡量劳动力素质（劳动者受教育水平）有一定困难。仅仅使用少数年份人口普查数据推算二十年的数据未免误差太大，不能反映现实情况。我们用普通高等院校当年毕业生人数或企事业单位专业技术人员数近似地度量劳动力素质的提高，当然，这里也存在一定的假定性。

---

① 当然，最大的影响因素是体制改革与对外开放，但是，这里列举的是可以运用统计数据表现的影响因素，体制改革与对外开放作为制度性因素，难以用现存统计数据予以比较恰当的反映，它的作用，相当程度上体现在我们列举的这些因素之中。

② D. W. 乔根森：《生产率：经济增长的国际比较》，中国发展出版社 1999 年版，前言，第 7 页。

（5）出口：当年出口总额。之所以用出口总额而不是净出口额，是因为通过该指标试图测定的是资源在不同部门之间转移对增长的贡献。出口总额比净出口额更确切地反映了资源的部门间配置调整。这个指标也存在一定缺陷和假定。比方说，假定福建省出口都是本省生产的产品，本省出口产品都统计为福建的出口。

从经济学定义到相应的统计表现之间就存在一定差异，受限于统计数据的可获得性，这种差异不能不进一步扩大了。这使得我们的计量分析建立在一定假设基础上，在一定程度上造成了统计回归结果的不理想以及结论的不确定性。

（二）方程

比较新古典方程与结构主义方程，可知后者实际上是前者的扩展：

$$Y = A X_1^{\alpha_1} X_2^{\alpha_2} X_3^{\alpha_3} \cdots$$

同样取对数得

$$\log Y = \log A + \alpha_1 \log X_1 + \alpha_2 \log X_2 + \alpha_3 \log X_3 + \cdots$$

其中，Y 为 GDP，解释变量 X_i 为影响 GDP 增长的各因素。

回归方法依然是 OLS 方法，各要素的贡献率的计算过程也一样，不再赘述。

（三）回归结果

由于分析的时序数列较短（仅 22 个时序数据），也由于前述指标选取上存在的问题，无法得到一个将上述所有变量（新古典变量和结构变量）都纳入而且通过统计检验的方程。经反复筛选，只得到如下几个部分纳入这些解释变量而且拟合效果较好的方程。

方程一：

$$\ln Y = -6.124404 + 1.204410 \ln L + 0.713433 \ln K + 0.050843 \ln D$$
$$(3.66) \qquad (17.91) \qquad (1.80)$$

其中，$n = 21$，$R^2 = 0.998$，$F = 2895$，$DW = 1.05$，取 $\alpha = 0.1$，$t = 1.717$。L 表示劳动投入；K 表示资本投入；D 表示教育。统计变量是"福建省普通高等学校当年毕业生数"，用它是考虑每年高校毕业生数可以在一定程度上代表劳动者因受教育而产生的劳动力素质提高。

根据方程一，计算出劳动投入、资本投入、教育对增长的"贡献率"（见表2）。

表2 　　　　　　　　　　　L、K、D 对 GDP 的影响

指标	与 GDP 的相关系数	对 GDP 增长的"贡献率"（%）	对 GDP 增长的"贡献率"（新古典方程,%）
"技术进步"	—	44.87	54.63
劳动力 L	0.847	9.34	10.31
资本 K	0.998	39.12	35.06
教育 D	0.734	6.67	—

可以看出，与新古典方程的回归结果相比，加入教育因素以后，资本对增长的"贡献率"反而上升了，从 35.06% 上升到 39.12%，而劳动投入的"贡献率"却下降了，但是资本和劳动投入对增长的总体解释率是上升的，解释了增长的 48.46%。在新古典方程中它们仅仅解释增长的 45.37%，加上教育的解释份额 6.67%，剩下不能解释的余额也即通常所说的"技术进步对经济增长的贡献率"则下降了近 10 个百分点（54.63% − 44.87% = 9.76%）。

方程二：

$$\ln Y = -5.514682 + 1.141224\ln L + 0.614261\ln K + 0.049424\ln D + 0.130739\ln R$$
$$\qquad\qquad\quad (3.53)\qquad\quad (7.74)\qquad\quad (1.79)\qquad\quad (1.43)$$

其中，$n = 22$，$R^2 = 0.998$，$F = 2298$，$DW = 1.07$，取 $\alpha = 0.2$，$t = 1.333$。L、K、D 的定义与方程一相同；R 表示全社会固定资产投资额中城乡集体投资部分（亿元）。[①]

根据方程二，算出劳动投入、资本投入、教育和资源配置（资本）对增长的"贡献率"（见表3）。

表3 　　　　　　　　　　L、K、D、R 对 GDP 的影响

指标	与 GDP 的相关系数	对 GDP 增长的"贡献率"（%）	对 GDP 增长的"贡献率"（新古典方程,%）
"技术进步"	—	42.37	54.63
劳动力 L	0.847	9.01	10.31
资本 K	0.998	34.26	35.06
教育 D	0.734	6.70	—
资源再配置（资本角度）R	0.988	7.66	—

---

① 由于缺乏福建省改革开放二十年来乡镇企业投资额的系列数据，我们用"全社会固定资产投资中的城乡集体投资部分"这一指标代替，该指标虽然统计对象是城乡集体投资，但是其中城镇集体投资所占比例相当小，因而可以近似地衡量资本自农业向非农业转移这一资源配置因素的作用。

　　方程二说明资源配置对增长有着重要作用。资本从农业向非农业的转移对 GDP 增长的贡献率大于教育。同时，技术进步"贡献率"进一步降低，与新古典方程的"技术进步贡献率"相比，降低近 12 个百分点。这可以理解。因为，无论是新古典方程还是结构主义方程，所谓"技术进步"都是方程中不能由 L、K（新古典方程）或其他因素（结构主义方程）解释的增长余值。随着增长方程中解释变量增加，GDP 增长中不能被解释的部分当然不断减少，"技术进步率"也就不断下降。可以推断，如果更多因素被考虑进去，"技术进步对经济增长的贡献率"还将进一步下降。

　　方程三：

　　我们在方程二中加入出口 E 时，发现它与劳动力 L 有相当强的共线性，考虑到劳动力 L 的"贡献率"较小（在方程二中为 9.01%）；出口对福建 GDP 增长的作用大，不可忽视；此外，原有衡量劳动力受教育程度的普通高等学校当年毕业生数 D 与出口 E 也有一定的共线性，我们代之以另一个度量教育的指标 D_1（企事业单位专业技术人员数）；回归结果显示 D_1 比 L 的解释能力更强，又由于企事业单位专业技术人员数 D_1 包含在全社会从业人员数 L 内，两者有一定的联系（如 D_1 和 L 以相近比例增长），我们用 D_1 替换 D，最后得到方程如下：

$$\ln Y = -0.295851 + 0.435861\ln K + 0.179871\ln R + 0.199675\ln E + 0.082421\ln D_1$$
$$(4.51) \qquad (2.13) \qquad (4.43) \qquad (1.75)$$

其中，$n = 21$，$R^2 = 0.999$，$F = 3467$，$DW = 0.94$。当 $\alpha = 0.1$ 时，$t = 1.72$。K、R 的定义如前；E 表示出口；D_1 表示企事业单位专业技术人员数（人）。

　　方程三的计算结果如表 4 所示。

表4　　　　　　　　　　K、R、E、D_1 对 GDP 的影响

指标	与 GDP 的相关系数	归一化后对 GDP 增长的"贡献率"（%）	未归一化时对 GDP 增长的"贡献率"（%）	对 GDP 增长的"贡献率"（新古典方程，%）
"技术进步"	—	−18.45	0	54.63
劳动力 L	—	—	—	10.31
资本 K	0.998	52.41	44.25	35.06
资源再配置（资本）R	0.988	22.73	19.19	—
出口 E	0.990	36.10	30.48	—
教育 D_1	0.755	7.21	6.08	—

　　从方程三可以得出一些新结论。（1）尽管对增长的解释变量增加了，但是

资本投入和资源再配置的解释力却不减反增，资本投入解释了一半左右的增长。（2）如果把资源再配置和出口都视为资源再配置——前者是资本投入的部门间调整，后者是国外需求引起的生产结构变化，那么，资源再配置对福建经济增长的"贡献率"就达到了50%左右。（3）我们曾把劳动投入作为解释变量之一列入方程，但是回归结果是，劳动投入变量对增长的解释没有统计意义，因而被剔除了。如何解释劳动投入变量从增长方程中被剔除的现象？纵观本研究得出的新古典方程和各个结构方程，可以发现，在这些方程中，劳动投入变量对解释经济增长即使存在统计意义（新古典方程、结构方程一、方程二），其解释率也较低，当出现了新的更有力的解释变量时，它就被替代了（结构方程三、方程四）。这说明，在福建经济增长中，劳动投入的解释力有限。（4）出现了负的"技术进步贡献率"。这是因为在方程三中，各个因素的弹性 α_i 值之和小于 1，其经济含义是福建经济发展存在着规模效益递减现象，而计算技术进步率时，为了符合规模效益不变的前提假定，将其归一化，强制 $\sum \alpha_i = 1$，这样就把实际规模效益递减部分算入了技术进步，从而造成了"技术进步贡献率"为负的结果。这一结果看上去似乎与常理相悖，因为它与通常所认为的，随着经济增长，技术的作用越来越大，技术一直在进步的基本观点背道而驰。但是，考虑新古典方程以及结构主义方程的前提假定，所用的统计指标与要体现的经济概念之间的差异，以及福建这 20 余年来经济发展的具体情况，尤其是产业结构从虚高度化逐步过渡到市场竞争均衡的现实，这种计算结果未必不合理。

方程四：

资源再配置，通常可以从资本和劳动力两个角度考察。一方面是资本从农业部门向非农产业转移的资源再配置效应，在方程二和方程三中已经得到印证。另一方面是劳动力在不同部门间的流动。现阶段，中国还是劳动力剩余经济，在农业部门中尤其存在着大量的剩余劳动力。福建地少人多。改革开放前，沿海地区农业劳动力就严重过剩，闽西北山区在改革开放之后，也逐渐产生了相当部分的过剩农业劳动力。因此，20 年的改革开放和工业化过程，使大量以前被束缚在农业中的农村剩余劳动力转到非农业部门就业。这种转移优化了劳动力资源的配置，提高了这些劳动力的边际生产率，是促进福建经济增长的一个重要因素。我们用从事非农业生产的农村劳动力 R_1 来度量农业劳动力资源的再配置，经多次筛选，得到如下方程：①

---

① 由于缺乏完整的时序统计数据，1978～1984 年的从事非农业劳动的农村劳动力数据经拟合得到。

$$\ln Y = 0.176337 + 0.580747\ln K + 0.107201\ln R_1 + 0.183841\ln E$$
$$(10.46) \qquad (2.93) \qquad (4.15)$$

其中，$n = 21$，$R^2 = 0.998$，$F = 3770$，$DW = 0.90$。当 $\alpha = 0.05$ 时，$t = 2.08$。

方程四的计算结果如表 5 所示。

表5　　　　　　　　　　　K、R_1、E 对 GDP 的影响

指标	与 GDP 的相关系数	归一化后对 GDP 增长的"贡献率"（%）	未归一化时对 GDP 增长的"贡献率"（%）	对 GDP 增长的"贡献率"（新古典方程,%）
"技术进步"	—	−18.94	0	54.63
劳动 L	—			10.31
资本 K	0.998	71.91	60.46	35.06
资源再配置（劳动力角度）R_1	0.888	12.80	10.76	—
出口 E	0.990	34.23	28.78	—

在这个方程中，有几点值得注意：（1）资本投入对增长的"贡献率"进一步提高，达 70% 以上；（2）出口对增长的"贡献率"比较稳定，与方程三大致持平；（3）与前面三个方程一样，我们也曾把劳动投入变量纳入方程，但是，回归结果是劳动投入增长对经济增长的"贡献率"没有统计意义，但是劳动力再配置对增长却有重要影响，即使是按照归一化之后的"贡献率"计算，也比新古典方程中的劳动投入"贡献率"更高；（4）"技术进步"对 GDP 增长的"贡献率"仍为负值。

四、结论

比较新古典方程和结构主义方程对 1978～1999 年福建经济增长的因素分析结果，可以得出几个初步结论：

（1）增长是一个相当复杂的经济过程，存在着多种作用因素。它们在不同国家的不同时期，作用不同。新古典方程是对经济增长最简单的模拟。只有在完全竞争市场的严格假定之下，作用增长的因素才可以抽象为资本、劳动力和全要素生产率或技术进步率。在现实中，不存在这样的经济。即使是市场经济高度发达的美国，部门要素报酬率也不同，存在着资源再配置空间。对于市场发育程度较低的发展中国家，新古典方程的假定距离现实更远。

（2）运用统计回归方法计算的新古典方程或结构主义方程的各项参数，

经济含义大不相同。劳动投入、资本投入以及其他各个结构变量的弹性系数 α_i，以及因此算出的这些因素对增长的"贡献率"，实际上只是说明在一定统计参数保证下这些解释变量在统计上对被解释变量——GDP 增长率的解释率，它们可以被理解为对增长的贡献率，不取决于统计参数，而取决于这些指标与 GDP 增长率之间的内在经济联系。劳动投入、资本投入以及其他各个结构变量对增长的作用，是迄今为止的经济分析共同承认的，因此，尽管在有的方程中，一些重要变量对增长的影响没有统计意义，原因是多方面的，如指标选择不当，统计数据质量低，等等，并不因此可以否认这些变量对增长的作用。但是，"科技进步对经济增长的贡献率"，实际上是方程的被解释变量无法被现有解释变量解释的剩余部分，因此，把它认定为"科技进步对经济增长的贡献率"是很不可靠的。因为，现有解释变量无法解释，不等于其他未列入变量无法解释。在统计分析中，只要无法将技术进步像资本投入、劳动投入那样定义为一个确定的解释变量，无法将夹杂在技术进步或者要素生产率中的其他因素分离出来，科技进步仍然是不可解释的余量的一部分，那么这个部分就不宜称之为技术进步对经济增长的贡献率，只能冠之以现有变量不可解释的余量。

（3）由于统计指标与所对应的经济概念之间的差距，统计数据质量等问题，本研究运用结构主义方程对 1978～1999 年福建经济增长的因素分析没有取得理想的结果——至少，没有拟合出一个包括全部结构变量的增长方程，但是，从得出的四个方程中已经可以得出一些值得注意的政策性结论：

① 资本投入是 20 年来福建经济增长最重要的影响因素。在回归的 5 个方程中，资本投入对增长的解释率最低达到 34.26%，最高曾达到 70% 以上，平均水平是 46.55%。投资对福建经济增长的作用，从这 20 年来，投资增长率与经济增长率的高度相关性，外商直接投资对福建经济增长的作用上也可以明显地得到佐证。[①]

② 劳动投入对增长的解释能力相对较低。在 5 个方程中，最高的是新古典方程，达 10.31%，而在加入结构变量之后，与资本投入不同，劳动投入对增长的解释率是下降的，有两个方程居然出现了被其他变量挤出方程的情况。这种情况，不是我们首次得出的。钱纳里等对多国经济增长进行回归时，在一些发展中国家的样本中，就出现了类似情况。[②] 劳动投入对增长的解释率低，并

[①] 我们也曾将外商直接投资列为解释变量，但是，由于外商投资与资本形成总额 K 之间存在着相当强的共线性，因此没能得出通过统计检验的方程，分离出外商投资对增长的贡献份额。

[②] H. 钱纳里等:《工业化和经济增长的比较研究》，上海三联书店 1989 年版，第 46 页。

不说明劳动对福建经济增长的作用低。劳动密集型产业在福建至今仍有重要地位，劳动密集型产品仍然是福建最有国际竞争力的产品。[1] 劳动投入对增长的解释率低，说明由于劳动要素相对于资本要素是富余的，因此，劳动的边际报酬率低。这充分说明了福建至今仍然是劳动力剩余经济。

③ "技术进步对福建经济增长的贡献率"无法确认。就一般经济学意义而言，技术进步，要素生产率的提高对增长的重要性无可否认。但是，具体到对特定地区特定时期经济增长的贡献，则需要专门研究方能下判断。从我们的研究可以得出的结论是：按照索洛余值法测定的"技术进步对经济增长的贡献率"，不是经济学含义上的技术进步对 GDP 增长的贡献比重，而是一个不能被劳动和资本两大因素解释的剩余量，在引入更多解释变量分析 GDP 增长之后，这个剩余量减少，甚至出现了负数。这说明将资本和劳动这两大因素不能解释的经济增长部分都归因于技术进步是不恰当的。按照索洛余值法测定的"技术进步贡献率"在高度假定的理论模型中或许有意义，但是，对于现实经济，尤其是发展中经济，没有现实意义和政策含义。

④ 加入结构变量（资本再配置、劳动力再配置、出口、教育）的各方程计算结果说明，福建经济的部门收益率还存在显著差异，也就是说，优化资源配置是释放福建经济增长潜力的重要方面。各个结构变量中，出口影响最大，其次是资本再配置。在资本是稀缺生产要素的情况下，优化资本配置的边际报酬率当然比较高。劳动力资源再配置的边际报酬率较低，是与劳动力资源相对富余联系在一起的。值得注意的是，如此富裕的劳动力资源也存在着如何优化配置问题，在结构方程三、方程四中，虽然劳动力投入对经济增长的解释没有统计意义，但是，劳动力再配置在方程四中却解释了增长的 12.80%，这提示我们，即使是在劳动力剩余经济中，调整劳动力在不同部门的投入也是促进增长的重要因素。对劳动力再配置和资本再配置对增长影响的回归结论验证了 20 年来农村工业化进程对福建经济增长具有重要促进作用的观点。

以上四点，实际上都验证了一个重要事实：尽管福建最近 20 年来经济迅速增长，但是，仍然是一个比较典型的发展中经济体。资本严重不足，劳动力大量过剩仍然是福建经济最大特征和限制条件，它不能不成为决策当局考虑福建经济发展政策的现实基础与出发点。

---

[1] 张明志、李文溥：《开放经济的出口竞争力产业间转移与产业结构演进》，载《中国经济问题》2001 年第 2 期。

参考文献

［1］龚六堂：《经济增长理论》，武汉大学出版社 2000 年版。

［2］D. W. 乔根森：《生产率：战后美国经济增长》，中国发展出版社 1999 年版。

［3］D. W. 乔根森：《生产率：经济增长的国际比较》，中国发展出版社 1999 年版。

［4］H. 钱纳里、S. 鲁宾逊、M. 塞尔奎因，《工业化和经济增长的比较研究》，吴奇等译，上海三联书店 1989 年版。

［5］罗季荣、李文溥：《社会主义市场经济宏观调控理论》，中国计划出版社 1995 年版。

［6］张明志、李文溥：《开放经济的出口竞争力产业间转移与产业结构演进》，载《中国经济问题》2001 年第 2 期。

［7］J. Tinbergen，"On the Theory of Trend Movements"，Amsterdam：North-Holland，1959，pp. 182 – 221.

［8］R. M. Solow，"Technical Change and the Aggregate Production Function"，Review of Economics and Statistics，1957，Vol. 39，No. 3，pp. 312 – 320.

福建省经济增长因素分析*

改革开放以来，福建省经济增长速度一直较快。1986～1998 年 GDP 的增长速度（当年价）基本都在 20% 以上，1994 年甚至达到 48.2%，然而，自1996 年以来，福建省经济增长速度不断下滑，其中 1997 年 GDP 的增长速度为16.09%，1998 年 GDP 的增长速度为 10.85%，1999 年 GDP 的增长速度为9.8%。很多学者认为，东南亚金融危机所导致的出口增速下滑是造成这几年来经济增长乏力的主要原因。但是在东南亚各国经济复苏之后，广东、浙江各省经济增长恢复很快，而福建省则相对较慢，2000 年 1 月至 4 月工业增加值比增甚至低于全国平均水平。由此可见，仅从外部环境来解释福建省近几年来的经济增长速度下滑是缺乏说服力的，必须深入细致地对影响福建省经济增长的因素特别是结构因素进行分析，找出影响福建省经济增长的内生变量。

一、理论分析

关于影响经济的增长因素存在两种不同的观点。新古典的传统观点认为，国内生产总值是资本积累、劳动力增加和技术变化长期作用的结果，这是由于竞争均衡的假设条件下，需求变化和部门间的资源流动被认为是相对不重要的，因为所有部门的劳动和资本都能带来同样的边际收益。结构主义的观点则认为，经济增长是生产结构转变的一个方面，生产结构的变化应适应需求的变化，应能更有效地对技术加以利用。在预见力不足和要素流动有限制的条件下，结构转变极有可能在非均衡的条件下发生，在要素市场上尤其如此。因

＊ 本文是福建省计委委托的"福建省经济增长因素分析"课题的研究报告。课题负责人：李文溥；课题组成员：林新、尚琳琳、周海、陈巍。

此，劳动和资本从边际生产率较低的部门向边际生产率较高的部门转移，能够加速经济增长。其实这两种观点恰恰揭示出发达国家与发展中国家的区别。对于发达国家而言，市场发育比较健全，各部门发展比较均衡，生产率不存在显著差异，因而经济增长主要表现为资本、劳动投入的增加和技术变化长期作用的结果；而对于发展中国家而言，由于市场体系不健全，要素在各部门之间的流动还存在不同程度的限制，因而各部门之间的边际生产率存在较大差异，从而资源在各部门之间的流动会带来经济的加速增长。因此，对于福建省这种尚处于工业化进程中的发展中经济而言，对其经济增长因素进行分解，就必须考虑到资源再配置的作用。这是因为，一方面如果这种结构转变的步子太慢，或者管理效率不高，可能阻碍经济增长；另一方面，如果它改善了资源配置，就可以促进增长。本文主要分析供给方面。从供给方面进行考察，经济增长因素可以从以下三个方面进行分解：

（1）主要投入的变化：资本积累或就业增加。

（2）部门内部要素利用效率的增长，即全要素生产率的增长。

（3）各部门之间的资源再配置。

具体的计算方法与步骤如下。

对于第一方面增长因素的分解需要计算资本投入和劳动投入的增长率，第二方面的经济增长因素即全要素生产率需要根据经济增长方程进行推算。推导过程如下。

在每一个部门里，在资本和劳动规模收益不变的条件下，产出是根据不同的生产函数来确定的。在这里，我们采用不对生产函数的形式加以假设的最广泛的总量生产函数形式：

$$Q = F(K, L, t) \tag{1}$$

其中，Q 表示产出，K 表示资本投入，L 表示劳动投入，t 表示时间。在技术进步为希克斯中性的假设下，生产函数可以表示为：

$$Q_t = A_t F(K_t, L_t) \tag{2}$$

对该式求时间的导数，然后以 Q 除以该式，就可以推导出产出增长的 3 个因素：

$$G_V = \alpha_K G_K + \alpha_L G_L + \lambda \tag{3}$$

其中，G_V、G_K、G_L 分别表示总产出（附加价值）、资本和劳动的增长率，α_K 和 α_L 分别表示资本和劳动的产出弹性系数。因为假定全要素生产率为希克斯中性，即 $\alpha_K + \alpha_L = 1$，则式（3）变为：

$$G_V = \alpha_K G_K + (1 - \alpha_K) G_L + \lambda \tag{4}$$

给定一定时期的产出和投入的增长率，为了计算全要素的增长，只需对资本弹性 α 进行估计。在这里，我们根据 1986 ~ 1998 年的产出、资本、劳动的时间序列进行回归分析，得出资本产出弹性 α_K 的数值，从而得出福建省 1986 ~ 1998 年的全要素增长率的数值及对经济增长的贡献。

对于发达经济而言，技术进步是全要素生产率增长的主要原因，国内的许多研究成果也是直接将全要素生产率的增长看作是技术进步的结果，但由前面的分析可以知道，在发展中经济中，由于存在资源的不完全流动性，以及阻碍部门之间的要素收益率相等或部门内部要素份额和弹性相等的摩擦和非均衡的其他源泉，将全要素生产率完全看作是技术进步的结果是不适宜的，需要对全要素生产率进行再分解，找出由于资源再配置所带来的经济增长，余下的是技术进步的结果。

定义劳动生产率为：

$$Y = \sum_i \frac{V_i}{L_i} \times \frac{L_i}{L} = \sum Y_i r_i \tag{5}$$

其中，V 表示总产出，L 表示劳动力，r_i 表示 i 部门的就业比重。

对式（5）进行微分，得出劳动生产率的增长率公式：

$$G_V = \sum_i P_i G_{yi} + \sum_i P_i G_{ri} \tag{6}$$

其中，P_i 为部门 I 在总产出中的比重，$P_i = V_i / V$。

总劳动生产率由两项因素组成，第一项是工人人均产出的部门增长率的平均数；第二项是拥有不同劳动生产率的部门之间的就业变化对总劳动生产率增长的贡献。用 $A(y)$ 来表示第二项，称它为总配置效应，则有：

$$A(y) = \sum_i P_i G_{ri} = \frac{1}{r} \sum_i \dot{L}_i (y_i - y) \tag{7}$$

$A(y)$ 依赖每个工人的平均产品在各个部门之间的差异，用边际产出 f_L 代替平均产出 y，再加上对资本投入的相应测量，就得出总配置效应的测量公式：

$$TRE = \frac{1}{V} \sum_i \dot{L}_i (f_{Li} - f_L) + \frac{1}{V} \sum_i \dot{K}_i (f_{Ki} - f_K) \tag{8}$$

其中，f_{Li}、f_{Ki} 表示劳动或资本在 i 部门的边际产出，$\frac{1}{V} \sum_i \dot{L}_i (f_{Li} - f_L)$ 或 $\frac{1}{V} \sum_i \dot{K}_i (f_{Ki} - f_K)$ 是这些数据的各部门平均。

总增长是部门增长的加权平均，在总增长中不能由部门增长解释的部分正是由于资源在部门间配置的改变所带来的产出的增长，即总配置效应 TRE，由此可得总配置效应的简便计算公式如下：

$$TRE = \bar{\lambda} - \sum_i \rho_i \lambda_i = \frac{1}{y} \sum \dot{K}_i r_i (f_{Ki} - f_K) + \sum \dot{r}_i \left(\frac{y_i}{y} - \bar{\alpha} \frac{k_i}{k} \right) \quad (9)$$

其中，$\bar{\lambda}$ 为总的全要素生产率，λ_i 为部门 i 的全要素生产率，ρ_i 是部门 i 产出占总产出的比重，即 $\rho_i = \dfrac{Y_i}{\sum_i Y_i}$。

在对福建省经济增长率进行部门分解时，我们首先按照三次产业进行分解，分别计算第一产业、第二产业、第三产业以及总产出的资本增长率，劳动增长率，再根据式（4）分别求出三次产业和总产出的全要素生产率的增长率，进而根据式（9），求出总配置效应。

按照三次产业的划分来考察资源的再配置所带来的经济增长，只能反映资源在三次产业间的流动，不能细化到行业，比较粗略。由于工业在福建省经济增长中居于主导地位，并且由于福建省目前还处于工业化阶段，在相当程度上资源仍然是在工业内部具有不同边际生产率的部门间转移，资源从二次产业向三次产业的大规模转移在近期内还不大可能出现，因此，详细考察资源在工业内部各行业之间的转移所带来的总配置效应对于分析福建省经济增长因素以及确定今后的政策导向都具有更为重要的意义。从这个基点出发，我们进一步将工业内部的行业归类为 12 个部门，按照上述计算三次产业相同的方法将工业增长因素分解为：资本投入增长、劳动投入的增长、总配置效应以及扣除了总配置效应的全要素生产率的增长。

综上所述，福建省经济增长因素分解的计算步骤如下：

（1）计算三次产业的资本投入、劳动投入的增长率。

（2）分别回归求出三次产业的资本产出弹性。

（3）计算得出三次产业的全要素生产率的增长率。

（4）求出三次产业的总配置效应。

（5）计算各经济增长因素对经济增长的贡献率。

二、计算过程

1. 计算三次产业的资本投入、劳动投入的增长率

根据《福建统计年鉴》中 1986～1998 年三次产业的增加值、资本和劳动

的数据计算产出、资本和劳动的增长率如表1所示。

表1　　　　　　　　　　三次产业要素增长率

年份	三次产业加总			第一产业		
	增加值	资本	劳动	增加值	资本	劳动
1987	0.18598	0.20329	0.0415	0.21299	0.38132	0.02648
1988	0.35774	0.09779	0.03434	0.32407	- 0.0694	0.01982
1989	0.17658	- 0.0598	0.01618	0.14904	0.11231	0.01133
1990	0.11096	0.11382	0.03664	0.0903	- 0.1217	0.02999
1991	0.18671	0.11344	0.06519	0.13923	0.27491	0.05413
1992	0.37127	0.60953	0.03697	- 0.0637	0.07482	0.00997
1993	0.51595	0.78847	0.02756	0.64383	0.79532	- 0.0218
1994	0.48686	0.37988	0.01387	0.43543	- 0.0325	- 0.0299
1995	0.27329	0.20739	0.00867	0.24757	- 0.1046	- 0.0087
1996	0.20407	0.13453	0.01764	0.1561	0.90451	- 0.0016
1997	0.16121	0.22384	0.01176	0.07304	0.10562	- 0.007
1998	0.10993	0.25985	0.00528	0.05794	0.61628	0.00562

年份	第二产业			第三产业		
	增加值	资本	劳动	增加值	资本	劳动
1987	0.1729	0.36701	0.0737	0.17129	- 0.0626	0.05564
1988	0.40028	0.04668	0.06103	0.3387	0.22671	0.05079
1989	0.15513	- 0.1439	0.00149	0.24536	0.09561	0.04573
1990	0.06501	0.18081	0.03407	0.20158	0.02416	0.05812
1991	0.24801	0.03356	0.0856	0.15995	0.24672	0.07587
1992	0.33921	0.5395	0.08663	0.87683	0.73719	0.06134
1993	0.59098	0.71255	0.08682	0.37487	0.88657	0.09532
1994	0.59403	0.1531	0.04678	0.39815	0.65793	0.08179
1995	0.23129	0.31904	- 0.0023	0.34418	0.12121	0.05517
1996	0.19659	- 0.0918	0.03361	0.24183	0.3422	0.0403
1997	0.18717	0.17819	0.03961	0.18116	0.25572	0.02134
1998	0.11692	0.35278	- 0.0204	0.12845	0.19732	0.0284

2. 分别回归求出三次产业的资本产出弹性

利用 SPSS 统计软件，可以求得 1987～1998 年三次产业的平均资本产出弹性，同时也可以算出平均劳动产出弹性，如表2所示。

表2		资本和劳动的产出弹性		
指标	三次产业加总	第一产业	第二产业	第三产业
资本弹性	0.428	0.137	0.191	0.429
劳动弹性	0.572	0.863	0.809	0.571

3. 计算得出三次产业的全要素生产率的增长率

通过公式 $G_V = \alpha_K G_K + (1 - \alpha_K) G_L + \lambda$，可以算出各个产业全要素生产率的增长率（见表3）。

表3		各个产业全要素生产率的增长率		
年份	三次产业加总	第一产业	第二产业	第三产业
1987	0.07524	0.1379	0.04318	0.16637
1988	0.29625	0.31648	0.34199	0.21243
1989	0.19292	0.12387	0.18141	0.17823
1990	0.04128	0.0811	0.00291	0.15803
1991	0.10087	0.05485	0.17235	0.01078
1992	0.08924	− 0.0825	0.16608	0.52555
1993	0.16272	0.55371	0.38464	− 0.0599
1994	0.31634	0.46568	0.52694	0.06919
1995	0.17956	0.26943	0.17218	0.26068
1996	0.1364	0.03353	0.18695	0.07202
1997	0.05868	0.06458	0.12109	0.05927
1998	− 0.0043	− 0.0313	0.06605	0.02758

4. 求出三次产业的总配置效应

由所求得的总配置效应的数值（见表4），可以作出它随年份变化的曲线图，观察它和增加值增长率曲线之间的关系（见图1）。

表4		三次产业的总配置效应			
项目	1987 年	1988 年	1989 年	1990 年	1991 年	1992 年
总配置效应	− 0.0331	− 0.0034	0.03127	− 0.0331	0.01195	− 0.1677
项目	1993 年	1994 年	1995 年	1996 年	1997 年	1998 年
总配置效应	− 0.0998	− 0.0414	− 0.0455	0.02392	− 0.0283	− 0.0378

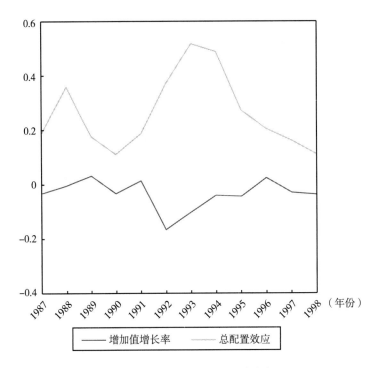

图1　总配置效应和增加值的变化

5. 计算各经济增长因素对经济增长的贡献率

将以上计算所得的资本投入、劳动投入和总配置效应以及扣除总配置效应的全要素生产率的增长率除以 GDP 的增长速度，就可以得到各经济增长因素对经济增长的贡献率。四种影响因素对经济增长的贡献率的具体计算公式如下：

$$资本对经济增长的贡献率 = \frac{G_K \times \alpha_K}{G_V} \times 100\%$$

$$劳动对经济增长的贡献率 = \frac{G_L \times \alpha_L}{G_V} \times 100\%$$

$$总配置效应对经济增长的贡献率 = \frac{TRE}{G_V} \times 100\%$$

$$扣除总配置效应的全要素生产率对经济增长的贡献率 = \frac{TFP - TRE}{G_V} \times 100\%$$

计算结果如表5所示。

表5　　　　　　　　　　　　　要素贡献率

年份	资本贡献	劳动贡献	总配置效应贡献	全要素生产率贡献
1987	46. 78231	12. 76414	− 17. 8125	58. 26608
1988	11. 69973	5. 49031	− 0. 95843	83. 76838

年份	资本贡献	劳动贡献	总配置效应贡献	全要素生产率贡献
1989	- 14.4972	5.242956	17.71014	91.54407
1990	43.90517	18.89046	- 29.7991	67.00346
1991	26.00377	19.97029	6.397783	47.62816
1992	70.26704	5.696157	- 45.1713	69.20813
1993	65.407	3.055877	- 19.352	50.88908
1994	33.39579	1.629525	- 8.49697	73.47166
1995	32.47988	1.815348	- 16.6347	82.33948
1996	28.21606	4.943982	11.72202	55.11793
1997	59.42803	4.171996	- 17.532	53.93201
1998	101.1716	2.7475	- 34.3739	30.45478

三、结论

通过对福建省经济增长因素的分析，可以得出以下结论。

（1）资本仍然是影响福建省经济增长的重要因素，1987~1998年资本增长对福建省经济增长的平均贡献率为42%，而资本增长与GDP增长表现出强相关（见图2），所以，近几年经济增长速度下滑与资本增长速度下降不无关系，

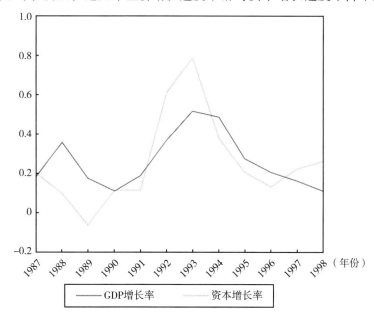

图 2　GDP 增长率与资本增长率

如1996年资本投入的增长速度仅为13.5%，远远低于1992年、1993年资本投入的增长速度。另外，福建省近几年资本投入增速的下降突出表现为外商直接投资的下降，由于福建省经济具有较强的外向性，所以外商投资的下降就成为导致福建省经济增速下滑的一个重要原因。而1998年虽然加大资本投入，但这种投入主要是国家实施积极财政政策，进行国债增投的结果。由于国债增投及其配套贷款主要用于基础设施建设，其建设周期较长，对经济增长的拉动作用在短期内难以显现。此外，由于福建省经济为区域经济，漏出效应较大，又易受周围地区经济的影响，所以在全国经济普遍增速下滑的背景下，福建省经济不可能逆势上扬。

（2）劳动对经济增长的贡献很低，1987～1998年劳动增长对经济增长的平均贡献率仅为7%左右。这是由于根据现有资料，我们只能将各行业的社会劳动者人数作为劳动投入数，但这其实并不是真正意义上的劳动投入数。因为在西方国家，当经济萧条时，公司会大量裁员，在统计数据上就表现为劳动者人数的减少，而对我国而言，一方面，农业中存在大量冗员，实际上为隐性失业，但在统计数据上仍算作劳动者；另一方面，对于国有企业的下岗职工，只有登记在册的才算作失业。这两个原因都导致了现有统计数据上的劳动者人数即使在经济增速下滑，很多企业开工不足的情况下仍然变化甚微，因而在我们的计算结果中就表现为劳动投入对经济增长的贡献极小。

（3）从我们的计算结果可以看出在大多数年份总配置效应都为负值，这说明福建省的资源配置极不合理。在产业结构升级过程中，资源将会从第一产业向第二产业进而向第三产业转移，这个产业结构规律已被发达国家的发展历程所证明。但是，国民经济的发展是一个平衡增长的过程，各部门的相互依赖会形成一些约束，如果违反这些约束，就可能阻碍增长。福建省尚处于工业化进程中，在相当长的一段时期内，工业仍将是经济增长的重要引擎，同时，没有第二产业发展的充分发展作为基础，第三产业的孤立发展也是不可能的。因此，在近期内福建省第三产业在国民经济中的比重不可能大幅上升。如果为了片面追求产业结构高级化而向第三产业盲目注资，促使第三产业畸形发展，只会导致国民经济各部门的比例失衡，造成资源配置效率的下降，从而使福建省经济增长无法达到在资源配置合理的情况下本来可以达到的经济增长速度。在我们的计算结果中就表现为总配置效应为负值，如1992年对第三产业资本投入猛增，致使第三产业的增速达到73.7%，大大超过第二产业的增长速度（见图3），导致1992年的总配置效应为－16.8%，对经济增长的贡献率为－45.2%。在钱纳里对发展中国家的分析中，在人均收入处于500～2000美元时，由于资源由低生产率的部门向高生产率的部门的转移所造成的结构效应对经济增长的拉动为2~3个百分点，对GDP的贡献约为10%。所以如果福建省在今后的经济发展中，注意各产业的均衡发展，优化资源配置，变目前负的结构效应为正的结构效应，将会极大地促进经济增长。

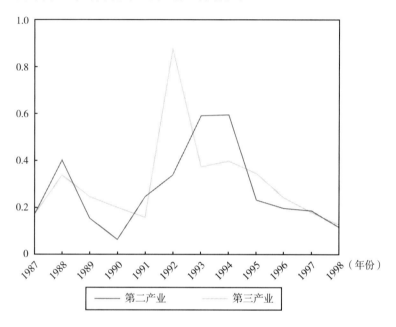

图3 第二产业与第三产业增加值增长率

2000～2001年福建省经济运行趋势研究报告[*]

改革开放以来，地处东南沿海改革开放最前沿的福建进入了中华人民共和国成立以来经济增长最快的时期，1978～1999年GDP平均增长速度为13.5%，高于全国平均水平。20年的高速经济增长，使福建经济总量大大增加，跃居全国前列水平。继续保持福建经济快速增长势头，使福建经济再上新台阶，是福建省"十五"时期乃至2010年远景规划的重要政策目标与重大政策课题。本文的研究目的是，针对福建经济在改革开放以后的十多年的高速增长之后，自1994年起出现的增长速度逐年回落的趋势，从经济结构转变、经济周期的运行规律等角度研究福建经济运行趋势，重点分析近年来福建经济增长下滑的原因，预测未来福建经济的走势：在未来一两年内福建经济能否出现"拐点"，终止自1994年以来连续7年的下滑趋势，步入新的增长周期。

由此目的出发，我们从三个方面入手进行分析。第一方面分析供给和需求对福建经济增长的影响，并按历史数据对未来两年的增长率进行预测。第二方面分析结构因素对福建经济中长期增长的影响，提出挖掘福建经济长期增长潜力的建议。第三方面探讨福建经济增长在近期止住下滑趋势，出现拐点的可能性。本文主要运用定量分析方法，在对福建近年来的大量宏观经济数据进行计量经济分析的基础上，得出了对福建经济运行趋势的有关看法。

---

　　* 本文是受福建省计委委托进行的"福建省经济运行趋势分析"课题的最终成果的主报告。课题负责人：李文溥；课题组成员：林新、尚琳琳、周海、陈巍。

一、福建省 2000 年及 2001 年经济增长率预测
——供给角度

（一）分析方法

本部分从供给角度，根据长期年时间序列资料，从长期趋势对福建经济在 2000 年及 2001 年的经济走势进行预测。首先把 GDP 划分为第一、第二、第三产业增加值，三次产业又有更细的划分，以分析 GDP 增长的供给来源。用自回归的方法预测各细分后的各产业增长率。然后用相关和多元回归分析各细分产业的相关影响因素，对自回归预测出的各产业增长率进行调整。最后根据我们推导出的 GDP 增长率公式对 2000 年和 2001 年增长率作出预测。

1. GDP 增长率公式的推导

设 $y = x_1 + x_2$，则：

$$\frac{\Delta y}{y} = \frac{\Delta x_1}{y} + \frac{\Delta x_2}{y}$$

$$\Rightarrow \frac{\Delta y}{y} = \frac{\Delta x_1}{y} \cdot \frac{\Delta x_1}{\Delta x_1} \cdot \frac{x_1}{x_1} \cdot \frac{\Delta y}{\Delta y} + \frac{\Delta x_2}{y} \cdot \frac{\Delta x_2}{\Delta x_2} \cdot \frac{x_2}{x_2} \cdot \frac{\Delta y}{\Delta y}$$

$$\Rightarrow \frac{\Delta y}{y} = \frac{\Delta x_1}{x_1} \cdot \frac{\Delta y}{y} \cdot \frac{x_1}{\Delta x_1} \cdot \frac{\Delta x_1}{\Delta y} + \frac{\Delta x_2}{x_2} \cdot \frac{\Delta y}{y} \cdot \frac{x_2}{\Delta x_2} \cdot \frac{\Delta x_2}{\Delta y}$$

令 $\frac{\Delta y}{y} = g_y$；

$$\frac{\Delta x_1}{x_1} = g_1，\quad \frac{\Delta y}{y} \cdot \frac{x_1}{\Delta x_1} = e_1，\quad \frac{\Delta x_1}{\Delta y} = c_1；$$

$$\frac{\Delta x_2}{x_2} = g_2，\quad \frac{\Delta y}{y} \cdot \frac{x_2}{\Delta x_2} = e_2，\quad \frac{\Delta x_2}{\Delta y} = c_2$$

可以推出：

$$g_y = g_1 \cdot e_1 \cdot c_1 + g_2 \cdot e_2 \cdot c_2$$

其中，g 为增长率，e 为弹性，c 为贡献。把公式推广到多元方程，等式仍然成立。

GDP 为一二三产业增加值的总和。第二产业分为工业和建筑业，为了了解工业中各行业对 GDP 的影响，又进一步把工业细分为冶炼工业、动力工业、化

学工业、机械工业、电子工业、食品工业、森林工业、服装工业、造纸工业及其他工业类别。

冶炼工业包括黑色金属矿采选业、有色金属矿采选业、非金属矿采选业、黑色金属冶炼及压延加工业、有色金属冶炼及压延加工业、其他矿采选业。

动力工业包括煤炭采选业、电力蒸汽热水的生产和供应业、煤气生产和供应业、自来水的生产和供应业。

化学工业包括石油加工业、化学原料及化学制品业、医药制造业、化学纤维制造业、橡胶制品业、塑料制品业。

机械工业包括非金属矿物制品业、金属制品业、普通机械制造业、专用设备制造业、交通运输设备制造业、武器弹药制造业。

电子工业包括电气机械及器材制造业、电子及通信设备制造业、仪器仪表及文化办公用机械制造业。

食品工业包括采盐业、食品加工业、食品制造业、饮料制造业、烟草加工业。

森林工业包括木材及竹材采运业、木材加工业、家具制造业。

服装工业包括纺织业、服装及其他纤维制品制造业、皮革毛皮羽绒及其制品业。

造纸印刷业包括造纸及纸制品业、印刷业记录媒介的复制、文教体育用品制造业。

其他工业包括饲料工业、其他制造业、工艺美术品制造业。

第三产业根据《福建统计年鉴》的分类方法细分为第一、第二和第三层次。

由此可以建立 GDP 的增长公式：

$$gGDP = \sum g_i e_i c_i$$

其中，$gGDP$ 为 GDP 增长率。

为了减弱随机扰动的影响，分别取 e 和 c 的三年平均值作为预测公式的不变量，于是增长公式变成：

$$gGDP = \sum g_i \overline{e_{i-3}}\ \overline{c_{i-3}}$$

其中，$\overline{e_{i-3}}$ 为分行业弹性的三年平均值，$\overline{c_{i-3}}$ 为分行业贡献的三年平均值。

2. 分行业增长率预测

随市场环境的改变，GDP 的增长将不是主要依靠高强度的投入来拉动，在过剩经济条件下，需求不足，省际经济的增长也将脱离原有的投资拉动增长模式，转而向需求拉动发展。而由于有溢出效应的存在，省内的需求并不一定拉动省内的经济发展，需求会向省外流动，成为其他省份经济增长的牵动力；同理，省外的需求也会拉动省内的经济发展。这样省和省之间的供给就有强竞争效应，竞争力强的省份能够吸引竞争力弱的省份的需求，拉动本省供给的增长，表现为 GDP 的增长。所以需求在省际之间的分配是由竞争力来决定的。单一省份的经济增长受到了本省竞争力的影响。由此，拉动省际增长的需求就可分为三部分：省外需求、省内需求和出口。因此，拉动省际经济增长的省内需求不等于全省最终消费和投资与出口之和。这就造成了在统计上，省内需求与供给有差异，GDP 的增长与省内需求之间的相关关系减弱，统计规律变得不很明显。在对分行业增长率作预测时，充分考虑了这种情况。某些行业生产稳定，对固定资产投资依赖度较高，某些行业受需求影响较大，而由于前面所述原因，不能完全依靠省内需求来计算，为了解决这种分歧，我们采用了两种方法。一是用自回归的方式简单预测各行业增长率；二是定量分析各行业增长与省内需求及出口的关系，根据所得结果对方法一的预测值定性分析，作适当调整。

我们用相关和多元回归的方法分析分析了各产业的主要影响因素，这里列出了各行业主要影响因素及函数关系，每个函数中都加入了未知变量 t，t 所包含的内容有结构调整带来的增长，也有科技进步产生的倍数效应，当然也有一些未知的因数。

（1）冶炼工业的增长函数：

$$y = f(I_{-1}, I_{-2}, t)$$

其中，I_{-1} 为固定资产投资滞后一年，I_{-2} 为固定资产滞后两年。

（2）动力工业的增长函数：

$$y = f(I_{-1}, t)$$

其中，I_{-1} 为固定资产投资滞后一年。

（3）化学工业的增长函数：

$$y = f(C, EXM, t)$$

其中，C 为最终消费，EXM 为出口。

（4）机械工业的增长函数：

$$y = f(EXM, t)$$

其中，EXM 为出口。

（5）电子工业的增长函数：

$$y = f(I_{-1}, t)$$

其中，I_{-1} 为固定资产投资滞后一年。

（6）食品工业的增长函数：

$$y = f(C, t)$$

其中，C 为最终消费。

（7）森林工业的增长函数：

$$y = f(EXM, t)$$

其中，EXM 为出口。

（8）服装工业的增长函数：

$$y = f(EXM, t)$$

（9）造纸印刷工业的增长函数：

$$y = f(C, t)$$

其中，C 为最终消费。

（10）其他工业的增长函数：

$$y = f(C, t)$$

其中，C 为最终消费。

（11）第三产业第一层次的增长函数：

$$y = f(NS, t)$$

其中，NS 为第二产业增加值。

（12）第三产业第二层次的增长函数：

$$y = f(C, NF, t)$$

其中，C 为最终消费。

（13）第三产业第三层次的增长函数：

$$y = (CH, CG, t)$$

其中，CH 为居民消费，CG 为政府消费。

（二）对现有经济状况的分析

福建经济呈现明显的地区不平衡状态，一方面，内地地区经济发展落后，人均收入低，消费水平低，消费结构还没有出现大的转变。产业结构低级，第一产业所占比重过大，工业及第三产业对国民经济的贡献相对沿海地区较小。第一产业的增长在很大程度上影响着 GDP 的增长，而农业增长的空间已经很小。另一方面，沿海地区已率先发展起来，经济市场化使经济增长依靠需求拉动。其明显特征是：居民生活基本上达到小康水平，再加上福利制度的改革，居民消费需求结构出现转型：居民对基本消费品的需求增长趋于基本稳定。居民增加的消费需求将逐步转向住房消费、教育和发展方面的消费、与提高生活质量相关的服务消费。

从 1999 年三大产业发展的状况来看，第一产业增加值占 GDP 的 17.6%，比 1998 年下降 0.7 个百分点；第二产业占 GDP 的 43.9%，比 1998 年多 0.5 个百分点；第三产业占 GDP 的 38.5%，比 1998 年多 0.3 个百分点。供给结构没有发生大的变化，国民经济仍然以第二产业为主。1998 年第一产业增长为 GDP 增长贡献 1.14 个百分点，工业增长为 GDP 增长贡献 3.89 个百分点，建筑业增长为 GDP 增长贡献 1.15 个百分点，第三产业增长为 GDP 增长贡献 4.84 个百分点。

（三）计算结果

根据第一部分介绍的方法，利用公式 $gGDP = \sum g_i \overline{e_{i-3}} \overline{c_{i-3}}$，根据得出的各个行业对 GDP 增长率（$gGDP$）的贡献，加总得到 1999 年、2000 年、2001 年的经济增长率。把第一产业、工业、建筑业和第三产业对 $gGDP$ 的贡献加总，就是 GDP 增长率的预测值。第一产业、工业、建筑业和第三产业对 $gGDP$ 的贡献也是通过下级细分产业的加总计算而得，表 1 是各产业对 $gGDP$ 的贡献及加总后的 GDP 增长率预测。具体计算过程见表 2。

表1　　　　　　　　各产业对 $gGDP$ 的贡献及 GDP 增长率预测

年份	GDP 增长率预测	第一产业对 $gGDP$ 贡献	工业对 $gGDP$ 的贡献	建筑业对 $gGDP$ 的贡献	第三产业对 $gGDP$ 的贡献
1999	0.1059	0.0124	0.0550	0.0060	0.0325
2000	0.0963	0.0124	0.0485	0.0055	0.0299
2001	0.0876	0.0124	0.0425	0.0051	0.0276

表2   三次产业对 $gGDP$ 贡献的计算

年份	总和	第一产业对gGDP贡献	增长率-第一产业增加值	$1/\bar{e}$-第一产业增加值	贡献-第一产业增加值	建筑业对gGDP的贡献	增长率-建筑业增加值	$1/\bar{e}$-建筑业增加值	贡献-建筑业增加值
1999	0.1059	0.0124	0.0600	0.5817	0.1204	0.0060	0.0894	1.1728	0.0784
2000	0.0963	0.0124	0.0600	0.5817	0.1204	0.0055	0.0821	1.1728	0.0784
2001	0.0876	0.0124	0.0600	0.5817	0.1204	0.0051	0.0758	1.1728	0.0784

年份	工业对gGDP的贡献总和	冶炼工业对gGDP的贡献	增长率-冶炼工业	贡献-冶炼工业	$1/\bar{e}$-冶炼工业	动力工业gGDP的贡献	增长率-动力工业	贡献-动力工业	$1/\bar{e}$-动力工业
1999	0.0550	0.0007	0.0429	0.0053	0.3133	0.0111	0.2562	0.0633	1.4653
2000	0.0485	0.0002	0.0106	0.0053	0.3133	0.0102	0.2355	0.0633	1.4653
2001	0.0425	−0.0004	−0.0251	0.0053	0.3133	0.0094	0.2178	0.0633	1.4653

年份	化学工业gGDP的贡献	增长率-化学工业	贡献-化学工业	$1/\bar{e}$-化学工业	机械工业对gGDP的贡献	增长率-机械工业	贡献-机械工业	$1/\bar{e}$-机械工业
1999	0.0049	0.1116	0.0254	0.5739	0.0050	0.0947	0.0350	0.6692
2000	0.0042	0.0944	0.0254	0.5739	0.0038	0.0733	0.0350	0.6692
2001	0.0035	0.0786	0.0254	0.5739	0.0028	0.0530	0.0350	0.6692

年份	电子工业对gGDP的贡献	增长率-电子工业	贡献-电子工业	$1/\bar{e}$-电子工业	食品工业gGDP的贡献	增长率-食品工业	贡献-食品工业	$1/\bar{e}$-食品工业
1999	0.0111	0.2838	0.1036	2.6360	0.0090	0.1778	0.0621	1.2303
2000	0.0104	0.2636	0.1036	2.6360	0.0084	0.1657	0.0621	1.2303
2001	0.0096	0.2454	0.1036	2.6360	0.0078	0.1550	0.0621	1.2303

年份	森林工业gGDP的贡献	增长率-森林工业	贡献-森林工业	$1/\bar{e}$-森林工业	服装工业对gGDP的贡献	增长率-服装业	贡献-服装业	$1/\bar{e}$-服装业
1999	0.0000	0.0109	0.0007	0.1448	0.0079	0.1492	0.0499	0.9395
2000	−0.0001	−0.0245	0.0007	0.1448	0.0069	0.1308	0.0499	0.9395
2001	−0.0003	−0.0670	0.0007	0.1448	0.0061	0.1150	0.0499	0.9395

年份	造纸印刷工业对gGDP的贡献	增长率-造纸印刷业	贡献-造纸印刷业	$1/\bar{e}$-造纸印刷业	其他工业gGDP的贡献	增长率-其他工业	贡献-其他工业	$1/\bar{e}$-其他工业
1999	0.0030	0.1367	0.0122	0.5613	0.0023	0.1462	0.0164	1.0550
2000	0.0026	0.1207	0.0122	0.5613	0.0020	0.1259	0.0164	1.0550
2001	0.0023	0.1066	0.0122	0.5613	0.0017	0.1084	0.0164	1.0550

年份	第三产业对 $gGDP$ 的贡献总和	第一层次对 $gGDP$ 的贡献	增长率 – 第一层次	贡献 – 第一层次	$1/\bar{e}$ – 第一层次	第二层次对 $gGDP$ 的贡献	增长率 – 第二层次	贡献 – 第二层次	$1/\bar{e}$ – 第二层次
1999	0.0325	0.0173	0.0893	0.2397	1.2386	0.0099	0.0875	0.1222	1.0798
2000	0.0299	0.0159	0.0820	0.2397	1.2386	0.0091	0.0804	0.1222	1.0798
2001	0.0276	0.0147	0.0758	0.2397	1.2386	0.0084	0.0744	0.1222	1.0798

年份	第三层次 $gGDP$ 的贡献	增长率 – 第三层次	贡献 – 第三层次	$1/\bar{e}$ – 第三层次
1999	0.0053	0.0857	0.0654	1.0574
2000	0.0049	0.0789	0.0654	1.0574
2001	0.0045	0.0732	0.0654	1.0574

（四）结果解释和对策建议

从计算的结果来看，工业和第三产业仍是带动福建经济增长的主要因素，2000 年工业为经济增长贡献 4.85 个百分点，第三产业贡献 2.99 个百分点；2001 年，工业为经济增长贡献 4.25 个百分点，第三产业贡献 2.76 个百分点。农业由于耕地面积及海洋渔业环境的限制，增长的潜力较小，对 GDP 增长的贡献很稳定。从工业的构成来看，动力工业、化学工业、机械工业、电子工业、食品工业及服装工业是福建工业的主要构成部分，而动力工业和食品工业的发展都比较缓慢，不是福建经济增长加快的因素；机械工业有明显下滑的趋势；化学工业、电子工业和服装工业呈跳跃型发展，是福建经济能否出现拐点的主要因素（见表3）。

表3　　　　　　　　历年各产业增加值及增长率

年份	国内生产总值当年价（亿元）	GDP 增长率	第一产业增加值	增长率 – 第一产业增加值	冶炼工业	增长率 – 冶炼工业	动力工业	增长率 – 动力工业
1985	200.4800		68.1300		2.985		4.9840	
1986	222.5400	0.1100	72.2400	0.0603	3.546	0.1879	3.9850	– 0.2004
1987	279.2400	0.2548	89.2400	0.2353	4.215	0.1887	5.2880	0.3270
1988	383.2100	0.3723	118.1600	0.3241	5.957	0.4133	10.6950	1.0225
1989	458.4000	0.1962	135.7700	0.1490	6.769	0.1363	10.7620	0.0063
1990	522.2800	0.1394	147.0100	0.0828	7.738	0.1432	10.8560	0.0087
1991	619.8700	0.1869	168.6400	0.1471	10.851	0.4023	11.4220	0.0521

年份	国内生产总值当年价（亿元）	GDP增长率	第一产业增加值	增长率－第一产业增加值	冶炼工业	增长率－冶炼工业	动力工业	增长率－动力工业
1992	784.6800	0.2659	194.8700	0.1555	13.755	0.2676	17.6510	0.5454
1993	1128.2900	0.4379	254.3600	0.3053	23.647	0.7192	24.4960	0.3878
1994	1675.6600	0.4851	362.9000	0.4267	29.477	0.2465	43.8990	0.7921
1995	2145.9200	0.2806	464.8200	0.2808	38.474	0.3052	97.6490	1.2244
1996	2583.8300	0.2041	537.3800	0.1561	43.682	0.1354	115.7790	0.1857
1997	3000.3600	0.1612	576.6300	0.0730	43.926	0.0056	126.5720	0.0932
1998	3330.1800	0.1099	610.0400	0.0579	45.094	0.0266	167.0320	0.3197
1999	3682.9450	0.1059	646.6424	0.0600	47.02999	0.0429	209.8271	0.2562
2000	4037.4904	0.0963	685.4409	0.0600	47.52773	0.0106	259.2336	0.2355
2001	4391.2228	0.0876	726.5674	0.0600	46.33274	-0.0251	315.7012	0.2178

年份	化学工业	增长率－化学工业	机械工业	增长率－机械工业	电子工业	增长率－电子工业	食品工业	增长率－食品工业
1985	8.7430		11.4760		6.6750		11.7420	
1986	9.7540	0.1156	12.6670	0.1038	4.7680	-0.2857	14.3010	0.2179
1987	12.5450	0.2861	14.3810	0.1353	8.4380	0.7697	15.1640	0.0603
1988	17.6770	0.4091	19.5380	0.3586	12.7590	0.5121	21.7520	0.4345
1989	20.7760	0.1753	20.9230	0.0709	21.1170	0.6551	25.3300	0.1645
1990	24.4550	0.1771	23.3630	0.1166	16.7840	-0.2052	26.9890	0.0655
1991	28.8640	0.1803	30.8690	0.3213	20.8720	0.2436	35.7000	0.3228
1992	35.4420	0.2279	45.4650	0.4728	22.3550	0.0711	38.6710	0.0832
1993	51.7510	0.4602	72.6670	0.5983	54.0460	1.4176	52.3800	0.3545
1994	83.4670	0.6129	106.7830	0.4695	74.2420	0.3737	96.1010	0.8347
1995	97.9850	0.1739	114.4310	0.0716	68.5190	-0.0771	106.5620	0.1089
1996	112.5930	0.1491	135.2820	0.1822	93.2410	0.3608	133.9210	0.2567
1997	134.5730	0.1952	166.4980	0.2307	151.4310	0.6241	151.1310	0.1285
1998	131.3230	-0.0242	160.7040	-0.0348	189.1970	0.2494	178.3050	0.1798
1999	145.9792	0.1116	175.9177	0.0947	242.8921	0.2838	210.0164	0.1778
2000	159.7546	0.0944	188.8208	0.0733	306.9209	0.2636	244.8079	0.1657
2001	172.3143	0.0786	198.8312	0.0530	382.2248	0.2454	282.7475	0.1550

年份	森林工业	增长率－森林工业	服装业	增长率－服装业	造纸印刷业	增长率－造纸印刷业	其他工业	增长率－其他工业
1985	4.7990		5.1830		4.3060		1.1950	
1986	5.6560	0.1786	6.3800	0.2309	4.8230	0.1201	1.1840	-0.0092
1987	7.5920	0.3423	7.4190	0.1629	5.7600	0.1943	1.8870	0.5938

年份	森林工业	增长率-森林工业	服装业	增长率-服装业	造纸印刷业	增长率-造纸印刷业	其他工业	增长率-其他工业
1988	11.3500	0.4950	10.0790	0.3585	7.8960	0.3708	2.7500	0.4573
1989	11.7050	0.0313	12.5260	0.2428	9.4830	0.2010	3.0630	0.1138
1990	10.6730	-0.0882	15.6170	0.2468	10.4020	0.0969	3.6730	0.1992
1991	12.9100	0.2096	20.6850	0.3245	11.8410	0.1383	4.2740	0.1636
1992	17.5740	0.3613	29.4890	0.4256	15.1870	0.2826	6.1920	0.4488
1993	24.1700	0.3753	44.6410	0.5138	19.9680	0.3148	20.1570	2.2553
1994	36.4510	0.5081	98.4540	1.2055	35.3830	0.7720	25.6260	0.2713
1995	32.4690	-0.1092	127.8190	0.2983	47.9360	0.3548	32.8000	0.2800
1996	37.2190	0.1463	140.9690	0.1029	55.1930	0.1514	51.8010	0.5793
1997	49.4380	0.3283	152.6200	0.0826	63.7540	0.1551	52.2070	0.0078
1998	36.8350	-0.2549	182.8470	0.1981	63.6120	-0.0022	53.8000	0.0305
1999	37.2348	0.0109	210.1355	0.1492	72.3057	0.1367	61.6655	0.1462
2000	36.3208	-0.0245	237.6205	0.1308	81.0300	0.1207	69.4273	0.1259
2001	33.8864	-0.0670	264.9353	0.1150	89.6679	0.1066	76.9498	0.1084

年份	建筑业增加值	增长率-建筑业增加值	第一层次	增长率-第一层次	第二层次	增长率-第二层次	第三层次	增长率-第三层次
1985	10.4700		30.9300		13.4800		15.3800	
1986	15.1300	0.4451	34.3000	0.1090	21.5300	0.5972	12.2800	-0.2016
1987	18.5900	0.2287	45.2500	0.3192	31.9600	0.4844	11.5100	-0.0627
1988	21.3700	0.1495	63.6400	0.4064	36.6200	0.1458	22.9700	0.9957
1989	21.3700	0.0000	72.6100	0.1409	55.3800	0.5123	30.8200	0.3418
1990	23.9200	0.1193	85.5200	0.1778	67.8800	0.2257	47.4000	0.5380
1991	29.4500	0.2312	100.7100	0.1776	80.9200	0.1921	51.8600	0.0941
1992	49.8200	0.6917	150.9800	0.4992	88.8500	0.0980	58.3800	0.1257
1993	76.0100	0.5257	220.0600	0.4575	119.8300	0.3487	70.1100	0.2009
1994	109.6400	0.4424	287.3600	0.3058	191.7600	0.6003	94.1200	0.3425
1995	145.9200	0.3309	399.7500	0.3911	240.5400	0.2544	130.2500	0.3839
1996	169.8900	0.1643	501.1600	0.2537	295.6300	0.2290	160.0900	0.2291
1997	201.3500	0.1852	601.1500	0.1995	339.5300	0.1485	189.5500	0.1840
1998	235.9800	0.1720	682.7700	0.1358	384.1700	0.1315	208.4700	0.0998
1999	257.0783	0.0894	743.7750	0.0893	417.7682	0.0875	226.3389	0.0857
2000	278.1765	0.0821	804.7798	0.0820	451.3666	0.0804	244.2077	0.0789
2001	299.2747	0.0758	865.7846	0.0758	484.9650	0.0744	262.0767	0.0732

从长期因素分析，福建工业有两个方面的弱点。其一，在国内市场上，福建产品竞争力差，造成国内经济对福建经济的拉动作用小，把福建与广东、江苏及浙江相比较，很容易发现，在 1997 年、1998 年全国经济增长下滑情况下，经济增长虽然受到一定影响，但由于有全国的市场作依托，在经济形势有所好转的情况下，周围三省经济复苏强劲，而福建经济却没有顺势而起，经济主要靠出口来拉动，在省内需求及出口严重下降时，经济增长率不断下降，复苏乏力。其二，出口产品技术含量低，产品构成以劳动密集型为主在国际经济波动较大时有很大劣势，就初级产品来说，由于全球性经济增长普遍趋缓，对初级产品的需求明显下降，相应的初级产品价格持续下滑。其结果是出口以初级产品为主的地区受到严重打击，加快了经济衰退。福建对初级产品出口的依赖性虽然已经降低，但从 1998 年出口构成来看，杂项产品的比重仍然很大，出口产品的技术含量仍然低，因此外贸下滑严重，企业生产恢复乏力。因此不论从定性还是定量角度，如果不提高福建企业的竞争力，使生产能力变成有效供给，在开放经济条件下，即使全国或省内需求复苏，在出口保持现有增长速度下，福建经济也无法实现决定性的增长转变。

从长期发展因素来看，福建经济应注意产品结构的调整，产业内的技术升级和产业的结构升级，在制造业普遍进入买方市场条件下进行技术结构调整有两个方面目标：一是通过提高产品的技术含量来增强竞争力；二是通过技术升级来带动产业升级。结构调整不是一般地反对对制造业部门的投资，而是要调整制造业投资的结构：由简单的扩大规模和新上重复建设项目转向技术改造。特别需要指出的是，技术改造投资所形成的需求对制造业部门增长有明显的拉动作用。如果不改变现有经济的供给状况，从长期来看，我们预测 2000 年和 2001 年福建经济增长率分别为 9.63% 和 8.76%。

二、福建省 2000 年及 2001 年经济增长率预测
——需求角度

（一）分析方法

本部分旨在根据历年的福建省经济统计资料，从需求的角度出发，通过对投资需求、消费需求以及进出口进行分析，从中找到一种经验关系，进而利用这种关系对未来两年的经济增长率进行预测。在一个社会中，其最终需求可分为四个

部分，即投资需求、居民消费、政府支出以及进出口净额。通过对这四个部分（根据所有制形式进行细分）进行分析，找出各自的增长趋势，我们就能够知道它们在经济增长中的作用，进而能够对未来的经济增长趋势进行预测。

在国民经济核算体系中，根据产品的最终流向，一个国家的国内生产总值是由消费（C）、投资（I）、政府的商品和劳务支出（G）以及净出口（P）等四部分的货币价值之和构成。即具有等式：

$$GDP = C + I + G + P \tag{1}$$

$$\Delta GDP = \Delta C + \Delta I + \Delta G + \Delta P \tag{2}$$

其中，ΔGDP 是国内生产总值的增加值，ΔC、ΔI、ΔG 和 ΔP 分别表示消费、国内投资、政府支出以及进出口净额的增加值。根据上述基本公式，我们分别用两种不同方法对国内生产总值进行计算。

方法一：

对式（2）进一步推导，我们可以得到：

$$\Delta GDP/GDP = \Delta C/GDP + \Delta I/GDP + \Delta G/GDP + \Delta P/GDP \tag{3}$$

进一步推导有：

$$\Delta GDP/GDP = \frac{\Delta I}{I} \cdot \frac{I}{GDP} + \frac{\Delta C}{C} \cdot \frac{C}{GDP} + \frac{\Delta G}{G} \cdot \frac{G}{GDP} + \frac{\Delta P}{P} \cdot \frac{P}{GDP} \tag{4}$$

式（4）的左边一项即国内生产总值增长率，我们以 $gGDP$ 来表示；右边各项分别为投资、消费、政府支出以及进出口净额的增长率它们在 GDP 中所占的份额。通过分析并计算未来两年各项的增长率和它们在 GDP 中的所占的比率，就能够得到未来两年的经济增长率。

方法二：

将式（4）进一步推导有：

$$gGDP = \frac{\Delta I}{I} \cdot \frac{\Delta GDP}{\Delta I} \cdot \frac{I}{GDP} \cdot \frac{\Delta I}{\Delta GDP} + \frac{\Delta C}{C} \cdot \frac{\Delta GDP}{\Delta C} \cdot \frac{C}{GDP} \cdot \frac{\Delta C}{\Delta GDP}$$

$$+ \frac{\Delta G}{G} \cdot \frac{\Delta GDP}{\Delta G} \cdot \frac{G}{GDP} \cdot \frac{\Delta G}{\Delta GDP} + \frac{\Delta P}{P} \cdot \frac{\Delta GDP}{\Delta P} \cdot \frac{P}{GDP} \cdot \frac{\Delta P}{\Delta GDP} \tag{5}$$

式（5）左边为 GDP 增长率；右边的每一项都可以分解成投资、消费、政府支出、和进出口的各自的增长率、各项对 GDP 增量的贡献以及 GDP 对于各项的弹性之积。根据往年的统计资料，在一定的假定条件下，我们能分别求得各项的值，进而能求得 GDP 的增长率。

上述各式都是对于某一个封闭的经济而言，当将它应用于某个区域经济时，它内含一个重要的假定：本区域的需求都是由本地区的供给来满足（进出口除外）。当然，这个假定与现实并不完全相符合，因此我们必需对所得的结果进行调整。对于一个地区而言，其对外的经济联系在一定时期内可以看成是稳定不变的或是具有某种特定趋势的。根据以往的资料，我们可以找出这种内含的趋势，因此能够对上面的结论进行调整，得出所需要的结论。

在上述的公式中，我们将投资需求根据所有制形式分为国有经济投资需求、集体经济投资需求、私人经济投资需求和其他经济的投资需求。对于投资需求增长率的计算，我们分别利用其往年的增加值通过回归模型和时间序列模型找出其增长趋势，并对 2000 年及 2001 年的增长率加以预测，得出未来两年的增长率 g_0 和 g_1。对于居民消费、政府消费和进出口，我们也是通过类似的方法得出这两年的预测值。但是对于居民消费需求，我们还将根据持久收入假定得出其函数关系，并与上述方法所得的结论相互参照。

关于各项对 GDP 的弹性以及对 GDP 的贡献的计算，先是将各项在每一年中对 GDP 的弹性和贡献计算出来，得出各年的值，然后再将这些值通过移动平均法得出各年以及未来两年的值。

（二）计算过程

方法一：

（1）根据历年的经济统计资料，求得各项需求的增长率（见表4～表6）。

表4　　　　　　　　　　　1986～1998 年各项需求的增加值

年份	ΔI_1	ΔI_2	ΔI_3	ΔI_4	ΔC	ΔG	ΔP
1986	6.64	−2.45	4.8	−0.15	12.92	6.33	13.72
1987	8.4	3.31	5.48	−0.05	21.66	5.45	3.5
1988	8.68	1.76	7.86	0.39	50.26	18.19	9.63
1989	0.83	−0.21	−0.71	1.45	46.1	16.57	20.8
1990	7.84	0.87	5.1	−0.05	27.35	27.16	24.39
1991	21.62	3.42	2.67	2.5	48.05	13.18	11.14
1992	33.25	10.06	15.84	22.78	79.21	18.25	29.55
1993	70.9	17.44	25.54	27.02	112.04	26.01	−6.07
1994	53.88	7.6	28.09	80.84	201.66	61.15	164.52
1995	57.56	10.31	27.6	46.75	205.08	19.4	60.47
1996	16.5	23.23	12.08	57.11	144.45	89.34	−52.47
1997	45.44	10.04	13.74	39.26	164.5	60.63	32.38
1998	60.93	18.98	12.64	57.49	44.58	53.16	100.13

注：ΔI_1、ΔI_2、ΔI_3、ΔI_4 分别表示国有经济、集体经济、私人经济以及其他经济的固定投资增加值，ΔC 表示居民消费增加值，ΔG 表示政府支出增加值，ΔP 表示进出口净额增加值。

资料来源：历年《福建统计年鉴》。

表5			1999~2001年各项需求的预测增加值				
年份	ΔI_1	ΔI_2	ΔI_3	ΔI_4	ΔC	ΔG	ΔG
1999	58.34	18.15	20.90	61.78	160.62	62.59	36.43
2000	63.03	19.84	22.33	67.78	172.55	67.71	39.86
2001	67.72	21.53	23.75	73.77	184.47	72.82	43.29

注：ΔI_1、ΔI_2、ΔI_3、ΔI_4 所示同上，它们和 ΔC 以及 ΔG 是通过对上表各栏中的数据直接回归预测而得，而 ΔG 是对表4中的相应数据进行移动平均后，再进行回归预测而得。

表6			1999~2001年各项的预测增长率			
年份	g_{I1}	g_{I2}	g_{I3}	g_{I4}	g_C	g_G	g_P
1999	0.1366	0.1615	0.1173	0.1816	0.1147	0.1415	0.0943
2000	0.1279	0.1491	0.1161	0.1679	0.1184	0.1352	0.0941
2001	0.1209	0.1392	0.1100	0.1545	0.1124	0.1270	0.0860

注：g_{I1}、g_{I2}、g_{I3}、g_{I4} 分别表示国有经济、集体经济、私人经济以及其他经济的固定投资增长率，g_C 表示居民消费增长率，g_G 表示政府支出增长率，g_P 表示进出口净额增长率。

（2）求得各项需求占 GDP 的比重（见表7）。

表7			1999~2001年各项所占 GDP 比重的预测值			
年份	I_1/GDP	I_2/GDP	I_3/GDP	I_4/GDP	C/GDP	G/GDP	P/GDP
1999	0.1200	0.0327	0.0530	0.0954	0.3637	0.1267	0.1105
2000	0.1156	0.0327	0.0521	0.0963	0.3446	0.1278	0.1118
2001	0.1112	0.0301	0.0557	0.0975	0.3254	0.1405	0.1149

注：各栏数据是对1985~1998年各项所占 GDP 的比重值进行回归预测而得。

（3）预测1999~2001年的 GDP 增长率（见表8）。将表6和表7中相应的各项相乘，我们得到式（4）右边各项，并可以得到 GDP 增长率。

表8			1999~2001年 GDP 增长率的预测值				
年份	$g_{I1} \times$ I_1/GDP	$g_{I2} \times$ I_2/GDP	$g_{I3} \times$ I_3/GDP	$g_{I4} \times$ I_4/GDP	$g_C \times$ C/GDP	$g_G \times$ G/GDP	$g_P \times$ P/GDP	GDP 增长率
1999	0.016	0.005	0.006	0.017	0.042	0.018	0.010	0.115
2000	0.015	0.005	0.006	0.016	0.041	0.017	0.011	0.110
2001	0.013	0.004	0.006	0.015	0.037	0.018	0.010	0.103

方法二：

（1）据历年的经济统计资料，求得各项需求的增长率，同表4~表7。

（2）计算 GDP 增长率对各项需求增长率的弹性（见表9）。

269

表9			GDP 增长率对需求增长率的弹性			
弹性1	弹性2	弹性3	弹性4	弹性5	弹性6	弹性7
0.6651	0.5460	1.3676	0.5322	3.0572	0.7853	0.3377

注：弹性1~弹性7分别表示国有投资、集体投资、私人投资、其他投资、居民消费、政府消费以及进出口净额对GDP的弹性。

（3）计算各项增长率对GDP增长率的贡献（见表10）。

表10			各项增长率对 GDP 增长率的贡献			
贡献1	贡献2	贡献3	贡献4	贡献5	贡献6	贡献7
0.1751	0.0545	0.0363	0.1652	0.1281	0.1527	0.2877

注：贡献1~贡献7分别表示国有投资、集体投资、私人投资、其他投资、居民消费、政府消费以及进出口净额的增长率对GDP增长的贡献。

（4）将上述表8~表10中相应的各项相乘，计算1999~2001年GDP增长率的预测值（见表11）。

表11				1999~2001 年 GDP 增长率的预测值（调整前）			
年份	弹性1×贡献1	弹性2×贡献2	弹性3×贡献3	弹性4×贡献4	弹性5×贡献5	弹性6×贡献6	弹性7×贡献7	GDP 增长率
1999	0.016	0.005	0.006	0.016	0.045	0.017	0.009	0.114
2000	0.015	0.004	0.006	0.015	0.046	0.016	0.009	0.111
2001	0.014	0.004	0.005	0.014	0.044	0.015	0.008	0.105

（三）计算结果的调整和结论分析

前面的方法论中已经说过，上述计算结果必须进行适当的调整，这是由于本报告只是从需求这一角度进行考虑，而没有考虑供给这一方面。根据历年的统计资料，福建省的竞争力较弱，也就是说本省的需求有很大一部分是由外省来满足，而福建省可用于满足外省的产出则较少。这个缺口的存在要求我们对上面的计算结果进行调整，根据以往的计算数据，这一缺口会使本省的GDP增长率降低1个百分点左右。经过调整，GDP增长率的预测值如表12所示。

表12	1999~2001 年 GDP 增长率的预测值（调整后）		
项目	1999 年	2000 年	2001 年
GDP 增长率	0.104	0.101	0.095

从上述的计算可知，近两年福建省的投资需求、消费需求以及进出口的增长率都有所下降，其中尤其以国有经济的投资需求和居民消费需求的增长率下降较快。需求是经济增长的原始拉动力，对促进短期经济增长尤其具有显著的效果，如何扩大需求尤其是投资需求，是实现福建省国民经济持续、快速、稳定发展的关键。通过上面的计算分析可知，近几年来，福建省的需求增长率具有明显下降的趋势。究其原因，可能有以下几方面。（1）就投资需求而言，随着经济体制改革的进行，特别是金融领域改革的不断深化，企业投资和银行贷款均走向市场化，过去依靠吃财政或银行"大锅饭"的投资体制逐渐被打破，资金约束明显趋于硬化。企业在改革过程中的自我约束意识逐渐增强，在当前宏观经济形势并不十分明朗，市场行情看淡的前景下，其投资决策趋于谨慎，出现了"慎借、慎投"的倾向。另外，从资金供给来看，银行在改革中提高了安全意识，更加重视贷款的质量和效益，因而也出现了"慎贷"倾向，这些都限制了投资需求。（2）就消费需求而言，近几年由于结构重组、国企改革以及经济景气下降，下岗人员增多，人们的就业困难也增大，这使得居民的现期收入和预期收入的增幅都有所减缓；与此同时，由于医疗、住房等福利性分配和消费转向商业化、市场化，居民的预期支出大幅度增加，这就使得相当一部分的现期消费转化为储蓄。再者，高收入者的消费需求趋于饱和，而广大低收入者又缺乏购买力，这也降低了全社会的平均消费需求倾向。（3）受东南亚国家经济形势的影响，福建省出口的压力也增加，这导致近几年出口增长率的明显下降。

（四）促进经济增长的政策建议

第一，改善投资环境，疏通信贷渠道、引导和鼓励私人和外资企业投资。政府和相关部门应当根据科学的市场分析和预测，给广大投资者提供准确的市场现状及发展趋势的相关信息，引导他们的投资方向。政府应该转变经济管理职能，从管理为主变成以服务为主，为企业和投资者提供信息，并运用法律、经济等手段引导和鼓励投资。非国有经济作为国民经济的重要组成部分，是国民经济的一个新的增长点。它们的发展离不开政府部门和金融领域的支持。为了适应非国有经济发展的需要，应尽快发展和完善与其相应的融资体系，以给予它们更多的支持。要赋予各类企业在资本市场上进行直接融资的权利，允许支柱产业生产企业集团设立财务公司，赋予与其资本和收益比例相适应的直接融资权和担保权。加大股份制改造的步伐；通过组织企业集团或企业兼并、资产重组，充分利用现有企业的资产存量。政府要利用掌握的资金加大对支柱产业骨干企业的支持，银行要采取相应的资金扶持政策。

第二，升级产业结构，增强福建省企业的竞争力。福建省企业的竞争力向来不强，每年因此而丧失的市场份额会导致 GDP 下降 1 个百分点。企业的投资应该和更新改造、技术升级相结合，这对于近两年尤其是将来的经济发展具有重大的意义。提高企业的研究开发能力，是增强整体科技实力和产业竞争力的关键所在。要彻底改革现有的科技管理体制，打破科研与生产分离的局面，鼓励科研院所进入企业或与企业进行联合开发，支持他们联合创办研究开发机构，积极推进产学研一体化。不断完善企业内部组织体系和激励机制，鼓励企业增加技术开发和技术改造资金，为企业科技开发提供优惠贷款；进一步发展技术市场，尽快完善技术进步政策体系。在大力引进外资以及先进技术和装备的同时，建立技术开发中心和中试基地，狠抓引进技术的消化、吸收、创新和新产品、新技术的开发，形成自主的技术开发能力，尽快走向独立设计、开发和生产的发展道路，增强产业的竞争能力。

第三，加大政府对基础设施建设的投资力度。国内外的经验都表明，当消费处于疲软时，政府加大对基础设施建设的力度是完全必要的，这对于拉动消费、启动社会预期、促进经济增长都会有非常明显的作用。当前在基础设施建设方面，小城镇建设、农村电网建设、道路交通设施建设应该作为投资的重点。

三、福建省经济长期增长因素定量分析

本部分以 1992 年和 1997 年福建省投入产出表为基础，按照需求因素将经济增长的长期影响因素分解为国内需求扩张效应、出口扩张效应、进口替代效应和技术进步效应，考察各产业中出口对经济增长的长期效应，这对深入了解福建省这样一个开放程度高、外贸依存度大的经济模式，判断如何促进经济中长期增长有重大意义。

（一）理论依据

研究经济中长期增长因素必须考虑生产和需求结构的性质。而对结构的解析，涉及整个经济的内在联系，尤其是中间产品和最终产品的使用流程。在生产过程中大量使用中间产品，反映了专业化程度和生产复杂性的提高。一般在研究经济增长时，把 GDP 作为分析对象，只考虑增加值而排除了中间产品的流程，对产业间的联系略而不计，这实际上忽略了结构因素在经济增长中的重要作用。所以，本文转换了分析视角，以投入产出表为基础，研究生产部门之间的联系，并以此推算经济长期增长中各个因素的作用。然后进一步考虑，为了保证经济长期稳定增长，需要对哪些主要因素进行管理调控。

投入产出表体现了某一特定年度内经济活动中产品的全部流程。我们计算所用的是 1992 年和 1997 年的福建省投入产出表。利用这两套表格，我们可以进行一些动态分析。

我们的分析从投入产出表的实物平衡方程开始。即：

$$X_i = W_i + D_i + E_i - M_i \tag{6}$$

其中，X_i = 第 i 个产业的总产出；W_i = 第 i 个产业产出的中间需求；D_i = 对第 i 个产业产出的国内最终需求；E_i = 对第 i 个产业产出的出口需求；M_i = 与第 i 个产业产出同类的产品总进口。

商品 i 的进口需求 M_i 分为两部分，即作为中间产品使用的 M^w 和作为最终产品使用的 M^f。一般在计算时，它们是以总进口的形式，既作为中间需求又作为最终需求的部分。

假设 u_i^w 为国内创造的中间产品需求比率，u_i^f 代表国内创造的最终产品需求比率，a_{ij} 为产业 i 对商品 i 的投入产出系数，那么：

$$W_i = \sum_j a_{jk}X_j \tag{7}$$

$$X_i = u_i^w \sum_j a_{jk}X_j + u_i^f D_i + E_i \tag{8}$$

如果用矩阵表示总的投入产出矩阵，则为

$$X = \hat{u}^w AX + \hat{u}^f D + E \tag{9}$$

其中，$\hat{u}$ 表示对角阵，A 是投入产出系数矩阵。

从这个方程可以解出：

$$X = (I - A^i)^{-1}(\hat{u}^f D + E) = R(\hat{u}^f D + E) \tag{10}$$

其中，$R = (I - A^i)^{-1}$ 是单位矩阵减去国内系数矩阵的逆矩阵。

为了计算增长，我们对式（6）进行差分，得到

$$\Delta X = \Delta W + \Delta D + \Delta E - \Delta M \tag{11}$$

综合以上几个方程，可以得到：

$$\Delta X = R_2 \hat{u}_2^f \Delta D + R_2 \Delta E + R_2 \Delta \hat{u}^f D_1 + R_2 \Delta \hat{u}^w W_1 + R_2 \Delta \hat{u}_2^w \Delta A X_1 \qquad (12)$$

对于每个产业 i，则是

$$\Delta X_i = \sum_j \gamma_{ij2} u_{j2}^f \Delta D_j + \sum_j \gamma_{ij2} \Delta E_j + \sum_j \gamma_{ij2} \Delta u_j^f D_{ji} + \sum_j \gamma_{ij2} \Delta u_j^w W_{ji}$$
$$+ \sum_j \gamma_{ij2} u_{j2}^w \sum_k \Delta a_{ik} X_{ki} \qquad (13)$$

其中，R 是单位矩阵减去国内投入产出系数矩阵的逆矩阵，γ_{ij2} 是 R 中的元素，下标指代时期。

在式（13）中，产出的增长被分解为五项。第一项简称 DD，表示国内需求扩张效应；第二项简称 EE，表示出口扩张效应；第三项简称 IS^f，表示最终产品的进口结构变化效应；第四项简称 IS^w，表示中间产品的进口结构变化效应；第五项简称 IO，表示投入产出系数变化效应。

方程的前两项表明，在既定的进口结构不变的条件下，各个产业由国内需求和出口扩张所引起的产出的变化。第三项、第四项测算了中间产品和最终产品进口结构变化的直接和间接影响。最后一项给出总的投入产出系数矩阵变化的直接和间接影响，表明了由变化着的中间产品投入需求的组合所引起的产业间联系的广度和深度。

方程隐含着几个假设。第一，进口结构变化是由每个产业进口与总需求之比的变化所引起的。第二，中间产品使用的国内供给比率对所有使用者都是相同的，相应地，中间产品进口结构变化项 IS^w，是进口矩阵中变化的平均值。第三，分解可以通过终止年结构系数和初始年数量权重来计算，也可以通过初始年结构系数和终止年数量权重来计算。

用式（13）对福建经济进行计算，可以得到增长因素的 3 种形式：以金额表示的绝对增长；产出中每个产业的增长百分比；产出中总量变化的百分比。通过对增长因素的定量分析，可以构建出福建经济中长期增长的图景。

（二）计算过程

（1）根据投入产出表，构建福建省 1992 年和 1997 年的实物平衡方程（见表 13 和表 14）。

表 13			1992 年实物平衡表		
部门	W	D	E	M	Y = D + E - M
	中间使用	国内总需求	出口	进口	最终需求
农业	14308937	15550913	1846070.1	1633539.8	15763443
工业	65052191	29813722	27616199	30651259	26778663
建筑业	3634967.2	11418576	2396054.8	342696.61	13471935
运输邮电业	6162174.8	2419169.9	839409.16	684170.8	2574408.3
商业饮食业	11072167	7910183.4	2475386.7	2014030.8	8371539.3
其他服务部门	13794406	12544556	618954.61	1351956.8	11811554

表 14			1997 年实物平衡表		
部门	W	D	E	M	Y = D + E - M
	中间使用	国内总需求	出口	进口	最终需求
农业	65016914	24895196	2788400.8	144483.11	27539113
工业	293474286	126481522	75276944	79686651	122071816
建筑业	7081489.4	51000511	0	0	51000511
运输邮电业	30812807	9986077.5	2073606.9	2186081.3	9873603.2
商业饮食业	47388652	26465655	6693616.8	7549918.8	25609353
其他服务部门	59066995	60106038	8174431.4	4338865.9	63941604

注：建筑业进出口数为 0，这可能是数据分类问题，其实劳务出口中有一部分是工程劳务。

（2）计算中间产品和最终产品的国内需求份额的比率数。

由表 13 和表 14 中进口与中间需求和最终需求的数量关系，可以得到所需比率，如表 15 所示。

表 15		国内需求份额比率		
部门	国内需求份额			
	最终产品		中间产品	
	1992 年	1997 年	1992 年	1997 年
农业	0.8938856	0.8992761	0.8857277	0.9588764
工业	0.5191322	0.6268957	0.701989	0.7958598
建筑业	0.8265567	1	0.6027116	1
运输邮电业	0.7424002	0.8280546	0.8801115	0.9369464
商业饮食业	0.7616513	0.7981374	0.8172816	0.8762327
其他服务部门	0.9529795	0.8802816	0.9570569	0.8784316

注：最终产品的需求份额比例为该产业最终需求与它和出口之和的比例；中间产品的需求份额比例为该产业中间使用与它和出口之和的比例。

（3）根据直接消耗系数表，计算出 1997 年的 R 矩阵（见表 16 ~ 表 18）。 275

$R = (I - A^i)^{-1}$，它是单位矩阵减去国内系数矩阵 A 的逆矩阵。

表 16 　　　　　　　　　1992 年直接消耗系数

部门	农业	工业	建筑业	运输邮电业	商业饮食业	其他服务部门
农业	0.147469	0.0880618	0.0001175	0.0002584	0.0778059	0.0105381
工业	0.1482138	0.4608986	0.4787966	0.2807021	0.1918281	0.1778382
建筑业	0.0024961	0.0021087	0.0032708	0.0026206	0.030333	0.0731175
运输邮电业	0.0140208	0.0418499	0.0413937	0.0281052	0.0427274	0.0384498
商业饮食业	0.0164858	0.0782674	0.0824353	0.0708685	0.0401624	0.0240996
其他服务部门	0.0132436	0.0655216	0.0327591	0.058131	0.1965123	0.0939616

表 17 　　　　　　　　　1997 年直接消耗系数

部门	农业	工业	建筑业	运输邮电业	商业饮食业	其他服务部门
农业	0.2540939	0.0806689	0	0.0002578	0.0605077	0.028859
工业	0.0780481	0.4861483	0.5666826	0.1693934	0.2365813	0.2207764
建筑业	0.0142498	0.0019469	0.0008184	0.0279555	0.0130028	0.0229205
运输邮电业	0.013116	0.0456264	0.0152517	0.0652324	0.0377265	0.0353233
商业饮食业	0.0011714	0.0706129	0.0111409	0.1928226	0.0281819	0.0600589
其他服务部门	0.0163144	0.0521737	0.0594414	0.1256942	0.2132078	0.0954906

表 18 　　　　　　　　　1997 年 R 矩阵

部门	农业	工业	建筑业	运输邮电业	商业饮食业	其他服务部门
农业	1.3765	0.2649	0.1616	0.1087	0.1849	0.1292
工业	0.2861	2.2274	1.3215	0.687	0.7498	0.6629
建筑业	0.0229	0.0189	1.0146	0.0444	0.0289	0.0347
运输邮电业	0.0371	0.1284	0.0962	1.1275	0.0974	0.0854
商业饮食业	0.0335	0.2002	0.1388	0.2909	1.1236	0.1394
其他服务部门	0.0559	0.1995	0.1919	0.2698	0.3269	1.1932

（4）把福建经济的实际数字代入方程（13），分解出经济中长期增长的五种效应（见表 19 ~ 表 21）。

表 19 　　　　　　　　　以金额表示的绝对增长

部门	DD	EE	IS^f	IS^w	IO	ΔX
农业	42845110	10872761	1244573.4	3310366.6	−6753100	51519711
工业	232856474	68049893	9551657.1	15820533	8591432	334869989
建筑业	43656622	3125544.6	2057928.3	1601374.6	8150774.5	58592244
运输邮电业	23983322	5085304.9	790020.41	1327662.8	−7779648	23406662

部门	DD	EE	IS^f	IS^w	IO	ΔX
商业饮食业	42207085	9034989.7	1178341.2	2142111.4	5888428	60450955
其他服务部门	76643473	7846643.1	87796.984	567617.54	8656317.8	93801848
总计	462192086	104015136	14910317	24769666	16754204	622641409

表 20　　　　　　　　　　部门产出增长的比率

部门	DD	EE	IS^f	IS^w	IO	总计
农业	83.162559	21.104079	2.4157228	6.425437	−13.1078	100
工业	69.536382	20.321287	2.8523479	4.7243807	2.5656023	100
建筑业	74.509217	5.3343999	3.5122879	2.7330829	13.911013	100
运输邮电业	102.46366	21.725887	3.3751947	5.672158	−33.2369	100
商业饮食业	69.820377	14.945983	1.9492516	3.5435526	9.7408353	100
其他服务部门	81.707849	8.3651263	0.0935984	0.605124	9.2283019	100
总计	481.20004	91.796763	14.198403	23.703735	−10.89894	600

表 21　　　　　　　　　　总产出增长的比率

部门	DD	EE	IS^f	IS^w	IO	增长份额
农业	6.8811855	1.7462316	0.1998861	0.531665	−1.084589	8.2743792
工业	37.398167	10.929227	1.5340543	2.5408739	1.3798363	53.782158
建筑业	7.0115191	0.5019815	0.3305158	0.2571905	1.309064	9.4102709
运输邮电业	3.8518675	0.8167309	0.1268821	0.2132307	−1.249459	3.7592524
商业饮食业	6.7787148	1.4510743	0.1892488	0.3440361	0.9457174	9.7087914
其他服务部门	12.309408	1.2602186	0.0141007	0.0911628	1.3902573	15.065148
总计	74.230862	16.705464	2.3946877	3.9781591	2.6908271	100

（三）计算结果的分析结论和经济长期增长的政策

从上述计算对 1992～1997 年福建经济总产出增长的分解结果，可以得到这样几个结论：

（1）从表 21 的纵向分解来看（见图 1），各部门产出增长对总产出增长的贡献有很大差异。农业占 8%，工业和建筑业组成的第二产业占 63%，其他交通运输、通信、流通等第三产业占 29%。这说明福建省经济工业化进程已经取得相当的成绩，第三产业也有了长足的发展。但是，这些比例也说明经济在产业间的配置上有可以改善的空间。第三产业所占比例过大，脱离了第二产业相应的基础，例如 20 世纪 90 年代初房地产行业的过度投资。这种畸形发展表现在增长数字上，就是第三产业的贡献率过高。由于历史的原因，福建省的工业基础一向比较薄弱，改革开放 20 年来，工业有了很大的发展，但是和邻近一些省份如广东、江苏、浙江相比，仍有较大差距。2000 年 4 月，福建省工业增加值同比增长 9.1%，增幅低于全国水平 2.3 个百分点。这个信号已经显示出工业发展是当务之急。如果没有工业增长造就的坚实基础，第三产业的繁荣只会是空中楼阁。所以为了保证福建经济长期增长，加快工业发展的步伐，让经济资源的运用向第二产业倾斜是必要的措施。

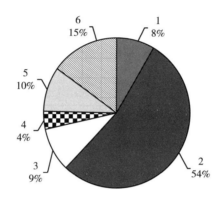

图 1　各产业对增长的贡献率比较

注：1、2、3、4、5、6 依次为农业、工业、建筑业、运输邮电业、商业饮食业和其他服务部门。

（2）从表 21 的横向分解来看（见图 2），进出口贸易对福建经济长期增长有举足轻重的地位。单纯由出口扩张引起的效应占总产出的 16.7%，加上进口对中间产品和最终产品增长的效应就达到 23%，剩下的增长份额则由国内需求扩张和技术进步来提供。

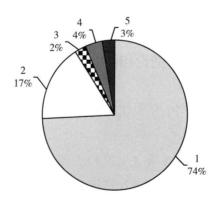

图 2　各需求因素对增长的贡献率比较

注：1、2、3、4、5 依次为 DD、EE、IS^f、IS^w 和 IO 效应。

计算结果说明，福建经济长期增长既要靠内需的启动，又要靠进出口贸易的拉动。扩大内需主要靠增加投资和消费，短期内可以通过扩张性财政政策，但长期来看，还要靠人均收入的提高和企业利润的增加。而进出口贸易不仅是总需求的一个组成部分，而且可以扩大本国产品和服务在国际市场的占有率，增加国内就业，提高人均收入。另外，它还可以利用外汇进口国内稀缺资源，促进技术进步，提高消费的质量和投资的效益。进口的扩大、进口资源的利用有助于打破人均资源不足的现状和本地资源结构对经济增长的约束。从福建外贸本身的发展来看，外贸出口年平均增幅达 23.1%，较全省经济的平均增幅高出近 10 个百分点，有力推动了全省经济的发展。可以预见，在今后的发展过程中，进出口的作用将进一步增大。

（3）计算结果还说明，投入产出系数变化在福建省经济长期增长中的效应比较微弱，仅占 2.7%。据福建省统计局的研究分析，福建省大中型企业科技开发能力存在一些问题：①企业科研开发能力偏弱。②企业科技活动投入强度在行业上分布不平衡，高新技术行业从事科技活动面小。③科技活动经费支出结构不尽合理。④技术开发成果水平低。⑤科研成果总量逐年减少，新产品效益有降低的趋势。科技是第一生产力，福建省内有一批一定知名度的高校和科研机构，加上福建省生活环境在全国居于前列，吸引汇聚了相当数量的科技和管理人才。只要理顺人才的管理使用机制，让这些人力资源充分发挥出自己的作用，对福建省经济长期增长会起巨大的推动作用。

随着我国加入 WTO 的日期一天天临近，福建省经济也面临着新的机遇和挑战。我们认为，加快工业发展，提高工业产品在国内外市场上的竞争力是经济长期增长的基础；大力促进外贸增长，提升出口商品结构，有效利用进口资源，继续吸引外资是经济长期增长的关键；贯彻实施"科教兴省"战略，培养和充分利用人力资源是经济长期增长的根本。

四、福建省宏观经济景气指数分析 *

本部分以福建省社会主要指标月度统计数据为基础，借鉴国际经济景气指标体系和全国宏观经济景气指标体系的评价系统，根据福建省的实际经济情况

---

* 部分内容原载于《东南学术》2001 年第 6 期《地区经济景气指数的构建与景气分析初探》，共同作者：尚琳琳、林新。

进行调整，利用经济指标体系与工业总产值的相关性，预测福建省宏观经济近期内的走势。其中，关键问题在于对福建省是否能摆脱近年来经济下滑的阴影，以及何时到达经济周期中的谷底进行判断。

（一）建立景气指数的一般方法

在预测经济波动起伏趋势方面，美国最早提出哈佛景气动向指数。后来，美国又编制了一套全面反映经济周期变化的指标体系，并利用它进行动态比较分析，研究经济发展情况。它最有用的地方在于可以预测经济周期的升降波动，从而制定相应的政策措施，监控整个宏观经济。

美国的经济周期是选择 150 个与周期进程相关的时间序列组成的指标体系。这 150 个时间序列有几个选择标准：

（1）能反映重要经济因素。

（2）与经济周期转折点有关联。

（3）与经济收缩和扩张的进程一致。

（4）统计数据充分。

（5）摄取数据及时。

（6）数据要平滑连续。

（7）对经济波动的反映要敏感。

按照指标与经济周期先后的关系，可以将它们分为三种：领先指标、同步指标和滞后指标。其中领先指标与一般经济周期相比始终走在前面，对预测未来经济发展态势尤其有意义。特别地，在经济增长下滑时，如果领先指标已经出现回升趋势，那么通过计算领先期的长度就可以判断经济周期上升时点的位置。

随着世界各国对经济周期的不断研究，许多国家都建立了本国的景气指标体系。我国在 1993 年也由国务院发展研究中心制作了我国经济景气分析指数。各国所制定的领先指标各有不同，但基本都包括就业、生产贸易、固定资产投资、库存、价格成本利润、金融和信贷 6 个方面（见表 22）。

选择领先指标一般有两种方法：

（1）逐步增加指标法，即首先合理地确定一至两个领先指标，然后在实践中，根据指标之间的联系，逐步增加指标，直至取得满意的预测结果，从而得到一个领先指标序列。

（2）指标筛选法，即先把与预测对象有联系的经济指标列出来，运用统计方法逐步淘汰其中不能预示经济现象的指标，最后得到一个领先指标序列。

表 22 各国经济景气指数中的领先指标

指标分类	美国	英国	法国	加拿大	德国	意大利	日本	中国
就业	制造业工人平均周工作量、失业索赔金额	制造业工人平均周工作量	制造业工人平均工作量、失业索赔金额	制造业工人平均周工作量、失业索赔金额	短期工人数、失业申报人数	工业工人月工作量	制造业总工作量	
生产贸易	消费品新订单		未交订货变动	耐用品新订单		未定交货资变动		统配煤产量、化肥产量、钢材产量、10种有色金属产量
固定资产投资	商业企业新形成数、厂房设备设备建筑准建数、住宅建数	新注册公司数、破产企业数、机械设备新订单、住宅开建数	商业企业新形成数、厂房设备合同、住宅建筑准建数	设备新订单、居民用建筑、居民建建数	破产企业数、投资设备建筑新订单、居民建房新订单	破产企业数、居民建筑建数	破产企业数、机器和设备新订单、单位住宅开建数	
库存	商业库存变动	库存变化	库存变化	商业库存变动	库存变化		库存变化	煤炭库存量、钢材库存量
价格成本利润	工业原材料价格、股票价格指数、劳动总成本价格指数	基础材料价格、股票价格指数、利润总额、劳动成本价格指数	原材料价格、股票价格指数、劳动成本价格指数	工业原材料价格、股票价格指数、利润总额、劳动成本价格指数	基础材料价格、股票价格指数、从企业获得的收入、劳动成本价格指数	股票价格指数、劳动成本价格指数	原材料价格、股票价格指数、利润总额、劳动成本价格指数	
金融信贷	消费者债务变化	租赁增加额	消费者债务变化	消费者债务变化	消费者债务变化	消费者债务变化	消费和住宅债务变动	国家财政支出、贸易外汇收入、各项存款总额

（二）福建省经济景气指数的计算方法与步骤

作为一种区域经济，福建省和国家的经济景气分析指数应有所区别。第一，这种差异首先体现在自变量的可获得性上。一般而言，国家景气指标体系有 100 多个，而省级经济可获得的月度统计指标只有几十个。第二，国家领先指标的选取应与省级指标有所不同，这可以从经济理论上进行分析。因为省级经济无法控制资金和物资在省际之间的流动，也没有发行货币的权利，在财政政策方面，不能自行举债，不能变更税率，因而物价、货币、股票指数等指标受国家宏观经济的影响较大，与省级经济增长态势的相关性较弱，难以作为省级经济的领先指标。第三，福建省经济有其特殊性。它是一种外向程度很高的经济，加工贸易和外来投资对经济增长的影响力很大。由于以上原因，建立福建省经济景气指数，必须对国际和全国的计算方法做部分调整，按照从实际出发的原则，科学合理地寻找领先指标和领先期。

本报告使用的是指标筛选法。采用福建省经济社会主要指标及 1996 年 6 月至 2000 年 4 月的月度统计数字。根据现有的统计指标，以工业总产值序列作为预测对象（因变量），计算其他 39 个指标与工业总产值同步相关及领先相关性，然后剔除相关性小的指标，把通过统计检验的指标作为领先指标，分析各个序列的变化特征，并把它们合成一个综合指标，判断未来经济周期的发展态势。

具体步骤如下：

（1）计算福建省 39 个主要经济指标与工业总产值增长的相关性。

这 39 个主要经济指标可分为 5 个类别，计算相关性时用的是它们的月度增长率序列。

① 生产贸易：工业总产值、工业产品销售率、钢材产量、发电量、水力发电量、水泥产量、罐头产量、服装产量、社会消费品零售总额、市的销售额、县的零售额、县以下的零售额、进出口总值、出口当月数、进口当月数。

② 固定资产投资：国有固定资产投资、基本建设投资、更新改造投资、房地产投资、其他投资、新签对外直接投资（FDI）合同、新签合同金额、实际利用外资。

③ 库存：产成品月末存货。

④ 价格：商品零售价格指数、农业生产资料价格指数、居民消费价格指数。

⑤ 金融与信贷：应收账款净额、期末手存现金、人均生活费支出、人均可支配收入、工业贷款、金融机构贷款余额、期末城乡居民储蓄存款余额、金融

机构存款余额、财政支出、工商税收、地方财政收入、财政总收入。

将这些指标分别领先1个月，2个月……直至12个月，分别计算它们与工业总产值增长率的相关性。根据统计显著性和相关性的大小，剔除与预测对象弱相关或不相关的指标，得到领先指标序列和领先期。

（2）分析领先指标的运行态势，判断领先指标的走势。

（3）根据领先指标与预测对象的相关性质，预测工业总产值的周期性。

（4）根据 GDP 增长和工业总产值增长的关系，预测近几个月 GDP 增长的起伏。

（三）景气指数的计算和 GDP 增长的预测过程

（1）利用 SPSS 统计软件，计算 39 个指标时间序列与工业总产值滞后序列的相关性，剔除相关性小的指标，得到领先指标序列和领先期。

利用相关性检验，可以得到领先期和相关性在 0.5 以上，置信度在 99% 以上的指标序列的个数，如表 23 所示。

表 23　　　　　　　　　　领先指标和领先期

领先期	1 个月	2 个月	3 个月	4 个月	5 个月	6 个月
指标个数	0	3	0	0	0	2
领先期	7 个月	8 个月	9 个月	10 个月	11 个月	12 个月
指标个数	1	1	0	0	3	7

由表 23 可以看出，在领先期为一年时，有 7 个指标序列与工业总产值有较强的相关性。我们就用它们作为福建经济景气指数的领先指标序列。表 24 是领先一年时这些指标的相关性系数和显著性系数。

表 24　　　　　　领先指标的相关性系数和显著性系数

指标	相关性系数	显著性系数
发电量	0.725	0
水泥产量	0.726	0
进出口总量	0.686	0
出口当月数	0.719	0
新签 FDI 合同	0.706	0
财政总收入	0.667	0
财政支出	0.729	0

资料来源：根据中经网统计数据库数据计算所得。

（2）分析领先指标的运行态势，判断领先指标的走势。

表 25 是 1998 年 1 月～1999 年 6 月，7 个领先指标的增长率。

时间	发电量	水泥产量	进出口总值	出口当月数	财政总收入	财政支出
			表 25		**领先指标增长率的波动情况**	
1998 年 1 月	− 0.08698	− 0.32468	0.102128	0.096721	0.09966	0.135536
1998 年 2 月	0.085668	− 0.18058	0.38835	0.278246	0.15895	0.175595
1998 年 3 月	− 0.04277	− 0.32542	0.241741	0.029736	0.156189	0.175666
1998 年 4 月	0.033233	− 0.14489	0.020307	− 0.06034	0.089538	− 0.03506
1998 年 5 月	− 0.02178	− 0.00627	− 0.0405	− 0.02867	0.039055	0.187721
1998 年 6 月	− 0.03162	0.288815	0.131851	0.287453	0.239587	0.338167
1998 年 7 月	0.03415	0.119011	− 0.15036	− 0.1502	0.19255	0.008999
1998 年 8 月	0.060066	0.080259	− 0.05675	0.032129	0.23957	0.320944
1998 年 9 月	− 0.06752	0.122599	0.026958	0.069189	0.284419	0.141361
1998 年 10 月	− 0.02482	0.317893	− 0.17529	− 0.02885	0.010004	0.080849
1998 年 11 月	− 0.0857	− 0.05957	− 0.30074	0.00677	0.279768	0.12389
1998 年 12 月	− 0.02389	0.029178	0.243484	0.19161	− 0.0625	− 0.1415
1999 年 1 月	0.251656	0.566974	0.177606	0.070254	0.186561	0.035629
1999 年 2 月	0.012407	0.190684	− 0.08217	− 0.20317	0.219439	0.414346
1999 年 3 月	0.210412	0.61519	− 0.05256	− 0.12513	0.104503	0.129822
1999 年 4 月	0.189223	0.265842	− 0.16729	− 0.11927	0.188924	0.20197
1999 年 5 月	0.174089	0.069709	− 0.15515	− 0.19589	0.190719	0.129225
1999 年 6 月	0.214656	− 0.16914	− 0.36135	− 0.39782	0.077015	− 0.03985

以发电量、出口当月数和财政支出的增长曲线为代表,做出它与工业总产值的关系如图 3 ~ 图 5 所示。

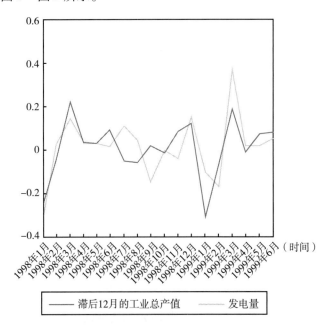

图 3 发电量增长与工业总产值增长的关系

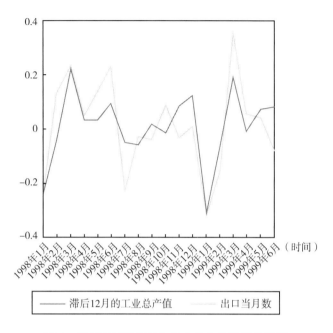

图4　出口当月数增长与工业总产值增长的关系

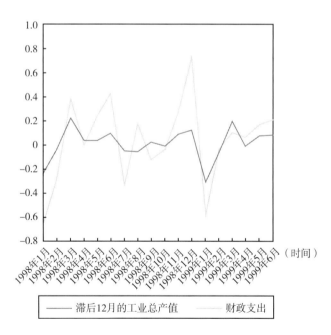

图5　财政支出增长与工业总产值增长的关系

（3）根据领先指标与预测对象的相关性质，预测工业总产值的周期性。

我们以7个指标月度增长率的加权平均数作为一个综合指标，观察它与工业总产值的符合程度，并用它来预测未来几个月内工业总产值的可能走势。

表26是经过平均加权后的综合指标和工业总产值的增长率。

指标	1996年2月	1996年3月	1996年4月	1996年5月	1996年6月	1996年7月
综合指标增长率	0.994435	0.500573	−0.07383	0.156764	0.101363	0.032292
工业总产值增长率	−0.1473	0.295063	0.080033	0.052498	0.08871	−0.01879
指标	1996年8月	1996年9月	1996年10月	1996年11月	1996年12月	1997年1月
综合指标增长率	−0.09212	0.098079	0.002901	0.225499	0.125229	−0.19554
工业总产值增长率	−0.13347	0.044986	0.030344	0.078709	0.104402	−0.24032
指标	1997年2月	1997年3月	1997年4月	1997年5月	1997年6月	1997年7月
综合指标增长率	−0.27587	0.713819	0.041345	0.012182	0.137727	−0.09689
工业总产值增长率	−0.04385	0.221102	0.032402	0.031566	0.092965	−0.05087
指标	1997年8月	1997年9月	1997年10月	1997年11月	1997年12月	1998年1月
综合指标增长率	−0.08341	0.014965	0.122976	0.022963	0.316096	−0.38213
工业总产值增长率	−0.0581	0.018313	−0.01365	0.086709	0.123128	−0.30806
指标	1998年2月	1998年3月	1998年4月	1998年5月	1998年6月	1998年7月
综合指标增长率	−0.06685	0.35982	0.014524	0.077738	0.297578	−0.21521
工业总产值增长率	−0.06512	0.18986	−0.01012	0.074147	0.081753	−0.11223
指标	1998年8月	1998年9月	1998年10月	1998年11月	1998年12月	1999年1月
综合指标增长率	−0.00997	−0.03582	0.034766	0.078004	0.194784	−0.23836
工业总产值增长率	0.071137	−0.0052	0.062751	0.001039	0.164992	−0.20327
指标	1999年2月	1999年3月	1999年4月	1999年5月	1999年6月	
综合指标增长率	−0.23006	0.476724	−0.02347	0.045035	0.170997	
工业总产值增长率	−0.195	0.299832	−0.00725	0.017786	0.070626	

表26　　　　　　　　　综合指标增长率与工业总产值增长率

利用领先一年的综合指标增长率和工业总产值增长率可以做出如下曲线（见图6），从曲线上可以看出1999年6月前两者升降趋势吻合程度相当高，也就是说，1997年综合指标的趋势与1998年工业总产值的趋势大体一致，1998年综合指标的趋势与1999年工业产值的趋势大体一致，所以我们预测1999年6月之后工业总产值曲线的走势应该与相应的综合指标增长率曲线也大致相符，

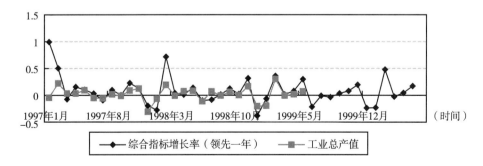

图6　综合领先指标对工业总产值增长的预测

即图6中综合指标增长率曲线的右侧部分。

（4）计算 GDP 增长和工业总产值增长之间的关系。

根据历年福建省统计年鉴，可以查出从 1981～1999 年工业总产值和 GDP 的年增长率（见表 27）。

表27　　　　　　　　　　历年工业总产值增长与 GDP 增长

指标	1981 年	1982 年	1983 年	1984 年	1985 年	1986 年	1987 年
工业总产值增长率	0.07747	0.09127	0.08562	0.26104	0.32049	0.18466	0.29629
GDP 增长率	0.21469	0.11269	0.08437	0.23302	0.27497	0.11089	0.25307
指标	1988 年	1989 年	1990 年	1991 年	1992 年	1993 年	1994 年
工业总产值增长率	0.46256	0.25745	0.08698	0.23965	0.38954	0.66287	0.39822
GDP 增长率	0.37435	0.19617	0.14558	0.19225	0.26165	0.43979	0.48201
指标	1995 年	1996 年	1997 年	1998 年	1999 年		
工业总产值增长率	0.23955	0.21686	0.20147	0.16878	0.14225		
GDP 增长率	0.28285	0.20757	0.16087	0.10952	0.07164		

以 GDP 增长率为因变量，工业总产值增长率为自变量作线性回归，可以得到回归方程如下：

$$Y = 0.05687 + 0.654\ Y_1$$

$$(1.974)\ (6.593)$$

$$F = 43.472 \qquad R = 0.848 \qquad Sig = 0.000$$

这一方程说明，GDP 增长率和工业总产值增长率之间存在着高度的相关性。所以我们对工业总产值增长起伏趋势所做的预测，同样也适用于 GDP 的增长预测，即 GDP 的增长曲线也和综合指标增长率曲线大体相符。

（四）结论

从以上计算过程可以看出，与福建省工业总产值增长领先一年相关的指标有发电量、水泥产量、进出口总值、出口当月数、新签外商直接投资合同、财政总收入、财政支出 7 个，这在一定程度上说明福建经济增长的一些贡献因素。由 7 个指标加权得出的综合指标可以对未来经济走势作出预测。按照近几个月综合指标的走势来看，福建经济即将走出谷底，进入上升期，经济的转折点大约出现在 2001 年上半年，以下是对这一结论的详细解释。

（1）发电量和水泥月产量都是生产类别的指标，它们与工业总产值增长领先一年的相关性系数分别是 0.725 和 0.726。发电量包括居民用电和工农业用电，它们在一定程度上反映了消费量和生产量。水泥则是基建的主要材料，水泥产量的增长说明对生产资料需求的增长，通过产业间的关联效应，可能在一定时期后拉动整个工业乃至总体经济的恢复。

（2）进出口总值、出口当月数和新签对外直接投资合同是外贸外资类别的指标。它们与工业总产值增长领先一年的相关性系数分别是 0.686、0.719 和 0.706。这三个指标反映了福建省经济增长的特殊性。外贸出口对于福建经济有重大意义，对结构转换和产业升级有巨大的推动作用。20 年来，福建省外贸出口年均增幅达 23.1%，比全省经济平均增幅高出近 10 个百分点。外资和外贸的联系紧密。三资企业已成为外贸出口的第一主力军，其出口占外贸的比重逐年增加。以 1998 年为例，全省开业投产的三资企业已超过 1 万余家，出口额占全省出口总额的 60%，占了加工贸易的绝大部分。

（3）财政总收入和财政支出属于财政金融类别的指标。它们与工业总产值增长领先一年的相关性系数分别是 0.667 和 0.729。这两个指标说明政府管理对经济增长的影响。财政系统主要通过基建投资，提高生产能力和供给能力对经济增长产生影响。但是，在不允许地方政府采取赤字财政或自行举债，以及"量入为出"等基本原则的约束下，政府财政对经济增长的影响是有限的。

（4）从 1999 年 1 月至 2000 年 7 月的经济走势来看，以上 7 个指标的比上年同期的增长率的加权平均值如表 28 所示。

表 28　　　　　　　　1999 年 1 月至 2000 年 7 月领先指标的走势

时间	发电量	水泥产量	出口当月数	FDI	进出口总值	财政总收入	财政支出	加权平均
1999 年 1 月	0.251656	0.566974	0.070254	0.025424	0.177606	0.186561	0.035629	0.187729
1999 年 2 月	0.012407	0.190684	−0.20317	−0.504	−0.08217	0.219439	0.414346	0.006792
1999 年 3 月	0.210412	0.61519	−0.12513	−0.40678	−0.05256	0.104503	0.129822	0.067922
1999 年 4 月	0.189223	0.265842	−0.11927	−0.47343	−0.16729	0.188924	0.20197	0.012281
1999 年 5 月	0.174089	0.069709	−0.19589	−0.38725	−0.15515	0.190719	0.129225	−0.02494
1999 年 6 月	0.214656	−0.16914	−0.39782	−0.29508	−0.36135	0.077015	−0.03985	−0.1388
1999 年 7 月	0.213209	0.121482	−0.06994	−0.50802	0.014314	0.189332	0.076076	0.005207
1999 年 8 月	0.14011	0.060975	−0.1216	−0.10959	−0.0456	0.041305	−0.02992	−0.00919
1999 年 9 月	0.295656	0.223493	−0.05258	−0.16031	−0.04188	0.144243	0.282365	0.098714
1999 年 10 月	0.20404	0.01104	−0.24513	−0.22689	−0.17762	0.183893	0.071088	−0.02565

时间	发电量	水泥产量	出口当月数	FDI	进出口总值	财政总收入	财政支出	加权平均
1999 年 11 月	0.240017	0.229431	−0.03746	−0.16026	0.228531	−0.04693	0.158902	0.087461
1999 年 12 月	0.339057	0.163999	0.040913	0.165414	0.02813	−0.03167	−0.01303	0.098974
2000 年 1 月	0.208791	0.054245	0.230447	0.14876	0.218033	−0.06669	0.758601	0.221741
2000 年 2 月	0.176471	0.036875	0.299669	−0.04839	0.195238	0.256724	−0.06742	0.12131
2000 年 3 月	0.159498	−0.03942	0.363081	−0.12857	0.219178	0.332308	0.138211	0.149184
2000 年 4 月	0.104672	0.007224	0.302083	0.073394	0.156977	0.370023	0.31916	0.190505
2000 年 5 月	0.21	0.118624	0.159066	−0.048	0.072031	0.141076	−0.05942	0.084768
2000 年 6 月	−0.18164	−0.00507	0.388889	0.168605	0.346924	−0.04445	0.094649	0.109701
2000 年 7 月	0.136982	−0.08551	0.160569	0.108696	0.208467	0.391515	−0.01024	0.130068

　　按领先指标的加权平均数随时间的变化关系，可以得出综合指标的走势（见图 7）。

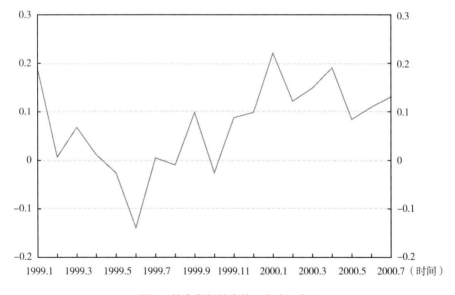

图7　综合指标的走势（领先一年）

　　从 7 个指标加权后得出的综合指标的走势来看，综合指标在 1999 年 6 月降到最低点 −13.9% 之后就出现回升趋势，虽然在个别月份仍然出现小幅度的波动，但总体趋势非常明显，一直呈上升态势，在 2000 年 7 月达到 13%。因此，按照一年的领先期来判断，福建省经济在 2001 年上半年走出低谷是很有可能的。

（五）福建省景气指数的缺陷及其修正

总体来说，经济景气指数具有"晴雨表"的作用，有利于我们从指标的历史行为推断未来的信息。它可以提供早期观察信号，超前反映波动转折点，为宏观调控的决策作出参考。但由于数据资料和理论方法上的原因，我们认为所计算的福建经济景气指数还存在以下一些问题。

（1）指标的数量太少，时间序列的长度不够。以哈佛指数为代表的早期景气指标衰落的原因之一，就是当时构成指标的数量太少。一般要求与预测对象有关的指标要有150个以上，而由于月度统计数据极为有限，我们目前可得的指标数只有39个，而且仅有3年共35个数据点，把预测对象滞后12个月后，计算相关性时只剩下24个点。这必然影响统计检验的准确性。由于指标太少，使我们无法按照一般的景气指数体系那样得出领先、同步、滞后三大指标，而只能根据现有的数据整理得出领先指标，由于没有同步、滞后指标为预测结果提供验证，也使得这一景气指数还尚嫌粗略，有可能会影响景气指数预测的准确性，因而有待进一步完善。在此基础上，还可以添加我国宏观经济的有关指标和相关的国际经济指标，使之形成较为完善的福建经济景气指数指标体系，进一步提高这一景气指标体系预测的准确性。

（2）这种预测主要基于"黑箱"的思想方法，根据指标历史行为所作的统计分析基础上建立起来的。这样构造的指标体系对历史的拟合是满意的，但其动态性存在缺陷，不一定完全符合未来发展的情况。同时，指标体系一般只反映短期内的经济变化，难以反映经济的长期变化，不适用于经济周期的中长期变化。

（3）指标替换问题。设计出一套经济景气指标体系，并不意味着一劳永逸。当前，福建省正处于建立和深化市场经济的转型期，经济结构和经济布局变化较快。这种情况下，各种指标的相互关联性也在不断变化，所以必须经常随实际情况对景气指标体系作出调整。

（4）对福建省景气指数体系的修正包括几个方面。一是扩充相关性指标，延长时间序列，在此基础上得出领先、同步、滞后三大指标。二是增进指标体系的动态性、灵敏性和及时性。三是更新综合指标中各个指标不同的权重。由于7个指标增长率与工业总产值增长率相关系数基本都在0.7左右，所以在本报告中我们采用平均加权的方法，但是如果考虑考虑到各个指标的经济含义以及今后指标的扩充，也可能对权数进行适当调整。这些都是有待进一步深入研究的问题。

第二篇

建设全面小康社会进程的一个比较研究[*]
——以福建为基点

党的十六大之后，建设全面小康社会成为工作中心。目前进展如何？决策部门与各界都颇为关心。我们根据党的十六大提出的基本要求，构建了一个评价指标体系，以福建为基点，对 2000～2002 年来全国各省份的全面小康建设进程进行比较研究。[①]

一、研究背景

"小康"作为社会理想之一，在中国有悠久历史。在现代中国，首次提出并实施社会主义条件下小康社会理想的是邓小平同志。他把"小康社会"同现代化建设"三步走"战略的第二步目标联系起来，赋予这个名词以全新内涵。党的十六大进一步将实现小康社会目标区分为总体小康和全面小康两个阶段，把"全面建设小康社会"作为 21 世纪前 20 年的奋斗目标。

"小康社会"概念因建设中国特色社会主义而产生，因此，国外基本没有关于"小康"的研究，但相关的"现代化"研究则由来已久。其中，代表性研究有：日本箱根"国际现代化会议"的现代化 8 项标准（1960 年）；布莱克的现代化 10 项标准（1966 年）；英克尔斯（1985 年）的现代化 10 项标准（20世纪 70 年代）；世界财富论坛关于衡量现代化水平的 14 项标准（1998 年）等

———————————
 * 本文原载于《中国人口科学》2004 年第 4 期，共同作者：杨灿。张瑾、林有、宋钻、田祥新、彭勇、林枫也参与了研究。本文在收集数据过程中，得到了国家统计局国民经济核算司和社会人口统计司的大力支持。
 ① 鉴于在城乡综合分析层面上，各直辖市（北京、上海、天津和重庆）明显有别于其他省份，西藏自治区数据不太完整，且部分数据质量也存在某些问题，为了充分保证可比性，本文仅考察其余的 26 个省份。

（姜玉山、朱孔来，2002）。中国学者对现代化标准的研究始于 20 世纪 80 年代后期。其中，较有代表性的有：中国社会科学院的社会发展水平指标体系、国家计委宏观经济研究院的现代化指标体系，中国科学院的现代化指标体系等（姜玉山、朱孔来，2002）。20 世纪 90 年代初，国内开始了对小康社会衡量标准的研究，如中国社会科学院课题组的小康指标体系（陆学艺，1991），国家统计局（1992）的小康指标体系等，党的十六大之后，国内学者根据党的十六大提出的战略任务，开始进行全面小康社会评价体系的研究（李培林和朱庆芳，2003）。这些研究为本研究提供了有益的借鉴，但是，对于全面建设小康社会进程的实证分析，则相对缺乏。本文侧重对建设全面小康社会进程的实证分析和比较研究。

二、评价指标体系

（一）评价指标体系

全面小康兼具小康生活和小康社会双重内涵，因此，我们的评价体系在结构上包括微观和宏观两部分。微观指标群，从个人发展角度出发，衡量社会成员"小康生活"的质量和水平，含生活质量（物质和文化生活）和人口素质（精神文化和身体素质）两方面。宏观指标群，从社会发展角度出发，衡量"小康社会"的政治民主、经济发展、环境卫生和社会进步程度。鉴于社会发展、政治民主等方面目前不易准确量化且方法也不成熟，数据难以采集，先考察经济水平、环境状况和安全保障三方面。即全面小康社会的评价体系由经济水平、生活质量、人口素质、环境状况以及安全保障 5 个部分 16 个指标组成（见表1）。[1]

表1　　　　　　　　全面建设小康社会评估指标体系

指标体系		序号	2002 年水平		2020 年目标值
指标项目和计量单位			全国	福建省	
经济水平	人均 GDP（元）	1	8184	13497	36500
	非农产业劳动者占全部就业者比重（%）	2	50	55.3	70

----

① 我们的研究还包括一套 30 个指标组成的评价体系，因数据限制，本文的分析采用 16 个指标的简化体系。

指标体系		序号	2002 年水平		2020 年目标值
指标项目和计量单位		序号	全国	福建省	2020 年目标值
经济水平	第三产业增加值比重（%）	3	33.5	39.7	50
	城镇人均可支配收入（元）	4	7703	9187	23100
	地区差异系数（%）	5	94.7	56	25
	城乡差异系数（%）	6	311.4	259.7	180
	基尼系数（%）	7			30
生活质量	人均住房使用面积（城乡加权平均，m^2）	8	21.57	26.56	43
	恩格尔系数（城乡简单平均，%）	9	42	44.7	35
	文教娱乐支出比重（城乡简单平均,%）	10	13.2	11.9	20
人口素质	万人拥有高等学校学生数（人）	11	70.3	56.9	400
	千人拥有医生人数（人）	12	1.4	1.3	2.5
环境状况	工业三废综合处理率（%）	13	79.4	88.4	95
	城镇人均园林绿地面积（m^2）	14	23	13.8	60
安全保障	社会保障覆盖率（%）	15	79.5	66.5	100
	万人刑事案件立案数（件）	16	33.9	46.9	20

注：2002 年数据根据《中国统计年鉴》《中国城市统计年鉴》《福建统计年鉴》计算，目标值为作者计算。

指标体系确定后，还要确定指标的初始值和目标值。我们根据近 10 年来发展速度，参考世界上中等收入国家发展水平，结合福建情况，拟订 2020 年福建远景发展目标如下。[①]

1. 经济发展水平指标

（1）人均 GDP（36500 元/人）。党的十六大提出，在 2000 年基础上，经过 20 年，GDP 再翻两番的奋斗目标。2000 年福建人均 GDP 为 11601 元，据此，考虑人口增长因素，2020 年福建实现全面小康社会时的人均 GDP 应为 36500 元，[②] 由目前中下收入组国家或地区的中下水平进入中上收入组国家或地区的中下水平。[③]

（2）非农产业劳动者占全部就业者比重（70%）。英克尔斯认为，在初步

① 本文完成之后，我们看到福建省发改委课题组拟定的福建全面小康社会评价指标，其指标及目标值与本文设定的基本一致。

② 这些指标值均不考虑物价和汇率变动的因素。

③ 按照世界银行 2000 年的分类标准，低收入组国家或地区人均 GDP≤750 美元；中下收入组国家或地区人均 GDP 为 756～2995 美元；中上收入组国家或地区的人均 GDP 为 2996～9265 美元；高收入组国家或地区的人均 GDP≥9266 美元。

现代化社会中，非农业劳动力应占总劳动力70%以上，根据福建的实际情况，我们确定2020年福建非农产业劳动者占全部就业者比重为70%。

（3）第三产业增加值比重（50%）。据世界银行统计，1988年，低收入国家或地区第三产业产值占GNP的比重为32%，中等收入国家或地区为50%。2000年福建省该指标已达40%。我们将2020年的目标值定为50%（按现行核算口径）。

（4）收入水平。考虑到城乡二元结构的现实，我们在城镇采用人均居民生活费收入指标，在农村采用农民人均纯收入指标衡量收入水平。一是城镇人均可支配收入（23100元/人）。近12年来，中国居民可支配收入每年以7.5%速度递增，1997～2001年福建平均增长7.85%。若今后20年以6%的速度递增，2020年可以达到23100元以上。二是农民人均纯收入（9800元/人）。近年来，农民收入增幅远远慢于同期城镇居民收入增幅，1997年以后全国仅为3.9%，福建为4.96%。提高农民收入，缩小城乡差距，是全面建设小康社会的重点之一。若农民纯收入在未来10年以5.5%的速度递增；第二个10年争取与居民收入同步增长，年递增6%。2020年，福建农民人均纯收入可能达到9800元。

在此基础上，计算"城乡差异系数"，用城镇人均可支配收入与农村人均纯收入的比率，反映城乡差异程度；同时计算人均GDP的"地区差异系数"，用全省各地市人均GDP的离散系数（标准差系数），即各地市人均GDP的标准差与全省人均GDP之比，反映地区间经济发展水平的差异程度。

（5）基尼系数（0.3～0.35）。从近几年福建的数据看，城乡基尼系数都有扩大趋势。2001年农村为0.3，城市为0.34。我们认为，作为全面小康社会的目标之一，收入差距不能过大，因此，2020年的基尼系数应控制在0.3～0.35的范围内。

2. 生活质量指标

（1）居住条件。影响城乡居住水平的因素主要有住房面积和质量。目前，相当部分农村住房质量尚未达标。因此，用城镇人均住房使用面积、农村人均合格住房使用面积反映城乡居住条件。其中城镇人均住房使用面积28m²。这是根据建设部最近提出小康社会住房标准，并考虑福建已达水平计算的。2001年全国城镇人均住房使用面积为15.5m²，福建城镇人均住房使用面积为21.4m²。因此，将2020年城镇人均住房使用面积目标值定为28m²；农村人均合格住房使用面积43m²。"合格住房"包括钢筋混凝土结构或砖木结构住房、石材住房。该指标不仅反映居住面积大小，更反映住房质量。2001 年，全国农村人均合格住房使用面积为 20.76m²，福建农村人均合格住房使用面积为 25.94m²。考虑到经济发展，将该指标定为人均 43m²。

（2）恩格尔系数（0.35）。2001 年，中国恩格尔系数城乡平均为 0.43，其中，城市为 0.377，农村为 0.491，已属小康或小康以上水平。但福建低于全国水平，2001 年城市为 0.441，农村为 0.475。通过对世界主要国家以及国内发达城市消费结构变动趋势分析，将 2020 年目标值定为 0.35。

（3）文教娱乐支出比重（20%）。2000 年福建城镇居民文娱支出比重为 10.4%，农村居民为 19.77%。[1] 分析今后 20 年城乡居民收入变化和居民消费结构变化趋势，将 2020 年指标值定为 20%。

3. 人口素质指标[2]

（1）万人拥有在校大学生数（400 人）。[3] 该指标衡量一个地区高等教育普及程度，在一定程度上反映教育事业发展水平，也是衡量人口素质的一项指标。2000 年全国该指标为 273 人，福建省低于全国平均值。考虑未来发展趋势，将目标值定为 400 人。

（2）千人拥有医生人数（2.5 人）。英克尔斯制定的现代社会指标中，该指标的标准值为每千人拥有 1.25 名医生。2002 年福建已经达到；中国近年来已有 5~6 个省份达到或超过了 2.0 人，最高已达 2.5 人左右。从现代社会中人们对于医疗保健的需求看，英克尔斯标准似乎偏低，因此，至 2020 年福建该指标应高于 2.5 人。

4. 环境状况指标

（1）城镇人均园林绿地面积。联合国生物圈生态与环境组织根据有关耗氧参数提出城市居民人均应拥有 60m² 绿地，才能获得最佳居住环境。2000 年中国城镇人均园林绿地面积为 18.9m²，福建为 12.5m²，差距显著。今后在环保

---

[1] 目前农民文娱支出比重反而高于城镇居民，并非农民生活水平高于居民，恰恰是农民收入低，而文娱支出的主要项目——教育支出的弹性较小，使农民的文娱支出反而高于城镇居民。这在一定程度上说明目前文娱支出基本上还是温饱型的：主要用于无弹性的教育支出。

[2] 反映人们身体素质水平的国际通行指标还有人均预期寿命。中国已基本达标，且指标变化不大，因此未纳入指标体系。

[3] 在选择时，还考虑了大学以上文化程度人口的比重、同龄青年中受高等教育人员的比重、全部就业者中受高等教育人员的比重等相似指标。限于目前数据条件，采用了"万人拥有在校大学生人数"。这个指标的缺陷在于高等教育发达地区，这个指标可能高估当地人口的实际文化程度。

方面的建设力度应该大大加强，因此，将 2020 年的目标值定为 60m²。

（2）城镇三废处理率或工业三废综合处理率（95% 以上）。该项指标由大气中悬浮颗粒物浓度、城市污水处理率和垃圾无害化处理率三项指标加工汇总构成，是反映环保水平的最重要指标之一。由于目前该指标尚无现成统计数据，用"工业三废综合处理率"代替。2001 年全国平均工业三废处理率为 76.1%，福建省为 84.5%，北京市为 91.1%，上海市为 95.2%，江苏省为 90.9%，浙江省为 89.9%，安徽省为 88.6%。参考以上数据，将 2020 年目标值定为 95% 以上。

5. 安全保障指标

（1）社会保障覆盖率（享受一项以上社会保障人口比重）。该指标反映社会保障完善程度。鉴于重要性，将目标值定为 100%。

（2）万人刑事案件立案数（小于 20 件）。该指标可以在一定程度上反映社会治安状况[①]。

（二）权数的确定

权数是影响综合指标评价结论的重要因素。为了能尽量准确地确定权数，我们先通过问卷调查，请有关专家确定各指标的相对重要程度，而后用多目标决策分析方法——层次分析法（AHP）算出各指标的权数[②]（见表2）。

表 2　　　　　　　　　全面小康评价指标体系权数分布　　　　　　　　单位：%

模块层		指标层		
模块名称	权数	指标名称	单排权数	总排权数
经济水平	43	人均 GDP	31.6	13.6
		非农产业劳动者占全部就业者比重	10.3	4.4
		第三产业增加值比重	16.5	7.1
		城镇人均可支配收入	17.4	7.5
		地区差异系数（地区人均 GDP 差异）	12.8	5.5
		城乡差异系数（城乡人均收入差异）	11.4	4.9

---

① 用该指标衡量社会治安状况的假定前提是有案必立，此外，破案率也是衡量社会安全状况的另一个重要指标。限于入选指标不能过多，我们只选取了立案数。社会生活多面性与衡量指标有限性之间的矛盾，是统计分析始终必须面对的两难选择。

② 该方法于 20 世纪 80 年代由美国学者萨蒂（T. L. Saaty）提出，并给出公理性证明。层次分析法可以吸收传统的经验判定法、专家咨询法和德尔斐法的一些优点，近年来在许多领域都获得了重要应用。

模块层		指标层		
生活质量	18	人均住房使用面积（城乡平均）	38.1	6.9
		恩格尔系数（城乡平均）	45.6	8.2
		文教娱乐支出比重（城乡平均）	16.3	2.9
人口素质	14	万人拥有高等学校学生数	57.5	8.1
		千人拥有医生人数	42.5	5.9
环境状况	10	工业三废综合处理率	62.5	6.3
		城镇人均园林绿地面积	37.5	3.7
安全保障	15	社会保障覆盖率	61.5	9.2
		万人刑事案件立案数	38.5	5.8

注："单排序权数"反映某项指标在相应模块中的相对重要性，每一层次的权数之和均等于100%；"总排序权数"则反映该项指标在整个体系中的相对重要性，所有指标的权数之和等于100%。两者之间保持一致关系。

三、计算分析结果

（一）动态对比分析

我们用26个省份2000年、2001年和2002年的数据计算环比发展速度，得到各省建设全面小康社会动态总指数（简称动态总指数）。从表3可以看出，福建省建设全面小康社会的速度两年均名列前茅，在26个省份中，2001年位列第五，2002年位列第四，排名稳中有升。

表3　　　　　2000年和2001年各省份全面小康动态总指数及其排名

2001 年											
地区	总指数	排名	地区	总指数	排名	地区	总指数	排名	地区	总指数	排名
全国	1.050		陕西	1.062	7	甘肃	1.051	14	四川	1.044	21
浙江	1.091	1	山东	1.058	8	辽宁	1.049	15	吉林	1.042	22
江苏	1.071	2	山西	1.055	9	黑龙江	1.049	16	湖北	1.041	23
宁夏	1.068	3	河北	1.054	10	青海	1.047	17	湖南	1.038	24
新疆	1.067	4	云南	1.054	11	贵州	1.046	18	广西	1.038	25
福建	1.065	5	内蒙古	1.053	12	河南	1.045	19	海南	1.020	26
广东	1.063	6	江西	1.053	13	安徽	1.044	20			

续表

2002 年										
地区	总指数	排名	地区	总指数	排名	地区	总指数	排名	地区	总指数	排名
全国	1.035		陕西	1.056	7	宁夏	1.037	14	黑龙江	1.029	21
贵州	1.085	1	河北	1.055	8	广东	1.034	15	湖北	1.027	22
浙江	1.074	2	江西	1.054	9	安徽	1.033	16	海南	1.026	23
江苏	1.071	3	山西	1.047	10	广西	1.033	17	湖南	1.025	24
福建	1.065	4	山东	1.045	11	新疆	1.031	18	河南	1.015	25
吉林	1.059	5	甘肃	1.044	12	辽宁	1.031	19	云南	1.012	26
四川	1.057	6	内蒙古	1.038	13	青海	1.030	20			

2001 年、2002 年福建省动态总指数比全国总指数分别高 1.5 个和 3 个百分点[①]，从组指数看（见表 4），2001 年生活质量、环境状况、安全保障 3 个组指数高于全国平均水平，经济水平指数、人口素质指数低于全国平均水平；2002 年则所有组指数都高于全国平均水平。

表 4　　　　　　　　苏、浙、闽组指数比较

地区	2001 年					2002 年				
	经济水平	生活质量	人口素质	环境状况	安全保障	经济水平	生活质量	人口素质	环境状况	安全保障
全国	1.034	1.036	1.162	1.025	1.009	1.035	1.040	1.090	1.078	0.949
江苏	1.051	1.020	1.207	1.180	0.991	1.054	1.040	1.057	1.188	1.093
浙江	1.056	1.047	1.340	1.067	1.026	1.075	1.023	1.166	1.088	1.037
福建	1.032	1.042	1.130	1.029	1.149	1.043	1.047	1.132	1.091	1.068

苏、浙的发展速度始终位居前列，理应给予更多关注，因此计算了全国、江苏、浙江和福建的组指数（见表 4）、个体指数（见表 5）。2001 年福建省动态总指数比苏、浙分别落后 0.6 个、2.4 个百分点，2002 年的速度差距缩小到 0.6 个、0.84 个百分点。从组指数看，福建省 2001 年经济水平、人口素质、环境状况低于苏、浙，其余介于苏、浙之间，2002 年经济水平指数仍然低于苏、浙，而生活质量指数高于苏、浙，其余介于苏、浙之间。

---

① 方便起见，本文将 26 个省份指数称为全国指数。

表5　　　　　　　　　　　苏、浙、闽个体指数比较

指标	2001 年				2002 年			
	全国	江苏	浙江	福建	全国	江苏	浙江	福建
人均 GDP	1.066	1.098	1.089	1.066	1.085	1.114	1.149	1.092
非农产业劳动者占全部就业者比重	1.000	1.014	1.034	1.021	1.000	1.038	1.042	1.020
第三产业增加值比重	1.030	1.019	1.058	0.998	0.980	1.008	1.042	0.995
城镇人均可支配收入	1.092	1.085	1.128	1.119	1.123	1.109	1.120	1.105
地区差异系数（地区人均 GDP 差异）	0.970	1.034	0.984	0.973	0.987	1.000	1.000	1.000
城乡差异系数（城乡人均收入差异）	0.961	0.971	0.955	0.936	0.932	0.948	0.963	0.947
人均住房使用面积（城乡平均）	1.051	1.017	1.035	1.100	1.039	1.029	1.032	1.024
恩格尔系数（城乡平均）	1.033	1.029	1.062	1.020	1.019	1.025	0.965	1.025
文教娱乐支出比重（城乡平均）	1.008	1.000	1.034	0.971	1.100	1.107	1.167	1.167
万人拥有高等学校学生数	1.282	1.311	1.545	1.227	1.249	1.192	1.332	1.168
千人拥有医生人数	1.000	1.067	1.063	1.000	0.875	0.875	0.941	1.083
工业三废综合处理率	0.990	0.925	1.009	1.009	1.052	1.038	1.030	1.124
城镇人均园林绿地面积	1.085	1.605	1.164	1.064	1.122	1.438	1.185	1.038
社会保障覆盖率	1.014	0.985	1.043	1.242	1.011	1.085	1.058	1.118
万人刑事案件立案数	1.000	1.000	1.000	1.000	0.850	1.106	1.003	0.989

福建省与苏、浙的差距主要在于"经济水平"组，2002 年，苏、浙、闽的经济增长速度都高于全国平均水平，但福建省的增长速度明显低于苏、浙，2000~2002 年江苏省人均 GDP 增长 22.32%，浙江省增长 25.13%，福建省增长 16.4%，比苏、浙分别低了 6~9 个百分点。在整个指数中，"经济水平"组权重最大（43%），是产生差距的主要原因。此外，"人口素质"和"环境状况"组也存在明显差距。

对经济水平组的个体指数进行分析，可以发现一些结构性问题：第一，福建省第一产业比重明显高于苏、浙，第二产业则反之，第三产业比重虽然相差无几（见表6），但所依赖的物质基础却不同，它体现为在相同的经济高速增长过程中。第二，福建省非农产业劳动者占全部就业者的比重上升较慢，速度大约是苏、浙的一半。第三，经济结构的变动趋势不同，苏、浙近两年的经济结构变动趋势是第三产业比重随着经济增长而提高，而福建省却相反（见表5）。

表6　　　　　　**2002 年苏、浙、闽三大产业比重**

省份	第一产业	第二产业	第三产业
江苏	0.105	0.522	0.373
浙江	0.089	0.511	0.400
福建	0.142	0.461	0.397

这个看上去似乎仅仅是个别产业的发展趋势不同,却反映了更深层次的经济发展水平差异。因为,近年来,福建省各级政府也注意到这一趋势,采取了许多措施促进第三产业的发展,但却事与愿违。究其原因,第三产业发展趋势不同,源于经济发展水平差异。发达国家工业化进程的经验告诉我们,第三产业发展在相当程度上是工业化的结果。只有第二产业发展到一定水平,社会对第三产业的需求才会迅速增长。发展的转折点,大体上是在第二产业的比重达到50%之后。苏、浙越过了这一临界点,福建省却还没有。因此,在新一轮经济增长周期中,福建省与苏、浙在第三产业上的不同变动趋势,实际上是经济发展水平差异的综合反映。

对人口素质组与环境状况组个体指数进行分析。福建与苏、浙在人口素质上的差距主要体现在万人拥有高等学校学生数,苏、浙2000~2002年该指数为分别为1.56和2.06,而福建仅为1.43,即在高教发展水平已经比较落后的情况下,福建省近年的发展速度也低于苏、浙;环境状况组的差距主要是城镇人均园林绿地面积,在园林绿地面积增长上,福建省也远低于苏、浙。

(二)目标实现程度评估

选取2000年、2002年数据进行计算,得到各省2002年建设全面小康目标实现程度指数(以下简称目标实现总指数,见表7)。2000年,全国目标实现总指数为50.7%,福建省为50.0%,低于全国平均水平;2002年,我国目标实现总指数为52.1%,福建省为54.9%。排名从2000年的第16位上升到2002年的第9位。

表7   各省份全面建设小康社会目标实现总指数及其排名

2000 年											
地区	总指数	排名	地区	总指数	排名	地区	总指数	排名	地区	总指数	排名
全国	0.507		湖北	0.556	7	安徽	0.504	14	广西	0.484	21
浙江	0.611	1	山西	0.543	8	陕西	0.501	15	四川	0.482	22
江苏	0.594	2	内蒙古	0.527	9	福建	0.500	16	新疆	0.480	23
河北	0.569	3	海南	0.527	10	吉林	0.496	17	甘肃	0.463	24
辽宁	0.565	4	湖南	0.522	11	江西	0.494	18	贵州	0.427	25
山东	0.562	5	河南	0.518	12	青海	0.489	19	云南	0.424	26
广东	0.561	6	黑龙江	0.504	13	宁夏	0.487	20			

2002 年											
地区	总指数	排名	地区	总指数	排名	地区	总指数	排名	地区	总指数	排名
全国	0.521		湖北	0.558	7	吉林	0.521	14	广西	0.496	21
浙江	0.663	1	山西	0.555	8	江西	0.514	15	新疆	0.483	22
江苏	0.643	2	福建	0.549	9	黑龙江	0.512	16	青海	0.478	23
广东	0.586	3	陕西	0.538	10	安徽	0.510	17	甘肃	0.471	24
辽宁	0.585	4	内蒙古	0.533	11	四川	0.504	18	贵州	0.450	25
河北	0.581	5	湖南	0.531	12	宁夏	0.500	19	云南	0.415	26
山东	0.577	6	海南	0.525	13	河南	0.499	20			

进而计算全国和福建的全面小康建设平均发展速度，分别为 104.1% 和 106.5%。如果继续保持这个速度，到 2020 年，全面小康目标有可能在全国范围实现。而江苏、浙江、广东、福建等一些省份则可能提前实现。为了进一步了解全国和福建当前建设全面小康社会的分类实现情况，我们计算了目标评估组指数（见表 8）。

表 8　　　　　　　　　　　　2002 年目标评估组指数

地区	经济水平	生活质量	人口素质	环境状况	安全保障
全国	0.413	0.679	0.339	0.666	0.716
福建	0.535	0.689	0.303	0.668	0.573

中国全面小康建设进程在"经济水平"组和"人口素质"组上，明显慢于其他三组。人口素质组与目标值的差距尤为突出。经济水平目标实现指数较低而生活质量、环境状况、安全保障目标实现指数较高，但人口素质目标实现指数低，不仅限制经济发展的空间，而且不利于社会生活的现代化，从福建等新兴发展省份的分类指数可以看出，提高人口素质比发展经济需要更多地努力。

就福建而言：（1）经济水平目标实现指数与生活质量、环境状况、安全保障目标实现指数之间的关系，与全国趋势大体一致。（2）就全国各组指数排序来看，福建各组指标实现程度的排名分别为：4、10、18、10 和 26。可见，福建之所以在目标实现总指数位次居全国前列，主要是经济水平组指数领先于全国（0.535 ÷ 0.413 × 100% − 100% = 29.5%），生活质量、环境状况组指数略高于全国平均水平（1.47% 和 0.3%），人口素质和安全保障组指数则大大落后于全国平均水平（-10.62%、-19.97%）。生活质量组指数、环境状况组指数与经济水平组指数之间的非同步，说明经济增长与社会生活质量提高之间关系是比较复杂的，经济增长固然是提高人民群众生活质量的基础，但在经济增长的同时，要使人民群众的生活水平得到相应提高，还需要做好许多其他工作。从肯定角度看，环境状况组指数略高于全国平均水平，可以说福建省的经济增长并没有以牺牲环境为代价，[①] 但是，环境状况组指数落后于经济水平组指数，仍应值得注意。而人口素质和安全保障两方面的小康目标实现程度在全国排名为 18 和 26，更值得高度重视。人口素质组指数落后，主要是构成人口素质组指数的万人拥有高等学校在校学生数，即高等教育事业落后；安全保障组指数居全国 26 个省份之末，是因为构成该组指数的社会保障覆盖率和万人刑事案件立案数均比较落后。

（三）地域对比分析

1. 聚类分析

为了进一步比较福建在全国的实际发展水平，我们利用 2002 年 26 个省份的 15 项指标进行聚类分析。以阈值 14 为界，可以将 26 个省份划分为五类。第一类是沿海开放先进省份，包括浙江、广东、江苏[②]。它们开放程度最高，全面小康进程最快，经济实力雄厚、人民物质生活水平较高、环境保护良好、人口素质较高；由于开放程度高，人口流动性强，社会安全保障程度相对落后（三省综合安全保障分别排在全国第十九、第十七、第十三位）[③]。第二类是东部次先进省份，包括山东、湖北、河北、福建、河南、安徽。其全面小康进程略逊于一类省份，但各项指标较均衡，处于全国上游水平。主要特征为经济较发达，人民物质生活宽裕，人口素质良好，环境质量好，社会安定。第三类是东北部次先进省份，包括辽宁、吉林、新疆、黑龙江。与第二类省份不同，它们各项指标发展不均衡，优势集中在人口素质上（四省区的人口素质分别排在全国第一、第二、第三、第七位）。主要特征是

---

① 严格地说，还要从纵向角度进行衡量。由于缺乏相应的数据，本次研究没有进行。

② 这是聚类分析的结果，其分组是按照聚类分析的阈值进行的，因此与按照目标实现总指数的大小分组不同。各组特征描述是对该类总体特征的概括，具体到类中各省区，则未必具备所有列举的特征。下同。

③ 这一判断建立在我们的指标计算基础上，如前所述，运用少量指标对丰富的社会生活进行评价，其准确程度是相对的。

人口素质好，地区发展潜力大，经济较发达，环境良好，人民物质生活较为简单，社会安全保障亟待改进。第四类是西部六省份，包括山西、甘肃、陕西、青海、宁夏、内蒙古。这些省份原有基础较差，但近年来各方面都有所改善。尤其是安全保障和人口素质方面。其主要特征是经济发展达到一定水平，物质生活开始改善，人口素质良好，社会安全保障程度高；但生态环境破坏严重，环保力度不够。第五类是西南部欠发达省份，包括江西、湖南、四川、广西、海南、贵州、云南。这些省份小康水平不高，各项指标均处于全国中偏下水平，经济不发达，人口素质落后，开放程度低，物质生活刚及初级小康，环境状况一般，但是政府社会救济和保障工作比较扎实，社会安全保障程度较高。

聚类分析结果在一定程度上体现了全面小康进程的地域性特征，即由东南沿海到西北内陆，小康水平逐级递减；地理位置相近的省份往往具有相似的社会经济发展结构和水平，发展的区域性特征比较明显。这说明经济发展在全面小康进程中具有决定性作用，即一个地区经济越发达，对外开放程度越高，人民物质精神生活越充裕，其全面小康水平就越高。

此外，也应看到人口素质对全面小康进程的影响。同属于次先进的小康水平，第三类省份虽然在发展水平上不及第二类省份，但是，人口素质优良的优势，却使其具有很大发展潜力。第四类的西部六省，虽然小康起点低，但因人口素质良好，小康进程也较第五类地区有优势。

福建省属东部次先进省，具有典型的"各项指标不突出、发展均衡、属全国二流优秀水平"的第二类省份特征。具体特点和不足，一是与同类省份比较（见表9），福建的经济水平排全国第四，是本组第一名，是其优势所在；生活质量、环境状况和人口质量位于本组中等水平；社会安全保障水平最差——不仅排在小组的最后，而且还位于全国最后。安全保障落后在于：福建省目前的社会保障制度尚不够健全，"社会保障覆盖率"仅实现全面小康目标的 0.6650，排 26 个省份的第 21 位；"万人刑事立案数"仅实现全面小康目标的 0.4264，排在 26 个省份的第 23 位。二是与第一类省份比较。福建在 15 项指标上都低于浙江、广东和江苏，在生活质量、人口质量、安全保障方面更远远落后于浙江和江苏。福建与广东、浙江、江苏在地理上同属于中国经济较发达的华东南沿海地区，浙江、江苏和广东的全面小康实现总指数排名分列第一、第二、第三位，福建排在第 9 位，在聚类分析中位列第二类省区。即福建目前仍是全国经济最发达地区中综合实力最弱的省区。

表9				2002 年各省份综合评价总指数及其排名				
地区	总指数	排名	地区	总指数	排名	地区	总指数	排名
浙江	91.9	1	山西	80.0	10	广西	75.3	19
江苏	89.0	2	吉林	79.3	11	宁夏	75.0	20
广东	85.8	3	内蒙古	78.5	12	四川	75.0	21
辽宁	85.6	4	湖南	78.2	13	河南	74.4	22
山东	83.6	5	黑龙江	77.6	14	青海	74.1	23
福建	81.2	6	海南	76.9	15	甘肃	73.5	24
河北	81.2	7	新疆	76.3	16	贵州	68.8	25
湖北	80.9	8	江西	76.1	17	云南	68.1	26
陕西	80.3	9	安徽	75.3	18			

2. 横向综合对比

我们用 2002 年的数据计算了 26 个省份各项指标的功效系数，并通过加权计算综合评价指数，最后得到各省份综合排名位次（见表10）。

表 10		2002 年各省份综合评价组指数排名			
地区	第一组经济水平	第二组生活质量	第三组人口素质	第四组环境状况	第五组安全保障
浙江	1	1	8	6	5
广东	2	13	16	2	3
福建	3	18	17	7	26
江苏	4	3	9	1	1
辽宁	5	11	1	9	16
山东	6	4	13	5	4
海南	7	25	19	11	6
河北	8	6	11	13	2
湖北	9	9	5	8	18
吉林	10	15	2	19	24
湖南	11	8	15	16	14
青海	12	23	14	26	13
江西	13	16	20	17	17
宁夏	14	17	12	21	25
山西	15	5	7	14	11
内蒙古	16	7	10	23	7
广西	17	19	24	3	19
四川	18	20	21	18	12

地区	第一组经济水平	第二组生活质量	第三组人口素质	第四组环境状况	第五组安全保障
新疆	19	22	6	15	23
陕西	20	2	3	22	9
黑龙江	21	12	4	10	21
安徽	22	21	23	4	8
河南	23	10	22	12	15
甘肃	24	14	18	24	10
贵州	25	24	26	20	20
云南	26	26	25	25	22

从综合评价总指数的排名看，福建居第六位。与表8的各省份目标实现程度总指数及其排名比较，结果基本吻合，但名次略有提升。原因是评价标准有所不同，若就全面小康实现程度考虑问题，则目标值将在一定程度上影响分析结果，而这里是纯粹就发展现状及其地域差距考虑问题的，其数据分析结果具有相对独立的意义。

从表10中各组指数的排名可以看出，福建省在全面小康建设中不同方面是不平衡的。就经济水平而言，福建居于第三位，在全国名列前茅；然而生活质量、人口素质和环境状况分别是全国的第十八、第十七和第七位，处于中等或中偏下位置；特别是在安全保障方面，处于最后一位，极大地影响了福建全面小康建设的步伐。

四、结论

通过本文的研究，得出以下几点结论：

其一，正确认识后进国家和地区发展及赶超的艰巨性和长期性。改革开放前，福建是国内社会经济发展水平最落后的省份之一，20多年来，得益于改革开放的先行先试以及区位优势，广大干群艰苦奋斗，经济增长速度始终居全国前列，人均GDP已经进入全国先进水平。但是，社会经济发展水平是由多元变量决定的，仅仅根据人均GDP水平判断一个地区的发展水平，显然片面。按照全面建设小康目标实现指数衡量，福建省2000年的目标实现指数仅为0.500，仍低于全国平均水平（0.507）。在26个省区中排名第十六位，属于中等偏下水平。2002年才进入前十名。根据聚类分析判断，福建省的整体发展水平在

26 个省份中仍稍逊浙江、广东、江苏等第一梯队，属于第二梯队层次。说明一个地区社会经济发展整体水平的提高，是一个比提高人均 GDP 水平更为艰巨的任务。地区社会经济发展水平、居民生活状况，不仅取决于当年的产出流量（GDP），更受多年积累形成的社会物质资本存量的影响。即使是在经济高速增长的情况下，社会财富的积累也需要较长时期积淀。福建省已经持续 1/4 世纪的高速增长，目前整体水平仍属于第二梯队，再次说明了后进国家和地区发展以及赶超的艰巨性和长期性。

其二，党的十六大之后，福建省建设全面小康社会的步伐较快，2002 年，全国全面小康目标实现指数为 0.521，福建省的目标实现指数为 0.549，已超过全国平均水平，排名上升到第九，① 按照功效系数法排名则为第六。如能继续保持这个速度，福建省的全面小康社会目标有可能提前实现。

其三，通过对全面小康目标实现指数的结构分析，发现福建在建设全面小康进程中，各个领域的进程是不平衡的②。在经济发展水平、生活质量、人口素质、环境状况和安全保障五个方面中，经济发展水平超前，人口素质与安全保障相对落后。人口素质方面落后，主要是高等教育落后；安全保障落后，体现在社会保障覆盖面低，刑事发案率较高。党的十一届三中全会以来，全党以经济建设为中心，成绩显著，但是，如何在坚持发展经济的同时，以科学发展观为指导，协调社会经济发展的各个方面，已经成为建设全面小康社会最重要的问题之一，本文的实证研究，从数据方面证实了这一点。发达省区的刑事发案率都较高，在相当程度上与这些地区的社会开放度高、人口流动性大相关，因此，在传统的封闭社会向现代开放社会转型过程中，社会管理模式的转变，应当成为建设全面小康社会中值得高度重视的问题。

其四，从发展动态上看，以下问题值得重视。第一，与全国尤其是先进省区一样，随着市场经济发展，福建的城乡差异、地区差异仍在扩大之中，由于缺乏数据，反映个人收入差距的基尼系数此次分析中未能纳入，若基尼系数也在扩大之中，那么，值得思考的是：中国目前是否仍处在城乡、地区和个人收入差距随着经济增长而扩大的发展阶段？如果这样，那么，后发地区在其今后的发展也将经历这一过程，其对建设全面小康社会的影响应如何认识，应当采取何种政策措施，值得学术界和有关部门重视。第二，高等教育虽然也在发展，但在原有基础较差的情况下，近年来发展速度仍然低于全国的平均发展速

---

① 这是不包括 4 个直辖市及西藏的 26 个省区排名，下同。
② 其他发展较快的省区也存在类似情况，因此，某种程度上说，具有一般性。

度，差距正在进一步扩大。教育、人口素质是决定一国（地区）长期经济竞争力以及社会生活质量的重要因素之一，而且其发展需要比发展经济更长时间的持续投入与努力，福建用 20 年的高速增长，使经济（以人均 GDP 为参照系）从全国后进水平进入较先进水平，但教育落后、人口素质差距大等问题却未能因之克服，可见，对于后进地区，提高人口素质是一个比加快经济增长更为艰巨，需要长期努力的任务。在全国的全面小康目标实现程度分类指数中，人口素质组指数也是最低的，它从更大范围证实了提高人口素质的长期性和艰巨性，因此，需要有关部门及早注意这个问题，从现在起下大力气着手解决。

参考文献

［1］邓小平：《发展中日关系要看得远些》，引自《邓小平文选》，人民出版社 1979 年版。

［2］福建省统计局：《福建统计年鉴》，中国统计出版社 2000～2003 年版。

［3］国家统计局课题组：《中国小康标准》，中国统计出版社 1992 年版。

［4］国家统计局：《中国城市统计年鉴》，中国统计出版社 2000～2002 年版。

［5］国家统计局：《中国统计年鉴》，中国统计出版社 2000～2003 年版。

［6］姜玉山、朱孔来：《现代化评价指标体系及综合评价方法》，载《统计研究》2002 年第 1 期。

［7］李培林、朱庆芳：《中国小康社会》，社会科学文献出版社 2003 年版。

［8］陆学艺：《2000 年中国的小康社会》，江西人民出版社 1991 年版。

［9］英克尔斯：《走向现代化》，四川人民出版社 1985 年版。

福建省全面建设小康社会评估指标体系研究[*]

党的十六大提出在 21 世纪前 20 年全面建设小康社会的战略目标。本文根据党的十六大的基本要求，探讨全面小康社会的内涵和实质，结合国情和福建省社会经济发展的特点，对如何评价福建省全面建设小康社会进程问题进行方法研究。

一、全面小康的基本内涵和要求

（一）"小康社会"的基本内涵

"小康"作为社会理想之一，在中国有着悠久的历史。该词最早源自《诗经》："民亦老止，汔可小康。""康"者，康裕、安康是也；而"小康"之"小"则是从程度上给予某种限定。意指中等水平的丰裕和安定的生活状况。

战国时期的儒家最早提出小康社会模式，并在《礼记·礼运》篇中作了比较全面的阐述。儒家思想中的小康社会是一种理想或空想，囿于当时的历史条件，他们还不能认识经济基础与上层建筑的辩证统一关系，更不可能像当代中国人这样，从物质文明、精神文明、政治文明乃至生态文明的高度和广度来全面思考建设小康社会的实践问题。

邓小平同志把"小康社会"同中国现代化建设"三步走"战略的第二步目标联系起来，赋予这个名词以全新内涵。1979 年 12 月邓小平在会见日本首

───────────

 * 本文原载于《东南学术》2004 年第 3 期，作者为福建省社科联全面建设小康社会研究中心课题组（课题指导：王碧秀；课题组长：李文溥、杨灿；课题组成员：张瑾、林有、宋钻、田祥新、彭勇、林枫）。

相大平正芳时，首次提到了小康："我们的四个现代化的概念，不是像你们那样的现代化的概念，而是小康之家。"1984年，他明确指出："这个小康社会，叫做中国式的现代化。翻两番、小康社会、中国式的现代化，这些都是我们的新概念。"① 之后，又多次在不同场合阐述了小康社会的内涵："所谓小康社会，就是虽不富裕，但日子好过。我们是社会主义国家，国民收入分配要使所有的人都得益，没有太富的人，也没有太穷的人，所以日子普遍好过。""小康水平就是不穷不富，日子比较好过。""现在人们说中国发生了明显的变化。……这只是小变化。翻两番达到小康水平，可以说是中变化。到下个世纪中叶，能够接近世界发达国家水平，那才是大变化。"② 概括而言，邓小平同志关于小康的内涵包括以下两个方面的内容。在微观层面上，是小康之家和小康生活的概念。从物质生活角度看，"小康"标志着人民生活已由单纯解决温饱转入丰衣足食并略有结余的新阶段。这里需要强调"小康水平"与"温饱水平"相区别的主要特征：一是基本生活资料需要得到满足，需求从数量扩张转向追求质量；二是新增消费能力从满足生存需要为主转向侧重满足发展需要和享受需要；三是居民边际储蓄倾向上升，个人资产存量迅速增长；四是收入差距控制在一定范围之内，从而保证在不太高的人均国民收入水平上，居民整体生活水平、生活质量较高；五是从精神生活方面看，"小康"标志着人们的文化生活日益充实，娱乐活动日益丰富，居民的文化素养随着受教育年限的增加而不断提升，对读书看报、旅游、文娱体育等方面的需求不断增长，而且更加多样化、层次化、个性化。

在宏观层面上，是小康社会的概念，意味着国家整体经济实力的增强、社会经济结构的优化和收入分配与社会保障制度的完善。第一，小康生活以一定社会经济发展水平为基础，因而，实现小康的首要条件是人均国内生产总值必须达到一定水平；第二，必须建设完善的公共基础设施和公用事业，发展商业、交通、通信、文化教育、体育保健和金融保险等服务事业；第三，要有合理的社会收入分配制度，完整的社会保障体系以及完善的国民教育制度，良好的社会秩序和治安，使人民能够安居乐业，自由而全面地发展；第四，社会精神文明、政治文明上升到新的高度；第五，必须重视生态平衡、环境保护，形成社会经济的可持续发展环境。

---

① 邓小平：《发展中日关系要看得远些》，引自《邓小平文选（第3卷）》，人民出版社1994年版，第54页。

② 《邓小平文选（第3卷）》，人民出版社1994年版，第109、第143页。

（二）"全面小康"是小康社会的第二阶段

在 20 世纪末实现了"三步走"战略的第一步、第二步的奋斗目标，人民生活总体上达到小康水平的基础上，党的十六大提出了新的发展战略目标："我们要在本世纪头二十年，集中力量，全面建设惠及十几亿人口的更高水平的小康社会，使经济更加发展、民主更加健全、科教更加进步、文化更加繁荣、社会更加和谐、人民生活更加殷实。"

党的十六大提出全面建设小康社会，是基于对现阶段全国的小康进程的现实考虑：已经达到的总体小康还是较低水平、不全面、发展不均衡的小康。

总体小康的低水平主要表现在：虽然我国经济总量已经达到一定规模，但人均水平还较低，到 2000 年，我国尚有 3000 多万人口还未能完全解决温饱问题；城镇也有一批人口在最低生活保障线以下；还有相当数量的人口虽然达到了温饱，但仍未达到小康。

总体小康的不全面性主要表现在：现阶段达到的小康主要体现在经济方面、物质文明方面，对精神文明、政治文明、生态环境和可持续发展方面关注不够，而且经济方面也主要是指解决了衣食问题，侧重于解决生存需要，即在温饱的基础上，生活质量有所提高。而且即使在生存需要方面，也还有许多问题来不及解决，如住和行的问题，至于更高层次的需要，还没有得到应有的关注。

总体小康的不均衡性主要表现在，进入小康的人口在全国分布是不平衡的。城市与农村之间、东部与西部之间、不同收入群体之间发展水平存在差距。总体上说，从地区看，东部地区人口进入小康的比重较大，中西部地区人口则比重较小；从城乡看，城市人口进入小康的比重较大，农村人口进入小康的比重较小。从收入差距看，高、中、低不同收入群体之间很不平衡，而且其差距有扩大的趋势。

正是基于上述考虑，党的十六大报告将小康社会进一步将实现小康社会目标区分为总体小康和全面小康两个阶段，并将"全面建设小康社会"作为今后二十年的奋斗目标，指出了在这个阶段需要完成的四大任务：

——在优化结构和提高效益的基础上，国内生产总值到 2020 年比 2000 年翻两番，综合国力和国际竞争力明显增强。

——社会主义民主更加完善，社会主义法制更加完善，依法治国基本方略得到全面落实，人民的政治、经济和文化权益得到切实尊重和保障。

——全民族的思想道德素质、科学文化素质和健康素质明显提高，形成比较完善的国民教育体系、科技和文化创新体系、全民健身和医疗卫生体系。

——可持续发展能力不断增强，生态环境得到改善，资源利用效率显著提高，促进人与自然的和谐，推动整个社会走上生产发展、生活富裕、生态良好的文明发展道路。

具体地来说，就是在经济上，我们必须完善社会主义市场经济体制，推动经济结构的战略性调整，基本实现现代化，大力推进信息化，加快建设现代化，保持国民经济持续快速健康发展，不断提高人民的生活水平。政治上，我们必须发展社会主义民主政治，建设社会主义政治文明，在坚持四项基本原则的前提下，继续积极稳妥地推进政治体制改革，扩大社会主义民主，健全社会主义法治，建设社会主义法治国家，巩固和发展民主团结、生动活泼、安定和谐的政治局面。文化上，我们必须继续深化文化体制改革，牢牢把握住先进文化的方向，不断丰富人们的精神世界、弘扬和培育民族精神，大力发展教育和科学事业，建设社会主义精神文明。可持续发展方面，不仅要求重视增长数量，更追求改善质量、提高效益、节约能源、减少废物，要求以保护自然为基础，社会经济发展与资源和环境的承载能力相协调，以改善和提高生活质量为目的，与社会进步相适应，最终实现自然—经济—社会复合系统的持续、稳定、健康发展。

全面建设小康社会的思想，源于邓小平理论，又对邓小平理论中的"小康社会"概念有所发展，实事求是地考虑了我国目前的发展水平及今后 20 年的发展任务。

首先，从中国社会主义现代化的进程看，邓小平同志讲的"小康"，是指三步走发展战略的第二步即到 20 世纪末，中国发展到总体小康水平；而现在讲的"小康"，则是指在第三步发展战略实施过程的前 20 年（即 21 世纪的前 20 年），将人民生活水平从"总体小康"进一步提升到"全面小康"。

其次，从中国现代化发展、特别是经济发展水平看，邓小平同志所讲的小康社会，是在 1980 年的经济发展水平上，到 20 世纪末翻两番，使人均国内生产总值达到 800 美元；而现在讲的小康社会，则是在这个基础上，经过 21 世纪前 20 年的生产发展，进而使中国国内生产总值在 2000 年的水平上再翻两番。据测算，届时中国人均国内生产总值将达 3000 美元左右，这标志着人民生活会更加殷实和富裕。

最后，从小康社会内涵的丰富性和全面性看，邓小平同志在当时突出强调经济发展，主要用经济指标来界定小康社会；而党的十六大则在提出更高经济指标的基础上，进一步强调社会的全面建设和全面进步，党的十六大报告所阐明的全面建设小康社会的目标，要求在更高水平上实现社会物质文明、精神文明、政治文明、生态文明的协调发展和统一。

（三）"全面小康"与"现代化"

党的十六大报告指出，全面小康社会是实现现代化建设第三步战略目标必经的承上启下的发展阶段，也是完善社会主义市场经济体制和扩大对外开放的关键阶段。只有经过这个阶段的建设，再继续奋斗几十年，方可力争到 21 世纪中叶基本实现中国的现代化，把我国建成富强、民主、文明的社会主义国家。可见"全面小康"并不等同于"现代化"，仍然只是从总体小康到实现现代化目标之间的一个必经而且重要的战略阶段。可见，全面小康是介于总体小康和现代化之间的一种过渡形式，其目标低于现代化的水平。

二、全面小康水平的评价原则

全面小康水平的实际测度是一个多侧面、多层次的复杂问题，因而，有关的评估方法和标准也必然是一个由多方面指标组成的复杂指标体系，其中每一类、每一个指标都具有不同的性质、特点，说明不同的问题，它们彼此之间又相互关联，从而使得整个指标具有多方面的评价和分析功能。"福建省全面建设小康社会评估指标体系"应该能够适当地反映出福建在经济、社会、人口、资源、环境生态和科技教育等方面的基本状况，并且既要反映其静态水平和总量规模，也要适当反映其动态趋势和结构比例。

为了保证该指标体系本身的合理性，在研究和制定过程中必须遵循一些基本原则。我们主要考虑以下原则。

（1）综合性原则。该指标体系应当广泛考虑各种可能影响到我省全面建设小康社会进程和水平的因素，尽可能将那些较为重要的影响因素适当地引入该指标体系之中，并将其分门别类，划分层次，便于分析研究。具体应该包括对经济、社会、政治、法制、文化以及生态发展状态的综合性描述，指标体系必须涵盖这些主要的社会发展特征，准确地体现小康的内涵，并能够客观地反映这些特征之间相互关系。此外，指标体系必须能够客观反映出地区差距、工农差距、城乡差距，为有关部门提供准确的信息。

（2）代表性和针对性原则。小康水平指标体系的建立力求精简明了，入选的指标应该能够较好地说明福建省全面建设小康社会的现实问题，与此无关或关系不大的因素不予考虑；尽量使用最少的、最有代表性的指标来客观、合理地反映小康生活水平，避免采用重复、烦琐的指标。并且，对于每一类影响全面小康水平的因素，应当从中筛选适当数量的代表性因素进行研究，不搞大而全，不必面面俱到。

此外，全面小康指标体系还应不同于以往的总体小康评价标准和范围。根据前述全面建设小康社会的科学内涵，评价全面小康的指标体系的遴选和确定应当全面考虑物质文明、精神文明、政治文明和生态文明等各个方面的内容。

（3）独立性原则。任何综合评价体系都必须遵循一定的独立性原则，也即同一类别中的各项入选指标因素之间至少在分析性质上应该相对独立，说明不同问题或问题的不同方面，彼此之间不存在显著的交互影响或线性关系。但是，严格按照统计检验的标准来要求独立性，往往又会排除许多重要的指标因素，因此，这里贯彻独立性的方式仍然侧重于定性分析。

（4）质与量、整体性与差异性相结合的原则。全面建设小康社会在定位上谋求的是由数量扩张向质量提升的发展转型，因此，建立评价指标体系时，不能单纯追求数量和发展速度，同时也应该对经济和社会发展质量方面的进程做出有效监测。

小康标准具有国民性质，所以全省必须有统一的量化标准，以便从宏观上把握奔小康的总体进程。同时，考虑福建省城乡发展水平的巨大差异，城乡小康标准也应该有所区别，但是，城乡差距应当限制在相对合理的范围内。

（5）可比性和动态发展性原则。该指标体系应适当考虑不同时期的动态对比以及不同地区的空间对比的要求，以保证该指标体系发挥应有的作用。福建省的全面小康评估指标体系，当然必须适当反映本省及省内各地市的具体特点，但若过于强调特殊性，就会影响地区之间以及与其他省市之间的可比性。此外，考虑到历史资料的收集、对比，以及小康建设和现代化进程的未来趋势，制定指标体系时还需前瞻后顾，使得该指标体系具有较好的包容性和可比性，以利于实际的分析应用。小康社会是不断向前发展的，对小康水平的评价也必须本着动态发展的眼光，站在时代的高度来看待小康水平的发展，因而，制定的指标体系既要体现发展的要求，又要反映时代的特征。既不要拘泥于现状，又不能不切实际，超越发展的可能。总之，小康指标体系要含义明确，计算口径一致，既能进行国内各省市之间、省内各地市之间的横向比较，也可满足不同时期社会变化的纵向比较。

（6）可行性和操作性原则。最后，为了使小康指标体系能够有效地运用于实际分析，选取的指标必须具有可测性，并具备相应的数据支持，不能片面地追求理论层次上的完美。纳入该体系的各项指标因素必须概念明确，内容清晰，能够实际计量或测算，以便进行定量分析。过于抽象的分析概念或理论范畴不能作为指标引入体系；现阶段还无法实际测定的指标也暂时不予考虑；有些指标现阶段可以实际计算，并且，国内其他一些地区已经进行过类似的计算，但是福建省或各地市目前还未组织过有关的正式调查，则只能作为备选指标列入该指标体系。

应该说明的是，关于福建省全面建设小康社会评估指标体系的研究，本身也是一个不断完善、不断发展的过程。这不仅因为研究方法需要逐步完善，而且因为，随着社会经济条件的变化，往往会不断产生和提出一些新的小康建设问题和发展战略目标，从而要求有关全面小康评估指标体系能够给予适当反映。就这一点来说，倘若追求使该指标体系尽善尽美，将其作为一种绝对全面、一成不变的测度标准，那将是不现实的，也是无益的。如果把指标体系作为考察和分析建设全面小康社会进程中可能存在的问题的有用工具，则不失为一种更为可取的出发点。我们正是依据这种理念进行"福建省全面建设小康社会评估指标体系"的研制工作。

三、国内外相关研究的主要进展

（一）国外的现代化评价标准和指标体系

"小康"概念是建设有中国特色社会主义过程中出现的新名词，国际社会中基本没有关于"小康"研究的成果，但与"小康"相关的"现代化"问题研究却是由来已久。自从第二次世界大战后，国际上一批研究现代化的学者就开始探索如何衡量现代化。这种测度标准和进一步定量分析，曾在不同的时期有过不同的描述，具有代表性的如下。

（1）"国际现代化会议"的有关标准。1960 年，在日本箱根的"国际现代化会议"上，提出了衡量和比较现代化进程水平和阶段的 8 项标准。这个标准并没有量化成若干具体指标，可操作性差，因而并未获得实际的推广和应用。但是对这些标准的研究对于启示和鼓励更多的后来者去定量关注现代化进程中的动态比较起到一些积极作用。

（2）布莱克的现代化标准。1966年，现代化研究比较有成就的学者布莱克，试图分别从经济发展和社会流动水平的角度大体揭示由"前现代化社会"向"高度现代化社会"转变过程中所发生的变化，以表征社会发展的差距。他提出的有关现代化的10项标准是：人均国内生产总值、人均能源消费、劳动力就业比例、经济结构比例、经济支出比例、城市化率、教育普及率、健康状况、信息交流和收入分配。这套指标比较简洁、概括，具有较为明显的目标性质。但由于其中部分指标概念缺乏统计上的精确性和可操作性，因此，未能成为测度现代化进程的有效工具，至今只是作为文献被人们引用。

（3）英克尔斯的现代化指标体系。20世纪70年代，美国社会学家、斯坦福大学的阿列克斯·英克尔斯（Alex Inkeles）曾在广泛调查、收集不同类型国家的发展状况资料的基础上，分析和归纳其可能达到的预期发展目标，提出衡量现代化水平的10项标准，[①] 英克尔斯的现代化标准具有简明、直观、可测、数据容易获得等明显的优点，受到许多研究者和分析人员的青睐，因此迅速地被引用和推广，成为现代化评价的经典方法。然而，英克尔斯标准与现代化的实质要求仍有许多在本质上值得商榷的地方，特别是把现代化的门槛定得过低，使处于赶超阶段的发展中国家容易被其误导。

（4）世界财富论坛上提出的现代化标准。20世纪90年代后期的世界财富论坛提出了衡量现代化水平的14项标准。在这个标准中，已经注意到了诸如网络经济、信息产业和全球化对现代化进程的作用和影响等重要问题，同时，也试图使用某些提升了的英克尔斯指标的新标准，去描述自从20世纪90年代以来全球化发展所呈现的新趋势和新特点。

应该指出，世界财富论坛所提出的标准，较传统工业化时代衡量现代化标准有更加先进之处，但是这个系列的标准对进入21世纪的世界现代化仍然缺乏深层次的分析和综合，其最大问题是对信息化时代的现代化内涵缺乏逻辑归纳和理性判断，导致应用该标准时产生不少误解和不清晰的结论。

（二）国内的现代化指标体系

我国学者对现代化指标体系的研究始于20世纪80年代后期。许多专家借鉴国外的研究成果对现代化指标体系进行了大量的研究，已有不少成果问世，较为有代表性的有：

---

① 英克尔斯：《走向现代化》，四川人民出版社1985年版。

（1）中国社科院的社会发展水平指标体系。该指标体系共选取了4个方面16项指标。

（2）国家计委宏观经济研究院的现代化指标体系。这套指标是在研究"十五"计划和2010年长远目标时，针对全国的情况提出来的一个较高标准。这个指标体系涉及现代化三大主要领域即经济、社会和人口可持续发展，另外还考虑了信息化环境质量等新的内容。

（3）中国科学院的现代化指标体系。该指标体系由1个总体层、3个"表征集合"（动力表征、质量表征、公平表征）、8个"水平指数"和21个"基层指标"构成。具体如图1所示。

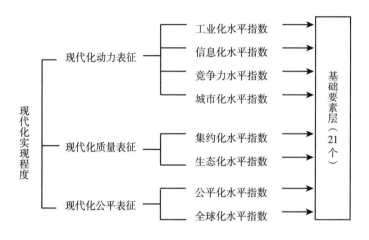

图1　中国科学院现代化指标体系的构成

此外，作为地方政府部门，广东省计委和江苏省统计局也曾分别提出了针对本省和本省部分先进地区的现代化指标体系。

（三）国内较早时期的小康评价指标体系

国内对于小康评价指标体系的研究源于20世纪90年代初、党的十六大之前，比较有代表性的研究成果包括：

（1）中国社科院课题组的小康指标体系。1991年，中国社会科学院社会学研究所完成的研究成果《2000年中国的小康社会》中，设计制定了全国小康社会指标体系、城市小康社会指标体系（适用于城市和城镇）和农村小康社会指标体系（适用于县和县以下）。该指标体系开创了国内对于小康社会定量评价的先河。但其指标设置过于烦琐（共含60项指标），可操作性比较差。

（2）国家统计局等的小康指标体系。1992年，国家统计局专门成立了小康课题组，开始了对中国小康问题的研究。该课题组提出的第一套小康指标体系，分为宏观经济条件、生活质量和生活效果三个领域，共12个指标，具体量化指标又分为全国标准、城市标准和农村标准三类。该指标体系简明扼要，可操作性强。但作为一项初步研究成果，还有待进一步完善。1995年1月，国家统计局会同国家计委等部门共同修订完成了新的小康指标体系（第二套指标体系）。该指标体系比国家统计局第一套小康评价指标体系有明显的进步，主要表现在评价的内容更加广泛，如单独列出了精神生活和生活环境的内容，另外，在指标的选取方面比前一次也更为简练和具有代表性。

（四）党的十六大之后的全面小康指标体系研究

党的十六大报告提出了全面建设小康社会的奋斗目标，如何检测全面建设小康社会进程也就成为有关部门及学术界关心的问题。目前国内学术界及相关研究机构正在进行或已经完成的有代表性的研究成果有国家统计局贺铿教授提出的全面小康指标体系的框架设想[1]和中国社科院朱庆芳教授制定的全面小康主要目标值。

（五）小结与评述

自20世纪60年代起，国内外学者从不同的角度提出了现代化评价指标体系，初期的评价指标体系较为粗略，涵盖的内容也较少，如英克尔斯指标体系，但却为现代化评价的进一步发展打下了良好的基础。随着现代化研究的进一步深入，现代化评价指标体系也进一步完善。主要表现在：一是指标体系反映现代化的内容越来越广泛，不仅局限于反映经济实力、富裕程度的指标，社会、环境、信息化等方面的内容也逐步纳入评价指标体系中。如世界财富论坛提出的指标体系。二是指标体系从单项指标逐步向综合指标发展，先从分析概念入手进行逻辑整合，然后枚举出重要因素，提出分层次指标体系，提出分层次指标体系，通过主成分法合成指标体系。如中国科学院现代化研究指标体系。

上述指标体系同时也存在一定的缺陷。一是多以静态指标为主，反映动态

---

[1]　贺铿：《关于小康社会的统计评价标准和检测方法探讨》，载《统计研究》2003年第4期。

变化的指标较少。二是没有反映中国现代化进程中的"二元性"特征。所谓"二元性"特征，是指一方面要加速实现工业化时代的现代化目标，另一方面又必须叠加上信息化时代的现代化目标的要求。这是中国现代化进程中的特殊国情。

小康社会是我国社会主义现代化进程中的一个特殊阶段，也是我国现代化建设"三步走"战略的第二步目标，到 2000 年底，国家统计局制订的全国小康标准 16 项指标已有 13 个指标达到或超过了小康标准，可以说我国现在已经基本上步入了小康社会。已有的小康评价指标体系为我国小康社会综合评价做出了积极的探索和有益的贡献。但是其缺点和不足也是显见的。首先，普遍缺乏对我国城乡二元经济结构的考虑，在指标体系的设计中较少反映这一方面的内容。其次，反映内容过于单一，偏重经济生活，其他方面较少涉及。最后，几乎所有的小康指标体系都是以算术平均数的形式来表现"总体实现"的水平。难以反映地区差异和人群差异。

虽然已有的指标体系存在一些问题，但是为我们构建全面小康评价指标体系研究提供了重要的素材和借鉴。本文在全面小康指标体系的构建过程中，吸取了相关指标体系的优点。

四、全面小康指标体系的构造和量化标准

（一）全面小康指标体系的设计理念和基本构成

1. 基本设计理念

第一，该指标体系应能综合地反映全面建设小康社会的内涵和基本特征。要以反映居民物质文化生活水平和生活质量为主线，结合宏观经济发展状况和社会发展状况，系统考虑经济、社会、科技、文化、教育、道德、法律、生态环境等各个方面。

第二，该指标体系能充分关注现阶段社会经济发展的不平衡性。应考虑城市与农村之间、沿海和内陆之间、不同收入群体之间发展水平存在的差距，以及生活方式上存在的差异，从各个角度进行综合考核。鉴于城市与农村客观上存在较大差距，我们分别制定了城镇、农村，以及城乡合并三个指标群，以准确刻画居民的真实生活水平。

第三，该指标体系力求做到科学、稳定，并应兼具可比性和连续性。所选

指标要便于横向与纵向的研究分析，具备便于国际对比交流和国内通用的特点，以及便于动态分析的特点。我们以国家统计局小康课题组 1992 年和 1996 年先后制订的《全国人民小康生活水平的基本标准》为重要参考依据，借鉴国内外现代化、小康及其他社会经济发展研究成果，制定该评估指标体系。

第四，该指标体系能充分反映我国和我省的发展战略及其特色。要把实现全面小康社会的目标同我省社会经济发展战略有机地结合起来，充分考虑我省社会经济发展现状及其区域特点，因地制宜地制定各项全面小康标准。

第五，该指标体系应尽量满足不同研究主体的需要。为此我们分别设置一套简略指标和一套详细指标：前者仅含 18 项指标，突出简便、快捷的优点，供政府监督决策所需，分析方法上采用层次分析法和综合评分法；后者包容 30 项指标，具体、详细、准确，可以用作进一步的学术研究，分析方法上可采用多元分析法。

2. 指标体系构成

全面小康社会兼具小康生活和小康社会双重内涵，反映在指标结构上，城镇指标和农村指标都由微观和宏观两大部分组成。微观指标群，从个人发展的角度出发，衡量广大人民群众享有的介于温饱和富裕之间的"小康之家"的生活质量和水平，包括生活质量（含物质生活和文化生活）和人口素质（含精神文化素质和身体素质）两大方面。宏观指标群，从社会发展的角度出发，衡量"小康社会"的政治民主、经济发展、环境卫生以及社会进步程度。鉴于社会发展、政治民主等方面不易准确量化而且方法也不成熟、数据难以采集，我们以考察经济水平、环境状况和安全保障三大方面为主。综上所述，全面小康社会的评价指标体系由经济水平、生活质量、人口素质、环境状况以及安全保障五个部分组成（见图 2）。

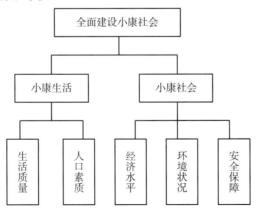

图 2　全面小康评价指标体系的构成

"合并指标"仍以图2的结构为基础，保留城乡指标中的公共部分，分别列示反映相同指标面的城乡指标，增设反映总体城乡结构的综合性指标（如非农产业劳动者比重等）。因此，"合并指标"不仅包容城乡两个指标体系，而且有所发展，是内在的"合二为一"，而非形式上的简单加总。

指标体系确定之后，小康水平标准的具体量化，还有待于确定其初始值和目标值。我们根据近10年来的发展速度，参考了中等收入国家的发展水平，并结合我省的情况，拟定以下2020年福建省远景发展目标。

（二）主要指标内容及其目标值

1. 经济发展水平指标

（1）人均国内生产总值（36500元/人）。作为目前国际通用的经济社会发展总量指标，人均GDP能反映一个国家或地区的经济实力和富裕程度。英克尔斯设计的发展中国家现代化指标、联合国的人文发展指数，都将人均GDP作为最重要的考察指标。党的十六大提出在2000年的基础上，国内生产总值经过20年再翻两番的奋斗目标。2000年福建省人均GDP为11601元，根据这一初始值，考虑人口增长因素，我们认为，2020年福建省实现全面小康社会时的人均GDP应达到36500元，[①] 将由目前的中下收入组国家的中下水平进入中上收入组国家的中下水平。[②]

（2）非农产业劳动者占全部就业者比重（70%）。从各国的社会经济发展趋势来看，产业结构的非农化是实现现代化的重要标志之一。该项指标以从事非农产业劳动者的比重来反映非农化状况。英克尔斯的现代社会指标中提出非农业劳动力占总劳动力70%以上，综合福建省实际发展情况，通过计算第二产业和第三产业的就业情况，建议2020年福建省该比重为70%。城镇人口占总人口比重，这一指标与上述指标较为相似。但考虑到现实生活中农村户口与务农劳动者并非完全对应，如农村劳动力进城打工、乡镇企业劳动者等，以非农劳动者占全部就业者比重反映非农化程度更为准确，故选用上述指标。

（3）第三产业增加值比重（50%）。第三产业的发展是衡量一个国家或

---

① 这些指标值均不考虑物价和汇率变动的因素。

② 按照2000年世界银行的分类标准，低收入组国家（地区）人均GDP≤750美元；中下收入组国家（地区）的人均GDP为756~2995美元；中上收入组国家（地区）的人均GDP为2996~9265美元；高收入组国家（地区）的人均GDP≥9266美元。

地区产业结构和社会化水平的重要标志。随着经济的发展，三次产业比例呈现"倒金字塔"结构状态是经济发展的必然趋势。据世界银行统计，1988年，低收入国家第三产业产值占国内生产总值的比重为32%，中等收入国家为50%。2000年福建省第三产业增加值比重已经达到40%，处于世界中等偏下收入国家（地区）的平均水平。综合考虑福建省情况以及今后二十年的发展规划，按现行核算口径和核算方法计算，建议2020年福建省该项指标为50%。

（4）R&D占GDP比重（1.8%~2%）。科学技术是推动经济发展和社会进步的第一生产力，也是实现小康和现代化的最重要创新手段。衡量科技发展水平的指标较多，但从推动现代化进程的作用来看，研发投入具有先导性的意义。加大科技投入，依靠科技进步推动现代化发展是当务之急。福建省该项指标的当前值仅为0.54%，远远低于全国平均水平（1%），在各省区中属于中等偏下水平，与我省经济发展水平在全国中的位次很不相称。科技投入不足将影响今后的发展潜力，须加大投入，考虑到目前水平较低，建议将福建省该项指标2020年目标值定为1.8%~2%。

（5）收入水平。随着小康进程的不断深化，城乡居民，尤其是农村居民的收入水平将大幅提高。我国的收入指标虽然具有波动性大、隐蔽性强、不易准确统计等局限性，但它仍然是居民生活水平高低的一个较好象征。考虑到我国城乡"二元结构"的现实，在城镇采用人均居民生活费收入指标，在农村采用人均纯收入指标。

① 城镇人均可支配收入（23100元/人）。城镇居民全部收入中能用于日常生活和储蓄的实际收入能够直接、准确地反映城镇人民生活水平的变化情况。近12年来，我国城镇收入增长较快，每年以7.5%的速度递增，1997~2001年福建省平均增长7.85%。如果今后20年均以6%的速度递增，2010年可以达到13000元以上，2020年可以达到23100元以上，人均月收入约为1925元。

② 农民人均纯收入（9800元/人）。农村居民总收入扣除从事生产和非生产经营费用支出、缴纳税费和上交集体后剩余的，可直接用于进行生产性、非生产性建筑投资、生活消费和积累的收入。它是反映农村家庭经济运行的核心指标。近几年来农民收入的增幅大大慢于同期城镇居民收入增幅，1997年以后全国仅为3.9%，福建省略高于全国水平，为4.96%。如何提高农民的收入水平，减少城乡居民收入差距，是全面建设小康社会的重点问题之一。如果农民纯收入在未来第一个10年能以5.5%的速度递增，到2010年达到5520元；第

二个 10 年争取与城镇居民可支配收入同步发展，达到每年递增 6% ，那么，到 2020 年，福建省农民人均纯收入将有可能达到 9800 元。

（6）基尼系数（0.3~0.35）。在市场经济条件下，个人收入水平保持一定差距是一个社会充满活力的条件之一，但是差距不宜过大，以免导致社会不满，影响社会稳定，以及效率的提高。市场经济国家对基尼系数取值的一般判断标准为：0.2 以下高度均等，0.2~0.3 相对均等，0.3~0.4 差距相对合理，0.4 以上差距偏大。从近几年福建省统计数据来看，城镇和农村的基尼系数都有扩大的趋势，2001 年农村为 0.3，城市为 0.34，但尚处于合理的范围内。我们认为，从社会主义的价值取向出发，作为实现全面小康社会的目标之一，福建省 2020 年的基尼系数最好应能维持在 0.3~0.35。

以上是所选取的经济发展水平指标。在选取中，我们还曾考虑了外贸依存度这一指标。鉴于不同地区经济发展战略目标的差异以及发展外向型经济的难易程度，同时考虑到后期工作中数量标准的确定缺乏可靠的理论依据，最终未将此指标纳入体系。

2. 生活质量指标

（1）居住条件。

① 城镇人均住房使用面积（28 平方米）。最近，建设部提出小康社会的住房标准：到 2020 年实现"户均一套房、人均一间房、功能配套、设备齐全"。我们按此标准换算成建筑面积，两室一厅的单元房约为 70~90 平方米，城镇按每户三人计算，人均建筑面积为 23~30 平方米，而人均使用面积仅为 17~22 平方米。这个标准稍稍偏低。据统计，2001 年全国城镇人均住房建筑面积和使用面积分别为 20.8 平方米和 15.5 平方米，同年福建省的城镇人均住房使用面积已达 21.4 平方米。因此，我们建议将 2020 年城镇人均住房使用面积的目标值定为 28 平方米。

② 农村人均合格住房使用面积（43 平方米）。"合格住房"包括钢筋混凝土结构或砖木结构住房、石材住房。该项指标不仅反映了农村居住面积大小，更反映了住房的质量。2001 年，全国农村人均合格住房面积已达 20.76 平方米，每户按 4.15 人计算，户均达 86 平方米；福建省的农村人均合格住房面积则已达 25.94 平方米。考虑到经济的发展、未来城市的规划以及城市化的进程，农村的住房面积不断扩大，到 2020 年预计可达 180 平方米以上，这样，人均约为 43 平方米。当前农村住房关键是提高住房质量。

（2）恩格尔系数（0.35）。国际粮农组织在 20 世纪 80 年代就将恩格尔系数作为划分居民生活水平的主要数据依据：0.5～0.6 为温饱型，0.4～0.5 为小康型，0.2～0.4 为宽裕型。2001 年，我国的恩格尔系数城乡平均为 0.43，其中，城市为 0.377，农村为 0.491，均已属于小康或小康以上水平。但是，福建省在该项指标上低于全国平均水平：2001 年城市为 0.441，农村为 0.475。通过对世界主要国家消费结构统计资料的分析表明，人均 GDP 达到 3000 美元后，消费结构的变化突出，特点是基本生活消费的比重降到 40% 左右，并继续下行，根据对国内发达城市北京、上海、广州和深圳消费结构的分析，建议将 2020 年目标值定为 0.35。

（3）文教娱乐支出比重（20%）。文教娱乐是指居民消费用于教育、文化、娱乐、体育和精神消费等诸多方面的服务支出。随着温饱问题的基本解决和物质生活水平的不断提高，居民对精神生活的需求会越来越高，采用该项指标能比较全面地反映居民在精神生活方面的提高和普及程度。2000 年福建省城镇居民文教娱乐支出比重为 10.4%，农村居民为 19.77%。[①] 综合今后 20 年城乡居民收入变化和居民消费结构的变化趋势，建议将 2020 年指标值都定为 20%。

（4）人均蛋白质摄入量（75 克）。该项指标是指平均每人每日从食物中获取的蛋白质数量，是反映居民食物消费及营养合理平衡状况的国际通行指标。由于指标表征的特殊性，国内外各大现代化指标体系中均有所涉及。由于不同的食物，其蛋白质含量和可食量折算系数不同，蛋白质摄入量的计算应按照分品种的消费量测算。因此目前我国对该项指标的测算，统一为对 25 种主要食物蛋白质消费量的加权汇总计算。根据我国营养卫生部门专家的研究，我国居民平均每人每天的蛋白质摄入量应在 75 克以上，才能满足人体的基本需要。

（5）农村人均年衣着支出（500 元）。对穿着方面的考察主要针对这方面比较薄弱的农村居民。该项指标是在剔除衣着价格变动影响情况下的支出情况，其增长反映了农民衣着状况的改善。2000 年福建省该指标达到 117 元，以中等收入居民家庭为标准，建议到 2020 年该指标应达到 500 元。

（6）农村家庭人均用电度数（850 千瓦小时）。该项指标是反映农村居民家电普及程度的生活现代化指标。现阶段福建省行政村均已通电，但由于

[①] 目前农村居民的文教娱乐支出比重反而比城镇居民高，并非表示农民生活水平已经高于城镇居民，恰恰是农民收入不高限制了总支出，而文教娱乐支出中的主要项目——教育支出的绝对水平在城乡差距不大，从而形成农村的文教比反而高于城市。文教娱乐支出的这种结构比例在一定程度上说明目前的文教娱乐支出基本上还是温饱型的：主要用于比较无弹性的教育支出。

收入水平和消费领域的限制，农村居民在家电使用程度上仍远远落后于城镇居民，表现为家庭人均用电量较少。因此，以该项指标来衡量农村居民的生活质量水平具有一定的代表性。目前世界发达国家的人均家庭用电量均在1000千瓦小时以上，中等收入国家也在数百千瓦小时。2001年，全国家庭人均用电量为139.5千瓦小时，福建省为230.8千瓦小时，农村家庭人均用电量略低于城乡平均值。考虑到我国近年来电力工业发展较快，城乡居民对生活用电的需求增长很快，近11年的人均生活用电量每年递增11.4%，如果今后10年以8%的速度增长，后10年以7%的速度增长，福建省到2020年的人均用电数可达到900千瓦小时。因此建议将2020年农村目标值设定为850千瓦小时。

（7）城镇百户家庭拥有电脑数（80台）。信息化是现代小康社会的重要表征之一。近几年来，随着小康社会信息化程度日益提高，电脑正在逐渐替代广播、电视等其他传媒工具，成为人们获取信息的主要渠道。因此，拥有电脑成为实现小康、现代化的必要硬件设备。2000年世界各国每千人电脑拥有率为78.3台，高收入国家为392.7台，中等收入国家为33.1台，低收入国家为5.1台，我国为15.9台，介于中低收入国家之间。考虑到我国近年来信息及网络化进程大大加快，电脑拥有量呈几何数增长趋势，参考以上数字，并考虑到我国的人口规模、构成和城市化水平等因素，按三口之家的标准进行换算，建议将每百户家庭电脑拥有量定为80台（约合每千人267台）。

（8）城镇百人拥有电话数（50部）。通信对人们日常生活的影响日益扩大，重要性也不断加强，是反映现代居民生活水平的一项重要标志。电话机包括固定电话和移动电话。作为信息社会中又一项必不可少的信息传媒工具，该项指标可反映居民的通信水平和信息化程度。截至2000年，世界各国平均每千人拥有电话主线数为163.1条，每千人拥有移动电话为123.1部。我国该两项指标值分别为202条和38.5部。随着以后移动电话的逐渐普及，我国移动电话拥有量将大幅上升。综合参考韩国、马来西亚、新加坡、巴西等中等收入国家2000年的水平值，建议将目标值定为每百人拥有电话50部。

在生活质量的指标选取中，我们还先后考虑了电视机普及率、人均医疗费用支出两项指标。前者由于电视机目前在城乡的普及情况已经基本达标，该项指标已不具考查价值，故被城镇百户家庭拥有电脑数替代；后者虽然能反映居民医疗保险水平，但鉴于该项指标目标值高低的确定难以把握——人均医疗费用的支出不仅与医疗设备先进程度、医疗服务价格正向相关，而且还与居民身体健康状况负向相关，综合两个相反变动情况的目标值就难以量化确定——最终未将其纳入指标体系。

3. 人口素质指标

（1）万人拥有在校大学生数（400 人）。万人拥有在校大学生数衡量一个国家或地区高等教育的普及程度，也在一定程度上反映教育事业的发展情况，反映当地人口受教育的结构和水平，从而是衡量人口素质的一项指标。2000 年全国每万人口在校大学生为 273 人，福建低于全国标准值。考虑到未来 20 年高等教育的发展，建议将目标值定为 400 人。

在选择时，我们还考虑了大学以上文化程度人口的比重、同龄青年中受高等教育人员的比重、全部就业者中受高等教育人员的比重等相似指标。限于目前的基础数据条件，我们采用了"万人拥有在校大学生人数"。

（2）农村劳动力平均受教育年限（9 年）。农村要实现全面小康，就必须科技兴农，发展教育。该项指标反映农村居民的受教育水平，从而衡量农村人口的精神文化素质状况。鉴于我国目前情况，将目标值定为 9 年，以便落实基本目标，监测 9 年义务教育制度的实施进程。

（3）千人拥有医生人数（2.5 人）。这是反映居民卫生资源占有情况的指标，也是反映居民生活质量和健康水平的重要指标。英克尔斯于 20 世纪 70 年代制定的现代社会指标中，该指标的标准值为千人拥有 1.25 名医生，标准似乎过低，因为，2002 年福建省已达到该指标值；我国近年来已有 5~6 个省份达到或超过了 2.0 人，最高的已达 2.5 人左右，无论是从福建还是其他省份来看，现有的医疗服务水平无论从量与质角度看，都仍然难以满足需要。从现代社会人们对于医疗保健的需求看，英克尔斯标准难以满足需要，因此，建议至 2020 年福建省该指标应高于 2.5 人。

（4）婴儿死亡率（低于 2‰）。国内外专家学者均认为这是一个反映社会医疗卫生状况的敏感指标，因为，婴儿死亡率高低不仅与婴儿身体素质密切相关，而且与社会制度、经济、卫生条件，尤其是妇幼保健工作的水平有关。因此，该指标不仅是反映居民健康水平的重要指标，也是衡量一个国家社会经济发展与医疗卫生保健水平的重要依据。随着生活质量和医疗水平的不断提高，婴儿死亡率将不断下降。2000 年我国婴儿死亡率为 2.9‰，建议至 2020 年福建省该指标应低于 2‰。

反映人们身体素质水平的国际通行指标还有人均预期寿命这一指标。由于该项指标在我国已经基本达标，指标变化的弹性不大，故最终未将其纳入指标体系。

4. 环境状况指标

（1）森林覆盖率（60%以上）。森林覆盖率反映一个国家或地区的绿化程度和环境状况、可持续发展能力。2000 年福建省森林覆盖率为 60.5%，已经达到很高的水平。根据资源的发展前景，我们建议将该指标值维持在 60% 以上。

（2）城镇人均园林绿地面积（60 平方米）。该项指标主要考察城市的绿化情况。一个人每天要吸收 0.75 千克氧气，呼出 0.9 千克二氧化碳，由此推算出每人至少要拥有 10～15 平方米森林或 25～30 平方米草坪才能获得新鲜空气，加上工业、交通运输所消耗的氧气远远大于人的耗氧量。因此，联合国生物圈生态与环境组织提出城市居民人均拥有 60 平方米绿地，才能获得最佳居住环境。2000 年，我国城镇人均园林绿地面积为 18.9 平方米，福建省则为 12.5 平方米，差距较显著。考虑到今后在环保绿化方面的建设力度应该大大加强，建议将 2020 年的目标值定为 60 平方米。此外，还可以采用建成区绿地覆盖率这一同类指标。

（3）城镇三废处理率或工业三废综合处理率（95%以上）。"城镇三废处理率"是反映环境保护水平的最重要指标之一。该项指标由大气中悬浮颗粒物浓度（微克/立方米）、城市污水处理率（%）和垃圾无害化处理率（%）三项指标加工汇总构成。

由于目前该项指标尚无现成的统计数据，只能采用其他相关指标替代。如"工业三废综合处理率"，该指标综合反映对工业生产过程所产生的废水、废气和固体废物的处理比率，是衡量环境治理力度的一个重要指标。2001 年全国平均工业三废处理率为 76.1%，福建省为 84.5%，北京为 91.1%，上海为 95.2%，江苏为 90.9%，浙江为 89.9%，安徽为 88.6%。参考以上数据，建议 2020 年目标值定为 95% 以上。

（4）交通状况。我们用城市人均铺装道路面积和农村已通公路行政村比重衡量城市和农村的交通状况。

① 城市人均铺装道路面积（20 平方米）。该项指标是按城市总人口计算的城市铺装道路面积的人均拥有量。城市铺装道路面积是指除土路外，路面经过铺装，宽度在 3.5 米以上的道路，包括高级、次高级和普通道路。2000 年，全国城市人均铺装道路面积为 9.09 平方米，福建省为 10.56 平方米，高于全国水平。[①] 建议 2020 年目标值定为 20 平方米。

---

① 《中国城市统计年鉴（2000）》，中国统计出版社 2000 年版。

② 农村已通公路行政村比重（100%）。农村地域广、居民居住较为分散，故交通要求应当与城市有所区别。该项指标是指已通公路的行政村占行政村总数的比重，以反映农村道路便利程度。2000 年，福建省该指标已经达 98%，2020 年全部通公路显然是可以实现的，在这一时期进一步改善农村交通状况的主要任务其实是提高公路等级等，但是，限于目前的统计资料，我们只能选用这个不太理想的指标。

选择该项指标时，我们还考虑了运输机械人均拥有量这一指标。鉴于该项指标主要反映农村居民交通设备拥有状况而非道路交通情况，加之数据缺乏，故最终被上述指标替代。

5. 安全保障指标

（1）社会保障覆盖率（享受一项以上社会保障人口比重，100%）。该项指标可以反映社会保障的完善程度。鉴于该项指标的重要性，建议目标值定为 100%。

（2）万人拥有律师数（1.2 人）。万人拥有律师数可以在一定程度上间接地测度法治化进程。2001 年我国万人拥有律师数为 0.96 人，参考已有的一些研究成果，① 建议 2010 年达到 1.1 人，2020 年达到 1.2 人。

（3）万人刑事案件立案数（小于 20 件）。该项指标在一定程度上反映社会治安状况。建议目标值应小于 20 件。

（4）万人发生火灾数（小于 5 次）。火灾等意外事故的发生频率是衡量一个地区安全保障程度的重要指标之一。建议目标值为小于 5 次。

（5）万人交通事故死亡人数（0.52 人）。这也是衡量一个地区安全保障程度的重要指标之一。2001 年我国该项指标值是 0.83 人，② 建议 2020 年目标值为小于 0.52 人。

在指标体系的设计过程中，我们还曾先后考虑过诸如公务员占政府工作人员、党政机关职位公开选举率、群众建议采纳执行率等反映政治民主的指标，但由于数据来源的限制不得不暂时舍弃。

以上 30 项指标构成全面建设小康社会的评估指标体系的基本框架（见表1）。利用该指标体系，辅以适当的加权结构和评价方法，就可以对福建省全面建设小康社会的进程进行评估和分析，包括不同时间上的动态对比，以及与各省市（各地市）、全国平均水平的横向对比。

---

①② 李培林、朱庆芳：《中国小康社会》，社会科学文献出版社 2003 年版，第 97~98 页。

表1　　　　　　　　　　全面建设小康社会评估指标体系

基本指标体系			2000 年水平		2020 年目标值
模块	指标项目和计量单位	序号	全国	福建省	
经济水平	人均 GDP（元）★	1	7078	11601	36500
	非农产业劳动者占全部就业者比重（%）	2	50	53.1	70
	第三产业增加值比重（%）★	3	33.2	40.01	50
	R&D 经费占 GDP 比重（%）★	4	1	0.54	2
	城镇人均可支配收入（元）★	5	6280.0	7432	23100
	农村人均纯收入（元）☆	6	2253.4	3230	9800
	基尼系数（%）★☆	7		31	30
生活质量	城镇人均住房使用面积（平方米）★	8	10.25	15.3	28
	农村人均合格住房使用面积（平方米）☆	9	19.8	23.6	43
	恩格尔系数（%）★☆	10	39.2	44.7	35
	文教娱乐支出比重（%）★☆	11	11.9	10.5	20
	人均蛋白质日摄入量（克）★☆	12			75
	农村人均年衣着支出（元）☆	13	95.95	116.99	500
	农村家庭人均用电度数（度）☆	14		230.8	850
	城镇百户家庭拥有电脑数（台）★	15	15.9	11.47	80
	城镇百人拥有电话数（台）★	16	24		50
人口素质	万人拥高等学校学生数（人）★	17	273	38.5	400
	农村劳动力平均受教育年限（年）☆	18	7.7	7.8	9
	千人拥有医生人数（人）★☆	19	1.64	1.25	2.5
	婴儿死亡率（‰）★☆	20	2.9		2
环境状况	森林覆盖率（%）	21	16.55	60.5	60
	城镇人均园林绿地面积（平方米）★	22	18.9	12.5	60
	工业三废综合处理率（%）★	23	76.3	78.0	95
	城市人均铺装道路面积（平方米）★	24	9.09	10.56	20
	农村已通公路行政村比重（%）☆	25		98	100
安全保障	社会保障覆盖率（%）★☆	26			100
	万人拥有律师数（人）★	27	0.93		1.2
	万人刑事案件立案数（件）★☆	28	28.8	46.4	20
	万人发生火灾数（次）★	29	1.49	1.1	5
	万人交通事故死亡人数（人）★	30	0.74	1.11	0.52

　　注：由于在该指标体系的设计过程中分别考虑并兼顾了城镇与农村各自的一些特点，故从中摘取部分指标就可组成两个子体系，即"城镇全面小康指标体系"（带实心星号"★"者，共 22 项）和"农村全面小康指标体系"（带空心星号"☆"者，共 14 项）。利用这种组合式的指标体系，便于在总体考察的基础上，再分别监测和评价城乡全面建设小康社会的进程。

　　　　上文构造的全面小康指标体系是一个相对完整的评估和分析框架。但是，目前这个指标体系中的部分指标数据难以取得。一些常见的生活质量指标（如人均蛋白质日摄入量等），尚需通过组织全国性以及分省市（或地区）的专门调查收集；部分指标之间存在较强的相关性，在进行定量分析时，可能导致多重共线性等问题，需要以适当方式处理。因此，实证分析中，我们以上述的理论分析框架为基础，采用一套较为简略的替代指标体系，分析评价福建省全面建设小康社会进程和状况。

第三篇

提高国内竞争力是拓宽对内连接
通道的关键*

一

加入 WTO 后，我国对外开放将进入新的阶段。这个阶段的一个重要特征是国内市场与国际市场的进一步融合，国内经济与国际经济之间的界限逐步淡化，国际经济竞争国内化。在这一背景下，福建省第七次党代会提出构建福建经济发展的三个战略通道，其中，把拓宽对内连接通道作为三个战略通道之一，是符合福建经济发展实际的决策，具有重要意义。之所以如此，是因为：

（1）改革开放以来，福建的对外开放走在全国前列，福建经济的高速增长，相当程度上得益于引进外资与参与国际经济分工。由于地理特点、区位优势、资源结构特点，以及政策环境等多方面因素，福建近 20 年来在开拓国际经济联系，参与国际经济竞争方面的努力与成效超过了开拓国内市场，发展与国内经济联系的努力与成效。福建经济在对外开放与对内开放两方面发展是不太平衡的。福建经济在国际上竞争力甚至强于其在国内的竞争力。①

* 本文系提交至中共福建省委的政策咨询报告，收录于荆福生主编《奋起之道 繁荣之道——福建构建"三条战略通道"研究专题汇编》，福建教育出版社 2002 年版。本文在调研中得到福建省社联、福建省委政策研究室、福建省经贸委、福建省计委、福建省交通厅、厦门市政府、南平市计委的大力协助，有关部门提供的相关材料为研究提供了良好的基础，在此一并表示衷心感谢，但是，本文的观点及可能的疏漏，仅由作者负责。

① 一个地区经济的国际竞争力强于其在国内经济的竞争力，似乎不符合逻辑，但是，如果将地区经济的竞争力分解到产业层次上，就可以发现这是可能发生的。关于这个问题，下面将进一步分析。

拓宽对内连接通道，有利于实现福建经济国际竞争力与国内竞争力的平衡发展。

（2）在进一步对外开放的背景下，国内市场与国内资源对于福建经济发展的重要性不断提高。首先，在经济全球化条件下，国内市场与国际市场正在逐渐融为一体，国际竞争不仅发生在国外市场上，而且就发生在国内市场上，相对而言，国内市场是国内企业更熟悉，更容易获得竞争优势的市场，因此，在国内外市场逐渐融为一体的情况下，拓展国内市场与拓展国外市场具有同样重要的意义，相对而言，效率将更高，由于在今后相当长时期内，国内经济的增长速度将高于世界经济的平均增长速度，也高于发达国家的经济增长速度，拓展国内市场有利于福建分享国内经济增长的成果；其次，充分利用国内与国外两种资源，对福建经济发展具有同样重要的意义，从增强福建经济发展后劲以及"走出去"角度看，充分利用国内资源具有更为重要的意义。[①]

（3）拓宽对内连接通道有利于利用国内资源拓宽山海协作，加大对山区的开发力度。近20年来，福建沿海地区依靠对外开放，引进外资，经济发展较快，而内地山区由于区位等条件限制，依靠引进外资发展经济有一定难度，而利用国内市场与资源发展山区经济，具有较大可行性。

二

拓宽对内连接通道可以从有形通道与无形通道两个角度考虑，有形通道主要指交通条件，而无形通道主要指福建与其他省份地区的经济联系。它在一定程度上取决于交通条件，在交通瓶颈问题基本解决之后，区位优势、资源状况、产业基础和体制、机制、政策就成为决定因素。如果进一步对无形通道进行分解，那么，从流向角度看，有流出通道与流入通道；从流动对象而言，有资金、商品、技术、人才、信息等。

长期以来，交通条件一直是制约福建与国内其他地区往来的重要瓶颈，经过多年的努力，福建与国内其他省区之间的交通条件已经得到相当程度的改善。随着"十五"计划中重大交通运输基础设施建设项目的建成投入使

[①] 有关分析请见李文溥、张明志：《福建发展对外直接投资问题研究》，厦门大学福建经济研究中心研究报告，2001年。

用，福建与全国各地的交通联系将更上新台阶。因此，继续投资交通运输基础设施，改善福建与国内其他地区的交通条件是必要的，但是，交通运输对经济发展的制约，正在逐步从硬件设施制约转向综合运输能力制约和物流能力制约。[1]

在交通瓶颈问题基本解决之后，区位优势、资源状况、产业基础和体制、机制、政策等影响无形通道的因素就成为发展福建对内连接通道的决定因素。

目前福建拓宽对内连接通道的一个重要问题资金的流出渠道与流入渠道之间的不对称。虽然缺乏准确的统计数据，但是，在调研中，有关部门的同志都指出，近几年来，有相当多的福建民营企业到国内其他地区投资办厂，投资遍布上海、浙江、江西、广东、广西、海南、贵州、重庆、北京、天津、内蒙古等地；从产业看，主要是一些福建有较强竞争力的传统产品加工业，如胶合板、灯具、部分农产品、水产品加工、养殖业；从投资量上看，占有的地区投资的相当比重，据调研，浙江省1998年以来中小工业投资的34%来自福建，从单个项目来看，有的投资额也比较大，如福耀等企业在重庆的投资，高达上亿元甚至数亿元。与此同时，外省企业到福建的投资却相对较少，据福建省经贸委的调研材料，近5年来，福建省仅引进省外资金60多亿元，2001年，引进的省外资金11多亿元，仅占当年福建省全社会固定资产投资的1%。这与浙江省1998年以来中小工业投资的34%来自福建的数据相比，差距是相当悬殊的。[2]

因此，就资金的对内连接通道来说，可以说通道是畅通的，但是，福建在全国的资本流动系统中，处于海拔较高的节点，因此，流出顺畅而流入困难。这种状况是不是福建经济发展程度较高，因此资本过剩，在福建的边际收益率低，从而必须向外投资呢？显然不是。因此，福建资本流出多而流入少，是福建投资环境，尤其是国内资本（包括省内资本）的投资环境存在一定问题，福建作为投资地，对国内资金缺乏吸引力。这在一定程度上反映了福建经济的区

---

① 参见福建省计委《关于推进构建我省三条战略通道的若干意见》（2002年8月14日）、福建省交通厅《"三条战略通道"与我省交通发展的研究》、福建省经贸委综合处《加快福建现代流通业发展浅议》。

② 参见福建省经贸委《关于拓展内联通道工作情况的汇报》，以及2002年8月25日与福建省委政策研究室叶穗山及福建省经贸委于正英、林凯同志的座谈笔记。

域国内竞争力较弱,[①] 而这进一步导致了福建企业竞争力尤其是国内竞争力的弱化,福建商品国内市场占有率较低,阻碍了福建经济国内经济影响力的提高。

福建经济的国内竞争力比较弱,从福建省的商品流向、福建省工业品的销售区域比例以及 GDP 的广义净出口额可以看出。据不完全统计,福建省工业品的国际、省内、省外销售区域比例约为 34∶46∶20,其中,省外销售比例远远低于出口比例;GDP 的广义净出口额自 1989 年以来福建省对外贸易始终保持出超,2001 年出超达 52.14 亿美元,折合人民币 431.2 亿元。与此同时,省际间物资流动却是入超,其入超额大致与外贸的出超额相抵。这也证明了福建经济的国内竞争力弱于其国际竞争力。

三

福建经济的国内竞争力弱于其国际竞争力,主要原因如下。

---

① 厦门最近完成的《新形势下厦门市招商引资的对策研究》报告指出,厦门市招商引资存在的主要问题是:

(1)审批环节多,时间长,政策执行不规范。在审批制度改革上,比国内有关地区如上海、深圳等要慢,有些部门视审批权力为获取部门利益的手段,不仅对简化取消审批程序持消极态度,而且竭力恢复审批程序,变相转移审批权力,例如借口一条龙服务,指定有关业务必须由下属或者指定的中介机构承办。在审批中,同一审批人员尺度不一,不同审批人员尺度不一,投资审批环节不透明,投资者不知要办哪些手续、交多少费,也不知该到何处去办、找什么人办,更不知道要办多少时间。工程建设审批,从设计到开工要经过 60 多个环节,承诺时间相加超过 300 个工作日,最快也要 4 个多月。在厦门,办营业执照一般最少要 3 个月,厦门新长新科技公司到大连某开发区只花了 1 个小时就办下来了。厦门伊甸园公司在东孚的一个农业项目在厦门办了一年多未果,只得撤资到上海,仅 25 天就办下来。

(2)行政部门缺乏服务精神。招商引资年年都有新指标,各级政府及部门年年都要完成新任务,但对企业的服务却没有明确要求,搞审批的人多,搞服务的人少,而且借服务之名,行收费之实。以港口收费为例,厦门港口收费连续三次降低收费,但是仍然存在降低空间,说明原来的乱收费是相当严重的。环保评估、登记表不收费,但是,报告表收费 3000~4000 元,报告书收费 7 万~8 万元。同安一个投资 150 万港元的项目,环评收费 8 万元。火炬开发区一个 1 万美元的项目,环评收费 8 千元。甚至出现没有污染的企业也要交排污费,收了费也不办事。中国电讯网因为 DNS 出问题,经常造成通信中断,贻误商机,却不赔损失,照收费用。

(3)政策陈旧,改革滞后。许多政策规定实际上已经过时,却仍然执行不误。例如,在厦门,买房 40~70 平方米可以落户厦门,但是投资办厂却不行;又如,没有常住户口的投资者、管理者、技术人员,都被当成一般打工人员处理,企业愿意为这些人员缴纳相应的高额社保、医保,有关部门却不同意,不转关系挖来的人才不能评职称,出国不给政审、办理护照,福建省外的可以在厦门办理,省内的却不行。

(4)重外轻内,热大冷小。以引资为例,厦门的统计部门至今连引进国内资金的准确数据都拿不出来,对大型投资,可以成立专门的工作小组,对他们实行优惠政策,如水、电供应等,但是中小企业投资却经常受到冷遇。

（1）福建经济综合实力水平低于以 GDP 指标衡量的经济发展水平。对福建经济竞争力的不同研究都得出了类似的结论：尽管近 20 年来福建经济高速增长，GDP 总量以及人均 GDP 进入全国前列水平，但是从基础设施、工业基础、科技、文化教育、人力资本存量等都比较落后，综合经济实力水平低于以 GDP 指标衡量的经济发展水平。一个地区综合经济实力的形成与发展要比人均 GDP 的增长来得缓慢，需要付出更大，更长久的努力。

（2）工业基础薄弱。福建工业基础薄弱，从行业角度看，主要体现在需要较多资本、技术，自然资源，发展周期较长的产业至今仍是福建工业的薄弱环节。根据省经贸委的研究报告，福建工业竞争力比较弱的行业为：轻工产业中的日用玻璃，机械产业中的机床工具、食品包装、石化机械、农业机械、矿山机械、石化产业中的基本化学原料、合成材料、有机化学品、日用化学，建材产业中的墙体材料，医药中的西药、生物制品、医疗器械，冶金中的黄金。工业竞争力强的行业为：纺织服装产业中的化纤，轻工产业中的塑料制品、电子信息产业中的日用电子器具、计算机网络、电子器具行业。[①] 这与根据贸易竞争指数计算的出口产品竞争力的结果是基本上一致的。[②] 可以看出，尽管经过 20 年的高速增长，福建比较有竞争力的产业基本上是劳动密集型的，而需要长期投资的资本密集型，技术密集型产业，工业自然资源型产业仍然是弱项，而在目前条件下，我国的劳动密集型产业主要是在国际市场上具有较强的竞争力。从产业的区域布局角度看，福建工业的产业簇群效应较弱，除少数地区之外，产业区域布局的范围经济不明显。有关经济区至今并未形成真正经济学意义上的经济区，区内企业投入产出联系少，产业的区域吸附能力较弱，因此，在近年的生产力布局调整中，本省企业流出投资多而外省企业流入投资少。以闽南经济区为例，实际上厦漳泉三市之间的经济联系是比较弱的。据人民银行厦门中心支行的调查，三市之间的资金往来流量很少，以致从经济上看，尚无必要在三市之间建立同城票据交换系统。而在苏杭沪、珠江三角洲，早已建立了同城票据交换系统，使经济区内各个城市的票据交换等同于同城交换，大大加快了经济区内的资金周转速度。福建省的多数工业园区还处在初期发展阶段。以福州经济开发区为例，整个开发区 2000 年共有工业企业 106 个，却分布

---

① 参见福建省经贸委课题组《福建工业竞争力战略专题研究报告》。该报告指出，福建省目前工业竞争力较强的行业有纺织服装产业的服装、棉纺织、针织、印染，轻工产业的皮革制品、啤酒、造纸、日用陶瓷、电池、手工具，机械产业的汽车、工程机械、输配电，电子信息产业的通信导航、信息化学、建筑陶瓷、建筑玻璃，林产工业的人造板。

② 李文溥、张明志：《出口竞争力的产业间转移与产业结构演进》，厦门大学福建经济研究中心研究报告，2000 年。

在 27 个产业中。平均每个产业的企业数不到 4 个，扣除企业数大于 10 的两个产业，剩下的 25 个产业，平均每个产业只有 2.72 个企业，也即除了少数产业之外，各个产业基本上是由个别企业组成。这样的产业内企业格局决定了，不可能存在着区内的产业内专业化社会分工。也就是说，整个开发区的工业缺乏内部经济联系。这是工业园区初期发展形态的典型特征。[①] 由于缺乏特色产业集群，产业区域布局的范围经济效应不明显，产业的区域吸附能力较弱，在市场竞争所推动的生产力布局调整中，部分企业为提高竞争力，必然产生市场指向、资源指向、产业簇群指向的外迁倾向。

（3）福建缺乏具有较强吸附、辐射能力的大城市。在华东六省一市中，福建的城市规模是比较小的（见表 1）。

表 1　　　　　　　　　　2001 年华东地区城市规模比较

城市	土地面积（平方千米）	人口（万人）	国内生产总值（亿元）	工业总产值（亿元）	固定资产投资额（亿元）	财政总收入（亿元）	地方财政收入（亿元）
上海	6300	1327.14	4950.84	7006.40	1994.73	1995.62	620.24
南京	6597	553.04	1154.44	1782.73	464.91	204.77	112.64
苏州	8488	580.53	1760.28	2784.79	564.85	208.95	111.57
无锡	4650	435.90	1360.00	2017.96	405.01	141.92	76.47
杭州	16596	629.14	1568.00	1919.51	628.23	188.46	104.28
宁波	9365	543.35	1310.58	1646.25	470.28	194.29	99.11
绍兴	8256	433.27	822.99	1201.93	286.36	62.37	35.59
合肥	7266	442.16	363.4	317.80	142.54	49.29	27.69
芜湖	3317	220.26	218.77	194.96	81.03	29.29	12.19
福州	11968	594.14	1076.08	787.44	199.36	76.34	53.79
厦门	1516	134.34	556.39	803.29	182.20	108.78	63.59
南昌	7432	438.07	485.62	280.20	68.95	—	21.41
九江	18797	452.79	232.63	132.78	48.19	—	10.80
济南	8177	569.00	1066.20	786.7	241.77	—	59.61
青岛	10654	710.50	1316.00	1671.75	288.73	—	98.71
烟台	13746	645.99	980.00	1125.30	159.68	—	46.64

资料来源：福建省统计局《华东地区统计摘要（2002）》。

[①]　厦门大学福建经济研究中心、福州经济技术开发区科技局：《促进科技成果向先进生产力转化，提高开发区经济国际竞争力——福州经济技术开发区政府科技发展战略问题研究》，厦门大学福建经济研究中心研究报告，2002 年。

在这 16 个城市中，福州①、厦门的主要经济指标，如地区生产总值、工业总产值、固定资产投资额、财政总收入、地方财政收入的位次都在 8 位之后。一般而言，城市的经济规模与城市的经济集聚、吸附以及辐射能力是成正比的。显然，福建缺乏较大的、社会经济实力较强的大城市。由于缺少起龙头和支撑作用的大城市，福建的各个经济区并未形成真正的经济区。所谓闽南金三角经济区，区内经济往来、产业联系是比较微弱的，厦门、泉州、漳州、龙岩之间的城市职能、产业分工协作关系不太明显，经济区的合力效应较低，不能不在一定程度上限制了福建省在全国经济中的影响。由于城市规模比较小，在全国的城市系统中，福建的城市在一定程度上是受辐射对象。以厦门市的专业服务如注册会计师、律师服务来看，其服务范围基本上局限于本市范围内，而且本市一些附加值较高的会计、法律服务市场，却被北京、上海以及国外的有关专业服务机构占领了。

（4）在一定程度上忽视了对内开放。福建在对外开放，引进外资，参与国际经济分工与竞争方面，走在全国前列，但是，在一定程度上忽视了对内开放。从表 2 可以看出，福建的工业经济产值中，外商及港澳台经济的比重是华东地区最高的，而集体、民营经济的比重仅略高于上海（见表 2）。

表 2　　　　　　　　　　2001 年华东地区工业产值结构

项目	上海	江苏	浙江	安徽	福建	江西	山东
人均工业产值（元）	52118	15562	16910	2765	8601	2297	10143
国有经济（%）	11.23	11.68	6.3	27.66	14.63	48.74	21.44
股份制经济（%）	21.94	28.74	32.93	43.20	10.16	24.41	31.21
集体、民营经济（%）	10.91	31.18	41.33	15.82	13.46	15.91	32.81
外商及港澳台经济（%）	55.91	28.79	19.45	13.31	61.75	10.93	14.51

资料来源：根据福建省统计局《华东地区统计摘要（2002）》计算。

大力引进外商投资无疑是正确的，但是，因此而忽视或者在政策导向或实际工作管理中歧视民营经济的发展，忽视引进外省资本尤其是外省民营资本，后果将是十分严重的。福建经济的国内竞争力不足，与福建民营经济发展滞后、忽视引进外省资本尤其是外省民营资本有密切关系。

① 福州的辖区面积居第 4 位，人口居第 5 位。厦门的辖区面积和人口均为第 16 位。由于这些指标都包括了这些城市所管辖的郊县，因此厦门的城市规模在一定程度上被低估了。

四

拓宽对内连接通道的关键是在继续提高福建经济的国际竞争力的同时，重视提高国内竞争力。

第一，提高福建国内竞争力，首先必须提高福建经济的综合实力。目前，提高福建经济综合实力的基础仍然是发展制造业。如前所述，福建的工业基础至今仍然薄弱，其综合实力水平低于人均工业产出水平。制造业不发达是制约福建其他产业发展的瓶颈，发展制造业对其他产业的发展将产生积极的促进作用。以物流产业为例，现代物流的发展是制造业高度发达的产物，没有现代化的制造业，社会化分工专业化协作的产业群，就难以产生对第三方物流的社会需求。厦门近年来航空物流迅速发展，主要源于电子产业的发展，电子产品单位重量附加值高，技术更新速度快，产生了快捷运输的需求与经济承受能力。同样，福建的人才总量、类型结构及分布结构问题，也与福建的产业基础有密切联系。由于缺乏产业基础，福建引进人才也就遇到了引进人才的空间尤其是产业技术人才的空间不足的问题，人才类型结构中直接从事研发及产业技术工作的人才比例低的问题，人才产业分布结构的问题。

福建省的人才 70% 以上分布在科教文卫事业单位，第一、第二产业不到 30%（见表3），而深圳有 90% 的科研开发机构设在企业，90% 以上的科研开发人员集中在企业，90% 以上的研发资金来自企业。[①] 福建的工业基础薄弱，显然是一个重要原因。建立强大的制造业基础，是福建经济发展无法回避的课题，必须重视发展制造业在提升福建经济国内竞争力的基础地位。

表3　　　　　　　2000 年福建省人才资源的三次产业分布结构

产业	人才拥有量（万人）	比重（%）
第一产业	9.9	6.4
第二产业	32.7	21.3
第三产业	111.1	72.3

资料来源：福建省经贸委课题组《福建省经贸企业引智工作研究报告》。

第二，在鼓励投资政策上贯彻国民待遇原则。建议制订对所有地区国别所

---

① 根据福建省经贸委课题组《福建省经贸企业引智工作研究报告》整理，当然，这里有一些不可比因素。

有投资主体一视同仁的《福建省鼓励投资条例》，取代现有的对不同投资主体的不同优惠政策，并在实际工作中切实贯彻。

之所以把奖励所有投资作为提高福建经济国内竞争力的重要政策措施，是因为：

（1）这种政策是符合WTO的国民待遇原则的。

（2）对所有地区国别所有投资主体一视同仁的鼓励投资政策，实际上是鼓励国内民间资本投资福建。从社会主义市场经济的发展趋势看，民营经济将成为竞争性产业的主要投资主体，哪个地区成为对民营资本最有吸引力的地区，这个地区也将成为最有国内竞争力的地区。

（3）在福建目前情况下，吸引民营资本投资的渠道一旦形成，福建与国内其他地区的资金双向流动渠道也就形成了。双向渠道的形成，意味着形成不同产业资本根据比较优势法则优化地区布局，形成产业簇群的机制。与此同时，国内资本与外商资本之间形成竞争均衡，这有助于地区经济国内竞争力与国际竞争力之间的平衡。

（4）从国内既有的产业簇群形成情况看，必须有一个同类资本激烈竞争的阶段，只有通过同类资本的激烈竞争，才能在优胜劣汰的基础上逐渐形成比较合理的产业内专业化分工与协作关系。这样的过程，仅仅依靠引进外资是难以在较短时间内形成的。

（5）当民营资本流入的渠道解决了，福建成为民营企业的投资沃土，福建商品的国内流通渠道就会逐渐形成。

第三，继续进行行政审批制度改革，提高审批程序透明程度，开放中介市场，降低市场准入成本。

（1）向市场经济转轨，必须进行大幅度的审批制度的改革，行政审批制度的改革，不仅是减少多少审批制度与环节的量变问题，而且是涉及从行政本位向市场主体本位过渡的质变问题，是涉及行政部门利益分配的大事，因此，指望各个行政部门自己改革，提高行政效率，是比较困难的。必须由政府主要决策部门根据市场主体本位的精神，参照国际惯例，统一进行。

（2）任何社会经济，都必须保留一定的政府行政审批制度，对于这一部分必须保留的审批，应当实行审批制度及程序公开化，即制定政府行政审批制度手册，详细列出各有关审批制度、执行标准、收费标准、工作流程及时限规定，违反本手册的处罚条款。规定必须尽量详细、明确，最大限度地压缩具体工作人员相机处理的空间。对违反手册规定的有关部门与工作人员，当事人可以提出行政诉讼。

（3）开放行政审批服务市场，让律师事务所、会计师事务所等合法的中介机构进入行政审批服务市场，提供竞争性行政审批服务。

（4）尽快实行行政审批收费全额上缴财政制度。切断审批与部门利益的联系，统一各政府部门同级公务员的收入福利待遇。

第四，加快福建的大城市建设步伐，首先使福州、厦门尽快成为对国内其他地区经济有较强吸引、辐射能力的大城市。在推进城市化进程中，首先应当推进主要经济区中心城市的建设，使福州、厦门在功能上真正成为福建的中心城市。在继续发展这些城市的制造业的同时，重视中心城市集聚、服务、辐射功能的开发。促进经济区中心城市与区内其他城市经济功能的分工与协调，发展中心城市与区内其他城市的产业联系、资金往来，使经济区的中心城市真正成为经济区的龙头城市。生产性服务业是中心城市功能最重要的一个方面。应当珍惜和充分利用《中国加入世界贸易组织议定书》规定的福州、厦门在服务领域较早开放的机会，在可能情况下，向中央政府申请提前开放相关服务领域，率先引进国外生产性服务企业，[①] 用引进外资来改善福建的投资环境，[②] 提高福建经济的辐射能力。

第五，在交通设施建设上，更重视综合运力的形成，重视现代物流能力的形成，重视不仅从交通设施，而且从交通的经济条件上改善运输条件。交通运输条件对提高地区经济的集聚和辐射能力的作用是明显的，例如，厦门近年来国际航线数增长较快，固然取决于当地经济的发展，但是也得益于厦门港集装箱运输条件的改善以及海关等部门技术条件的改善，通关效率提高，使汕头、泉州、福州甚至更远地区的港口成为厦门的内支线港。厦门港技术条件的改善，效率提高，加上国内运输成本低廉的优势，使部分香港、高雄的国际转运业务分流到厦门港。但是，综合运力的形成比单项设施的改善具有更重要的意义。例如，在扩大福建沿海枢纽港口辐射能力中，形成集装箱的公路、铁路运输与海运的衔接，将有效地扩大港口的经济腹地范围，根据电子产业在福建产业中的突出地位，加快发展航空货运，引进国际知名快运公司、物流企业在福州、厦门设立分支机构，就具有重要意义。

---

① 据载，深圳已经向中央政府提出提前开放金融服务、基础建设、商业零售、证券、旅游、物流、采购、医院等20个服务性行业，引起了国外不少大型服务行业跨国公司的兴趣。
② 例如，在国外有关投资环境评价中，投资地是否具有国际知名的生产性服务跨国公司分支机构，是当地投资环境的一个重要部分。

项目投资与经济增长 *

　　福建省政府提出实施项目带动战略，以此作为推进全面建设小康社会的重要抓手，笔者觉得这确是一个具有重要意义的战略决策。

　　项目与经济发展的关系，在一定程度上可以视为投资与经济增长的关系。经济增长源于资本积累。发展经济学指出：发展中经济摆脱"贫困恶性循环"的关键因素，是国民经济增长率必须高于人口增长率。而持续稳定的高投资率则是经济高速增长的基本条件。在资本至今仍然相当缺乏的中国，投资对经济增长的重要作用不断被诸多研究证实。最近，笔者利用钱纳里的结构主义增长模型分析了改革开放以来福建经济增长状况，研究证实：尽管引入诸多因素，投资仍然是促进福建省经济增长的最重要因素。

　　投资是实现经济结构转换的基本手段。经济结构转换，从广义上说，包括两种类型：一种是生产能力结构不变背景下的产品结构调整；另一种是生产能力结构转换基础上的产品结构转换。需求结构变化，首先作用于产品结构，产品生产结构适应需求结构变化而调整，是经济结构调整的第一步。但是，产品结构在生产能力结构不变背景下的调整，只是经济结构调整暂时而不稳定的形式，从长远看，要实现经济结构的根本调整，必须根据需求的长期变化趋势调整社会的生产能力结构。它有两种途径：一是资产存量调整；二是资产增量调整。资产存量调整对经济结构调整的作用取决于两个因素：（1）冗余资产的通用性；（2）被调整部门之间技术差异的大小。显然，冗余资产的专用性越强，调整存量资产实现经济结构调整的空间就越小，部门之间的技术差异越大，冗余资产被调整使用的余地也就越小。在现代经济条件下，通过资产存量调整实现经济结构调整的空间是有限的，而且沉没成本很高。从长期来看，正确安排新增投资的部门及技术结构，是实现经济结构根本转换的基本手段。

---

　　* 本文原载于《福建日报》2003 年 6 月 1 日每周评论版。

投资是实现技术进步的主要途径。科技是第一生产力。但是,科技进步促进经济增长,主要是通过投资实现的。要使科技进步在经济中得到应用,就必须使它物化在先进的机器设备中,或者通过教育培训,转化为生产者的人力资本。显然,把先进技术设备引进生产过程必须依靠投资才能实现。而后者,也必须通过一定的投资才能实现。

投资是集聚人才的重要环节。近年来,大家已经普遍痛感福建各类技术人才的缺乏。引进人才,优惠政策固然需要,但是,根本还是要有让人才有大显身手的用武之地。我认为,福建人才的缺乏,在某种程度上与福建的制造业相对落后,缺乏众多的能够容纳大量人才的大中型企业有关。没有强大的产业,也就无法形成旺盛的技术与人才需求,犹如山无大树丛林,如何引得鸟儿驻足?从某种意义上说,投资犹如植树造林,栽下梧桐树,自然也就引得凤凰来。众所周知,投资是通过项目实现的,因此,抓好了项目,就抓住了资本积累,抓住了产业结构调整,抓住了技术进步,抓住了人才积聚,也就带动了经济发展。

应当促进什么样的项目投资 *

实施项目带动战略，一个重要的问题是：应当促进什么样的项目投资？

投资促进经济增长，可以有两种不同的解释。一种是从凯恩斯经济学的观点出发，认为是社会总需求创造社会总供给，因此，投资的直接目的是扩大社会总需求。从这个观点看投资，那么，只要是能够带来社会需求扩大的投资，无论是生产性投资还是非生产性投资，都会促进经济增长。按照凯恩斯的话，经济萧条时期，就是将钱故意埋在地下，然后雇人将它挖出来，也有利于创造需求，促进经济增长，更何况投资。凯恩斯的需求决定论产生于需求严重不足的大萧条年代，而且由于经济萧条，各国纷纷实行关税壁垒政策，闭关锁国，因此，一个国家实行凯恩斯的需求管理政策，能够取得一定成效，其道理和往不漏水的瓶子里注水能够提高水位是一样的。但是，即使如此，需求管理政策也只能由一个国家的中央政府而不能由地方政府来实行，因为，地方市场只是全国统一市场的有机组成部分，由于无法将地方市场与全国市场隔离开来，地方政府为扩大本地需求而投放的资金，相当部分将流到外地市场上去，在本地市场的购买也有相当部分是外地产品，所以，即使是在中央政府可以实行需求管理政策的时代，地方政府也是无法实行需求管理政策的。

投资促进经济增长的另一种解释，是认为投资能够形成有效生产能力。从这个角度看，必须是生产性投资，是能够形成有效生产能力的项目投资，才能促进经济增长。

在实行项目带动战略时，应当着眼于形成有效生产能力。当今时代，经济全球化使实行对外开放的国家和地区的市场，逐渐成为全球市场的一个有机组成部分。而且由于全球化市场力量的作用，对于一个国家而言，需求与供给的关系不再是凯恩斯时代的社会总需求决定总供给，而是有效供给能力决定市场

* 本文原载于《福建日报》2003 年 6 月 15 日每周评论版。

需求，即，一个国家或地区的市场需求大小、旺盛与否，取决于本国本地区企业的市场竞争力。企业的竞争力越强，向本国乃至世界市场出售产品的有效供给的能力越大，企业卖出的产品从而销售收入也就越多。企业的销售收入多，利润高，扩大投资欲望也就高涨；同时，当地政府的财政收入随之增长，公共投资与公共支出也就必然增加；而且，对当地的劳动需求也就越大，居民的收入也就随之增加，居民的消费需求也就旺盛起来了。因此，在经济全球化条件下，一个国家和地区的需求与供给的关系，可以用这样的话来概括：企业的竞争力高低决定了有效供给能力的大小，有效供给能力决定了本地企业、财政和居民的收入水平从而当地的市场需求。我国近年来一些经济发展势头比较强劲的地区的情况，也证实了这个道理。在社会总需求不足的宏观经济环境下，这些地区的企业依靠其竞争优势，打开产品与服务在国内市场以至国际市场上的销路，不仅企业的收入增加了，而且当地财政以及居民都因此获益，从而有力地带动了所在地区的经济增长。

所以，在经济全球化和对外开放条件下，实行项目带动战略，关键是通过项目投资，形成在国内外市场上有竞争力的有效供给能力，也就是先进生产力，才能真正实现项目带动经济增长的政策意图。

企业家在项目实施中的作用*

　　任何战略都需要实施主体。项目带动战略也不例外。那么，实施项目带动战略的主体是什么呢？

　　有人认为，战略既然是政府提出的，政府理所当然应当是实施的主体。在计划经济条件下，这显然无可置疑。因为那时政府是全部社会经济资源的"掌勺者"。实现政府经济社会发展战略的投资，也全部是由政府进行的。但是，在市场经济条件下，情况却有所不同。大部分企业是独立的市场主体，因此，政府虽然仍是经济社会发展战略的决策者，但已不再可能占有全社会的经济资源。政府所掌握积累资金也只是全社会积累资金的一部分，主要用于文教卫生等非生产性项目及公共工程，如道路、桥梁、水利、市政等社会经济基础设施的建设。

　　实施项目带动战略的目的是促进经济快速增长。显然，这样的项目投资，主要是竞争性领域中的生产性项目投资。在成熟的市场经济中，它基本上是由私人企业自主进行。目前，在我国非国有投资已占相当比重，以福建省为例，2001 年全社会固定资产投资中，非国有投资已经占 57.3％，这也说明了在市场经济条件下，企业是项目带动战略最重要的实施主体。

　　因而，企业家在实施项目带动战略中的作用也就不可忽视。经济学家熊彼特认为，生产技术的革新和生产方法的变革对于经济发展的作用是至高无上的，创新和生产要素的新组合是经济发展最根本的特征。没有创新就没有经济发展，而这些，在市场经济中，必须由企业家来组织进行。创新主要通过项目投资来实现，要实现创新，显然关键并不是技术，而是在技术条件具备的情况下，有一批具有独到眼光，能发现潜在市场需求，敢于承担投资风险，勇于实现创新的人，也就是企业家，通过他们组织投资，引进技术，才能把技术创新

---

　　* 本文原载于《福建日报》2003 年 7 月 13 日第 4 版。

从潜在的生产力变成现实的生产力。

在市场经济条件下，实施项目带动战略，企业家有着不可替代的重要作用。关于这一点，可以从比较两种不同的利用外资形式，即引进外商直接投资与利用外商间接投资中得到启发。20世纪80年代之前，我国曾通过借外债引进国外成套项目，其技术先进程度，甚至超过近年来的外商直接投资。但是，这些项目建成之后，却有不少经营状况不佳，有的最后不得不再卖给当初的技术转让方。而改革开放后引进的外商投资企业，从总体上看，经营效果却要好得多。同样是利用国外的资金和技术，为什么之间差异如此之大呢？问题在于：前者在引进技术的同时，没有引进相应的企业家资源，仍然按照计划经济的要求管理；后者在引进外资的同时引进了成熟市场经济国家和地区的企业家资源，引进了市场经济的经营方式。两种引进外资形式的不同效果，说明了市场经济中，企业家在组织项目投资中的重要作用。

从计划经济向市场经济过渡，企业家是我们最稀缺的资源。实行项目带动战略，企业家则是将各项资源合理地组合起来，形成市场所需的生产力的不可或缺的触媒。因此，实施项目带动战略，我们既要重视政府在制定项目带动战略中的指导作用，更要充分重视发挥企业家在组织项目投资、实现创新中不可替代的独特作用。

谁在为投资过热埋单？*

近段时间来，中央加强了对部分投资过热行业的宏观调控，整体经济形势良好。但值得我们深思的是，经过了长达 6 年之久的需求不足，中国经济终于于今年初进入新一轮周期的上升阶段，人们好容易才松一口气，可是，不出数月，一路狂飙的投资增长就已经逼近资源与环境的高限。人们不禁为之担忧：中国经济怎么又一次走上了过去的经济周期轨道？

众所周知，投资过热是中国经济运行的多年顽症。1997 年之前，中国的经济周期波动基本上都是由投资过热引发的。周期波动的典型特征是投资过热，来得快，来得猛，退烧却慢得很，每回经济过热，都用不了几个月，然而压缩投资，控制过热却往往要各种措施一起动用，拖好长时间才能见效。好容易把投资过热压下去了，宏观经济政策一有松动，便又卷土重来，如此循环反复不已。之所以如此，根源是计划经济或政府主导型经济，预算软约束，投资主体基本上是国有单位。资金是国家给的，不用白不用，用了不白用；房子是自己用的，不盖白不盖，盖了不白盖。花国家的钱盖自己（单位）的楼，只要国家肯投资给贷款，谁能不铆足了劲狠狠地花？

可是，中国经济的市场化改革，从党的十一届三中全会算起，已经历时 1/4 世纪，从党的十四大确立改革目标为社会主义市场经济体制算起，也过去 10 余年了。如果说过去的投资过热是因为国有单位的预算软约束，这次经济周期中，不少投资主体已经是民营企业了，怎么它们的行为机制与计划经济中国有企业竟是如此相似？

解剖一下前不久国务院责成处理的江苏铁本钢铁有限公司违规建设的钢铁项目，可以从中得到启示。注册资本 3 亿多元的江苏铁本钢铁公司是一家民营企业，它之所以建设年产 800 万吨的钢铁项目，是因为通过种种违规手段——

---

*　本文原载于《福建日报》2004 年 6 月 7 日第 10 版。

违规用地，无环保审批，拖欠农民工工资和土地补偿金——节省了大量投资成本。研究者根据当地正常市场价格计算，铁本公司仅靠这三项违规手段，就节省了37.2%的投资成本。据分析，目前投资最热的钢铁、水泥、电解铝行业中，不少项目通过非法和非市场化的运作方式，比正常条件下至少节省了20%～40%的投资成本，花别人的钱，建自己的厂，这些行业的投资岂能不热到发高烧？

这类做法显然违背了市场经济优化资源配置的一个基本前提：市场主体在国家政策法令许可范围内自主决策，独立承担决策的全部成本并获得全部收益。只有当所有市场主体都是花自己的钱，干自己的事，其行为的边际私人成本等于边际社会成本、边际私人收益等于边际社会收益的情况下，市场经济才能实现资源的最优配置和供需平衡。

天下没有白吃的午餐。有人投资不花钱，必定有人替它埋单。埋单的人是谁呢？从铁本公司的主要违规手段可以看出，埋单的是一些地方政府和部门。没有有关政府部门的支持，这些企业要违规用地，无环保审批、拖欠农民工工资和土地补偿金，显然是不可设想的。这些地方政府及部门这么做，表面上看不花钱，但实际上却是将大量资源无偿转让给了投资者。众所周知，政府所拥有的全部资源都属于社会公众。有关政府部门为投资者埋单，实际上是将社会的公有资源无偿转让给了这些投资者。在计划经济条件下，它还基本是资源在国有单位内部转移，不涉及所有权转让，主要问题是投资不当，造成全社会的资源低效率使用。而在市场经济条件下，这样的资源转让实际上是以促进地方经济增长为名，行化公有财产为私有财产之实，人们不禁要问：这种做法合法吗？符合市场经济公平公正公开的基本原则吗？

治理投资过热，有关宏观经济调控部门已经出台了一系列措施，效果也比较明显。但是，本轮投资过热中出现的新情况，却值得深入思考：为什么一些地方政府和部门视国家法令、政策规定以及市场经济基本原则如无物，如此热衷于将属于社会公众的资源无偿转让给私人投资者，为投资过热埋单，甚至不惜造成资源浪费、环境污染和分配不公？建议有关政府官员，在公务繁忙之余，不妨重温一下市场经济"ABC"：市场经济中的政府职能应当如何正确定位？

第四篇

提高有效投资率，打破低度发展循环
——对加快闽西北地区经济发展的经济学思考*

一、闽西北地区固定投资的现状分析

投资对经济增长的重大作用，是迄今为止的绝大部分经济理论都充分肯定的。我国经济发展的实践也证明了这一点。发展经济学认为，只有当投资率超过5%，一个国家的经济增长率才可能高于人口增长率，从而摆脱绝对贫困化陷阱，而经济增长率的提高，以进一步提高投资率为前提。下列三明市各县（市、区）的有关统计数据基本上印证了发展经济学的这一观点（见表1）。

表1　　　　　　　1996～1999 年三明经济增长率与固定资本投资率

地区	GDP 年增长（1996～1999 年）	1996 年固定资本投资率	1997 年固定资本投资率	1998 年固定资本投资率	1999 年固定资本投资率
三明	11.22	27.13	31.50	31.23	31.93
永安	13.51	18.77	14.65	14.78	14.01
明溪	5.23	20.49	20.09	20.14	21.51
清流	5.45	16.27	15.32	16.58	17.44
宁化	4.67	11.61	13.46	13.44	15.39
大田	6.91	32.24	24.92	25.45	24.55
尤溪	8.55	15.71	24.16	24.70	20.01
沙县	12.00	39.02	35.39	36.50	40.90
将乐	10.52	22.03	23.32	23.90	33.42
泰宁	14.16	24.93	25.66	26.56	25.60
建宁	7.06	24.98	27.75	26.98	26.40

资料来源：据历年《三明统计年鉴》（1996～1999 年）有关数据计算。这里我们应用固定资本投资率而不用包括存货增加在内的总资本形成，是因为存货增加在相当程度上可能是一种非意愿投资，其对经济增长的作用相对消极。

---

*　本文原载于《福建论坛》2001 年第 11 期，共同作者：谢孝荣。

二、闽西北地区投资面临的主要问题

外来投资缺乏，本地国民储蓄难以转化为当地投资，生产性投资比重低，是影响闽西北地区目前经济发展的最重要问题之一。

（一）闽西北地区外部资金注入困难

H.钱纳里和A.斯特劳特的"两缺口模型"指出，在一国（地区）人均国民收入水平较低情况下，外来投资资金的注入，是缓解当地资金缺口，启动经济起飞的重要条件。改革开放以来，我国沿海开放地区基本上是借助引进外资，缓解了投资资金不足，提高了劳动力、土地等资源配置利用效率，实现了经济的高速增长，而目前国家的西部开发战略，是中央政府对西部注入资金，同时鼓励外商以及东部各省区的企业向西部投资，促进西部经济起飞。近年来，在闽西北地区，这些方式的外部资金注入，都遇到了一定困难。

首先，由于向社会主义市场经济转轨，我国国民收入分配格局自20世纪80年代中后期起发生了根本性改变，国有投资比重大幅度下降，自20世纪90年代起，投资方向也逐步转向基础设施等社会公共产品。改革开放的一段时期里，为了引进外资，国家必须在沿海开放地区投入较多资金以改善当地的投资环境。因此，闽西北地区的国有投资比重在逐步下降。1996年，三明市的国有基建投资占全省国有基建投资的比重是5.7%，国有更改投资占全省的比重是11.36%，而1999年，这两项比重分别下降为4.63%和7.56%。现在，中央政府的国有投资重点转向西部地区，势必使福建的国有投资资金更紧缺，为了保证全省的经济增长速度，大幅度地增加对闽西北地区的资金投入显然是有困难的。而外商投资，限于各种条件，目前仍难以大规模流入闽西北地区。1999年，闽西北地区所吸收的外商直接投资，仅占全省外商直接投资的7.6%。至于外地企业对闽西北的投资，目前尚无统计，根据我们在三明所属县市的实地观察，仍然相当有限，我们仅仅在民营经济较活跃的沙县看到了少量的外地私营企业在那里投资建厂。此外，还有其他一些外来资金流入方式，如银行贷款、闽西北地区外出打工者的收入汇回等。

（二）闽西北地区国民储蓄转化为当地投资的渠道不畅

本地储蓄是投资的另一个重要来源。在外来投资资金不足的情况下，这部分资源也就显得更重要了。闽西北地区虽然人均收入水平较低，1999 年人均 GDP 6565 元，仅为闽东南地区的 50.22%。但是，仍有一定的储蓄能力。一个地区的国民储蓄大体包括以下三部分：财政净剩余、企业剩余和居民储蓄。闽西北地区相当部分县市的财政基本上是吃饭财政，不少老少边穷县甚至要依靠转移支付维持财政收支平衡。因此，相当部分县市基本上没有可用于投资的财政剩余。而企业剩余，以三明情况看，也相当有限。三明市 1999 年规模以上独立核算工业企业的全部利润为 3.911 亿元，扣除中央属企业和股份制经济的利润之后，其余企业的利润总和是 1.1863 亿元。由这些数字可以推知，企业内部积累对三明市资本形成的作用是有限的。相对而言，居民储蓄可能是闽西北地区最大的国民储蓄来源。1999 年三明市的人均储蓄存款增加额是 268 元，全市的居民储蓄存款增量是 19.96 亿元，相当于同期该市国有基建投资总额的 90% 左右。

尽管存在一定的储蓄能力，然而由于缺乏储蓄转化为当地投资的渠道，三明地区的国民储蓄的相当部分通过银行渠道流出本地区。银行的信贷余额统计显示，1996～1999 年，三明市的银行存贷款余额全是存差，分别为 16.88 亿元，17.86 亿元，25.97 亿元，32.63 亿元，平均每年流出的信贷资金是 5.25 亿元，约占当年该地区居民全部新增储蓄的 50%。

财政资金净流入，信贷资金净流出，是我国贫困地区资金流向多年来的常态。由于人均收入水平低，当地财政收入难以维持政府的正常开支，必须依靠上级财政的转移支付产生财政资金的净流入。与此同时，由于经济不发达，当地投资机会有限，也缺乏必要的储蓄转化为投资的渠道，因此，居民有限的剩余收入除存入银行之外别无他途。而正因为当地投资机会有限，投资边际收益率较低，当地银行部门也不愿在当地放款，从而形成了存差。而这从地区经济发展角度看，就导致了有限的国民储蓄不能顺利转化为当地投资。这种现象，可以形象地比拟成贫血患者的经常性失血，其后果是降低了本来可能达到的经济增长率。财政资金净流入与信贷资金净流出对经济增长的负面影响不能简单地用资金净流出量予以衡量，其对投资率及投资结构的影响需要进一步阐述。由于财政资金是作为转移支付流入的，它的主要功能不是用于投资，而是消费，即使有部分资金用于投资，也主要是非生产性投资。因此，财政资金的净流入，并不能形成本地区有效生产能力的增加。相反，信贷资金基本上用于生产性贷款，因此，信贷资金的净流出，意味着本地原来可能用于生产性投资的资金外流。财政资金与信贷资金的这种相向流动，对落后地区的经济增长潜力的负面影响显然大于资金净流出量。

（三）闽西北地区生产性投资比重小

从投资角度看，闽西北地区经济发展的另一个问题是生产性投资比重小。尽管在非生产性投资中，基础设施投资是有利于促进经济增长的，但是，能够增加社会生产能力、直接创造国民收入的还是生产性投资。目前在闽西北地区，生产性投资比重明显低于全省以及闽东南地区（见表2）。

表2　　　　1997～1999年福建省、泉州市、三明市的生产性投资比重比较　　　单位:%

年份	全省	泉州	三明
1999	19. 34	17. 88	10. 68
1998	14. 83	30. 18	9. 00
1997	16. 50	3. 15	8. 00

资料来源：根据《福建统计年鉴（2000）》、《泉州统计年鉴》（1997～1999 年）、《三明统计年鉴》（1997～1999 年）有关数据计算。生产性基建投资包括农林牧渔业、采掘业、制造业和建筑业的投资。

三明市的生产性投资比重比全省平均水平低近一半，这意味着即使三明的基建投资率与全省相同，形成新增生产能力的有效投资也只是全省平均水平的一半。各县的统计数据表明，生产性投资比重大与经济发展水平存在一定的相关关系，即越是贫困落后县，生产性投资比重也越低。这种投资结构的差异是由于贫困县收入水平低，私营经济投资能力低，外来投资极少，投资资金主要来源于国有资金，而当地财政多半靠转移支付维持，因此有限的投资大多是通过各种渠道向上级政府及有关部门专项申请来的，只能用于特定项目，不能捆绑使用或拨充他用，多数只能用于维持社会生活设施的正常再生产，无力从事以扩大再生产为目标的生产性投资。

经济发展水平与投资率、生产性投资比重之间的相关关系，以及发展水平与资金循环、资金结构之间的相关关系，二者共同作用，在贫困地区形成了低度发展的恶性循环：经济发展水平低，投资率低，生产性投资比重低，后二者叠加在一起，使新增生产能力形成率大大低于发达地区，而它使贫困地区的经济增长潜力再度低于发达地区；另外，由于经济发展水平低，市场容量有限，投资机会有限，储蓄转化为当地投资的渠道有限，当地有限的国民储蓄只能通过银行中介，形成存差，流向外地，人为地压低了本地的投资水平，使经济发展更加缓慢，经济发展缓慢，当地财政收不抵支，依靠转移支付，财政净流入与信贷资金净流出，进一步降低了贫困地区的生产性投资能力，削弱了该地区未来的经济增长潜力，二者共同作用，从而形成了贫困地区的低度发展恶性循环。然而闽西北的部分县市，尤其是老少边穷地区，如三明市的一些边远山区县，经济增长速度大大低于闽东南以至全省平均水平，也是不争的事实。可以认为，闽西北有些县市的经济目前处于低度发展循环中。就整个闽西北地区而论，与闽东南地区的差距仍在扩大之中。1996 年闽东南地区的人均 GDP 为8054 元，闽西北地区的人均 GDP 为 4646 元，前者是后者的 173.35%，而到1999 年，闽东南地区的人均 GDP 上升为 13073 元，闽西北地区为 6565 元，前者是后者的 199.13%，三年间，差距又扩大了 25.78 个百分点。

遏止闽西北地区与闽东南地区发展差距扩大的势头，乃至逐步缩小二者之间的根本措施，只能是提高闽西北地区的经济增长速度。

三、闽西北地区提高有效投资率的对策建议

1. 创造条件，增加外来投资资金的流入

由于前面分析的体制转轨，国民收入分配结构改变，国有投资即使可能增加，也主要用于基础设施等社会公共产品的投资，生产性投资的主要来源将是非国有资金。而从闽西北地区招商引资的实际效果看，目前乃至今后一个时期内，闽西北地区引进外资的难度仍将大于闽东南地区。因此，我们认为，非国有的内资企业是闽西北地区吸引外地资本投资中值得注意的对象之一。

在吸引外地资本上，另一个值得考虑的重大问题是如何结合福建省今后的产业结构调整，逐步地从闽东南地区转移部分当地的边际产业。目前，以杂项产品为代表的低技能劳动密集型产品，经过十余年的发展之后，正逐渐成为闽东南地区的边际产业。逐步地将这些产业转移到劳动力、土地成本更低廉的地区，是闽东南地区产业结构升级的需要，而闽西北地区承接这些产业，既有助于引进外来资金，跳出低度发展陷阱，延长这些产业在福建的生命周期，也有利于提高闽西北地区的资金积累能力。目前，闽西北地区有不少劳动力因本地缺乏就业机会，纷纷流向闽东南地区打工。这些打工者一般都能给家里汇回或捎回一些现金。由于这些汇款较零散，无法达到投资最低额度，因此，大部分汇回的收入都转化为消费支出，或者存入银行，转为信贷存差，再度流出去。

而将闽东南地区的低技能劳动密集型产业转移到闽西北地区，显然其资金积累效能要比闽西北地区的劳动力外出到闽东南地区打工要好得多。

2. 改善储蓄转化为本地投资的渠道，减少国民储蓄外流

在现有金融制度体系下，落后地区国民储蓄外流几乎是难以避免的。银行作为企业，出于贷款盈利性、安全性的考虑，对当地的中小企业不愿贷款，可以理解。但是，如此一来，对当地经济发展就产生了一定的负面影响。由于缺乏必要的资本积聚，当地一些有发展前途的企业基本上只能依靠自身积累缓慢发展，难以尽快扩大规模，实现规模经济，填补市场空间。这在激烈的市场竞争中是相当危险的。我们在调研中了解到，莲子系列产品是建宁县近年来较有发展前景的产品，但是限于资金，生产规模难以扩大，无法满足市场需求。据闻，最近台商拟在沙县投资一亿资金建设一个类似的莲子产品加工厂，一旦台商的这一企业投产，建宁现有的莲子加工企业将由于规模过小而处于竞争劣势。为了解决发展资金，有些企业，如建宁的饶纸集团，采取了投标增资招工的方法来吸引民间资金。改善储蓄转化为本地投资的渠道，减少国民储蓄外流，涉及现有的金融制度，是一个相当复杂的问题。在地方政府权限范围内是难以解决的。一个可以考虑的方案是，在国家政策许可范围内，在国有银行这个间接融资渠道之外，开辟一些本地的直接融资渠道，使本地的国民储蓄转化为当地的投资。

3. 调整投资结构，提高投资效率

这个问题只能依靠发展民间投资，逐步提高非国有投资在社会总投资中的比重来解决。

建设先进制造业基地重在产业布局、创新、发展*

一、如何看待海西的产业布局及结构调整

（一）产业调整是经济增长方式转变的重要内容

目前的经济增长下滑，外因固然是美国次贷危机而引发的世界经济危机。但是，内因更为根本，不可忽视。内因是什么呢？是中国经济在过去的高增长中逐步累积了一系列结构性矛盾，导致了国民经济结构严重失衡。

在诸多结构失衡中，第一个层次或者说最根本的结构失衡是：国民收入支出结构的"两高一低"失衡（见图1）。它使社会再生产难以正常进行。可以预见，如果这一国民收入支出结构持续发展下去，即使没有国际金融危机，中国在未来一段时期也会因这一内因而爆发社会再生产的实现危机。

为什么会形成高净出口、高投资、低消费的"两高一低"失衡结构？国民收入支出结构是分配结构的产物，而国民收入分配结构则与一定时期经济增长方式有着密切联系。我国目前国民收入"两高一低"结构失衡与长期以来以出口劳动密集型产品为导向的粗放经济增长方式始终未能转变有着密切关系。或者说，积极鼓励出口劳动密集型产品而形成的新的粗放经济增长方式是国民收入支出结构失衡的根源。首先，"投资驱动和出口拉动"的粗放型经济增长方

---

* 本文为2009年福建省社科季谈会的发言稿，靳涛教授、龚敏教授及研究生陈嵘、郑振雄、林金霞、王燕武、谢攀参与了课题研究，厦门大学信息科学与技术学院石江宏教授就电子信息产业研发创新问题提供了有价值的建议，在此一并致谢。当然，本文可能的疏漏和错误概由笔者负责。本文部分内容原载于2010年1月26日《福建日报》理论版。

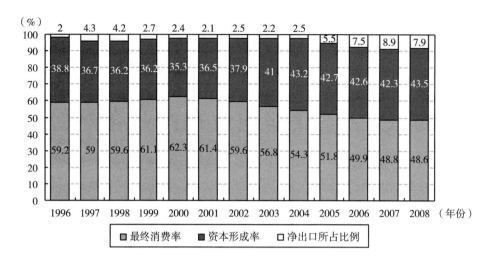

图1　1996～2008年中国国民收入支出结构

式是导致"两高一低"的根本原因；其次，国民收入分配结构重点向资本收益和政府倾斜是加剧了"两高一低"结构矛盾的分配性原因；最后，政府特别是地方政府主导地方经济建设，参与市场经济活动，导致要素价格扭曲、资源配置效率损失，是形成"两高一低"的体制性原因。因此，"投资驱动、出口拉动"是对外开放条件下的粗放经济增长方式的必然表现形式，"两高一低"是其必然结果。当前增长率下滑的因素就短期而言，在于全球金融危机导致的外部需求萎缩，但是粗放式经济增长累积的总需求结构失衡，萎缩了我国居民的消费能力，却是致使我国遭遇外部需求萎缩时经济迅速下滑的根本性、长期性内因（见图2）。

众所周知，改革开放初期，我国资本严重短缺，土地、劳动力等要素相对丰裕，因此，实行优惠政策，引进外资，鼓励加工贸易，出口劳动密集型产品，符合我国当时的资源禀赋及比较优势原理。实行两头在外，大进大出，出口劳动密集型产品的外向型发展战略，优化了我国资源配置。经济高速增长，居民收入也较快增长。

经济持续高速增长必然导致各类要素比价发生变化。一般而言，随着人均GDP增长，土地、劳动力、环境等要素的相对价格上升，资本的相对价格将逐渐下降。正常情况下，要素比价变化将通过市场引导生产者逐步转变生产方式，自主地使用资本、技术替代劳动力、土地，更为珍惜环境，节约资源，用资本、技术密集型产业替代原有的劳动密集型产业，产业结构随着经济增长而逐步演进。就居民偏好而言，也将因资本回报率的逐渐下降而更多地选择消费而非储蓄。

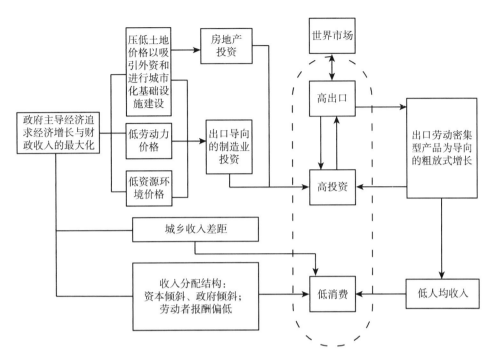

图2 我国"两高一低"不平衡结构特征的形成机理

但是,相对增长速度而言,我国的增长方式转变、产业升级换代则要缓慢得多。改革开放以来,东部沿海地区仍然主要依靠出口劳动密集型产品拉动经济增长,贴牌生产及加工贸易还是发展外向型经济的主要方式,中央多年前就要求实现增长方式转变,但是至今成效甚微,粗放式增长使环境承载着过重的负荷。

一般而言,行为是对外部环境的理性反应。以出口劳动密集型产品为导向的粗放经济增长方式之所以久久难以转变,是由于在现行体制下,各级政府必然追求经济增长及财政收入的最大化。

追求经济增长和财政收入最大化,在发展水平较低情况下,主要靠投资。本地资本短缺,必然依靠引进外资。为了引资,各级地方政府争相出台多种优惠政策。其在经济发展初期是必要的。但是,人均GDP较大幅度提高之后,要素相对价格势发生重大变化。此时,继续实行这一战略的比较优势就大大缩小了。如果为了保持高增长,甚至不惜采取行政措施压低劳动力、土地及环境、国内资金价格,以维持低价格出口优势,则无异于南辕北辙、缘木求鱼了。其结果必然是:

(1)国内消费需求因国内要素报酬率偏低而不振。经济高速增长,但是增长收益分配向国外要素倾斜,本国要素收益偏低,导致了居民收入增长持续低于经济增长。1996 年，我国人均 GDP 指数和城镇家庭人均可支配收入指数（1978 年为 100）分别为 434 和 302，2007 年，前者提高到 1089，后者仅为 752。人均 GDP 与城镇家庭人均可支配收入之比因此逐步相对下降，1996 年二者之比为 1∶0.83，2007 年下降为 1∶0.73。人均 GDP 与农村家庭人均年总收入之比下降更为明显：1996 年为 1∶0.48，2007 年降为 1∶0.31。居民收入增长持续低于经济增长，在一定程度上与国内、国外要素报酬率失衡相关。近期的实证研究证实，我国东部地区居民收入增长速度与当地经济增长速度的差距大于中部，中部又大于西部；全国范围的计量检验证明，人均 FDI 增长速度与居民人均收入增长速度呈负相关关系，分地区的计量检验发现，东部地区这一弹性系数大于中部，中部又大于西部。

（2）国内消费不振进一步强化了投资推动、出口拉动，形成了国民收入"两高一低"失衡结构的自加强机制。由于国内消费尤其是居民消费不振，增长不得不更多依靠扩大投资。高投资形成的巨大生产能力无法在国内市场实现，不能不冲向国际市场。投资推动与出口拉动之间相互促进。然而，由于缺乏自主创新、自主品牌与国际营销网络，扩大出口只能更多地依靠价格竞争。价格竞争使加工贸易、出口劳动密集型产品的收益更加微薄。本国居民收入增长低于经济增长，消费因此不振，国内资本的利润率下降，无力积累资本从事技术创新、品牌培育，形成了产业分工的锁定机制、国民收入"两高一低"失衡结构的自加强机制。投资与出口对 GDP 增长的贡献率因此不断上升。2003 年投资对 GDP 增长的贡献率到达最高的 63.7%，之后逐步下降，2005 年为 37.3%，2006 年开始转为回升，2007 年和 2008 年分别到达了 40.9% 和 45.1%。另外，净出口在 2002 年对 GDP 增长的贡献率仅为 7.6%，2005 年上升至 24.1%，2007 年为 19.7%，2008 年下滑至 9.2%。

（3）国内要素报酬偏低，使产业结构升级迟滞，粗放经济增长方式难以转变。市场经济下，增长方式转变、产业结构升级换代，建立在要素相对价格动态变化基础上。国际经验表明，一国经济从粗放增长转向集约增长，产业结构从劳动密集型为主转向资本、技术密集型为主，主要取决于要素相对价格的变化，如果土地、劳动、资源环境的价格被人为限制在偏低水平，只能导致这些要素的粗放使用，劳动密集型产业长期有利可图，难以被淘汰。可以预见，本国要素价格被低估的局面不改变，就无法实现增长方式的根本转变（见图 3）。

居民消费不振的另一重要原因是近十多年来我国国民收入分配结构发生逆转。1978 年以来，我国国民收入最终分配结构因市场化改革实现了根本性转变，财政收入占 GDP 比重逐渐下降，居民收入比重逐渐上升。1994 年，国家

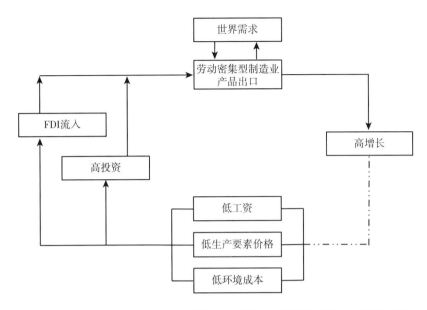

图3　国内要素报酬偏低，使产业结构升级迟滞，粗放经济增长方式难以转变

所得占 GDP 比重从 1978 年的 31.6% 下降到 10.9%，居民所得从 50.5% 上升到 69.6%。从而奠定了市场经济的国民收入分配基础。[①] 但是，此后却发生了意想不到的逆转。1996~2007 年，财政收入占 GDP 比重提高了 10.2 个百分点，增长幅度几近 100%，与此同时，资本与劳动的分配比例大幅度向资本倾斜。1990~2005 年，企业营业余额占 GDP 比例从 21.9% 增加到 29.6%；同期劳动者报酬占 GDP 比例却下降了 12%。[②] 1996 年劳动者报酬在 GDP 中占 52.2%；到 2006 年，降为 44%。[③] 相关改革却使本应由政府提供的公共品及服务部分转为私人负担，居民支出负担因此加重。进入 21 世纪以来，城市化进程加快，土地因农转非而急剧升值，但是，农民从征地中没有获得应有的土地增值收入，巨额的土地批租收入成为地方政府的意外财源，有些地方甚至超过了同期本级财政收入，城市居民因此承担了房价飞涨的大部分成本，通过土地批租推进的房价上涨间接加诸居民的高额隐形税收相当程度上抑制了居民正常的消费意愿。

居民负担增加，未来预期不稳定，使居民在收入占 GDP 比重下降的同时，

[①]　王春正：《我国居民收入分配问题》，中国计划出版社 1995 年版，第 59 页。

[②]　资料来自《中国企业竞争力报告（2007）——盈利能力与竞争力》（中国社会科学院工业经济研究所 2007 年版）。该报告指出，企业利润的大幅增加相当程度上是以职工低收入为代价的。"利润侵蚀工资"现象不仅表现在非国有企业员工收入长期低于经济增长的速度，而且表现在国有企业大量使用临时工等体制外员工，以降低用人成本。

[③]　根据中经网数据库计算。

不得不提高储蓄倾向。1990 年，城镇居民家庭储蓄率不过 15.3%，2007 年上升至 27.5%，农村居民的储蓄率也高达 20% 以上。居民消费占 GDP 的比重急剧下降：2000 年我国居民消费占 GDP 的 46.4%，2007 年降为 35.4%。1998 年居民消费在最终消费中占 76%，2007 年进一步下降到 72.7%；政府消费占最终消费的比重则从 1998 年的 24% 上升到 2007 年的 27.3%。居民消费与政府消费之比，从 1998 年的 3.17∶1 下降到 2007 年的 2.66∶1（见图 4）。

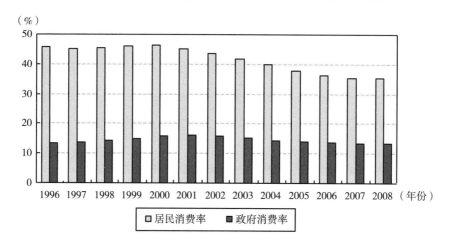

图 4　居民消费和政府消费占 GDP 的比例

显然，这样的国民收入分配与支出结构导致了社会产品在国内难以实现、社会再生产的梗阻。如何为已经形成的巨大的制造业生产能力找到实现市场？只有向国外市场出口。然而，危机过后，如果美国经济不再可能维持如此高的贸易逆差，中国的贸易顺差空间显然将相应缩小。国外市场空间相对缩小之后，以往投资形成的生产能力如果无法在国内市场实现，将形成过剩生产能力，使继续扩大投资也就难以为继。因此，我国未来经济持续增长的希望在于大幅度扩大国内消费。

可是，扩大国内消费尤其是居民消费就根本而言，有赖居民收入水平的提高。显然，对此，政府应当而且也能够有所作为，但其作用不宜过高估计。毕竟市场经济条件下，增加居民收入主要依靠其所拥有要素的市场竞争力。只会生产劳动密集型产品的简单劳动不可能获得高收入，只会贴牌生产的厂商只能挣得日趋微薄的加工费，没有自主创新能力和国际品牌、国际营销能力的国家，只能被限制在国际分工的低端环节，坐视增长红利流入他国。

因此，必须坚决地转变以出口劳动密集型产品为导向的粗放经济增长方式。显然，在转变以出口劳动密集型产品为导向的粗放经济增长方式中，产业调整是极为重要的一个部分。

（二）福建的产业调整应属首位

如果说，以出口劳动密集型产品为导向的粗放经济增长方式是导致"两高一低"国民收入支出结构失衡的根本原因，那么，东部沿海地区尤其是福建在因国际金融危机而引发的产业结构调整中首当其冲。关于这一点，我们可以从2009年一季度以及上半年的福建各地区的经济增长状况中看出。一向是福建经济增长龙头的厦门2009年一季度的经济增长率为全省各设区市中唯一的负增长，紧随其后的是福州、泉州。如果认为这仅仅是国际经济危机导致的短期外部市场需求不振造成的，那么，产业调整显然是不需要的，只有采取适当的短期反危机措施就足够了。问题在于，中国近年来的国民收入支出结构失衡是与世界主要是美国的国民收入支出结构失衡联系在一起的。中国的大幅度出超（2007年、2008年为本国GDP的8.9%、7.9%）与美国大规模入超（2007年为本国GDP的7.8%）相互联系，形成了世界范围的一种病态平衡状态。当这种病态的平衡被打破之后，建立新的国际收支平衡，就要求世界各主要经济体要建立新的结构平衡，这一新的结构平衡要求世界各主要经济体进行相应的结构调整。

与此同时，应当关注的另一个方面的问题是：出口劳动密集型产品为导向的粗放经济增长造成了中国经济增长的收益大量外溢。统计分析发现：我国居民收入增长速度与经济增长速度之比，呈现从东到西的喇叭口状态。东部地区居民收入相对增长速度（与当地经济增长速度相比）低于中部，中部又低于西部。2006~2009年我国城镇及农村家庭人均可支配收入增长率如图5和图6所示。全国的计量检验发现：人均FDI增长速度与居民人均收入增长速度呈负相关关系，分地区的计量检验发现，东部地区这一弹性系数大于中部，中部又大于西部。

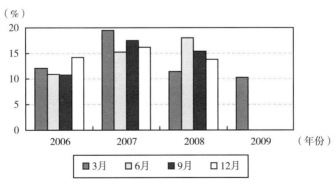

图5　2006~2009年我国城镇家庭人均可支配收入增长率

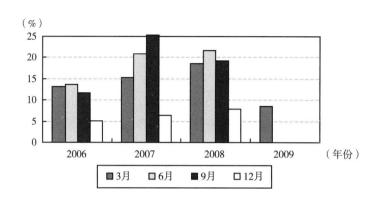

图6　2006～2009年我国农村家庭人均可支配收入增长率

因此，经济结构调整的主要目的是逐步减少我国经济增长对国外需求的依赖，对加工贸易的依赖，通过自主创新、品牌建设、自主营销渠道建设，使增长红利逐步回归中国国民，增加居民收入以扩大居民消费能力，使经济增长目标回归到增加本国居民收入，使居民消费成为促进经济增长的目的和主要动力。

与这一目标相比较，我们可以发现，目前福建产业结构的重大失衡主要是过分倚重外需，过分倚重两头在外大进大出的加工贸易，过分倚重劳动密集型产品出口。竞争力主要建立在价格优势而非知识优势、技术优势、品牌优势、营销网络优势上，它使居民的收入及消费能力增长持续滞后于经济增长。

（三）《国务院关于支持福建省加快建设海峡西岸经济区的若干意见》为福建产业结构调整指出了方向

《若干意见》第四部分"增强自主创新能力，推进产业结构升级"专门论述了海西建设在产业调整方面的任务，为福建产业结构调整指出了方向。通过增强自主创新能力来推进产业结构升级，目的就在于使福建产业的竞争力从价格优势逐步转移到创新优势上来，使经济增长的收益更多地为本国国民所有，使提供居民消费成为促进经济增长的目的和主要动力。

（四）海西产业调整是中长期任务

产业布局、产业结构的调整，产业自主创新能力的培育，在经济学分析中，属于供给调整，一般视为中长期任务。因此，应当充分重视海西产业调整的艰巨性与长期性。目前计划进行的《福建省重点产业调整和振兴实施方案》

仅仅是整个海西产业调整的第一步，之后的"十二五"规划期间，产业调整仍然是重大任务。因此，如何统一规划，在2009~2011年的重点产业调整和振兴与"十二五"规划的产业调整之间设立统一目标，而后分解成3年、5年两个阶段的目标，分步实施，是值得研究的。

二、对海西产业布局问题的思考

在产业发展的各方面中，产业布局是政府比较能有所作为而且应当有所作为的一个部分。

从表1可以看出，福建省目前工业化程度较高的城市为泉州、莆田、厦门、龙岩和福州。其余4市的工业化程度都在40%以下。

表1 2007年福建省各区市工业化程度

地区	GDP（亿元）	一产增加值（亿元）	二产增加值（亿元）	其中：工业增加值（亿元）	三产增加值（亿元）	工业化程度（%）
全省	9249.13	1002.11	4549.42	4018.42	3697.60	43.45
福州	1974.58	204.24	917.82	791.02	852.52	40.06
厦门	1387.85	18.51	736.95	644.85	632.39	46.46
莆田	511.70	65.14	281.19	246.12	165.37	48.10
三明	545.69	118.81	236.26	197.51	190.62	36.19
泉州	2283.70	107.10	1348.98	1249.42	827.62	54.71
漳州	854.81	186.44	368.99	325.42	299.38	38.07
南平	466.58	111.79	176.88	145.17	177.90	31.11
龙岩	553.44	97.24	278.54	248.81	177.66	44.96
宁德	457.46	92.84	174.02	143.79	190.60	31.43

资料来源：《福建省统计年鉴（2008）》。

福建工业化程度较高的城市，产业都比较集中。往往个别产业就集中了全省该产业的较大产出，而且占本地区工业产出的相当部分，例如，厦门、福州以电子信息产业为主。2007年，厦门电子信息产业产出占全省产出的58.5%，福州占34.21%，二者合占全省产出的92.71%。电子信息产业产出分别占厦门、福州全部工业产出的33.6%、19.65%。两市其他产业占比，都在8.5%以下。泉州以纺织服装、皮革皮毛制品等传统劳动密集型产业为主。2007年，泉州的纺织服装产业产出占全省产出的 69.03%，皮革、毛皮产业产出占全省产出的 68.68%。这些产业占泉州工业产出之比，也分别达到 14.17% 和 16.8%。①

从图 7 可以看出，自 2002 年起，福建省进入了重化工业化阶段。

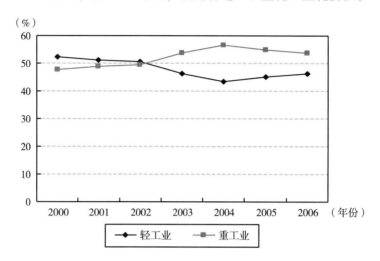

图 7　福建省轻重工业结构变化趋势

因此，从产业结构调整的角度看产业布局，关键是新兴重化工业基地的布局。重化工业沿海化布局的趋势以及福建省沿海六个设区市的现有产业布局（厦门与福州作为中心城市，应侧重发展服务周边地区的第三产业、高新技术产业，要成为海西的人才聚集之城、研发之城、文化创意之城，不宜过多地发展重化工业，损害其中心城市定位；泉州及莆田，传统产业已经高度集聚或正在进一步集聚之中，由于集聚、分工协作形成的产业竞争优势不宜不应也不能轻易放弃，在传统产业高度集聚，土地资源相对有限情况下，要成链条地发展重化工业，空间相对有限，两市更多地应该从既有优势产业的产业链延伸角度，发展新产业，实现原有优势产业的升级换代）决定了，福建省新兴重化工业基地的首选之地，应是海西沿海地区工业相对不发达的西南、东北两翼，即漳州、宁德两市。

在《福建省重点产业调整和振兴实施方案》（以下简称《方案》）中确定的重化工业主要有钢铁及有色金属产业、石化产业、船舶产业、汽车产业、装备制造业。其中，值得讨论的是钢铁、船舶、石化三个产业的新型基地布点问题。《方案》对石化工业基地的布局，比较明确而集中。船舶及其相关产业的布局，似乎受现有产业基础的限制较多，显得比较分散。船舶产业属于下游产

---

① 泉州另一个在全省具有重要地位的产业是石油加工及炼焦化，其产出占全省 85.83%，但是仅占泉州工业产出的 4.39%。由此可见，石化工业在福建省的地位之低。

业，其形成势必拉动一系列上游产业，如钢铁、机电、能源等产业的发展，因此，船舶产业的集中区，最好能够综合考虑与之相关的产业群布点的可能，实现规模经济与范围经济。目前《方案》提出的四个集中区固然就船舶生产本身而言，都已经有了一定基础和各自的特色，有些地区甚至现有产能及产出水平已经超出了具有更大发展空间但尚未充分发展的地区，但是，从发展角度来看，有些地区可能更适宜走特色发展之路，有些则可能成为结合多种产业的重工业基地，后者是产业布局需要认真讨论的。

至于闽西北内陆三市，在改革开放前，作为福建的三线地区，工业发展得到倾斜投入，一度其工业发展水平居全省之冠。改革开放后，发展速度尤其是工业化进程逐渐落后于沿海地区。现在需要讨论的是：是否需要实行平衡发展战略，使内陆三市的工业化水平向沿海地区靠拢？

这其实关系两个问题：

（1）福建多山，省内水系全部发源于闽西北，闽西北的生态保护对全省关系重大，在闽西北的工业布局不得不考虑其环境承载能力，全省社会经济发展与地区社会经济发展之间的关系需要慎重考虑。

（2）地区经济发展关系到当地居民生活，因此，在强调闽西北工业布局必须服从全省社会经济长远发展大局的同时，应通过转移支付、对口支援等有效方式，处理好地区间利益分配关系，使闽西北地区为全省社会经济发展大局作出贡献的同时得到合理补偿，实现科学发展与和谐发展。

三、海西产业的发展与创新

海西先进制造业基地的建设，需要适应福建重化工业化的发展需要，发展新兴的重化工业基地。与此同时，福建省自改革开放以及中华人民共和国成立以来形成现有产业的发展与创新，也应当成为海西产业调整的重要内容。

改革开放以来，我省以电子信息产业、纺织产业、轻工产业为代表的劳动密集型产业集天时地利人和，迅猛发展，成为福建的主导产业。

表2给出了2007年福建省各门类产业产值，可以看出，在制造业的37个产业中，产出占制造业产出5%以上的产业仅有6个，扣除电力、热力的生产和供应业和非金属矿物制品业，剩余的4个产业（通信设备、计算机及其他电子设备制造业，皮革、毛皮、羽毛（绒）及其制品业，纺织服装、鞋、帽制造业，纺织业）占全部制造业产出的30%以上。

表 2   **2007 年福建省各门类产业产值**

产业	产值（亿元）	占比（%）
通信设备、计算机及其他电子设备制造业	1595.684662	11.06
非金属矿物制品业	1116.123362	7.74
皮革、毛皮、羽毛（绒）及其制品业	958.0376982	6.64
纺织服装、鞋、帽制造业	880.4422236	6.10
电力、热力的生产和供应业	856.9498263	5.94
纺织业	830.7692617	5.76
农副食品加工业	671.7311526	4.66
电气机械及器材制造业	603.9145774	4.19
黑色金属冶炼及压延加工业	581.0179906	4.03
交通运输设备制造业	571.4099495	3.96
塑料制品业	540.1398951	3.74
化学原料及化学制品制造业	527.2328427	3.65
工艺品及其他制造业	438.8656741	3.04
通用设备制造业	387.1004623	2.68
造纸及纸制品业	368.9525472	2.56
金属制品业	344.4320879	2.39
食品制造业	315.7944038	2.19
专用设备制造业	294.107282	2.04
有色金属冶炼及压延加工业	283.7444968	1.97
木材加工及木、竹、藤、棕、草制品业	276.2618376	1.92
饮料制造业	243.0700714	1.69
化学纤维制造业	230.4546743	1.60
橡胶制品业	224.2561971	1.55
石油加工、炼焦及核燃料加工业	176.7150698	1.23
家具制造业	147.7492254	1.02
仪器仪表及文化、办公用机械制造业	143.8277205	1.00
烟草加工业	127.99829	0.89
文教体育用品制造业	124.665918	0.86
印刷业和记录媒介的复制	108.8857276	0.75
非金属矿采选业	107.8229407	0.75
医药制造业	96.50649576	0.67
煤炭开采和洗选业	87.28275822	0.61
黑色金属矿采选业	71.23927807	0.49
有色金属矿采选业	43.41142671	0.30
水的生产和供应业	29.37594901	0.20
燃气生产和供应业	11.76602813	0.08
废弃资源和废旧材料回收加工业	7.324505925	0.05

通信设备、计算机及其他电子设备制造业，皮革、毛皮、羽毛（绒）及其制品业，纺织服装、鞋、帽制造业，以及纺织业无疑是福建省现有支柱产业。它们在一定时期内仍将是支撑福建产业和经济发展的重要基础，不能轻易放弃。一些地区近年来的经验证明，传统的优势产业有着很强的生命力，嫌其落后，企图在短期内用新产业替代它是不现实的。产业的更新换代可以通过建立新产业，并且超过老产业，从而实现产业间的转移，这种方式往往伴随着产业布局的变迁，在原有产业已经密集布局的情况下，发展新的产业，往往成本巨大，因此，产业更新换代的就地进行，更为可行而且经济的方式可能是产业内价值链及产品档次的升级换代。

（一）电子信息产业的创新与发展

通信设备、计算机及其他电子设备制造业是福建省产出比重最大的产业。2008年产业销售总收入超过3100亿元，其中制造业实现销售收入2150亿元，完成出口额184亿美元，约占本产业销售收入60%，全省出口额近1/3。正是由于这一行业的高外向度，国际金融危机对其造成了较大冲击，它也是厦门等沿海城市上半年经济增长速度急剧下滑的最重要原因。

国际经济危机对福建省电子信息产业的冲击，应当引起对该产业未来发展的思考。电子信息产业的特点是：

（1）产品生命周期比较短，产品更新换代速度快于其他产业；

（2）产品满足的消费需求基本上一致，新旧产品差异更多是功能差异，没有本质上的不同；

（3）产品的收入弹性比较高，在经济周期中需求变化较大。

因此，在建立了电子信息产业集群之后，其可持续发展，需要相应的研发为其支持。如何建立电子信息产业的创新研发集群，不断地向电子信息产业集群提供技术创新，使该产业集群不断地通过系统集成，推出新产品，是这一产业提高国内要素收益率、持续发展的关键。电子信息产业研发、制造的特点决定了，在该产业需要通过工业研究院等载体，在大学、研究创新群体、企业之间形成研发超市，企业通过研发采购，进行产品系统集成，在其品牌下不断推出新产品。用研发支持品牌，用品牌推广新产品，拉动制造，从而提高这一产业的国内要素收益最大化。加强电子产业集群的研发能力以及相应的制度设计，是电子信息产业集群创新及发展的关键问题。

（二）传统劳动密集型产业的创新与发展

皮革、毛皮、羽毛（绒）及其制品业，纺织服装、鞋、帽制造业，以及纺织业是传统的劳动密集型产业，正是这些产业支持了泉州、莆田等地的经济腾飞。同是福厦线沿海地区，2009 年上半年，莆田、泉州的经济增长速度高于福州，尤其是厦门，原因大致有四个：

（1）纺织服装、鞋、帽制造业及其相关产业的收入弹性不大，在经济周期变化中，需求比较稳定。

（2）这些产业中，民营资本所占比重较大，比较注重品牌及自主营销渠道建设，产业的国内要素收益率相对较高，与东南沿海各省区相比，具有较强的竞争优势。2005 年福建省服装鞋帽制造业的资本利润率为 8.84%，皮革毛皮羽绒制品业为 7.71%，在全省 28 个有数据的行业中，居第 5、第 6 位，纺织业的资本利润率稍低，也达到了 5.24%，这三个产业的资本利润率都比广东省同类产业的资本利润率高一倍或一倍有余。

（3）已经从贴牌生产为主转向自主品牌营销为主，从出口为主转向注重国内市场，受国际经济周期的影响相对小于电子信息产业。

（4）产业集中区形成了较好的产业组织形态，分工协作效率较高。

如果说，目前福建省在电子信息产业及传统劳动密集型产业面临的问题是共同的——处于产业"U"型曲线的底部，研发与品牌、营销较弱，但是产业发展及创新的侧重点可能却是不同的，对于电子信息产业而言，强化制造环节前端的研发环节，是提升其产业竞争力的主要着力点，然而，对于服装鞋帽制造业、皮革毛皮羽绒制品业等传统劳动密集型产业，首先需要重视的可能是制造环节的后端——品牌及营销。为了培育自主品牌及营销渠道，传统劳动密集型产业必须逐步转向国内市场的开发，用国内市场培育国内品牌，为其走向国际市场，成为国际品牌提供积累、创造条件。与此同时，以国内市场为主，国内市场营销网络的建设，为传统劳动密集型产业生产基地向内地转移创造了必要的前期准备，可以断定，随着国内市场的开发，福建省传统劳动密集型产业生产基地的内移将是一种必然趋势，这就为原来的传统劳动密集型产业密集布点地区的产业升级换代创造了必要的条件，为福建省传统劳动密集型产业从产品生产优势向资本经营优势、品牌优势、营销优势的转移创造了条件。与此同时，劳动密集型产业的升级换代，也严重依赖于产业创新。它不仅是产业技术创新，而且依赖于文化创意对产品品位的提升。

四、海西建设先进制造业基地的政策措施

在市场经济条件下，产业发展基本上是一个市场过程，政府可以运用的产业政策手段相当有限。国际经济学界关于日本产业政策有效性的讨论以及中国改革开放以来产业政策的实践都证实：在开放经济条件下，尤其是在加入WTO之后，民族经济体的产业政策手段是比较有限的，民族经济体内的地方政府更是如此，而且，政策有效性也是比较低的；相反，一个良好运行的市场经济，却能够通过竞争逐渐地实现产业结构优化、产业创新。

如果承认这一事实，那么，政府尤其是地方政府实现其产业政策意图的政策措施就主要表现尊重市场，运用其所支配的公共资源，顺势而为，推波助澜。

根据本文此前的讨论，我们建议：

第一，应当加快构造新兴重化工业基地。首先，应加快厦门、漳州两地行政辖区合并，合厦门引资之力、漳州工业用地之广，发展石化工业上游环节，与现有厦门、泉州的石化产业中下游环节形成完整的产业链及相关的产业群，用厦门湾周边地区的现代第二产业群支撑厦门岛发展第三产业，尤其是高端生产者服务业，使厦门真正成为带动海西经济区的龙头。其次，应重视宁德市三都澳地区港口新城市的建设，用工业化促进城市化，用城市化提高工业化的水平和效率。最后，重视引进国外以及国内重化工业的大型企业的项目投资，进一步开放投资领域，鼓励民营资本进入重化工业。

第二，在现有的电子信息产业基础上，促进电子信息产业研发创新基地的形成，加快自主技术创新步伐。合理定位厦门及福州等中心城市功能，加快电子信息产业等相关产业研发基地建设，扩大引进研发人才的资金投入，吸纳人才，构建产业持续创新的人才、技术、学科支撑平台，通过制度创新，形成知识创新—技术创新—产业技术集成创新链条，发展与研发配套的风险投资、知识产权保护体系。

第三，促进传统劳动密集型产业的产业内升级换代，产业竞争力转换。重视服装鞋帽制造业、皮革毛皮羽绒制品业的品牌建设、营销网络建设，通过品牌建设、营销网络建设，促进产业组织合理化和产业内分工协作；通过品牌建设、营销网络建设，鼓励大企业从制造环节为主向品牌、营销环节为主过渡，从生产经营为主向资本运营为主过渡；通过资本运营，积累资金，投资产业技术创新及文化创意，实现产业内升级换地，逐步进入产业增值链的高端。

　　第四，积极先行先试，探索海西经济体制与台湾地区经济体制的全面对接，为海峡两岸经济的全面对接创造体制基础，促进闽台产业全面对接，利用闽台产业的位势差，提升海西产业水平。

　　第五，加快福建交通、能源等基础设施建设，为福建产业发展创造更好的基础条件。

福建省劳动密集型产业转型升级
与对外经济发展方式转变研究[*]

改革开放 30 年来，劳动密集型产业在中国制造业发展过程中发挥了不可替代的作用。如今 30 年过去，全球经济形势发生了巨大变化。中国劳动密集型产业正面临生产要素价格优势逐渐丧失、政策支持逐渐弱化，国际竞争对手迅速成长等一系列压力，产业发展前景越来越不乐观，尤其在当前经济增长大幅放缓的背景下，我国传统的出口导向劳动密集型产业发展举步维艰，导致大批企业倒闭或面临破产、外资撤离、出口滑坡等现象。2008 年上半年珠三角、长三角等地的劳动密集型产业遭遇寒冬，数以万计的企业倒闭或面临破产，特别是玩具行业中的龙头企业、全球最大的玩具代工企业合俊集团在 2008 年 10 月宣布破产倒闭，这一事实折射出了我国出口导向的劳动密集型企业的脆弱，劳动密集型产业传统的比较优势和竞争优势受到了一些质疑，面临巨大的困境与挑战。在这一问题上，福建首当其冲。作为沿海开放地区的福建省，以出口导向为主的劳动密集型产业在当前国际金融危机不断蔓延的形势下，企业生存压力不断加大，劳动密集型中小企业发展面临巨大困境。国际金融危机对以外向型经济为导向的福建省经济增长同样产生了一定程度的影响。

国际金融危机何以对中国劳动密集型产业产生如此大的影响？又是什么原因导致福建省劳动密集型产业发展出现问题？我们认为，当前福建省劳动密集型产业发展面临的困境从表面来看是全球金融危机导致外部需求萎缩所致，但实质上是长期以来奉行"两头在外、大进大出"的外向型经济发展方式长期累积的结果，这种发展方式最大的缺陷是容易导致国民收入分配严重失衡。因

———————————

　＊ 本文是提交中共福建省委的政策研究报告，后收录于李文溥主编《海峡西岸发展研究论集（二）》，经济科学出版社 2011 年版，共同作者：余长林。

此，解决劳动密集型产业发展问题的关键在于改变传统的出口导向的外向型经济发展方式，促进劳动密集型产业加快转型升级。那么，如何促进福建省劳动密集型产业转型升级？如何转变福建省加工贸易出口导向的外向型经济发展方式？对这些问题的探讨不仅涉及福建省劳动密集型产业本身发展的问题，而且还关系到国民收入分配、产业结构调整、经济增长方式转变与经济可持续发展等重要方面，是福建省必须深入研究的重要难题。为此，本文将围绕当前的宏观经济形势探讨福建省劳动密集型产业转型升级的思路与对策，并期望能够为政府政策和企业发展提供一些有价值的参考与借鉴。当然，从某种程度上来说，我们期望本文的研究结论对于沿海地区以国际代工模式为基础的劳动密集型产业的发展而言具有一般性。

一、引言

改革开放伊始，我国主要依赖丰富而廉价的劳动力、土地吸引外资，通过发展劳动密集型加工贸易产业推动我国的经济增长，这样的出口导向的增长战略选择符合比较优势原理，在当时显然是正确的，也带来了中国经济的高增长，中国经济在改革30年来取得了长足进步，2007年我国名义GDP达到3.3万亿美元。而这种高增长的背后也存在一些不和谐现象，如城乡收入差距不断拉大、地区发展不均、人均收入增长缓慢等。特别是，与表现突出的经济总量相比，居民的可支配收入增长缓慢。20世纪90年代中期之后的10年，城镇居民人均可支配收入的名义增长率比GDP的名义增长率低2个百分点，农村居民收入的增长率则低得更多（根据相关统计年鉴）。尤其在当前经济增长大幅放缓的条件下，居民可支配收入增长滞后直接影响了我国内需的扩大，延缓了我国经济结构调整的步伐。

这种出口导向的增长方式的最大缺陷在于快速提高我国人均GDP的同时，难以提高人均收入水平，致使我国人均收入的增长滞后于人均GDP的增长。人均收入增长缓慢可能与劳动收入份额下降有关。据测算，1997~2007年，中国的劳动者报酬占GDP的比重从53.4%下降至39.74%。这种状况令人惊讶。首先，与多数国家的情况相悖。从国际上来看，多数发展中国家和发达国家的劳动收入份额大致处在55%~65%的水平（Gollin，2002）；其次，与中国积极参与全球化分工的背景相悖。根据经典的贸易理论（Stolper-Samuelson定理），作为在劳动密集型产品出口上具有比较优势的国家，中国对外出口的扩张应使得收入向劳动者倾斜而不是相反。我们认为，这可能与我国劳动密集型产业发展模式有关。下面重点从三个方面来论述我国劳动密集型产业发展模式的主要问题。

（一）劳动密集型产业发展与国民收入分配结构失衡

改革开放以来，我国在充分利用廉价的劳动力资源优势吸引 FDI 的同时，也造成了发达国家把加工装配等劳动密集型的低端产业环节转移至我国，并导致了我国有限的资源过度集中在产业链的低端环节（龚敏和李文溥，2009）。实际上，我国的劳动密集型产业主要是以外商直接投资为主导的，主要不是中国自己的本土企业而是外商直接投资的大量进入使中国逐步变成了世界的"制造中心"，或者说成了以加工贸易为主的进出口基地。中国自己的本土企业，主要在一些技术水平较低的劳动密集型产品的生产中，吸收跨国公司发出的国际代工的订单（刘志彪，2005）。为了保持我国 GDP 的高增长，甚至不惜牺牲环境、压低劳动力、土地等资源价格的方式维持低价格出口优势。这样的贸易增长方式在增加我国 GDP 的同时，使大量的利润流向国外，而留给国内劳动者的收入微薄。因此，这种通过压低劳动等要素价格的方式追求经济增长，容易导致居民收入增长缓慢。更为重要的是，由于资本短缺，各地区为实现本地区的高速增长，竞相采取各种税收和吸引外资政策，导致资本报酬偏高，劳动、土地等生产要素报酬偏低，外国资本报酬偏高，本国要素报酬偏低。而且，在中国式财政分权的体制下，地方政府在招商引资上的恶性竞争，强化了资本的谈判地位，不利于收入分配向劳动者倾斜。在外资的来源中，亚洲邻近国家和地区的投资者占据主导地位，他们的目的就是利用中国廉价的劳动力和优惠政策，很难想象在这种动机下，劳动报酬会有很大提高。因此，在国民收入分配方面，国民收入分配重点向资本收益和政府倾斜。据我们的测算，1997～2007 年，企业营业盈余占 GDP 的比重从 21.23% 上升至 31.29%，政府预算内财政收入占 GDP 比重从 10.95% 上升至 20.57%。福建省劳动收入份额从 1997 年以来也呈现明显下降趋势，由 1997 年的 52.2% 下降到 2007 年的 42.38%。

由于居民收入增长缓慢，国内居民的消费需求难以扩大，过剩的生产能力在国内市场无法得以实现，因此只能依靠低成本优势实行低价出口战略，形成了"出口拉动"的经济增长格局。因此，这种经济增长方式容易导致我国对"投资驱动、出口拉动"的粗放型增长方式的依赖，从而必然导致"两高一

福建省劳动密集型产业转型升级与对外经济发展方式转变研究

低"（高投资、高出口、低消费）的国民收入支出结构。这种不合理的"两高一低"的经济结构容易导致我国的产业结构长期处于"锁定"状态，经济增长方式迟迟难以转变。全球经济的持续恶化与企业生产经营成本的不断上升预示着我国以出口导向为主的劳动密集型产业必须转型升级，这不仅是应对全球金融危机的短期措施，这也是为改善我国国民经济"两高一低"的经济结构和转变国民收入分配结构失衡需要长期坚持的发展战略。

（二）劳动密集型产业发展与加工贸易模式

改革开放 30 年来，我国的劳动密集型产业之所以能在国际市场上获得巨大成功，应归功于其特殊的加工贸易生产模式，这种生产模式在纺织、服装、鞋、箱包、玩具等传统劳动密集型产业中广泛采用。通过这样一种国际代工模式，中国大量富余的劳动力资源在较短时间里得到比较充分的利用，带来了改革以来中国经济的高增长。但是，成功并不能掩盖这种商业模式的根本缺陷。

这种模式下发展起来的制造业，存在很多缺陷：一是很难实行差异化竞争策略。加工贸易模式实际上是一种为他国进行国际代工的模式，从原材料供应、设计、研发、品牌和销售渠道，基本上依赖国外供应商和进口商，是一种"两头在外"的外销模式。这种模式过度依赖订单和外部市场的需求，一旦外部市场需求萎缩或发生波动，生产必然受到剧烈冲击。而且，一般而言，劳动密集型加工贸易企业大部分是中小企业，没有足够能力开拓自己的品牌和销售渠道，同时，为了避免国内销售应收账款大而影响企业正常运行，加工贸易企业只能选择贴牌出口的生产方式。二是代工者地位缺乏稳定性。由于代工基本是相对简单的劳动，易于替代，因此对劳动力成本、能源和原材料成本或由其他因素导致的加工成本上涨，反应十分敏感，很容易导致订单转移。近年来，我国的劳动力、生产原料等要素日益紧缺，价格呈上升趋势，加工贸易企业的生产成本增加不可逆转，生产成本的上升直接导致了加工贸易企业原有成本优势的削弱，当前我国劳动密集型加工贸易发展遇到的瓶颈主要是金融危机、劳动密集型产业加工贸易生产模式与国内企业生产成本上升多重合力的结果。三是国际代工利润微薄。由于缺乏对研发设计、营销和品牌等其他高利润活动的参与和掌控，利润全部来源于低端加工环节的收入[①]。一般来说，正常的自主

---

① 坦佩斯（Tempest, 1996）讲过一个"芭比娃娃"的故事发人深思。起初，制造芭比娃娃的塑料和头发从中国台湾和日本取得，由菲律宾等国进行生产，后来生产转移到印度尼西亚、马来西亚和中国，但是模具和颜料仍从美国进口。除了提供劳动之外，中国仅供应生产娃娃的裙子所需要的棉布。

品牌（OBM）利润是代工生产（OEM）的 1 倍以上。生产要素成本的上升及其变化因素的不确定，对本来利润就很低的劳动密集型加工贸易企业无疑是雪上加霜。随着劳动力成本不断上升、鼓励型加工贸易政策的调整及一些外部性条件发生变化，劳动密集型产业加工贸易优势正在不断弱化，面临巨大的转型升级压力。

（三）劳动密集型产业转型升级与产业结构调整

对于劳动密集型产业转型升级，近年来讨论得比较多，一般的观点认为转型升级就是将劳动密集型产业转型为资本和技术密集型产业。

就整个国民经济而言，在产业结构调整的过程中，劳动密集型产业为资本密集型产业的逐步取代，或者说其主导地位逐步被取代，是不可避免的趋势。但是，从我国的实际情况看，劳动密集型产业在相当长时期内仍有存在的必要，仍需要发展。由于"路径依赖"，企业的发展不能完全脱离其原有技术积累，因此，一个长期从事低附加值产品生产如服装、鞋等的企业转向生产其他高新技术产业的产品，显然是十分困难、几乎不可能的。如果企业能够依托其原有的知识、技术积累，迅速实现出口产品的更新换代，这同样也应当属于转型的一种（李文溥，2009）。发展劳动密集型产业，提高其资本装备程度仅仅是手段而非目的，劳动密集型产业自身发展的根本目的是提高其产品的档次与产业增值率。我们认为，劳动密集型产业的转型升级应当更多地采取产业内升级的方式。就是通过自主创新实现产品及生产工艺的更新、自创品牌、建立营销网络等，从产业链低端逐步向产业链高端演进，迅速实现产品的更新换代和产业增值率的提高。具体而言，就是从贴牌生产（OEM）逐步升级到自主设计加工（ODM）和自主品牌生产（OBM）。实践证明，产业内升级也有很大的难度，因为产业内升级往往是线性的，企业越升级到高端，离产品质量前沿也就越近，其成长性就越差，并且受到在位企业的阻力也越大。

劳动密集型产业的高级化可以促进产业结构调整的步伐。科技含量不高是劳动密集型产业利润率下降的根本原因，通过改进生产技术，降低生产成本，改善产品质量，提高劳动密集型产业的科技含量，可以促进劳动密集型产业转型升级。温家宝总理于2009年5月调研晋江企业时强调：劳动密集型企业也可以是科技密集型的，安踏就把一双鞋当成了一个科技产品在做。劳动密集型产业不容小觑，既有科技含量，也有创造发明。要积极推动劳动密集型产业向科技密集型产业转型。当前，高水平的技术工人的缺乏已经成为制约中国劳动密集型产业转型升级的障碍，因此，提高劳动者素质与收入对于劳动密集型产业转型与产业结构升级尤为重要。

因此，在国际金融危机的剧烈冲击下，当前我国出口导向的劳动密集型产业不仅需要转型升级，而且转型意义重大。劳动密集型产业转型升级实际上是一个涉及国民收入分配的宏观问题，是一个产业结构调整与升级、扩大内需与经济增长方式转变的问题。应该认识到，劳动力成本上升是经济发展中的必然现象，始终保持劳动密集型产业的劳动力成本优势既不可能也不合理，长期大规模的廉价出口，国际市场容量也难以容纳。劳动密集型产业如果不加快转型升级，居民收入水平不可能得到提高，我国的扩大内需战略也无从谈起，粗放型经济增长方式不可能转变，进而中国在国际分工体系中的地位也不可能得到相应提升。加快劳动密集型产业转型升级与对外经济发展方式转变对于改变我国当前不合理的国民收入分配结构、扩大内需与经济增长方式转变意义重大。

本文余下的结构安排：第二部分是分析福建省劳动密集型产业的发展现状及现实问题；第三部分是利用课题组对晋江劳动密集型企业的实地调研材料与访谈文件分析了福建省劳动密集型产业发展的思路与对策；最后是基于调研结果，给出促进劳动密集型产业加快转型升级的政策建议。

二、福建省劳动密集型产业发展现状与现实问题

福建省劳动密集型产业成本比较优势与国际竞争优势变化趋势如何？当前福建省劳动密集型产业国内市场占有率如何？不同劳动密集型产业产品增值率如何？要回答这些问题，我们首先必须深入分析福建省劳动密集型产业发展的现状及存在的问题。

（一）劳动力成本优势

对2007年不同国家或地区的劳动密集型制造业劳动力成本的比较显示（见图1），福建省的制造业劳动力成本不仅低于全国平均水平，而且低于韩国、中国台湾和中国香港等周边国家和地区，说明福建省劳动密集型产业成本仍具有一定的比较优势。

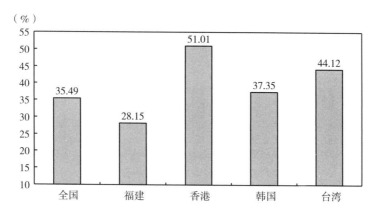

图1 2007年制造业劳动力成本比较

注：劳动力成本＝制造业平均工资/第二产业劳动生产率；第二产业劳动生产率＝第二产业产出除以第二产业劳动数量。

资料来源：根据《中国统计年鉴（2008）》与《福建省统计年鉴（2008）》整理计算得到。

为了进一步考察福建省的劳动力成本，我们以劳动的边际生产率为对象展开分析。之所以考察劳动边际生产率，是因为它是决定工资的最主要因素，也是工资形成和增长机制的基础，是衡量劳动力成本优势的重要变量。劳动力成本的变化，对于劳动密集型相对集中的工业部门的影响最为明显，所以我们以工业部门边际劳动生产率展开分析。

以柯布－道格拉斯生产函数 $Y = AK^{\alpha}L^{\beta}$ 为例，平均劳动生产率 $APL = \dfrac{Y}{L} = AK^{\alpha}L^{\beta-1}$，边际劳动生产率 $MPL = \dfrac{\partial}{\partial} \dfrac{Y}{L} = \beta AK^{\alpha}L^{\beta-1}$，所以 $MPL = \beta \times APL$。先计算福建省工业部门物质资本存量、劳动力以及工业产出的数据，运用计量方法估计出系数 β；然后通过计算工业部门的平均劳动生产率就可以计算出工业部门的边际劳动生产率的变化趋势。

劳动力成本优势的计算公式为：$LL = (MPL - WAGE)/WAGE$，计算结果如图2所示。可以看出，福建省劳动力成本优势虽略有下降，但是仍保持着较大比较优势[①]。这为福建省劳动密集型产业的产品开拓新的国际和国内市场提供了强有力的支持，意味着福建省的劳动密集型产业仍有较大发展空间。从这一点上看，福建省还不宜过早地抛弃发展劳动密集型产业。

---

① 这与全国的情况基本相同。中国社会科学院工业经济研究所跟踪研究了中国主要行业的国际竞争力，研究表明虽然近些年来中国劳动密集型产业的比较优势在下降，资本密集型产业的比较优势在提升，但目前中国最具比较优势的产业依然是劳动密集型产业。

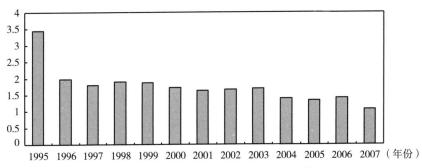

图2 工业部门劳动力成本优势变化趋势

资料来源：根据历年《福建统计年鉴》整理计算得到。

（二）国内市场占有率

我们以 2007 年的经济数据为例展开分析。福建省劳动密集型产业在企业数量方面占有绝对优势，2007 年企业数量排在前 7 位的产业都是劳动密集型产业，它们分别是：纺织服装鞋帽制造业、皮革毛皮羽毛（绒）业、纺织业、工艺品及其他制造业、塑料制品业、木材加工、农副食品加工业。在国内市场占有率方面，劳动密集型产业在福建省也很有优势，2007 年福建省分产业国内市场占有率居全国前 10 位的产业有 21 个，其中 12 个行业都属于劳动密集型产业（见表1）。特别是皮革毛皮羽毛（绒）业、纺织服装鞋帽制造业、纺织业、文教体育用品制造业等劳动密集型产业的国内市场占有率优势尤为明显。因此，就福建省内而言，福建省产业仍以劳动密集型的传统产业为主；就全国而言，福建省多数劳动密集型产业的竞争优势也比较明显。

表1　　　2007 年福建省劳动密集型产业企业数及国内市场占有率

劳动密集型产业	企业数占全省比重（%）及位次		国内市场占有率（%）及位次	
农副食品加工业	4.92	8	3.3	8
食品制造业	2.54	16	4.4	7
纺织业	6.19	4	3.7	6
纺织服装、鞋、帽制造业	7.62	2	9.4	5
皮革、毛皮、羽毛（绒）	6.79	3	16.5	3
木材加工	5.36	7	5.6	6
家具制造业	1.87	20	4.9	7
印刷业和记录媒介的复制	1.35	21	3.1	9
文教体育用品制造业	1.35	22	5.2	6
橡胶制品业	1.32	24	5.9	5
塑料制品业	5.51	6	5.3	6
工艺品及其他制造业	5.57	5	9.6	4

资料来源：根据《福建经济与社会统计年鉴（2008）》计算得到。

（三）企业盈亏情况

表2报告了不同类型的福建省劳动密集型企业盈亏情况。2007年统计数据显示：从企业性质上来看，规模以上工业企业中，民营企业和三资企业数占了全省企业数的81%，其中中小型企业所占比重高达99.5%，大型企业只有0.5%。规模以上工业企业的资产总额占了全省企业资产总额的68.6%。在资产结构上，民营企业和三资企业的流动资产比重大于国有企业的流动资产占比。国有企业和三资企业的亏损比例比较高，三资企业亏损面达到15.54%[①]，国有经济更是达到17%，集体经济为7.53%，民营企业为7.96%。可见福建省民营企业在经营上有较高的灵活性和投资回报率。按照企业规模分组，小型企业的亏损面最高，达11.49%，其次是大型企业，亏损比例最低的是中型企业。中小企业亏损占多数。表2还显示，福建省劳动密集型企业主要以中小企业为主，这些中小企业中，近一半是民营企业。这些民营企业多数没有自己的品牌，主要以出口加工贸易贴牌生产方式为主，因此受国际金融危机的冲击也最大。目前福建省劳动密集型产业中主要以民营企业和三资企业为主，民营企业的竞争优势较大，但处于国际代工地位的中小企业经营亏损面较高，急需转型升级。因此，我们认为，目前福建省劳动密集型产业虽然在整体上仍然具有一定的比较优势和竞争优势，但一些劳动密集型中小企业也面临加快转型升级与对外经济发展方式转变的压力。

表2　　　　　2007年福建省劳动密集型企业业务收入及盈亏情况

项目	企业单位数（万元）	资产总计（万元）	主营业务收入（万元）	企业亏损面（%）
福建省总计	15178	101572034	1377495	—
国有经济	300	13399347	10326447	17.00
集体经济	744	1729062	3198797	7.53
股份制经济	1776	16862838	15669060	10.98
私营经济	6706	17341819	26073889	7.96
三资经济	5587	52002789	66580374	15.54
大型企业	85	—	24215393	10.59
中型企业	1563	—	50050637	9.28
小型企业	13530	—	48007074	11.49

资料来源：《福建经济与社会统计年鉴（2008）》。

[①] 三资企业亏损面较高令人感到惊讶。这可能是一种"假亏本"现象，是一种通过"转移价格"的逃税行为。这种行为导致大量的利润流向国外，而留给国内劳动者的收入微薄。

（四）不同行业单位产品增值率

为了反映福建省劳动密集型产业的产品增值情况，我们统计了制造业中典型劳动密集型产业的产品增值率变化趋势（见表3）。

表3显示，福建省典型的劳动密集型产业除文教体育用品制造业和橡胶制品业外，其余产业的增值率都呈现一定的上升趋势[①]，充分显示出福建省多数劳动密集型产业仍然是制造业竞争的主体，而且多数产业的增值率都超过了整体工业行业的产品增值率，特别是纺织服装、皮革、木材加工、家具制造等产业相对其他劳动密集型产业而言工业增值率都相对较高。但总体而言，劳动密集型产业的产品增值率普遍较低，产品附加值不高。

表3 2003~2008年制造业中主要劳动密集型产业的增值率   单位：%

劳动密集型产业	2003年	2004年	2005年	2006年	2007年	2008年
农副食品加工业	0.24	0.24	0.27	0.26	0.26	0.25
食品制造业	0.23	0.23	0.27	0.29	0.29	0.28
纺织业	0.25	0.26	0.29	0.28	0.28	0.28
纺织服装、鞋、帽制造业	0.29	0.34	0.31	0.34	0.33	0.34
皮革、毛皮、羽毛（绒）业	0.34	0.32	0.34	0.31	0.32	0.36
木材加工业	0.29	0.27	0.29	0.32	0.28	0.32
家具制造业	0.25	0.29	0.33	0.30	0.29	0.29
印刷业和记录媒介的复制	0.27	0.43	0.34	0.28	0.27	0.31
文教体育用品制造业	0.32	0.27	0.25	0.27	0.25	0.26
橡胶制品业	0.35	0.30	0.28	0.28	0.29	0.28
塑料制品业	0.27	0.26	0.24	0.27	0.28	0.31
工艺品及其他制造业	0.30	0.35	0.32	0.31	0.34	0.34

注：各产业中只统计大中型工业企业。

资料来源：根据历年《福建统计年鉴》整理计算所得。

图3为规模以上1998~2008年总体工业增值率变化趋势。从图3可知，福建省规模以上工业企业1998~2008年工业增值率基本趋于稳定，维持在27%~

[①] 之所以出现这个现象，是因为1995年以来，福建省工业部门的劳动工资水平是一直上升的，但近十年来，制造业的边际劳动生产率提高速度明显快于劳动工资增长率。因此，制造业工资水平上升的同时，单位工业产出的劳动力成本反而下降了。但是，制造业边际劳动生产率提高速度快于劳动工资增长率所形成的比较竞争优势，并不是平均分布在制造业各产业或集中在资本、技术密集型产业上的，相反，集中在劳动密集型产业。有关分析，请参阅李文溥、陈贵富：《工资水平、劳动力供求结构与产业发展型式》，载《厦门大学学报》（哲学与社会科学版）2010年第5期。

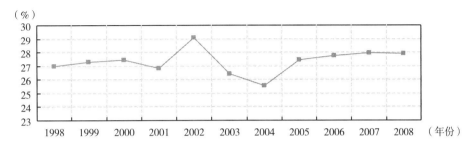

图3 1998～2008年规模以上工业企业工业增值率

资料来源：根据历年福建省统计年鉴整理计算得到。

28%（在2001～2002年有一个显著跳跃），近几年增值率有缓慢上升趋势，但总体而言，产品增值率相对于其他发达国家而言仍然较低，发达国家的产品增值率有些甚至超过100%。

（五）贸易竞争优势

在改革开放以来，以出口加工贸易为导向的劳动密集型产业在福建省得到迅速发展。随着经济增长，人均收入水平的提高，劳动密集型产业的比较优势有所下降。图4显示，在工业制成品中，杂项制品在1998～2004年有一定下降，但是，从2004年开始再次显著提高。从贸易竞争指数看，以杂项制品为代表的低技能劳动密集型产业贸易竞争指数在1985～1995年不断上升，到20世纪90年代中期，无论是其出口规模还是国际竞争力都上升到最高，主要是纺织、服装鞋帽制造业具有很强的国际竞争力。自1998年开始，这些产品的比较优势开始衰减，其国际竞争力开始下降，但是，从2004年开始，其国际竞争力再次出现上升趋势。直至2007年，福建省国际竞争力最强的商品仍然是杂项制品。

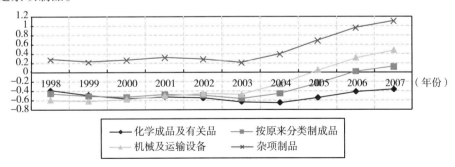

图4 1998～2007年福建省工业制成品贸易竞争指数变化趋势

资料来源：根据历年《福建统计年鉴》整理计算所得。

图 5 显示,从杂项制品主要分类产品的 TC 指数来看,福建省服装、鞋帽等劳动密集型产业的竞争优势较高,说明福建省服装和鞋帽业等劳动密集型产业具有较强的国际竞争力。

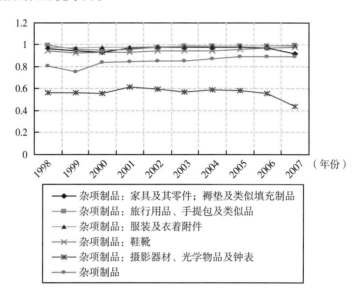

图 5 1998～2007 年福建省杂项制品中分类产品贸易竞争指数变化趋势
资料来源:根据历年福建省统计年鉴整理计算所得。

上述对福建省劳动密集型产业发展现状分析,有几点值得我们关注:福建省劳动密集型产业成本仍保持着相当的比较优势,劳动密集型产业仍然存在一定的发展空间;劳动密集型产业至今仍然是福建省制造业的主体,在全国具有较强的竞争优势,特别是纺织业、鞋帽业、体育用品业等劳动密集型产业的竞争优势更强;劳动密集型企业以三资企业和民营企业为主,多数为中小企业;所有制分组的数据显示,民营企业亏损面较低,国有企业和三资企业亏损面较高,按照企业规模分组的数据显示,中小企业亏损面较高;福建省民营企业在经营过程中有较高的灵活性和投资回报率,劳动密集型中小企业受到当前金融危机的冲击最大;劳动密集型企业仍然是制造业竞争的主体,但产品的增值率一般普遍较低,产品附加值不高。

三、促进劳动密集型产业转型升级的思路与对策

本节以前面对福建省劳动密集型产业发展现实问题的分析为基础,并利用我们在 2009 年暑期对晋江劳动密集型产业发展的实地调研资料进行案例研究,

分析福建省以出口导向为主的劳动密集型产业转型升级的思路与对策。

我们的实地调研发现：相比珠江三角洲和长江三角洲出口代工企业所面临的困境，晋江很多民营企业通过实施"品牌战略"兼顾内外市场，特别是一些企业由于较早有效开拓国内市场，减弱了国际金融海啸对企业所造成的负面影响。

在品牌战略实施过程中，晋江地方政府始终坚持依托传统产业优势，依照"抓龙头、创名牌、上规模、带行业"的发展路子，增强名牌意识，培育了一大批质量高、信誉优、规模大、效益好的名牌产业族群，创造了大批影响力大的区域品牌。至 2008 年 6 月，晋江市拥有"国字号"品牌 107 项（81 项中国驰名商标、24 项中国名牌产品、2 项中国出口品牌），国家免检产品 88 项，福建省名牌产品、著名商标 278 项，全市拥有上市公司 15 家，国家农业产业化龙头企业 2 家。晋江先后获得"中国品牌之都""中国鞋都""中国陶瓷重镇""中国体育产业基地""中国纺织产业基地"等 14 项"国字号"区域名牌。晋江何以能有如此巨大的优势屹立在中国的百强县级市前列？而创造这一切神话背后的秘籍是什么？晋江民营企业发展的成功经验又是什么？在当前国际金融危机背景下，晋江劳动密集型产业发展壮大的经验能给我们什么启示？下面我们在实地调研的基础上，重点剖析晋江劳动密集型产业发展的成功经验并提出福建省劳动密集型产业转型升级的思路与对策。

（一）实施品牌战略，扶持龙头企业构建"金字塔型"产业组织结构

福建省的劳动密集型产业主要从国际代工发展而来，其产品的自有品牌的发展需要一个过程，这一点在品牌战略中往往不被注意，这就是品牌的形成需要一个从初级品牌向顶级品牌（著名国际品牌）的发展变化过程。这种发展将逐步形成一个由国际品牌和国内品牌组成的"金字塔"型品牌结构（区域品牌→省级品牌→中国品牌和国际品牌）。晋江服装和制鞋业品牌结构在逐步形成，出现了"区域品牌→福建名牌→国家名牌"三级梯队，晋江已被定位为区域品牌集聚中心。

贴牌是一个产业分工现象，其有有利的一面也有不利的一面，关键问题是为谁贴牌？福建省大量的企业为外国品牌贴牌，形成国际品牌的全球生产和加工基地，而法国、意大利等国家传统产业集群的企业是围绕本国品牌进行生产。因此，必须为福建省区域品牌的诞生创造生产、制度和文化环境，逐步发展一批中国品牌，使之在全球品牌中的占有比例逐渐增加。同时，围绕品牌企业，尤其是新兴

的中国品牌企业，支持大量的中小企业坚持专业化生产，形成国际化产业链条。

晋江的制鞋业、服装业等五大传统劳动密集型产业基本形成了同类企业集聚的产业集群。在集群内部，由竞争产生了一批能带动本地优势产业脱颖而出的龙头企业。这些龙头企业的出现使得集群的竞争态势逐渐由完全竞争向垄断竞争过渡，已初步形成了龙头品牌企业、专业生产商、原辅料配件厂商等组成的"金字塔型"产业组织结构：龙头企业专注于研发和品牌营销；专业生产企业接受品牌企业的辐射，为品牌企业进行代工，专注产品生产；原辅料配件厂商专注于原材料、配件供应，从而形成上游、中游和下游配套完整的产业链，促进产业链条向纵深方向发展。这种产业组织结构有利于逐步转变长期以来"两头在外"的外销模式。在一个产业中，这种基于本国品牌为主的产业链架构能够形成本省、本国产业的国际竞争力，是迅速提高该产业的区域竞争力和影响力的捷径，也是提升区域产业竞争力的关键。在这个方面，意大利服装产业的经验值得借鉴。意大利大型服装企业多采用国际化经营模式，是市场品牌的主力。中型企业则坚守一个特定产品领域，精益求精，在国际市场上同样具有很高的知名度。而数量众多的小型企业多数是为大中型企业代工的，生产品牌服装的一个部分或是某个部件。专业的加工技师和小型化的加工模式，每个加工细腻、选料独特的服装部件，最终构成了意大利服装享誉世界的品牌形象。因此，我们认为，劳动密集型制造业总体发展结构应当是，一方面支持发展一批自己的国际、国内和区域品牌企业；另一方面支持大量企业走为国内品牌代工的非品牌发展道路，在整体上走出一条产业升级和整个产业国际竞争力提升的道路。

（二）通过品牌战略兼顾内外市场，积极开拓有品牌的内销

在全球金融危机的冲击下，国外需求急剧下滑，导致长期靠定单生产的出口导向劳动密集型产业发展面临巨大困境。当前国际金融危机已从美国蔓延至全世界，日本、欧盟、东欧转型国家以及一些发展中国家经济体出现了衰退现象，极大地限制了中国开辟国际市场的空间，使得企业难以通过调整出口目的地的空间结构应对国际需求的疲软。因此，劳动密集型中小企业在积极开拓国际新市场快速实现出口阵地转移和替代的同时，要大力开拓国内市场。劳动密集型中小企业应通过创新营销方式，大力发展电子商务，积极组团参加国内大型展览展销会，开拓农村消费市场，积极参与国内重大区域开发等方式实现企业"出口转内销"的战略性转变。晋江劳动密集型产业的发展经验印证了这一点：许多出口导向的劳动密集型产业由于较早开拓国内市场，降低了此次金融

危机给企业所带来的负面影响。

"金字塔"型产业组织结构有利于逐步转变长期以来"两头在外"的外销模式,从而为市场转向战略的实现提供了客观基础;企业销售方式的转变,使得品牌经营成为可能,从而为市场转向战略的实现提供了前提条件。近年来,随着企业规模的不断壮大,专卖店经营模式成为当前大型企业的主选销售方式。晋江的制鞋业等劳动密集型行业中龙头企业如安踏在全国一、二、三线城市都有相应的品牌专卖店。专卖店经营方式的出现,一方面使品牌经营成为可能,另一方面也使企业由原来的间接面对终端市场转变为直接面对终端市场,成为企业展示品牌、销售产品和掌握市场信息的前沿窗口。

我们在晋江实地调研发现,在纺织服装、鞋帽等产业集群内部,龙头企业、配套产业链条、相关支撑机构形成众星拱月型结构,名牌效应与集群效应都能得到充分的发挥。在当前国际金融危机影响外部需求的情况下,很多出口企业调整出口和内销的比例,积极开拓"出口转内销"的各种措施,一些原先为国外品牌企业代工的企业已经转向为这些国内品牌企业代工。更多的企业认为,目前做有品牌的内销才有利可图,做外销没有品牌在竞争中只能处于被动,品牌的核心竞争力将产生制造成本和销售渠道的优势。相比之下,原先做外销收益不错的企业,在这轮金融危机的冲击下则表明早期错失了树品牌的机会,现在想转为内销打品牌需要大量资金,而且习惯了订单生产经营的出口外销型企业在面对国内这个陌生的市场时,往往会惧怕陷入另一种竞争——市场营销的竞争,更重要的是在目前一些品牌已经打响的情况下不确定性较大。由于以往的销售模式,出口外销型企业缺乏市场营销意识,国内市场品牌、营销人才、营销渠道、营销网络建设等常常成为出口外销型企业难以迈过的坎。在市场开拓方面,品牌的作用更加明显。在外销制鞋企业普遍认为日子艰难的时候,匹克集团 2008 年以来在中东和欧洲市场的增长高达 60% 以上,且多是通过当地的代理商实现自有品牌出口。金融危机中,欧美一些原本定位于高端的消费群体,正慢慢转向保守消费。这为福建鞋业,特别是福建品牌鞋业开拓欧美乃至其他国际市场,奠定了良好的市场基础。

当前,福建省劳动密集型产业特别是鞋业、纺织服装业等企业正面临着新一轮的产业洗牌际遇,随着国内外宏观经济环境的进一步趋紧,广大中小企业尤其是中小型出口加工企业如果无法尽快实现经营方式的有效转型,仍将有相当一部分继续走向停产、倒闭。因此,要推动品牌企业实现由生产制造为主的橄榄型向以研发设计、营销品牌为主的哑铃型转变,鼓励更多广大中小企业转换角色,在为本地品牌企业从事贴牌生产、配套加工中谋求生存发展空间。

（三）区域品牌与产业集群互动，推动产业转型升级

我国的产业集群与国外集群的差距在于我们集群中大量代工企业是围绕集群外的国际品牌组织生产，因此，在生产的自主和便捷性上都存在结构差异。产业集群是劳动密集型中小企业生存和发展的良好依托，也是自主品牌的支持平台，通过溢出效应、集体学习、地理邻近性等因素促进集群内和集群外品牌结构的优化，从而建立专业化配套、反应迅速、大量劳动密集型中小企业面向全球的生产基地，形成区域经济发展特色和国际水平的生产竞争优势。

产业集群的发展会形成区域品牌，这些区域品牌对集群企业具有一种无形的品牌价值。反过来，区域品牌价值提升通过外部聚集效应和内部整合效应促进产业集群升级。外部聚集效应通过获取生产要素集聚优势、外向关联优势促进产业结构优化。生产要素集聚优势的发挥将促进集群内企业分工不断细化，企业专业化程度和协作水平不断提高，推动中小企业向专、精、特、新发展，提升企业、集群的整体创新能力；外向关联优势的获得增加了集群内企业与国际一流企业的合作机会，通过与一流企业的合作，获取核心技术的支援与管理经验的积累，并通过学习曲线，促进产业集群沿着价值链向附加值更高的环节演进。内部整合效应通过促进集群内部分工的优化与组织结构的优化，提高集群集中度，培育、扶植、壮大龙头企业，促进产业结构的优化与升级。

晋江目前已形成了纺织服装业、制鞋业、建材业、食品业和制伞业等终端产品的多个产业集群，主要以劳动密集型产业为主。晋江劳动密集型产业集群程度不断提高，经济的块状发展特征比较明显，形成了以镇为集中区域的多个产业集群带（见表4）。晋江已成为全国拥有知名品牌最多的县级市之一。这些名牌企业已经为带动全省乃至全国相关行业发展起到了一定的示范作用，充分说明了劳动密集型产业集群可以为福建经济发展做出重大贡献。

表4　　　　　　2008 年晋江市主要劳动密集型产业集群发展现状

行业	企业数	规模以上企业数	从业人数（万人）	行业产值（亿元）	规模以上产值（亿元）	地区布局	品牌族群
纺织服装业	3552	397	15.99	368.78	327.67	晋南一带	品牌5件
制鞋业	3016	314	22.64	365.30	324.96	晋东一带	品牌8件
建材业	503	172	4.53	168.68	154.56	晋西一带	石材之乡
食品业	939	49	2.36	88.15	82.95	中心城区	品牌5件
制伞业	168	50	2.98	60.85	54.70	东石镇	品牌4件

资料来源：晋江市委、晋江市人民政府《劳动密集型产业升级换代与经济增长方式转变》，2009 年7 月27 日。

在产业集群的形成过程中，市场在资源配置上起着基础性作用，政府则起政策性引导作用。晋江政府以"培育主体、营造载体、注入活力、产业做大、企业做强、品牌打响"为中心，引导生产要素和资源的合理配置，优化产业结构，促进产业升级；调控企业发展层次，使企业在终端、配件和品牌三个层次上各尽所能，促进了产业集群的集约化和高级化。

在发展产业集群中，晋江地方政府积极实行品牌带动战略。随着品牌带动战略的不断深入，一大批带动能力较强的品牌企业逐步凸显，这些企业不仅自身拥有较大的生产规模和市场占有率，而且以品牌为纽带，通过外包、外协形式带动一大批同行业的中小企业和上下游配套企业发展，逐步形成以品牌规模企业为龙头的产业集群体系。随着集群集中度的提高和集群内部的整合，集群中处在金字塔尖的企业通过缩短产业链，重点致力于品牌的推广和销售渠道的建设，把生产等环节外包给其他生产厂家，做大做强企业品牌，成为集群中的领导型企业，其形成的前提条件是一系列极具规模的配套企业组建和专业市场的形成。目前，晋江已聚集纺织服装、鞋类制造、陶瓷建材、食品工业和制伞等一批在全省、全国具有相当市场优势的劳动密集型产业集群，都形成了特色的产业集聚与块状现象。

产业集群造就了名牌产品，名牌产品及其生产企业又像一块巨大的磁铁，吸引了众多企业向它集聚。名牌产品与产业集群互动，推进产业集群升级。在这些劳动密集型行业中已经基本形成了行业的领头企业。这些行业龙头企业有较为完善的产业链，在市场竞争中形成了较强的竞争力，抵抗风险的能力较强，已经成为产业的"领袖"。如服装业的"七匹狼"和"九牧王"、鞋业的"安踏"，已经进入品牌经营的高级阶段，开始将加工制造阶段外包，企业主要掌握研发与营销，用营销品牌挣钱养研发、设计等。

（四）从集群走向全球价值链

格雷菲（Gereffi，1999）将价值链的概念与产业的全球组织直接联系起来，提出了全球价值链理论。根据价值创造流程，整个全球价值链可以分解为众多的"价值创造环节"，不同国家和区域的制造业集群凭借各自的比较优势融入全球价值链，在不同的价值环节从事相应的生产活动。全球价值链可以划分为两种模式，即购买商驱动型和生产商驱动型。劳动密集型行业主要以购买商驱动型方式嵌入全球价值链，如服装、鞋、家具和玩具行业，在这一模式中起主导作用的是全球购买者，如大的零售商等。它们利用自身的营销网络和品牌优势，对价值链上游的制造企业进行纵向压榨。我们在晋江的调研发现：消费品类劳动密集型产业的价值链提升着重围绕设计、品牌、市场营销等软环境建设，将制造环节逐步从价值链中剥离出去，通过水平一体化以获得范围经济。以制鞋业为例，晋江已形成了一定规模的制鞋产业集群。制鞋产业集群在市场上具有较强的竞争力，成品鞋的出口量大，已经嵌入"购买商驱动型"全球价值链。但是，晋江鞋目前在国际市场主要是占领低端市场，中高档鞋及自有品牌所占比例仍然很小，出口产品多以贴牌方式进行，大都使用国外商标和品牌。与制鞋业相类似，纺织服装等劳动密集型产业也呈现出凭借低价值终端产品嵌入"购买商驱动型"全球价值链的现象，成为跨国零售业巨头上游的产品供给者。产业集群仍然从事低价值产品的制造生产，缺少品牌和技术，急需转型升级。

从全球价值链来看，存在着四种不同层次的产业升级：一是工艺升级，指生产体系的重组或新技术的采纳；二是产品升级，指产品档次的提高不断推出新产品或新款式；三是功能升级，指从生产环节向设计和营销品牌等利润丰厚的环节跃进，一般理解为实现由贴牌生产（OEM）到自主设计加工（ODM）再到自主品牌生产（OBM）的蜕变；四是价值链升级，即从一条价值链跨越到另一条获利能力更高的价值链。基于全球价值链视角的产业升级，就是遵循工艺升级→产品升级→功能升级→价值链升级的路径，实现由价值链低端向价值链高端的攀升。目前，我国劳动密集型产业的升级还主要集中在工艺升级和产品升级阶段上。

劳动力资源丰富、成本低廉是福建省劳动密集型制造业的比较优势，这使得福建省大部分制造企业在跨国生产商主导的全球价值链上进行 OEM、非核心零部件配套生产或简单的加工组装等低价值的活动。多数劳动密集型产业集群都从事着加工组装环节的生产，占据全球价值链中劳动力密集型环节，位于全球价值链的低端。核心技术、关键零配件、产品品牌等大多都是"外来"的，价值链环节位于全球价值链微笑曲线的中间低端部分（见图6）。

根据全球价值链曲线，结合福建省制造业集群在链上的位置，可以看出福建省劳动密集型产业集群升级的路径。首先，结合福建省当前的比较优势，继续巩固其在全球价值链中的制造环节的优势，提高生产制造环节的核心竞争力，吸引全球供应链核心企业选择"福建制造"，进而推动整个价值曲线向上移动，实现在同一制造环节附加值的提升、价值的增加，以此实现集群的升级。其次，改变在全球价值链中的位置，在价值链曲线中从中间的制造环节向左边高附加值环节移动，由劳动密集型的生产环节向技术密集的关键零部件研

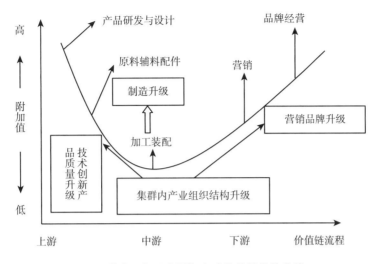

图6 "购买者驱动型"全球价值链微笑曲线

发、产品研发设计等环节推移，由"福建制造"转变为"福建创造"，实现集群的创新升级。再次，在价值链曲线中从中间的制造环节向右边移动，向高附加值的营销、品牌、服务环节升级。产业集群升级需要塑造自主有实力的区域品牌。根据价值曲线，市场营销和品牌推广都是附加值很高的环节，沿着价值链曲线向右边移动，标示着制造业集群的升级。最后，结合产业集群网络结构特性，在集群内延伸供应链，培养扶持龙头企业，增强上下游企业关联协作，优化集群网络内节点关系，实现集群内的产业组织结构升级。必须通过整合，培育一批龙头企业；通过生产外包、外协，带动一批配套生产的劳动密集型中小企业；通过功能提升，引进、扶持一批研发、设计、市场营销等专业化的生产性服务产业，建设一批产业集聚区。

（五）注重品牌营销策略，增强市场开拓能力

我们在调研中发现，晋江民营企业营销手段多样化，如明星代言、专卖店建设及参加举办国内国际大型展销会、大力发展会展经济等。无论是哪种策略，无不带动了晋江产品和区域品牌的发展。晋江民营企业尤为重视营销网络建设，目前营销网点十分健全。主要有两方面资源强力支撑着全市产品销售。一个是遍及国内各省（市、区）、东南亚、欧洲等部分国家（地区）的10万营销大军，这批营销大军成为了促进本土中小企业产销衔接的中坚力量。另一个是由品牌企业自行配套的23万个品牌专卖店，这些品牌专卖店遍及全国一、二、三线城市的繁华街区，已成为企业展示品牌、销售产品捕捉信息的前沿

窗口。

以晋江鞋业的发展历程为例，我们足以明白晋江在品牌营销和市场开拓力度方面的成功之处。20世纪90年代的国内鞋业市场，耐克、阿迪达斯、李宁和双星占据了60%的运动鞋市场，晋江鞋业只是著名运动鞋生产基地莆田的配角。1999年晋江陈埭全镇生产各类鞋1131亿双，实现产值4918亿元，平均每双鞋单价只有38元，在全镇的出口鞋产品中，只有20%有自己的品牌和商标，绝大多数是按照采购商的要求和他们提供的品牌进行生产，产品利润受到极大限制，当时一双运动鞋的外商收购价为7美元，但是贴上国外的牌子后，在日本市场的零售价高达70美元。这个巨大的差距给安踏现任总裁丁志忠深深的刺激，使他认识到：在全球价值链上，最大的利润环节是经营品牌和市场销售网络。

与此同时，国内鞋业市场竞争激烈，市场空间紧缩，面临这种市场形势，晋江鞋企业开始推行"内外并举、海外扩张"的双轨战略，同时针对国内外市场实施不同市场营销战略。在国内，有计划地注册和使用系列商标，开展全方位的整合营销传媒计划，设立专卖店、专柜、专售点等直销渠道，建立起快速响应市场的全国销售网络，以优质的产品质量和迅捷的供应能力迅速占领国内市场；在国外，通过全球价值链中的采购商、零售商和营销商拓展销售渠道，并且通过参加国际专业鞋展、在国外设立办事机构、成立晋江鞋业海外直销中心等形式，提高产品的国际影响力和品牌知名度。

（六）注重技术创新，增强企业核心竞争力

晋江民营企业尤为注重企业的技术开发与创新，为了争取市场竞争的制高点，晋江服装及制鞋业等劳动密集型领头企业已经开始不断加大研发投入。其中恒安、七匹狼、凤竹、浔兴、三力等产业龙头企业科技开发经费占销售收入比重均超过5%。晋江市政府先后出台《关于加快科技创新建设创新型晋江的实施意见》《晋江市科学技术奖励暂行规定》《晋江市创建全国科技进入示范市实施方案》《晋江市知识产权保护工作实施方案》等政策措施，营造科技创新良好环境。此外，晋江市还加大财政科技支持力度，2008年，全市财政科技投入7520万元，占本级财政收入的2.29%。政府着力推进企业的制度创新、技术创新、管理创新、市场创新和组织创新，以拥有众多的知名品牌商标，逐步成为崛起的"品牌之都"。优势企业、名牌产品的不断涌现，有力地促进了晋江区域核心竞争力的提升。

四、促进劳动密集型产业转型升级的政策建议

我们认为，产业转型升级既要重视市场的力量又要重视政府的推动作用，市场力量是产业转型内因，而政府推动是外部条件，只有政府推动和市场力量相互结合，才能实现产业加快转型升级。国际金融危机对于福建省出口导向的劳动密集型产业而言，既是严峻挑战，又是转型机遇。我们认为，对于劳动密集型企业自身而言，需要重视以下几点：第一，夯实外向经济的微观基础，提升企业的核心竞争力。发达国家之所以能够攫取全球价值链中高额的价值增值，主要是因为其在相应行业的一个或几个战略环节具有核心竞争力。现在全球价值链中高增值环节主要集中在产品开发和设计、营销和品牌等一些非生产性活动方面。因此，增加企业研发经费投入、开发新的营销方式、注重品牌经营，使企业自身的核心竞争力朝着具有发展潜力的全球价值链增值环节迈进是福建省出口加工型劳动密集型产业发展的重点。第二，提高产品质量，加强自主品牌建设。通过产品创新、服务创新、流程创新和加强科研与企业合作等手段，积极参与产业链高端的竞争，提升产品质量；改变简单重复的传统生产模式，提高出口产品的附加值，实现产品从低档向中高档转变，积极实施品牌战略。应围绕自主品牌建设为核心，实现从 OEM 向 ODM 和 OBM 的战略转型，提升企业在全球价值链上的分工地位。第三，实行市场转向策略，实现多元化，积极开拓新市场。在美国、欧盟等传统劳动密集型出口市场萎靡不振之际，部分企业应着力开发新市场，以新的市场增量弥补原有市场存量。企业应适时调整内外销比例，发展国内市场，积极开拓有品牌的内销，实现多元模式发展，同时还要适时把握出口节奏，积极开拓国外新市场，迅速实现出口阵地的转移和替代。为此，我们提出如下政策建议：

第一，政府应大力关注和支持劳动密集型民营企业的发展。民营企业的发展虽然起步较晚，但是后发优势比较明显。与国营企业相比，民营经济具有高度灵活的市场机制优势，在经济发展过程中更具有主动性和能动性；而与外资企业相比，民营经济的发展具有更深的根植性，更能提高劳动密集型产业的国内报酬，促进本土居民收入水平的提高。

第二，加强招商引资，完善产业链条。要深入研究劳动密集型产业链中的薄弱环节，积极扶持配套企业发展，尤其是中上游企业的建设和支持。要抓好产业链招商，特别是对跨国大公司、大项目的引进，利用外资大项目的产业关

联效应，"倒逼"配套加工企业跟进，形成产业链的"葡萄串"效应。地方政府在项目招商上着重引进关联性大项目，引导劳动密集型产业由水平分工向垂直分工转变，着力打造上下游配套的完整产业链。

第三，深化品牌带动战略，构建分工协作体系。要突出行业品牌龙头企业，对产业集群核心企业落实财税转向措施；要突出自主品牌和自主研发，扶持规模企业争创世界品牌、中国品牌；要突出品牌加工链整合，鼓励品牌龙头企业从产品经营向资本经营、营销和品牌经营、核心技术经营的方面发展，鼓励核心企业向加工制造业环节集中，整合兼并或就近给中小企业外派订单，引导广大中小企业转变经营理念，主动为区域龙头企业配套，建立分工明确、利益共享、诚信稳定的生产配套协作联合体，形成相互依存、共同发展的大中小企业分工协作体系。

第四，建立自主品牌全方位规划的引导机制。要对市场占有率在全国居前列的劳动密集型优势产品进行品牌规划，建立国家、省、市三级品牌梯队，加大品牌培育力度。要尽快制定区域品牌规划，引领块状经济向高端和终端方向提升发展。要加强政府与中介服务的联系，部门和协会多向企业提供产业发展政策和信息，引导和推进优势企业制定品牌发展规划，明确品牌培育方向、目标和重点。

第五，注重自主创新，构建技术创新体系，提升核心竞争力。要鼓励企业抓住时机加强技术创新，扩大重要技术装备和产品核心技术的引进；要重点建设以行业公共科技平台为支撑的行业技术创新；要扶持企业加强研发体系建设，积极创建国家级行业技术中心、科技创新型示范企业；要拓展产学研合作空间，鼓励企业与高等院校、研究所、国家重点实验室建立技术依托关系并实施研发项目；要重点建设以中小企业为主要对象的技术中介服务；要重点建设以产业政策和法律手段为主要方式的政府技术创新调控；要加强科技人才引进，设立企业高层次人才引进专项基金，帮助企业不拘一格引进人才、留住人才。

第六，加大金融创新力度，加大对自主品牌建设的资金支持力度，发挥财税政策导向作用，增强对劳动密集型中小企业的信贷倾斜。整合工商、质监、外经贸、工业和贸易各部门关于品牌发展的政策资源，提高政策效率；设立品牌建设专项基金，对新获得各级驰名商标、名牌产品、出口品牌的企业，加大力度给予一次性奖励；目前，大部分企业的融资还是通过银行贷款，只有银行系统对出口加工型企业转内销提供资金周转支持，才能解决企业面临的困难。因此，政府应当加大对劳动密集型中小型外贸企业资金支持力度，为劳动密集型中小企业提供财政资金支持。今后要加大财政资金对中小企业在贷款贴息、政府采购、贷款信用担保、技术创新等方面的扶持力度，强化对劳动密集型中小企业技术改造、开发新产品的资金支持，帮助中小企业渡过难关。

参考文献

［1］龚敏、李文溥：《论扩大内需政策与转变经济增长方式》，载《东南学术》2009 年第 1 期。

［2］晋江经济发展局：《晋江市体育发展现状与优化发展思路》，2008 年 5 月。

［3］晋江市委、晋江市人民政府：《"晋江模式"及其创新发展思路》，2002 年 7 月 9 日。

［4］李文溥等：《晋江"十一五"规划中期评估报告》，2008 年 11 月。

［5］李文溥、李鑫、王燕武、王俊海：《论我国出口加工型企业的转型》，载《东南学术》2009 年第 1 期。

［6］刘清、王永县：《品牌 2－8 规律：中国劳动密集型产业发展的一个问题》，载《产业经济研究》2008 年第 5 期。

［7］陆学艺：《晋江模式新发展——中国县域现代化道路探索》，社会科学文献出版社 2007 年版。

［8］罗勇、曹丽莉：《全球价值链视角下我国产业集群升级的思路》，载《国际贸易问题》2008 年第 11 期。

［9］杨益民：《调整结构提升层次在转变经济发展方式中先行先试》，2008 年 4 月 9 日。

［10］尤猛军：《强化产业联盟协作，提升产业综合竞争力》，2009 年 7 月 8 日。

"十二五"期间福建省加快服务业发展重点研究[*]

　　服务业是国民经济的重要组成部分，服务业发展水平是衡量现代社会经济发达程度的重要标志。党的十七大报告明确要求"发展现代服务业，提高服务业比重和水平"；国家"十一五"规划提出要大力发展金融、保险、物流、信息和法律服务等现代服务业。加快发展服务业，特别是加快发展现代服务业，提高服务业在国民经济中的比重，尽快使服务业成为主导产业，是推进经济结构调整、加快转变经济发展方式的必由之路，是有效缓解能源资源短缺瓶颈制约、提高资源利用效率的迫切需要，是适应对外开放新形势、实现综合国力整体跃升的有效途径。加快发展服务业，形成较为完备的服务业体系，提供满足人民群众物质文化生活需要的丰富产品，并成为吸纳城乡新增就业的主要渠道，也是解决民生问题、促进社会和谐、全面建设小康社会的内在要求。

　　本文主要针对"十二五"期间加快福建省服务业发展的重点展开深入研究，基本研究思路如下：首先，在分析福建省服务业发展的现状和问题的基础上，探讨福建省服务业发展存在滞后现象的背后原因；其次，指出生产性服务业是"十二五"期间福建省服务业发展的重点，并根据福建省的实际有针对性地分析了如何发展生产性服务业以及生产性服务业和民生服务业之间如何实现统筹协调发展等问题；最后，提出"十二五"期间加快福建省服务业发展的中长期思路和短期对策建议。

　　* 本文是提交中共福建省委的政策咨询报告，收录于李文溥主编《海峡西岸发展研究论集（二）》，经济科学出版社 2011 年版，共同作者：余长林、刘超、王华明。

一、福建省服务业发展的现状和问题

（一）发展速度相对滞后

图 1 表明，从服务业增加值的绝对数额来看，我国沿海地区（如广东、福建、浙江、上海和江苏等）的服务业在 20 世纪 90 年代中期以前增加值数额相对偏低，20 世纪 90 年代中期以后沿海地区的服务业取得了快速发展。与广东、江苏、浙江和上海相比，福建省服务业的增加值数额自 1978 年以来一直处于最低的位置，特别是 90 年代中期以后，与这些地区的发展差距不断拉大，说明福建省服务业的发展滞后于广东、江苏、浙江和上海等沿海发达省份。

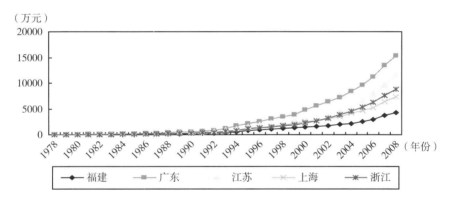

图 1　福建省服务业增加值绝对数额与广东、江苏、浙江和上海的比较
资料来源：历年五省（市）统计年鉴。

图 2 显示，福建省第三产业增加值增速和全国、广东、江苏、浙江和上海的变化趋势总体上相似。20 世纪 90 年代中期以前，福建省第三产业增加值增速基本处于中间水平，但是从 1998 年以来，福建省的第三产业增加值增速基本上都滞后于全国第三产业增加值增速，大部分年份也相应滞后于江苏、浙江、广东等沿海发达省份。

（二）占国民经济中的比重逐渐上升

图 3 和图 4 显示，福建省的服务业所占比重逐渐提升，2008 年基本稳定在 40% 左右。与全国生产总值的产业构成以及上海、江苏、广东、浙江相比，福

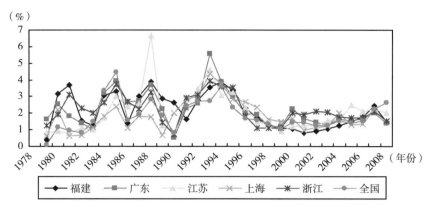

图2 福建省与全国、广东、江苏、上海和浙江第三产业增加值增长速度比较

资料来源:《中国统计年鉴(2009)》、五省(市)2009年统计年鉴。

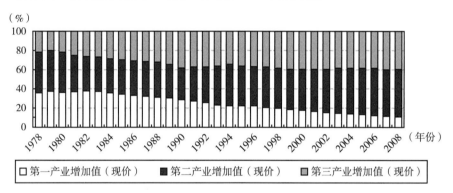

图3 福建省三次产业结构

资料来源:《福建省统计年鉴(2009)》。

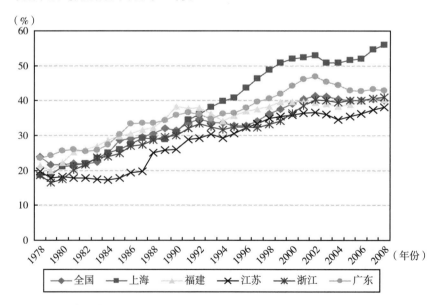

图4 福建省第三产业增加值占GDP比重与上海、江苏、广东、浙江等比较

资料来源:历年各省份统计年鉴。

建第三产业占 GDP 比重落后于上海、广东，领先于江苏和浙江，但是从 2001 年以来所占比重基本上低于全国的比重。福建正处于工业化加快发展的中期阶段，第二产业增长速度超过第三产业。这种变化特点与福建所处经济发展阶段产业结构变动的趋势基本相符。

（三）吸纳就业仍然存在很大提升空间

改革以来，福建省服务业在吸纳劳动力方面发挥了巨大的作用。见图 5，吸纳就业人数从 1978 年的 105.81 万人增加到了 2009 年的 775.68 万人，吸纳就业人员的比重从 1978 年的 11.4% 增加到了 2009 年的 34.8%。尽管略高于全国的 34.1% 的比例，但是与上海、江苏、浙江、广东相比，不仅远低于上海的57.5%，也低于广东（38.7%）、浙江（35.8%）（见图 6）。

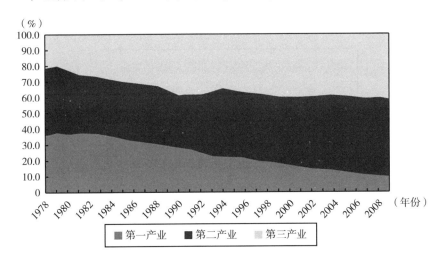

图 5　福建省历年三次产业就业人员构成

资料来源：《福建省统计年鉴（2009）》。

（四）对外开放水平较低

从各产业实际利用外资的数据来看，近几年来福建省服务业实际使用外资金额（验资口径）有上升的趋势，但是所占比重仍然很低，均在 20% 以下。受到国际金融危机的影响，2009 年的服务业实际利用外资出现了一定的下滑趋势（见图 7）。说明福建省服务业在吸纳 FDI 方面水平较低，对外开放程度低。

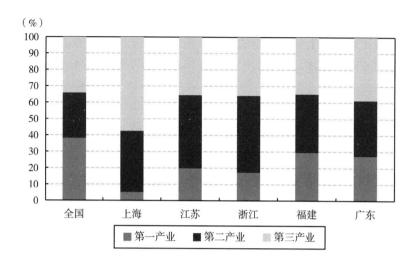

图6　福建省 2009 年底三次产业从业人员构成与其他省份比较

资料来源:《中国统计年鉴 (2010)》。

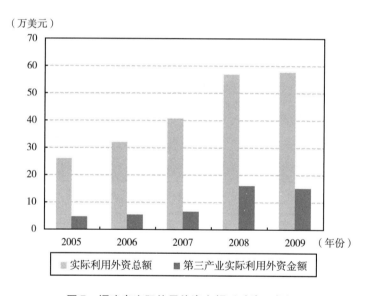

图7　福建省实际使用外资金额 (验资口径)

资料来源:《福建省统计年鉴 (2010)》。

(五) 知识和技术密集型服务业发展相对落后

知识技术密集型服务业包含金融保险、国际贸易、现代物流、信息咨询、电脑软件和信息技术、研究开发、法律、会计、咨询中介等现代服务业,这些服务业不仅可以提供更多的就业机会,也有利于优化产业结构和提高产业素质。

从图 8 可以看出，从研发投入、开发新产品经费和开发新产品产值来看，福建省都处于严重滞后状态。这说明当前福建省的技术创新能力不强，与华东三省一市相比严重滞后，在全国处于平均水平，甚至落后于不少内陆省份。福建省仍处于技术引进与应用层次，经济发展主要还是依靠生产要素投入和资本投入作为主要支撑，仍是粗放型的增长模式。这种增长模式只能使福建省的产业做大而不能做强，发展后劲不足。

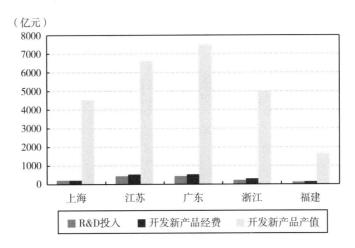

图8 2008 年福建省科技投入产出与上海、广东、浙江、江苏比较

资料来源：《中国科技统计年鉴（2008）》。

（六）服务业内部结构有待改善

福建省服务业中传统服务业占比较高，现代服务业特别是生产性服务业占比较低。2009 年全省传统服务业的增加值占服务业全部增加值的 58.6%，新兴现代服务业的比重偏低。

图 9 显示，虽然交通运输仓储和邮政业、批发和零售业、住宿餐饮业等传统服务业所占比重日益减少，但是金融、信息服务等生产性服务业比重还比较低，增长幅度比较小，速度比较缓慢。目前福建省在生产性服务业的发展上比较缓慢的局面亟须转变。

（七）服务业发展落后对工业发展的不利影响

截至 2009 年底，福建省规模以上工业企业数达 16179 家，大中型企业达 1824 家，所占比例仅为 10.94%，中小规模的民营企业由于本身不具备提供专

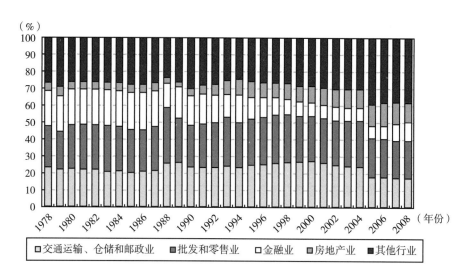

图9　福建省服务业内部构成

资料来源：历年《福建统计年鉴》。

业化服务的能力，它们的发展迫切需要信息、金融等生产性服务企业的有效支持。而生产性服务业发展的长期滞后，势必难以满足产业结构升级、自主创新和经济可持续发展的现实需要。最直接的后果就是企业普遍缺乏研发和创新能力，缺乏自主品牌、技术、专利等无形资产的积累，无法拓展产业链上、下游的高附加值服务，只能获得中游制造环节的微薄利润，在产品生产过程中，不得不长期依赖国外先进技术和关键部件，不得不向国外支付高额的专利费用。

二、福建省服务业发展滞后的原因分析

福建省服务业发展滞后的原因是多方面的。我们认为，其中较为重要的有：服务业发展的观念落后、服务业中垄断行业市场化程度低、服务业的对外开放程度低、城市化水平滞后、高层次专业人才短缺、出口导向的粗放型增长模式等。

（一）观念落后

长期以来一些人对于服务业的发展还存在很多误区。比如，认为服务业不是产业，能生产出实物产品的工农业才是产业，对服务业缺乏清醒的认识和良好的发展思路。一些地方政府把新型工业化道路理解成大兴工业项目，片面强

调工业而忽视第三产业。对于为什么要加快发展第三产业缺乏足够的理性认识，这就使得发展第三产业在一些地区处于"说起来重要，做起来次要，忙起来不要"的状况。长久以来，消费需求以物质需求满足为主，在政策设计和思想观念上都对制造业非常重视，对服务业尤其是生产性服务业重视不够，甚至认为服务业以及生产型服务业的发展会挤占制造业发展所需的资源，不利于制造业的发展，因此长期以来存在对服务业的歧视政策。还有一种误区是认为发展服务业就是要大上餐饮、娱乐项目，不能严格区分生产性服务业和生活性（民生）服务业，热衷于大搞服务项目的低水平重复建设，以跟风头、赶浪潮、靠克隆、搞运动的方式发展第三产业，助长了第三产业的结构性失衡。除此之外，依托工业引进大项目，大搞招商引资大战，过度追求 GDP 的政绩考核制度也使得官员热衷于发展工业，对发展服务业产生偏见，从而造成对现代生产型服务业的投资忽视、发展滞后，没能充分发挥这些产业对经济的巨大推动作用。

（二）市场化程度较低

从就业方面来看，2009 年福建省第三产业中城镇单位国有经济的从业人员占全部第三产业从业人员数比重 72.5%，私营单位仅为 23.30%，这个比例，无论是与福建现有的市场经济发育程度相比，还是与第二产业中私营单位的从业人员占比（90.38%）相比，都可以得出这样的判断：福建省的第三产业市场化程度偏低，仍然存在着相当严重的垄断现象。与制造业相比，相当多的生产性服务业垄断性强，市场化程度低，市场竞争很不充分。垄断限制了服务业的竞争力提升，一些生产性服务行业的市场准入门槛过高，限制了中小企业、非国有资本和民营经济的发展，也与产业发展的客观规律相违背。一些服务"霸王条款"、高收费、乱收费现象时有发生，不能满足生产和生活的需要，如铁路、银行、医疗卫生等部门。而另外一些行业如物流、咨询等行业的进入壁垒较低，容易导致无序竞争的局面，企业之间诚信缺失，缺乏必要的服务标准体系，又缺少有效的市场监督机制，导致生产性服务业难以健康发展。更为重要的是，有关部门对生产性服务业的市场准入前置条件普遍高于工业，一些行业对非公有经济还没有完全开放，一些已经开放的行业，有些职能部门为保护所属或改制分离出来的生产性服务机构的利益，通过提高准入门槛、加强资质审批等手段，限制新的生产性服务机构进入，抑制了生产性服务业的发展。

（三）服务业对外开放程度低

从引资领域看，交通运输仓储和邮政业、批发零售业仍然是外商投资的重点行业，2009 年福建省外商直接投资中交通运输仓储及邮电通信业投资所占比例为 16.32%，批发和零售贸易餐饮业投资所占比例为 19.71%。外资进入服务业还要面对外资准入资格、进入形式、股权比例和业务范围等较多的限制，并且相当多的自然垄断和行政垄断的服务产业，如电信、邮政、城市供电、铁路、民航、港口等领域基本上排斥非国有资本的进入。由于这些部门垄断难以打破，政府的管制又不够有效，服务产品的生产和供应效率还比较低下。

（四）城市化水平滞后，发展服务业缺乏城市尤其是大城市平台

城市化是服务业发展的需求基础，服务业的规模和结构，取决于城市化水平和城市的规模及结构。国际经验表明，城市化水平越高，服务业群聚效益越明显，金融、信息等高效益的新兴服务业越发达；在城市化水平滞后的情况下，服务业不可能有正常的发展。图 10 显示，福建九地市第三产业增加值与城镇年末常住人口数呈现比较明显的正相关关系。说明城市人口规模越大，第三产业的发展就越快。

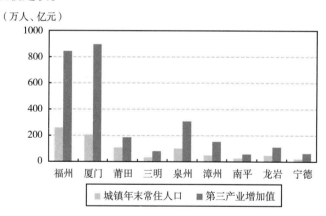

图 10　福建省第三产业增加值与城镇年末常住人口数关系

注：城镇年末常住人口是指市区人口，第三产业增加值指市区产值。

资料来源：《福建统计年鉴（2010）》。

福建省城市规模整体偏小，目前没有特大型城市，只有 4 个百万人口城市：福州（261 万人）、厦门（205.63 万人）、莆田（109.82 万人）、泉州（101.5 万人），大多数城市人口在 50 万人以下。福建省城市规模较小，城市化水平滞

后直接影响福建省服务业的发展。

图 11 显示，在近 25 年中，福建省城市化率大约每年上升 1.18 个百分点。到 2007 年底，福建省城市化率已达到 52.89%，即已有过半数人口成为事实上的城市人口。但是，城市化率与福建省工业化率相比，还是有些差距的。2007 年底，以工业增加值占 GDP 比重衡量的福建省工业化率是 43.45%，2007 年底福建省人均 GDP 是 3407.15 美元。与世界上经济发展水平相近的国家相比，福建省城市化水平显得相对落后，这些国家在工业化率低于 40% 时，其城市化率基本都在 60% 以上，福建省则相反，工业化率已经超过 40%，可是城市化率却迟迟无法达到 60%（见表 1）①。

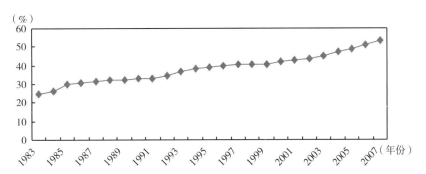

图 11　1983~2007 年福建省城市化率

资料来源：根据历年《福建统计年鉴》相关数据计算所得。

表 1　　　　　　　　人均 GDP 相近国家的工业化率和城市化率

国家	人均 GDP（美元）	工业增加值占 GDP 比重（%）	城市化率（%）
俄罗斯	4750	39	73.0
马来西亚	4701	50	67.3
土耳其	4637	29	67.3
阿根廷	4132	36	90.1
委内瑞拉	4014	58	93.4
南非	3886	31	59.3
巴西	3311	29	84.2
罗马尼亚	3277	35	53.7
哈萨克斯坦	3185	40	57.3
白俄罗斯	2992	42	72.3
平均	3888.5	38.9	71.79

资料来源：人均 GDP 数据来源于国际货币基金组织，工业增加值数据由世界银行数据整理得到，城市化率的数据来源于世界银行 2009 年世界发展报告。

---

① 李文溥、龚丽贞、林致远：《转变工业化、城市化发展方式与调结构、扩内需》，厦门大学宏观经济研究中心研究报告，2009 年 12 月。

（五）高层次专业人才短缺

生产性服务业，尤其是知识密集型服务业，在服务范围、功能、手段、经营方式上对人才提出了更高层次的要求，需要大量的专门人才，特别是企业管理、市场服务、科技研发、技术推广、信息技术、电脑软件、电子商务、金融保险、咨询中介、综合物流等知识密集型服务行业的发展，更离不开高端人才的支撑。人力资本是生产性服务业发展中的关键要素，生产性服务业的发展需要大量专业人才。由于我国长期存在"重制造、轻服务"的观念，重点发展制造业，生产性服务业的发展未得到应有的重视，服务业人才的培养也没有得到足够的重视，导致服务业高级专门人才储备不足，人才供给结构也不合理，而职业教育发展滞后，也影响了服务业人才的培养。目前，精通国外法律、国外市场的国际型和开放型专业人才十分紧缺。

福建省服务业从业人员的结构性问题比较突出，高学历、高级职称人员主要集中在教育、卫生、机关团体、金融等部门。而传统服务业以劳动密集型企业居多，对人才、技术的依赖程度不高，服务业人才的培养与使用没有得到足够的重视。现有生产性服务业从业人数中有相当部分没有接受过专业教育，高层次专业技术服务人才严重短缺成为制约生产性服务业发展的重要因素。

（六）出口劳动密集型产品导向的粗放型增长模式

福建省作为东部沿海地区的省份之一，进出口与GDP之比、进出口与工业增加值之比分别在2005年和2004年达到最大值67.85%和159.81%，虽然近几年有所下降，但仍然处于较高区间内（见图12和图13）。因此，福建省经济的出口导向特征非常明显。

这种出口劳动密集型产品导向的经济结构正是导致福建省第三产业（服务业）发展缓慢的重要原因之一。事实上，沿海地区高进出口的背后是出口加工业的高速发展，加工贸易已成为沿海地区最重要的贸易方式。但是，加工贸易方式的原材料和产品市场两头在外，只有生产环节在国内，这种加工贸易使得出口加工业处于低端制造环节，企业资本所有权为外部投资者所有，同时缺乏自主知识产权，缺乏自有品牌和营销体系，利润大部分被外来投资者拿走，资本收益、知识产权收益和品牌销售收益流向国外投资者，以成品装配和低端产品制造为主的制造业只能获得较低的附加值，即所谓的"初加工，低技术，廉

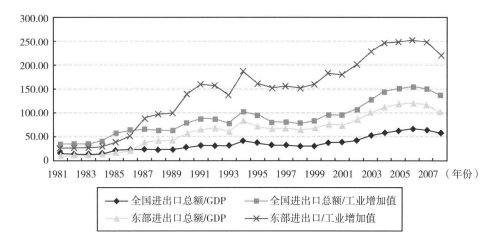

图 12　全国和东部沿海 5 省市的进出口比例对比

资料来源：李文溥、龚丽贞、林致远：《转变工业化、城市化发展方式与调结构、扩内需》，厦门大学宏观经济研究中心研究报告，2009 年 12 月。

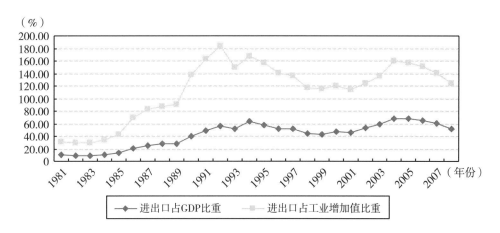

图 13　福建省进出口占 GDP 和工业增加值比重

资料来源：李文溥、龚丽贞、林致远：《转变工业化、城市化发展方式与调结构、扩内需》，厦门大学宏观经济研究中心研究报告，2009 年 12 月。

价品，低工资，高能耗，资源型，高污染"。这种以出口加工贸易为主导的经济发展模式产生了一个严重的收入分配后果：投资者（或者是外商或者是少数的资本所有者）获得了生产中的绝大部分利润，劳动者（同时也是消费需求的主要潜在人群）只获得了少量的、只能维持其基本生存需要的工资。一方面 GDP 持续保持高增长率，另一方面普通民众的收入水平始终无法跟上 GDP 的增长速度，收入水平在很大程度上决定了居民消费水平，导致了居民的消费需求无法扩大，在各类生活消费中，服务消费的收入弹性是比较大的，因此，居民收入增长缓慢势必导致服务业特别是生活消费型服务业发展缓慢。

另外，两头在外的加工贸易模式使发达国家成为世界服务业中心的同时，中国成了所谓的"世界制造中心"。我国的工业生产多处于垂直产业链体系中的末端环节，这种特殊的分工模式导致了制造业的中间需求不足，从而我国服务业特别是生产性服务业的需求不足。产业内部分工和专业化程度的提高可以使得服务业对其他产业的中间服务作用得到加强，从而对服务业产生更多的需求，从而促进服务业特别是生产服务业的发展。然而中国由于目前相当多工业生产仍然处于国际产业分工链条中的低端制造环节，工业的发展并未同时带动产业内部分工的迅速深化和服务业特别是生产性服务业的同步发展，导致我国工业优先于服务业发展的不平衡状态。我国货物贸易持续保持大额贸易顺差的同时，服务贸易持续保持逆差，1998～2008 年，我国服务贸易逆差从 27.7 亿美元逐步扩大到 118.1 亿美元[1]，说明中国快速的工业化进程没有带来相应服务业的快速发展。

就福建省而言，2000～2008 年，加工贸易出口额占全部出口贸易总额的46%[2]，占据了福建省对外出口的近半江山。其中机械及运输设备在 2003～2008 年的出口总值平均占福建省出口总值的 36.43%，同时其进口总值占福建省进口总值的 37.87%，可见主要是加工贸易。

与福建省出口加工贸易的快速发展相伴随的是服务业的缓慢发展。2008 年福建省第三产业产值比重为 39.26%，第三产业从业人员比重为 33.3%（三次产业产值结构为 10.7∶50.04∶39.26，三次产业就业人员结构为 31.1∶35.6∶33.3），同期上海市第三产业产值比重为 53.66%，第三产业从业人员比重为 55.04%（三次产业产值结构为 0.82∶45.52∶53.66，三次产业就业人员结构为 4.69∶40.27∶55.04），两者产值相差 14.4 个百分点，从业人员比重相差 21.74 个百分点，因此福建省第三产业发展总体上还处于滞后阶段，不仅总体产值不高，而且对劳动力的吸纳能力相对较低，从而影响了其拉动就业作用的发挥。从结构上看，2008 年福建省第三产业增加值中，交通运输、仓储和邮政业，批发和零售业所占比例分别为 17.3% 和 22.4%，金融业和房地产业各占 11.0%，显示传统第三产业比重较高，而生产性服务业如金融保险、信息服务业、法律、会计、咨询中介服务等发展比较缓慢，比重较低。

如上所述，出口加工贸易的高速增长实际上带来了两个结果：一方面，加工业的"廉价品，低工资"的特点导致了工人收入低下，低收入导致低消费，

---

① 根据国家外汇管理局网站公布数据计算得到。
② 根据历年《福建统计年鉴》计算。

特别是减少对非必需品的消费，而这部分消费正是消费型服务业的根基，因此这种工业发展模式无法带动对消费型服务业的需求，导致消费性服务业发展缓慢；另一方面，加工业的"两头在外"的模式抑制了生产型服务业的发展动力，导致了生产性服务业发展缓慢。

三、"十二五"期间加快福建省服务业发展的重点

（一）生产性服务业是福建省"十二五"期间服务业发展的重点

随着国民经济不断增长、社会分工不断细化，产品的制造过程逐渐分解为诸多中间环节，产生大量中间需求，围绕这些中间需求形成的、市场化的非最终消费服务，即作为其他产品或服务生产的中间投入的服务便是生产性服务业。生产性服务业与一、二产业生产是相互依存、相互促进的。当企业将主要资源集中在核心业务上，而把非核心业务交由专业化的服务企业完成时，使部分生产环节从制造业分离出来，既使制造业分工更加细化，又促进了服务业的发展；另外，通过向制造业提供高质量、低成本的服务，加快推进其硬件技术化，促进制造业水平的进一步提升。

生产性服务业具有先导性。当商品市场由短缺经济向供需基本平衡，继而向供大于求转变的过程中，商品通过市场实现其价值的过程，正如马克思所说，是"惊险的一跳"。从微观角度看，专业化的前端研发、中期服务、后端营销等生产性服务业，对于提高企业实现产品价值的能力，也即企业的竞争力显得越来越重要[①]。如果没有自主知识产权，没有自己的品牌和营销体系，仅仅是产品制造，企业的市场拓展将日趋困难，更难以获得产品的资本收益、知识产权收益、品牌收益。从宏观来看，如果营销、物流、金融、信息等生产性服务业滞后于一、二产业的发展，将制约国民经济商流、物流、信息流以及资金流的运转速度，导致国民经济高成本、低效率、慢节奏运转。近年来，美国的制造业比重虽不断下降，但在全球跨国公司数量中仍占据 1/3 的席位，在100 多个最有竞争力、最有价值的世界品牌中，仍占 2/3，控制着世界重要的生产能力，在国际竞争中保持经济优势，其重要原因就在于其发达的生产性服务业。可见，生产性服务业已成为现代产业链、价值链和创新链的高端环节，

---

① 当然，这不是企业竞争力的全部，仅仅是它的重要组成部分。

具备了鲜明的先导产业特征，对于优化产业结构，促进经济增长方式转变有重要作用。

随着国际金融危机带来了外需的明显萎缩，使得出口导向型的制造类企业遭受重创，再加上国内土地、人力要素价格不断上升，制造类企业原有的赖以生存的低成本优势正在逐渐消失，逼迫企业寻求新的竞争优势和新的利润增长点，而生产性服务业一方面可以促进制造类企业在集中固定生产和上下游分散变动的需求之间的衔接，降低了交易成本；通过贯穿生产过程前中后的各种咨询、研发、物流、信息服务，提高制造类企业的要素使用效率。另一方面生产性服务企业通过专注于企业价值链的核心环节，增强企业的创新能力，进而带来核心竞争能力的提升，实现制造业的升级，因此制造业企业未来的发展转型应该高度重视生产性服务业。生产性服务业具有知识智力密集度高、产出附加值大、资源消耗低、环境污染少等特性，作为当今产业国际竞争的焦点和全球价值链中的主要增值点、盈利点，成为促进经济增长方式转型和结构升级的突破口。目前，福建省开始进入工业化中期阶段，促进传统农业向现代农业转变，大力推进"工业强省"战略的过程中，生产性服务业的发展对于促进经济效率的提高、产业分工的深化、工业化水平的提升以及经济增长都具有极为深远的意义。

我们认为，福建省服务业发展的重点也应该是生产性服务业。生产性服务业多数是知识密集型服务业，要实现生产性服务业为制造业服务，要实现生产性服务业与制造业相互促进、融合互动发展，形成促进制造业升级的服务支撑体系。重点发展如金融保险、国际贸易、现代物流、信息咨询、电脑软件和信息技术、研究开发、市场服务等服务业。通过发展生产性服务业聚集专业人才进行产品研发、广告营销、品牌设计、保险、会计、法律和运输等服务活动，形成生产网络和国际营销网络，为生产者提供从硬件到软件、从销售到咨询的全套服务。

（二）如何发展生产性服务业

发展生产性服务业，要做好生产性服务业与制造业相互融合、服务业产业集聚和城市化等几个方面的重要工作，这几个方面也是相互联系，密不可分。做大做强制造业是生产性服务业发展的基础，生产性服务业为制造业提供支撑作用；与制造业类似，生产性服务业也需要通过空间聚集的形式发挥规模效应和集聚效应，而且在某种程度上两者的集聚在空间上是吻合的。城市作为吸纳生产性服务业最重要的载体，两者存在相互反馈的机制，一方面通过生产性服务业在城市的聚集，优化城市的区位功能，增强城市的辐射和带动作用，加速城市化进程；另一方面，城市规模的扩大，人流、物流、信息流的交汇也会为生产性服务业的壮大提供有利的条件。

在制造类企业和生产性服务企业相互融合的机制下，为了降低企业的经营成本，制造类企业将生产服务外包给专门的服务厂商，由于生产性企业提供服务产品的辐射半径是一定的，于是就出现了很多集聚在制造类企业附近的同类的或近似的生产服务的供应商。这些供应商通过使用共同的基础设施，减少了分散布局带来的运输和其他成本。同时生产性服务业企业通过相互间的学习效应，促进了新技术的传播，提升了企业的创新能力，在与制造类企业密切配合中，充分发挥了生产性服务业集聚的规模经济效应。要做好围绕重要的处于中心地位的一个或多个制造类大企业周边的轴轮式和多核式的产业集聚模式，结合自身产业优势，加强基础设施建设，充分利用国有企业、大型科研机构周边以及现有的制造业集聚基地的软硬件条件。

生产性服务业的综合服务与创新需要高度专业化的投入，而城市信息交流的便捷以及创新的可能，各种资源、机构、科研院所、大众媒体的集中，使得在城市中生产性服务业企业对市场信息的及时把握、对周围环境变化的及时适应更为便捷，更容易实现创新，同时城市还具有大规模的高素质劳动力市场和良好的生活环境条件，以上条件决定了城市成为生产性服务业的天然滋生地。但是，在发展生产性服务业的时候必须要因地制宜，做到"差异布局，错位发展"，要避免出现城市服务业产业结构不合理以及同质化趋向。大城市明显的更容易积聚大批生产性服务业企业，因此应该大力发展总部经济，要发展和吸引一批大型的生产性服务企业，优先发展试验性金融中心、会展中心、研发中心等，福建省的福州和厦门具备了这些条件。而二线城市处于大城市的服务业发展的产业阴影区内，要根据自身产业特点，发展中小型的生产性服务企业和大型生产性服务业的分支机构，争取成为次级区域中心，优先发展形式灵活方便的物流、金融融资、区域信息服务等产业。

从福建省的实际情况来看，工业在互动关系中仍然处于主体地位，改革开放以来，除了极少数年份以外，工业对经济增长的贡献率始终高于服务业，2009 年，工业对经济增长的贡献率达到了 47.6%，服务业的这一比率为 39.3%。然而福建省的制造业大多数是处于生产链上的劳动密集型生产或装备生产，产品的附加值和技术含量低，生产环节所需要外包的服务不多且涉及面窄，与产品制造相关的金融、市场销售、人力资源、信息服务等占全部支出比重很小。

因此，未来的发展重点还在于大力发展电子信息、石化、汽车、装备制造等先进制造业，这些行业涵盖了产品设计、加工制造、产品销售、使用和维修等多个环节，社会化分工程度高，能够提供大量的服务外包的工作，同时产品的科技含量比较高，资金、土地等要素密集度高，要求融资体系比较完善，这就为科研服务业、金融服务业等提供了有利的平台。通过研发设计、市场拓展和品牌运作，利用功能更强大、专业化水平过高的生产性服务业整合自身的研发和品牌推广平台，推动这些环节的社会化和市场化，降低企业运营成本。

（三）实现生产性服务业和生活性服务业的统筹协调发展

与生产性服务业不同，生活性服务业包含餐饮、旅游、文化娱乐等领域，属于劳动密集型服务业，尤其是涉及教育、医疗、房地产等行业，与居民的生活水平息息相关，是居民最能够直接感受到对其生活影响的产业。

生产性服务业和生活性服务业两者既相互区别，又相互联系，生产性服务业的发展会促进生活性服务业的水平提升，而生活性服务业的发展又为生产性服务业创造配套条件，两者的互动关系主要表现为：经济增长带来人民收入水平的提高，同时对娱乐、学习和休闲的需求增大带来餐饮、旅游、教育等生活性服务业的发展，不可避免地促进与之密切相关的金融保险、物流、咨询等生产性服务业的需求增长，进而推动整个生产性服务业的发展；生产性服务业中的金融服务业、信息服务业等行业的平均工资水平较高，伴随着从业人员工资水平的提高，其对旅游、文化娱乐的需求会日渐增多，自然带来生活性服务业的发展。国际金融危机对我国的经济运行产生了深刻的影响，在"保增长，扩内需，调结构"的要求下，我国很多省市兴起了一股发展现代服务业的趋势，出台了专门的促进生产性服务业发展的指导意见等，为物流、金融、信息等高端服务业提供了很多政策优惠，但是对涉及民生问题的生活性服务业缺乏足够的重视，仅仅停留在"大力发展民生性服务业"的口号上，也缺乏发展生活性服务业的专项规划，而生活性服务业进入门槛低、吸纳就业能力强、见效快，从提升内需的角度看是非常重要的，因此不能忽略生活性服务业，要实现两者的统筹协调发展。

从生活性服务业与城市化的角度来看，发展现代服务业，一个重要的着力点就是根据城市的规模和等级的不同，发展不同层次的服务业，尤其要避免各地市一拥而上发展高端的生产性服务业的情况。大型城市要重点发展如金融保险、国际贸易、现代物流、信息咨询、电脑软件和信息技术、研究开发、市场服务等现代服务业。中小城市基础设施较为滞后，尤其在教育、医疗等领域供需矛盾突出，同时高素质人才较为缺乏，因此中小城市尤其要做好生活性服务业的工作。从福建的实际情况来看，福建城市化水平不高，缺乏特大型的中心城市，中小城市比较多，随着工业化、城市化进程的加快发展，目前出现了农村人口向一线大中城市寻求就业，居住地从农村向中小城市转移的趋势，农村人口向中小城市集聚，主要是在既定收入水平约束下，寻求比农村更优质的医疗、教育、生活服务环境。它促使中小城市民生服务业的需求急剧扩大。因此，发展服务业要从本地实际出发，以解决就业、便利生活、提高生活品质为目标，在中小城市要重点提升满足生活需要、提高百姓生活品质的劳动密集型的消费性服务业，重点发展教育、医疗、社会保障、社会服务等民生产业，提供优质的教育、医疗和社会保障、社会服务产品，提升居民的生活品质，营造良好的工作和生活环境，吸纳更多的人才，实现福建省生产性服务业和生活性服务业的良性互动发展。

四、"十二五"期间加快福建省服务业发展的对策建议

主要从中长期思路和短期政策两个方面提出加快福建省服务业发展的对策建议，特别强调政府在服务业发展中的作用。重点关注推动生产性服务业良性发展的政策措施，通过加快发展服务业特别是生产性服务业，实现产业转型和经济发展方式转变。

促进服务业发展，应该根据其面临的问题，分清轻重缓急，分类治理。对于短期问题，可以用短期有效的办法来解决。对于长期问题的解决，既要防止急于求成，欲速不达；又要注意战略思路的科学设计和不同阶段性安排之间的动态协调，将解决长期问题的战略性安排和阶段性对策结合起来。此外，要站在整个产业结构转型升级和经济发展方式转变的全局，统筹谋划服务业的发展。

（一）中长期思路

一是从思想上彻底摒弃传统的旧观念，全面贯彻科学发展观，跳出就服务业谈服务业的思维定式，从制造业甚至整个国民经济转型发展的战略高度，明确服务业的产业定位。如果脱离了这一目标就会出现本文强调的生产性服务业与国民经济脱节，违背了制造业转型的需求，加剧过剩与短缺并存的结构性矛

盾。同时也要认识到服务业涉及的部门众多,像商贸流通、邮政电信、中介咨询等这些产业与人民群众的生活息息相关,服务业在很大程度上也是民生产业,必须高度重视。

二是加强对服务业发展的统筹规划,强化对交通运输业、现代物流业、金融服务业、商贸流通服务业、信息服务业、商务服务业、科技服务业等的重点支持。对于制造业相对发达的福建来说,重点是发展有助于制造业结构优化升级的生产性服务业,通过推动制造业企业内部生产性服务业独立化和专业化,与推进生产性服务企业做大做强结合起来,降低制造业企业对生产性服务业的使用成本,拓展市场空间和增强其可持续发展能力。

三是发展生产性服务业不是遍地点火式的发展,而是要围绕改造提升制造业集群,打造生产性服务业的产业链和产业群。目前福建的产业集群多是传统型的集群,创新能力差、抵抗风险能力不足、产业升级缓慢,往往经历一段时间的扩张之后由于要素价格上涨,国际国内竞争压力加大,因此转型改造的压力非常大,迫切需要改造升级。由于各地的产业结构不同,因此需要鼓励各地加强对服务业发展的政策研究和试点、试验以及示范,鼓励各地因地制宜地完善鼓励服务业发展的政策环境。

四是不能片面追求数量扩张,要加快产业组织形式和业态的创新,坚持生产性服务业发展的优先地位。积极推进生产性服务业组织模式的创新、管理方式的再造和网络化经营、虚拟经营以及现代化的营销方式。不是要追求一盘散沙式的服务业企业的数量增加,而是要实现服务业企业的专业化、标准化、规范化以及产业化,要充分发挥行业协会在行业创新、行业自律、沟通政府等方面的积极作用。

五是跳出自给自足的思维定式,要强化闽台、闽港的服务业合作关系;也不能过度依赖招商引资和承接产业转移,要把发展生产性服务业与加速福建制造业转型密切结合起来。以跨国公司为主导的国际产业转移,目前仍然以制造业为主,但是服务业尤其是生产性服务业将成为未来产业转移的新热点。台湾是生产性服务业比较发达的地区,在物流、银行、证券、保险、信息服务等生产性服务行业占有相对优势,并集聚大批专业人才。香港是国际金融中心,服务贸易整体优势明显高于内地,福建应充分重视利用 CEPA 和 ECFA 签署的东风,在引进港台尤其是台湾服务业方面大胆先行先试。另外,目前在招商引资和承接产业转移的手段上,存在过分依赖政策优惠及廉价供给土地、资金、能源等不当做法,外企实际享受了超国民待遇,各地区盲目攀比、在招商引资上存在恶性竞争的情况,因此从坚持科学发展观的角度出发,应该将发展生产性服务业理解为促进产业转型和提升国际分工的必要措施，而不是只是为了引进外资，单纯的引进不能从根本上解决福建服务业发展滞后的局面。

六是要进一步完善扶持服务业中小企业的政策，侧重支持服务业中小企业发展。服务业企业多为中小企业，中小企业本身的弱质性，决定了应该坚定不移地加强对中小企业发展的选择性优先支持。首先要优先支持在解决民生问题、促进产业结构优化升级方面作用突出或较有潜力，但面临暂时性困难的企业渡过难关。同时按照科学发展的要求，从技术、安全、卫生、生态环境和资源利用方式等方面，适度提高服务业中小企业的准入门槛。完善服务业中小企业衰退产业、过剩产能的有序退出机制。给服务业中小企业留有较长的适应政策调整的准备期，使其能够积极平缓地适应短期内政策调整和宏观经济环境剧烈变化的双重压力。

（二）短期对策建议

一是加快服务业体制创新。放宽市场准入，拓宽准入领域。对福建的服务业进行分门别类的梳理，落实哪些领域可以开放，调整国有经济布局，进一步完成国有生产服务企业的改制，降低生产性服务业的国有垄断程度。凡是向外资开放的领域，都要向内资开放，凡是向本地企业开放的服务业领域，应全部向外地企业开放。鼓励民间资本参与科技研发、对外贸易、交通运输、水利、通信等领域的投资。按照公平、公正、公开的原则，引入竞争机制，鼓励混合型经济发展，按照市场主体资质和服务标准，取消基于所有制、地区或部门的各种不合理限制，改变生产性服务业垄断经营严重、市场准入限制过严和透明度偏低的状况。

二是紧抓目前新一轮税制改革的契机，做好企业财税优惠文章。完善营业税税制，比如考虑调节服务外包的增值税征税方式，减轻服务外包的税收负担等。根据不同服务业不同行业设计差别税率，区别对待，鼓励金融等生产性服务业的发展进行调整，拉开生产性服务业与消费性服务业的税率差距。鼓励省内工业企业"退二进三""优二进三"，将原材料采购、运输、仓储等服务环节剥离，设立专门的奖励基金，对于实施分离的企业给予适当扶持。对符合条件的研发、设计、网络技术、创意、服务外包、软件开发、现代物流、知识产权服务、电子商务、低碳高技术含量的服务业企业，一经认定，可按规定享受高新技术企业优惠政策。对新引进的国内外著名企业的企业总部、研发设计中心，纳税若有困难，按照税收管理权限报经批准后，可酌情减免房产税、城镇土地使用税。

三是践行先行先试，促进闽台服务业产业对接。加强与台湾产业"十个对接"，建设海峡西岸先进制造业基地和现代服务业基地。围绕做大做强福建支柱产业和优势产业，加强与台湾在先进制造业（包括光电产业）、软件与信息服务、金融保险、服务外包、旅游会展、航运物流、文化创意、商贸、邮政通信、农业种苗和农产品加工十个方面进行对接与合作。着手研究制订闽台产业的对接计划，明确产业对接的重点，推动形成产业对接集中区；主动承接台湾金融产业转移，积极推进对台离岸金融业务先行先试；同时，深化闽台农业、旅游、现代服务业领域的合作与交流。

四是加强对服务业发展的支撑体系建设。第一，建立服务业发展的资金支撑体系，设立福建省服务业引导资金，重点支持服务业重点项目发展；创立服务业投融资平台，政府通过平台引导服务业发展。同时开辟多元化投入渠道，吸引银行、外资、民营以及其他社会资本向服务业重点领域投入，制定鼓励各类资本投资服务业的具体实施意见。第二，建立科技支撑体系，现代服务业科技含量高、专业性强，需要综合和专门技术力量，围绕省重点产业培育现代服务技术组织，为企业提供科技研发、管理咨询等服务。配合国家"十一五"时期现代服务业共性技术支撑体系与应用示范工程的实施，加强现代服务业共性关键技术攻关与应用示范，相关地方政府和部门应通过相应的计划进行配套支持。第三，建立政策支撑体系，加强对服务业发展的政策研究、制定和落实工作。依据国家产业政策完善和细化服务业发展指导目录，从财税、信贷、投融资等方面进一步完善促进服务业发展的政策体系。研究制定推进生产性服务业发展、集聚区建设等方面的鼓励政策，通过完善服务业发展政策，消除服务业发展面临的瓶颈制约，促进服务业又好又快地发展。第四，建立信用评价与绩效考核体系。强化服务信用治理和信用结构建设，以服务诚信度、服务绩效和社会认知度为重点，加快制订、推行相关指标体系与考核评价办法。强化行业协会的功能，依托行业协会探索建立科技服务机构的信誉评价体系和科技服务业从业人员职业资格认定制度。支持信用服务中介机构的建设，大力开展联合征信与增值服务，促进信用市场的形成和发展。第五，建立以企业为主体、产学研结合的创新体系。推动企业成为现代服务业创新发展的主体，把以企业为主体、产学研结合的技术创新机制建设作为推进现代服务业科技支撑体系建设的主要手段，把引导企业创新发展模式和经营业态、拓展现代服务业的发展空间作为加快现代服务业发展的主要途径。各级、各部门要结合自身实际，研究制定相关措施，积极营造现代服务业发展的良好环境，围绕现代服务业发展的需求，支持企业加强与国内外科研单位和高等院校的交流与合作，培育一批现代服务业龙头企业和以现代服务业先进技术、优秀软硬件产品研究开发为主导的高新技术企业。

五是打造一批制造业和服务业的龙头企业，加速两者的融合。从社会分工的角度来看，生产服务外包化是分工深化、专业化程度提升的表现。随着企业面临的需求日益多样化以及竞争程度越来越高，追求专业化而非范围经济，成为企业普遍的一个重要战略性选择，许多生产性服务业部门就是由制造业企业内的部门逐渐发展独立出来的。制造类企业规模的扩大，社会化程度的提高，使得它不得不把自己的一些与核心流程关系不是太紧密的研发、物流等环节"外包"给生产性服务企业，因此培育一批大型的制造企业为服务业提供了成长壮大的土壤。另外要充分发挥服务业龙头企业的带动作用，尤其是现代服务业的龙头企业，在2009年中国制造业企业中福建仅上榜七家，而在中国服务业企业500强中，福建入榜企业为29家，数量上少于浙江（69家）、江苏（44家）、上海（34家）、广东（31家），其中27家位于厦门，分布行业中房地产业占了相当大的比重，剩余的也多集中在商贸流通领域。说明福建省服务业龙头企业数目仍然偏少，且分布的地区、行业不均衡，未来还有很大的发展空间。

六是构建现代服务业统计指标体系。服务业涉及面广、企业数目众多、内容复杂，许多新兴项目不断出现，造成了服务业漏统和统计不全的现象普遍存在。因此有必要尽快完善现代服务业统计指标和统计制度。加强各部门之间的协调，建立各厅局之间的服务业统计联席会议机制，重点建设交通运输、现代物流、科技服务等产业的统计体系，建立健全统计调查单位名录库，加强与工商、质检、税务、编委、民政等部门的沟通与协作，做好单位名录库和个体样本框的及时更新、维护和管理。做好服务业统计调查数据的质量控制，充分了解服务业统计调查过程中存在的难点和问题，采用全面调查、规模以上全面调查与规模以下抽样调查相结合的办法，不定期随机抽取部分乡镇、企业或单位、个体户进行数据质量检查。在对各地上报数据进行逻辑审核的基础上，定期召开服务业数据质量评估会议，评估服务业的重要指标如行业增加值与消费品零售额、劳动报酬、营业税、公共管理支出、水电消耗等专业与部门数据是否匹配，季度行业增加值发展速度是否出现大起大落，服务业发展与当地经济发展实际和逻辑判断是否相符合，不断进行动态统计监测。

参考文献

［1］毕斗斗：《生产性服务业发展研究》，经济科学出版社2009年版。

〔2〕邓丽姝：《对生产性服务业与制造业升级的理论探讨》，载《经济论坛》2010 年第 2 期。

〔3〕李江帆、毕斗斗：《国外生产性服务业研究述评》，载《外国经济与管理》2004 年第 11 期。

〔4〕李文溥、龚丽贞、林致远：《转变工业化、城市化发展方式与调结构、扩内需》，厦门大学宏观经济研究中心研究报告，2009 年 12 月。

〔5〕潘海岚：《中国现代服务业发展研究》，中国财政经济出版社 2008 年版。

〔6〕任旺兵：《我国制造业发展转型期生产性服务业发展问题》，中国计划出版社 2008 年版。

〔7〕唐珏岚：《生产性服务业集聚——大都市形成与发展的必由之路》，载《广西社会科学》2006 年第 2 期。

〔8〕闫嘉有：《基于政府转型的生产性服务业发展研究》，载《国家行政学院学报》2010 年第 1 期。

〔9〕张长森、杨振华：《基于共生机理的生产性服务业与制造业互动研究》，载《经济论坛》2010 年第 3 期。

逐步提高劳工工资，促进经济发展方式转变[*]

党的十七届五中全会指出："在当代中国，坚持发展是硬道理的本质要求，就是坚持科学发展，更加注重以人为本，更加注重全面协调可持续发展，更加注重统筹兼顾，更加注重保障和改善民生，促进社会公平正义。加快转变经济发展方式是我国经济社会领域的一场深刻变革，必须贯穿经济社会发展全过程和各领域，坚持把经济结构战略性调整作为加快转变经济发展方式的主攻方向，坚持把科技进步和创新作为加快转变经济发展方式的重要支撑，坚持把保障和改善民生作为加快转变经济发展方式的根本出发点和落脚点，坚持把建设资源节约型、环境友好型社会作为加快转变经济发展方式的重要着力点，坚持把改革开放作为加快转变经济发展方式的强大动力，提高发展的全面性、协调性、可持续性，实现经济社会又好又快发展。"这是中央立足于我国社会发展的基本价值观，面对国际金融危机带来的严重影响和国际国内环境的深刻变化、我国社会经济发展中存在的主要矛盾，就如何制定"十二五"规划，提出的基本思路。

一、我国国民经济结构失衡的基本表现及原因

我国自 20 世纪 90 年代中期以来，经济高速增长的同时，结构性矛盾日益突出。主要问题是国民收入分配、支出结构严重失衡（见图 1）。

* 本文是提交中共福建省委的政策咨询报告，收录于李文溥主编《海峡西岸发展研究论集（二）》，经济科学出版社 2011 年版，共同作者：郑建清。

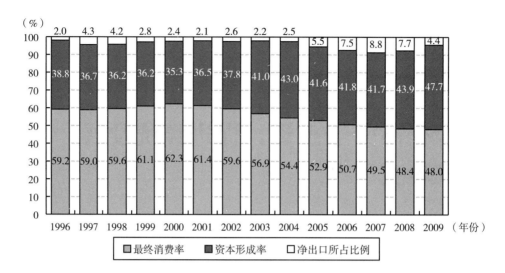

图1　1996～2009年我国国民收入支出结构

资料来源：《中国统计年鉴（2010）》。

2000～2009年，在按支出法核算的国内生产总值中，资本形成率提高了12.4个百分点，净出口比重提高了2个百分点（其中，如果与本轮经济增长的高峰期2007年比较，资本形成率和净出口比重都提高了6.4个百分点）。

在本轮经济周期的峰值年（2007年），我国净出口占GDP的比重高达8.8%（2008年略降至7.7%），这意味着我国国民当年实际使用的GDP仅为全年生产的GDP的90%多一点，近10%的GDP本国无法消费，以净出口的形式贷给了其他国家。

与此同时，最终消费率下降了14.3个百分点，平均每年下降了1.59个百分点。最终消费率下降主要是居民消费下降导致的。2009年居民消费占GDP的比重为35.1%，比2000年下降了11.3个百分点，占最终消费率下降的79.22%。其中，农村居民消费占GDP比重降幅超过了城镇居民消费占GDP比重降幅。城镇居民消费占GDP的比例，2009年为26.8%，比2000年下降了4.35个百分点，农村居民消费占GDP的比例仅为8.4%，比2000年下降了7个百分点。然而，政府消费占最终消费的比重却上升了，2000年，政府消费占最终消费的比重为25.5%，2009年上升到26.8%。

从动态上看，中国居民消费占GDP比例的下降幅度是比较快的。1978年以前，基本维持在60%以上，20世纪80年代平均为51%，90年代下降为45.6%，2001～2009年下降速度明显加快，8年之间就下降了10.2个百分点。2009年，仅剩下35.1%；与此同时，居民的储蓄率大幅上升了12.3个百分点。

与同是高储蓄的东亚国家和地区相比（见图2），1978年以前，中国居民消费率基本维持在60%以上，略高于当时的日本和韩国；1978～1993年降至接近日韩的同期水平；近十年，则大幅低于日韩的同期水平。

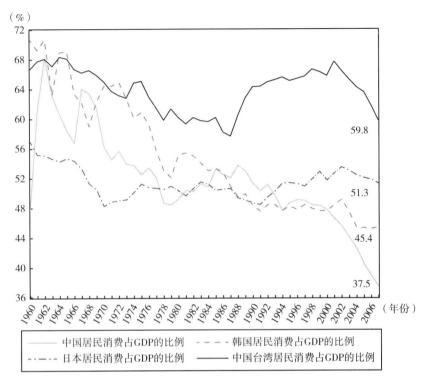

中国居民消费占GDP的比例　　韩国居民消费占GDP的比例
日本居民消费占GDP的比例　　中国台湾居民消费占GDP的比例

图2　中日韩及中国台湾居民消费占GDP比例

　　国际比较说明，中国的居民消费率无论是与世界其他国家（地区）或者同期人均国民收入水平相近的国家（地区）比较，都是较低的。根据美国宾夕法尼亚大学"生产/收入/价格国际比较研究中心"编制的购买力平价GDP国际比较数据，2007年，世界196个国家按消费率从高到低排列，中国位于第166位。2007年中国人均实际GDP为8510.6美元（购买力平价，2005年价格），接近巴西的人均实际GDP水平（9644美元）。当年巴西消费率为64%，而中国只有36.51%。

　　居民收入并未随着经济增长而相应增长，在国民收入中比重急剧下降，与此同时，企业收入、政府收入比重上升过快（见表1）是目前我国内需尤其是居民消费不振的基本原因之一。

表1　　　　　　　　　　　　**1992～2008年可支配总收入的分配**

年份	可支配总收入（十亿元）			可支配总收入分配格局（%）		
	企业	政府	居民	企业	政府	居民
1992	315.93	538.89	1845.3	11.70	19.96	68.34

年份	可支配总收入（十亿元）			可支配总收入分配格局（%）		
	企业	政府	居民	企业	政府	居民
1993	555.72	694.33	2282.7	15.73	19.65	64.62
1994	700.50	892.66	3229.2	14.53	18.51	66.96
1995	972.25	991.61	4029.2	16.22	16.55	67.23
1996	962.49	1257	4812.5	13.69	17.88	68.44
1997	1028.18	1436.3	5384.2	13.10	18.30	68.60
1998	1121.63	1512	5704.3	13.45	18.13	68.41
1999	1306.66	1608.9	5973.3	14.70	18.10	67.20
2000	1635.48	1891.6	6325.2	16.60	19.20	64.20
2001	1903.53	2229.8	6743.8	17.50	20.50	62.00
2002	2163.17	2523.6	7330.5	18.00	21.00	61.00
2003	2486.69	3006	8170.7	18.20	22.00	59.80
2004	3375.20	3121.9	9651.4	20.90	19.33	59.77
2005	3900.67	3764.7	11124	20.76	20.04	59.20
2006	4365.96	4714.3	12905	19.86	21.44	58.70
2007	5473.62	5939.2	15658	20.22	21.94	57.84
2008	6900.22	6797.7	18243	21.60	21.28	57.11
区间	各主体可支配总收入增长倍数			分配格局变化（%）		
1992~1999	4.14	2.99	3.24	3.00	-1.86	-1.14
2000~2008	3.62	3.05	2.71	4.10	0.78	-4.88
1992~2008	21.84	12.61	9.89	9.90	1.32	-11.23

资料来源：CEIC 数据库。

消费不振的另一个原因是收入分配差距扩大（见表2）。

表2   1992~2008 年居民各项收入占 GDP 的比重

年份	居民收入（十亿元）					居民收入占 GDP 的比重（%）				
	工资收入	经营净收入	财产净收入	经常转移净收入	可支配收入	工资收入	经营净收入	财产净收入	经常转移净收入	可支配收入
1992	895.97	765.08	118.53	65.73	1845.30	33.28	28.42	4.40	2.44	68.54
1993	1122.53	906.11	178.84	75.18	2282.70	31.77	25.64	5.06	2.13	64.60
1994	1535.58	1323.11	275.40	95.11	3229.20	31.86	27.45	5.71	1.97	67.00
1995	1985.10	1621.93	295.41	126.68	4029.20	32.65	26.68	4.86	2.08	66.28
1996	2281.10	2015.27	366.52	149.63	4812.50	32.05	28.31	5.15	2.10	67.61
1997	2562.00	2256.58	335.18	230.47	5384.20	32.44	28.57	4.24	2.92	68.18
1998	2646.90	2480.40	357.68	219.34	5704.30	31.36	29.39	4.24	2.60	67.58

年份	居民收入（十亿元）					居民收入占 GDP 的比重（%）				
	工资收入	经营净收入	财产净收入	经常转移净收入	可支配收入	工资收入	经营净收入	财产净收入	经常转移净收入	可支配收入
1999	2789.20	2664.06	302.11	217.96	5973.30	31.10	29.71	3.37	2.43	66.61
2000	2889.80	3014.09	308.82	112.53	6325.20	29.13	30.38	3.11	1.13	63.75
2001	3160.90	3137.69	326.68	118.54	6743.80	28.83	28.61	2.98	1.08	61.50
2002	3682.60	3188.73	338.77	120.33	7330.50	30.60	26.50	2.82	1.00	60.92
2003	4121.20	3621.56	327.26	100.73	8170.70	30.34	26.66	2.41	0.74	60.16
2004	5052.00	4201.34	257.59	140.50	9651.40	31.60	26.28	1.61	0.88	60.37
2005	5827.10	4845.53	357.95	92.96	11124.00	31.51	26.20	1.94	0.50	60.15
2006	6652.60	5631.30	539.95	80.91	12905.00	30.75	26.03	2.50	0.37	59.66
2007	8036.40	6842.90	686.20	92.20	15658.00	30.23	25.74	2.58	0.35	58.91
2008	9545.80	7809.18	741.85	145.90	18243.00	30.40	24.87	2.36	0.46	58.09
区间	各项收入增长倍数					各占收入占 GDP 比重变化（%）				
1992～1999	3.11	3.48	2.55	3.32	3.24	−2.18	1.29	−1.03	−0.01	−1.93
2000～2008	3.02	2.49	2.27	1.23	2.71	1.57	−3.75	−0.62	−0.62	−3.41
1992～2008	10.65	10.21	6.26	2.22	9.89	−2.88	−3.55	−2.04	−1.98	−10.45

资料来源：CEIC 数据库。

在这一过程中，社会保障制度建设滞后，教育、医疗、住房制度的改革，将过多的负担转嫁给居民部门，导致了居民边际消费倾向的下降（见表 3）和储蓄率的大幅度上升（见图 3）。2001 年，居民储蓄率为 27%，2008 年上升到 40%。

表 3　　　　　1992～2008 年居民边际消费倾向的变化趋势

年份	居民边际消费倾向
1993～2008	0.675
其中：1993～2000	0.780
2001～2008	0.569

资料来源：根据 CEIC 数据库相关数据计算所得。

居民收入占比以及边际消费倾向下降，导致了我国内需的严重萎缩。如果按照 1998 年居民收入占 GDP 的比重及 1992～2000 年的平均居民边际消费倾向计算，2008 年的我国居民消费总额将比现有总额多 61749.68 亿元（见表 4）。

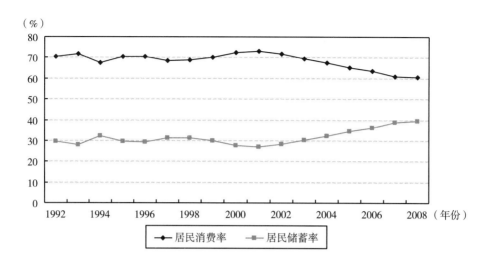

图3　1992～2008年居民消费率、储蓄率变化趋势

资料来源：根据 CEIC 数据库相关数据计算所得。

其中，因收入占比下降导致的消费萎缩数额为 16965.65 亿元，占 27.47%；因居民边际消费倾向下降导致的消费萎缩数额为 44784.03 亿元，占 72.53%。二者合计，将使当年的居民消费提高 59.49 个百分点。

表4　　　　　居民收入占比及边际消费倾向下降对最终消费的影响

指标	绝对值（亿元）	增长率（%）
2008 年居民可支配收入	182430.0	
按 1998 年占 GDP 比重计算的 2008 年居民可支配收入	212246.6	
居民收入占比若恢复 1998 年水平居民可支配收入将增加	29816.6	
居民收入占比若恢复 1998 年水平将增加居民消费	16965.65	27.47
边际消费倾向若恢复 1993～2000 年平均水平将增加居民消费	44784.03	72.53
增加的居民消费总额	61749.68	100

资料来源：根据 CEIC 数据库相关数据计算所得。

　　因此，当前在中国，必须把保障和改善民生作为加快转变经济发展方式的根本出发点和落脚点。把经济结构战略性调整作为加快转变经济发展方式的主攻方向。由于国民经济结构失衡中，首要的结构失衡是国民收入分配、支出结构的失衡，因此保障和改善民生和经济结构战略性调整，实际上是一而二、二而一的事。这些都必须以加快经济发展方式转变为前提。因为，鼓励出口劳动密集型产品而导致粗放经济增长方式未能及时转轨是国民收入支出结构失衡的生产性原因；国民收入分配向资本收益和政府倾斜是加剧国民收入支出结构失衡的分配性原因。二者又都与各级政府过分追求 GDP 增长及财政收入增长最大化密切相关。后者决定了加快转变经济发展方式是我国经济社会领域的一场深刻变革，必须贯穿经济社会发展全过程和各领域，必须把改革开放作为加快转变经济发展方式的强大动力，转变经济发展方式的前提就是社会经济体制的根本性转轨，从政府主导型市场经济转向市场经济一般，政府从以经济建设为中心转向以公共管理、公共产品、公共服务为中心，转向保障每一个人的全面自由发展为中心。

二、加工贸易型工业化与福建省国民经济结构失衡

粗放型经济增长是计划经济与政府主导型市场经济的必然产物，但是不同时期的粗放型经济增长有其不同表现形式。目前主要表现为以劳动密集型产品出口为导向的强制性经济增长，加工贸易型工业化。因此，转变经济发展方式，对于东部经济较发达地区而言，就是放弃强制性增长，逐步纠正目前过度的劳动密集型产品出口导向，从加工贸易型工业化逐步转向自主创新型工业化。

劳动密集型产品出口导向、加工贸易型工业化是改革开放以来福建省经济发展的重要特征。在经济起飞阶段，不失为一种正确的发展战略。1978～2009年，福建省地区生产总值实际增长 38.1 倍，人均 GDP 实际增长 26.8 倍，排名由全国第 24 位，上升到第 10 位。然而，由于逐渐形成的强制增长倾向抑制要素比价随着人均 GDP 的增长，资源禀赋结构的变化而调整，经济发展方式因此未能实现适时转变，近十余年来，福建省的国民经济结构与全国一样，也出现了重大失衡，而且最终消费率的萎缩程度更大。2009 年，福建省的最终消费率是 42.8%，全国是 48.0%，福建低于全国 5.2 个百分点。相反，福建的资本形成率高达 54.1%，全国是 47.7%，福建比全国高了 6.4 个百分点（见图4）。

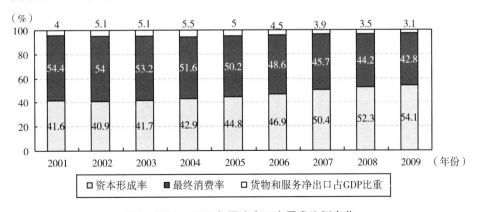

图4　2001～2009 年福建省三大需求比例变化

资料来源：《福建统计年鉴（2010）》。

逐步提高劳工工资，促进经济发展方式转变

429

就三大需求对经济增长的贡献（见图5）而言，2009年，福建最终消费对经济增长的贡献率仅为37%，比全国低了11个百分点，反过来，投资对经济增长的贡献率却高达64%，比全国高了16.3个百分点。

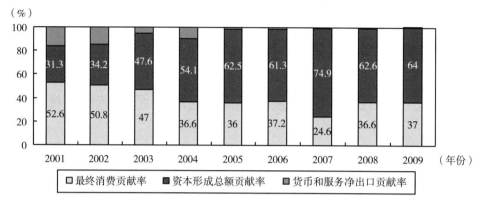

图5 2001～2009年福建省三大需求对经济增长的贡献率

资料来源：《福建统计年鉴（2010）》。

与同属于东部沿海的广东、浙江、江苏相比，福建省最终消费对经济增长的贡献是最低的（见表5）。2009年，广东、浙江、江苏三个沿海发达省份最终消费对经济增长的贡献率分别是58.5%、46.4%和44.1%，而福建只有37.0%。

表5　　　2001～2009年华东南四省三大需求对地区生产总值增长的贡献率变化

单位：%

指标	2001年	2002年	2003年	2004年	2005年	2006年	2007年	2008年	2009年
四省GDP增长	8.7	10.2	11.5	11.8	11.6	14.8	15.2	13.0	12.3
福建省									
最终消费	52.6	50.8	47.0	36.6	36.0	37.2	24.6	36.6	37.0
资本形成	31.3	34.2	47.6	54.1	62.5	61.3	74.9	62.6	64.0
净出口	16.1	15.0	5.4	9.3	1.5	1.5	0.5	0.8	−1.0
GDP增长	10.5	12.4	14.8	14.8	14.1	14.8	14.9	10.4	9.7
广东省									
最终消费	46.2	68.5	63.6	50.5	43.0	29.5	42.3	41.7	58.5
资本形成	48.5	22.8	50.2	37.2	30.2	28.5	22.6	34.5	80.1
净出口	5.3	8.8	−13.8	12.3	26.8	42.0	35.1	23.8	−38.7
GDP增长	10.6	12.6	14.7	14.5	12.4	13.6	14.5	10.1	8.9
浙江省									
最终消费	56.5	43.7	33.0	40.8	53.5	46.1	40.0	26.8	46.4
资本形成	31.5	52.2	70.3	55.8	39.1	36.8	40.0	45.8	46.1
净出口	12.0	4.1	−3.3	3.4	7.4	17.1	20.0	27.4	7.4
GDP增长	10.2	11.7	13.6	14.8	14.5	14.9	14.9	12.3	12.4

指标	2001 年	2002 年	2003 年	2004 年	2005 年	2006 年	2007 年	2008 年	2009 年
	江苏省								
最终消费	47.7	57.4	37.2	29.0	39.8	44.1	44.1	38.5	44.1
资本形成	38.6	36.1	74.8	69.3	41.8	40.1	41.7	50.6	73.5
净出口	13.7	6.5	-12.0	1.6	18.3	15.8	14.2	10.9	-17.6

注：贡献率指三大需求增量与地区支出法生产总值增量之比。

资料来源：根据 2010 年各省份统计年鉴、CEIC 数据库计算所得。

近十年来，福建经济增长更为严重地依赖投资增长。无论是城镇居民的可支配收入还是农村居民人均纯收入的增长，不仅低于全国增长速度，而且在东部六个较发达省份中，仅高于广东，居倒数第二。城乡相比，农村居民的收入增长不仅大幅度地低于人均 GDP 的增长，也较大幅度地低于城镇居民人均可支配收入的增长（见表 6 ~ 表 10）。从动态上看，"十一五"期间，城镇居民的人均可支配收入增长速度与人均 GDP 增长速度之间的差距扩大了，从 101.61 ∶ 100 扩大到 118.44 ∶ 100。农村居民人均纯收入与人均 GDP 增长速度之间的差距则较大地缩小了，从 191.09 ∶ 100 缩小到 153.05 ∶ 100。"十一五"期间，城乡居民的收入增长差距虽然比"十五"期间有较大缩小，但是差距仍不容忽视。

表 6   **2001 ~ 2009 年福建 GDP 与居民收入增长态势**

年份	福建省 GDP		福建省人均 GDP		城镇居民人均可支配收入		农村居民人均纯收入	
	数值（亿元）	实际增长率（%）	数值（元）	实际增长率（%）	数值（元）	实际增长率（%）	数值（元）	实际增长率（%）
2001	4072.85	8.70	11892	6.70	8313.1	11.31	3380.7	5.39
2002	4467.55	10.20	12938	9.30	9189.4	8.09	3538.8	4.89
2003	4983.67	11.50	14333	10.70	9999.5	9.55	3733.9	4.47
2004	5763.35	11.80	16469	11.10	11175.4	8.24	4089.4	5.01
2005	6554.69	11.60	18605	10.80	12321.3	11.73	4450.4	5.86
2006	7583.85	14.80	21384	14.00	13753.3	12.24	4834.8	8.31
2007	9248.53	15.20	25906	14.40	15505.4	11.32	5467.1	7.29
2008	10823.01	13.00	30122	12.20	17961.5	9.38	6196.1	8.35
2009	12236.53	12.30	33840	11.60	19576.8	11.12	6680.2	10.13
2000 ~ 2004	—	10.54	—	9.44	—	9.29	—	4.94
2005 ~ 2009	—	13.82	—	13.04	—	11.01	—	8.52
2000 ~ 2009	—	12.11	—	11.18	—	10.32	—	6.62

资料来源：根据历年《福建统计年鉴》计算所得。

表7			2000～2009年城镇居民人均可支配收入				单位：元
年份	全国	辽宁	江苏	浙江	福建	山东	广东
2000	6280.0	5357.8	6800.2	9279.2	7432.3	6490.0	9761.6
2001	6859.6	5797.0	7375.1	10464.7	8313.1	7101.1	10415.2
2002	7702.8	6524.5	8177.6	11715.6	9189.4	7614.5	11137.2
2003	8472.2	7240.6	9262.5	13179.5	9999.5	8399.9	12380.4
2004	9421.6	8007.6	10481.9	14546.4	11175.4	9437.8	13627.7
2005	10493.0	9107.6	12318.6	16293.8	12321.3	10744.8	14770.0
2006	11759.5	10369.6	14084.3	18265.1	13753.3	12192.2	16015.6
2007	13785.8	12300.4	16378.0	20573.8	15505.4	14264.7	17699.3
2008	15780.8	14392.7	18679.5	22726.7	17961.5	16305.4	19732.9
2009	17174.7	15761.4	20551.7	24610.8	19576.8	17811.0	21574.7
2009/2000	273.48%	294.18%	302.22%	265.23%	263.40%	274.44%	221.02%

资料来源：根据历年《中国统计年鉴》相关数据计算所得。

表8			2001～2009年城镇居民人均可支配收入实际增长率				单位：%
年份	全国	辽宁	江苏	浙江	福建	山东	广东
2001	8.50	8.31	8.35	13.30	11.31	8.23	7.60
2002	13.41	13.80	12.69	13.40	8.09	8.64	10.60
2003	9.00	9.66	12.26	11.90	9.55	9.55	10.40
2004	7.70	7.58	9.12	7.40	8.24	9.30	7.30
2005	9.60	12.83	15.22	10.40	11.73	12.61	6.30
2006	10.42	12.62	12.53	10.90	12.24	12.35	6.50
2007	12.20	13.40	11.71	8.40	11.32	12.72	6.60
2008	8.40	12.08	8.50	5.40	9.38	9.17	5.70
2009	9.77	10.00	10.50	9.70	11.12	9.34	12.00
2000～2004	9.63	9.81	10.59	11.47	9.29	8.93	8.96
2005～2009	10.19	12.02	10.80	8.58	11.01	10.88	7.67
2000～2009	9.87	11.12	11.19	10.06	10.32	10.20	8.09

资料来源：根据历年《中国统计年鉴》相关数据计算所得。

表9			2000～2009年农村居民人均纯收入				单位：元
年份	全国	辽宁	江苏	浙江	福建	山东	广东
2000	2253.4	2355.6	3595.1	4253.7	3230.5	2659.2	3654.5
2001	2366.4	2557.9	3784.7	4582.3	3380.7	2804.5	3769.8
2002	2475.6	2751.3	3979.8	4940.4	3538.8	2954.0	3911.9
2003	2622.2	2934.4	4239.3	5389.0	3733.9	3150.5	4054.6
2004	2936.4	3307.1	4753.9	5944.1	4089.4	3507.4	4365.9

年份	全国	辽宁	江苏	浙江	福建	山东	广东
2005	3254.9	3690.2	5276.3	6660.0	4450.4	3930.6	4690.5
2006	3587.0	4090.4	5813.2	7334.8	4834.8	4368.3	5079.8
2007	4140.4	4773.4	6561.0	8265.2	5467.1	4985.3	5624.0
2008	4760.6	5576.5	7356.5	9257.9	6196.1	5641.4	6399.8
2009	5153.2	5958.0	8003.5	10007.3	6680.2	6118.8	6906.9
2009/2000	228.69%	252.93%	222.62%	235.26%	206.79%	230.10%	189.00%

资料来源:《中国统计年鉴(2010)》。

表 10　　　　　　　2001~2009 年农村居民人均纯收入实际增长率　　　　　　单位:%

年份	全国	辽宁	江苏	浙江	福建	山东	广东
2001	4.20	8.37	4.00	6.90	5.39	2.99	3.50
2002	4.80	8.98	5.90	8.40	4.89	5.44	5.10
2003	4.30	2.85	5.20	7.80	4.47	5.08	3.40
2004	6.79	6.02	7.20	7.40	5.01	6.43	4.00
2005	6.21	7.29	8.40	6.40	5.86	9.44	4.50
2006	7.40	9.10	8.40	9.30	8.31	10.04	6.40
2007	9.50	9.06	7.70	8.20	7.29	8.38	6.50
2008	8.00	10.73	6.20	6.20	8.35	6.55	7.60
2009	8.50	8.00	9.40	9.50	10.13	8.35	10.70
2000~2004	5.02	6.53	5.57	7.62	4.94	4.98	4.00
2005~2009	8.35	9.22	7.92	8.29	8.51	8.32	7.79
2000~2009	6.62	7.80	6.92	7.78	6.62	6.94	5.72

资料来源:《中国统计年鉴(2010)》。

居民人均可支配收入增长低于人均 GDP 增长率,意味着在国民收入分配中,政府、企业与居民部门的占比变化,福建省与全国的趋势是一样的:居民部门收入份额下降,政府及企业部门收入份额上升。就居民内部不同群体之间的收入分配而言,这十年来,差距进一步扩大了(见表 11 和表 12)。按 5 等分收入分组计算的城镇居民收入占比,最高收入的 20% 居民收入占比提高了 5.17 个百分点,增加了 16.77%,其余四个收入组的居民收入占比都下降了,其中,下降幅度最大的是最低收入组的居民。他们的组收入份额从 2000 年的 11.20% 降为 9.32%,下降了 16.79%。最高收入组城镇居民平均收入与最低收入组城镇居民平均收入差距从 2.75∶1 上升到 3.86∶1,扩大了 40.36%。基尼系数从 0.307 上升至 0.346。

表 11　　　　　2000～2009 年福建省城镇居民不同收入户占总收入的比重

年份	低收入占比（％）	中低收入占比（％）	中等收入占比（％）	中高收入占比（％）	高收入占比（％）	高收入/低收入
2000	11. 20	15. 51	18. 97	23. 48	30. 83	2. 75
2001	10. 64	15. 01	19. 06	23. 39	31. 89	3. 00
2002	9. 59	14. 38	18. 41	23. 02	34. 61	3. 61
2003	10. 14	15. 41	19. 60	24. 35	30. 50	3. 01
2004	9. 87	14. 66	18. 40	22. 70	34. 37	3. 48
2005	9. 88	14. 32	17. 90	22. 50	35. 41	3. 58
2006	9. 65	14. 32	18. 09	22. 65	35. 28	3. 65
2007	9. 84	13. 93	18. 17	22. 59	35. 47	3. 60
2008	9. 68	14. 21	17. 38	22. 31	36. 42	3. 76
2009	9. 32	14. 17	17. 82	22. 70	36. 00	3. 86

资料来源：根据历年《中国统计年鉴》相关数据计算所得。

表 12　　　　　2000～2009 年福建省农村居民不同收入户占总收入的比重

年份	低收入占比（％）	中低收入占比（％）	中等收入占比（％）	中高收入占比（％）	高收入占比（％）	高收入/低收入
2000	9. 45	14. 17	18. 12	22. 19	36. 07	3. 82
2001	9. 64	14. 27	18. 15	23. 16	34. 77	3. 61
2002	8. 76	14. 39	17. 68	23. 08	36. 09	4. 12
2003	8. 15	13. 63	17. 58	22. 14	38. 50	4. 73
2004	8. 41	13. 73	18. 01	22. 88	36. 97	4. 40
2005	7. 64	13. 84	18. 23	23. 17	37. 11	4. 86
2006	8. 78	14. 99	18. 04	24. 05	34. 14	3. 89
2007	7. 85	14. 40	18. 26	22. 86	36. 63	4. 67
2008	7. 99	14. 75	18. 03	23. 60	35. 63	4. 46
2009	7. 92	14. 14	18. 51	23. 62	35. 81	4. 52

资料来源：根据历年《中国统计年鉴》相关数据计算所得。

就农村居民而言，以基尼系数衡量的收入差距甚至比城镇扩大得更厉害，从 2000 年的 0.295 上升至 2009 年的 0.367（见表 13）。最高收入组农村居民平均收入与最低收入组农村居民平均收入的差距从 3.82∶1 上升到 4.52∶1，扩大了 18.32%，从这个角度看，农村居民收入差距的扩大要比城镇居民小。

表 13　　　　　　　2000～2009 年福建省城乡居民基尼系数

年份	城镇居民	农村居民	全省居民
2000	0. 307	0. 295	0. 350
2001	0. 313	0. 303	0. 368
2002	0. 326	0. 312	0. 385

年份	城镇居民	农村居民	全省居民
2003	0.329	0.326	0.394
2004	0.331	0.355	0.404
2005	0.334	0.358	0.407
2006	0.336	0.360	0.413
2007	0.319	0.361	0.406
2008	0.357	0.363	0.423
2009	0.346	0.367	0.420

资料来源：城镇居民、农村居民基尼系数来源于《福建统计年鉴》；全省居民的基尼系数是根据《福建统计年鉴》的相关数据，根据桑德拉姆（Sundrum, 1990）的城乡加权法计算所得。

如果注意到福建现在是一个劳动力短缺省份，长期有数百万外省劳工在福建打工，每年新增的劳动力需求大约有40%需要依靠外省的劳动力供给予以满足。这些外省劳动力的收入水平相对较低，那么，可以推论，现有的居民内部收入差距一定大于表13中数值最大的全省居民基尼系数。然而，它到底是多少，目前却无法估算。

居民收入占GDP的份额下降，居民内部收入差距扩大，社会保障体系不完善、房价急剧上涨使居民未来生活前景预期不稳定，导致了居民消费不振。

然而上述三者又都源于强制增长下的出口劳动密集型产品导向的粗放型经济增长与加工贸易型工业化。

福建省出口与GDP之比、出口与工业增加值之比在2004～2007年分别超过了40%、100%，虽然2008～2009年有所下降，但仍然处于较高区间内（见图6和图7）。可以看出福建经济增长对出口的严重依赖。

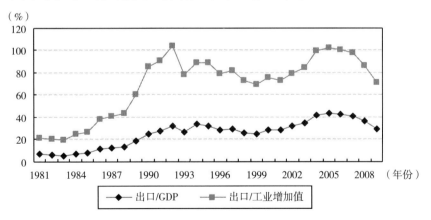

图6　福建省出口依存度

资料来源：根据历年《福建统计年鉴》相关数据计算所得。

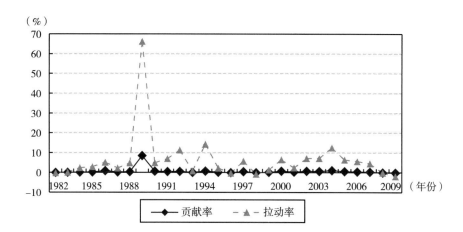

图7 出口对福建经济增长的贡献率和拉动率

资料来源：根据历年《福建统计年鉴》相关数据计算所得。

中国出口的迅速增长，在相当程度上是加工贸易的增长促成的。我国的加工贸易占总出口的比重从1980~1985年的7.81%上升到2001~2007年的54.17%。2000~2009年，福建省加工贸易出口额占出口商品贸易额平均比重为44.88%（见图8）。

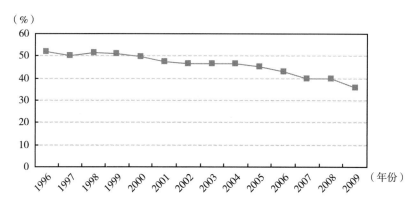

图8 1996~2009年福建加工贸易占外贸比重的变化趋势

资料来源：根据历年《福建统计年鉴》数据计算所得。

为了实现高增长，不计成本地招商引资，为了招商引资，尽可能地压低当地要素价格，创造良好的投资环境，以保持厂商的企业"国际竞争力"，导致了劳动报酬增长与劳动生产率增长之间的严重不对称。

研究表明，尽管近十年来，中国制造业的劳动工资水平是上升的，但是，其劳动生产率提高得更快，[①] 因此，按照单位产品的劳动所得算，中国制造业

---

① 王燕武、李文溥、李晓静：《基于单位劳动力成本的中国制造业国际竞争力研究——兼论劳工工资的上涨空间》，载《统计研究》2011年第10期。

的劳动工资水平是绝对下降的。

福建省制造业劳动力成本的走势不仅与全国是一致的，而且相对下降速度快于全国①。2003 年之前，福建制造业的劳动工资水平还高于全国平均水平，2004 年起，低于全国平均水平。在东部沿海六省中，仅高于山东省。2007 年起，成为东部沿海六省中最低的，仅为当年全国平均水平的 86.52%（见表 14）。

表 14	2001～2008 年沿海发达地区制造业职工小时报酬						单位：美元	
地区	2001 年	2002 年	2003 年	2004 年	2005 年	2006 年	2007 年	2008 年
全国	0.67	0.73	0.83	0.92	0.96	1.14	1.41	1.85
辽宁	0.64	0.70	0.81	0.92	0.99	1.18	1.47	1.99
江苏	0.70	0.77	0.89	0.99	1.03	1.21	1.48	1.93
浙江	0.83	0.89	0.94	0.96	1.00	1.15	1.40	1.81
福建	0.70	0.76	0.81	0.87	0.86	1.01	1.22	1.56
山东	0.54	0.59	0.66	0.74	0.79	0.97	1.23	1.62
广东	0.93	0.98	1.04	1.11	1.09	1.25	1.49	1.89

资料来源：历年《中国统计年鉴》。

《中共中央关于制定国民经济和社会发展第十二个五年规划的建议》指出，"十二五"时期经济社会发展主要目标之一是实现"城乡居民收入普遍较快增加"。为此，"必须努力实现居民收入增长和经济发展同步、劳动报酬增长和劳动生产率提高同步。"毫无疑问，在"十二五"期间内必须逐步提高福建省劳工的工资水平。但是，对此必须回答两个问题：

第一，提高中国制造业的劳工工资是否将降低中国产品的国际竞争力？中国产品的国际竞争力不仅取决于本国制造业单位劳动成本的变动趋势，而且取决于目前在中国的主要出口市场上，对中国出口产品最具潜在竞争力国家的相对单位劳动力成本。我们通过统计分析发现：美国、欧盟和日本是我国目前出口商品的主要对象。在美国、欧盟、日本市场上与中国主要出口商品竞争的主要对手是墨西哥、泰国、菲律宾、越南、韩国和马来西亚。经过计算单位劳动成本（LUC）、相对单位劳动成本（RULC），我们发现，相对于这六个主要出口竞争国，中国的制造业至今仍具有较强的竞争优势。中国即使在现有劳动生产率水平上，增加劳工工资 50%，也不过使中国与主要竞争对手的单位劳动成本持平。如果考虑到提高工资可能使劳动生产率进一步提高，中国在投资的基础设施、国内市场、产业配套等方面对上述六国的比较优势，可以得出结论：

---

① 李文溥、陈贵富：《工资水平、劳动力供求结构与产业发展型式》，载《厦门大学学报》2010
年第 5 期。

即使在今后一段时期里较大幅度地提高中国的劳工工资水平，中国的制造业也不因此丧失其拥有的竞争优势。同时，这也就在一定程度上回答了这一问题：提高劳工报酬，中国有多大的空间？①

第二，福建与其主要国际竞争对手相比，提高制造业工资水平，有多大空间？在现有的中国主要贸易竞争对手国中，只有越南的劳工工资水平低于中国也低于福建，其余五个国家都不同程度地高于福建。韩国、墨西哥、马来西亚、泰国和菲律宾制造业的劳工小时工资分别是福建制造业劳工小时工资水平的 1279.49%、320.51%、210.90%、131.41% 和 122.44%（见表 15）。

表 15　　　　　**2001~2008 年福建与其他国家制造业职工小时报酬**　　　　单位：美元

地区	2001 年	2002 年	2003 年	2004 年	2005 年	2006 年	2007 年	2008 年
福建	0.70	0.76	0.81	0.87	0.86	1.01	1.22	1.56
墨西哥	4.62	4.66	4.31	4.12	4.81	4.96	5.02	5.07
菲律宾	1.11	1.14	1.17	1.20	1.30	1.52	1.78	1.91
泰国	1.20	1.22	1.30	1.34	1.43	1.56	1.76	2.05
越南	0.35	0.37	0.41	0.48	0.53	0.61	0.68	0.81
马来西亚	2.16	2.29	2.35	2.46	2.42	2.59	2.91	3.29
韩国	9.29	10.84	12.45	15.08	17.58	21.12	22.82	19.96

资料来源：历年中国统计年鉴及厦门大学宏观经济研究中心 CQMM 课题组《中国宏观经济预测与分析——2010 年秋季报告》。

三、提高劳工工资是推动经济发展方式转变的重要推手

逐步提高劳工工资的必要性，是调整居民收入分配格局、扩大国内消费比重的重要政策手段，其意义不容低估。但是，它远不仅于此。逐步提高劳工工资，实现劳动报酬增长和劳动生产率提高同步，是推动我国经济发展方式转变的重要推手。

（一）逐步提高劳工工资有利于推进经济结构的战略性调整

因为，当前亟须调整的首先是国民收入结构，是国民收入支出上的"两高

---

① 厦门大学宏观经济研究中心 CQMM 课题组：《中国宏观经济预测与分析——2010 年秋季报告》，2010 年 9 月。

一低"（高投资、高净出口、低消费）结构失衡，提高居民收入及消费能力、消费意愿，从而恢复投资、出口、消费对经济增长拉动能力的平衡。从这个角度看，逐步提高劳工工资本身就是经济结构的战略性调整。

其次，逐步提高劳工工资，将有利于调整既有的要素比价扭曲。奠定产业结构正常演化升级的微观基础。

最后，逐步提高劳工工资，将有利于改变现有的滚动城市化格局，促使农民工举家迁徙城市，加快城市化进程，而且促进城市第三产业的发展。就城市辖区而论，福建沿海地区一些经济发达的县及县级市如晋江、福清、长乐等城市实际常住人口已经超过百万人，经济总量也大可跻身大中型城市之列，但是，第三产业比重大多在35%以下①。这与这些城市的经济结构以出口导向的劳动密集型产业为主有密切的关系。逐步提高劳工工资水平，有利于改变现有的加工贸易型工业化方式，调整城市的二三产业结构，促进城市经济的健康发展。

（二）逐步提高劳工工资有利于推进科技进步和创新

科技进步与创新的形成，首先取决于企业追求技术进步和产品升级换代的内在动力与外部压力。在劳动力成本过于低廉的情况下，企业没有用资本、技术替代劳动的内在动力与外部压力，任何政府的鼓励和投入，都不可能促进企业进行研发和生产转型。促进科技进步与自主创新的发展，最为根本的手段是改变现有要素比较不合理状况，用市场的力量促进企业进行自主创新，实现科技进步与经济增长同步发展。

（三）逐步提高劳工工资将推动资源节约型、环境友好型社会建设

资源的节约、环境的保护，建立在对资源、环境的合理定价基础上，包括劳动在内的要素比价合理化，将使企业逐步放弃加工贸易中的低端部分，淘汰落后的生产方式和高耗能、高污染的产品生产，推进企业节约资源、重视环境保护。

（四）逐步提高劳工工资有利于推进社会经济体制进一步改革

提高劳工工资仅仅依靠政府提高最低工资线是远远不够的，由政府制定和

---

① 不只福建如此，全国十强县市除个别外，第三产业比重大体上都在30%~40%。

定期提高最低工资线只不过是保障劳工权益的最后防线。劳工的合理工资水平必须依靠劳工自己有组织的努力来争取。实现劳动工资随着经济发展而合理提高的根本办法是恢复市场经济条件下劳动与资本的力量对比均衡，工会应当成为劳工合法权益的真正代表，组织劳动者与企业有序地进行劳动报酬集体协商。政府在处理劳资利益矛盾时，应当站在中立的立场进行协调。而这一切实际上意味着社会经济体制的重大改革。

参考文献

［1］龚敏、李文溥：《论扩大内需政策与转变经济增长方式》，载《东南学术》2009 年第 1 期。

［2］李文溥、陈贵富：《工资水平、劳动力供求结构与产业发展型式》，载《厦门大学学报》2010 年第 5 期。

［3］李文溥、龚敏：《出口劳动密集型产品为导向的粗放型增长与国民收入结构失衡》，载《经济学动态》2010 年第 7 期。

［4］王燕武、李文溥、李晓静：《基于单位劳动力成本的中国制造业国际竞争力研究——兼论劳工工资的上涨空间》，载《统计研究》2011 年第 10 期。

［5］厦门大学宏观经济研究中心 CQMM 课题组：《中国宏观经济预测与分析——2010 年春季报告》，2010 年 2 月。

［6］厦门大学宏观经济研究中心 CQMM 课题组：《中国宏观经济预测与分析——2010 年秋季报告》，2010 年 9 月。

纠正要素比价扭曲，建设创新型省份*

如果把制度创新也视为创新，说创新是经济进步的关键，大致不错。我国各级政府及领导对创新尤其是科技创新的重视是有目共睹的。在福建省"十二五"规划纲要中，不仅将它作为实施规划的基本要求之一，而且列专章讨论如何加快建设创新型省份，提出了增强自主创新能力，强化创新平台建设，深化科技体制机制创新等措施。事实上，各级政府及领导对科技创新的重视远非今日始，且不说新中国成立以来各级政府曾制定了多少个科技发展中长期规划，开过多少次各级科学大会，吹响了多少次向科学技术进军的号角。时至今日，自然科学研究所获得的各级政府资助、自然科学家所受到的重视和礼遇也仍远非社会科学和社会科学家所能望其项背的。

科技创新最重要的目的之一是促进先进技术的研发与应用，用尽量少的自然资源、土地、劳动消耗生产更多、更好、更新的产品，满足人民日益增长的物质文化生活需要。科技创新是转变经济发展方式的基本前提条件之一，没有科技进步在社会经济生活中的广泛应用，粗放型的经济发展方式不可能转变。反之，一个社会、一个地区的经济发展方式依然是粗放型的，说这个社会实现了科技创新，这个地区是创新型地区，似乎也难以令人信服。

时至今日，我国的科技创新尤其是在社会经济中的应用状况仍然难以乐观。转变经济发展方式已经提出二十多年了，但仍然是"十二五"规划提出的首要任务，吴敬琏先生为之深切担忧："经济转型说了27年，什么时候能够真正转变？"尽管在总结和回顾过去的五年规划时，有关部门总是说本地区"科技创新能力在持续地加强"，高新技术产业增加值占GDP的比重正按规划目标不断地上升。但是，天晓得有多少"高科技企业"实际上从事的不过是高科技产品的低端生产环节！这种"高新技术"产出尽管按照现有统计规定可以列入

＊ 本文原载于《福建日报》2011年2月1日第10版。

高新技术产业增加值统计，企业甚至因此获得了政府各种优惠，但是，"无论是生产打火机还是太阳能板，如果只是停留在价值链最低端的组装加工环节，那么扒下高科技的黄马甲之后就会发现增长方式其实并无任何改变。"1978～2009年，福建省地区生产总值实际增长38.1倍，人均GDP实际增长26.8倍，远远超过全国平均水平，但是，增长仍然依靠投资推动和加工贸易出口。2009年，福建省投资对经济增长的贡献率高达64%，比全国高16.3个百分点。然而，最终消费对经济增长的贡献率不仅是华东南四省中最低的，而且低于全国11个百分点。近十年来，出口与GDP之比基本维持在40%左右，加工贸易占出口的比重基本上在40%～50%。直至今日，福建省前七位产业中，除了电力、热力生产供应业之外，其余全是从事加工贸易为主的劳动密集型产业，产出占全省工业产出的40%以上。产业结构调整是如此缓慢，尽管2002年重工业产出比重首次超过了轻工业，但是，随后加工贸易型的劳动密集型产业再度迅猛增长，轻工业比重自2004年起又回升了。

产业发展的型式特征可以从要素投入中得到部分解释。调查劳动力市场发现：福建省2001～2009年的第二产业就业弹性居然复归到1979～1990年的水平。低文化水平的35岁以下青壮工占了福建省劳动力市场供需的80%以上，始终供不应求的是女工、鞋帽制作工、纺织针织印染工、裁剪缝纫工、普工、力工等劳动密集型产业或低技能劳工。这充分说明，福建省的经济发展至今仍是出口劳动密集型产品为导向的粗放型经济发展。

之所以如此，一方面是国际市场有庞大需求，另一方面则与要素价格密切相关。2008年福建省制造业职工小时劳动报酬仅为1.56美元，不仅低于辽宁、山东、江苏、浙江、广东等沿海发达省份，而且低于全国平均水平。与主要国际竞争对手韩国、墨西哥、马来西亚、泰国和菲律宾相比，小时工资水平仅是前者的7.82%、30.77%、47.42%、76.1%和80.68%。至于工业用地、自然资源、环境的价格被追求GDP和财政收入最大化，不计成本招商引资的各级政府刻意压低，更是公开的秘密。

市场经济条件下，科技创新尤其是其在社会生产中的应用，主角是企业，政府只是配角。企业家的选择基本上决定了科技创新在经济中的应用。试问，当劳动力、土地、自然资源、环境的价格被如此压低时，追求利润最大化的企业家为什么不最大限度地利用这些廉价要素，而要用技术和机器替代劳动呢？

过度地追求经济增长速度，必然导致不计成本的招商引资，必然刻意压低劳动、土地、自然资源与环境的价格。扭曲的要素比价必然导致本来早该淘汰的粗放型经济发展方式至今仍成为追求经济增长的不二之选。

因此，建设创新型省份，固然要增强自主创新能力，强化创新平台建设，深化科技体制机制创新，但是，根本还是纠正长期被严重扭曲的要素比价，让劳动、土地、自然资源与环境变得昂贵起来。如此企业家们无须任何政策鼓励，也就必然追求科技创新，用技术替代劳动了。

招商引资，优势先行[*]

一

改革开放以来，中国经济增长的两个重要特征是与引进外资密切相关的。一是产业结构的调整，二是国际竞争力的提高。

改革开放之前，中国实行高度集中的计划经济体制。由于封闭以及外界封锁，一些本国生产的没有比较优势的产品，也必须自给自足，因此要超越本国既有经济发展水平，建立资本、技术密集型产业，以高消耗水平生产，而那些本国资源丰富、生产成本低廉的产品，由于缺乏市场需求，则无法发挥比较优势充分生产，享受国际分工的比较收益。结果造成了产业结构虚高度化，即没有国际比较竞争优势的资本、技术密集型产业比重偏高，具有国际比较竞争优势的劳动密集型产业比重偏低。其后果是：（1）资源配置与资源结构错位，资源非充分利用，实际社会生产水平低于社会生产潜力，降低了社会福利水平；（2）由于资源配置扭曲，产业结构虚高度化，技术与资本的相对密集投入没有得到相应的产出回报，整个国民经济的资源配置效率比较低。

对外开放、引进外资打破了传统体制下形成虚高度化产业结构的环境，使其逐渐向市场竞争均衡状态下的产业结构回归。那些超越了经济发展水平的资本、技术密集型产业，生产成本远远高于国际水平，往往因开放，面临国外较低成本同类产品的激烈竞争，陷入困难，市场萎缩，在 GDP 中的产出份额逐渐下降，而过去因封闭而缺乏市场需求未能充分利用的劳动力资源，由于价格低廉，生产的劳动密集型产品在国际市场上有强大的比较竞争优势，因开放、引

---

 * 本文原载于香港《大公报》2003 年 9 月 7 日。

进外资而迅速发展，在 GDP 中的产出份额迅速增加。如果我们把产业从劳动密集型向资本密集型，再向技术密集型以至高新技术密集型的过渡视为产业结构的高度化，那么，这种因对外开放和市场化使原来虚高度化的产业结构逐渐回归市场竞争均衡状态的过程，就表现为开始实行开放政策的经济体的产业结构在一定时期内不是在升级，而是在降级，一定阶段之后，才重新升级的"U"型运动轨迹。

中国实行对外开放，产业结构在一定时期内低资本密集化已为最近的实证研究证实。① 与此相联系的问题是：它是否导致了中国经济国际竞争力的下降？有关研究指出，结论恰恰相反。改革开放以来，中国东部地区经济的开放程度比西部高，外商投资主要集中在东部，使东部地区产业的资本、技术相对密集度下降速度比西部地区更快，而东部地区经济的国际竞争力却上升得比西部地区快。在这方面，福建省是一个比较明显的例子。改革开放以来，福建的产业结构高度经历了一个十分明显的"U"型演变过程：1985～1995 年，本地的资本密集型产业的产出比重逐渐萎缩，因引进外资而崛起的生产杂项产品为主的低技能劳动密集型产业迅速发展。1995 年，杂项产品在福建省出口产品中的比重达到历史最高点 57.5%，之后逐渐回落到 2001 年的 46.54%，而机械及运输设备类产品的出口比重，1985 年降到谷底 5.7% 之后，开始缓慢上升，到 2001年已经占出口产品的 25.91%。在这个产业结构的"U"型演变过程中，有关经济指标显示，福建经济的国际竞争力始终是上升的：20 世纪最后 20 年，世界的平均出口增长速度约为 5.4%，同期，福建出口的年平均增长率高达 20%（按美元计算）以上，福建出口产品的国际市场占有率扩大了 10 倍以上，进入20 世纪 90 年代以来，福建出口产品在美国外货市场上的占有率，也扩大了近 5倍。② 这些指标都说明了：尽管福建的产业结构经历了一个因引进外资而出现的"U"型调整过程，但是，福建经济的国际竞争力是在不断提高的。

二

中国在实行对外开放进程中出现的产业结构"U"型演变趋势与这一时期的政府产业结构政策导向不太一致。在该期间，政府的产业结构政策导向基本

---

① 李文溥、陈永杰：《经济全球化下的产业结构演进趋势与政策》，载《经济学家》2003 年第 1 期。
② 张明志、李文溥：《开放经济的出口竞争力产业间转移与产业结构演进》，载《中国经济问题》2001 年第 2 期。

上是鼓励资本、技术密集型产业发展。[①] 这一事实说明：在经济全球化条件下，国际市场力量对一国经济发展、产业结构变动方向的影响要远远大于政府政策的作用。根据比较优势原则，按照国际市场需要，调整经济结构，参与国际分工与国际竞争，是提高本国经济竞争力的基本途径。

外商投资在这一过程中所起的作用是值得关注的。如果把影响中国改革开放以来产业结构变动的力量分为政府与市场两种，那么，外资显然属于后者。外商以获得企业最大投资收益为目标，必然按照国际市场需要，根据比较竞争优势原则选择产业投资重点。正是外商追逐市场收益最大化的理性投资行为，推动了中国经济的产业结构调整。这一点，从改革开放以来中国东西部经济发展的不同轨迹中可以清楚地看出：东部沿海地区最先开放，是外商投资高度集中的地区，其产业结构"U"型演变轨迹也最明显，国际竞争力提高速度也高于其他地区，目前，中国经济国际竞争力最强的地区如上海、北京、广东、江苏、浙江、福建等，全部位于东部地区；20世纪80年代，东部地区以杂项制品为代表的低技能劳动密集型产业高速发展，与外商投资密不可分，20世纪90年代中期之后，机电产品逐渐取代杂项制品成为中国出口的龙头，也是外商投资重点转移的结果。在福建，目前60%的出口产品，80%左右的机电出口产品，都是由外商投资企业生产的。

根据中国在不同发展阶段的资源禀赋，按照比较优势原则，进行投资，使其产品在包括中国市场在内的国际市场上具有国际竞争力，是外商的理性选择。改革开放以来，外商在中国的投资，无论是地区还是产业、产品乃至生产、销售方式的选择，都基本上是按照这个法则进行的。20世纪80年代初，中国刚从十年内乱中走出，经济发展水平只相当于最不发达国家水平。即使在实行开放政策的大部分东部沿海地区，最丰富的资源也主要是廉价劳动力，因此，投资大陆的外商选择了大量使用廉价劳动力的杂项产品产业。以杂项产品为代表的低技能劳动密集型产业虽然资金、技术密集程度甚至低于当时中国工业的平均水平，但是却适应当时的资源禀赋状况，因此优化了中国的资源配置状况，促成了中国东部经济的起飞及其国际竞争力的提高；而正是低技能劳动密集型产业的迅速发展所促成的东部经济高速增长，逐渐改变了其资源赋存状况：资本积累使资本稀缺程度相对下降，收入水平上升使劳动力价格上涨，人力资本存量增加，土地也日渐稀缺而昂贵。20世纪90年代中期之后，以杂项制品为代表的低技能劳动劳动密集型产业在东部地区逐渐失去竞争优势，外商

---

　　① 李文溥、陈永杰：《经济全球化下的产业结构演进趋势与政策》，载《经济学家》2003年第1期。

投资因此逐渐转向需要较多资金、技术以及劳动技能的机电产业，使机电产品成为目前中国出口的主导产品。改革开放以来中国经济发展的轨迹以及外商投资产业重点的转移，都说明比较优势原则是外商对东道国进行投资的决策依据。因此，有理由预见，今后外商对华投资仍将遵循这一规则。实践证明，外商按照比较优势原则投资，对中国经济发展的影响，基本是正面的。

<h1 style="text-align:center">三</h1>

有关经济指标显示，经过数年调整，中国正在进入新一轮经济增长期，资源禀赋结构的变化正在促成新的产业结构升级，中国加入 WTO 之后，对外开放的地区、领域将大幅度扩大，中国参与国际经济分工与竞争的条件将得到改善，中央政府开发西部战略决策的实施，以及中国稳定的政治经济社会环境，这些，显然都在孕育着新的商机，吸引外商对华投资。有迹象表明，新一轮的外商对华投资高潮正在形成之中。与此同时，中国各地政府也把吸引外资作为扩大对外开放的最重要措施之一，纷纷制定各种引资政策，推出新的招商项目。

新一轮的招商引资是在经济全球化以及中国加入 WTO，扩大对外开放空间与领域的背景下进行的。经过 20 余年不同层次的开放以及各异的经济增长，今天的中国，无论是从地区以及产业角度看，都显现出各自不同的特色即不同的比较优势。显然，这些不同的比较优势，为不同层次的外商投资中国提供了充裕的机会，与此同时，也向招商引资的各地政府提出了这样的问题：如何客观地评价本地区、行业的比较竞争优势，正确地制定引资政策，推出有吸引力的招商项目，将本地区的优势资源与外商的优势资源结合起来，提高本地区经济的国际竞争力？显然，这也是每一个意欲投资中国的外商必须认真思考的问题。

按照经济发展水平、资源禀赋、经济区位以及产业特征进行粗略分类，目前中国大体上存在着这样一些不同类型的投资区域：

（1）以上海、北京等少数特大城市为代表的经济最发达地区。

（2）以长三角、珠三角、闽南三角地区为中心的东部沿海地区。

（3）以东北为代表的老工业基地。

（4）西部欠发达地区。

这些地区在招商引资方面的比较优势差异是比较明显的。经济最发达地区资讯、交通、基础设施条件完善，土地稀缺而昂贵，资本供给比较充裕，大学及研究机构集中，人力资本存量大，劳动力素质高而价格高，发展高新科技产业、跨国公司的研发机构、大型商务机构以及第三产业，有其比较优势；东部沿海地区是中国最早对外开放的地区，外资企业密集，产业生产以外销为主，当地经济与国际市场联系密切，是外资进入中国、中国产品走向国际市场的重要通道；由于多年开发，资讯、交通、基础设施条件完善，人力资本存量较大，劳动力素质较高且价格较高，土地、矿产等自然资源相对稀缺。这些地区的区位优势决定了，过去、现在及今后，都是中国发展外向型产业的主要地区，经过多年的发展，这个地区的产业比较优势已经从原来的低技能劳动密集型转向技能型、技术型的机电产业，在这些地区的中心城市，服务于外向型产业的生产性服务业正在成为新的经济增长点；以东北为代表的老工业基地是计划经济时期的重工业基地，资讯、交通、基础设施条件比较完善，土地等自然资源较丰富，资本密集型产业较发达，具有较强的产业基础和较高素质的产业工人队伍，劳动力价格较低，是跨国公司在中国进行并购投资，发展资本密集型产业较理想的地区；西部地区目前尚未充分开发，资讯、交通、基础设施条件近年来由于中央政府实施西部开发战略，正在得到改善，土地、矿产等自然资源比较丰富，劳动力价格低廉，发展资源型产业及相关下游产业，具有其他地区难以替代的比较优势，从长远看，可以说是中国最具有投资价值的地区之一。

比较优势差异决定了不同地区的产业发展重点应当有所不同，招商引资的重点以及政策也相应要有所不同，比方说，在经济最发达地区选择高新技术产业为引资重点是符合其资源禀赋条件的，但是对于经济欠发达地区就未必合适；杂项制品产业曾有力地拉动了沿海地区经济增长，但是，由于区位限制，西部地区却难以效仿。因此，根据本地经济发展水平及特点，客观地评价本地区、行业现阶段的比较竞争优势，正确地制定符合当前本地经济发展需要的引资产业导向及政策，推出有吸引力的招商项目，将本地区的优势资源与外商的优势资源结合起来，服务于提高本地区经济的国际竞争力，加快地区经济发展这一根本目的，显然是值得各地政府在招商引资工作中认真研究解决的。

提高福建参与国际生产的能力*
——在福建省社科界纪念邓小平同志"南方谈话" 发表十周年座谈会上的专题发言

邓小平同志"南方谈话"的一个重要方面是充分肯定了党的十一届三中全会以来的对外开放政策，开创了我国建立社会主义市场经济条件下对外开放的新格局。今天，回顾这十年来的历程，可以得出结论：邓小平同志开创的20世纪90年代开放新格局，使我国在世纪之交的经济全球化浪潮中紧紧抓住了机遇。1992年我国首次成为世界上吸收外资最多的发展中国家，之后十年，始终保持这一地位，并成为世界上吸收外资最多的国家之一。我国参与国际化生产的水平因此超过了世界平均水平。它是我国经济摆脱20世纪90年代初低迷状态，进入新的高速增长时期的最重要原因之一。

加入WTO，我国再次面临着对外开放新机遇。世纪之交的经济全球化基本上是一个跨国公司主导的生产国际化过程。最近十年，世界的跨国公司数增长了近1倍，国外分支机构数翻了两番。1998年，外商直接投资（FDI）占世界国内资本形成总额比重达到11.1%，占制造业国内资本形成总额21.6%，发展中国家的这个比例更高达36.7%。在生产上，1999年，跨国公司国外子公司的销售额达到15万亿美元，跨国公司总产值约为世界GDP的1/4，世界贸易的2/3是由跨国公司进行的，各国间技术流动的2/3到90%也是在跨国公司体系内部进行的。[①] 一个由跨国公司为核心的国际化生产体系正在形成中。因此，加入WTO提供的新机遇，表现为拓展了新的对外开放空间，有利于我国更好地参与国际化生产体系，在其中通过国际经济竞争，提高竞争力及在国际化生产体系中的分工地位。

---

* 本文原载于《福建日报》2002年2月22日理论版。

① 参见联合国贸易与发展会议编《1999年世界投资报告》（中国财经出版社2000年版）、《2000年世界投资报告》（中国财经出版社2001年版）。

20 余年来，福建始终处于对外开放的前沿。得益于改革开放中的先行先试，福建目前是经济国际化程度最高的省份之一。2000 年，福建省出口对 GDP 的贡献比例达 27.26%，比全国平均高 4 个百分点；FDI 占全社会固定资产投资的比重达 28.3%，比全国平均高 18 个百分点。[①] 一些在国际经济中有重要地位的大型跨国公司在福建设立了分支机构。这些都为福建积极参与国际化生产体系奠定了良好的基础。

如何把握机遇，提高福建参与国际生产体系的能力，值得重视。我认为：

第一，必须研究经济全球化背景下的跨国公司发展战略动态。在经济全球化背景下，跨国公司根据其全球战略目标进行资金筹集、资源配置、研发中心及生产基地布点，在全球角逐市场。因此，不同地区的区位优势以及特定资源能否成为该地区参与国际化生产体系的条件，必须从全球经济视角比较分析。同时，必须研究不同国家跨国公司在不同地区的投资经营策略。例如，跨国公司在发达国家的 FDI 基本上是购并投资，但是，在发展中国家的 FDI 仍有 60% 是绿地投资。争取更多的绿地投资，对福建更为现实而且有利。在不同产业部门，跨国公司的投资策略也不尽相同。东道国必须将本地区非流动资产的供给与目标投资者的特殊需要协调起来，才能实现有效的投资促进。根据福建产业现实和潜在的竞争优势，选择合适的目标投资者，进行针对性投资促进工作，就显得格外重要。

第二，必须研究福建的比较国际竞争优势，在发挥既有竞争优势的同时，促进竞争优势升级。当今的市场竞争是全球化的，因此，参与国际化生产体系的分工及竞争的基础是本地区的比较竞争优势。实践证明，目前福建的比较竞争优势仍然是低技能及一定技能型劳动密集型产业，因此，必须继续发挥现有的优势，同时寻求和发展新的比较竞争优势。比较而言，服务业 FDI 相对落后，不利于福建提高参与国际化生产的能力。应当重视开放服务业 FDI 投资领域对拓展对外开放空间，提高福建参与国际化生产体系能力的作用。

第三，运用竞争政策促进竞争力的提高。在经济全球化时代，一个地区参与国际化生产的能力，取决于它的竞争力。WTO 的政策框架规定了，而且我国以及世界范围的实践都证明了，竞争政策是促进竞争力提高的基本政策手段。因此，政府提高地区参与国际化生产体系能力，必须从传统的地区、部门倾斜政策、政策优惠转向竞争政策，运用竞争政策使企业尤其是跨国公司增强自身在国际范围竞争力的行为与提高地区经济国际竞争力，在开放条件下维持收入增长的能力协调起来。

---

① 《福建统计年鉴（2001）》《中国统计年鉴（2001）》。

引进服务业 FDI　改善投资软环境[*]

　　近年来，服务领域的 FDI 投资剧增，是由于跨国公司的国际化生产需要国际化的生产服务体系为之提供配套服务。制造业跨国公司投资到哪里，服务业跨国公司就跟进服务。伯灵顿与戴尔的互补投资关系就是一个很好的例子。因此，引进服务业 FDI 可谓一举多得：既引进了外资，又改善了东道地区的投资软环境，而且还提高参与国际化生产体系的能力。

　　或许有人问：这些生产服务不能由国内服务业承担吗？长远看，答案肯定。但是现在还不太行。因为国际化生产要求服务者拥有国际营销网络资源，具有国际营销技巧，熟悉国际营销规则，为国际同行认可的资质、相应的人才，等等。由于历史的原因，国内服务业目前这些方面还较弱，既难以满足外商投资的需要，也难以满足国内企业走出去的需要。因此，无论从引资改善软环境，提高地区经济参与国际化生产，还是帮助国内企业走出去参与国际经济竞争的需要看，都有必要引进服务业 FDI。它既是国内服务业的竞争对手，也是合作伙伴，更是学习国际化生产服务业务的老师。国内服务业应当有敢于竞争的勇气，乐于合作的胸怀，虚心学习的精神。相信不久以后中国的服务企业就能在国际市场上与今天的老师争一席之地。

　　得益于改革开放中的先行先试，厦门、福州是国内开放程度最高、最有竞争力的城市之一。《中国加入世界贸易组织议定书》规定这些城市服务业较大开放领域、较早开放时限，是其扩大开放领域的机遇。过去，受条件限制，厦门、福州引进服务业 FDI 较少，与制造业 FDI 不配套，在一定程度上影响了引资软环境的改善。现在，应抓住机遇，充分利用外资改善福建的投资环境，提高福建参与国际化生产体系的能力。

---

　　* 本文原载于《福建日报》2002 年 3 月 4 日第 4 版，是对同日发表的通讯报道《庙小能容大菩萨——对厦门建设国际化生产服务体系的调查》的评论。

根据比较优势配置国有产权制度[*]

传统理论认为，所有制优势与否取决于公有化程度。国有产权制度最大最公，因此无所不能。过去搞计划经济，它是当然的产权基础，现在搞市场经济了，有人认为它还是产权基础，而且适用于市场经济的所有经济活动领域。因此，向市场经济转轨，国有企业只要改变产权的实现形式，变为股份公司等，就能成为独立自主的市场主体。相当长时间里，我国的国有企业改革基本上就是按照这个思路进行的。

实践证明，这个思路行不通。原因也简单：所有制之所以是基础，是因为财产关系决定行为机制，行为机制决定市场行为和绩效。搞市场经济，要求竞争性领域的大部分国有企业从非市场主体变为市场主体，企业的行为机制要发生根本性变化，产权制度当然要改变。

市场经济的一个特征是：存在着不同的经济活动领域，它们对企业的行为机制有着不同的要求。竞争性领域，市场需求变化快，竞争激烈，企业的经济效益基本上可以表现为企业的财务收益。在这个领域，国有企业就不大适应。相反，在非竞争性领域，如提供基础设施服务及公共产品的行业，经济活动的外在性比较明显，国有企业就比非国有企业更适宜。这说明，在市场经济条件下，不同产权制度是尺有所短、寸有所长，各有各的比较优势，与公有化程度无关，与特定经济领域的活动性质有关。纺织行业在市场经济中，是典型的竞争性领域，因此，在当今世界上，只有极少数国家（主要在非洲）的纺织行业还有国有企业。过去，我国在纺织行业建立了不少国有企业。在计划经济时代，它们辉煌过。然而，随着体制变迁，它们的体制弱点逐渐暴露出来了。有些企业，尽管现在仍有盈利，但是隐忧重重，迟早要暴露。根本的解决办法

---

* 本文原载于《福建日报》2002 年 4 月 1 日，是对同日发表的通讯报道《解放了企业　解放了职工　解放了生产力》的评论。

是，尽早根据不同产权制度在不同经济活动领域的比较制度优势，进行国有资产配置领域的战略性调整。竞争性领域国有企业为什么要改制，道理就在这里。

当然，产权制度改革尽管非常重要，却不是企业改革的全部内容。各种经济类型的企业，在激烈的市场竞争中，都面临着优胜劣汰的考验。对竞争性领域国有企业进行产权制度改革，只是改革了这些企业不适应该领域活动性质的产权制度，为它们摆脱既有体制束缚提供了前提条件。这些企业能否在此基础上发展、壮大，则要看它们能否充分利用改制所提供的发展空间。

关键是造就诚信环境[*]

诚信是传统美德，两千多年前，孔夫子就说过"人而无信，不知其可也"。诚信是强制性规范，《中华人民共和国民法通则》以及各国的有关法律，都把诚信规定为市场主体必须执行的行为义务。诚信是市场经济的前提条件，失去了诚信，社会分工和市场交易就无所依托，最终只能退回到自给自足的自然经济。

然而，诚信并不因此自然产生。它是一定社会环境的产物。因此，当出现严重的失信情况时，不应当仅仅诉诸道义谴责道德呼吁，更应当探讨失信的社会经济根源。博弈论指出，只有当交易是无限期重复进行的情况下，当事人选择诚信行为才是对自己有利的，而当交易不过是一次性的，当事人选择背信弃义的机会主义行为往往对自己更为有利。因此，要使诚信成为市场主体的自觉行为，需要满足：（1）市场主体是交易行为收益与成本的承担者，而且，必须以适当的方式落实到它的人格化代表身上；（2）市场主体对其社会地位、交易对象、交易的社会环境的预期是长期稳定的；（3）具有一个切实可行的、使诚信的私人收益最大化从而失信的私人成本最大化的社会制度规范；（4）在此基础上形成的以诚信为美德的社会道德规范。

"无恒产者无恒心，无恒心者无信用"这句话，尽管有点绝对化，但是，在一定程度上形象地说明了诚信行为与社会经济环境之间的关系。因此，只有建立了这样的社会经济环境，诚信才不仅是一种美德，而且会成为市场主体倾心追求、小心呵护的珍贵的无形资产。道理很简单，因为它能为市场主体带来实际利益。

任何一种健康正常的社会经济秩序，都不是一时一日可以形成的。20 年前，日本经济学家小宫隆太郎说过：中国只有工厂没有企业。虽然语惊四座，

---

* 本文原载于《福建日报》2002 年 5 月 25 日第 2 版，是对同日发表的报道《打造"信用福建"势在速行》的评论。

却是实话实说。20 年过去了，中国的市场经济有了长足发展。因此，如果我们把诚信视为市场经济的前提条件，把诚信视为市场主体的行为义务，那么，不妨大胆地说一句：诚信程度是市场经济成熟与否的一个指示器。以此论之，中国的市场化改革，可谓任重而道远。建立诚信福建，虽然迫在眉睫，但是更要有韧战到底的思想准备。

鼓励竞争才能形成竞争力 *

　　大到一个国家、一个地区，小到一个企业，如何在全球范围的经济竞争中胜出呢？答案很简单：要有竞争能力。

　　怎样才能形成竞争力？中国改革开放以来的经济发展，尤其是沿海经济开放地区的经验，已经对经济全球化条件下如何发展国际竞争力问题作出了回答。晋江这 20 余年的经济发展史，就是一部发展市场经济，促进经济增长，参与市场竞争，在竞争中形成、发展、提高国际经济竞争力的历史。正是由于勇敢投身国际市场经济的大海，晋江人形成了市场竞争意识，学会了在市场经济大海中游泳的本事。

　　他们不是站在岸边高谈阔论，而是实实在在根据自己的比较优势，能干什么就发展什么，不耻于从劳动密集型产品做起，一步一个脚印；他们不贪大求洋，老老实实从小企业、家族式企业起步；他们实事求是，大企业也好，小企业也好，家族式管理也好，股份制企业也好，只要能提高竞争力就采用，不行的就坚决淘汰。他们根据形势变化，不断调整，与时俱进，目的就是提高参与国际经济竞争的能力，发展自己。而晋江市政府部门在促进地方经济发展中的一个可贵之处是定位准确，集中精力解决市场机制无法解决的问题，为市场经济发展创造一个良好的外部环境，鼓励市场主体投身市场竞争，而不越俎代庖，不用"看得见的手"取代"看不见的手"。他们看似不管或者少管，但却促进了市场经济的发展，促进了企业乃至地区经济竞争力的提高。

---

　　* 本文原载于《福建日报》2002 年 8 月 12 日第 1 版，是对同日发表的《解剖"晋江经济生态圈"》的评论。

参与国际经济分工　提高本地工业水平[*]

　　工业化是所有国家经济现代化的必然过程，但不同经济环境下，工业化的道路大不相同。改革开放以来，我国一些沿海开放城市，包括厦门，主要是通过利用外资，积极参与国际经济分工，在激烈的国际经济竞争中实现工业化。因此，这些城市的工业三资企业比重大，企业主要是跨国公司的生产基地，两头在外，大进大出，当地经济发展受国际经济波动影响较大。

　　实行对外开放，参与国际经济分工与竞争，是按照比较优势法则办事，利用国际市场优化资源配置。发展中国家在经济开放初期，往往只能参与低级层次的国际经济分工，但随着经济的发展，人均收入水平的提高，这些地区的资源状况也将发生变化。原来稀缺而昂贵的资源，如资本、技术等，会逐渐丰裕起来；原来丰裕而廉价的资源，如劳动力、土地等，却慢慢变得稀缺起来。资源结构的变化，使原来具有比较优势的产业逐渐失去竞争优势，而原来没有比较优势的产业，竞争力却逐步提高了，由此也就产生了产业结构升级的客观需要及物质基础。20多年来，我国沿海开放城市的工业化及产业结构升级正是按照这个规律，一步一个脚印地向前发展。

　　但是，应当清醒地认识到，尽管经过20多年的高速增长，沿海开放城市的工业化却还远未完成，因为它在国际分工的序列中还处于较低层次的环节。而发展水平较低的问题，只能靠发展来解决。如果说，在过去20多年里，沿海开放城市是靠积极参与国际经济分工，在激烈的国际经济竞争中发展起来的，那么，在经济全球化条件下，开放地区也还是要靠参与国际经济分工，在国际经济竞争中，提高自己在国际经济分工序列中的地位，来加快本地区的工业化进程。

---

　　* 本文原载于《福建日报》2002 年 8 月 16 日第 1 版，是对同日发表的报道《三资企业，引领厦门走世界》的评论。

引进人才与市场竞争

一、理性评价人才 *

近年来，人才问题引起政府和社会的重视，这是一件大好事。但是，一个地方不能吸引某种人才，可能不只是体制、机制、政府、政策的问题，在某种程度上与这个地方的人才需要密切相关。在市场经济环境中，人才需求问题的解决要建立在市场发育的基础上，单靠政府来扩大需求，往往难以奏效。

经济发展水平是吸引人才最重要的物质基础。一些经济发达国家，不一定有很多吸引人才的优惠政策，却吸引了世界各国的许多优秀人才，因为那里的研究条件、产业基础为这些人才提供了用武之地，也提供了对知识的相应市场评价体系。因此，吸引人才是一个社会系统工程，需要多方面的工作与之相配合，我们不能只就人才谈人才。

在人才引进过程中，要注意人才结构合理性问题。人才是高度专业化的资源，有用是宝，无用是草，因此，吸引人才必须和福建的社会经济发展需要相适应，才能使人才适得其所，为我所用。就福建目前的经济发展水平看，一些高新技术产业、高新技术项目及高科技研究课题等方面，就需要引进高层次人才；而其他方面，则应根据社会经济发展、产业发展需要，引进相适应的人才。有些人，可能不一定是高新技术人才，而是技能型人才，但是他们可能是目前福建经济发展急需的人才。

因此，在人才问题上，要树立正确的人才观，要有英雄不问出身，平等竞

　＊　本部分原载于《福建日报》2002 年 1 月 31 日第 2 版，是对同日发表的报道《政府要致力搭建创业平台——对如何吸引和使用人才问题的探讨（上）》的评论。

争看结果，不拘一格用人才的气魄，要注意发挥市场调节、市场评价在引进人才中的作用。要意识到：人才是稀缺资源。天下所有的资源占用都是有成本的，越是稀缺，占用的社会成本就越高。因此，在大力提倡吸引人才的同时，要防止另一个倾向：韩信点兵，多多益善，不问需要，越高级越好。注意人才的供需结构平衡，避免为了政绩而造成的人才高消费。

二、人才的价值在于需要 *

这些年来，知识分子的价值逐渐被认识，更主要是市场化的结果。市场发现了知识分子是稀缺资源，知识分子在市场上找到了实现自己价值的途径。当然，不同类别知识分子的价值实现程度目前还不太一致，这在一定程度上是与其专业知识的市场实现难易程度成正比的。

过去，大学里的知识分子难以通过学校的薪酬实现自己的价值，于是不少大学教师"下海"去了，随着近年来社会对大学教育的需求大幅度上升，教师就显得紧缺了，于是形势又开始变了过来。现在很多大学搞岗位津贴，是因为高等教育发展很快，好教师却不是一下子可以造就的，于是大学之间出现了对骨干教师的争夺，教师的价值就在人才争夺中实现。同样，"捷迪讯"公司收购福建华科光电集团时，为什么先与高层次人才签订协议，再与企业签订收购合同？原因很简单，因为被并购企业的价值主要体现在这些人身上，这些人能够为"捷迪讯"创造高额利润。

为什么福建省一些科研院所、一些国有企业对吸引人才不热心？原因固然复杂，但其中最重要的一点是体制。在单位业绩、企业盈亏对领导的位子影响不大的体制下，有些领导认为，吸引人才，未必会给单位带来什么好处，反倒可能给自己带来竞争对手。这种跟自己过不去的事，他们当然不会热心。因此，问题出在人身上，根源却是体制问题。但是社会主义市场经济体制正在不断发展完善，不合理的体制总会被改革掉。古语说得好：凡事预则立，不预则废。这些单位的领导为什么不趁现在就重视人才，发挥人才作用，强化本单位竞争力，非要等到快要被市场淘汰了才来临渴掘井呢？

当然，人才很贵，而且无形折旧很快，使用人才也要讲究策略，重视人才

　　* 本部分原载于《福建日报》2002 年 2 月 5 日第 2 版，是对同日发表的报道《用人单位要善造"小气候"——对如何吸引和使用人才问题的探讨（中）》的评论。

未必就等于一定要占有、拥有人才。目前国内有些领域的研究条件还不太行，可让一部分人才继续留在国外做研究，同时与国内研究机构、企业建立某种经常性的合作关系，不求所在只求所用，未尝不是成本较低、见效较快的用人方式。

三、辩证看待引人优惠政策 *

为了吸引人才，推出适度的优惠政策是必要的。因为外来人才人生地不熟，创业初期，困难要比本地人才大。有关部门伸出手来拉一把，是吸引人才的需要，是营造外来人才和本地人才平等竞争环境的需要，也是人之常情。但是，这不是吸引人才的决定因素。那些真正想来发展事业的人，主要是看这个地方有没有发展事业的条件，而不会太看重所谓的优惠条件。

以外商投资为例。小外商对免二减三之类的政策优惠很感兴趣，而大跨国公司根本不在乎这些，只要有市场，就长驱直入。他们不需要优惠政策，只要非歧视政策就够了；同样，吸引外商投资，单靠政策优惠的效果就很差，能来的多是些靠政策优惠才能活下去的边缘企业，引资地区也挣不到什么钱，而有实力、有市场的地区，不靠政策优惠也能吸引到大量外资。当今世界，吸引外资最多的地区都是经济最活跃的地区，却未必是政策最优惠的地区。

我想，吸引人才也是一个道理。因此，关键是福建的经济发展是不是为人才提供了用武之地，能不能让人家做成事、赚到钱。同样，也只有市场才是检验人才的最好试金石。人才有真有假，有些可能就是想钻政策空子的边缘人才。因此，过分地强调政策倾斜是有副作用的。如果说需要人才政策，我认为，目前更需要强调的是留学回国人才和国内培养的人才、省内外人才、引进人才与原有人才一视同仁、平等竞争这个大政策。实践证明，无论哪个领域，哪个地区，只有平等竞争，才能形成正向激励，才能调动所有人的积极性，出人才、出成果、出生产力。现在有些领导喜欢实行倾斜政策实际上是出于一时之需。从长期效果看，过分的倾斜政策实际是得不偿失的。

---

* 本部分原载于《福建日报》2002 年 2 月 9 日第 2 版，是对同日发表的报道《人才重在创新和创业——对如何吸引和实用人才问题的探讨（下）》的评论。

经济全球化、国际竞争力
与福建产业结构调整[*]

20 世纪 90 年代后期，福建进入改革开放以来第二次产业结构调整期。经济全球化是这次产业结构调整的国际经济大背景，对于福建这样的开放经济而言，提高经济的国际竞争力，不得不成为产业调整的首要考虑因素。本文从分析福建产业间出口竞争优势演变入手，探索经济全球化背景下福建第二次产业结构调整的若干问题。

一

地区经济发展战略的制定必须同时考虑到实现战略的外部环境和内在基础。福建是我国国际经济依存度最高的地区之一。外贸依存度最高曾达到 62.05%（1994 年），至今仍达 41.14%（1999 年）。[①] FDI 占社会总投资的比重最高曾达 57.76%（1994 年），至今仍高达 31.04%（1999 年）。[②] 加入 WTO 之后，我国经济将进一步对外开放。因此，地区产业分工更大程度上是按照比较优势原则进行的，取决于本地区产业的国际竞争力。

在开放经济条件下，一个地区产业的国际竞争力可以通过计算产品类贸易

---

* 本文原载于《福建论坛·人文社会科学版》2001 年第 2 期，共同作者：张明志。
① 根据《福建统计年鉴（2000）》有关数据计算。
② 根据福建省计委经济研究所编《福建省经济社会主要指标》（1950～1999 年）有关数据计算。

竞争指数得到统一的间接量化衡量。[①] 最近，我们通过计算福建省出口产品的贸易竞争指数，对福建省出口产品的国际竞争力进行研究。分析这个研究结果可以得出"十五"期间福建产业调整与发展的一些看法。

从表1可以看出，到1999年为止，福建具有国际竞争力的产业几乎全部是劳动密集型的行业，而且主要是轻工和纺织产品或工农业初级产品。

表1　　　　　　　　　　　1999年福建省竞争力强的行业

国际贸易标准分类	出口（万美元）	进口（万美元）	贸易竞争指数
肉及肉制品	1785	87	0.9071
鱼、甲壳及软体类动物及其制品	55816	7951	0.7506
蔬菜及水果	45253	399	0.9825
糖、糖制品及蜂蜜	668	168	0.5981
咖啡、茶、可可、调味料及其制品	6262	57	0.9820
烟草及其制品	813	233	0.5545
无机化学品	8703	1784	0.6598
软木及木制品（家具除外）	13781	1375	0.8186
非金属矿物制品	69738	13070	0.6843
活动房屋；卫生、水道、供热及照明装置	2163	239	0.8010
家具及其零件，褥垫及类似填充制品	22901	680	0.9423
旅行用品、手提包及类似品	19445	435	0.9562
服装及衣着附件	101383	1509	0.9707
鞋靴	151256	5967	0.9241
摄影器材、光学物品及钟表	19982	5527	0.5667

资料来源：《福建统计年鉴（2000）》。贸易竞争指数经计算得出。

从行业的角度看，有意义的分析要求该类产品或产业的贸易额要有一定的规模。根据表1中的数据，我们列出超过1亿美元的国际竞争力强的行业：（1）鞋靴；（2）服装及衣着附件；（3）非金属矿物制品；（4）蔬菜及水果；（5）鱼、

----

① 贸易竞争指数 $= (E_i - I_i)/(E_i + I_i)$，$i = 1, 2, \cdots, n$；这里 I_i 表示某国（地区）i 类产品的进口总额，E_i 表示某国（地区）i 类产品的出口总额。贸易竞争指数表明一个国家（地区）的 i 类产品主要是输出国（地区）还是输入国（地区）。贸易竞争指数为正值时表示本国（地区）对 i 类产品的生产超过了本国（地区）的需求，也表示该（地区）i 类产品的生产效率高于国际水平，对于世界市场来说，该国（地区）是该类产品的提供国（地区），具有较强的出口竞争力；贸易竞争指数为负值时表明该国（地区）i 类产品的生产效率低于国际水平，出口竞争力较弱；贸易竞争指数为零时说明该国（地区）i 类产品的生产效率与国际水平相当，其进出口纯属与国际间进行品种交换。所以，贸易竞争指数又称为"水平分工度指标"，表明各类产品的国际分工状况，描述的是国（地区）与国（地区）之间的关系。一般认为，贸易竞争指数大于或等于 0.5 的可视为出口竞争力强的产品或行业；贸易竞争指数若大于 0 且小于 0.5 的可看作是有一定出口竞争力的产品或行业；贸易竞争指数等于或小于 0 的则是出口竞争力较弱或很弱的产品或行业。

甲壳及软体类动物及其制品；（6）软木及木制品（家具除外）；（7）家具及其零件、褥垫及类似填充制品；（8）旅行用品、手提包及类似品；（9）摄影器材、光学物品及钟表。在这九类产品中，五类属于杂项制品，其余的四类分别属于按原料分类的制成品和食品及活动物类。一般认为杂项制品属于劳动密集型产业，而软木及木制品（家具除外）；蔬菜及水果；鱼、甲壳及软体类动物及其制品则属于资源型初级产品。这个分析结论从表2也可以得到反映。

表2　　　　　　　　　　1998～1999年福建省出口前十名商品

1998 年			1999 年		
商品名称	金额（万美元）	占出口总额比重（%）	商品名称	金额（万美元）	占出口总额比重（%）
鞋类	149966	12.42	鞋类	300391	17.02
服装及衣着附件	102103	8.46	塑料制品	53173	3.01
纺织纱线、织物及制品	54628	4.52	针织或钩编的服装	48651	2.76
塑料制品	42628	3.56	制作或保藏的河鳗（烤鳗）	42228	2.39
蔬菜	22985	1.90	显示器	41442	2.35
灯具、照明装置及类似	16848	1.40	花岗岩石材及制品	39608	2.24
船舶	14722	1.22	非针织或钩编织物制服装	37802	2.14
贵金属或包贵金属首饰	14282	1.18	飞机及直升机的装配零件	20872	1.18
伞	13832	1.15	家具	19847	1.12
水海产品	12449	1.03	旅行用品及箱包	19381	1.10

资料来源：根据《福建统计年鉴（2000）》有关数据整理计算。

从表2可以看出，1998年福建省最大宗的出口产品是鞋类，出口额达到14.9966亿美元，占出口总额的比重是12.42%；第二大出口产品是服装及衣着附件，出口额为10.2103亿美元，占出口总额的比重是8.46%；接下来是纺织纱线、织物及制品和塑料制品，分别为5.4628亿美元和4.2928亿美元，它们占出口总额的比重分别为4.52%和3.56%。前十名出口商品（见表2）中余下的商品出口占出口总额比重皆为2%以下。1999年的出口商品情况与1998年的基本相似。显然，福建省出口总额中占最大比重的是鞋类、服装和纺织纱线、织物及制品等这些高劳动投入、低资本含量、低技术含量、低附加值的轻纺工业产品，而真正高技术性产品，高资本含量的制成品所占的比重并不多。

我们把贸易竞争指数为0～0.5的产品列为有一定国际竞争力的产品，算出19998年及1999年福建省在该指数区间的所有出口产品（见表3）。

| 表3 | | | | | | 1998～1999年福建省有一定国际竞争力的出口产品 |

国际贸易标准分类	1998年			1999年		
	出口（万美元）	进口（万美元）	贸易竞争指数	出口（万美元）	进口（万美元）	贸易竞争指数
杂项食品	2742	2562	0.0339	2614	2046	0.1219
饮料	211	247	−0.0786	287	111	0.4422
油籽及含油果实	60	65	−0.0400	101	77	0.1348
其他动、植物原料	2806	712	0.5952	2078	970	0.3635
医药品	9006	2410	0.5778	7487	4855	0.2133
精油、香料及盥洗、光洁制品	2889	881	0.5326	2944	1147	0.4393
橡胶制品	8437	1894	0.6333	7696	5590	0.1585
金属制品	21096	9858	0.3631	22808	11110	0.3449
办公用机械及自动数据处理设备	41956	8813	0.6528	58909	20416	0.4853
电信及声音的录制及重放装置设备	36026	21880	0.2443	38093	19956	0.3124
陆路车辆（包括气垫式）	8588	3340	0.4400	11264	4039	0.4721
其他运输设备	31311	18794	0.2498	35224	23546	0.1987
专业、科学及控制用仪器和装置	7456	6464	0.0713	11198	8527	0.1354

资料来源：《福建统计年鉴（2000）》。贸易竞争指数经计算得出。

以1999年的数据为准，同样列出表3中出口额超过1亿美元的产品（产业）：（1）办公用机械及自动数据处理设备；（2）电信及声音的录制及重放装置设备；（3）其他运输设备；（4）金属制品；（5）陆路车辆（包括气垫式）；（6）专业、科学及控制用仪器和装置。在这六类产品中，四类属于机械及运输设备类产品，其余两类分别为按原料分类的制成品和杂项制品。可见，福建省出口竞争力较强的行业是以机械及运输设备类产品为主的。

但是，我们注意到，出口机械及运输设备类产品是建立在大量进口关键零部件基础上的。这一点从1998年和1999年福建省前十名进口商品中可以看出（见表4）。

| 表4 | | | | 1998～1999年福建省前十名进口商品 |

	1998年			1999年		
商品名称	金额（万美元）	占出口总额比重（%）		商品名称	金额（万美元）	占出口总额比重（%）
初级形状的塑料	63185	8.78		彩色数据/图形显示管	30025	4.13
钢材	23654	3.29		集成电路及微电子组件	27469	3.78
航空器零件	18531	2.57		钢材	24795	3.41
合成纤维长丝机织物	16829	2.34		航空器零件	23342	3.21
纺织用合成纤维	15411	2.14		牛皮革及马皮革	15988	2.20

1998 年			1999 年		
商品名称	金额（万美元）	占出口总额比重（%）	商品名称	金额（万美元）	占出口总额比重（%）
成品油	14076	1.96	合成纤维长丝织物	14585	2.01
纸及纸板	12792	1.78	合成纤维纱线	13865	1.91
集成电路及微电子组件	11636	1.62	饲料用鱼粉	13605	1.87
涂覆或浸渍塑料的织物	10476	1.46	成品油	12936	1.78
纺织机械	10227	1.42	纺织机械	11395	1.57

资料来源：根据《福建统计年鉴（2000）》有关数据整理计算。

从表 4 可以看出，福建进口商品有以下特点：一是进口商品主要为资本或技术密集型产品。如 1998 年除纸及纸板、纺织用合成纤维等少数产品外，其他均为资本或技术密集型制成品。这与福建省主要出口劳动密集型产品这一特点是相对应的。二是关键零部件在进口商品中占有不小的比例。如 1999 年进口商品中占较大比重有彩色数据/图形显示管、集成电路及微电子组件和航空器零件，这些都是机械及运输设备类产品生产所需的关键零部件。所以，如果仅从贸易竞争指数上看，机械及运输设备类产品有一定国际竞争力，但是结合进口来看，该类产品的国际竞争力是建立在它所需的零部件特别是技术含量高的关键零部件大量进口基础上的。即目前福建省该类产业的国际竞争力主要体现在组装能力上。

再来看福建省目前国际竞争力仍较弱及很弱的产品类别（见表 5）。

表 5 　　　　　　　　1998～1999 年福建省竞争力较弱或很弱的行业

国际贸易标准分类	1998 年			1999 年		
	出口（万美元）	进口（万美元）	贸易竞争指数	出口（万美元）	进口（万美元）	贸易竞争指数
活动物	381	183	0.3511	236	239	-0.0063
乳品及蛋品	553	1020	-0.2969	527	1286	-0.4186
谷物及其制品	170	1893	-0.8352	369	1196	-0.5284
饲料（不包括未碾磨谷物）	956	11142	-0.8420	1464	13899	-0.8094
生皮及生毛皮	4	384	-0.9794	1	185	-0.9892
生橡胶（包括合成橡胶及再生橡皮）	1468	13447	-0.8032	58	10262	-0.9888
软木及木材	877	1503	-0.2630	798	2743	-0.5493
纸浆及废纸	42	5282	-0.9842	22	4489	-0.9902
纺织纤维（羊毛条除外）及其废料	3692	20365	-0.6931	336	7041	-0.9089
天然肥料及矿物（煤石油及宝石除外）	2791	4757	-0.2605	2992	8758	-0.4907

续表

国际贸易标准分类	1998 年			1999 年		
	出口（万美元）	进口（万美元）	贸易竞争指数	出口（万美元）	进口（万美元）	贸易竞争指数
金属矿砂及金属废料	16	3522	-0.9910	128	4351	-0.9428
石油、石油产品及有关原料	5928	15642	-0.4503	3079	16751	-0.6895
天然气及人造气	1008	5043	-0.6668	63	10138	-0.9876
动物油、脂	7	35	-0.6667	1	137	-0.9855
植物油、脂	2318	5382	-0.3979	226	3518	-0.8793
已加工的动植物油、脂及动植物蜡	25	254	-0.8208	29	744	-0.9250
有机化学品	14587	24338	-0.2505	7932	24994	-0.5182
染料、鞣料及着色料	1614	6424	-0.5984	970	7535	-0.7719
制成废料	6	3188	-0.9962	43	1785	-0.9530
初级形状的塑料	9290	63310	-0.7441	935	44018	-0.9584
非初级形状的塑料	1787	7234	-0.6038	1883	8241	-0.6280
其他化学原料及产品	4599	10174	-0.3774	5332	9610	-0.2863
皮革、皮革制品及已鞣毛皮	2731	20749	-0.7674	1561	17882	-0.8394
纸及纸板；纸浆、纸及纸板制品	6755	15665	-0.3974	4409	12943	-0.4918
纺纱、织物、制成品及有关产品	54605	98745	-0.2878	39913	65736	-0.2444
钢铁	2714	24565	-0.8010	3461	29661	-0.7910
有色金属	5249	20868	-0.5980	3500	19921	-0.7011
动力机械及设备	7553	39408	-0.6783	7573	32288	-0.6200
特种工业机械设备及零件	1678	37229	-0.9137	2310	37216	-0.8831
金工机械	535	7052	-0.8590	452	5849	-0.8565
通用工业机械设备及零件	11855	34098	-0.4840	14563	28896	-0.3298
电力机械、器具及其电气零件	63314	93897	-0.1945	79514	130949	-0.2444

资料来源：《福建统计年鉴（2000）》。贸易竞争指数经计算得出。

仍以 1999 年的数据为准，列出表 5 中进口额超过 1 亿美元的产品（产业）：（1）电力机械、器具及其电气零件；（2）纺纱、织物、制成品及有关产品；（3）初级形状的塑料；（4）特种工业机械设备及零件；（5）动力机械及设备；（6）钢铁；（7）通用工业机械设备及零件；（8）有机化学品；（9）有色金属；（10）皮革、皮革制品及已鞣毛皮；（11）石油、石油产品及有关原料；（12）饲料（不包括未碾磨谷物）；（13）纸及纸板；纸浆、纸及纸板制品；（14）生橡胶（包括合成橡胶及再生橡皮）；（15）天然气及人造气。这 15 类产品中，有 4 类产品是初级产品，其余 11 类产品都是工业制成品，其中 5 类产品属按原料分类的制成品，4 类属机械及运输设备类产品，剩下 2 类是化工类产品。

二

如何评价现有的福建省产业发展水平？计算福建出口产品贸易竞争指数可以得出大致的结论。为了从一个较长时期把握福建产业发展的轨迹，我们在表6列出了福建省1985～1999年的出口商品分类构成。

表6　　　　　　　　　　福建省出口商品分类构成　　　　　　　　　单位：%

项目	1985年	1990年	1995年	1996年	1997年	1998年	1999年
出口总值	100	100	100	100	100	100	100
一、初级产品	44.7	21.8	20.3	19.9	19.2	13.1	12.1
食品	32.8	15.7	13.9	13.6	14	10.7	11.1
饮料及烟草	—	0.6	1.2	1.7	0.9	0.3	0.1
非食用原料	11.2	5	4.9	3.6	3.3	1.2	0.6
矿物燃料	0.3	0.2	0.2	0.3	0.4	0.7	0.3
动、植物油、脂及腊	—	—	—	0.7	0.6	0.2	—
二、工业制成品	55.3	78.2	79.7	80.1	80.8	86.9	87.9
化学品及有关产品	4.4	2.3	1.2	1.8	1.9	5.3	3.5
按原料分类的制成品	8.5	5	4.5	5.5	6.0	17.9	16.1
机械及运输设备	5.7	20.1	16.5	18.7	19.3	20.4	23.9
杂项制品	36.7	50.8	57.5	52.8	51.6	43.3	44.4

注：1985年、1990年、1995年数据是笔者推算。
资料来源：《福建统计年鉴（2000）》。

把六张统计表的计算结果结合分析，可以得出这样一些结论：

（1）改革开放以来，福建产业的比较优势发生了两次重大变化。第一次是20世纪80年代中期到90年代中期，实现了从初级产品为代表的资源型产业比较优势向杂项产品为代表的低技能劳动密集型产业比较优势的转移。在经济起飞的初期阶段主要依靠低技能劳动密集型产业参与国际经济竞争，是由福建省的资源要素禀赋特点决定的。人多地少，其他要素资源也不丰富，与此同时，人均国民收入低，决定了唯有低技能劳动力是福建省最丰富同时也最具国际竞争力的要素资源。利用沿海的地理优势和华侨众多的人文优势，发展劳动密集型产业，参与国际经济分工与国际竞争，优化资源配置，实践证明是唯一可行的理性选择。然而，随着经济增长，人均国民收入水平大幅度提高，劳动力成本上升使低技能劳动密集型产业逐渐失去比较优势。因此，以杂项产品为代表的低技能劳动密集型产业在 1995 年发展到最高点之后，占出口的比重开始下降。与此同时，以机械及运输设备类产品及按原料分类的制成品为代表的产业出口比重上升。也就是说，从 90 年代中期开始，福建产业的比较优势正在发生第二次重大变化。

（2）从杂项产品向机械及运输设备类产品转移，并不意味着福建省比较优势产业已经劳动密集型产业转到资本或技术密集型产业，仅仅是产业比较优势从低技能劳动密集型向一定技能劳动密集型的过渡。尽管从出口看，福建省的机械及运输设备类产品已经具有一定的国际竞争力，但是这并不代表福建省该产业的实际竞争能力。因为，在经济全球化条件下，国家或地区间的产业分工已从产业间（inter-industry）分工进入产业内（intra-industry）分工，即一个国家或地区在全球化产业分工中往往仅从事产业内特定产品甚至某类产品价值链中某些环节的工作。在高新技术产业中，存在着低技术技能加工环节，而传统产业部门内，也可能存在高技术技能甚至是高新技术水平的价值增值活动。因此，看一个国家或地区的产业实际水平，不仅要看该国家或地区进入哪个产业领域，而且要看其从事的特定产品及其加工环节的技术技能水平。在产业内国际分工不断发展的今天，以产业为尺度判断一个国家或地区的产业发展水平显然是极不准确的。从表 4 可以看出，目前福建省该类产品的国际竞争力是建立在它所需的零部件特别是技术含量高的关键零部件大量进口基础上的。而在这类产业，真正代表行业技术水平的与其说是其整机装配能力，不如说是技术含量高的关键零部件生产能力。因此，把该行业的进出口情况结合起来分析，可以得出结论：近年来该产业国际竞争能力在一定程度提高实际上只是福建省传统要素优势的升级与行业转移而已，即从低技能的劳动要素优势逐渐向有一定技能的劳动要素优势升级，引起了资源从杂项产品为代表的低技能劳动密集型产业向机械及运输设备类产品装配为代表的一定技能劳动密集型产业转移。对这一转移的产业技术升级幅度不宜过高估计。

（3）重化等资源、资本密集型产业至今仍然是福建省国际竞争力很弱的产业。从表 5 可以看出，竞争力很弱但又为福建当前经济发展所急需的产品 2/3 以上是工业制成品。其中 5 类产品属按原料分类的制成品；4 类属机械及运输设备类产品，剩下两类是化工类产品。这 15 类相当部分是需要大量资本及工业资源的重化工业产品。福建在重化工业领域的竞争力薄弱，是与福建历史形成的资源禀赋格局一致的。由于缺乏大型资本密集型企业和相关的产业簇群，缺乏相应的产业工人及技术人才。而且改革开放以来，这一状况没有得到改善，因此，重化等资源、资本密集型产业至今仍然是福建省国际竞争力很弱的产业。20世纪90年代以来，跨国公司在华投资有较大幅度增加。缺乏工业基础的福建，在吸引跨国公司投资方面，与长江三角洲等地区相比，劣势就显得更为突出。实践证明，资源禀赋状况的改变建立在长期的经济增长的基础上，因此，应充分认识到克服历史形成的经济基础薄弱的长期性和艰巨性。

三

广义资源禀赋状况是决定一个国家或地区产业发展的基本条件，而外部经济环境则是决定国家或地区产业发展方向的重要制约变量。我们认为，在分析福建今后一个时期的产业调整与发展方向时，必须从现实出发。简言之，一是现有的产业基础和比较优势所在，二是外部经济环境。前者在前两部分已经予以阐述，现在对后者对产业发展的影响略做分析。

从经济全球化的角度看，直接决定国家或地区产业发展的最重要因素是产品甚至产品特定加工环节的国际竞争力而不是产品的技术先进性。也就是说，在经济全球化条件下，一个国家或地区的特定产业只要具有一定的甚至是潜在的国际竞争力就有可能得到发展，而在本国或地区是先进技术产业则未必如此。原因是显然的：在全球化时代，产品的供给基本上是全球性的，因此，本国或地区技术先进产品甚至高新技术产品只要在价格性能比上不是世界一流的，就可能在本国或地区也没有市场。没有市场，谈何产业发展？而在全球化时代，世界范围的需求也是多层次的，从发展中国家到新兴工业国再到发达国家，总是存在不同层次的需求，因此，只要是符合社会需要的产品，而本地区生产的性能价格比是最有竞争力的，发展它就是经济合理的；至于信息技术革命对一个国家或地区产业发展的影响，可以从两个角度看。首先，从供给角度看，毫无疑问，信息技术革命和其他一切技术进步一样，极大地改变了社会生产物质条件。全球范围的FDI投资剧增，跨国公司生产基地的全球性布局及产业内分工的发展，产业内公司内国际贸易（intra-firm trade）及服务贸易（trade in services）比重大幅度上升，在相当程度上是以信息技术为代表的技术革命改变了社会生产物质条件的结果。尽快地运用现代技术革命尤其是信息技术革命成果，改善我国的社会生产条件，其重要性怎么强调也不过分。[①] 但是，用信

[①] 有关研究指出，一个国家或地区的信息化程度在相当程度上影响其参与经济全球化的竞争力。参阅：James J，"Information Technology, Globalization and Marginalization", in Bhalla A S ed., Globalization, Growth and Marginalization，IDRC，1998。

息技术革命的成果改善我国的社会生产条件，在经济全球化和我国实行对外开放条件下，本国该产业的供给能力固然重要，但不是决定性的，更大程度上取决于本国本地区的经济实力。从需求角度看，信息技术革命的一个重要方面是创造了一个新的迅速增长的需求领域，因此，对于一个国家、地区的产业发展而言，信息技术革命的需求效应是更值得重视的。在这个新兴市场领域，你能占有多大而且是什么层次的市场份额呢？显然，这取决于一个国家或地区现有的产业基础和比较优势。需要指出，包括规模经济优势在内的现有产业比较优势（以及在近期能够转化为现实优势的潜在产业优势）比产业的技术先进性更重要。因为，无论是高新技术产品还是传统产品，不占有一定规模的市场，是无法形成产业的。无法形成产业的产品，对一个国家或地区的经济发展也就没有实际意义。

因此，我们认为：

（1）福建省现有的工业和科技基础决定了近期在总体上并不具备发展真正高新技术产业尤其是自主知识产权的高新技术产业的比较优势。政府集中资源在特定高新技术产业形成任意比较优势的政策行为即使不是不可能的，也是一种高风险的选择。

近年来，发展高新技术产业的呼声甚高，有些甚至强调不仅是一般的高新技术产业而且是有自主知识产权的高新技术产业。尽管这些意见的出发点是好的，但是，严重脱离我国与福建省的实际。我国至今仍然是发展中国家，其现代化水平在世界120个百万人口以上国家和地区中列第66位，属于中等偏下水平，即使是在亚洲至多也就是准新兴工业化国家。据国家统计局国际统计信息中心的研究，中国的信息能力得分仅为6.17分，是美国的8.6%，韩国的15.3%，巴西的40.2%。[①] 而福建，不仅工业基础至今仍低于全国平均水平，[②]科技基础水平也低于全国平均水平。据科技部统计，1998年福建省在人力资源、科研物质条件和科技意识指标的排序中分别位于第19名、第26名和第11名[③]。广义资源禀赋状况是决定一个国家、地区产业发展的基本条件。福建省的现有工业和科技基础，决定近期在总体上并不具备发展高新技术产业尤其是自主知识产权的高新技术产业的比较优势。

---

① 田学斌：《谁的"新经济"》，载《读书》2000年第10期。

② 关于这一点，从福建与全国出口产品结构中就可以看出，1999年全国出口产品中，工业制成品比重为89.9%，杂项制品为37.1%，同年福建出口产品中工业制成品比重是87.9%，而杂项制品为44.4%，一低一高，在一定程度上说明了福建工业基础至今仍低于全国平均水平。

③ 参见科学技术部发展计划司《科技统计报告》。

在这种条件下，是否存在另一种选择？即不是遵循比较优势法则走市场化循序渐进的产业发展道路，而是走政府集中资源形成任意比较优势跳跃式发展道路？

历史经验证明：政府控制全社会资源分配规划产业发展的效率总体上说低于市场化资源配置方式。在市场经济条件下，也已经不可能。在现有有限公共财力范围内，政府能否集中资源在特定高新技术产业形成任意比较优势，取决于以下条件：政府的产业选择能力、政策过程的机会主义行为与道德风险控制能力，是否具有足以扶持高新技术产品生产达到产业规模经济点的地方政府财力。此外，这种扶持是以资源的扭曲配置，牺牲了其他产业的正常发展为代价的，因此，还存在着从宏观经济角度对这种政策的成本效益分析评价问题。高新技术产业投资的高风险性，以及经济全球化条件下，产业内分工的高度发达，产业的全球竞争性都使政府尤其是地方政府集中资源在特定高新技术产业形成任意比较优势的政策行为即使不是不可能，也是一种高风险选择。市场经济条件下，促进科技进步，政府的主要角色不是介入市场过程内部，而是在市场之外的公共领域创造良好的环境条件。

（2）遵循比较优势的原则，有选择地发展某些高新技术产业和产业中的某些环节，逐步实现产业分工的升级，是目前福建产业调整与发展的可行选择。

上述观点并不意味完全放弃发展高新技术产业。高新技术产业是一个相当大的产业群体，虽然福建在总体上不具有比较优势，但是其中某些具体行业、产品乃至特定加工环节上可能具有比较优势。比如信息技术产业，包括了电子计算机制造业、日用电子器具制造业、电子元器件制造业、电信业和计算机及信息处理服务业等。从表3可以看出，近年来，福建省的办公用机械及自动数据处理设备、电信及声音的录制及重放装置设备、专业、科学及控制用仪器和装置类产品的比较优势在提高，尽管表4的进口数据说明这些行业的竞争优势是建立在它所需的零部件特别是技术含量高的关键零部件大量进口基础上的，也就是说，在真正具有较高技术含量的电子元器件制造业上，福建还不具有比较优势，福建在该产业的比较优势是在需要较多劳动力的计算机制造业的装配环节。尽管这意味着福建省参与信息技术产业仅处于较低层次的分工环节。但却是福建省参与信息技术产业国际竞争的重要基础，信息技术产业在全球的迅速发展，将不断扩大产业的市场容量，有利于提高福建省该类产业的产品的出口量，促进该类产品生产实现规模经济，带来单位产品成本的快速下降，促进产业国际竞争力的提高。随着产业的发展，技术与人力资本不断积累，有利于从参与较低层次的产业内分工升级到参与较高层次的产业内分工，从生产非自

（3）在未来一段时期里，传统产业仍然是福建产业的主体，必须重视传统产业的调整和发展，重视用高新技术改造传统产业。

对福建出口产品国际竞争力的研究证明，目前至未来一段时期里，传统产业仍然是福建产业的主体。目前为止，低技能劳动密集型产业还是福建最具国际竞争力的产业。一定技能型劳动密集型产业的国际竞争力正在逐步提高，将取代低技能劳动密集型产业的地位。这证明，尽管不同地区的产业发展有其特点，但是以要素禀赋状况及其变化为基础的产业发展过程仍然是不可逾越的。因此，应当正视现有的产业基础，在政策上更重视有国际竞争力的低技能劳动密集型及一定技能劳动密集型产业的发展。例如，如何通过提高劳动者的素质，增加技能型劳动力资源的使用，用现代科学技术改造传统的劳动密集型产业，增加该类产品的技术含量，提高其附加值。提高传统劳动密集型产品的国际竞争力，延长其产业比较优势周期，并形成新的竞争优势；一定技能型劳动密集型产业，如目前以组装为主的机械及运输设备类产业正在接替低技能劳动密集型产业的地位，如何运用现代科学技术强化该产业的国际竞争力，使之从目前的一定技能型劳动密集型产业转变为具有较高资本和技术含量的产业，等等，更是当前产业发展的中心问题。某种意义上说，在福建，运用现代信息技术等加快对包括服务业在内的传统产业的改造，现阶段可能比过早不成熟地发展高新技术产业更具有现实意义。至于对在发展高新技术产业的旗号下的机会主义行为、政策寻租活动则应有足够的警惕。

加快推进福建省产业转型升级路径与对策研究[*]

世界银行《2006 年东亚经济发展报告》首次提出了"中等收入陷阱"（middle income trap）这一概念——当一个国家或地区人均 GDP 达到 3000 美元以上，由于产业转型不利，经济增长动力不足，一直未能突破 10000 美元大关，最终出现经济停滞的状态。2010 年，福建省的人均 GDP 约为 5400 美元，正处于"中等收入"阶段。随着美国量化宽松货币政策的延续，国际和国内通货膨胀压力增大，原材料成本、融资成本等都不断攀升，然而，福建省大部分城市目前正处于工业化发展的中期阶段，对资源和成本的依赖性高。2008 年美国金融危机和 2010 年欧债危机以来，贸易保护主义造成国际国内市场需求萎缩，进一步导致了福建省某些行业产能过剩严重。福建省主要以民营工业化推动福建地区经济增长。民营工业化推动经济增长，具有启动快、门槛低、成本低、就业与收入效应明显等特点，但是增长方式粗放、产业层次低且规模小，对资源环境的消耗代价比较大，城市化发展比较滞后。再者，东南地区在改革开放初期依靠灵活的政策和投资环境吸引了不少外资，但随着全国各地地方政府给出更加实惠和有吸引力的政策，对于福建来说，通过优惠的投资"政策"来引凤筑巢变得越来越难。此外，现在全国很多高新技术开发区都在招商引资，同构化现象十分严重。如何让福建省走出中等收入陷阱？如何摆脱对资源和成本的高度依赖？如何释放过剩产能？如何让福建省大中小城市发展协调，实现区域内部城市与城市之间、产业与产业之间的协调统一，而不是同构竞争？通过什么方式和途径来引资呢？如何破解同构难题？本文侧重从产业转型升级的角度探讨。

---

* 本文是 2011 年提交中共福建省委的政策研究报告，共同作者：李静。

一、加快推进福建省产业转型升级瓶颈问题及原因分析

（一）福建省产业转型升级面临的突出问题

1. 第二产业比例偏低，第三产业发展滞后

目前，福建省处于工业化中期阶段，如表1[①]所示，第一产业比重低于20%，第二产业比例大于第一产业和第三产业，而且重化工业比重超过轻纺工业。自2000年以来，福建省出现第二产业迅速增长、第三产业徘徊不前、第一产业快速下降的局面，呈现"二三一"分布模式。与相邻的广东、浙江、江苏相比，第一产业方面，到2010年，三个省份第一产业的比重已经下降到5%~6%，而福建还在9%以上；在第二产业方面，福建在2008年超过50%，而广东在2005年、浙江在1993年、江苏在1992年就已经超过50%；在第三产业方面，福建到2010年（39.7%）仍然没有突破40%大关，而广东在1998年、浙江在2002年、江苏在2010年就超过40%。总体来说，福建第一产业占比较其他三个省份高很多，而第二产业的比重直到近三年才有所提升，第三产业比重也远远落后于沿海的其他三个省份。这影响了产业结构的高度化和合理化效应，同时也导致第二产业的后勤配套服务跟不上，阻碍了福建省产业转型升级的步伐。

表1　　**1978~2010年主要年份福建与相邻沿海省份三次产业生产总值比例**　　单位：%

年份	福建			广东		
	第一产业	第二产业	第三产业	第一产业	第二产业	第三产业
1978	36	42.5	21.5	29.8	46.6	23.6
1980	36.7	41	22.3	33.2	41.1	25.7
1985	34	36.2	29.8	29.8	39.8	30.4
1990	28.1	33.4	38.5	24.7	39.5	35.8
1995	21.7	42.4	35.9	14.6	48.9	36.5
2000	16.3	43.6	40.1	9.2	46.5	44.3
2005	12.6	49.2	38.2	6.3	50.4	43.3
2008	10.7	50	39.3	5.4	50.3	44.3
2010	9.3	51	39.7	5	50.4	44.6

[①]　本文中所有表格数据均来自福建、广东、浙江和江苏四省历年统计年鉴。

年份	浙江			江苏		
	第一产业	第二产业	第三产业	第一产业	第二产业	第三产业
1978	38.1	43.3	18.7	27.6	52.6	19.8
1980	35.9	46.7	17.4	29.5	52.3	18.2
1985	28.9	46.3	24.8	30	52.1	17.9
1990	24.9	45.1	30	25.1	48.9	26
1995	15.5	52.1	32.4	16.8	52.7	30.5
2000	10.3	53.3	36.4	12.2	51.9	35.9
2005	6.7	53.4	39.9	7.9	56.6	35.6
2008	5.1	53.9	41	6.8	54.8	38.4
2010	5	51.9	43.1	6.1	52.5	41.4

在第三产业内部，金融业及租赁和商务服务业出现良好的增长态势。但在信息传输、计算机服务和软件业方面有所下降，交通运输、仓储和邮政业以及批发和零售业等传统服务业的比重逐渐下降，生产性服务业的比重在不断上升。与广东、浙江和江苏相比，生产性服务业产值都低于其他三个省份，而生产性服务业的比重略高于江苏，低于广东和浙江，交通运输、仓储和邮政业方面，比例远远高于其他三个省份，科学研究、技术服务和地质勘查业却远远低于其他三个省份，租赁和商务服务业也比广东和江苏低，略高于浙江（见表2）。福建省与其他三个省份相比，生产性服务业的比例并没有优势，需要在产业转型中进一步提高，在科学研究、技术服务和地质勘查业等核心技术领域落后于其他三个省份。

表2　　　　　福建与相邻沿海省份第三产业内部结构变化　　　　单位：%

产业	福建		广东		江苏		浙江	
	2005年	2010年	2005年	2010年	2005年	2010年	2005年	2010年
交通运输、仓储和邮政业	18.01	14.89	10.32	8.81	11.42	10.32	9.54	8.92
信息传输、计算机服务和软件业	6.55	5.88	7.16	6.63	4.91	3.53	5.88	4.93
批发和零售业	23.13	22.41	23.16	22.44	27.99	25.96	23.39	21.93
住宿和餐饮业	4.30	4.55	5.42	5.19	4.43	4.15	4.11	4.34
金融业	7.09	13.12	7.02	12.84	8.67	12.29	12.54	19.29
房地产业	12.73	11.61	15.17	13.59	11.27	15.18	12.94	13.41
租赁和商务服务业	2.91	4.05	8.05	7.55	3.43	5.07	4.23	3.74

产业	福建		广东		江苏		浙江	
	2005 年	2010 年	2005 年	2010 年	2005 年	2010 年	2005 年	2010 年
科学研究、技术服务和地质勘查业	1.51	1.76	2.18	2.34	1.82	2.13	2.24	1.95
水利、环境和公共设施管理业	0.83	0.87	1.26	0.94	1.27	1.26	1.17	0.92
居民服务和其他服务	4.85	4.54	3.59	3.542	4.36	2.61	2.41	2.93
教育	6.79	4.61	5.50	5.13	8.00	5.97	7.49	5.77
卫生、社会保障和社会福利业	3.51	3.53	3.04	3.09	3.04	2.92	3.97	3.31
文化、体育和娱乐业	1.55	2.13	1.54	1.36	1.60	1.29	1.22	1.40
公共管理和社会服务业	6.23	6.03	6.58	6.58	7.79	7.31	8.87	7.17
生产性服务业合计	48.80	51.31	49.90	51.76	41.52	48.52	47.37	52.24
第三产业合计	100	100	100	100	100	100	100	100

2. 重工业发展落后，支柱产业比重不高且布局分散

福建与相邻沿海省份的霍夫曼比例和重工业化系数指标如表3所示，福建霍夫曼系数是0.828，远远高于其他三个省份，处于工业化的第三个阶段，而广东、浙江、江苏已经逐渐进入工业化的第四个阶段。而重工业化系数可以看出，福建最低，只有0.547，也就意味着，福建重工业和轻工业的比例几乎持平，而其他三个省份的重工业已经远远超过轻工业。

表3　　　　2010 年福建与相邻沿海省份的霍夫曼比例和重工业化系数

指标	福建	广东	浙江	江苏
工业总产值（亿元）	21901.23	85824.64	51394.2	92056.48
轻工业总产值（亿元）	9919.11	32867.3	20896.4	24512.46
重工业总产值（亿元）	11982.12	52957.34	30497.8	67544.02
霍夫曼比例	0.828	0.621	0.685	0.363
重工业化系数	0.547	0.617	0.593	0.734

注：霍夫曼比例＝轻工业总产值/重工业总产值，重工业化系数＝重工业总产值/工业总产值。

福建的三大支柱产业电子、机械和石化，与相邻沿海三省相比，还是存在差距。如表4所示，福建装备制造业占制造业工业总产值的比重低且呈下降趋势，从2005年到2010年，下降了2.63%，与其他三省的差距在进一步扩大。从电子信息行业来看，该行业主要集中在福州与厦门两地，空间分布上一目了然。从机械制造行业来看：交通运输设备制造业与电气机械及器材制造业紧密相联系，其在沿海四个城市（福州、厦门、漳州、宁德）都是捆绑式发展的支

柱产业，在三明、南平、龙岩三个内陆城市中，两个行业虽然都占有一定的份额，但是并未形成捆绑式发展态势。而泉州的机械制造集中在通用设备制造业。从石化行业分布来看：产业链上游行业如石油加工及炼焦化集中在泉州；中下游行业中的塑料制品、橡胶制品和化学纤维分布在泉州两侧的沿海城市（厦门、福州、漳州、宁德、莆田）；同属于下游行业的化学原料及化学制品制造业则分布在内陆城市（三明、南平、龙岩）。总之，福建在重工业方面的发展比较落后，而且某一个细分的行业都分散在福建省内部的各个城市，工业布局比较分散。

表4　　　　　　　　　福建与周边省份装备制造业比重变化　　　　　　单位：%

占制造业工业 总产值的比重	福建		广东		江苏		浙江	
	2005年	2010年	2005年	2010年	2005年	2010年	2005年	2010年
通用设备制造	2.41	3.23	1.75	2.40	6.28	7.02	7.08	7.37
专用设备制造	2.38	2.23	1.47	1.85	2.79	3.77	2.19	2.60
交通运输制造	3.75	5.00	4.82	6.52	4.56	7.33	5.38	7.04
电气机械及器材制造	5.23	4.67	11.79	11.76	6.79	9.94	7.80	9.17
通信设备、计算机及其他 电子设备制造	12.89	9.53	29.79	24.19	17.13	14.69	4.54	3.84
仪器仪表及文化、办公用 机械制造	1.86	1.22	3.14	1.76	1.49	1.96	1.32	1.43
装备制造业合计	28.52	25.89	52.76	48.48	39.04	44.71	28.31	31.45

3. 产业技术含量低，创新能力差

2000～2010年，福建第二产业在"量变"到"质变"转变过程中遇到了瓶颈，劳动密集型传统产业仍然占有主导地位，大部分工业处于产业链的最下端，大多以低技术含量的组装为主，而以核心技术和研发为主的产业比重不高，主要依靠粗放式的要素投入和廉价劳动力，如表5所示，在专利申请数和授权数方面，福建省都远远低于其他三个省份。在规模以上工业企业在技术研发和创新方面，福建省的投入也远远低于相邻沿海省份。

表5　　　　2010年四省专利申请授权与工业企业 R&D 人员及经费内部支出

指标		福建	广东	浙江	江苏
专利申请数	发明	5117	40866	18024	50298
	实用新型	10846	47706	50249	51436
	外观设计	6031	64335	52509	134139

指标		福建	广东	浙江	江苏
专利授权数	发明	1224	13691	6409	7210
	实用新型	9664	43901	47615	41161
	外观设计	7175	61754	60616	90011
工业企业 R&D 经费内部支出（亿元）		116.12	703.68	272.34	551.35
工业企业 R&D 活动人员（万人）		8.61	35.95	23.09	40.51

（二）福建省产业转型升级突出问题的原因分析

1. 资源禀赋未被充分利用，工业基础薄弱

福建省资源禀赋有自身的特点，尤其是海洋资源方面，海洋生物资源丰富，贝、藻、鱼、虾种类数量居全国前列。海岸港湾资源广阔，大小港湾125个，其中深水港湾22处，可建东山湾、厦门港、湄洲湾、福清湾、罗源湾、三都澳6个具有多个5万吨级以上深水泊位的天然良港；滨海矿产资源也比较丰富，工业利用矿产20多种，台湾海峡石油、天然气也已显现较好的资源潜力，海峡西部3个成油凹陷油气前景看好。福建省已经具备大力发展重化工业的港口资源和矿产资源，但其未能充分利用自身资源禀赋，重化工业与其他三个省份相比还处于落后位置。此外，由于改革开放前福建省并不是工业重点投资区域，工业基础比较薄弱。

2. 区域内各城市间竞争激烈，城市圈和同城化推进不够

福州与厦门之间、泉州和莆田之间等都存在激烈的竞争，各地政府为了追求各自的政绩，需要通过各种手段在城市综合竞争力的排名、各种经济指标之间的排序等方面来展示，因而，在福建省各城市之间产生了对生产要素的竞争，包括吸引资金、吸引项目、改善自己的投资环境和投资条件等，还希望向上级争取一些特殊的优惠政策。调研中发现虽然目前已经打算开展厦漳泉同城化和福州大都市区的建设，但行政区划限制导致很多资源、政策等都没法共享和达成一致，实施推动起来也比较困难。

3. 城市化水平不高，产业集聚度偏低

福建的城市化进程仍然落后于福建经济的发展进程，落后于广东、浙江、江苏等沿海发达省份。大城市数量少、规模小，中心城市发展更为滞后。根据

2010 年第六次全国人口普查数据，省会城市福州市辖区常住人口 292.18 万人，在全国各省会城市中规模偏小。作为经济特区的厦门拥有 353.13 万人，但经济体量不足以充当福建经济的龙头。占福建经济总量 1/4 的地级市泉州，其市区人口 143.53 万人，城市规模与泉州经济总量明显不相称，由于城市规模小，其经济凝聚力和辐射力均显不足。再者，电子、机械、石化三大主导产业的产业结构同质同构现象尚未根本解决，重复引进、重复建设现象仍然普遍存在。以制造业为例，各城市的覆盖率均在 80% 以上，产业集聚度低，难以形成规模经济，也容易造成过度竞争。

4. 产业链低端锁定，财税、环境、人才等政策不配套

尽管福建省在大量引入外资企业时，借用其先进技术资源取得了较快的发展，但遗憾的是省内企业的创新能力并没有得到同步提升。主要是因为福建处于产业链低端，如在电子、电气机械及专用设备行业，大部分都是外商投资的加工贸易企业，没有将核心技术带入省内，同样可以达到在中国境内推出新产品的目的，对福建省企业在自主创新方面没有起到预期的推动作用。另外，各地政府不顾自己的资源禀赋状况，而发展产值大、资本密集型的重化工业，或者是低水平的加工工业，导致福建省一些招商引资活动出现低水平重复建设及一些行业的产能过剩。再者，环境基础设施建设滞后，环境监管能力不足，部分地区产业布局不合理，随着城市化加速和产业重型化，节能减排压力不断增大。人才供给方面，本科以上学历占全省从业人员的比例很低，企业需要的高层次、复合型、创新型人才和实用技能型人才短缺，人才结构不合理。

二、加快推进福建省产业转型升级的
主要思路和路径分析

（一）加快推进福建省产业转型升级的主要思路

结合现有经济发展规律和产业升级的新特点以及福建省现有的资源特点，我们认为：福建省应该思考如何将重化工业的发展与自身的港口优势资源相结合；如何通过推动人口的集聚，提升城市化水平，从而提高第三产业的比例；如何通过人口集聚和人才集聚，结合政策保障，提升行业的核心技术研发和创新能力，从而让现有产业链条向"高端化"方向发展。具体思路如图 1 所示。

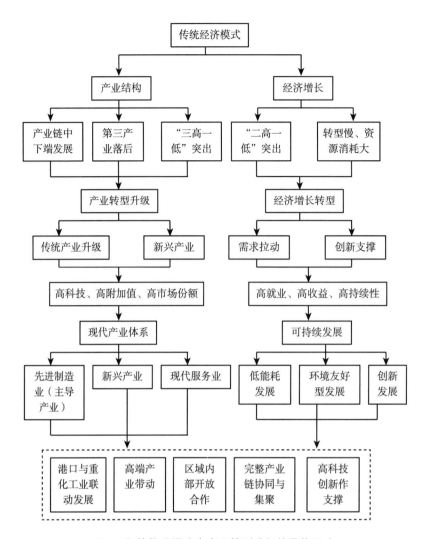

图1　加快推进福建省产业转型升级的具体思路

注："三高一低"指高投入、高消耗、高污染、低产出；"二高一低"指高投资、高出口和低消费。

1. 港口与陆地联动发展，实现港口、重化工与物流运输等产业的融合

重化工业具有很强的运输指向性，低成本、大运量的海运方式和港口集群的物流服务可以更好的满足其对运输、仓储、配送等需求，港口不仅是交通运输的重要枢纽，同时也是进行仓储和流通加工的最佳位置，因此，港口也成为重化工业密集布局的理想地带，为临港重化工业区集约化、专业化提供了强有力的区域条件，是发展循环经济产业园区的重要条件。世界上许多发达的工业区，都是以港口为依托，以临港重化工业为支柱，从而实现了城市经济或区域经济的繁荣。临港重化工业可以在降低物流成本的优势下有效利用全球资源，解决本地区资源短缺问题，可以凭借明显的地理优势和投资环境，在更高层

次、更宽领域开展国际技术合作，提升区域工业经济的发展水平。临港重化工业区中的产业往往包括化学产品及化学原料加工业、通用设备制造业、专用设备制造业等。石油加工产出的产品以及废料可以作为原料在化学加工业中得到应用，并逐步延长产业链，向精加工发展。钢铁冶金业亦如此，发展重点不仅放在粗钢冶炼业，而且向精钢产品制造发展，为园区其他行业提供装备及交通运输产品，以使产业链逐步完整，为发展循环经济提供条件。在陆地资源日趋紧缺的情况下，做到海陆产业统筹规划、基础设施统筹建设、资源要素统筹配置、生态环境统筹治理，促进海陆经济相互渗透与交叉，形成资源互补、相互促进、协调发展的格局。

2. 坚持高端产业带动，构建现代产业体系

随着进入后国际金融危机时代，产业转型及结构调整成为提高经济增长质量的根本途径，产业转型必须通过高端产业带动。以信息技术和网络技术为主导的现代服务业打破产业结构的空间限制和工业化水平的束缚而获得超前发展，有可能使产业结构演进次序或演进规律发生新的变化。加快发展以生产、创新、投资型服务业为重点的现代服务业，有利于促进增长方式由粗放型增长向集约型增长转变、由主要依靠消耗资源向更多地依靠智力支持和科技进步转变。走"产业融合"的发展道路，为产业转型提供新的思路：制造业向服务环节转型、向高端转型，制造类企业向环保、低能耗、创新性转型。生产性服务业的发展能够带动制造业能级的提升。先进制造业和服务业的发展是一种互动互补的关系，要发展现代服务业，就必须与现代制造业实现捆绑式发展。

3. 区域内部开放合作，实现产业链的延伸与集聚

主动加强福建省内部福州、厦门、漳州、泉州等各城市的对接与合作，协商建立产业协作、港口建设、物流配套等领域的合作框架，按照"互补、共建、配套发展、错位竞争"的原则，加强分工合作，积极搞好配套服务和产业衔接，实现资源共享、优势互补。区域内部要重点选择链条长、关联度高、带动效应大的产业，在产业布局上，要打破行政区划限制，按照规划布局，坚持错位发展、优势互补，避免产业低质同构和低水平重复建设。在研发服务、设施建设和产业聚集的基础上，做大服务业，做强制造业，做精配套业，加快产业转型，推动增长极间的工业形态由规模扩张向结构性、质量化扩张。

4. 以科技创新为支撑，实现产业转型升级的可持续

加快产业转型要依靠知识、技术、制度等要素进行系统创新，逐步向创新

型经济转型。通过科技创新改造传统产业，培育和发展新兴产业，实现高端（高科技）、高效（高附加值）、低碳、低能源消耗的发展，逐步形成加工代工—技术模仿—自主创新的科技创新模式，实现经济增长方式的创新驱动。集中力量主攻核心技术，以拥有自主知识产权的核心技术为主要动力，推动经济发展。加大重点领域科技攻关的力度，推进技术集成创新，培育起能够引领和支撑未来发展的高科技企业集群。集聚孵化创新的要素，不断加大研发机构的引进力度，支持有条件的企业建立研发机构，或与高校、科研院所建立技术创新战略联盟。突出企业的创新主体地位，推进产学研紧密结合，整合区域内的科研力量，提升企业自主研发的能力和水平。以加强重点实验室、孵化器、加速器等建设为重点，为企业科研成果转化提供平台，合理布局，集中发展，尽早形成产业优势。

（二）加快推进福建省产业转型升级的路径分析

福建省加快产业转型升级路径如图 2 所示，一是合理构建现代产业体系，二是合理布局产业结构，三是推动高新技术和创新领域的发展。而要做好这三方面工作，可以通过培育和引进新兴产业、升级和淘汰传统产业、扶持和做强支柱产业等路径来完成。可以通过承接或引资的方式把新兴产业引入福建省，并根据产业的上下游链条在全省范围内集聚化布局；对省内的部分地区传统产业进行淘汰和升级，淘汰的产业可以转移到周边或者西部城市，通过技术革新等手段推动传统产业转型和升级，起到辐射、配套和带动相关产业的效果；对福建省内的三大支柱产业进行大力的扶持，对三大产业的上中下游产业链进行相关的配套布局，并配以相关的政策，通过三大支柱产业的集聚和联动效应，推动福建省整体的转型升级。

当然，要想构建合理的现代产业体系和合理布局产业结构，必须要"完善三机制，搭建一平台"，即市场机制、技术机制、创新机制和开放合作平台。三个方面的机制促进福建省内部的五个方面的创新，即制度创新、技术创新、知识创新、服务创新和组织创新，而这五个方面创新又共同促进三个路径的实现，即培育和引进新兴产业、升级和淘汰传统产业、扶持和做强支柱产业，也就最终加快实现福建省产业的转型升级。当然，在创新机制方面，地方政府、科研部门、大学、公共服务部门都应该参与进来，构建产业链的创新路径、知识和核心能力的创新路径、制度创新路径和服务创新路径。

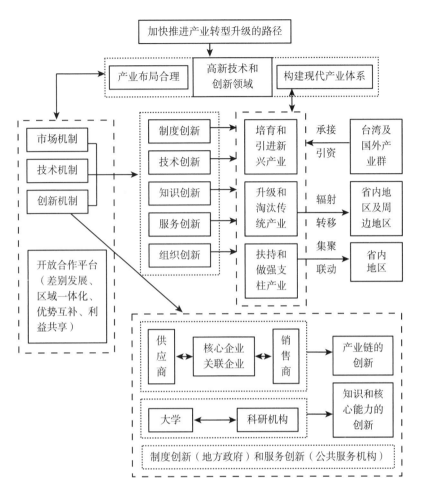

图 2　福建省加快推进产业转型升级的路径

三、加快推进福建省产业转型升级的政策建议

（一）构建现代产业体系的政策建议

1. 政策支持传统产业品牌化、支柱产业高端化、新兴产业规模化

福建在鞋业、纺织业、林浆纸、木材加工业等传统产业方面历史悠久，应通过一定的政策扶持，鼓励现有企业进行重组兼并，提升企业在业界的知名度和品牌形象，并通过地区的产业集聚，打造各种产业基地，提升其在全国和全世界的影响力，从而能够提升产业整体的竞争力。围绕石油化工产业、电子信息产业、机械装备产业等三大支柱产业，制定政策促进其产业链的前延后伸，

大力发展终端产品、深加工产品，走精细化工道路。福建省可以考虑培育发展先进装备制造业、生物医药、节能环保三大战略性新兴产业，重点打造新型平板显示、计算机和网络、LED和太阳能光伏、物联网、生物医药、节能环保六大产业链，加大投入力度，使其规模化发展。

2. 结合自身资源禀赋，打造现代服务业

结合先天的港口、自然风光、区位等优势，对物流、金融、旅游等现代服务业进行构建和打造。重点建设福州、厦门、泉州三大物流节点城市和泉州、莆田、宁德、龙岩、三明、南平等地区性物流节点城市以及一批现代物流园区，扶持一批提供陆海空无缝链接服务的大型物流企业，进一步突出港口优势。依托保税港区、保税物流园区，建设连接两岸的现代物流中心。充分利用海峡两岸金融协议签订的有利契机，加快发展海西区金融服务业，引导各类金融机构拓展信贷运作空间，加快产品、服务和管理创新，推进台湾产业投资基金、贷款公司、财务公司、村镇银行、创业投资公司、金融租赁公司到海西区发展。以滨海旅游、生态旅游和文化旅游为重点，进一步整合旅游资源，加强旅游景点和配套设施建设，办好各类旅游节庆活动，丰富旅游产品。

3. 发挥闽台天然优势，实现农业现代化

加强闽台农业合作，重点加强对台农业资金、技术、良种、设备等生产要素的引进与合作，开展农业技术合作、农业技术咨询与培训，借鉴台湾农业管理经验，发展农民专业合作经济组织。大力发展现代农业，加大农副产品深加工，推进农产品质量安全体系建设，培育食品安全区域品牌。促进农村经济结构优化升级，构建现代农业产业体系，使现代农业成为第一产业的主体。

（二）合理布局产业结构的政策建议

1. 以市场主导、政府引导的方式，结合各地资源合理布局产业链

应该通过市场为主、政府引导为辅的方式，结合每个城市自身拥有的资源和要素优势，布局与之相关的产业，实现传统产业的升级改造和高端产业的引进。福州可以发展电子信息产业、汽车基地、纺织基地、海洋产品、生物制药和装备制造业；莆田可以对传统的制鞋业、纺织服装、轮胎产业、摩托车和汽车配件产业、能源产业等进行改造升级，重点建设钢铁基地、林浆纸基地、油

品储运基地、能源基地、港口产业等；泉州应该利用民间资金多和劳动密集型企业多的特点，通过整合资源，构建海西金融服务品牌和各种民间资金平台，鼓励企业实行兼并重组；漳州可以利用自身对台优势、水资源优势、农业优势，发展现代农业、闽台对接等，并实施与厦门、泉州等产业链的合作协同发展。还应该从整个区域的角度出发，让每一种产业在省内的产业链尽量延长。

2. 协调产业群、港口群、城市群，实现省内产业间的互动融合

在产业集群方面，根据各个城市自身的资源和优势，实现福建省内部产业布局和集群统一规划，从而形成要素之间的相互补充，提升集群之后的产业竞争力和品牌效应，更以利于吸引相关优秀企业来区域落户。协调福建省内部各个港口，形成港口群，自身内部相互合作，与省外的其他港口进行竞争，对区域内部其他产业群的发展至关重要。还应该采取相应措施实现福建省内部城市集群效应，弱化行政区概念，加快体制创新的步伐，消除阻碍产品和生产要素自由流动的各种体制障碍，充分发挥市场在区域间资源配置的基础性作用，通过市场的完善和扩大促进区域经济和产业分工。

3. 利用区位、海洋资源和港口等方面优势，打造"大项目"和"品牌效应"

在石化工业方面，要统筹重大项目布局，做好石化基地（园区）的布局和总体规划，重点发展湄州湾石化工业基地，积极培育已初具雏形的古雷半岛、江阴港精细化工基地建设。积极引进大型石化项目，特别是中央化工企业、台湾化工企业，加快前期工作力度，尽快落实方案。发展原油储备、石油化工、精细化工等高附加值的产品加工业，建设东南沿海国家级石化基地。在船舶工业上要拆修并重、以修促造，逐步向港口机械、海洋工程装备延伸，构建海峡西岸船舶制造业基本框架。按照大型化、集聚化和规模化的要求，引进国内外大型造船企业，积极承接台湾地区修造船业转移，建设大型船舶修造基地，引导社会资金投资建设中小船舶修造项目，带动船舶配套产业发展。初步建立起厦漳、福州、泉州、福安四大船舶基地为主体，游艇产业区、船舶和配套产品产业区为配套的产业骨架。

4. 打造省内城市之间的开放合作平台，加快推进城市之间的合作

加速"厦漳泉"城市一体化和福州大都市区的建设，真正实现资源共享、

协同合作、集聚合理、辐射全面的城市网络布局，最终实现"几区一园"，即某些相邻区县突破行政区划界限，整合现有两个或两个以上园区资源，建立一个园区、一个管理机构的园区发展思路。省政府牵头正确处理地方政府之间的利益关系，克服制度瓶颈引致的地区利益失衡，真正解决产业结构不合理问题，处理好竞争与合作的关系以及做大蛋糕与切分蛋糕的关系。

（三）推动技术创新的政策建议

1. 构建立体化的创新体系和机制

通过各种方式构建中小企业的创新、高新技术园区的创新、传统产业的创新、现代农业创新、闽台对接创新等立体化的创新体系，运用各种机制和政策促进各项创新的落实推进。一是加大研发投入；二是加强政产学研的结合，改革政府资金引导的方式；三是加强高素质人才的引进和培育；四是建设多层次闽台产业对接平台，积极承接台湾产业转移。利用与台湾一水之隔的区位优势，以沿海交通干线枢纽为依托，加快厦门湾、闽江口、湄洲湾等沿海一线产业集中区建设，形成沿闽江流域、九龙江流域（南平、三明、龙岩）产业对接走廊的发展，优化海峡西岸经济区产业发展布局。

2. 以技术创新为支撑，实现从产业链边缘走向核心

对传统轻工业和重工业，实施以技术创新为支撑的升级改造，从过去简单的组装等下端的产业链走向更核心的产业链位置，提升行业和企业的竞争力。同时积极引导自主品牌企业与省内中小轻纺加工企业联合重组和业务外包，整合产业链，扩大品牌效应，并通过优势企业的技术和管理溢出与辐射效应，提升产品质量，降低生产和销售成本。如在汽车行业提高汽车生产企业的自主创新能力，推进技术进步和产业结构升级，充分发挥厦门、福清和泉州出口加工区和深水港口优势，积极引进国外大型汽车集团，形成以福州轿车、轻型客车，厦门金龙大中型客车以及泉州市载重车、特种专用车为核心的闽东南汽车和零部件生产基地，重点建立若干汽车产业园区，加快推动以省汽集团为主体的合作项目。提升汽车工业自主研发能力方面，东南汽车投资建立技术研发中心，金龙客车要着力研发节能、环保、安全为主的混合动力及多动力客车。泉州要与有关科研院所和高校合作建立汽车及零部件产学研研发基地，建立面向中小企业的汽车零部件公共服务平台，永安汽车工业要抓紧筹建载货车研发中心，着重研究和开发节能型、环保型汽车。

参考文献

［1］陈小洪：《产业链创新促进中国制造业转型升级》，载《中国制造业信息化》2009年第2期，第20～21页。

［2］陈小平、曾建杰：《着力推进地方产业集群升级转型》，载《经济研究导刊》2009年第8期，第66～68页。

［3］顾骅珊：《构建产业集群创新生态系统，推动浙江经济转型升级》，载《消费导刊》2009年第5期，第13～15页。

［4］顾庆良、赵健茹：《发达国家纺织服装产业结构转型和产业升级的经验与启示》，载《江苏纺织》2008年第4期，第6～8页。

［5］管宁：《加快转型，强化创意，大力推进文化产业升级》，载《福建论坛（人文社会科学版）》2008年第11期，第110～112页。

［6］郭玉华：《地方政府职能创新与产业集群转型升级研究》，载《特区经济》2009年第4期，第281～283页。

［7］黄继炜、伍长南：《推动福建省产业集群转型升级研究》，载《中国物价》2009年第9期，第60～62页。

［8］梁小萌、皮莉莉：《全球生产网络化与珠三角加工贸易产业转型升级》，载《岭南学刊》2009年第6期，第84～87页。

［9］林承亮：《刘易斯拐点与我国沿海地区传统产业集群转型升级》，载《技术经济》2008年第5期，第15～19页。

［10］刘常勇、刘阳春：《产业升级转型的技术与市场生命周期——以新兴经济的高科技产业为例》，载《中山大学学报（社会科学版）》2009年第1期，第187～193页。

［11］刘继云、史忠良：《地方政府推进产业升级转型——以东莞为例》，载《经济与管理研究》2009年第3期，第53～60页。

［12］沈正岩：《产业转型升级的"韩国经验"》，载《政策瞭望》2008年第3期，第48～49页。

［13］谭炳才：《产业集群发展形态与转型升级机理研究》，载《林业经济》2006年第11期，第50～52页。

［14］隗斌贤：《生产性服务业与制造业互动发展促进产业转型升级》，载《科技通报》2009年第6期，第866～871页。

［15］肖庆文、陈明森：《工业化中期阶段条件下福建省产业结构演进特点与趋势》，载《中共福建省委党校学报》2010年第1期，第41页。

［16］谢春山、魏巍：《辽宁省旅游产业转型升级对策研究》，载《财经问题研究》

2009 年第 12 期，第 133～137 页。

　　［17］徐向龙：《广东省"双转移"战略与产业先导转型升级关键路径研究》，载《商场现代化》2009 年第 22 期，第 75～76 页。

　　［18］张连业、杜跃平：《论我国资源型产业集群的升级与转型》，载《陕西师范大学学报（哲学社会科学版)》2007 年第 6 期，第 88～94 页。

　　［19］张贤、张志伟：《基于产业结构升级的城市转型——国际经验与启示》，载《现代城市研究》2008 年第 8 期，第 81～85 页。

　　［20］张晓娜等：《产业价值链视角下的我国加工贸易转型升级研究》，载《改革与战略》2009 年第 12 期，第 158～160 页。

推动民营企业上市，促进地方经济发展[*]

一、福建民营企业的重要地位和特点

民营经济在福建省经济中的地位及其发展趋势，从固定资产投资及就业结构的角度可以略见一斑。

从改革开放初的 1979～2011 年，福建省的固定资产投资中，来自民营经济的投资，逐渐从仅为国有经济投资的 16.5%，上升为国有经济投资的近两倍（见图 1）。

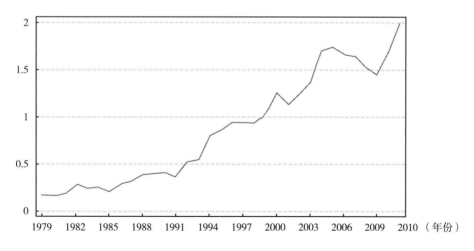

图 1 福建省固定资产投资（民营经济/国有经济）
资料来源：《福建统计年鉴（2012）》。

---

* 本文原载于《泉州学林》2012 年第 3 期，共同作者：张俊远。

改革开放三十多年来，特别是近十年来，由于民营经济的蓬勃发展，福建城镇人员从业结构发生了显著变化（见图2），2002～2011年，国有经济的从业人数逐渐下滑；民营经济的从业人数迅速上升，从2002年的不到150万人，上升到2011年的382.47万人。

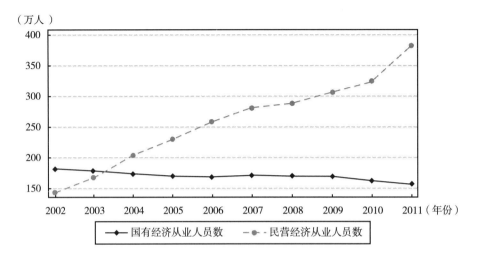

图2　福建省国有经济和民营经济从业人数对比

资料来源：历年《福建统计年鉴》。

民营经济之所以能够在福建省占主体地位，跟福建省特殊的地理位置和发展历史是分不开的。改革开放前作为海防前线的福建，工业投资较少。改革开放后，福建成为对外开放的前沿，吸引了大量的侨资、外资，省内的民营经济也在"干中学"的过程中壮大起来，形成了自己的特点。

福建民营经济的发展特点是：（1）越是资源压力大、人地矛盾突出的地区，民营经济越是活跃。（2）民营经济主要集中于制造业，特别是纺织和服装制造业、食品饮料业等劳动密集型产业，资本及技术密集型企业较少，这是与我国尤其是福建省经济发展起步阶段的资源禀赋结构相适应的。民营经济作为市场主体，遵循比较优势原则，必然会做出这样的理性选择。（3）由于地处沿海开放地区，福建的民营经济从发展起步阶段，就重视同时利用国内外两个市场，既注重国外市场的需求，又较早努力开拓国内市场，形成了两种需求驱动的格局，有效规避了市场风险。福建的民营企业较早就经受了外需市场波动的考验，同时也较早地转向国内市场，利用国内市场开拓品牌优势，形成了大量的自主品牌企业；这为民营经济下一步走向世界，整合利用国内国外资金和资源，占据了市场主动地位。

二、上市是民营企业发展到一定阶段的要求

1. 民营企业的发展瓶颈

民营经济在发展过程中，必然会遇到诸多发展瓶颈，如风险管理瓶颈、市场范围瓶颈、融资瓶颈等。

（1）风险管理瓶颈。福建民营企业创始人往往是较少现代企业管理知识的"泥腿子"，在企业草创之时，为生存而自我创业，敢闯敢干，勤劳进取。企业创始人对企业发展的方方面面进行管理和监督，为企业发展的利润目标而进行的内部管理制度可以在事后追认。但是，企业发展到一定阶段和一定规模，事无巨细的管理和监督变得不那么容易，企业内部外部诸多管理问题也开始出现。比如以人管人、信任为主的管理方式在创业初期可能具有较高的效率，但是在企业做大后，不规范的经营程序必然会造成企业效率的下滑；家族式企业管理模式使企业遇到人才瓶颈，招不到人、留不住人，等等。这都给民营企业的进一步发展带来了极大的风险。

（2）市场范围瓶颈。民营企业创立初期，生产方式以模仿成熟产品为主；销售市场要么是面向出口的大规模加工，要么是内销广大城镇农村市场。不管是落后的生产方式还是面向的销售市场，往往因为产品可替代性高而没有品牌意识。随着外需市场的规模变化和内需市场竞争的日趋激烈，品牌成为企业进一步发展的重要基础，而福建省的民营企业往往因其经济地位较低和发展历史过短，造成品牌不知名或者受到地域化限制，难以被市场认可，这极大地限制了民营经济企业的进一步发展和扩张。

（3）融资瓶颈。民营企业的发展离不开企业自身的资金积累，但是，仅有内部资金积累而无外部资源投入，企业的发展势必在规模和速度上受到制约。进一步提升规模和竞争能力，必须解决融资问题。由于我国要素市场发育滞后，金融业至今仍以国有为主、以大银行为主。金融发展与经济发展的结构不匹配，民营企业在正规的间接融资市场上难以获得必要的资金支持，即使有机会取得贷款，贷款成本也远远高于同等条件下的国有企业。民营企业要么以自有资金支持发展，要么通过民间融资渠道解决其资金需求。但是，民间融资成本较高、风险大。融资瓶颈成为民营企业发展过程中的阻碍。

2. 上市缓解了民营企业的发展瓶颈

上市后的民营企业，摆脱了完全私有的身份，成为了原有股东拥有控股权的公众企业。企业上市虽然削弱了原股东对上市企业的控制力，但在风险管理、宣传推广、扩大融资来源方面为企业提供了重要的支持。这都在一定程度上解决了民营企业发展过程遭遇的瓶颈。

上市后的民营企业面临各式各样的内外部监督。既有来自上市主管部门以及地方经济、税务部门的监督，也有来自关注企业发展前景的证券市场交易主体（包括券商、基金、散户）对公司市场风险的监督。这有助于民营企业通过外部监督提前发觉企业运行中的问题，在一定程度上降低了民营企业的发展风险；同时，时刻受到外部监督的民营企业家在制定企业发展政策时也将更加谨慎，有利于保证企业的正常、有序发展。

民营企业上市后，因为上市过程中的媒体关注以及证券公司的推广，能够有效提升企业自身的品牌覆盖面，广告效应巨大。同时因为中国特定的上市政策，能够成功上市的公司本身就容易提升企业在消费者以及上下游供应商和销售商心中的信誉。甚至在一定程度上，来自各种不同渠道的对上市公司的监管也能产生对上市企业极好的宣传效果。这都是上市带给民营企业的巨大的无形资产收益。

当然，民营企业上市最重要的收获来自企业上市的最初目的，即为企业的后续发展低成本融资。因为中国特殊的宏观环境，民营经济在发展过程中，除了自有资金，极难获得来自金融机构的贷款，往往通过各种渠道通过风险较大、成本较高的民间融资渠道解决资金瓶颈。而民营企业上市后，股票市场既可以提供直接的低成本甚至零成本的资金来源（直接融资和再融资、发行债券），还提高了企业在金融机构的信誉度，增加了获得低成本贷款的可能性。这都能够促使企业债务结构得到优化，企业自身资源得到优化配置。

3. 上市将推动民营企业进一步成长

上市对民营企业的发展历程，具有升级换代、脱胎换骨的意义，是从传统的家族企业制度向现代企业制度的过渡，是从私人企业到公众企业的过渡，为企业未来的高成长打开了新的通道。

民营企业追求上市，其本质目的是提高发展过程中的运营效率。上市虽然提高了企业的运营效率，但也面临着运营成本的提升和安全性的降低，因此企业在上市前后一定要在效率与安全之间做好权衡。民营经济在福建省占据主导地位，福建省的民营经济发展速度越来越快、上市策略不断推进，因此更要在更高层面做好提升效率与保障企业和地区经济安全发展的统一。

首先，上市对民营企业提出新的要求，民营企业的发展必须完成从私人企业到公众企业的转型。转型的第一步是必须改善内部管理。上市公司的内部控制机制与民营企业早期发展中形成的内部控制机制完全不同，企业实际控制人对内部控制的目标会发生变化。

上市前，民营企业的实际控制人因为比较容易获得企业的财务状况，对外财务报表的真实性在内控目标中不占主要位置，而资产安全和运营效率则是企业控制人的首要考虑。上市后，监管机构出于对公众投资者的保护，保障财务报表的真实性成为企业内部控制的最基本要求，这与企业虚设财务报表从而改变市场预期的冲动相矛盾。如果上市企业在转型过程中遇到企业文化等诸多方面的问题，导致转型不成功或者不完全，股票市场将不可避免地提升企业成本，放大企业风险。

其次，上市后的民营企业涉及的正规化改革体现在诸多方面，包括增加企业管理层级适应企业规模的扩大，实现不同职务分权以完善内部监督，将会计权力和审计权力集中、完善预决算制度以实现企业实际控制人对企业的有效掌握，建立保障任务时效性和过期任务定期清理的机制以提高企业的运行效率，等等。这与上市前民营企业内部以人与人之间的信任为主要管理方式相矛盾，正规化必然提出实现人际管理提升和企业文化建设的要求，这很可能会在企业的正规化改革过程中增加企业的决策难度，甚至在企业内部产生控制上的矛盾。如果控制不好，将会极大损害民营企业的竞争力。

再次，企业上市后，既可以利用股市进行直接融资，也可以利用各种金融创新产品进行间接融资，为企业发展提供资金支持。这当然拓展了企业融资的手段和渠道，但是各种现代金融创新产品因为其技术要求较高对企业管理层提出了新的要求，企业管理层必须加强学习来适应企业与资本市场的密切联系。同时，因为资本市场有放大风险和易受国内国外宏观经济形势影响的特点，也为企业资金来源的安全保障方面敲响了警钟。

最后，民营企业上市，是一把"双刃剑"，虽然带来了巨大的收益，但如果企业上市目的不明朗，转型不成功，上市后宏观经济运行风险必然威胁民营企业的进一步发展。只有在企业内部挖潜和合理利用外部资源提升企业发展质量、规避民营企业上市的风险，才能使民营企业走上脱胎换骨的康庄大道。

4. 福建企业的上市现状

福建作为改革开放先行先试的重要区域，较早产生了一批国有上市企业。

进入 21 世纪以来，因为福建省民营经济的发展基础好，符合上市条件的企业多，同时，出于各种上市动机，越来越多的福建省民营企业开始或者加快了上市步伐。在境内的证券市场和境外的证券市场，多点开花，形成了抱团上市发展的优势（见表1）。

表1 福建省上市公司上市地点分布

上市地点	中国上海	中国深圳	中国香港	美国	新加坡	马来西亚
上市公司数量	30	53	60	7	31	4
上市地点	韩国	德国	英国	法国	加拿大	澳大利亚
上市公司数量	7	4	1	1	1	1

注：境内上市截至 2012 年 8 月，境外上市截至 2011 年 3 月。
资料来源：大智慧、福建省发展和改革委员会网站。

三、民营企业上市和地区经济发展

1. 民营企业上市对地区经济发展的作用

民营企业上市是企业自身与地方经济的双赢。上市既有效提升了企业自身的竞争力，也提高了地方的经济发展质量，对于促进地方经济的产业链升级有重要作用。它既可能对企业自身和地方经济的发展有极大的提升，也可能带来各式各样的风险。

首先，上市提升了企业进一步发展的机遇，对于地区经济和周围公司的影响也有较强的溢出效应。有实际证据表明（陈昭，2008），地区经济发展与上市公司数量、质量是一个循环激励过程，上市公司的增加有效提升了本地经济的规模和质量，同样较高质量的本地经济也能有效增加本地企业上市的可能性。企业上市具有较强的示范效应，将极大提高本地经济的竞争力。

民营企业上市前后，在管理理念、内部控制机制、融资渠道、品牌效应发生的重大改变，一般都将极大地震动在产业性质上相近、地理上相邻、产业链上相配合的其他非上市企业，这些非上市企业将逐渐提升管理水平，以适应新的竞争环境，那些相近规模的原本对上市有疑虑的企业往往将因此改变其发展策略，加快上市速度，这些都能有效提升本地经济在相关产业链的竞争力和产业集中程度。

其次，民营企业上市后，资金压力的巨大改善和宣传战略的需要，往往将促使企业加大对研发和节能环保上的投资，技术提升和节能环保的推进将极大地改善地区经济在资源、环境、人才方面的竞争力，并对本地经济的产业升级和自主创新层面的发展具有较大的示范作用。

再次，民营企业上市将有效增加本地经济的资金来源，其效果明显优于地方政府招商引资政策所吸引到的资金。企业上市募集的资金来自全国范围，这将有效缓解本地经济发展的资金不足压力。如果是辖区内公司在境外上市，上市所募集的境外市场资金，不管是融资成本还是便利程度，在利用外资方面都远远优于 FDI。

进一步，民营企业上市还将对本地居民产生巨大的财富效应，有利于全民分享优秀企业的发展成果，做到藏富于民。本地居民更容易接触到上市企业的信息，可以更方便地在股票市场上对了解的企业进行支持，这是企业和投资者的双赢。在居民投资性收益增加的前提下，还可以有效地扩大内需，这是促进地方经济健康发展的重要举措，是地方政府的关注重点。

另外，因为中国宏观经济和股市监管政策的特殊性，福建民营企业选择上市地点时，很多都倾向于境外上市。境外上市的福建民营企业大部分集中在与福建有千丝万缕联系的香港股票市场和新加坡股票市场。境外上市涉及国内国际两套会计准则的互相影响，更涉及企业管理体制在两种宏观经济和宏观政策背景下的相互适应，虽然增加了企业管理和监控的难度，但有效地促进了企业对境外市场规则的理解与把握。这对于拓展当事企业的国际生存空间有非常大的帮助，也使民营企业成为"走出去"这一国家战略的实践者。

最后，上市对企业的影响最终体现在股票价格的波动上，而公司股票价格的波动既体现市场对企业发展现状的满意程度，也体现了市场对企业未来发展的信心，上市策略对民营企业和地方经济的提升的最终落脚点必须是企业对市场的尊重，既不能把股票市场当作予取予求的资金池，也不必每次都把归属上市公司的利润全部分配，既要做好对股东的现期汇报，又要对企业未来的发展负责。

2. 地方政府对辖区企业上市策略的支持

改革开放以来，在"以经济建设为中心"路线方针的指引下，在城市化和自主工业化优先的政策共识指引下，我国的各级政府，特别是市县政府，在市场中成为重要的参与主体，并通过财政政策、土地政策的不同，对不同发展类型企业的区别对待，以招商引资发展本地经济为目标，形成了 GDP 导向的地区经济发展模式。

在传统的认识中，企业上市是企业自身的融资渠道问题，地方政府最开始只关注涉及国企改制和脱困的国企上市融资，关注上市对于改善地方政府下属国有企业的重要作用。而对民营经济企业的上市并不重视，自然也无引导。直到21世纪初，各地方政府才认识到民营企业上市对于促进本地经济发展、提升地方经济发展质量、创造自主品牌的重要作用，把扶植民营企业上市上升到地方经济发展的战略层面。

福建省各级政府，特别是民营经济发展较好的泉州各县市政府对民营企业上市倾注了极大的热情，在地区经济发展规划中，推动民营企业上市被提升到地区经济发展战略的高度。地方政府在有限的财政资金中拨付专项资金对成功上市的民营企业给予上市补贴，同时在土地价格、地方税收等各方面给予一定的优惠，对本土民营企业上市进行扶持。地方政府推动民营企业上市的重要举措不仅扩大了沪深股市中的福建板块，而且有效改善了福建上市企业的效益。

民营企业的密集上市对福建板块的每股收益造成了巨大改变。在民营企业在上市公司逐渐占据主流的2005年开始迅速提高，注册地为福建的上市公司加权平均每股收益从本来低于全国平均水平，到2011年达到全国平均水平的两倍左右（见图3）。

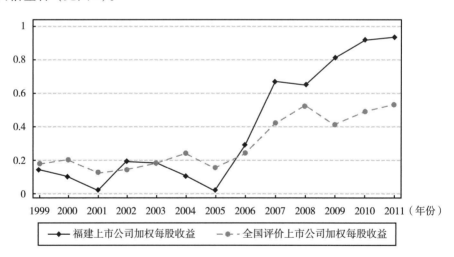

图3　1999～2011年福建与全国上市公司加权平均每股收益对比

资料来源：《福建统计年鉴（2012）》。

四、进一步利用资本市场发展福建的民营企业

福建的民营企业在资本市场经历了从无到有的过程，民营企业上市数量的增加也极大地扩大了福建省民营企业通过资本市场进行融资的规模。在地方政

府的支持和引导下，福建民营企业的密集上市出现在2005年前后，而之后的资本市场上福建企业通过直接融资和再融资进行资金扩张的企业数量和实际融资金额出现了明显的波动，与此同时，融资金额大幅度上升（见图4）。

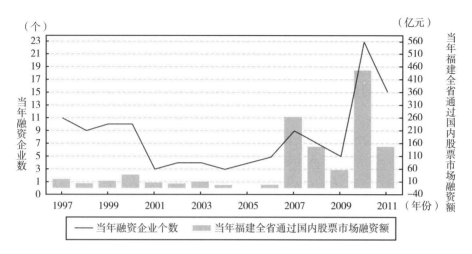

图4 福建省通过股票市场融资的企业个数和融资额

资料来源：《福建统计年鉴（2012）》。

推进福建辖区内民营企业的进一步上市，不仅有利于民营经济自身的发展和提升，更对民营经济占主导的福建省的经济发展具有重要的意义。福建民营企业的上市过程中，企业自身的努力当然是最核心的动力，但相关政府部门的努力推进也极大地影响了民营企业的上市策略和上市步伐。

民营企业的上市行为不仅是企业在上市过程中自身行为与监管机构和关注该企业的投资者的互动，也包括在上市前后与地方政府之间的互动。特别是在福建省，各级地方政府因为较早地推进了民营企业上市战略，在区域经济竞争中占据了先机。

目前，福建民营企业的快速发展，面临着国际国内宏观经济环境的重大变化，特别是国际金融危机席卷全球影响出口企业的发展，而中央政府坚决进行产业升级贯彻依靠内需的宏观政策也引导企业继续关注技术提升和内需市场，这对于福建民营企业来说既是威胁，又是巨大的发展机遇。进一步利用资本市场发展福建的民营企业，壮大福建民营企业在各股票市场上挂牌上市的规模，需要相关的各级政府部门继续做好全方面的服务工作，继续把推进民营企业上市作为地方经济发展的战略重点。

完善服务机制。投资主管部门、行业管理部门及行业协会要及时把握民营经济发展动态，及时向民营企业发布国家产业政策、发展建设规划、市场准入标准、行业动态、财税支持等信息，引导民营企业投资经营。制定、完善和细化贯彻落实国家和省出台的促进和扶持企业发展的各项优惠政策的操作办法和配套措施，同时采取培训、咨询、解读等形式，提高民营企业用好政策的能力。通过服务资格认定、业务委托、奖励等方式，引导中介组织、行业协会、服务机构创新服务产品，加强行业自律，提高服务质量。建立与民营企业定期联系制度，及时解决民营企业反映的困难和问题。

引导上市后备企业做好上市准备工作，推进优势民营企业扩展经营范围，加强对民营企业的金融支持，鼓励民营企业尽快建立现代企业制度。按照"非禁即入"的原则，在基础设施建设、公共事业等领域对民营企业推行公平准入的原则。推动投资准入门槛、投资目录、市场准入标准、投资扶持政策等方面做到公平、公正、公开，简化对民营企业投资的行政审批，不单独对民营企业设置准入条件。完善多层次的政银企沟通机制，推动投资项目与银行信贷资金的直接对接；支持发展多种形式、数量较多的民营金融担保机构，鼓励区域内金融担保机构合理竞争；支持民营企业在法律法规规定的范围内开展融资创新，形成多元化的资本来源渠道。

强化民营企业的创新主体地位，吸引高端人才，既包括服务于企业技术提升的科技人才，又包括熟悉各种现代融资工具、熟悉各类金融市场的金融专门人才。加大对具有自主品牌和自主知识产权的民营企业在研发投资上的支持力度，鼓励民营企业开发节能环保技术，建设适合企业发展的研发基地和创新人才基地。针对迫切需要的科技人才和金融人才，要深化户籍、人事档案管理制度改革，消除金融人才引进的后顾之忧，促进人才合理流动。

建立与境内外的证券交易所的工作联系机制，推动民营企业在境内境外上市融资上两条腿走路。积极支持配合境内外证券交易所来闽开展的上市推荐、培训等活动，使福建有意向上市的企业，对其上市目的地证券市场的情况、法律法规、监管要求等有更加全面的了解，使其境外上市工作更加顺利。加强与境内外证券交易所的信息沟通，既要为具备条件的企业到境外上市提供支持与便利，也要防止一些暂不具备条件的企业通过虚假包装而实现上市，影响福建企业在证券市场的声誉。对在境内外上市的企业开展有关跟踪和调研，推动在境内外的上市企业建立企业相互交流和自律的组织。针对部分上市民营企业产能过剩的问题，支持有序向境外转移产能，建立境外资源开发基地，开拓国际市场。

加大推进省内产业升级步伐。沪深股票市场福建板块的产业结构与沪深股票市场上市公司总体产业结构的差异非常明显，福建的上市公司中劳动密集型企业多，资本密集型、技术密集型企业较少；而沪深股票市场上市企业的总体结构中，先进制造、新材料、医药、高端服务业等资本密集型、技术密集型企业占主导地位。这对福建民营企业的发展方向提供了借鉴，也对各级政府的经济战略提供了借鉴。要提高福建传统劳动密集型企业的竞争优势，加快高新技术和先进适用技术改造传统产业，不断注入新技术，增加附加值，促进产品更新换代，实现可持续发展。要拓展战略性新兴产业的发展，以重大技术突破和重大发展需求为基础，带动一批产业的兴起。这就需要发挥企业在技术创新活动中的主体作用，同时加强政府规划指导和服务功能；在坚持自主创新与技术引进相结合的前提下，加强关键领域与核心技术创新，坚持有所为有所不为，增强新兴产业的发展水平和竞争能力。

总之，福建省各级政府的相关工作部门，应当在为提升本地经济发展，实现以人为本发展的基础上，推进企业上市工作，进一步利用资本市场壮大民营企业实力。在此过程中，提升各级政府的公共服务能力，建立政府与企业的良性互动，吸引各类人才推进技术创新，提高福建的经济发展质量，做到福建经济的包容性发展。

参考文献

［1］陈少波等：《中宇卫浴境外成功上市的影响及效应分析》，载《福建金融》2011 年第 7 期。

［2］陈昭等：《各地区上市公司数量和经济增长的动态反馈——分省的 Panel Data 模型分析》，载《安徽大学学报（哲学社会科学版）》2008 年 1 月第 1 期。

［3］桂平湖：《我国民营企业上市策略下的内部控制建设——基于南京中科的案例分析》，复旦大学管理学院硕士论文，2010 年。

［4］汪满健：《中国民营上市公司内部治理研究》，复旦大学经济学院博士论文，2011 年。

［5］张芳佳等：《泉州市境内企业境外上市现象探析》，载《福建金融》2011 年第 8 期。

［6］中国证券监督管理委员会福建监管局信息调研处：《福建辖区上市后备企业总体状况调查分析》，载《福建金融》2010 年第 2 期。

福建省港口经济的现状与发展对策*

一、引言

福建省拥有我国丰富、优良的港口资源。海岸线长度、深水岸线长度、人均拥有海岸线等三个港口资源重要指标均位居全国首位，是当之无愧的港口资源第一大省、最优资源省份。然而，从港口群规模来看，福建省又确确实实是全国的港口经济弱省。2009 年，我国环渤海、长三角和珠三角港口群的货物吞吐量分别占全国港口吞吐量的 38.4%、29.3% 和 11.4%，三者合计占全国货物吞吐量 79.1%；集装箱运输占全国近 93% 的份额；福建省港口群的货物吞吐量和集装箱运量仅分别占全国的 2.3% 和 6.5%，在全国五大沿海港口群中货物吞吐量最小，集装箱吞吐量仅高于西南沿海港口群①，而且近年来还呈现出下降的趋势。可以说，福建港口经济发展已经到了"逆水行舟，不进则退"的关键时点。因此，如何通过科学发展规划，合理布局港口建设，充分开发利用港口资源，尽快发展壮大福建港口经济，对于福建省下一阶段的经济发展建设无疑具有十分重大的指导意义。

二、福建省港口经济发展的现状

自改革开放以来，福建省的港口得到迅速发展，港口规模迅速扩大，生产

---

* 本文是提交中共福建省委的政策研究报告，收录于《海峡西岸发展研究论集（二）》，经济科学出版社 2011 年版，共同作者：王燕武、李静。

① 根据《全国沿海港口布局规划》，全国将形成五大港口群：长三角、珠三角、环渤海港口群（含天津、大连、青岛、秦皇岛和营口港）、西南沿海（如北部湾）及东南沿海港口群（福建港口群）。

能力增强，服务能力和水平明显提高。

（一）沿海港口货物吞吐量增长迅速，沿海港口成为国民经济发展的重要支撑

1981～2008 年，福建省沿海港口的货物吞吐量由 761.05 万吨迅速上升至 27070.06 万吨，增长了约 34.6 倍，年均增速约为 14.5%，高出同期 GDP 增长率 1.6 个百分点。分阶段看，2000 年以后，福建省港口货物吞吐量的年均增速约为 20.2%，增速显著快于前一个阶段。福建省港口货物吞吐量 2002 年突破 1 亿吨，2006 年突破 2 亿吨，之间只间隔了 4 年，而从 1981 年的 761.05 万吨上升到 2002 年的 1 亿吨，则用了 21 年的时间（见图 1）。

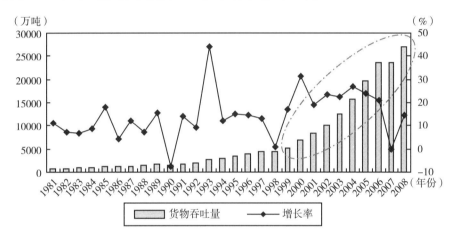

图 1　1981～2008 年福建沿海港口货物吞吐量变动情况
资料来源：《福建统计年鉴（2010）》。

从港口生产条件看，截至 2008 年底，福建省沿海规模以上港口的码头长度为 31779 米，排全国第六位，位居沿海地区中游水平，其中生产用的码头长度所占比例全国最高，达到 97.2%，约为 30893 米；码头的泊位个数为 225 个，其中生产性的码头泊位有 208 个，万吨级以上深水泊位 82 个，同样排名全国第六位。随着福建省社会经济尤其是外向型经济的发展，港口在福建省经济社会中的地位和作用也在不断提升，能源、原材料和生产、生活物资等关系国计民生的大宗货物主要都是通过沿海港口运输。2007 年福建省 95% 以上的外贸货物通过港口运输，石化产业所需的原油全部从沿海港口进入，经沿海港口调入的煤炭占全省煤炭总调入量的 89%，粮食占全省粮食总调入量的 60% 左右。

（二）厦门港、福州港发挥重要作用，泉州港迅速发展

　　厦门港和福州港一直是福建省最主要的港口。改革开放后，前者依托经济特区优惠政策、良好的经济环境和发展集装箱干线运输的区位优势，迅速成长为福建省、全国乃至国际上重要的集装箱干线港和沿海主要港口。后者则依托省会城市的优势，港口建设逐步由闽江口内港区向外海深水港区发展，在腹地经济社会发展和对外交往中发挥了越来越重要的作用，成为我国沿海的主要港口。1981年，福州港和厦门港货物吞吐量占全省港口货物吞吐量的比重在60%以上。1991年接近80%。1992年以后，泉州港的货物吞吐量占全省的比重迅猛增长，到1999年，泉州港赶上福州港。2008年，厦门、福州和泉州三港占全省货物吞吐量的比重分别为35.8%、26.7%和24.8%，三者相加占87.3%，远远超出其他港口（见图2）。

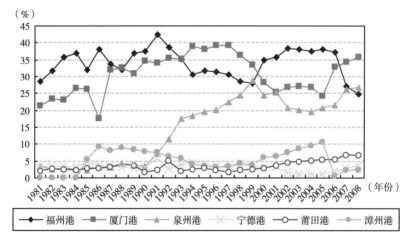

图2　福建沿海各港口货物吞吐量占总吞吐量比重变化

资料来源：《福建统计年鉴（2010）》。

（三）港口发展对福建省经济增长起到正向促进作用

　　理论上，港口发展对经济的影响有直接影响、间接影响和诱发影响。直接影响是港口生产本身对区域经济所作的贡献，也就是港口经济活动本身涉及的货物运输以及港口投资建设对经济的影响；间接影响是指港口运作促进与其相关的上下游产业的发展，从而对区域经济产生影响，它的效应发挥是由港口行业的前向关联和后向关联实现的。关联产业链条的长短就决定了其效应的大小，诱发影响是指港口的直接和间接影响通过消费等对社会产生的刺激作用，

促进社会各个产业部门的扩大生产，从而对整个区域经济产生影响。

一般而言，要准确衡量港口对区域经济的影响是相当复杂的，原因在于对港口经济活动的分类及其产生作用的范畴，在时空上均难以界定。目前常用到的方法有投入产出法和乘数法，但二者均有较强的假设前提，适用条件较严格。这里，借助于跨期相关系数和简单计量回归，对福建港口发展与地区经济增长之间的关系、作用方向进行判断。

首先，1980～2008 年，福建港口货物吞吐量与地区生产总值的跨期相关系数都是为正的，当期相关系数高达 0.964，滞后一期和超前一期的相关系数分别为 0.891 和 0.851，滞后二期的相关系数也达到 0.817。这说明货物吞吐量与地区生产总值不仅具有强正相关性，而且这种强正相关性的持续时间较长，可以在大约前后两期内的时间存在（见表 1）[①]。

表1　　　　　1980～2008 年福建省港口货物吞吐量与地区生产总值的跨期相关系数

相关系数	地区生产总值										
	滞后期数					当期	超前期数				
货物吞吐量	−5 0.596	−4 0.671	−3 0.745	−2 0.817	−1 0.891	0 0.964	1 0.851	2 0.739	3 0.617	4 0.497	5 0.382

资料来源：笔者测算。

其次，将 1980～2008 年的地区生产总值（GDP）作为因变量，货物吞吐量（HT）作为解释变量，运用 OLS 回归，得到计量方程如下：

$$\text{Log}(GDP) = 1.273\text{Log}(HT) - 3.317 \tag{1}$$
$$(18.835) \quad (-5.979)$$

其中，$R^2 = 0.9293$，$Adjust - R^2 = 0.9267$，$\text{Prob}(F) = 0$，括号内为 t 统计量。

可以看出，方程的拟合优度较高，估计系数的统计量也比较显著，解释力度较好。由方程可知，货物吞吐量的估计系数为 1.273，表明在样本区间内，福建省港口货物吞吐量每增长 1 个百分点，将带动地区生产总值上升 1.273 个百分点，港口发展对地区经济增长具有较显著的正向促进作用。

三、福建省港口经济发展存在的问题

（一）港口总体规模仍然偏小，发展较慢，面临较大竞争压力

尽管福建港口在过去 30 多年来迅猛增长，逐步形成福州和厦门两大集装

---

① 一般认为，相关系数超过 0.8 才表示两列序列之间存在较强的相关性。

箱专业港口和其他小型的散货吞吐港口，但港口临港工业起步较晚，总体规模仍然偏小，发展较慢。2008年福建省规模以上港口的生产能力与周边沿海地区，如上海、广东、浙江等相比有较大差距。其中，码头长度仅为上海的28%、广东的34%、浙江的37%；泊位个数仅为上海的20%、广东的26%和浙江的22%；万吨级泊位仅为上海的60%、广东的50%和浙江的73%（见表2）。

表2　　　　　　　2008年全国各地区规模以上港口的生产能力对比

港口	总　计			生产用			非生产用	
	码头长度（米）	泊位个数（个）	其中：万吨级泊位个数（个）	码头长度（米）	泊位个数（具）	其中：万吨级泊位个数（个）	码头长度（米）	泊位个数（个）
上海	114931	1141	137	68191	604	137	46740	537
广东	92748	853	165	86841	778	165	5907	75
浙江	86075	1029	113	83625	962	113	2450	67
辽宁	47799	276	109	43853	247	109	3946	29
山东	41704	203	126	39363	183	126	2341	20
福建	31779	225	82	30893	208	82	886	17
天津	27715	139	75	26357	128	75	1358	11
河北	13712	75	42	12394	54	42	1318	21
广西	8606	56	25	8286	52	25	320	4
江苏	7855	37	31	7406	33	31	449	4
海南	5154	51	10	4779	47	10	375	4

资料来源：根据《中国第三产业统计年鉴（2009）》有关数据整理。

从重要港口的货物吞吐量和集装箱吞吐量看，2001～2009年，福建省内最强两个港口——厦门港和福州港，与其他沿海地区的港口相比，规模明显偏小，增长速度缓慢，货物吞吐量排名全国十大港口之末（见表3）。2009年，厦门港和福州港的货物吞吐量仅约为排名榜首的宁波港的19%、14%。尽管厦门港的集装箱吞吐量位列全国十大港口第六（见表4），但是绝对差距更大，2009年厦门港的集装箱吞吐量468.04万标箱，仅相当于排名第一的上海港的18.7%；福州港更低，仅为5%。因此，与周边的广东、浙江、上海、江苏等省份相比，福建港口的规模偏小，增长缓慢，在全国沿海港口中处于"弱势群体"的地位。

表3　　　　　　　　2001～2009年全国沿海各主要港口货物吞吐量　　　　　单位：亿吨

港口	2001年	2002年	2003年	2004年	2005年	2006年	2007年	2008年	2009年
上海	2.20	2.64	3.16	3.79	4.43	4.70	4.92	5.08	4.95
宁波	1.29	1.54	1.85	2.26	2.69	4.24	4.73	5.20	5.77
广州	1.28	1.53	1.72	2.15	2.50	3.03	3.43	3.47	3.64
天津	1.14	1.29	1.62	2.06	2.41	2.58	3.09	3.56	3.81
青岛	1.04	1.22	1.41	1.63	1.87	2.24	2.65	3.00	3.15
大连	1.00	1.09	1.26	1.45	1.71	2.00	2.23	2.46	2.72
秦皇岛	1.13	1.12	1.26	1.50	1.69	2.05	2.49	2.52	2.49
深圳	0.66	0.88	1.12	1.35	1.54	1.76	2.00	2.11	1.94
厦门	0.21	0.27	0.34	0.43	0.48	0.60	0.81	0.97	1.11
福州	0.30	0.39	0.48	0.59	0.74	0.88	0.64	0.67	0.81

注：宁波港2006年起合并舟山港，合称宁波—舟山港。

资料来源：部分数据来自邓焕彬、朱善庆《全国沿海主要港口吞吐量与地区经济发展关系研究》（《中国港口》2009年第2期），以及交通运输部统计公报。

表4　　　　　　　　2001～2009年全国沿海各主要港口集装箱吞吐量　　　　　单位：万TEU

港口	2001年	2002年	2003年	2004年	2005年	2006年	2007年	2008年	2009年
上海	634	861	1128	1455	1808	2172	2615	2800.64	2500.23
深圳	508	762	1065	1366	1620	1847	2110	2141.64	1825.01
青岛	264	341	424	514	631	770	946	1002.44	1026.24
天津	201	241	302	382	480	595	710	850.27	870.35
广州	174	217	277	330	468	666	926	1100.14	1119.99
厦门	129	175	233	287	334	401	463	503.46	468.04
大连	122	135	167	221	269	321	381	452.55	457.65
宁波	121	186	277	401	521	714	943	1093.37	1050.33
福州	41.78	48.16	59.76	70.79	80.4	101	120	117.66	122.27
连云港	15.6	20.51	30.11	50.22	101	130	200	300.05	303.18

注：TEU是一个国际计量单位，即20英尺集装箱。

资料来源：《中国港口年鉴》以及交通运输部统计公报。

进一步地，从港口群的层面看，根据《全国沿海港口布局规划》，全国将形成五大港口群：长江三角洲、珠江三角洲、环渤海港口群（含天津、大连、青岛、秦皇岛和营口港）、西南沿海（如北部湾）及东南沿海港口群（福建港口群）。而2009年各大港口的吞吐量统计数据表明各港口群之间的吞吐量分布极不平衡，如在货物吞吐量方面，长江三角洲和环渤海港口群约占据了全国货物吞吐量的67.7%；在集装箱运输方面，长江三角洲、珠江三角洲、环渤海三个港口群约占全国集装箱运量的 93%（见图 3）。以福建省为主体的东南沿海港口群在两项指标上仅分别占到 2.3% 和 6.5%，相差巨大。

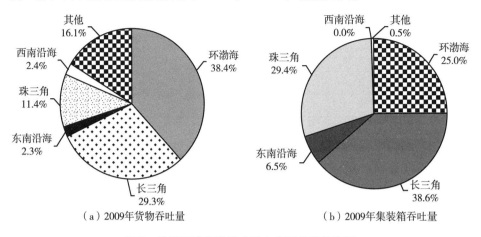

（a）2009年货物吞吐量   （b）2009年集装箱吞吐量

图3　按港口群分类吞吐量占全国总量的比例

资料来源：整理自 CEIC。

此外，由于福建省地处国际主要航道之一的台湾海峡航道，东邻日本、韩国等东北亚国际性大港口群，南邻我国香港、新加坡等东南亚国际性枢纽港口群，对面直接是我国台湾高雄、基隆等传统国际性港口群。福建省港口在更大范围内还面临着更为严峻的外圈国际港口竞争。当前国际港口群大体可以划分为三大板块：西欧、美洲和东亚（见表5），2009 年集装箱吞吐量占全球前 45 名的港口中，欧洲板块的港口 11 个，吞吐量占 16%；北美板块的港口 5 个，吞吐量占 7%；东亚板块的港口 22 个，吞吐量占 67%。其中东南亚 10 个，占 35%；东北亚 12 个，占 32%；我国有 11 个（不包含台湾基隆港）港口跻身此列，吞吐总量占 40%。

表5　　　　　　　　　　**当前国际港口竞争的基本格局**　　　　　　单位：万 TEU

港口群	区位特征	经济腹地	主要港口	集装箱吞吐量
西欧板块	集中在欧洲大陆西岸，面临北海，连接大西洋的临海地区，与莱茵河、多瑙河和伏尔加河等主要干线航道及其相关支线构成了覆盖整个欧洲内陆的水运体系	包含整个欧洲地区，贸易量约占世界的40%，经济一体化程度高，高速交通网络完善	汉堡	701
			鹿特丹	974
			安特卫普	731
美洲板块	沿着北美大陆东部海岸线，从加拿大的纽芬兰到美国的得克萨斯州分布了几十个各种规模的港口；北美西海岸地区，内陆交通发达	美国、加拿大和墨西哥，贸易量约为全球的15%	洛杉矶	675
			长滩	507
			纽约	451
东亚板块	当前港口群竞争最激烈的地区，南北贸易的交通要道	贸易总量约为全球总量的30%		

港口群	区位特征	经济腹地	主要港口	集装箱吞吐量
东南亚	沟通欧亚两大区域的枢纽，主要表现为新加坡、马来西亚以及印度尼西亚的港口竞争	东盟地区以及华南，内陆经济腹地有限，但是作为海上干线中枢作用强	新加坡	2587
			巴西	730
			中国香港	2098
			深圳	1825
东北亚	主要表现为韩国、日本、中国大陆与中国台湾地区的港口竞争	包含中国大陆、韩国、日本、中国台湾地区，中国经济发展是东亚地区港口蓬勃发展的真正动力	上海	2500
			釜山	1195
			舟山	1050
			高雄	858
			东京	374

注：集装箱吞吐量为 2009 年数据。

（二）福建港口规模偏小、经济辐射面窄难以应对港口间的货源竞争

主要体现在：第一，无论是根据《全国沿海港口规划布局》的文件规定，或是在港口经济腹地的地理划分上，福建、江西两省的货源一般被认为是福建省港口群的最主要货源地。但实际上，由于港口生产能力有限、跨省交通不便等，福建省港口群的主要货源地基本上还停留在福建省境内，传统上被认为是福建省港口群的港口腹地的江西省，正面临着来自长江三角洲和珠江三角洲港口群的货源分流。如上海港以股权参与的形式，通过长江内河水运，直接将其腹地扩展到九江；宁波港将上饶、景德镇视为其港口腹地；广州、深圳港则将赣州囊括在内。第二，当前国际海上运输的主力船舶是第六代 10 万吨集装箱货轮，而这种大型的集装箱货轮对港口停靠码头具有较严格的要求。从各种型号集装箱货轮的技术参数（见表 6）可以看出，第六代集装箱货轮一般装载 8000 标箱的货物，吨位为 10 万吨，长度和宽度分别为 345 米和 50 米，吃水深度为 14 米。因此，要吸引国际大型货轮停靠，必须要先有能够让它停靠的码头泊位。而目前福建省港口群唯一能够停靠第六代集装箱货轮的港口只有厦门市嵩屿港，能够停靠的深水泊位也只有三个，很难参与国际港口竞争。

表6		各种型号集装箱货轮的技术参数			
船型	装载标箱	吨位（万吨）	长度（米）	宽度（米）	吃水深度（米）
第一代	700～1000	1	150	22	8.0～7.0
第二代	1000～2000	1.5～2	175～225	25～30	7.5～10.5
第三代	2000～3000	3	240～275	25～30	10.5～12
第四代	3000～4000	4.0～5.0	275～275	30～32	11.5～12.5
第五代	4000～6000	5.0～7.5	280～300	32.2～37.4	11.5～13.5
第六代	8000	10	345	50	14

资料来源：严正、吴肇光：《港口建设是福建新一轮经济增长的关键》，福建省社会科学院网站，2005年。

（三）港口之间内部竞争激烈，难以协调

目前，除了厦门市提出要把厦门港建设成为区域性的集装箱主枢纽港外，泉州市对于湄洲湾、福州市对于江阴港、宁德市对于三都澳港都提出了类似的目标规划。比如福州市提出要"跨江面海，一体两翼，建成滨江滨海城市，形成闽江口城市群和港口群"，厦门市提出"从海岛型城市向海湾型城市发展，规划建设闽南金三角城市群与港口群"，泉州市提出"把泉州建成滨海城市，同时发挥湄洲湾、泉州湾两大海湾优势，建成海峡西岸经济区现代化工贸港口城市"，等等。福建省6个沿海城市都提出相似的发展计划，都把发展港口经济作为重要战略，都要建设滨海型城市、临港工业城市，实现以港兴市，港城联动。而各地都大力发展港口，增加港口的生产产能，势必互相竞争，互相争夺资源，压力运价，其结果将导致福建省的港口，无法做大做强，沦为其他外省港口兼并的对象。

（四）港口集疏运条件有待进一步完善

主要包含两个方面内容：一方面是硬件方面，既包括港口区域内配套基础设施的建设，又包括港口通往腹地的疏港交通体系建设。配套基础设施方面，一些新建的港口，起吊设备不够先进，堆场配套不完善，难以提供高效、迅捷的服务。船舶待港、货物压港、滞港现象因港区分散时有发生，影响港口的竞争力和吸引力。而疏港铁路建设方面，除了厦门港和马尾港有铁路专用线之外，其他港口与铁路、高速公路没有衔接好，疏港公路不足，港口与铁路货物运输承接不匹配，铁路运力结构有待进一步调整。另一方面是软件管理方面，福建省港口的通关环境还相对落后，信息化程度不足。以厦门港为例，目前厦门港的设施设备水平要明显落后于周边省份的港口，导致船舶装卸效率和港口

服务水平也低于周边港口，口岸的信息化水平与通关环境缺乏比较优势，难以吸引巨型船舶停靠厦门港。在通关效率上，上海港最快通关只需 2 小时，一般不超过 12 小时，厦门港则通常要两天左右。

（五）腹地发展空间受到严重制约

对于港口的发展来讲，首先要有足够的货源，而货源主要靠外贸进出口和省际间的原材料、货物流通。这就需要有雄厚的产业基础，有大量的进出口贸易企业和加工企业。对于福建港口而言，省内的货源无疑是不多的，需要拓展腹地。比如厦门港，其陆地经济腹地受限，目前货源主要来自福建省，虽然在理论上赣南和粤东地区也是厦门港的腹地，但由于厦门港和赣南、粤东地区的公路不发达，铁路是单线，车速慢，运输周转量不大，赣龙铁路隧道高度偏低，无法实现铁海联运，增加了内地货物从厦门口岸出口的成本。货源不足、内地货源运输成本过高严重影响了厦门港的发展。

四、福建省港口经济发展的政策建议

针对上述问题，我们认为，福建省港口发展需要做到以下几点。

（一）大力发展国际干线港，积极面对国内外港口竞争

尽管福建省港口建设的现有规模偏小，但福建省沿海港口资源丰富，可建的深水岸线多，具有巨大的发展潜力。作为港口资源大省，福建省拥有丰富的海域岸线资源。全省大陆海岸线长 3752 千米，约占全国的 1/6，有着众多优良的深水港湾。其中，可建设 10 万吨级以上泊位的深水港湾有沙埕湾、三都澳、罗源湾、兴化湾、湄洲湾、厦门湾、东山湾 7 处；可开发建设 20 万吨级以上大型深水港的岸线共有 23 处；可建设 20 万吨级以上深水泊位 80 个，其中 50 万吨级泊位 17 个。因此，福建省当务之急就是要加快建设深水泊位，大力发展国际性干线港，迎接国内外诸多强港、大港的挑战，避免被边缘化。

（二）突出重点，有序发展，把厦门港建设成为国际航运枢纽港

在港口发展上，必须突出重点，有序发展。首先，加快港口资源整合，集

约使用深水岸线，增大吞吐能力。主要是围绕加快厦门国际航运枢纽港（干线港）、福州和湄洲湾南北岸主枢纽港（支线港）、宁德港和漳州古雷港（内线港）等建设开发，推进港口及配套设施建设，形成规模化、专业化、信息化的海峡西岸港口群。

从现实条件看，将厦门港建设成为国际航运枢纽港是合理的；第一，厦门港是目前福建省内唯一可停靠第六代国际集装箱货轮的港口，具有先发优势。特别是 2010 年与漳州港进一步整合统一之后，厦门港区由原来的 8 个港区变为 12 个港区，深水港口岸线资源增加了 27 千米，解决了厦门港建设国际航运枢纽大港这一长远发展的资源瓶颈问题；第二，根据港口辐射能力的推算，在一定距离内并存两个或多个国际航运枢纽港是极其不经济的行为。厦门港早已为交通运输部确定为全国主枢纽港、沿海八大集装箱干线之一，其国际干线港地位在短期内不可动摇。因此，其他港区只能围绕厦门港区进行配套建设，或作为其支线港、配给港，或错位发展散货港、专业港，否则，港口之间竞争将趋于无序化，不利于港口资源的合理利用和节约使用。

其次，错位竞争，强化合作。建议福建省诸港在发展定位上应各有侧重，错位发展。厦门港着重发展远洋集装箱运输，福州港主要发展国内省际之间的集装箱运输，莆田港和宁德港，不应该再发展集装箱运输，宁德港应侧重临港工业，比如机电、食品的加工贸易和船舶修造以及火电、核电的生产，莆田港则以大宗散货运输为重点，全面发展木材、煤炭、矿石、建材等大宗散货、生活物资等杂货的运输。

最后，完善主要港口的集疏运体系，加快推进连接中西部的高速公路等交通基础设施建设，拓展港口经济腹地，增强港口对周边经济的辐射作用。货源是港口的生存源与发展源，腹地越宽广货源就越充足。扩大港口的吸引半径，争取更大的腹地是港口发展的生命力。福建省交通集疏运系统建设比较滞后，这是导致港口经济腹地无法拓展的直接原因。因此，完善基础设施建设，加速福建省交通集疏运系统建设就显得尤为关键。未来一段时间，遵循"大港口、大通道、大物流"的建设思路，福建省要加大交通基础设施的投入，吸引更多的国际班轮停靠，提高福州市、厦门市国际机场综合运营能力，推进"两纵五横"铁路、"三纵八横"高速公路和普通公路网建设，构筑有效链接大枢纽和大通道的综合交通网络。重点要多开辟出省通道，加强与中部省份的交通联系。与中西部省份签订海铁联运合作协议，鼓励江西、湖南等内陆地区利用福建省的港口办理矿石、煤炭等大宗货物的中转业务。加大政府牵线搭桥的力度，借鉴闽赣签订合作备忘录的经验，争取与湖南、成都、浙南、粤东等地区签订海铁联运协议、海关转关协议，向周边省份和更广阔的内地要货源。可以与上述地区签署建设"无水港"合作备忘录，通过建设"无水港"，内陆地区的货物可以实现一站式报关、报验、订舱、集疏运、储运、包装、分送等，实现内陆地区与沿海港口的"无缝对接"。

（三）加快建设临港重化工业体系，实现港口与腹地经济的互惠互利、共同发展

近年来，借助于各港口的规模扩张，福建省沿海逐渐形成了以湄洲湾和厦门海沧为中心的临港石化产业、以福州和厦门为中心的汽车和零配件产业、以福州为重点的冶金产业、以莆田为重点的木材加工产业和以泉州、厦门、福州、宁德为重点的修造船工业、以漳州龙海、招商局港区为重点的机械产业，以及沿海地区的能源、原材料加工等临港工业。但总体上，这些临港工业仍处于初级阶段，主导产业不够突出，产业集聚程度较低，布局分散，尚未形成在全国有影响的重化工业基地，对港口建设的促进作用不够显著。我们应当按照《福建省"十一五"临港重化工业发展及空间布局专项规划》对6大深水港及周边区域所要求的规划布局，着力构建5大基地，即：构筑电力、石油和煤炭中转储备等能源基地，石化、冶金、建材等原材料基地，电子信息、生物制药、航空维修等高新技术产业基地，汽车、造船、工程机械等先进制造业基地，食品、造纸、服装、制鞋等传统工业基地。加快石化、冶金、电力、造纸、汽车、船舶修造、海产品加工和工程机械等8大重点产业的建设，提升港口腹地的经济实力，壮大福建省港口群建设。

（四）推进体制创新，提升管理水平

与其他周边地区相比，福建省在港口管理体制、通关制度等方面劣势明显，如项目审批手续繁杂，口岸通关效率低等。因此，福建省要大力推进港口管理体制创新，提升管理水平，夯实合作基础。首先，完善港口管理体制。可借鉴台湾地区的成功经验，实行港口企业股份制改造，政企分开，并力争在证券市场上市融资，做大做强港口企业。其次，推进港口口岸大通关，完善、推广"就近报关、口岸验放"和"铁海联运"的通关模式，进一步扩大"铁海联运"的地域范围，不断创新港口通关监管模式。

参考文献

［1］蔡勇志、黄丽惠：《构建海西港口群，打造海洋经济强省》，载《中共福建省党委党校学报》2008 年第 11 期。

［2］郭宇：《关于做强做大福建港口群的发言材料》，内部调研资料，2010 年。

［3］福建省交通厅：《福建省沿海港口布局规划》，2008 年 12 月。

［4］福建省港航局：《关于我省港口群建设和发展》，2010 年 11 月。

［5］严正、吴肇光：《港口建设是福建新一轮经济增长的关键》，福建省社会科学院网站，2005 年。

福建省加快发展港口经济大省的战略选择*

一、引言

自英国工业革命以来，由于工业发展对全球各地原材料、能源的大量需求以及产品全球市场的形成，港口日益成为世界各国经济发展的重要条件。当今世界，沿海地带是人口及经济活动最为密集的地带。河口及具有良好建港条件的海湾更成为各国建设港口城市，发展现代产业的枢纽之地。近 30 年来的经济全球化浪潮更进一步强化了沿海地区在经济发展中的地位以及发展海港经济的重要性。在中国，有海岸带的县市尽管其面积仅占全国国土面积 2.5%，却居住了近 12% 的人口，创造了全国近 40% 的国内生产总值。国土面积与人口、产出之比约为 1：4.3：13.8。① 充分利用所在地区的港口资源，发展港口经济，促进本地区社会经济发展，是区域经济发展的重要措施之一。本文在文献研究及实地调研基础上，探讨福建省有效利用全国最优港口资源，加快发展港口经济大省的有关问题，并提出相关政策建议。

二、港口资源大省与港口经济弱小省份

（一）港口资源大省

福建省拥有我国最丰富、最优良的港口资源。海岸线长度、深水岸线长

---

* 本文原载于《海峡西岸发展研究论集（二）》，经济科学出版社 2011 年版，共同作者：王燕武、郑建清、刘照坤。

① 程连生、孙承平、周武光：《我国海岸带经济环境与经济走势分析》，载《经济地理》2003 年第 2 期。

度、人均拥有海岸线等三个港口资源重要指标均位居全国首位，是当之无愧的港口资源第一大省、最优资源省份。

最新数据显示，福建省海岸线长达 3752 千米，占全国大陆海岸线总长的 20.84%。按 2009 年福建省常住人口计算，每万人拥有海岸线 1.03 千米，远远高出沿海其他省份（见表 1），位居全国第一。

表 1　　　　　　　　　　沿海省份大陆海岸线长度

地区	辽宁	天津	河北	山东	江苏	上海	浙江	福建	广东	广西
海岸线长度（千米）	2110	153.2	487	2531	1000	211	2200	**3752**	3368.1	1500
占比（%）	11.72	0.85	2.71	14.06	5.56	1.17	12.22	**20.84**	18.71	8.33
每万人海岸线（千米）	0.49	0.12	0.07	0.27	0.13	0.11	0.42	**1.03**	0.35	0.31

福建省海域港湾众多，从北至南依次分布着沙埕湾、三都澳、罗源湾、兴化湾、厦门湾、东山湾等 7 大天然深水良港，均可开发建设成为 10 万 ~ 50 万吨级以上的超大型深水泊位。据统计，全国可建 20 万吨以上泊位码头的大吨位深水岸线约 158 千米，有 137.9 千米即全国的 87.29% 在福建省境内，其中，宁德的三都澳为 112.5 千米，占全国的 71.21%。可建 20 万吨、30 万吨、50 万吨深水泊位码头 270 多个，年吞吐量可达 40 多亿吨（尚不包括 10 万吨以下中小码头的吞吐能力）。[①] 福建省港口自然条件之优越、数量之多，全国绝无仅有，是全国港口资源最优省份。

从区域经济学及运输经济学角度看，港口货物运输的最佳辐射半径距离是 250 ~ 300 千米。福建省港口群恰好位于珠江三角洲和长江三角洲主要港口的最佳辐射半径距离之外。因此，从全国港口空间布局角度上看，福建省港口群是我国大陆沿海港口链中不可或缺的一个节点。福建港口的建设有利于实现全国沿海港口链的合理布局和岸线资源的有效利用。尤其值得一提的是：福建省面对的台湾海峡是世界货运主航道，这个主航道从美国东海岸跨过大西洋到欧洲，穿地中海、苏伊士运河过印度洋，到新加坡、中国香港，然后穿台湾海峡到韩国、日本，再横跨北太平洋到美国、加拿大西海岸，是世界货物运输最繁忙的航道。据统计，每天有 200 多艘的大轮船从台湾海峡通过。这为福建省发

---

① 陈孔珍：《中部崛起形成的中国经济第四级武汉长沙南昌（鄂湘赣）三角区域在寻找最佳最近出海口——论修建武汉至三都澳重载货运铁路专线的必要性和紧迫性》，载《物流时代电子商务》2010 年第 10 期。

展国际航运、国际中转航运提供了极大的便利。

在对台方面，福建省更具有其他地区不具备的天然优势。厦门、泉州、福州、宁德诸港，与台湾的高雄、台中、基隆诸港的航线距离少则数十海里，多则百余海里，班轮一日之内即可以往返。加之闽台两地长期形成的文化、历史、亲缘、贸易往来关系，发展海峡两岸客货运输，推进两岸政治、经济、社会、文化交流，福建省有着大陆其他省份所没有的特殊优势。

（二）港口经济迅速发展，但至今仍是港口经济弱小省份

改革开放以来，由于对外开放、发展外向型经济的需要，福建省的港口经济有了长足发展。

从不同阶段的港口经济发展速度可以看出，福建省的港口经济发展与福建省的社会经济发展水平、对外开放程度以及外向型经济的发展密切相关。

改革开放的前十年——1981～1990年，福建省的经济基础较弱，经济发展水平较低，对外开放也刚开始起步，港口货物吞吐量增长相对缓慢，年均增长仅7.8%，低于同期福建省GDP增速约3.7个百分点；1991～2000年福建省港口货物吞吐量年均增长速度跃上新台阶，为16.9%，高于同期GDP增长率近2个百分点；2001～2009年，福建省的港口建设进入了加速增长阶段，货物吞吐量接连突破1亿吨、2亿吨和3亿吨大关，年均增长速度达到17.9%，比同期GDP增长率高5.8个百分点（见图1）。预计2010年，福建省港口货物吞吐量将达到3.2亿吨，其中，集装箱吞吐量将达到840万标箱。

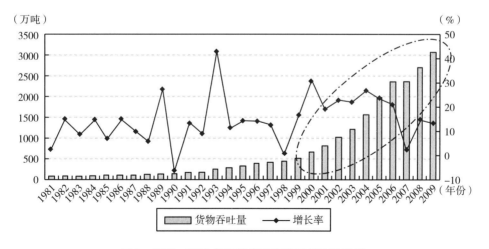

图1 1981～2009年福建省沿海港口货物吞吐量

资料来源：《福建统计年鉴（2010）》。

从建设投资方面看，福建省港口投资规模逐年增长。特别是 2004 年以来，港口基础建设投资呈现成倍增长态势。2004 年，福建省港口投资 15.1 亿元，2005 年为 29.0 亿元，2006 年再翻一番，达到 55.3 亿元，2007 年投资达到 61.2 亿元。[①] 2008 年，福建省交通厅提出"大港口、大通道、大物流"交通发展战略，计划在 2008～2012 年投资 500 亿元，用于港口建设。预计"十一五"期间，福建省港口建设累计投资将达到 330 亿元，是"十五"期间的 5.2 倍。从港口生产条件看，直至 1990 年底，福建省沿海港口 5000 吨级以上的泊位只有 21 个，万吨级以上的泊位只有 10 个，港口吞吐能力不及 2000 万吨。到 2010 年，福建省有生产性泊位 523 个，万吨以上泊位 122 个，港口吞吐能力 3.2 亿吨，[②] 其中集装箱吞吐能力 1282 万标箱。福建省沿海港口已具备停靠 10 万吨以上第六代集装箱船、30 万吨级油轮、15 万吨级散货船、大型邮轮以及两万吨级滚装船的设施条件，初步形成了大中小泊位相结合，集装箱、干散货、石化液体等专业码头泊位相配套的港口布局。

但是，福建省的港口资源、区位优势远未得到有效利用，港口经济发展严重滞后，在全国各沿海省区中，无论是单港规模还是全省沿海港口总货物吞吐量都比较小，属于港口经济弱小省份。

1. 港口运量占全国比重小

（1）厦门港和福州港是目前福建省最大的两个港口。但是与全国其他主要港口相比，规模明显偏小。2009 年，厦门港和福州港的货物吞吐量总和仅为上海、宁波港的 38.8%、33.3%，厦门港的货物吞吐量不仅远远低于上海、宁波、天津、广州、青岛、大连等国内主要大港，而且低于日照、营口、烟台、湛江等港，2009 年货物吞吐量仅排在全国沿海港口第 13 位（见表 2），福州港则名列第 15 位，泉州港第 16 位。

表 2　　　　　　2000～2009 年沿海各港口货物吞吐量及平均增速　　　单位：百万吨、%

港口	2000年	2001年	2002年	2003年	2004年	2005年	2006年	2007年	2008年	2009年	名次	平均增速	增速排名
上海	204.4	220.99	263.84	316.21	378.96	443.17	537	560	582	592.05	1	12.54	22

---

① 这里的投资额仅统计了福建省级港航系统的投资，地方政府的投资并没有计算在内。参见《福建交通 60 年成就综述》。

② 从数据比较及调研中得知，各地申请码头泊位建设时，为了便于审批，基本上是 10 万吨的码头泊位按 5 万吨级申请。在国际上，一般长 350 米的码头泊位年处理能力在 70 万～80 万吨，而福建只有 40 万～50 万吨左右。因此，现有的码头吞吐能力数据严重低于实际吞吐能力。

港口	2000年	2001年	2002年	2003年	2004年	2005年	2006年	2007年	2008年	2009年	名次	平均增速	增速排名
宁波	115.47	128.52	153.98	185.43	225.86	268.81	423.87	473.36	520.48	577	2	19.57	9
天津	95.66	113.69	129.06	161.82	206.19	240.69	257.6	309.46	355.93	381.11	3	16.60	14
广州	111.28	128.23	153.24	171.87	215.2	250.36	302.82	343.25	347	363.95	4	14.07	19
青岛	86.36	103.98	122.13	140.9	162.65	186.78	224.15	265.02	300.29	315.46	5	15.48	16
大连	90.84	100.47	108.51	126.02	145.16	170.85	200.46	222.86	245.88	272.03	6	12.96	21
秦皇岛	97.43	113.02	111.67	125.62	150.37	169	204.89	248.93	252.31	249.42	7	11.01	23
深圳	56.97	66.43	87.67	112.2	135.37	153.51	175.98	199.94	211.25	193.65	8	14.56	17
日照	26.74	29.33	31.36	45.07	51.08	84.21	110.07	130.63	151.02	181.31	9	23.70	4
营口	22.68	25.2	31.27	40.09	59.78	75.37	94.77	122.07	150.85	176.03	10	25.57	2
烟台	17.74	21.9	26.89	29.36	34.31	45.06	60.76	101.29	111.89	123.51	11	24.06	3
湛江	20.38	22.05	26.76	28.66	37.8	46.47	56.64	60.75	66.82	118.38	12	21.59	7
厦门	**19.65**	**20.99**	**27.35**	**34.04**	**42.61**	**47.71**	**77.92**	**81.17**	**97.02**	**110.96**	**13**	**21.21**	**8**
连云港	27.08	30.58	33.16	37.52	43.52	60.16	72.32	85.07	100.6	108.43	14	16.67	13
福州	**24.26**	**29.61**	**39.07**	**47.53**	**59.39**	**74.43**	**88.48**	**64.33**	**67.03**	**80.94**	**15**	**14.33**	**18**
泉州	17.12	21.02	21.23	25.12	30.94	40.462	51.35	62.15	72.24	76.664	16	18.13	11
温州	8.59	13.14	16.76	23.38	26.3	30.97	32.75	34.96	42.63	57.726	17	23.58	5
海口	8.08	8.88	10.73	13.29	14.16	21.18	21.27	23.73	26.14	48.555	18	22.05	6
防城	9.23	10.03	11.16	13.2	16.08	20.06	25.06	30.32	37.01	45.003	19	19.25	10
丹东	4.86	5.42	6.06	7.08	10.53	15.06	20.06	26.1	32.59	43.496	20	27.57	1
台州	9.5	10.24	11	14.57	20.22	20.67	21.07	33.12	38.98	41.784	21	17.89	12
汕头	12.84	13.09	13.8	14.7	15.76	17.359	20.146	23.01	28.06	31.018	22	10.30	24
威海	6.69	7.27	6.71	8.4	11.43	10.15	14.14	17.3	16.2	20.084	23	12.99	20
北海	2.65	2.52	3.07	4.33	4.71	4.37	4.76	5.94	6.2	10.148	24	16.09	15

注：2006年起宁波港与舟山港合并；各港口顺序是按照2009年的货物吞吐量由大到小依次排列。

资料来源：主要来自CEIC；上海港2006～2009年的数据整理自网络。

厦门港的集装箱吞吐量虽然位列全国沿海港口第13位、全球第19位，但是，2009年厦门港的集装箱吞吐量仅相当于上海港的18.7%。福州港更是只有上海港的5%。从近5年的集装箱吞吐量平均增速看，厦门港在全国26个海港中列第24位，福州港第22位，泉州港第14位（见表3），均在平均增速之下。

表3　　　　　　　　近年来沿海各主要港口集装箱吞吐量变动情况　　　　单位：万 TEU、%

港口	绝对量及增速变动						排名变动			
	2006 年	2007 年	2008 年	2009 年	平均增速	平均增速排名	2006 年	2007 年	2008 年	2009 年
上海	2172	2615	2800.64	2500.23	4.80	25	1	1	1	1
深圳	1847	2110	2141.64	1825.01	-0.40	27	2	2	2	2
广州	666	926	1100.14	1119.99	18.92	11	5	5	3	3
宁波—舟山	710.46	934.12	1093.37	1050.33	13.92	15	4	4	4	4
青岛	770.00	946.19	1002.44	1026.00	10.04	20	3	3	5	5
天津	595.00	710.14	850.27	870.35	13.52	16	6	6	6	6
厦门	401.00	460.31	503.46	468.04	5.29	24	7	7	7	7
大连	321.00	381.38	452.55	457.65	12.55	17	8	8	8	8
连云港	130.23	200.31	300.05	303.18	32.53	4	9	9	9	9
营口	101.05	137.10	203.61	253.16	35.82	2	12	10	10	10
烟台	104.93	113.33	153.15	140.11	10.12	19	10	12	11	11
泉州	83.90	101.94	120.67	125.12	14.25	14	13	13	12	12
福州	101.12	120.00	117.66	122.27	6.53	22	11	11	13	13
日照	25.27	38.87	70.86	82.10	48.11	1	18	16	15	14
汕头	41.65	55.74	71.30	80.30	24.46	7	15	15	14	15
锦州	31.08	32.41	65.01	73.84	33.44	3	16	18	16	16
珠海	50.69	62.45	62.50	54.62	2.52	26	14	14	17	17
海口	22.51	20.08	34.64	43.12	24.20	8	19	22	21	18
温州	28.17	35.11	38.05	39.53	11.96	18	17	17	19	19
威海	19.44	30.64	34.65	37.75	24.76	6	22	19	20	20
秦皇岛	20.00	29.60	40.26	34.38	19.79	10	20	20	18	21
丹东	15.10	16.37	22.04	26.02	19.89	9	23	24	24	22
湛江	19.75	27.20	28.43	23.73	6.31	23	21	21	22	23
防城港	13.03	17.31	22.57	20.36	16.03	13	24	23	23	24
钦州	4.48	5.40	6.22	10.08	31.04	5	26	25	26	25
台州	5.66	5.35	6.38	9.08	17.05	12	25	26	25	26
北海	3.38	4.72	4.93	4.42	9.31	21	27	27	27	27

资料来源：整理自 CEIC 及交通运输部统计公报。

（2）从港口群规模看，福建港口群在全国五大沿海港口群中货物吞吐量最小，集装箱吞吐量仅高于西南沿海港口群。[①] 环渤海、长江三角洲和珠江三角

———————————

　　① 根据《全国沿海港口布局规划》，全国将形成五大港口群：长江三角洲、珠江三角洲、环渤海港口群（含天津、大连、青岛、秦皇岛和营口港）、西南沿海（如北部湾）及东南沿海港口群（福建港口群）。

洲港口群的货物吞吐量分别占全国港口吞吐量的38.4%、29.3%和11.4%，三者合计占全国货物吞吐量79.1%；集装箱运输占全国近93%的份额。福建港口群的货物吞吐量及集装箱运量仅占全国的2.3%和6.5%（见图2）。而且近年来还有下降趋势。

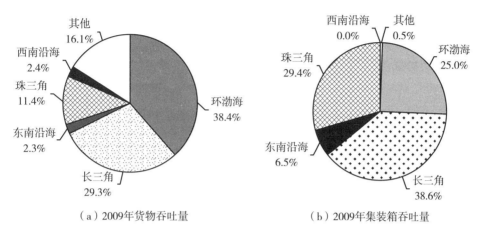

（a）2009年货物吞吐量   （b）2009年集装箱吞吐量

图2　按港口群分类吞吐量占全国总量的比例

（3）目前为止，福建省对台湾地区的港口货运量还较小。2009年，福建省沿海对台湾地区开放港口完成的货物吞吐量为2289.45万吨，不到同期福建省港口货物吞吐量的10%；集装箱吞吐量59.78万标箱，不到同期集装箱吞吐量的12%。①

2. 港口生产条件不如沿海发达地区，码头利用率过低

首先，在港口码头拥有量上，2008年福建省沿海共有码头泊位570个，万吨级以上码头181个，占沿海地区8.0%和8.7%。其中，码头泊位总数位居沿海地区第5位，少于广东、浙江、上海、山东，高于辽宁、天津、河北、江苏、广西、海南等；万吨级以上码头总数位居沿海地区第6位。但是，与港口经济大省相比，则差距甚大，福建省码头泊位仅为浙江省的48.6%、广东省的25.4%；万吨级以上泊位仅为广东省的45.9%、山东省的57.3%（见表4）。与本省港口资源条件相比，可以得出结论：福建省的港口资源尚未得到充分开发利用。

---

① 资料来源：中国新闻网。

表4　　　　　　　　2008年沿海地区港口货物吞吐量、泊位数情况

地区	货物吞吐量（万吨）	泊位数（个）	万吨级	吞吐量/泊位数（万吨/个）
全国总计	702237	41160	2475	17.06
沿海合计	448933	7108	2073	63.16
天津	35593	255	149	139.58
河北	44065	217	171	203.06
辽宁	48684	509	262	95.65
上海	50808	809	223	62.80
江苏	10769	135	55	79.77
浙江	64518	1172	197	55.05
福建	**27070**	**570**	**181**	**47.49**
山东	65789	714	316	92.14
广东	85855	2246	394	38.23
广西	8090	292	72	27.71
海南	7692	189	53	40.70

资料来源：《中国港口统计年鉴（2009）》。

但是，目前福建省港口吞吐能力却已大大超过了运输需求。码头泊位利用率严重低于其他港口经济发达地区（见表4）。2008年，福建省码头泊位数及万吨码头泊位数分别占沿海地区8.0%和8.7%，完成的货物吞吐量仅为沿海地区货物吞吐量的6.03%。单位泊位吞吐量47.49万吨，仅为全国沿海港口平均水平的75.2%。

三、全国港口经济发展态势

全国港口经济发展态势可以归结为：港口建设投资不断扩大，生产能力迅速提高，大大超过运输需求，货源竞争加剧。

（一）港口投资规模不断扩大，港口生产能力迅速提高

自2001年国家深化港口管理体制改革、全部下放港口管理权以来，我国沿海地区纷纷掀起了开发港口，发展港口经济的热潮。2001～2009年，全国沿海港口建设累计完成投资4386.96亿元，年均增长31.33%。其中，2009年港口完成投资758.32亿元，是2001年的6.12倍（见表5）。

表 5　　　　　2001～2009 年我国沿海港口建设完成投资情况

项目	2001 年	2002 年	2003 年	2004 年	2005 年	2006 年	2007 年	2008 年	2009 年
投资（亿元）	124	129.85	240.56	336.42	576.24	707.97	720.11	793.49	758.32
投资增速（％）	54.2	4.8	73.8	39.9	71.3	22.9	1.7	10.2	3.2
新增港口吞吐能力（亿吨）	0.61	0.46	0.67	0.96	2.12	3.61	3.24	3.22	3.39

资料来源：根据历年《中国港口统计年鉴》数据整理。

港口投资扩大迅速提升了港口的吞吐能力，改善了港口运输条件。2001～2009 年，全国新增港口吞吐能力累计约为 18.28 亿吨。其中，2009 年新增港口吞吐能力 3.39 亿吨，是 2001 年的 5.56 倍（见表 4）；2009 年全国沿海港口码头长度、泊位数比 2001 年分别增长 196.16% 和 203.16%。港口泊位中的生产用泊位增长了 212.96%，其中万吨级以上的泊位数增长了 130.36%（见表 6）。

表 6　　　　　　　我国沿海主要港口的生产能力情况

年份	码头长度（米）	泊位数（个）	生产用泊位（个）	万吨级以上泊位（个）
2001	212290	1772	1443	527
2009	628713	5372	4516	1214
2009/2001	296.16%	303.16%	312.96%	230.36%

资料来源：CEIC 数据库。

（二）货物吞吐量迅猛增长，成为世界港口大国

1980～2009 年，我国沿海港口货物吞吐量由 2.17 亿吨飙升到 47.53 亿吨，增长了 20.9 倍（见图 3）。从不同时期发展趋势看，国家下放港口管理权以来的最近 9 年增速（15.94%）大大超过此前 20 年（9.17%）。但是，沿海港口货物吞吐量的加速增长自 2004 年达到最高点——年增 22.3% 之后，开始逐年回落。2008 年、2009 年连续两年回落到 10.7% 左右，比 2004 年下降近 11.6 个百分点。但是，由于基数扩大，港口货物吞吐量还是上升得很快。吞吐量增长的第一个 10 亿吨，用了 20 年（1980～2000 年），第二个十亿吨用了不到 4 年（2000～2004 年）。第三个十亿吨只用了不到 3 年（2004～2007 年）。

货物吞吐量迅猛增长，使我国港口在世界港口中的排名不断上升，成为世界上货物吞吐量和集装箱吞吐量最大、增长速度最快的国家。2008 年，世界前十大货运港有 7 个是中国港口。其中，上海港以 5.92 亿吨排在第一位，连续五年蝉联世界第一大货运港。宁波—舟山港、广州港、天津港、青岛港、香港港

和秦皇岛港均位列世界前十大港口。2002 年，世界前十大集装箱港口中，我国大陆地区只有上海和深圳两个港口，青岛港进入前 20 名，宁波港和厦门港在 30 名之外，大连港在 50 名之外。2009 年，我国大陆地区有 8 个集装箱港口进入世界前 30 位，其中 5 个港口进入前 10 名，加上香港港，目前世界前十大集装箱港中有 6 个是中国的港口（见表 7）。此外，天津港和高雄港还分别排在第 11、第 12 名。

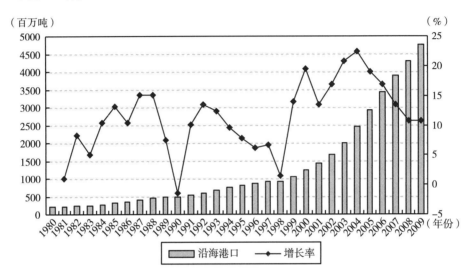

图 3　1980～2009 年中国沿海港口货物吞吐量及增长率

资料来源：CEIC 数据库。

表 7　　　　2003～2009 年我国主要港口在世界集装箱大港中的排名变化

港口	2003 年	2004 年	2005 年	2006 年	2007 年	2008 年	2009 年
上海	3	3	3	3	2	2	2
深圳	4	4	4	4	4	4	4
青岛	14	14	13	11	10	10	9
天津	21	16	16	17	17	14	11
宁波	22	17	15	13	11	8	8
广州	23	22	18	15	12	7	6
厦门	29	26	23	22	22	19	19
大连	44	35	31	26	26	23	21

资料来源：根据历年《中国港口统计年鉴》及中经网有关数据整理。

（三）港口投资过分超前，吞吐能力过剩，货源不足

　　尽管货物吞吐量增长迅速，但是港口生产能力增长得更快，出现了吞吐能

力严重过剩。

（1）从港口投资与货物吞吐量的增长速度上看，前者约是后者的两倍。2009年我国港口投资比2001年增长了5.12倍，但是，同期货物吞吐量仅增长了2.36倍；2001～2009年，沿海港口投资平均增速31.33%，而港口货物吞吐量平均增速仅为15.99%，二者增速比为1.96∶1。

（2）港口投资效率正在下降。2001年，全国每新增1亿元港口投资，新增的货物吞吐量为169万吨。到了2009年，新增1亿元港口投资，新增的货物吞吐量降到51万吨，降幅达到70.02%（见表8）。新增投资与新增货物需求之间的差距在不断扩大。

表8　　　　　　　全国沿海港口建设完成投资规模与港口货物吞吐量

项目	2001年	2002年	2003年	2004年	2005年	2006年	2007年	2008年	2009年
投资（亿元）	124.00	129.85	240.56	336.42	576.24	707.97	720.11	793.49	758.32
吞吐量（亿吨）	14.5	17.2	20.64	25.38	30.09	35.30	40.42	44.89	48.74
新增吞吐量（亿吨）	2.1	2.7	3.44	4.74	4.71	5.21	5.12	4.47	3.85
新增吞吐量/投资	0.0169	0.0208	0.0143	0.0141	0.0082	0.0074	0.0071	0.0056	0.0051
新增吞吐能力	0.61	0.46	0.67	0.96	2.12	3.61	3.24	3.22	3.39
投资增速（%）	54.2	4.8	73.8	39.9	71.3	22.9	1.7	10.2	3.2
吞吐量增速（%）	12.4	18.1	20.3	23.0	18.6	17.3	14.5	11.1	8.6

资料来源：根据历年《中国港口统计年鉴》数据整理。

（3）设施利用效率下降。从货物吞吐量与码头长度比值来看，2008年全国沿海地区港口百米码头泊位完成货物吞吐量为94万吨/年，福建省仅为85万吨/年，是全国平均水平的90.43%。上海、广东、浙江、福建的海港码头长度占全国的68%，完成的货物吞吐量仅占全国的50.84%（见表9）。

表9　　　　　　　2008年沿海省份港口货物吞吐量与码头长度情况

省份	货物吞吐量（万吨）	码头长度（百米）	货物吞吐量/码头长度（万吨/百米）
上海	50808	1149.31	44
广东	85855	927.48	93
浙江	64518	860.75	75
辽宁	48684	477.99	102
山东	65789	417.04	158

省份	货物吞吐量（万吨）	码头长度（百米）	货物吞吐量/码头长度（万吨/百米）
福建	**27070**	**317.79**	**85**
天津	35593	277.15	128
河北	44065	137.12	321
广西	8090	86.06	94
江苏	10769	78.55	137
海南	7692	51.54	149
合计	448933	4780.78	94

资料来源：根据《中国港口统计年鉴（2009）》和《中国第三产业统计年鉴（2009）》相关数据整理计算。

（四）港口重复建设，货源及腹地范围竞争激烈

2000 年之后，港口管理权限下放，大大促进了我国港口投资，但是各地也产生了严重的不顾市场需求、盲目建设的倾向。2005 年，港口重复建设现象已经十分突出。一些沿海、沿江地区，平均每千米就有一个码头，吞吐能力都很大，但是大多缺少货源。造成港口重复建设的主要原因是地方政府各自为政，铁路、港口、机场等交通运输基础设施建设缺乏统筹考虑，重复建设，造成土地和资金的巨大浪费。以环渤海港口群为例，2008 年，山东省公布了一份建设东北亚国际航运中心和京杭大运河黄金水道投资计划，投资总额达 304 亿元，该项目将新增港口综合通过能力 9500 万吨；几乎同时，天津将内陆"无水港"的领地扩展到青岛的后方腹地德州市。天津争取 2010 年之前在陕西、四川等省份的 14 个省会城市或主要的集装箱货源生成地建立"无水港"；辽宁省宣布：除营口港外，锦州、丹东、葫芦岛港等沿海港口都要以股权合作形式并入大连港集团，要在 5 年内陆续向大连港注入 100 亿元资金，扶持其取得东北亚国际航运中心大港的地位。在环渤海经济圈，几乎每个亿吨大港都建有铁矿石码头，竞争十分激烈。

其他港口群的情况大体相同。长江三角洲港口集群中有 19 个沿海港口和 10 个内河港口。以上海港为中心，江浙分别为南北两翼。南翼为宁波—舟山港，北翼主要是长江内河港口，较大的有南京港、南通港、镇江港等，扬州市、江阴市、常熟市等都正在建港口，竞争也异常激烈。各地方政府作为港口利益主体，彼此恶性竞争，因此不断出现港口定位分工不明、设施重复建设的情况。

（五）竞争导致集中

港口管理权下放之后，各级地方政府为促进本地经济发展，竞相投资港口建设，导致了重复建设、运能过剩，恶性竞争。但是，正如 20 世纪 80 年代的家电产业、20 世纪 90 年代的汽车产业竞争一样，以地方政府为背景的港口建设固然可以在一定时期忽视市场制约、需求限制，急剧扩张，但是，港口经济的发展最终必须受制于市场需求。在这一过程中，具有比较优势、优质产能、经营得当、效率高、成本低的港口必将在竞争中脱颖而出。反之，将在竞争中落败，逐渐退出，最后导致港口的优化布局和运能、运量的集中。我国港口货物吞吐量增速自 2005 年起逐步回落，开始为全国港口的资源整合创造了外部环境。近年来，环渤海、长江三角洲和珠江三角洲港口群的运量比重逐渐上升，成为中国最主要的港口群，其他港口群的运量比重开始下降。2005 年，福建省港口货物吞吐量占全国海港货物吞吐量 6.52%，2008 年降为 6.03%，降低了近 0.5 个百分点。就各个港口而言，近十年来，位次也有所变动。福建省的三个主要港口，厦门港的位次提高了 1 位，福州港则从 2000 年的第 11 位降至 2009 年的第 15 位（见表 10）。

表 10　　　　2000～2009 年沿海各港口货物吞吐量排名变动情况

港口	2000 年	2001 年	2002 年	2003 年	2004 年	2005 年	2006 年	2007 年	2008 年	2009 年
上海	1	1	1	1	1	1	1	1	1	1
宁波	2	2	2	2	2	2	2	2	2	2
天津	5	5	5	5	5	5	4	4	3	3
广州	3	3	3	3	3	3	3	3	4	4
青岛	7	7	7	7	7	7	5	5	5	5
大连	6	6	6	6	6	6	6	6	7	6
秦皇岛	4	4	4	4	4	4	7	7	6	7
深圳	8	8	8	8	8	8	8	8	8	8
日照	10	10	10	10	10	10	9	9	9	9
营口	12	12	12	12	12	12	10	10	10	10
烟台	15	15	15	15	15	15	15	15	11	11
湛江	13	13	13	13	13	13	14	14	16	12
厦门	**14**	**14**	**14**	**14**	**14**	**14**	**13**	**13**	**13**	**13**
连云港	9	9	9	9	9	9	12	12	12	14
福州	11	11	11	11	11	11	11	11	15	15

港口	2000 年	2001 年	2002 年	2003 年	2004 年	2005 年	2006 年	2007 年	2008 年	2009 年
泉州	**16**	**16**	**16**	**16**	**16**	**16**	**16**	**16**	**14**	**16**
温州	**20**	**20**	**20**	**20**	**20**	**20**	**17**	**17**	**17**	**17**
海口	21	21	21	21	21	21	18	18	22	18
防城港	19	19	19	19	19	19	20	20	19	19
丹东	23	23	23	23	23	23	22	22	20	20
台州	18	18	18	18	18	18	19	19	18	21
汕头	17	17	17	17	17	17	21	21	21	22
威海	22	22	22	22	22	22	23	23	23	23
北海	24	24	24	24	24	24	24	24	24	24

资料来源：CEIC 数据库。

因此，全国港口经济发展的态势可以归结为：过高投资，低水平运能过剩，货源不足，为提高港口利用率，各港口群之间腹地、货源竞争日趋激烈，环渤海、长江三角洲、珠江三角洲三大港口群地位上升，但是，适应世界海运发展趋势的深水岸线资源奇缺，未来竞争，胜负未定。

四、福建省港口经济发展的战略空间受到严重挤压

福建省虽然拥有全国最好的港口资源，但是，经济发展水平在东部沿海地区相对落后，加之延绵省境的武夷山脉、戴云山脉将福建省与内陆各省区相对隔离，陆路交通至今仍然不便。发展港口经济，从供给方面看，建设资金有限；从市场需求看，省内货源受限于经济发展水平、产业结构，相对有限，[①]要实现福建省从港口资源全国第一大省、最优省份到港口经济大省的跨越，不能不大量依靠省外货源，但是，目前省外货源却被大量分流；港口资源固然优越，但是港口建设起步晚、规模小，缺乏核心港口，发展战略始终不够明确。因此，在全国港口资源整合和激烈竞争中，福建港口处于相当不利的地位，发展港口经济的战略空间正在不断地受到挤压。

由于近十年来各地竞相投资港口建设，全国港口生产能力严重过剩，因此，目前制约各地港口经济发展最关键的因素是货源不足，这也是当前各地港

---

① 福建省产业至今仍以劳动密集型的加工贸易产业为主，集装箱运输需求大；重化工业发展滞后，对石化、煤炭、矿石等大宗商品的散杂货运输需求小。因此，以福建省货源为主的福建省港口群的货物吞吐量仅占全国的2.3%，但是集装箱运量却占了全国运量的6.5%。

口激烈竞争的实质内容。货源多寡，一则与本地经济发展水平息息相关，二则取决于港口腹地的大小及其经济规模、发展速度。一般而言，腹地越大，经济规模越大，发展越快，港口的货源也就越多。

理论上，港口货物所能到达的地方都可以被认为是港口腹地，但事实上，港口腹地范围的形成受到自然、社会、经济、交通等多种因素影响。影响因素的复杂性决定了要准确划定港口的腹地范围有相当难度。与上海相当程度上依靠长江黄金水道不同，福建省主要是依靠铁路和公路与内陆省份建立运输关系，但是，目前还没有省际间的全部货物流向、流量的统计，我们只能在现有数据基础上，通过对区域间铁路货物运输情况进行分析，粗略确定福建港口的腹地范围。

利用 2007～2009 年《中国交通年鉴》中区域间的铁路货物交流的数据，我们先分析安徽、湖北等内陆省份发货到沿海各省市的分布情况（见表 11、表 12）。

表 11　　　　　　　　2006 年区域间铁路货物交流　　　　　单位:%

地区	江苏	上海	浙江	福建	广东	广西	合计
安徽	49.55	9.76	27.48	**8.62**	3.98	0.61	100
湖北	7.52	1.95	13.28	**11.67**	50.20	15.38	100
湖南	2.99	3.71	10.49	**7.73**	59.65	15.45	100
江西	2.75	4.36	33.06	**33.22**	20.75	5.86	100
重庆	6.00	2.69	5.37	**4.27**	27.65	54.03	100
四川	17.72	9.24	11.12	**6.12**	28.17	27.63	100
贵州	2.13	1.08	4.08	**3.40**	20.73	68.58	100

资料来源：根据《中国交通统计年鉴（2007）》相关数据整理计算。

表 12　　　　　　　　2008 年区域间铁路货物交流　　　　　单位:%

地区	江苏	上海	浙江	福建	广东	广西	合计
安徽	50.24	8.58	26.09	**9.95**	4.00	1.14	100
湖北	6.44	1.60	12.03	**10.99**	51.51	17.43	100
湖南	3.04	3.58	10.02	**6.52**	60.38	16.46	100
江西	3.71	6.84	26.96	**36.93**	20.53	5.02	100
重庆	9.14	3.36	5.78	**4.70**	31.32	45.70	100
四川	15.32	10.94	11.24	**6.02**	30.21	26.27	100
贵州	2.04	0.83	3.18	**2.48**	20.36	71.12	100

资料来源：根据《中国交通统计年鉴（2009）》相关数据整理计算。

统计分析发现：安徽等六个内陆省市货物流向沿海港口省份的分布情况相对稳定。如果以 10% 为临界标准，江西、安徽、湖南、湖北四个内陆省份的铁路货物流向大体上是：

（1）江西铁路货物主要流向福建、广东、浙江。

（2）安徽铁路货物主要流向江苏、浙江。

（3）湖南铁路货物主要流向广东、广西、浙江。

（4）湖北铁路货物主要流向广东、广西、浙江。

根据占比大小，可以粗略地将安徽、湖北、湖南、江西四个省份视为福建港口的主要内陆经济腹地。进一步地，对安徽等六个内陆省市与福建省的铁路货物交流进行分析（见表13），发现经由铁路流向福建的货物中，占比大小顺序是江西＞安徽＞湖南＞湖北。因此，可以认为，福建港口的内陆经济腹地以江西为主，安徽、湖南、湖北为辅，或者说这四个省份是福建省可能的内陆经济腹地。

表13　　　　2006～2008年内陆省市与福建铁路货物交流的占比情况　　　单位:%

年份	安徽	湖北	湖南	江西	重庆	四川	贵州
2006	19.23	9.00	12.95	45.92	1.02	5.16	6.74
2007	21.52	7.36	13.42	46.82	0.78	4.99	5.12
2008	20.24	7.63	10.99	50.93	0.90	4.27	5.04

资料来源：根据2006～2009年《中国交通统计年鉴》相关数据整理计算。

以2009年福建省港口货物吞吐量与GDP之间的比例（2.5万吨/亿元）或者与进出口之间的比例（37.59吨/万美元）来粗略推算江西、安徽、湖南、湖北四省潜在货运量（见表14）。

表14　　　　2009年江西、安徽、湖南、湖北四省潜在货运量估计

省份	GDP（亿元）	进出口（万美元）	以GDP计算潜在货运量（亿吨）	以进出口计算潜在货运量（亿吨）
江西	7655.2	1383094	1.91	0.52
安徽	10062.8	1565521	2.51	0.59
湖南	13059.7	1160739	3.26	0.44
湖北	12961.1	1767294	3.24	0.66
四省合计	43738.8	5876648	10.92	2.21
福建	**12236.5**	**8123952**	**3.05**	**3.05**

计算结果发现：如果以GDP推算，四省潜在的货运量约为10.92亿吨，若以进出口推算，四省潜在货运量合计约为2.21亿吨。二者相差较大的原因

是中部四省外贸比重较小。2009 年，中部四省 GDP 合计为 43738.8 亿元，约为同期福建省 GDP 的 3.5 倍；进出口总额合计为 587.66 亿美元，还不及福建省的 3/4。

然而，最新统计数据显示，2010 年，福建省港口来自江西省等周边省份的货物仅约为 770 万吨，不过占当年福建省港口货物总吞吐量的 2.41%。[①] 仅仅是以 GDP 推算的四省潜在港口货运量的 0.71% 和以进出口总额推算的四省潜在港口货运量的 3.49%。

问题在于：中部四省不仅是福建省港口的潜在腹地，同时也是长江三角洲、珠江三角洲港口群极力争取的腹地范围。近年来，上海港以股权参与的形式，通过长江内河水运，直接将其腹地扩展到九江；宁波港将上饶、景德镇列为其腹地；广州、深圳港将赣州列为其腹地。福建港口群在争取外省腹地问题上遇到了中国最强大的两个港口群的激烈竞争。从现有的港口布局、功能设定、通关环境、硬件设施以及内陆输运条件看，福建省港口群并无优势可言，因此其潜在内陆经济腹地正在被左右两大港口群不断蚕食。

目前福建省港口群的主要货源基本来自本省。可以清楚地看出，如果福建省的港口经济仅仅依赖本省货源，未来发展空间相当有限。因为，福建省的经济总量至今仅为浙江省的一半，不到广东的 1/3（见表 15）。福建省优越的港口资源，天生就是为广大内陆经济所准备的，仅仅依靠本省经济发展生成的货源，显然难以支撑福建省港口经济的充分发展。

表 15　　　　　　　2005 ~ 2009 年福建与浙江、上海、广东 GDP 对比　　　　　单位:%

省份	2005 年	2006 年	2007 年	2008 年	2009 年
福建/浙江	48.85	48.25	49.32	50.43	53.22
福建/上海	70.88	71.73	74.02	76.92	81.33
福建/广东	29.06	28.52	29.10	29.41	30.99

资料来源：课题组计算。

另外，从 GDP 转化成货物吞吐量的比例看（见表 16），福建省在沿海 9 省市中也是偏低的，而且下降速度较快。2005 年，福建省每亿元 GDP 产生的港口货物吞吐量为 2.99 万吨，2009 年降为 2.50 万吨，降低速度是沿海各省中最快的。这在一定程度上可以说明，福建省港口目前不仅外省腹地被蚕食，可能本省货源也被相邻省市的港口分流了一部分。

---

① 资料来源：福建省港航管理局在"关于我省港口群建设和发展"专题座谈会上的汇报材料。

表 16　　　　　2005～2009 年沿海省份港口货物吞吐量与 GDP 之比　　单位：万吨/亿元

省份	2005 年	2006 年	2007 年	2008 年	2009 年	2009/2005
天津	6.16	5.77	5.89	5.30	5.05	81.98%
河北	2.73	2.95	2.94	2.75	2.95	108.06%
辽宁	3.75	3.84	3.70	3.56	3.63	96.8%
上海	4.79	5.08	4.49	4.13	3.93	82.05%
浙江	3.57	3.51	3.31	3.22	3.42	95.80%
福建	**2.99**	**3.12**	**2.55**	**2.50**	**2.50**	**83.61%**
山东	2.09	2.15	2.23	2.13	2.15	102.87%
广东	2.63	2.66	2.53	2.33	2.26	85.93%

五、福建省港口发展存在的问题

（一）港口等级系统未形成，干线枢纽港不明确，各地分散建港，投资效率低，缺乏规模经济，竞争力弱

　　福建省港口发展目前存在的最大问题在某种程度上可以说与福建省的港口资源十分丰富而且优良有关。

　　正是由于港口资源丰富，而且大多比较优良，因此，各市都有建设大港的资源条件，都想充分利用本地优良的港口资源建设全国大港。

　　但是，港口布局有其空间距离要求。一般要求两个大港之间海岸线要有 600 千米左右的距离。按照这个距离，在福建省境内，最佳的干线港位置应是厦门与宁德的三都澳，即使从珠江三角洲经海西区到长江三角洲的整个华东南沿海港口布局而言，也是如此。厦门与三都澳之间的其他地点，尽管也有建设大港的资源条件，但是从资源优化配置角度看，或者不宜建港，或者只能发展为干线港配套的喂给港。[①] 但是，我们在调研中发现，现在至少有厦门、泉州（含莆田）、福州、宁德四市制定的港口建设规划都提出要把本市的港口建设成为区域性枢纽港。

---

　　① 当然，为特定大型企业如大型电厂、石化企业服务的专业码头是另一回事，它们应根据企业选址而就近建设码头。我们这里讨论的是由港口企业经营的公用码头及港口。

显然，在如此短的海岸线上，是不可能如此密集地布局如此多的枢纽港的。各地政府在进行港口规划时，更多考虑的是供给能力：港口通过能力、码头泊位、生产设施等，但是对于这些港口是否有足够的市场需求，有足够的货源，则大多避而不谈。

然而，港口产业属于服务业，服务业的一个重要特征是生产与消费的时空一致性。没有当地的市场需求，生产就不能进行，生产设施就只能闲置，生产能力就要被浪费。而且，港口经济是高度讲求规模经济的，没有足够的货源，即使港口坐落在国际主航道附近，国际班轮也不会在此停靠。货源不足，停靠的国际班轮少，班次稀，即使装卸、海关、商检等效率很高，货还得在码头上等船，运输周期因此拉长。不能充分满足货主的运输时限需求，货主宁可舍近求远。久之，货源越来越少，港口运输效率也就越来越低，货源也就渐渐改道他地运输，港口经营也就陷入了恶性循环，反之，则良性循环。

没有货源，再好的港口也不能发挥作用。因此，一旦码头过密布局，相互之间势必争抢货源，竞相压价。但是，港口、码头的经营是有成本的，竞相压价，收不抵支，不仅毫无意义，而且如何维持？

更为麻烦的是：港口、码头的经营性质颇为类似水电站。港口建设投入巨大，一旦投入就成为沉没成本。在港口经营中，由港口建设投资构成的不变成本占了经营成本的绝大部分，因此港口之间如果发生竞争，必然是经济学中所描述的最坏的一种竞争——毁灭性竞争。竞争各方只有持续不断地不计成本，压价争夺市场，直至最后将竞争对手打垮，才能使自己立于不败之地。

因此，一个地区的港口必须遵循运输经济学的基本原理，合理布局，而且各港之间应有序分工，形成等级系统。

但是，福建省的港口建设中，由于种种原因，却出现了反其道而行之的战略失误。从图4可以看出，20世纪80年代初期，福建省的主要港口为厦门港、福州港（马尾港）。由于航道条件限制，马尾港从1984年起，在全省港口中的地位开始下降，到2000年，福州港（马尾港）的货物吞吐量占全省的比重从1983年的53%下降到1994～1999年的32%～29.1%。1986～1996年，漳州港的货物吞吐量占全省的比重从11.7%下降到3.4%，厦门港则从1980年的36.4%强上升到1994～1997年的40%左右。① 但是，这一适度集中、规模经济、优化布局的趋势没有继续下去。1991年起，距离厦门港不到100千米的泉州港开始崛起，到1999年，泉州港的货物吞吐量已占全省29.9%；同期，厦

---

① 1988年曾达到43%。

门港货物吞吐量占全省比重从 40% 左右降至 34.8%。2000 年，福州港的货物吞吐量占全省比重出现大幅度回升，从 1999 年的 29.1% 跃升至 2000 年的 37.2%，之后直至 2005 年，福州港的货物吞吐量比重上升至 42.5%，厦门港降至 27.2%，自厦门、漳州两港合并之后，厦门港（含漳州港）货物吞吐量比重才逐渐回升，2009 年达到 37.4%，福州港再次降至 27.3%。

当然，各个港口货物吞吐量占全省港口货物吞吐量比重的此消彼长，并非主要因为原来由 A 港进出的货转到 B 港进出造成。这一点从各个港口的各年货运量基本上都在增长中可以看出。

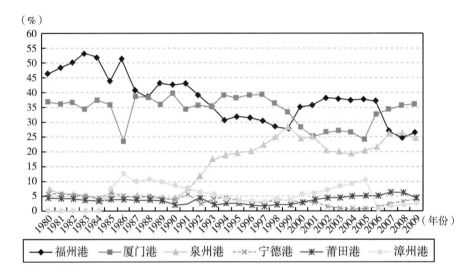

图 4　福建沿海各港口货物吞吐量占总吞吐量比重变化

资料来源：《福建统计年鉴（2010）》。

但是，直至 2009 年，福建全省 6 个港口货物吞吐量不过 3.05 亿吨，[①] 比上海（5.92 亿吨）、宁波（5.77 亿吨）、广州（3.64 亿吨）、天津（3.81 亿吨）、青岛（3.15 亿吨）等单个港口的吞吐量都小。2009 年，福建全省完成的集装箱吞吐量是 716.17 万标箱，低于上海（2500.05 万标箱），深圳（1825.01 万标箱），广州（1119.99 万标箱），宁波（1050.33 万标箱），青岛（1026.00 万标箱），天津（870.35 万标箱）六个单体港。这 3.05 亿吨或 716.17 万标箱的运量又基本上是由分布在一个港口最佳运输辐射半径之内的三个港口完成的，货源 97% 以上来自本省，也就是说，目前这些货源都从一个港口进出，基本上是经济合理的。就厦门港、湄洲港和福州港而言，也基本在它们单个港口

---

　　① 这个吞吐量中还有一部分是煤电、石化等企业的专用码头吞吐量，如果扣除之后，可能还低于大连和秦皇岛。

的潜在货物吞吐能力范围之内。①

这些货源都从一个港口进出，也就只能在全国十大港口中位列中下，但却分成了三四个港口进出，如何实现投资效率、运输规模经济，降低经营成本？它们之间如何不相互竞争，争抢货源，导致恶性竞争？如此规模，势必降低效率，如何有实力与长江三角洲的上海、宁波—舟山港及珠江三角洲的广州、深圳港角逐竞争？如何不被它们挤占外省腹地，蚕食本省货源？如此谈利用全国最优港口资源，逐鹿中原？

（二）体制导致分散、省级协调比较无力

五港并存、三港争雄的不合理分散布局根源在于政府主导型经济下的港口管理体制。集中管理体制下，地方即使有财力也没有积极性投入港口建设。2001 年国家进一步深化港口管理体制改革，全部下放港口管理权，极大地调动了地方开发港口、发展港口经济的积极性。几乎一夜之间，全国沿海地区都开始规划建设新的港口，掀起了一波开发、建设港口的浪潮。福建省具备着"人无我有"，"人有我优"的港口岸线资源，又有发展外向型经济的需要，在政府主导型经济体制下，各地必然不顾市场需求，竞相发展自己的港口。它在促进了港口经济发展的同时，必然带来了重复建设、规模不经济、货源不足、经营效率低下、恶性竞争等一系列问题。

2008 年 12 月，福建省为集约使用港口岸线资源，避免地方无序开发，耗时一年多的时间制定了《福建沿海港口布局规划（2008—2020）》，提出了"两集两散"的港口布局，即厦门港的嵩屿港区和福州港的江阴港区以集装箱运输为主，泉州港的斗尾港区联合莆田港的东吴港区，以及福州港的罗源港区以大型散杂货为主。随后，不到一年的时间，随着港口资源合并速度的加快，福建省又提出了三大港口群的概念，即厦门港口群、湄洲湾港口群和福州—宁德港口群，由此延伸出了"三集三散"的港口布局，即每个港口群都有一集一散港区，其中厦门、福州港的"集"指的是外贸集装箱，湄洲湾的"集"则

---

① 厦门港：深水岸线长 40 千米，可容纳万吨级以上深水泊位 114 个，最终形成货物吞吐能力 2.6 亿~2.9 亿吨、集装箱 1700 万~1900 万标箱。湄洲湾港：10 米以上深水岸线长 30 余千米，可建深水码头 150 多个（一般 10 米以上即可通过万吨级货船），按深水码头个数比换算，湄洲港的最大估计货物吞吐能力将达 3.4 亿~3.8 亿吨。分港区估算，福州港区内三个最有潜力的港区是江阴港区、可门港区和罗源港区。根据有关研究，可门港区可建深水泊位 42 个，潜在通过能力为 1.34 亿吨。罗源港区可建深水码头泊位 60 多个，吞吐能力可达到 1.91 亿吨；江阴港区最终形成的吞吐能力是 0.75 亿吨。加上其他港区，福州港的年吞吐能力可达 4.57 亿吨。

是指内贸集装箱。

在现实中，任何政府规划的科学性都是有限的，但是，在我国现行体制下，由上级业务部门主持制定的专业规划更是受到各级地方强大政治影响力的干扰。无论是"两集两散"还是"三集三散"的港口布局，其实都是考虑了地方利益诉求后的妥协处理，折中安排。这也就反映了目前为止的省级协调能力有限，不能按照市场需求及其发展前景，实现最优布局，只能迁就既成事实及不同地区的政治影响力，略做调整。

（三）港口资源整合过分重视行政管理调整，忽视港口经济的基础是企业，大型港口企业发展滞后

近年来，为了发展港口经济，建设亿吨大港，福建省进行了港口资源整合，根据"三集三散"的港口布局，进行港口管理部门的大调整。将厦门港与漳州港合并为厦门港，泉州港与莆田港合并为湄洲港，福州港与宁德港拟合并为福州港。

港政管理体制的调整，服务于港口发展战略。一方面，如果港口发展战略方向是正确的，港政管理体制的调整能够服务支持这一战略，港政管理调整就是必要而且合理的。如果港口发展战略值得商榷，港政管理的调整方向也就值得重新思考了。另一方面，假定港口发展战略是正确的，如果港政管理的调整不符合管理学的基本原理，那么管理体制的调整也无助于港口经济发展战略的实现。港口经济发展的基础是港口企业，如果没有经营良好的大型港务企业，港口经济的发展也就成了空中楼阁。

首先，"三集三散"的港口发展战略值得商榷。理由是：现有的厦门、湄洲、福州三大港口基本上在一个港口的最优运输辐射半径之内，而且基本上以省内货源为需求。仅仅依靠省内货源，无论是散货还是集装箱运输，三个港口都无法成为能在国内争雄的大港，而且其总运量基本上是其中一个港口就可以完成的。三大港口管理局的设立，势必导致"三国争雄"，彼此竞争、相互掣肘，不利举全省之力发展国内大港。

其次，人为地划定"集散"港，不符合港口经济发展的一般原则。

第一，将某些港划分为集装箱港口和散杂货港，意味着在前者不建设或限制建设散杂货码头，不发展或限制发展散杂货运输；在后者不建设或限制建设集装箱码头，不发展或限制发展集装箱运输。这意味着，同样的港口吞吐能力、同样的港口吞吐量，其运输半径要扩大一倍而且港口布局必须按照一个集

装箱港一个散杂货港间隔摆开。两个港口（一集一散）之间的运输辐射半径又要相互交叉。否则，港口所服务地区的集装箱运输与散杂货运输的需求如何得到同时满足呢？就福建省目前的情况看，如果实行港口集散专业化，那么，近期没有一个港口可以正常运行。2009 年，福建省全省的集装箱吞吐量为 716.17 万标箱，按照每标箱约等于 9 吨的比例换算，716.17 万标箱不过相等于 6445.53 万吨，可是，厦门港 2009 年的货物吞吐量就是 1.11 亿吨，相当于 1233 万标箱。厦门港的潜在货物吞吐量是 2.6 亿 ~2.9 亿吨，相当于 2889 万 ~3222 万标箱。上海港 2009 年完成的集装箱吞吐量尚不及此低限。福建省在近期去哪里找 3000 万标箱的集装箱供厦门港吞吐，而同时厦门港原来提供的散杂货运输服务却要转交福州港或其他港来满足呢？港口建设不同于码头建设，可以集散分离。港口必然是集散码头结合，只能根据所服务地区的产业结构以及因此产生的货物运输结构，适当调整其集散码头比例而已。

第二，现有的散杂货港口难以发展成为对福建省发展港口经济真正有意义的大型散杂货港口。福建省发展港口经济所需要的散杂货港口应该以公共散杂货码头为主，而不是临港重化企业投资建设的零散的业主专业码头。福建省现在缺的就是这种能服务福建省以及内陆数省的以散杂货吞吐为主的大型或特大型公共港口，但是，现有规划中的几个散杂货港口，就其港口资源条件、区位及潜在输运能力而言，都不足以发展成有全国影响力的大型或特大型公共散杂货港口。

之所以如此，是因为当代世界海运的新特点是主力船舶越来越大型化，第六代集装箱货轮 10 万吨，油轮 20 万 ~30 万吨，矿石轮 15 万 ~20 万吨。世界海运也越来越集中到 10 万吨以上的深水港中，小吨位码头因此不断地被废弃。宁波港之所以近年来货物吞吐量逼近上海港，雄踞全国第二，集装箱位居全国第四，就是因为北仑港是目前全国最好的深水港，有 25 万吨油码头、20 万吨矿石码头、第六代集装箱码头。现代企业经营证明，钢铁厂要有 15 万吨矿石码头，火力发电厂要有 10 万吨煤码头，炼油厂要有 30 万吨油码头，才能有最低的运输成本。正是因为北仑有 20 万吨级的矿石码头，上海市的宝山钢铁公司不得不将其进口铁矿石的船舶停靠在北仑港，而后用小船运到宝山。也正是因为北仑港的深水泊位，能够满足大型国际班轮的停靠需要，全球前 15 位班轮公司均已登陆北仑港。[①]

但是，就福建省的几个主要港湾而言，能够建设 20 万吨以上码头泊位的

---

① 严正、吴肇光：《港口建设是福建新一轮经济增长的关键》，福建省社会科学院网站，2005 年。

深水岸线条件如下：罗源湾南北岸 5.1 千米，兴化湾四个港区 9.5 千米，湄洲湾三个港区 5.4 千米，厦门湾塔角 2.4 千米，东山湾古雷头西侧 3 千米。[①] 显然，这些港湾的深水泊位条件不足以建设服务内地腹地为主的全国性大型或特大型公共港口，以满足我国日益增长的大宗商品进口需求，因而也就难以成为福建省建设逐鹿中原，争雄国内港口市场的大港或特大港之地。

第三，就厦门港与漳州港合并为厦门港，泉州港与莆田港合并为湄洲港，福州港与宁德港拟合并为福州港的港政管理体制调整方案而言，厦门港与漳州港的合并较为合理，因为两港主要港区同在厦门湾，航道共用，岸线、码头泊位进行功能分工和协调，显然有利于提高资源利用效率，最优地利用港口资源。但是，拟议中的福州港与宁德港合并为福州港，其合理性就值得怀疑。现有的宁德港就已经包括沙埕湾、三都澳等三个独立的港口，福州港又包括江阴港、马尾港、可门港和罗源港四个港口，岸线长度几近福建省海岸线的 2/3，各个港口在港口疏浚、航道管理、岸线、码头泊位开发等港政管理上基本上不相交。如此大的管理范围和管理半径，似乎也超出了一个港口管理局的合理管理范围。如果我们注意到现有的"三集三散"发展布局中，并没有宁德港的位置，在货源不足情况下，显然，这样的港政管理体制调整，其结果很可能是宁德的港口发展被边缘化。如果福建省不需要发展宁德港，那也就罢了。问题恰恰在于：三都澳与厦门湾是福建两端最优的两个干线港建港之地，它们的运输辐射半径对内恰好分割了福建省全境的海岸线距离，对外的运输辐射半径则与珠江三角洲、长江三角洲主要港口的运输辐射半径相交，形成竞争之势。从未来发展角度看，三都澳是福建省建设港口经济大省、逐鹿内陆腹地的必争之地。宁德港并入福州港恰恰预示着福建省的港口经济发展准备放弃这一战略构想，只想建成服务省内经济的地方性港口。

第四，对于福建港口经济而言，关键是服务全社会的公共港口、公共码头的发展。而公共港口、公共码头的发展，前提是具有一批与港口规模相适应的大型港口企业。有研究指出：2009 年，全国 20 个货物吞吐量超过 1 亿吨的港口，基本上每个港口都有一个大型港口企业在支撑，并且这些港口企业的货物吞吐量平均占所在地港口货物吞吐量的 76%，集装箱吞吐量更是高达 97.8%。如北部湾港口群的北海港股份有限公司、防城港港务集团有限公司的吞吐量就是整个港口的吞吐量；汕头港务有限公司的货物吞吐量占汕头港的 81.2%，集

---

① 陈孔珍：《中部崛起形成的中国经济第四级武汉长沙南昌（鄂湘赣）三角区域在寻找最佳最近出海口——论修建武汉至三都澳重载货运铁路专线的必要性和紧迫性》，载《物流时代电子商务》2010年第 10 期。

装箱吞吐量占88.8%；重庆港务物流集团有限公司的货物吞吐量占重庆港的90.2%，等等。[①] 相形之下，福建省现有的港口企业规模较小，其货物吞吐量占所在港口货物吞吐量的比重明显低于上述平均水平。没有强大的有竞争力的大型港口企业，即使有最好的港口资源，也难以形成在国内外市场一争天下的港口经济。

（四）设施建设能力不匹配，集疏运条件、软环境建设有待进一步完善

1. 设施建设方面

设施建设存在着能力不匹配、区域码头通过能力不平衡的问题。具体表现在以下方面。

（1）集装箱吞吐能力超过实际需求，现有设计能力未充分利用。2009年，厦门港的港口集装箱吞吐量约为468万标箱，但集装箱设计通过能力已经超过1000万标箱，通过能力利用率低于50%；

（2）现有码头设备使用效率大有潜力可挖。一条350米长的码头泊位岸线，年处理集装箱的能力，国际上一般的标准是70万～80万标箱，厦门港、江阴港都只能处理40万～50万标箱；

（3）部分港口的企业专用码头较多，公用码头较少，如宁德港；至今没有25万吨级以上的矿石泊位，缺乏对台客货滚装码头；

（4）部分老港区、作业区与城市发展间的矛盾日益突出需要，需要适当调整，等等。

港口吞吐能力就硬件而言，不仅取决于码头泊位，而且包括港口区域内配套基础设施和疏港交通体系。配套基础设施方面，一些新建的港口，起吊设备不够先进，堆场配套不完善，难以提供高效、迅捷的服务。船舶待港、货物压港、滞港现象因港区分散时有发生，影响港口的竞争力和吸引力。疏港交通体系方面，除了厦门港和马尾港有铁路专用线之外，其他港口与铁路、高速公路都没有衔接好，疏港公路不足，港口与铁路货物运输承接不匹配，铁路运力结构有待进一步调整，从大型商用干散货码头看，还需要相应的货场和铁路编组站。

---

2. 软环境方面

（1）港口建设与发展的投融资体系较弱，几乎没有专门的港口投融资机构，缺乏银行和金融机构的支持，特别是对中小港口企业的支持力度；

（2）港口高级管理人才比较匮乏。相当多的港口企业依然靠传统的、单一的码头作业方式在从事港口生产，管理落后；

（3）港口企业承担的收费项目较多，负担较重，企业营运成本较高；

（4）港口的通关环境还相对落后，信息化程度不足。以厦门港为例，目前厦门港的设施设备水平要明显落后于周边省份的港口，导致船舶装卸效率和港口服务水平也低于周边港口，口岸的信息化水平与通关环境又缺乏比较优势，难以吸引巨型船舶停靠厦门港。

六、充分利用全国最优港口资源，建设港口经济大省的战略选择及政策措施 *

港口是一个对资源条件有较强依赖性，服务对象有明确地域范围的基础设施。港口经济是一种服务业，它要求生产与消费的时空一致性。港口经济以服务一、二产业生产为主，因此，其所服务地域的社会经济发展状况深刻地影响着港口经济的发展。

福建省虽然有全国最优的港口资源，但是目前的发展水平远远低于资源所提供的空间和潜力。原因在于福建省在东部沿海各地区中，经济发展水平最低，本地经济能够提供的货源需求有限，同时又位于东部沿海经济发展水平最高的两个地区之间，受到了全国最大的两个港口群——长江三角洲港口群和珠江三角洲港口群的左右夹击，不仅福建港口群的潜在内陆腹地正不断地被它们蚕食，就连福建本省的货源也频频被它们分流。现行的港口管理体制与政府主导型经济，导致了全国范围的港口吞吐能力大于货源，就福建省内部而言，也是如此。因此，可以预料，未来一段时期里，各个港口之间争夺货源与内陆腹地的竞争将十分激烈。中国的港口将在激烈的市场竞争中重新洗牌，重新定位。当此之时，福建省如欲发展港口经济，不能没有明确而正确的港口经济发

---

* 在这一部分中，我们讨论的重点是由港口企业经营的公共港口及公共码头。因为，服务大型重化工业企业、电力企业的专用码头，基本上依企业的选址及企业的生产能力而确定码头设址地点及吞吐能力。它不是一个地区港口的主要部分，也不是发展港口经济要讨论的主要问题。

展战略及相应的政策措施。

（一）建设港口经济大省的战略选择

1. 发展福建港口经济，必须下定两军相逢勇者胜的决心，人进我进，逐鹿内陆腹地

在这样的全国大势之下，福建省该如何决定自己的港口发展战略呢？

一种选择是从"大局"出发，人进我退。既然全国的港口运能都已经远远地大于货源，大家都吃不饱，福建省港口群左右的两大港口群又如此强势，何不人进我退，让左右邻居吃饱，同时也省自己的事呢？比方说，把福建省以外的腹地统统让出，福建省的港口以服务福建省本地需求为主。甚至如果需要，本省货源也可以让出部分呢？

显然这是不太可能的。因为这意味着福建省港口经济的极大萎缩，港口效率及港口企业经济效益大大下降，它将导致航线、班轮不断萎缩，不仅外省货主而且本省货主都要因此转而选择相邻的长江三角洲或珠江三角洲的港口。那么，福建省所具有的全国最优港口资源，岂不白白浪费了？更何况，福建省位于长江三角洲、珠江三角洲主要港口的合理运输辐射半径之外，也就是说，福建港口群在我国东南沿海港口链中，是不可或缺的一环。它必须存在。从全国沿海港口合理布局角度看，福建省即使想人进我退，放弃发展港口经济也是不可能的，不符合全国港口经济发展的大局。

那么，能否固守一隅，港口发展仅以服务本省自身经济发展为限？仅仅依靠本省货源，现有的港口势必在较长时间内都吃不饱，它同样将极大地影响福建省港口效率和港口企业的经济效益，导致航线、班轮不断萎缩，不仅外省货主而且本省货主都要因此转而选择相邻的长江三角洲或珠江三角洲的港口，其结果是连本省货源也保不住，与人进我退的选择是一样的。

另一种选择是人进我进。福建省既然有全国最优的港口资源，又是全国沿海港口链中不可或缺的一环，为什么不下定两军相逢勇者胜的决心，迎难而上，做大做强福建省的港口经济，逐鹿内陆腹地，争取在全国港口经济中有自己的一席之地呢？

优越的港口资源决定了福建省港口群不仅必须服务本省经济发展，而且必须服务内陆省份的经济发展，如果说前者是基础，那么后者则是决定福建省港口经济能否在全国港口经济中占一席之地的关键。

全国的经济发展也需要福建省大力发展它的港口经济。因为，国内目前的港口吞吐能力过剩，是一种结构性过剩。海上运输，船越大，运费越便宜。10万吨油轮比1万吨油轮单位运费要便宜4倍。因此，世界海运发展的趋势是运输船舶越来越大型化，港口吞吐量越来越集中到10万吨以上的深水港，小吨位码头不断地被废弃。可是，在我国，能够满足世界海运主流船舶停靠需要的20万吨级以上的深水港资源相当稀缺，近90%又集中在福建省。未来一个时期，我国的工业化进程将极大地增加大宗商品的进出口，福建省何不利用其独特的资源优势，发展大型、特大型港口，满足全国经济发展的需要，同时也发展自己呢？

2. 争进为主，争出为辅；争散为主，争集为辅的发展策略

争取内陆腹地，前提是服务内陆省份的经济发展。未来一个时期里，内地对沿海港口的货物运输需求是什么呢？

近十年来，世界贸易中，增长最快的产品是燃料、矿产品、办公和通信用品。世界贸易组织（WTO）统计，2000～2009年，全球主要出口商品中，工业制成品的比重从74.9%下降为68.6%，燃料和矿产品的比重从13.1%提高到18.6%。中国的出口产品中，工业制成品的出口增长快于初级产品；工业制成品中，增长最快的是机械及运输设备，其次是化工产品；进口产品中，初级产品如矿物燃料、润滑油及有关原料的进口增速远远超过了工业制成品的进口增速，2000～2009年，中国进口产品中，工业制成品比重从79.2%降为71.2%，年均下降近1个百分点；同期，矿物燃料、润滑油及有关原料进口年均增长22.1%，是所有进口产品中增长最快的。

这就导致了在我国沿海港口的货物吞吐量中，煤炭、石油、天然气及制品、金属矿石不仅运量大，而且增长速度超过了其他货物。2000年，三种货物的吞吐量仅占我国沿海港口主要货物吞吐量的54.0%。2009年，它们的比重上升到了76.2%。其中，这三类货物的进港数量增速又超过了出港数量增速，2000～2009年，进港的煤炭及其制品数量年增长15.2%，石油、天然气及制品年增长10.2%，金属矿石年增长26.3%。

如果考虑到今后一个时期中国的工业化将继续向重化工业化方向发展，对煤炭、石油、天然气及制品、金属矿石的进口需求将进一步增加，调整国民经济的两高一低结构失衡要求大力扩大内需，出口增速将有所放缓。由此可以得出结论：今后中国沿海港口的货物吞吐量中，散杂货的进口需求将会有较大增长，相对而言，集装箱的出口需求将有所放缓。随着全国货物进出趋势的变化，福建省的港口应着手竞争内陆地区经济发展所急需的能源、矿石等物资的入海口。

因此，福建省发展港口经济，首先必须争取货源。争取货源应当采取的策略是：争进为主，争出为辅；争散为主，争集为辅。与其到处贴本建"无水港"，争内地有限的集装箱出口货源，不如发展大型特大型散杂货港口，满足内地经济增长对大宗商品的进口需求。[①]

3. 面向我国台湾地区、面向世界，建设福建省港口经济的第三腹地、第四腹地

如果将本省视为福建省港口的第一腹地，将内陆视为福建省港口的第二腹地。那么，福建省发展港口经济有着其他省份没有的独特优势：它有其他沿海省份所没有的第三腹地，如果领先一步，则有可能建设福建省港口经济的第四腹地。

福建省是大陆与台湾地区距离最近的省份。福建省各港口到最近的台湾各港口的距离大体上在数十至百余海里之间。"大三通"[②] 之后，福建省各港口到台湾的海运时间大大缩短。近年来，福建省与台湾之间经海路进行的往来不断扩大，厦金航线已经成为大陆与台湾之间人员往来最为频繁的路线。因此，应当通过进一步争取福建省对台湾的先行先试政策，扩大闽台的港口合作，例如，在福建省有条件的港口开通两岸定点班轮、海上巴士，开放两岸滚装轮航线，等等。

近20年来，我国逐步建立了一些保税区，开展保税国际中转。据不完全统计，目前厦门港的国际中转货物比率约占到全港吞吐量的8%左右，上海港也仅占10%左右。福建省内港口与国内发达港口在这一方面水平相差不大，处于同一起跑线上。从福建省位于世界货运主航道附近而言，福建省的港口开展这一业务，在一定程度上是有优势的。[③] 如何开展国际保税中转，建设福建省港口的第四腹地，显然值得研究。

我国现有的保税区基本上从事工业制成品的保税中转。近十年来，全球主要商品贸易中，煤炭、石油、矿石等大宗商品的贸易比重不断上升，大宗商品对经济发展的重要性不断提高，但是，石油等产品的主要产区集中在中东等地

① 限于种种条件，内地经济的外向度要低于沿海，同样的经济增长总量，所能提供的出口货源将远远低于沿海地区，相反，生产所需的大宗商品进口量则与沿海地区差距不大。目前，中国的出口主要是制成品，形成集装箱货运，进口更多是大宗商品，散杂货。

② "大三通"是海峡两岸直接"通邮、通航、通商"的简称。

③ 这个主航道从美国东海岸跨过大西洋到欧洲，穿地中海、苏伊士运河过印度洋，再到新加坡，中国香港，然后穿台湾海峡到韩国、日本，再横跨北太平洋到美国、加拿大海岸，是世界货物运输最繁忙的航道。据统计，每天有200多艘的大轮船从台湾海峡通过。

以及一些发展中国家，政局不太稳定。如能结合福建省的重化工业产业基地的建设，先行一步，在有条件的沿海港口建设大型的国际大宗商品保税储备中转区，不但可以为福建省的港口经济开发出第四腹地，而且对我国经济的平稳较快发展以及提高我国在国际经贸往来中的话语权具有重要的政治经济意义。

4. 推进"哑铃形"港口战略布局，对外展开竞争之势

所谓"哑铃形"港口战略布局，指福建省的干线港应当设置在福建省境内海岸线的两端。南为厦门港，北为宁德三都澳。原因在于：

首先，港口辐射的最佳半径距离是 250～300 千米，在福建省的海岸线上，选择厦门市、宁德市三都澳这一南一北两个点，对内恰好分割了福建省境内的海岸距离，既能充分发挥港口的辐射能力，又避免了港口辐射区域的重合。

其次，对外逼近珠江三角洲、长江三角洲地区，能最大限度地将福建省港口的辐射半径延伸到中国经济最发达的两大经济区，最大限度地创造并形成福建省港口的对外竞争力，对外展开竞争态势。

相反，在厦门市、宁德市之内的其他港口，即使自身港口资源条件优于这两个港口，但是都缺乏它们所具有的独特地理位置，以及因此可以形成的对外竞争态势。

在两个干线港中，南边选择厦门港。原因在于：

（1）从现实条件看，将厦门港建设成为福建省内的国际航运枢纽港是合理的。厦门港是目前福建省内唯一可停靠第六代国际集装箱货轮的港口，拥有 70 多条国际班轮航线，覆盖美洲、欧洲、地中海、中东、红海等世界主要国家和地区。特别是 2010 年与漳州港进一步整合统一之后，厦门港由原来的 8 个港区变为 12 个港区，深水港口岸线资源增加了 27 千米，解决了厦门港建设国际航运枢纽大港这一长远发展的港口资源瓶颈问题；

（2）厦门港具有先发优势。由于厦门港已经是交通运输部确定的全国主枢纽港、沿海八大集装箱干线之一，其国际干线港地位在短期内不可动摇；

（3）厦门港依托的城市是福建省经济发展水平、对外开放程度最高的厦门市。厦门市长达 150 年的对外开放历史以及改革开放以来在体制创新上的先行先试，市场经济发育程度、参与国际经济竞争与合作的丰富经验，人才资源储备等软硬件条件，都是周边地区在相当长时期内不可企及的，它为厦门建设中国东南沿海重要的国际航运枢纽港提供了必要的基础条件；

（4）从产业布局角度看，厦门市及其周边地区外向型经济发达，为厦门港提供了大量的外贸集装箱货源，随着漳州古雷半岛大型石化基地的建设，在厦

门港两翼形成了福建省的石化产业基地，它为厦门港发展散杂货运输提供了大量的货源，为厦门发展石油、煤炭等国际保税中转港提供了基础。

（5）厦—金航线已经成为国内最繁忙的对台交流航线。金门机场可以直飞台湾地区的五大主要城市，并得到台湾当局的扶持和补助。在目前两岸空中直航条件下，经厦—金航线前往台湾地区台北市之外的其他主要城市，最为便捷而且经济。发展对台航运，厦门港具有独特的优势。

（6）厦门港到江西省以及中部内陆省份的交通距离较短，在交通条件进一步改善及福建省劳动密集型产业向江西省等地内移之后，厦门港有可能将其内陆腹地向江西省及中部内陆省份进一步延伸和扩大。

因此，南部干线港选取厦门，就认识上说，基本上没有争议。问题在于在思想认识上，是否从战略高度认识这一选择的必要性和迫切性，抑或仅仅是一种对既有事实的承认而已；在政策措施上是否切实落实这一战略决策，举全省之力来实现这一战略构想。①

北部选择宁德三都澳为干线港，作为发展福建省港口经济的新战略支撑点及新增长点，可能会有较大争论。

选择三都澳作为福建省东北部干线港的最大不利之处在于宁德经济不发达，缺乏商流，因此物流量不足。已经建成的福州、湄洲、厦门诸港尚且货源不足，为什么要在宁德新铺摊子呢？

原因是：

（1）三都澳既然是全国最好的天然深水良港，② 其开发是迟早的事，与其迟开发，不如早开发；有那么优良的港口资源，与其小打小闹地浪费资源，造成历史遗憾，不如高起点地大规模开发。

（2）福建省要发展港口经济，就必须在争取内陆腹地货源市场上做文章。实践证明，在争取内陆腹地货源市场上，福建省现有的几大港口都没有太多优势。在内陆腹地建设无水港，补贴陆路运输成本等，所能吸引的出口货源有限，今后发展前景也不大，对解决福建省港口的货源不足，没有什么实际意义。今后一个时期，进口煤炭、石油化工原料、矿石、农产品等大宗商品才是

---

① 辽宁省对大连港的政策措施是相当得力的，可谓举全省之力发展大连港。

② 三都澳是世界著名的天然深水良港。它腹大口小，湾间水深，不断不冻，湾口口门水域仅宽3千米左右，口门长达9千米，湾外侧有东冲半岛掩护，湾口有鸡公山岛、青山岛阻拦，外海涌浪无法抵达湾内，再加上海湾内四周陆域均为海拔300米以上的群山环抱，可以遮挡大风吹袭。湾内海域面积714平方千米，10米以上深水水域173平方千米，可作为锚地使用的水域有84.8平方千米，可围海造地的滩涂面积308平方千米。在三都澳内，可以建设20万吨、30万吨、50万吨深水泊位270多个，年吞吐能力达40多亿吨。码头作业天数在330天以上。

内陆腹地对沿海港口的最大需求。谁能够最好地满足内陆腹地对大宗商品日益增长的进口需求，谁就能在全国激烈的港口竞争中异军突起。

当代世界海运的新特点是主力船舶越来越大型化，第六代集装箱货轮 10 万吨，油轮 20 万 ~30 万吨，矿石轮 15 万 ~20 万吨。世界海运也越来越集中到 10 万吨以上的深水港中，小吨位码头因此不断地被废弃。宁波港之所以近年来货物吞吐量逼近上海港，雄踞全国第二，集装箱位居全国第四，就是因为北仑港是目前全国最好的深水港，有 25 万吨油码头、20 万吨矿石码头、第六代集装箱码头。现代企业经营证明，钢铁厂要有 15 万吨矿石码头，火力发电厂要有 10 万吨煤码头，炼油厂要有 30 万吨油码头，才能有最低的运输成本。正是因为北仑港有 20 万吨级的矿石码头，上海市的宝山钢铁公司不得不将其进口铁矿石的船舶停靠在北仑港，而后用小船运到宝山。也正是因为北仑港的深水泊位，能够满足大型国际班轮的停靠需要，全球前 15 位班轮公司才全部登陆北仑港。

尽管国内的港口运能总体上已经过剩，但是，能够承担大批量大宗商品进口需求的大吨位深水岸线国内却是十分有限、稀缺的。根据 2007 年统计，全国可以建设 20 万吨以上泊位码头的深水岸线约 158 千米，而 137.9 千米在福建省。112.5 千米即全国的 71.2%、福建的 81.58% 在宁德的三都澳。三都澳能建设 20 万吨、30 万吨、50 万吨深水泊位码头 270 多个，年吞吐能力达到 40 多亿吨（不包括 10 万吨以下中小码头的吞吐能力）。不仅在福建省，就是在全国，能够找到可以一字摆开建设 17 个 30 万吨及顺岸式泊位码头，而且码头后方可以填造超过 1000 万平方米陆域的特大型港口条件，也只有三都澳。三都澳的深水港条件远远超过了宁波北仑港。与此同时，研究指出：在未来 5 ~10 年之内，仅仅湖北、湖南、江西三省，就需要进口煤炭（含焦煤）、铁矿石、有色金属矿、大宗农产品、木材等 2.2 亿吨以上，出口工业制成品 2000 万吨以上。然而，西南沿海、珠江三角洲、长江三角洲港口群，都不可能在一个港湾找到如此长的深水岸线，满足中部三省的全部进出口需求。福建省港口群的其他湾区，如罗源湾、兴化湾、厦门湾和古雷湾等，虽然有深水岸线，但长度有限，无法建设如此规模的泊位码头。因此，从满足内陆货物运输的需求看，三都澳是国内唯一的一个具备充足通过能力，又可以便利通行的港口。如能够尽快打通武汉至宁德三都澳的运载通道，修建重载货运电气化铁路专线，那么，在综合运输成本、运输时间等因素后，中部三省的最佳入海口就是三都澳。[①]

---

① 陈孔珍：《中部崛起形成的中国经济第四级武汉长沙南昌（鄂湘赣）三角区域在寻找最佳最近出海口——见论修建武汉至三都澳重载货运铁路专线的必要性和紧迫性》，载《物流时代电子商务》 2010 年第 10 期。

三都澳是福建省发挥其全国最优的港口资源，服务内地经济建设，建设港口经济大省的希望所在，兵家必争之地。

（3）就产业发展布局而言，福建今后发展重化工业的最佳位置是福建省沿海的南部两翼：漳州沿海及宁德沿海地区。从这个角度说，选择三都澳为福建省北翼的干线港，实现了工业布局与港口布局的统一。

因此，实行哑铃战略，将厦门、三都澳建设成福建省南北两端的干线港，应成为福建省发展港口经济的基本战略，应举全省港口建设之力来实现它。

（二）具体措施建议

围绕南北港口战略布局，我们认为，今后福建省港口发展需要重视以下几点。

1. 尽快做大做强厦门港，形成核心港区，产生规模经济效应

（1）集全省之力，做大厦门港。将厦门港口辐射半径以内的泉州、福州的集装箱运量向厦门集中，① 争取在三年内突破千万标箱，建立品牌效应，实现对台湾地区港口的超越，增强港口的辐射能力，扩大辐射范围。

（2）以国际化标准来完善厦门港建设。主要体现在：第一，要凸显出"国际"的特征，在现有国际航线和国际班轮的基础上，要进行增量提升；第二，建设国际一流的信息化系统，提供国际中转业务服务；第三，建设高标准的国际邮轮母港；第四，提供国际一流的服务水平，包括通关速度、电子口岸服务、港口卫生环境、供水供电、日常生活设施等。

（3）加大对厦门港打通内陆腹地通道的政策扶持力度，包括建设无水港时对当地相关部门的补助、土地购买方面的政府贴息，以及给予经由厦门港口进出口的货物在福建省内路段运输的减免收费优惠；加快通往港口、机场的公路和铁路支线建设，促进海铁联运或五定列车的运用、普及，鼓励港口物流业的发展。

（4）充分开发对台优势，提高对台航运及厦金航线的运营效率，构建海上直航、空中直达的对台贸易通道。

---

① 福州江阴港建设初具规模，但是现有的集装箱运量实在太少，这样的箱量难以吸引众多国际班轮停靠，国际班轮、国际航线有限，港口的发货周期就长，难以满足货主的运输时限要求。久之势必陷入恶性循环。

2. 高度重视三都澳特大型港口的建设开发

当前，应着手组织专家，进一步论证修建武汉至宁德三都澳的重载货运电气化铁路专线的必要性、紧迫性和可行性。尽快推动该项目的申请、立项及动工，争取早日贯通中部三省的内陆通道。宁德港三都澳的建设则可根据需要，动工兴建数量众多的高吨位大宗散杂货专用码头，并且加大对港口的集疏运体系、港口腹地填海、港口日常生活设施、工业用水用电设备等基础设施的建设力度。

3. 坚持错位竞争，强化合作

在整体南北战略布局的前提下，现有各港口的功能定位应当适当错开，实现优势互补。首先，南边厦门港要建设成为国际航运枢纽港、国际邮轮母港，主要以发展外贸集装箱运输、国际邮轮为主，兼顾散杂货运输及工业制成品的国际中转业务，尝试开辟大宗商品的国际保税储存中转业务，厦门港周边地区石化产业正在兴起，建议其大宗商品的国际保税储存中转业务先从石油制品入手，厦门港的竞争对手应着眼于国际市场；中间福州港、湄州港以集装箱（主要是内贸集装箱）和大宗散杂货为主，作为厦门港的支线港和喂给港，服务本地区临港工业和腹地经济；北边宁德港则以发展大宗散杂货为主，服务本地临港重化工业及内陆地区能源运输需求，主要市场针对内陆腹地。由于大唐电力等大型煤电企业、中海油等石化企业等均已布局宁德，服务中部腹地的散杂货运输中有大量的铁矿石、煤炭运量，因此，三都澳港的国际保税储存中转业务可以根据建设情况逐步全方位地展开。

4. 发挥对台优势，采用"狼群战术"

建议向中央申请先行先试政策，允许福建省各大港口发展对台货运、客运、滚装船等业务，开通"海峡巴士"，把福建省港口与台湾地区港口连成一体；加快促进海峡两岸港口区域联盟的建立，与台湾地区的高雄、基隆等港口，本着"优势互补、互惠互利"的原则，充分发挥闽台潜能，订立合作协议，使福建省在两岸直航、本区域货物中转方面，占据有利位置。

5. 积极创新，探索新的货物运输通道

首先，依托厦门和江阴保税港区，探讨国际能源保税港区的可能性。保税港区是经国务院批准设立的，在国家对外开放的口岸港区和与之相连的特定区

域内，具有口岸、物流、加工等功能的海关特殊监管区域。国际能源保税港区的含义是为国际国内原油及天然气贸易提供保税仓储、保税加工、国际中转、国际配送等便捷服务，有利于将福建省港口群建成我国重要的石油及天然气储备基地，从而支持和服务于国家的能源战略。其次，依托引入进来的大型国企，组建服务于该国企周边区域工厂的能源储备基地及集散运输中心。例如，以宁德的大唐电力为例，其不仅是为福建省服务，同时还延伸成其他周边各省电厂的煤炭储备基地，既为福建省直接创造了货源，也间接打通了前往内陆腹地的运输通道。这种模式值得其他港口在引进大型重化工企业时，加以推广。

6. 区分省市战略、政企行为

一是区分省市战略。港口管理权限完全下放地方后，地方市一级的建设港口行为，省级部门是无法有效约束的，只能依靠市场的力量，通过竞争实现优胜劣汰。换句话说，只有当地方政府觉得开发建设港口不划算，或是地方财力无法负担港口建设及经营补贴时，地方政府竞相建设本地大港的投资冲动才会得以遏制。但是，省政府必须明确全省的港口发展战略，首先支持有关全省港口经济发展大局的港口建设。二是政企要分开。现阶段，政府港口规划指向的对象应该是公用码头布局，而不应是专用码头。专用码头的建设要在港口建设规划指导下，由港口码头的投资人决定，因为专用码头是与临港工业布局相匹配的，既然批准了特定企业的临港选址，就必须根据企业投资设计及经营管理的要求，就近建设专用码头。目前，我国港口的投资人主要有码头运营商、航运企业和货主企业三种。其中，码头运营商主要以集装箱为主，约占投资数额的90%以上，对于散货和能源化工码头则较少涉及；航运企业则涉及集装箱、散货码头等。一般情况下，倾向于在主要航线上的停靠港口投资兴建码头，这样可以提高自有船舶在港口装卸的连续性，从而保障整条航线运行效率，降低航运企业营运成本；而货主企业即指以工业、原材料开采加工和进出口为代表的企业，包括石油化工、钢铁生产和发电厂等，它们有强大的原材料的运输需求，港口作为他们原材料的运输和储运中心占有核心和不可动摇的地位，投资建设港口成为企业发展的必然选择。因此，对于港口管理部门而言，需要规划的主要有：（1）做好全省公用码头规划；（2）做好各大港口的等级划分，即定位哪些港口可以作为枢纽港，哪些港口只能充当支线港、喂给港。

7. 加快港口集疏运体系建设，提高港口运输效率

遵循"大港口、大通道、大物流"的建设思路，福建省要加大交通基础设

施的投入，吸引更多的国际班轮停靠，提高福州、厦门国际机场综合运营能力，推进"两纵五横"铁路、"三纵八横"高速公路和普通公路网建设，构筑有效链接大枢纽和大通道的综合交通网络。重点要多开辟出省通道，加强与中部省份的交通联系。与中西部省份签订海铁联运合作协议，鼓励江西省、湖南省等内陆地区利用福建省的港口办理矿石、煤炭等大宗货物的中转业务。加大政府牵线搭桥的力度，借鉴闽赣签订合作备忘录的经验，争取与湖南省、成都市、浙南地区、粤东地区等地签订海铁联运协议、海关转关协议，向周边省份和更广阔的内地要货源。可以与上述地区签署建设"无水港"合作备忘录，通过建设"无水港"，内陆地区的货物可以实现一站式报关、报验、订舱、集疏运、储运、包装、分送等，实现内陆地区与沿海港口的"无缝对接"。

8. 加快建设临港重化工业体系，实现港口与腹地经济的互惠互利、共同发展

近年来，借助于各港口的规模扩张，福建省沿海逐渐形成了以湄洲湾和厦门海沧为中心的临港石化产业、以福州和厦门为中心的汽车和零配件产业、以福州为重点的冶金产业、以莆田为重点的木材加工产业及以泉州、厦门、福州、宁德为重点的修造船工业、以漳州龙海、招商局港区为重点的机械产业，以及沿海地区的能源、原材料加工等临港工业，但总体上，这些临港工业仍处于初级阶段，主导产业不够突出，产业集聚程度较低，布局分散，尚未形成在全国有影响的重化工业基地，对港口建设的促进作用不够显著。我们应当按照《福建省"十一五"临港重化工业发展及空间布局专项规划》对6大深水港及周边区域所要求的规划布局，着力构建五大基地，即：构筑电力、石油和煤炭中转储备等能源基地，石化、冶金、建材等原材料基地，电子信息、生物制药、航空维修等高新技术产业基地，汽车、造船、工程机械等先进制造业基地，食品、造纸、服装、制鞋等传统工业基地。加快石化、冶金、电力、造纸、汽车、船舶修造、海产品加工和工程机械八大重点产业的建设，提升港口腹地的经济实力，壮大福建省港口群建设。

9. 推进体制创新，提升管理水平

大力推进港口管理体制创新，提升管理水平，夯实合作基础。首先，完善港口管理体制。港政统一是必要的，但仅是第一步，还要进行港口企业的整合，可借鉴厦门港合并经验，实行港口企业相互参股，共同组建形成新的港口开发投资主体，力争做大做强港口企业；其次，注意引进大型港口企业，通过股权投资等方式，做大做强福建省的港口企业。对于新开发的港口，在港口企业规模小，竞争力弱的地方，尤其需要重视引进大型港口企业、航运企业来经营港口，尽快发展福建省的大型港口企业；最后，推进港口口岸大通关，完善推广"就近报关、口岸验放"和"铁海联运"的通关模式，进一步扩大"铁海联运"的地域范围，不断创新港口通关监管模式。

参考文献

［1］王燕武、李静、李文溥：《福建省港口经济的现状与发展对策》，厦门大学宏观经济研究中心研究报告，2010年10月。

［2］李文溥、龚敏、王燕武：《对制定福建省"十二五"规划的一些思考》，厦门大学宏观经济研究中心研究报告，2010年8月。

［3］福建省港航管理局：《在"关于我省港口群建设和发展"专题座谈会上的汇报材料》，2010年11月。

［4］蔡秀玲、林善波：《福建港口腹地拓展研究》，载《华侨大学学报（哲学社会科学版）》2009年第3期。

［5］蔡勇志、黄丽惠：《构建海西港口群，打造海洋经济强省》，载《中共福建省党委党校学报》2008年第11期。

［6］陈兰、翁清光：《福建省港口经济腹地拓展研究》，载《中国水运》2010年第10期。

［7］陈孔珍：《中部崛起形成的中国经济第四级武汉长沙南昌（鄂湘赣）三角区域在寻找最佳最近出海口——见论修建武汉至三都澳重载货运铁路专线的必要性和紧迫性》，载《物流时代电子商务》2010年第10期。

［8］李文溥：《建设先进制造业基地重在产业布局、创新、发展》，载《福建日报》2010年1月26日理论版。

［9］福建省交通厅：《福建省沿海港口布局规划》，2008年12月。

［10］福建省港航局：《关于我省港口群建设和发展》，2010年11月。

［11］龚高健、张燕清：《现代福建港口经济发展进程之初探》，载《福建论坛（人文社会科学版）》2008年专刊。

［12］郭宇：《关于做强做大福建港口群的发言材料》，内部调研资料，2010年。

［13］严正、吴肇光：《港口建设是福建新一轮经济增长的关键》，福建省社会科学院网站，2005年。

图书在版编目（CIP）数据

中国经济学探索丛稿. 第五卷，福建经济. 上／李
文溥著. -- 北京：经济科学出版社，2024. 12
ISBN 978 - 7 - 5218 - 4706 - 2

Ⅰ. ①中… Ⅱ. ①李… Ⅲ. ①中国经济 - 文集②区域
经济发展 - 福建 - 文集 Ⅳ. ①F12 - 53

中国国家版本馆 CIP 数据核字（2023）第 066213 号

责任编辑：初少磊　赵　蕾　赵　芳　尹雪晶　王珞琪
责任校对：郑淑艳
责任印制：范　艳

中国经济学探索丛稿
ZHONGGUO JINGJIXUE TANSUO CONGGAO
第五卷
福建经济·上
李文溥　著
经济科学出版社出版、发行　新华书店经销
社址：北京市海淀区阜成路甲 28 号　邮编：100142
总编部电话：010 - 88191217　发行部电话：010 - 88191522
网址：www. esp. com. cn
电子邮箱：esp@ esp. com. cn
天猫网店：经济科学出版社旗舰店
网址：http://jjkxcbs. tmall. com
北京联兴盛业印刷股份有限公司印装
787 × 1092　16 开　204.5 印张　3660000 字
2024 年 12 月第 1 版　2024 年 12 月第 1 次印刷
ISBN 978 - 7 - 5218 - 4706 - 2　定价：828.00 元（全六卷）
（图书出现印装问题，本社负责调换。电话：010 - 88191545）
（版权所有　侵权必究　打击盗版　举报热线：010 - 88191661
QQ：2242791300　营销中心电话：010 - 88191537
电子邮箱：dbts@ esp. com. cn）